LES
IDÉOLOGUES

Essai sur l'histoire des idées et des
théories scientifiques, philosophiques, religieuses, etc.,
en France depuis 1789

THÈSE

PRÉSENTÉE A LA FACULTÉ DES LETTRES DE PARIS

PAR

François PICAVET

Ancien élève de la Faculté des lettres de Paris,
Agrégé de philosophie, professeur au collège Rollin,
Maître de conférences à l'École des hautes études,
Lauréat de l'Institut.

PARIS

ANCIENNE LIBRAIRIE GERMER BAILLIÈRE ET Cie

FÉLIX ALCAN, ÉDITEUR

108, BOULEVARD SAINT-GERMAIN, 108

1891

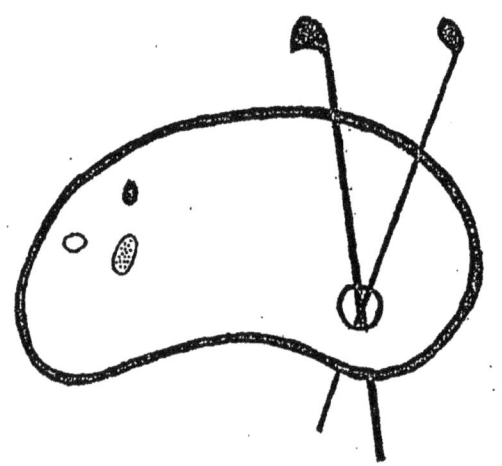

COUVERTURE SUPERIEURE ET INFERIEURE
EN COULEUR

BIBLIOTHÈQUE DE PHILOSOPHIE CONTEMPORAINE
Format in-8
100 volumes brochés à 5 fr., 7 fr. 50 et 10 fr.

AGASSIZ. — De l'espèce et des classifications, traduit de l'angl. par M. Vogeli. 5 fr.

STUART MILL. — La philosophie de Hamilton, traduit de l'angl. par M. Cazelles. 10 fr.
— Mes mémoires. Histoire de ma vie et de mes idées, traduit de l'anglais par M. E. Cazelles. 5 fr.
— Système de logique déductive et inductive. 2 vol. 20 fr.
— Essais sur la religion, traduit de l'anglais par M. E. Cazelles. 2ᵉ édit. 5 fr.

HERBERT SPENCER. — Les premiers principes, traduit de l'anglais par M. Cazelles. 6ᵉ édit. 10 fr.
— Principes de psychologie, traduit de l'anglais par MM. Ribot et Espinas. 2 vol. 20 fr.
— Principes de biologie, traduit par M. Cazelles. 2ᵉ édit. 2 vol. 20 fr.
— Principes de sociologie, traduit par MM. Cazelles et Gerschel. 4 vol. 36 fr. 25
— Essais sur le progrès, traduit de l'anglais par M. Burdeau. 3ᵉ édit. 7 fr. 50
— Essais de politique, traduit par M. Burdeau. 3ᵉ édit. 7 fr. 50
— Essais scientifiques, traduit par M. Burdeau. 7 fr. 50
— De l'éducation physique, intellectuelle et morale. 8ᵉ édit. 5 fr.
— Introduction à la science sociale. 7ᵉ édition. 6 fr.
— Classification des sciences. 1 vol. in-18. 2ᵉ édit. 2 fr. 50
— L'individu contre l'État. 1 v. in-18. 2ᵉ édit. 2 fr. 50
— Les bases de la morale évolutionniste. 3ᵉ édit. 6 fr.

COLLINS. — Résumé de la philosophie de Herbert Spencer. 10 fr.

AUGUSTE LAUGEL. — Les problèmes (Problèmes de la nature, problèmes de la vie, problèmes de l'Ame.) 7 fr. 50

ÉMILE SAIGEY. — Les sciences au XVIIIᵉ siècle, la physique de Voltaire. 5 fr.

PAUL JANET. — Les causes finales. 2ᵉ édition. 10 fr.
— Histoire de la science politique dans ses rapports avec la morale. 3ᵉ édit. 2 vol. 20 fr.

TH. RIBOT. — De l'hérédité psychologique. 4ᵉ édit. 7 fr. 50
— La psychologie anglaise contemporaine. 3ᵉ édit. 7 fr. 50
— La psychologie allemande contemporaine (école expér.). 2ᵉ édit. 7 fr. 50

ALF. FOUILLÉE. — La liberté et le déterminisme. 2ᵉ édit. 7 fr. 50
— Critique des systèmes de morale contemporains. 7 fr. 50
— La morale, l'art et la religion, d'après M. Guyau. 3 fr. 75
— L'avenir de la métaphysique fondée sur l'expérience. 5 fr.
— L'évolutionnisme des idées-forces. 7 fr. 50

DE LAVELEYE. — De la propriété et de ses formes primitives. 4ᵉ édit. augmentée. 10 fr.

BAIN. — La logique déductive et inductive, traduit de l'anglais par M. Compayré. 2ᵉ édit. 2 vol. 20 fr.
— Les sens et l'intelligence, traduit de l'anglais par M. Cazelles. 2ᵉ édit. 10 fr.
— Les émotions et la volonté. 10 fr.
— L'esprit et le corps. 4ᵉ édit. 6 fr.
— La science de l'éducation. 6ᵉ édit. 6 fr.

MATTHEW ARNOLD. — La crise religieuse. 7 fr. 50

BARDOUX. — Les légistes et leur influence sur la société française. 5 fr.

ESPINAS (ALF.). — Des sociétés animales. 2ᵉ édit. 7 fr. 50

FLINT. — La philosophie de l'histoire en France. 7 fr. 50
— La philosophie de l'histoire en Allemagne. 7 fr. 50

LIARD. — Descartes. 5 fr.
LIARD. — La science positive et la métaphysique. 2ᵉ édit. 7 fr. 50

GUYAU. — La morale anglaise contemporaine. 2ᵉ édit. 7 fr. 50
— Les problèmes de l'esthétique contemporaine. 2ᵉ édit. 5 fr.
— Esquisse d'une morale sans obligation ni sanction. 5 fr.
— L'art au point de vue sociologique. 5 fr.
— Hérédité et éducation. 5 fr.
— L'irréligion de l'avenir. 2ᵉ édit. 7 fr. 50

HUXLEY. — Hume, sa vie, sa philosophie, trad. et préface par M. G. Compayré. 5 fr.

E. NAVILLE. — La logique de l'hypothèse. 5 fr.
— La physique moderne. 2ᵉ édit. 5 fr.

E. VACHEROT. — Essais de philosophie critique. 7 fr. 50
— La religion. 7 fr. 50

H. MARION. — De la solidarité morale. 3ᵉ édit. 5 fr.

SCHOPENHAUER. — Aphorismes sur la sagesse dans la vie, traduit par M. J.-A. Cantacuzène. 4ᵉ édit. 5 fr.
— De la quadruple racine du principe de la raison suffisante, traduit par M. J.-A. Cantacuzène. 5 fr.
— Le monde comme volonté et comme représentation, trad. par M. Burdeau. 3 vol. in-8, chacun séparément. 7 fr. 50

J. BARNI. — La morale dans la démocratie. 2ᵉ édit. 5 fr.

LOUIS BUCHNER. — Nature et science. 2ᵉ édition. 7 fr. 50

JAMES SULLY. — Le pessimisme. 7 fr. 50

V. EGGER. — La Parole intérieure. 5 fr.

LOUIS FERRI. — La psychologie de l'association. 7 fr. 50

MAUDSLEY. — Pathologie de l'esprit. 10 fr.

CH. RICHET. L'homme et l'intelligence. 2ᵉ édition. 10 fr.

SÉAILLES. — Essai sur le génie dans l'art. 5 fr.

PREYER. — Éléments de physiologie. 5 fr.
— L'âme de l'Enfant, ou s. sur le développement psychique des prem. ères années. 10 fr.

WUNDT. — Éléments de psychologie physiologique. 2 vol. avec fig. 20 fr.

E. BEAUSSIRE. — Principes du droit. 7 fr. 50

A. FRANCK. — La philos. du droit civil. 5 fr.

E.-R. CLAY. — L'alternative. 10 fr.

BERNARD PÉREZ. — Les trois premières années de l'enfant. 3ᵉ édit. 5 fr.
— L'enfant de trois à sept ans. 2ᵉ édit. 5 fr.
— L'éducation morale dès le berceau. 2ᵉ éd. 5 fr.
— L'art et la poésie chez l'enfant. 5 fr.

LOMBROSO. — L'homme criminel. 10 fr.
Avec Atlas de 40 planches. 22 fr.
— L'homme de génie, avec 11 pl. 10 fr.

E. DE ROBERTY. — L'ancienne et la nouvelle philosophie. 7 fr. 50

FONSEGRIVE. — Le libre arbitre. 10 fr.

G. SERGI. — La Psychologie physiologique, avec fig. 5 fr.

L. CARRAU. — La philosophie religieuse en Angleterre, dep. Locke jusqu'à nos jours. 5 fr.

PIDERIT. — La mimique et la physiognomonie, avec 95 fig. 5 fr.

GAROFALO. — La criminologie. 7 fr. 50

G. LYON. — L'idéalisme en Angleterre au XVIIIᵉ siècle. 7 fr. 50

P. SOURIAU. — L'esthét. du mouvement. 5 fr.

F. PAULHAN. — L'activité mentale et les éléments de l'esprit. 10 fr.

PIERRE JANET. — L'automatisme psychologique. 7 fr. 50

J. BARTHÉLEMY-SAINT HILAIRE. — La philosophie dans ses rapports avec la science et la religion. 5 fr.

H. BERGSON. — Essai sur les données immédiates de la conscience. 3 fr.

RICARDOU. — De l'idéal. 5 fr.

P. SOLLIER. — Psychologie de l'idiot et de l'imbécile. 5 fr.

ROMANES. — L'évolution mentale chez l'homme. 7 fr. 50

PILLON. — L'année philosophique. I. — 1890. 7 fr. 50

PICAVET. — Les idéologues. 10 fr.

LES IDÉOLOGUES

AUTRES TRAVAUX DU MÊME AUTEUR

CONDILLAC. **Traité des sensations.** 1re partie, avec des notes historiques et explicatives, une introduction et des éclaircissements. 1 vol. in-12, 1886 (Delagrave).

CICÉRON. **De Natura Deorum,** livre II, avec des notes philologiques, grammaticales, historiques, philosophiques et une introduction. 1 vol. in-12, 1887 (Félix Alcan).

Instruction morale et civique ou philosophie pratique, psychologie, logique, morale pratique, économie politique, morale théorique, instruction civique. 1 vol. in-18 jésus, 1888 (A. Colin).

L'Histoire de la philosophie, ce qu'elle a été, ce qu'elle peut être. 1888 (F. Alcan).

Critique de la raison pratique par Emmanuel Kant, nouvelle traduction française avec un avant-propos sur la philosophie de Kant en France de 1773 à 1814, des notes philologiques et philosophiques. 1 vol. in-8, 1888 (F. Alcan).

L'Histoire des rapports de la théologie et de la philosophie. 1889 (Colin).

M. Ludovic Carrau. 1889 (Colin).

La Mettrie et la critique allemande. 1889 (F. Alcan).

De l'origine de la philosophie scolastique en France et en Allemagne. 1889 (Leroux).

Un document important pour l'histoire du pyrrhonisme. 1888 (Picard).

La philosophie de Maine de Biran de l'an IX à l'an XI, d'après les deux Mémoires sur l'habitude, découverts aux Archives de l'Institut. 1889 (Picard).

De Epicuro novæ religionis auctore sive de diis quid senserit Epicurus. 1888 (F. Alcan).

Bibliographies de l'agrégation de philosophie en 1885, 1886, 1887, 1888, 1889 (Paul Dupont).

LES
IDÉOLOGUES

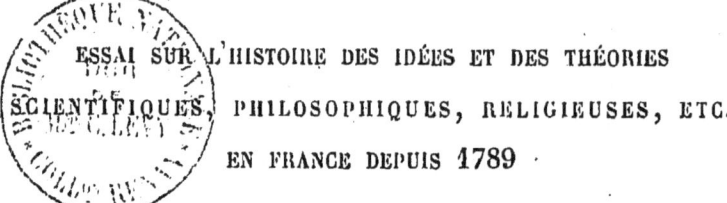

ESSAI SUR L'HISTOIRE DES IDÉES ET DES THÉORIES
SCIENTIFIQUES, PHILOSOPHIQUES, RELIGIEUSES, ETC.

EN FRANCE DEPUIS 1789

THÈSE

PRÉSENTÉE A LA FACULTÉ DES LETTRES DE PARIS

PAR

FRANÇOIS PICAVET

Ancien élève de la Faculté des lettres de Paris
Agrégé de philosophie, professeur au collège Rollin
Maître de conférences à l'École des hautes études
Lauréat de l'Institut

PARIS

ANCIENNE LIBRAIRIE GERMER BAILLIÈRE ET Cie
FÉLIX ALCAN, ÉDITEUR
108, BOULEVARD SAINT-GERMAIN. 108

—

1891

Tous droits réservés.

A MONSIEUR PAUL JANET

MONSIEUR ERNEST LAVISSE

TÉMOIGNAGE DE VIVE RECONNAISSANCE
ET D'AFFECTION PROFONDE

F. P.

AVERTISSEMENT

Pourquoi, dira le lecteur, un livre et un gros livre sur les Idéologues? C'est ce que je vais brièvement expliquer.

En lisant le *Génie du Christianisme*, que tout bon élève des écoles primaires recevait en prix au moins une fois, j'avais toujours été frappé de voir avec quel mépris, avec quel dédain Chateaubriand parlait des Idéologues, dont cependant il combattait sans cesse les doctrines, comme le plus puissant obstacle au triomphe de son néo-catholicisme. Puis les historiens me montraient, en Napoléon, un adversaire qui, contre les Idéologues, employait non seulement les armes du despotisme, mais encore la raillerie et l'invective. Même ils me laissaient croire que leur opposition avait contribué presque autant à la chute de l'empire qu'à la fondation du consulat.

Dans le domaine spéculatif, je voyais sans cesse revenir leurs noms. Lavoisier ne semble avoir fait une révolution en chimie, que parce qu'il a appliqué la méthode décrite par Condillac. Les travaux de Pinel sur la *Nosologie* ou sur l'*Aliénation mentale* ont la même origine. Darwin et Hæckel renvoient à Lamarck comme à un ancêtre. Spencer s'est appuyé, en lui donnant une force nouvelle, sur l'hypothèse de Laplace. Le calcul des probabilités ramène à Laplace et à Condorcet. S'agit-il de la philosophie positive? Les sources en sont dans l'*Encyclopédie*, mais aussi dans les idées développées par les successeurs des Encyclopédistes et devenues vivantes, pour ainsi dire, à l'Institut et à l'École polytechnique. De même l'utopie idéologique de Condorcet paraît le point de départ de toutes les explications historiques ou politiques par le progrès ou la perfectibilité, aussi bien que des théories socialistes ou humanitaires qui ont voulu, dès cette vie, donner à l'humanité perfection et bonheur. Chez les économistes reviennent souvent les noms de J.-B. Say et de D. de Tracy. Les philologues critiquent les travaux de Volney, de D. de Tracy et de Thurot; Alexandre Bain renvoie à la *Grammaire*, à l'*Idéologie* et à la *Logique* du second.

Stuart Mill défend énergiquement contre Hamilton, Brown que Jouffroy présente comme ayant transporté en Écosse les doctrines de D. de Tracy. Schopenhauer cite, parmi ses inspirateurs, Lavoisier, Cabanis et Bichat. Est-il question de théories sur l'éducation ou de l'organisation de l'enseignement? Les livres, les journaux, les discours politiques rappellent les travaux de Cabanis (Mirabeau) et de Talleyrand, de Condorcet, de Lakanal, de Daunou, etc. Parle-t-on de professeurs éloquents, de Cousin et de Caro? ils ont été précédés par Garat et Laromiguière. Augustin Thierry compare même Cousin et Daunou. Vante-t-on la philosophie classique de Royer-Collard, de Biran, de Cousin, de Jouffroy? M. Taine répond que le premier ouvrage de Biran, le *Traité de l'Influence de l'Habitude*, restera, parce que son auteur était contenu par D. de Tracy, et il complète la critique des spiritualistes et des éclectiques par l'éloge des Idéologues et surtout de Laromiguière.

Sainte-Beuve, en ses jours de réaction, traite les Idéologues comme eût pu le faire Bonaparte (*Condorcet, Daunou, Volney, Rœderer, etc.*). Mais alors même, il s'étend avec complaisance sur leur personne, sur leur œuvre, et fait encore une part à l'éloge. Dans d'autres cas, il obéit, en homme d'opposition, à une inspiration contraire et se présente lui-même comme leur disciple et leur continuateur: il écrit ainsi ses articles sur Biot, sur Ampère et surtout sa belle monographie de Fauriel où, louant Cabanis et D. de Tracy, il fait de l'ami filial du premier le prédécesseur de Cousin dans l'histoire de la philosophie et l'inspirateur de Stendhal, de Mérimée et de J.-J. Ampère. Enfin, à ceux qui cherchent la psychologie chez Stuart Mill et Lewes, Bain et Spencer, Taine et Ribot, M. Paul Janet dit: « Quiconque voudra étudier avec soin l'école idéologique... y trouvera maintes propositions qui nous reviennent aujourd'hui d'Angleterre ».

Ainsi « Toujours *eux*, *eux* partout », pourrait-on dire, en leur appliquant ce que V. Hugo disait de leur grand adversaire. Qu'étaient-ce donc que les Idéologues? à qui faut-il appliquer ce nom? quelles doctrines scientifiques, philosophiques, sociales, religieuses ou littéraires ont-ils professées en commun? quelle influence ont-ils exercée sur leurs contemporains et leurs successeurs?

Il était moins facile de résoudre ces questions que de les poser. Cousin et Damiron se sont proposé d'être impartiaux, mais le plus souvent ils se sont bornés à énumérer les passages qui leur semblaient les plus répréhensibles, pour enlever à leurs lecteurs toute envie de devenir idéologues. Mignet donne des renseignements fort intéressants sur Cabanis et D. de Tracy, sur Rœderer et Sieyès, sur Lakanal et Daunou, Laromiguière et Degérando. Mais souvent on ne s'aperçoit de la valeur des documents, fondus dans des formules générales, que lorsqu'on les a soi-même consultés. En outre, ces *Notices*, composées à des époques fort différentes, se ressentent des préoccupations politiques de l'auteur et de ses amis. Enfin elles sont d'un homme qui aimait à tenir un juste milieu entre le *mysticisme* et le *sensualisme*, comme entre la démocratie et le despotisme. Si M. de Rémusat s'est occupé de D. de Tracy et de Cabanis, c'est bien plus pour les combattre que pour les faire connaître. Quant au *Dictionnaire philosophique* de M. Franck, il contient surtout des articles polémiques, où l'on combat les doctrines de l'école, en lui enlevant quelques-uns de ses représentants et non toujours des moins célèbres. Il faut enfin, chez Sainte-Beuve, relier les indications sur l'école et ses représentants, réunir les doctrines et les hommes sur lesquels il a porté des jugements si divers.

C'est chose d'ailleurs à peu près convenue, en France et à l'étranger, de laisser de côté, dans l'histoire de la philosophie, les Idéologues. Si Lewes dit quelques mots de Cabanis et de D. de Tracy, Ueberweg traite, en douze lignes, de Saint-Lambert, de Volney, de Condorcet, et n'en donnait que cinq à Cabanis, D. de Tracy et Laromiguière, avant que M. Paul Janet lui eût envoyé, sur les deux premiers, une notice plus substantielle. Kuno Fischer, dans *Baco und seine Nachfolgern*, ne mentionne aucun des Idéologues. En France, M. Fouillée place Condorcet à la suite de Turgot parmi les philosophes du xviiie siècle. S'il cite Laromiguière, c'est pour indiquer en quoi il s'est séparé de Condillac. Il ne traite nulle part de l'école idéologique. Incidemment toutefois, il fait d'Auguste Comte un successeur de Cabanis et de Broussais, de sorte que, après avoir lu son livre, on peut ignorer qu'il y a eu, de 1789 à 1820, un mouvement philosophique d'une importance telle que, même après avoir été arrêté par la réaction politique et religieuse, il a contribué à former A. Comte et Saint-Simon, Fourier, Leroux, Reynaud, etc. !

Fort intéressante comme fort peu connue, l'école idéologique présentait une rude tâche à qui voulait ne pas répéter des assertions inexactes ou laisser subsister des lacunes considérables. Il fallait faire la bibliographie du sujet, chercher et réunir les documents imprimés ou manuscrits, qu'on ne trouve nulle part indiqués en leur ensemble. J'ai exploré les quais et consulté les catalogues, visité les bibliothèques et demandé des renseignements à tous ceux que je croyais capables de m'en fournir. De Paris, de la province, de l'étranger me sont venues de bien précieuses indications. MM. Caro, Beaussire, Ludovic Carrau et Ribot ont encouragé mes recherches. M. Paul Janet a mis à ma disposition sa riche bibliothèque, son érudition sans égale et ses précieux conseils. M. Gazier m'a communiqué les pièces curieuses qui, dans sa collection si importante, ont rapport à mon sujet.

M. Jules Simon m'a permis de consulter les manuscrits de l'Académie des sciences morales et politiques, dont M. Pingard m'a fort obligeamment facilité l'accès. M. Léon Say a recherché, dans ses papiers de famille, s'il ne subsistait aucune trace des relations de son grand oncle avec les Idéologues. M. Henri Joly m'a signalé des ouvrages dont j'ignorais l'existence. M. Jules Gautier a demandé pour moi, dans sa *Revue*, des renseignements sur les écoles centrales et en a mis lui-même à ma disposition. MM. Rebut professeur à Tours, Sieur à Niort, Bonnerot à Angoulême, Feuvrier à Dôle, Xambeu professeur honoraire, Hinglais proviseur du lycée de Rodez, m'ont envoyé des documents qu'ils ont eu bien de la peine souvent à se procurer. M. Saphary fils, à la prière de M. Caldemaison, m'a transmis des lettres où j'ai pu connaître, d'une façon plus exacte, les derniers représentants de l'école. M. Séguy, surveillant général au lycée d'Albi, a retrouvé, chez la veuve de M. Crozes, l'exécuteur testamentaire de l'abbé Roques, des *Fragments* et des *Lettres* de Laromiguière, dont l'existence m'avait été révélée par M. Compayré. MM. Bourdon et Wahl ont consulté pour moi les bibliothèques d'Allemagne et le Bristish Museum.

D'Italie, M. Louis Ferri, directeur de la *Rivista di Filosofia italiana* et professeur à l'université de Rome, a bien voulu compléter pour moi son *Essai sur l'Histoire de la philosophie en Italie au XIX° siècle*, en me renseignant sur les rapports de la philosophie française et italienne, au XVIII° et au XIX° siècle. M. Credaro, professeur à l'université de Padoue, m'a fait parvenir deux opuscules qui ont jeté plus de clarté sur quelques-unes des questions que j'ai traitées. M. Robertson, directeur du *Mind* et auteur d'un *Hobbes* bien connu en France, s'est enquis, auprès de M. Veitch, de ce que pouvait être devenue la correspondance de Dugald-Stewart avec les Idéologues. Enfin M. Ernest Naville, de

Genève, m'a fait parvenir, dès le début de mon travail, tous les manuscrits de Biran et sa correspondance inédite avec D. de Tracy, Cabanis, etc. Non seulement il m'a donné des documents d'un grand prix, que je n'aurais pu me procurer, mais il m'a fourni le moyen d'en chercher et d'en trouver d'autres aussi précieux.

Commençant par le xvii° et le xviii° siècle, j'ai, volume à volume et ligne par ligne, lu ou relu, analysé et annoté les œuvres des philosophes et des savants, en comparant les résultats auxquels j'arrivais à ceux qu'avaient obtenus mes prédécesseurs. J'ai procédé de même pour les manuscrits, les livres, les journaux et les recueils postérieurs à 1789. Profitant des indications bibliographiques que me fournissait chacun d'eux, j'ai, progressivement et sûrement, étendu le domaine de mes recherches. La collection de la *Décade* m'a fait connaître presque tous les représentants de l'école, les plus obscurs comme les plus illustres, et m'a servi à en tracer les cadres. Elle m'a éclairé sur les relations des Idéologues entre eux, et avec les savants ou les philosophes étrangers, avec B. de Saint-Pierre et avec Bonaparte; sur la guerre faite à la philosophie au sortir de la Terreur, sous le Directoire et le Consulat. Des documents, qui n'ont été nulle part utilisés ou cités, ont jeté un jour nouveau sur l'importance de Garat, de Rœderer, et surtout de Condorcet dans la première, de Cabanis dans la seconde génération d'idéologues, sur l'origine des doctrines professées par Saint-Simon, Comte et Littré. Le *Conservateur* et le *Lycée* m'ont rendu, dans une mesure moindre, des services analogues.

Dans les papiers de l'Institut j'ai découvert une lettre curieuse de Lancelin, les deux Mémoires sur l'*Habitude*, qu'on croyait depuis longtemps perdus, et qui ont une importance capitale pour l'étude des rapports de Biran avec Cabanis et D. de Tracy. Le rapprochement d'un Mémoire et d'une lettre de Rey-Régis avec son *Histoire naturelle de l'Ame*, l'examen des *Mémoires* envoyés par tous les concurrents, m'ont convaincu que la seconde classe de l'Institut a provoqué un véritable mouvement philosophique. A Versailles, j'ai trouvé un important travail manuscrit, rédigé par Cabanis sous la direction de Dubreuil et dont la lecture m'a nettement expliqué, non seulement comment l'auteur des *Rapports* a pu écrire la *Lettre sur les Causes premières*, mais encore comment l'éclectisme moderne se rattache à l'éclectisme grec et romain.

Ainsi les Idéologues sont pour moi redevenus vivants, avec le milieu même où ils ont produit leurs doctrines.

Généraux, orateurs et politiques, prêtres et magistrats, romanciers et poètes, littérateurs et critiques, professeurs et journalistes, administrateurs et diplomates, ingénieurs et médecins, mathématiciens et naturalistes, physiciens et moralistes, historiens des hommes, des institutions et des idées, économistes et philologues, psychologues et métaphysiciens, ils m'ont apparu comme les héritiers des savants et des philosophes du xvii° et du xviii° siècle, comme nos maîtres et nos initiateurs dans les matières où nous croyons que le xix° siècle a été surtout original.

Restait à les étudier de plus près ainsi que leurs prédécesseurs et leurs adversaires. C'était long, puisqu'il s'agissait de milliers de volumes; c'était difficile, puisque la plupart n'étaient plus en librairie ; mais c'était possible. Je l'ai fait avec soin (1).

La mise en œuvre des documents ainsi réunis m'a donné un volume qu'il s'est agi ensuite de réduire considérablement. J'ai fait, défait et refait, quelquefois à plusieurs reprises, les différents chapitres, soit pour utiliser des documents nouveaux, soit pour donner à l'exposition une forme plus précise et plus brève, plus exacte et plus rapide (2).

Les professeurs de la Faculté des lettres de Paris et MM. Dumont, puis Liard, à qui je dois d'avoir été chargé des fonctions de secrétaire-bibliothécaire des conférences de philosophie et de langues vivantes à la Sorbonne, ont favorisé des recherches qui ailleurs n'auraient pu aboutir. L'Académie des sciences morales et politiques, par les prix qu'elle m'a décernés, m'a permis de continuer sans interruption mes multiples travaux. Puisse le présent ouvrage, pour lequel je n'ai épargné ni temps, ni argent, ni peine et où je n'ai cherché qu'à être vrai et juste, exact et impartial, prouver à tous ceux qui ont bien voulu s'y intéresser qu'ils n'ont pas eu tort de contribuer à en rendre l'exécution possible et moins défectueuse !

Paris, 1ᵉʳ octobre 1890.

(1) J'ai consulté les revues et les livres qui paraissaient en France et à l'étranger pour en extraire, le cas échéant, des documents nouveaux. Cf. *passim.*

(2) J'en ai détaché une Histoire du scepticisme dans l'antiquité et dans les temps modernes, une Histoire de la philosophie en France depuis le ix° siècle, outre les volumes ou opuscules que j'ai fait paraître, *Instruction morale et civique, Philosophie de Condillac, de Cicéron, La Mettrie,* etc. J'ai exposé d'une façon plus complète la méthode que j'ai suivie dans l'*Histoire de la philosophie, ce qu'elle a été, ce qu'elle peut être* et dans l'*Histoire des rapports de la philosophie et de la théologie.*

LES IDÉOLOGUES

INTRODUCTION

LES ORIGINES DE L'IDÉOLOGIE AU XVIIᵉ ET AU XVIIIᵉ SIÈCLE

I

Descartes entreprit de se défaire de toutes ses opinions, en dehors et au-dessus desquelles il plaçait les vérités de la foi, et dédaigna, en mettant au jour une philosophie nouvelle, de savoir s'il y avait eu des hommes avant lui. Et, en fait, quelques ressemblances que Foucher, Sorbière et Bouillaud, Leibnitz et Huet, Ogier et les défenseurs de la scolastique, aient cru trouver entre les doctrines générales de Descartes, et certaines théories de Platon et des Académiciens, de Démocrite et d'Épicure, d'Aristote et des stoïciens, de Roger et de François Bacon, de Péreira, de Charron et de G. Bruno (1), on peut, en cherchant ce qu'il a lu et connu des philosophes antérieurs, en examinant sa propre doctrine pour déterminer ce qu'il a puisé chez les scolastiques, chez les philosophes de la Renaissance, chez les stoïciens, les sceptiques et les acataleptiques (2), conclure cependant que, malgré ces réminiscences, la philosophie de Descartes est essentiellement originale.

Les successeurs de Descartes ont souvent été tentés de l'imi-

---

(1) Baillet, *Vie de Descartes*, VIII, 10 ; Ferraz, *Psychologie de saint Augustin* ; Foncin, *A propos d'un autographe de Descartes et d'un document inédit sur le « Cogito ergo sum »*. (*Mém. de la soc. des arts et des sc. de Carcassonne*, t. IV, p. 3.)
(2) Hauréau, *Histoire de la philosophie scolastique et Histoire littéraire du Maine* ; Waddington, *Ramus, sa vie, ses écrits et ses opinions* ; Saisset, *De varia S. Anselmi in Proslogio argumenti fortuna ; Essais de philosophie religieuse ; Précurseurs et successeurs de Descartes* ; F. Bouillier, *Histoire de la philosophie cartésienne* ; E. Pluzanski, *Essai sur la philosophie de Duns Scot*. — M. Liard a établi que Descartes a surtout été original par sa philosophie des sciences. Nous sommes arrivés au même résultat, en étudiant, aux Hautes-Études, saint Anselme et Descartes.

ter. Ils ont insisté sur les doctrines par lesquelles ils se séparaient de leur prédécesseur et quelquefois oublié de reconnaître qu'ils ne faisaient que le continuer par d'autres théories, dont le rôle était capital dans leur système. Trop souvent aussi, les historiens ont cru que le mouvement philosophique procédait par des révolutions, dont chacune a pour résultat de faire table rase du passé, de donner naissance à un système qui est en opposition absolue avec celui qu'il remplace. C'est ainsi qu'ils ont présenté la philosophie du xviii° siècle, à tort personnifiée dans Condillac, comme essentiellement contraire à celle de Descartes et qu'ils ont vu dans la philosophie, née en France au commencement de ce siècle, une réaction contre celle du xviii°, un retour à celle du xvii° (1). Est-il vrai, pour nous en tenir actuellement à la première de ces deux opinions, que la philosophie du xviii° siècle soit absolument opposée à celle de Descartes, ou, pour parler d'une façon plus précise, est-il vrai que Voltaire, Buffon, Condillac, La Mettrie, Diderot, d'Alembert, Condorcet, Cabanis, D. de Tracy, Laromiguière, Thurot, etc., aient traité Descartes et les théories cartésiennes, comme le fondateur de la philosophie française a traité ses prédécesseurs et leurs doctrines ?

Voltaire a mis à la mode en France la philosophie de Locke et la physique de Newton ; il a raillé les tourbillons (2), le plein, la transmission instantanée de la lumière, la définition de la matière, les idées innées (3). Plus d'une fois, il a fait payer à Descartes la condamnation des *Lettres anglaises* et le privilège refusé par le cartésien d'Aguesseau aux *Eléments de la philosophie de Newton*. Mais il le considère comme le premier génie de son siècle et trouve qu'il a ouvert une route devenue immense, qu'il a appris aux hommes de son temps à raisonner et à se servir contre lui-même de ses propres armes (4). Il a souvent, trop

(1) Cf. les ouvrages de Cousin et de ses disciples.
(2) Il les avait d'abord acceptés et chantait Descartes dans la 1re édition de la *Henriade* :
   Descartes, répandant sa lumière féconde,
   Franchit d'un vol hardi les limites du monde.
(3) M. Bouillier remarque, avec raison, qu'à prendre les idées innées dans leur vrai sens, Voltaire s'éloigne de Locke et se rapproche de Descartes... que nul n'a peut-être mieux que Voltaire réfuté la partie du premier livre de l'*Essai sur l'Entendement* où Locke combat l'innéité de la justice (II, 566).
(4) *Lettres sur les Anglais*, XIV. Voyez encore les lettres du 1er mai 1731, du 24 février 1733, de novembre 1733 (Beuchot, 123), le *Dictionnaire philosophique*, art. *Cartésianisme* ; le *Catalogue des écrivains du siècle de Louis XIV*, etc.

souvent, avoue-t-il à Mairan (1), maltraité Malebranche, mais c'est un grand philosophe qui entrevit la philosophie des qualités occultes, ce que l'antiquité a produit de plus sage et de plus vrai, et qui eût été le plus grand ou plutôt le seul métaphysicien, si, après avoir frappé, dans ses deux premiers livres, aux portes de la vérité, il avait pu s'arrêter sur le bord de l'abîme (2). Spinoza lui-même l'attire, comme une énigme qu'on n'a pas encore réussi à deviner, comme le plus grand de tous ceux qui ont soutenu un système auquel il ne croit pas.

Pour Maupertuis, partisan, avant Voltaire, de l'attraction newtonienne, Descartes est un grand philosophe auquel la géométrie doit beaucoup. La Mettrie se croit obligé de faire une authentique réparation à Descartes pour les petits philosophes, mauvais plaisants et mauvais singes de Locke qui, au lieu de rire impudemment au nez de Descartes, feraient mieux de sentir que, sans lui, le champ de la philosophie serait peut-être encore en friche ; il lui fait un mérite d'avoir connu la machine animale, d'avoir le premier parfaitement démontré que les animaux sont de pures machines (3). Buffon qui était plein, comme l'a dit Flourens, de la philosophie de Descartes, le suit en ce qui concerne l'intelligence humaine et s'en rapproche beaucoup quand il parle des bêtes (4). Montesquieu caractérise admirablement, dans les *Lettres persanes*, ce qu'a d'original et de fécond la physique de Descartes ; il en vante les lois générales, immuables, éternelles, qui s'observent sans aucune exception, avec un ordre, une régularité et une promptitude infinis dans l'immensité des espaces. Il semble bien avoir trouvé, en réfléchissant aux théories de Descartes, sinon dans Descartes lui-même (5), sa célèbre définition des lois.

L'Académie française (6) proposait pour sujet de prix, en 1762, l'éloge de Descartes. Voltaire avait lancé toutes ses critiques, Montesquieu était mort, ainsi que Maupertuis et La Mettrie ;

---

(1) Beuchot, lettre 123.
(2) Commentaire sur Malebranche et lettre 5485, édit. Beuchot. Voyez encore F. Bouillier, II, 567.
(3) *L'Homme-machine*, Amsterdam, 1764, p. 71.
(4) Flourens, *Buffon, histoire de ses idées et de ses travaux*. Voyez Condillac, *Traité des animaux* ; F. Picavet, *Philosophie de Condillac* (Introd. au *Traité des sensations*).
(5) Voyez Boutroux, thèse latine sur Descartes.
(6) L'Académie était déjà à la discrétion des philosophes. Voyez L. Brunel, *les Philosophes et l'Académie française*.

Condillac avait donné l'*Origine des connaissances*, le *Traité des Systèmes*, le *Traité des sensations* et le *Traité des animaux*. Le discours préliminaire de l'Encyclopédie et les volumes les plus controversés étaient publiés ; Helvétius avait, depuis quatre ans, été obligé de se rétracter pour son ouvrage de l'*Esprit*. L'Académie, qui avait déjà couronné le jésuite Guénard pour un *Discours sur l'Esprit philosophique*, où il avait introduit un éloge enthousiaste de Descartes, donna le prix à Thomas, dont le ton est trop emphatique, mais qui apprécie assez exactement la philosophie cartésienne et les rapports qui l'unissent au xviii° siècle (1).

Laissons de côté les cartésiens fidèles : Fontenelle qui, en 1752, défend encore les tourbillons sans accepter la métaphysique cartésienne, le cardinal de Polignac, qui chante la physique et la métaphysique de Descartes, d'Aguesseau qui réfute Hobbes et refuse un privilège aux *Éléments de la philosophie de Newton*, Terrasson qui, en disciple de Descartes, développe une doctrine d'une importance capitale au xviii° siècle (2), Kéranflech et un certain nombre de penseurs qui méritent, comme l'a bien montré M. Bouillier, d'être lus par ceux qui cherchent à se rendre compte de la direction de la pensée au xviii° siècle. Mais il faut insister sur quelques-uns de ceux que d'ordinaire on se représente comme des adversaires de Descartes, sur Condillac, en qui l'on voit le véritable chef de la philosophie du xviii° siècle, sur Diderot et d'Alembert, qui ont loué Bacon tout au moins autant que Voltaire avait vanté Locke et Newton. Si l'on examine la doctrine de Condillac et ce qu'il dit de Descartes ou des cartésiens, on verra que ce qu'il a conservé du cartésianisme est de beaucoup plus considérable que ce qu'il en a supprimé ou modifié ; qu'il est resté cartésien, sans s'en rendre compte lui-même toujours bien clairement, parce qu'il était plus occupé de mettre en lumière ce qui le distinguait de son prédécesseur que d'indiquer ce qu'il lui devait. La distinction de l'âme et du corps, les théories sur l'occasionalisme, la liaison des idées, la méthode

(1) « Descartes, disait Thomas, a des vues aussi nouvelles et bien plus étendues que Bacon... il a eu l'éclat et l'immensité du génie de Leibnitz, mais bien plus de consistance et de réalité dans sa grandeur ; enfin il a mérité d'être mis à côté de Newton, parce qu'il a créé une partie de Newton et qu'il n'a été créé que par lui-même... Il n'est plus, mais son esprit vit encore. Cet esprit est immortel, il se répand de nation en nation et de siècle en siècle. »

(2) La doctrine du progrès. Voyez F. Bouillier, *Histoire de la philosophie cartésienne*, vol. II.

et la substitution des hypothèses ou des suppositions (1) à l'observation des faits montrent en lui un philosophe qui a pu essayer d'oublier Descartes et Malebranche, après les avoir lus, — en quoi encore il les imitait, — mais qui en a conservé les doctrines les plus originales et les plus essentielles. Il reconnaît d'ailleurs que nous avons de grandes obligations à Descartes ; s'il place Malebranche au-dessous de Locke, c'est pour lui un des plus beaux esprits du dernier siècle, auquel personne ne peut être comparé quand il saisit la vérité. Il expose avec exactitude la première partie de l'*Éthique*, sans lancer contre Spinoza une seule injure, et critique avec vivacité Leibnitz, mais le défend contre les adversaires superficiels, qui lui attribuent des contradictions grossières.

Diderot, dont la mobile pensée s'est laissé successivement séduire par tant de systèmes divers, a étudié de Descartes les ouvrages qu'on lit ordinairement le moins (2) ; il fait de Bacon le fondateur de l'éclectisme moderne, de Descartes un grand éclectique : « Le génie, dit-il ailleurs, s'élève d'un vol d'aigle vers une vérité lumineuse, source de mille vérités auxquelles parviendra par la suite en rampant la foule timide des sages observateurs ; le génie anima les Platon, les Descartes, les Malebranche, les Bacon, les Leibnitz... Descartes a été le vrai restaurateur du raisonnement, le premier qui a amené une nouvelle méthode de raisonner, beaucoup plus estimable que sa philosophie, dont une bonne partie se trouve fausse ou fort incertaine selon les règles mêmes qu'il nous a apprises (3). »

D'Alembert place, parmi les principaux génies que l'esprit humain doit regarder comme ses maîtres et à qui la Grèce eût élevé des statues, parmi les grands hommes qui préparaient de loin, dans l'ombre et le silence, la lumière dont le monde devait être éclairé peu à peu et par degrés insensibles, Bacon, Descartes,

---

(1) Descartes « construit » le monde, les animaux et l'homme ; Malebranche affirme que toute supposition, pouvant satisfaire à la résolution de toutes les difficultés que l'on peut former, doit passer pour un principe incontestable (*Rech. de la vérité*, II, chap. VII, § 1). Personne n'a, aussi bien que M. Taine, mis en lumière les rapports étroits qui unissent les deux siècles. (*Ancien Régime*, III, 1.)

(2) Lettre sur les Aveugles : « Descartes a rapporté dans sa *Dioptrique* les phénomènes de la vue à ceux du toucher. » Diderot a remarqué ainsi, longtemps avant Mahaffy (Descartes, *Coll. for english Readers*) que Descartes est le premier auteur de la théorie de la vision, attribuée à Berkeley.

(3) Art. *Génie*, *Logique*. Voyez encore les articles consacrés à la philosophie arabe et à Malebranche.

Newton et Locke. Il considère Descartes comme géomètre et comme philosophe. « Ce qui a surtout, dit-il, immortalisé le nom de ce grand homme, c'est l'application qu'il a su faire de l'algèbre à la géométrie, idée des plus vastes et des plus heureuses que l'esprit ait jamais eues et qui sera toujours la clef des plus profondes recherches, non seulement dans la géométrie sublime, mais dans toutes les sciences physico-mathématiques. » Comme philosophe, d'Alembert estime que Descartes a peut-être été aussi grand, sans avoir été aussi heureux ; mais il s'en faut de beaucoup, selon lui, que les sciences lui doivent aussi peu que le prétendent ses adversaires ; sa *Méthode* seule aurait suffi pour le rendre immortel, sa *Dioptrique* est la plus grande et la plus belle application qu'on eût encore faite de la géométrie à la physique ; on voit enfin dans ses ouvrages, même les moins lus maintenant, briller la flamme du génie. S'il s'est trompé en métaphysique lorsqu'il a admis les idées innées, il a du moins conduit les bons esprits à secouer le joug de la scolastique, de l'opinion, de l'autorité ; il a rendu à la philosophie un service plus essentiel peut-être que tous ceux qu'elle doit à ses illustres successeurs. Et d'Alembert conclut, dans une phrase qui n'a peut-être pas été assez remarquée (1), que l' « Angleterre nous doit la naissance de cette philosophie que nous avons reçue d'elle ».

Ces exemples, dont il serait facile d'augmenter le nombre (2), sont plus que suffisants pour établir que Descartes a été connu et apprécié par les hommes les plus marquants du xviii° siècle. Mais on a soutenu que, dans la tourmente révolutionnaire, la philosophie de Condillac avait seule échappé au naufrage et que la chaîne de la tradition cartésienne n'avait été renouée que par Royer-Collard et Victor Cousin (3). Quelques faits caractéristiques

---

(1) Discours préliminaire de l'Encyclopédie, dans les *Mélanges de littérature, d'histoire et de philosophie*, Amsterdam, 1768, vol. I, p. 124 à 144. — D'Alembert défend même les tourbillons devenus, dit-il, aujourd'hui presque ridicules, et trouve que cette explication de la pesanteur est une des plus belles et des plus ingénieuses hypothèses que la philosophie ait jamais imaginées (p. 133) ; il dit ailleurs (*Mélanges*, IV, p. 228-229) que la philosophie ancienne et moderne n'a peut-être rien imaginé de plus simple en apparence et de plus naturel que l'hypothèse des tourbillons. Il loue Montesquieu, en disant qu'il a été parmi nous, pour l'étude des lois, ce que Descartes a été pour l'étude de la philosophie.

(2) On pourrait citer le P. Buffier, qui essaie de concilier Descartes et Locke ; Helvétius, qui emprunte à Descartes le point de départ de sa doctrine, le cite partout comme un grand homme, et le suit en même temps que Locke, Turgot, etc.

(3) F. Bouillier, *op. cit.*, II, ch. xxxii, p. 645.

montreront que la tradition cartésienne s'est continuée pendant et après la Révolution (1). Le 2 octobre 1793, M.-J. Chénier faisait un rapport à la Convention sur la translation au Panthéon des cendres de Descartes : dans le discours qu'il y joint, il range Descartes parmi les hommes prodigieux qui ont reculé les bornes de la raison publique et dont le génie libéral est un domaine de l'esprit humain. Le premier, il a parcouru le cercle entier de la philosophie, dont Képler et Galilée n'avaient embrassé qu'une partie, et donné à tout son siècle une impulsion forte et rapide. C'est un profond penseur qui a posé, pour ainsi dire, un flambeau sur la route des siècles et dont l'existence est une époque remarquable dans l'histoire du génie des hommes (2).

A peu près à l'époque où la majorité triomphante de la Convention décrétait la translation des cendres de Descartes au Panthéon, un des membres de la minorité, Condorcet, accusé et mis hors la loi, composait, dans une retraite précaire, son *Esquisse d'un tableau historique des progrès de l'esprit humain*. Il y marquait, mieux encore peut-être que d'Alembert et Chénier, le rôle de Descartes dans le développement de la philosophie et des sciences. Avec Bacon et Galilée il forme le passage de la VIIIᵉ à la IXᵉ époque, mais il a imprimé aux esprits le mouvement que Bacon avec sa philosophie plus sage, Galilée avec sa marche plus sûre, n'avaient pu leur donner, et il a réuni, au domaine de la raison, la philosophie générale que Locke a renfermée dans ses limites légitimes (3).

En 1796, l'Institut, composé en majorité d'idéologues (4), demandait aux Cinq-Cents l'exécution du décret de la Convention. Cabanis rappelait, dans son premier Mémoire, que les erreurs de Descartes ne doivent pas faire oublier les immortels services qu'il a rendus aux sciences et à la raison humaine

---

(1) On pourrait directement combattre la seconde partie de l'assertion. Royer-Collard, dans son discours d'ouverture, a fort maltraité Descartes, au nom de la réaction religieuse et politique qui, par haine de la Révolution et de ses doctrines, en vint avec Lamennais à condamner toute philosophie. (Cf. Paul Janet, *Lamennais*.) On a souvent accusé Victor Cousin d'avoir amoindri Descartes et faussé sa véritable pensée. Voyez ch. vii, § 4. Quoi qu'il en soit d'ailleurs de ces critiques, Cousin ne l'a pas jugé avec plus de bienveillance que ses prédécesseurs, Condorcet, Cabanis, et D. de Tracy, ou que son maître Laromiguière.

(2) *OEuvres* de Chénier. Dupont, 1829, t. V, p. 108 sqq.

(3) Il faut lire la viiiᵉ époque tout entière, pour juger avec quelle largeur de vues et quelle sûreté de critique, Condorcet a apprécié Descartes.

(4) Voyez ch. i, § 3.

et il le saluait comme un de ses prédécesseurs (1). Thurot, dans le *Discours préliminaire* à la traduction de Harris, marquait, par le *Discours de la Méthode*, l'époque d'une véritable et heureuse révolution dans les idées en France (2). Destutt de Tracy va plus loin encore : il met Descartes au-dessus de Bacon et ne trouve « dans toute la *Grande Rénovation* rien d'aussi précis, d'aussi profond et d'aussi juste » que les quatre règles de la méthode cartésienne. Le *Je pense, donc je suis*, est le mot le plus profond qui ait jamais été dit et le seul vrai début de toute saine philosophie. La *Logique* et la *Grammaire générale* de MM. de Port Royal, continuateurs de Descartes, ont fait naître Locke. Aussi D. de Tracy préfère l'ensemble de la philosophie de Descartes, qui a toujours eu pour principe d'employer l'expérience et l'observation, à celle de Leibnitz, qui donne plus à l'imagination et aux conjectures (3).

Si l'on voulait montrer, d'une façon précise et complète, l'influence de Descartes sur tous ces philosophes du xviiie siècle dont l'admiration pour lui a été si vive, il faudrait déterminer en quelle mesure les cartésiens ont contribué à créer la philosophie de Locke, à préparer le progrès des sciences mathématiques, physiques et naturelles qui ont, en grande partie, nourri la pensée philosophique au xviiie siècle (4). Nous nous bornerons à rappeler brièvement quelques-unes des doctrines dont l'importance au xviiie siècle n'est niée par personne et qui lui ont été transmises à coup sûr par Descartes et ses disciples. L'école cartésienne tout entière avec Pascal, Arnauld, Nicole, Malebranche, Perrault et La Motte, joint au mépris du passé (5), la confiance dans l'avenir et l'espoir d'un progrès futur pour l'humanité. Des-

---

(1) Voyez ch. iv, § 1.
(2) Aux Ecoles normales, Garat était obligé d'expliquer pourquoi il omettait Descartes dans la liste des grands analystes (ch. i, § v).
(3) *Mémoires de l'Institut national, sc. mor. et polit.*, IV ; *Logique*, Discours préliminaire ; *Grammaire*, Introduction ; Seconde partie du *Traité de la volonté*, ch. i. Il faudrait encore citer le jugement de Garat (*Séances des Ecoles Normales*, nouvelle édition, Paris, 1800, I, p. 225 sqq.) ; celui de Degérando, dans l'*Histoire comparée des Systèmes de philosophie*, 1804, II, p. 23 sqq., qui se proclame d'ailleurs disciple de Condillac ; celui de Thurot dans un article de la *Décade* (10 fruct. an XIII) ; celui de Laromiguière, dans le Discours d'ouverture de 1811 et dans les *Leçons*, etc. (Cf. ch. i, v, vi, viii.)
(4) Voyez § 3.
(5) Bouillier, I, ch. xxiii, et Rigaut, *la Querelle des anciens et des modernes*. — Malebranche va jusqu'à dire que ce serait un bien petit malheur si le feu venait à brûler, non seulement tous les philosophes, mais encore tous les poètes anciens.

cartes, pour nous en tenir au maître dans cette revue sommaire, croit qu'on peut trouver une philosophie pratique, « par laquelle connaissant la force et les actions du feu, de l'air, des astres, des cieux et de tous les autres corps qui nous environnent, aussi distinctement que nous connaissons les divers métiers des artisans, nous les pourrions employer en même façon à tous les usages auxquels ils sont propres et ainsi nous rendre comme maîtres et possesseurs de la nature..., qu'on doit chercher dans la médecine (1) un moyen de rendre communément les hommes plus sages et plus habiles..., qu'on se pourrait exempter d'une infinité de maladies, tant du corps que de l'esprit, et même aussi peut-être de l'affaiblissement de la vieillesse, si on avait assez de connaissance de leurs causes et de tous les remèdes dont la nature nous a pourvus... ; qu'il a rencontré un chemin tel, qu'on doit infailliblement trouver, en le suivant, cette science si nécessaire, à moins qu'on n'en soit empêché ou par la brièveté de la vie ou par le défaut des expériences » (2). En matière philosophique et scientifique, Descartes inaugure, par la première règle de la méthode, la liberté d'examen que le xviii° siècle portera dans le domaine de la religion et de la politique. Il accorde une importance considérable à la méthode et fait du *Cogito, ergo sum*, le fondement de la science ; il distingue profondément le monde intellectuel du monde physique, et explique par le mécanisme les phénomènes matériels et vitaux (3). Il cherche enfin dans la médecine le moyen de rendre les hommes plus sages et plus habiles, parce que l'esprit dépend du tempérament et de la disposition des organes du corps. Malebranche va plus loin et, dans la partie de la *Recherche de la vérité* qu'admirait tant le xviii° siècle, il explique, par la liaison des traces du cerveau, la liaison des idées les unes avec les autres, « qui n'est pas seulement le fondement de toutes les figures de la rhétorique, mais encore d'une infinité d'autres choses de la plus grande conséquence dans la morale, dans la politique et généralement dans toutes les sciences qui ont quelque rapport à l'homme ». Par elle encore il explique la mémoire et les habitudes. Par les différences constitutives des fibres cérébrales, il rend compte

---

(1) Cabanis et Degérando reproduisent cette assertion de Descartes.
(2) *Discours de la Méthode*, vi.
(3) Voir surtout les *Passions de l'âme*, le *Traité de la formation du fœtus*, le *Traité de l'homme*, dans la conclusion duquel se trouve une curieuse phrase qui permettrait de faire remonter à Descartes la théorie de l'occasionalisme.

des différences intellectuelles de l'homme et de la femme, de l'enfant, de l'homme mûr et du vieillard ; par elles aussi de la folie, de l'action qu'exercent certains hommes sur leurs semblables, de la croyance aux sorciers et aux loups-garous, des passions différentes qui agitent les jeunes gens, les sanguins et les bilieux, les vieillards, les mélancoliques et les flegmatiques, de l'extension aux choses qui ont quelque rapport avec un objet, de l'amour ou de la haine qu'on porte à cet objet (1).

En lisant donc, après les œuvres de Descartes et de ses disciples plus ou moins fidèles, l'*Esquisse* de Condorcet, les ouvrages où Condillac fait jouer un si grand rôle à la liaison des idées, l'*Homme machine* de La Mettrie, les écrits de Bonnet, les *Rapports du physique et du moral* de Cabanis, on ne mettra plus en doute l'influence exercée par le cartésianisme sur toutes les grandes productions philosophiques du xviii° siècle, mais on se demandera quelles sont les influences rivales qui l'ont modifié de manière à le rendre inacceptable pour les fidèles disciples de Descartes.

II

La spéculation indépendante de la théologie est loin, en effet, d'être cartésienne en son ensemble. Elle marche dans trois autres directions, qui parfois se confondent avec le cartésianisme, mais plus souvent s'en séparent. Les uns recommandent le doute, comme Descartes, mais n'estiment nullement que le *Cogito, ergo sum* soit un fondement solide pour les affirmations métaphysiques. Ils reproduisent les anciens sceptiques et acataleptiques (2) ou se réclament de Montaigne et de Charron (3),

(1) *Recherche de la Vérité*, 71. Consulter Ollé-Laprune, *la Philosophie de Malebranche* ; Paul Janet, *les Maîtres de la pensée moderne* ; Léchalas, *l'OEuvre scientifique de Malebranche* (*R. ph.*, xviii). — Voir surtout l'auteur et se demander s'il n'y aurait pas lieu de faire de Malebranche, au lieu de Hume, avec Pillon et Renouvier, ou de Hartley, avec Ribot, le fondateur après Aristote de l'associationisme.

(2) Estienne et Hervetus éditent et traduisent Sextus Empiricus ; Ménage le vante ; Pierre Valence dit que ses écrits sont entre les mains de tout le monde ; Foucher remet en honneur la Nouvelle Académie.

(3) Notre manuscrit contenait les preuves détaillées de toutes les assertions résumées dans cette Introduction. — M. Paul Janet, qui les a trouvées suffisantes, nous a engagé à les supprimer pour alléger l'ouvrage : nous avons suivi son conseil et réduit à 20 les 200 pages où étaient exposées et justifiées des affirmations fort opposées à tout ce qu'on lit dans la plupart des Histoires des philosophies.

qui jamais n'eurent plus de lecteurs et d'admirateurs. Ils deviennent de plus en plus nombreux, de plus en plus puissants : La Mothe Le Vayer est suivi par Huet. Pour Bayle, la suspension du jugement s'impose dans toutes les questions métaphysiques, sur lesquelles ni les théologiens ni les philosophes ne peuvent donner une certitude absolue. Mais son œuvre n'est pas purement négative : il demande la tolérance, limite la physique à l'expérience et aux hypothèses probables, et sépare la morale de la métaphysique (1). Avec les sceptiques, d'autres philosophes concourent à ruiner la métaphysique cartésienne. Bacon, sur lequel s'est formée une légende non moins injustifiée que celle dont il a été précédemment question à propos de Descartes, a été vanté et lu au XVIII° siècle, fort sainement apprécié au XVII°, comme l'éloquent auxiliaire des savants qui pratiquaient la méthode expérimentale (2). Gassendi combat Aristote et Descartes, renouvelle la philosophie d'Épicure et inspire Locke. Il est l'allié des savants et des sceptiques, en tant que les uns et les autres sont partisans de l'expérience ou de l'observation des phénomènes. Sa philosophie prend une importance de plus en plus grande, quand on persécute le cartésianisme, quand Molière et Bernier donnent à la doctrine leur célébrité de poète et de voyageur (3). A côté de Gassendi, les purs épicuriens, qui se réunissent chez Ninon ou à Auteuil, à Neuilly, etc. (4), répandent moins le goût de l'expérience qu'une morale fondée sur le plaisir ou l'intérêt, à laquelle La Rochefoucauld donne une forme bien propre à la populariser, tandis que Hobbes la présente avec une apparence rigoureuse qui la fera accepter par ceux qui raisonnent (5).

Les savants observent, expérimentent, induisent. Peu à peu ils séparent la détermination des phénomènes ou de leurs lois de la recherche des causes et des spéculations métaphysiques.

---

(1) Cf. F. Picavet, art. *Bayle* (*Grande Encyclopédie*), et la bibliographie qui y est jointe.

(2) Voyez les ouvrages de Descartes, de Gassendi, de Malebranche, de Spinoza, de Bayle, de Baillet, de Huet, etc., etc.

(3) Sur Molière, traducteur de Lucrèce et disciple de Gassendi, cf. Larroumet, *Études sur Molière*; sur Gassendi jugé par le XVII° siècle, cf. Isaac Uri, *Un Cercle savant au XVII° siècle et François Guyet*; sur Gassendi, cf. Duval-Jouve, *Dictionnaire philosophique* et Félix Thomas (thèse française sur Gassendi), qui doit prochainement exposer les relations de Gassendi avec ses contemporains ; sur Bernier, cf. F. Picavet, *Grande Encyclopédie*.

(4) Diderot, art. *Épicuréisme*.

(5) G. Cr. Robertson, *Hobbes*.

L'astronomie, la première, prend un prodigieux développement et ses découvertes détruisent par la base le système d'Aristote, puis un peu plus tard les tourbillons cartésiens. La géométrie et l'algèbre, la mécanique et les sciences physiques, les sciences naturelles, cultivées par les philosophes et les savants, ne réalisent pas des progrès moindres : l'homme, selon le mot de Pascal, se voit jeté entre un infiniment grand et un infiniment petit, dont les anciens n'avaient pas soupçonné l'existence. Comment auraient-ils donc pu donner une bonne explication métaphysique d'un univers qu'ils ne connaissaient pas? De plus en plus on a confiance dans l'expérience scientifique et on se défie des théories qui expliquent l'origine, la nature, la destinée de l'univers, où chaque jour la science montre des phénomènes inconnus, des lois ignorées (1).

Locke (2) conserve, de Descartes, de Gassendi et de leurs disciples, ce qui était surtout resté en honneur dans leur système et continue Montaigne et Bayle. Avec lui, la philosophie est de plus en plus une auxiliaire des sciences, et la psychologie, la logique, la morale, la politique et la science de l'éducation s'engagent dans une voie pratique et positive. Aussi devient-il, pour le xviii° siècle, un chef dont se réclament presque tous les penseurs. Ce qui n'implique nullement d'ailleurs que Descartes et ses disciples, les philosophes partisans de l'expérience, Gassendi, Bacon et Hobbes, les sceptiques et les savants de tout ordre, n'aient contribué, en des proportions diverses, mais considérables, à l'éclosion des théories dont l'ensemble constitue ce qu'on appelle la philosophie du xviii° siècle.

III

Si Descartes n'est pas le seul maître du xvii° siècle, Condillac est bien moins encore le seul métaphysicien et surtout le seul philosophe du xviii°.

---

(1) Fontenelle et Cuvier, *Eloges des Savants* ; Bailly, *Histoire de l'Astronomie*; Arago, *Astronomie populaire* ; Bertrand, *les Fondateurs de l'Astronomie* ; Montucla, *Histoire des Mathématiques*; Hœfer, *Histoires des Mathématiques, de l'Astronomie, des Sciences physiques, de la Zoologie, de la Botanique*, etc., (collection Duruy, Hachette) ; Sprengel, *Histoire de la Médecine* ; Huxley, *les Sciences naturelles*, etc., etc., etc.
(2) Cousin, *Philosophie de Locke* ; Ch. de Rémusat, *Revue des Deux Mondes*; Paul Janet, *Histoire de la Science politique* ; Fox Bourne, *The Life of John Locke*; Marion, *Locke* ; etc.

Le scepticisme, érudit ou littéraire (1), combat toujours les solutions métaphysiques, et, avec la science, concourt à faire de l'étude des phénomènes le centre des recherches philosophiques. De plus en plus l'astronomie est positive. Les mathématiques continuent leur marche en avant, mais font toutefois des progrès moindres que la physique, dont l'empire sur la nature devient de plus en plus étendu, de plus en plus assuré. La chimie est au premier rang, dès sa naissance. Les sciences naturelles, envahissant à la fois toutes les parties de leur vaste domaine, se divisent en une multitude de sciences particulières dont chacune occupe des centaines de chercheurs. Tandis que l'*Encyclopédie* enregistre des résultats bientôt dépassés, des audacieux, savants ou philosophes, s'aventurent sur un terrain qu'ils disputent à la métaphysique. La philosophie des sciences s'essaye par les hypothèses, bien peu justifiées alors, de Maupertuis, de Buffon, de de Maillet, de Robinet et de Bonnet. Plus encore qu'au xvii° siècle, les philosophes sont des savants qui distinguent la science de la métaphysique et s'accordent pour accepter tout système qui apporte une explication nouvelle et satisfaisante des phénomènes, pour l'abandonner quand les faits le démentent ou quand apparaît un système plus fécond, plus simple et plus près de la vérité phénoménale.

En tenant compte de la chronologie et du développement des doctrines, on peut ranger les philosophes du xviii° siècle en trois catégories : la première comprendrait Fontenelle, Montesquieu et Voltaire (2); la seconde, leurs continuateurs (3); la troisième, les philosophes étrangers qui ont pris ou donné des idées aux penseurs français (4).

Fontenelle encourage ses contemporains à étudier les sciences et leur transmet, avec l'usage de la méthode cartésienne, la

(1) Fabricius donne de Sextus une édition définitive ; le mathématicien Huart traduit en français les *Hypotyposes*. Sur l'influence de Bayle à cette époque, voyez es références de notre article précédemment cité.

(2) On devrait joindre à Fontenelle les cartésiens fidèles, Boursier, André, d'Aguesseau, Terrasson, Polignac, Kéranflech et de Lignac ; les cartésiens lockistes, Buffier, Dumarsais ; les savants philosophes, Maupertuis et S'Gravesande.

(3) On y comprendrait Condillac, Vauvenargues, La Mettrie, Buffon et de Brosses, d'Alembert, Diderot, de Jaucourt, l'abbé de Prades, Helvétius, Rousseau et Raynal, d'Holbach et Grimm ; les économistes, Turgot, Quesnay, Gournay, Necker ; les communistes, Mably, Morelly, dom Deschamps, etc., etc.

(4) D'un côté les philosophes qui se rattachent à l'Académie de Berlin, Frédéric II, Formey, de Béguelin, Mérian, Sulzer, Beausobre, d'Argens, Prémontval, Toussaint, LeCatt, Wéguelin, Euler, Lambert, de Castillon, les Aucillon, Mendelssohn, Kant, etc.; d'un autre côté, les Génevois, Bonnet, Lesage, Sennebier, Prévost ; les Italiens, Geno-

croyance au progrès et le respect pour le maître, l'amour de la tolérance et une tendance marquée vers le scepticisme. Montesquieu, qui loue Descartes et Newton, donne une philosophie de l'histoire romaine et une philosophie politique, dont on s'inspirera souvent par la suite. Plus original qu'on n'a coutume de le dire en notre pays (1), Voltaire sépare de plus en plus la science de la métaphysique. Il préconise la religion naturelle, qu'il fonde sur le sentiment et identifie avec la morale. Par lui, l'Europe est gagnée à la cause de la tolérance, la France à celle de la liberté politique ; la philosophie est mise, pour le présent, en honneur, mais pour l'avenir, en péril.

Condillac, spiritualiste et théiste, mais phénoméniste, pour parler un langage tout moderne qui résume, sans trop d'inexactitude, sa métaphysique, applique l'analyse à l'étude de l'histoire, de l'économie politique, de la grammaire et des mathématiques. En psychologie, il tente une systématisation des phénomènes qui, après avoir paru le dernier mot de la science, ne saurait plus être acceptée, quoique bien des détails méritent d'en être conservés (2). Vauvenargues, s'il eût vécu, eût peut-être été, comme dit Sainte-Beuve, un Locke concis, élégant et éclatant, avec des hauteurs d'âme inconnues à l'autre. Au contraire, La Mettrie tire, des connaissances scientifiques, un matérialisme tantôt cartésien, tantôt stoïcien (3).

Buffon qui, avec Linné, attire l'attention sur les sciences naturelles, se rattache, par sa philosophie, à Leibnitz et à Aristote : la nature marche, selon lui, par des gradations inconnues d'une espèce à une autre, par des nuances imperceptibles d'un genre à un autre genre. De Brosses, son ami, expose, de la formation mécanique du langage, une théorie en partie épicurienne, en plus grande partie originale.

D'Alembert explique la généalogie des sciences, écrit l'histoire philosophique des progrès de l'esprit humain et remplace, dans ses *Éléments de philosophie*, l'ancienne logique et l'an-

---

vesi, Pagano, Filangieri, Beccaria, Galiani ; enfin les Anglais et Américains, Hume, Smith, Reid, Hartley, Bentham, Dugald-Stewart, Franklin, etc. — Cf. Bartholmèss, *Histoire de l'Académie de Berlin* ; Louis Ferri, *la Philosophie en Italie au XIXe siècle* ; Ernest Lavisse, *la Jeunesse du Grand Frédéric*, etc.

(1) F. Picavet, *Rev. ph.*, XXVI, 621 et *Notes* (15 et 16) à la traduction de la *Critique de la Raison pratique*.
(2) F. Picavet, Introduction au *Traité des Sensations*.
(3) Cf. F. Picavet, *La Mettrie et la Critique allemande*. La bibliographie du sujet y est indiquée.

cienne métaphysique par la philosophie des mathématiques et de la physique, par la morale, la grammaire et l'art de conjecturer. Diderot affirme d'abord qu'il n'y a point de vertu sans religion et voit ensuite ses ouvrages condamnés au feu comme irréligieux. Il voudrait qu'on étudiât les aveugles et les sourds-muets pour avancer la connaissance de l'homme ; il fait à la philosophie et à l'histoire de la philosophie une place considérable dans l'*Encyclopédie*. Déiste, puis panthéiste plutôt qu'athée, bientôt matérialiste, il aborde et résout de façons diverses, selon les époques, la plupart des questions qui ont rapport à la philosophie des sciences et à la métaphysique. De Jaucourt, son collaborateur, étudie Leibnitz ; l'abbé de Prades soutient une thèse célèbre qui montre quelle était alors l'influence de la philosophie (1).

Helvétius expose une morale fondée sur l'intérêt, compose un *Catéchisme de probité* et explique, par la différence de l'éducation, l'inégalité des esprits. Pour faire diparaître cette dernière, il propose de substituer, aux langues anciennes et à la poésie, la langue nationale, la physique, les mathématiques et l'enseignement professionnel ; à la théologie et à la scolastique, la métaphysique fondée sur l'observation. Les tendances matérialistes et athées d'Helvétius sont combattues par Rousseau, qui donne à la religion naturelle, célébrée par Voltaire, plus de rigueur, mais moins de largeur et de tolérance. Après Montesquieu, il esquisse une philosophie politique où il déduit en cartésien, de l'idée de la société, les principes absolus qui expriment les conditions essentielles de son existence. Après Locke et Helvétius, il fait une théorie de l'éducation. Tout en construisant *a priori* l'homme de la nature, il voit fort bien qu'un Montesquieu, un Buffon, un d'Alembert, un Diderot, un Condillac, observant l'homme, dans les pays civilisés et les pays sauvages, feraient connaître un monde tout nouveau.

D'Holbach, matérialiste, fataliste, athée, combat les théologiens et les métaphysiciens, la religion naturelle comme les religions révélées. Il résume, amplifie, complète et systématise les objections de Hobbes, de Bayle, de Spinoza, de Toland, de

(1) Sur l'abbé de Prades, on peut consulter F. Bouillier, *Revue Bleue*, 11 octobre 1884, mais surtout Gazier, *Revue Critique*, 1885. — Sur d'Alembert on peut consulter le récent ouvrage de M. Bertrand (Collection des grands Écrivains français). — M. Bonnerot, *Rev. de l'Ens. sec. et sup.*, 15 décembre 1890, a rappelé, après Vinet, que le rôle de d'Alembert, comme littérateur, est trop sacrifié. On peut en dire autant du philosophe.

Collins, et veut fonder la morale, la législation, la politique, l'éducation, sur l'étude physiologique de l'homme (1). Son compatriote Grimm se rapproche assez, en morale et en politique, de Hobbes; mais c'est, en métaphysique, un sceptique déterminé (2). Au contraire, Turgot, avec lequel on put croire un moment que la Révolution se ferait pacifiquement, vante les bienfaits du christianisme. En même temps que d'Alembert, il signale les progrès successifs de l'esprit humain et, plus clairement qu'Helvétius, entrevoit la loi des trois états en ce qu'elle a d'incontestable. Partisan de la tolérance comme Voltaire, il ne la défend que par d'excellentes raisons. Spiritualiste, il se distingue de Condillac, au point de vue expérimental, en admettant un sixième sens, le sens intérieur ou vital et en inclinant à croire que la distance nous est donnée par tous. Métaphysicien, il écrit l'article *Existence*, admiré tour à tour par Condorcet et Cousin. Économiste, il concilie, complète et applique les théories de Quesnay et de Gournay. Il est combattu par Necker qui attaque en même temps le projet, avancé par Helvétius et d'Holbach, par Voltaire et d'Alembert, d'un catéchisme purement moral, où il n'y aurait aucune place pour les idées religieuses (3).

En opposition aux économistes, Mably, Morelly, Dom Deschamps veulent supprimer la propriété et réclament la communauté des biens et même celle des femmes (4).

IV

Il n'y a plus au xviii° siècle de frontière pour l'intelligence. Les philosophes français sont en relation étroite avec ceux d'Allemagne, de Suisse, d'Angleterre, d'Italie, leur donnent des idées et en reçoivent. En Allemagne, Formey corrige Rousseau et célèbre Descartes; Mérian recommande l'observation, l'expérience à ceux qui travaillent à l'histoire naturelle de l'âme, et il

---

(1) Cf. Lange, *Geschichte des Materialismus*; F. Picavet, *Arch. f. Gesch. der Phie*.
(2) Cf. Sainte-Beuve, *Lundis*, VII; Paul Janet, *Histoire de la science politique*.
(3) Cf. Condorcet, *Vie de Turgot*; Foncin, *l'Administration de Turgot*; Léon Say, *Turgot*; Paul Janet, *op. cit.*, etc.
(4) Cf. Paul Janet, *op. cit.*; Beaussire, *les Antécédents de l'hégélianisme en France*; sur l'influence prodigieuse de Mably, cf. Biran, *Pensées* (1794).

pense à une psychométrie ou art de mesurer les âmes. Beausobre étudie la folie, les songes, le pressentiment, les idées obscures, l'enthousiasme; d'Argens relève de Bayle et de Gassendi ; Le Catt veut compléter Condillac, par son *Traité des sensations et des passions en général*. Wéguelin traduit d'Alembert ; Lambert continue Leibnitz et précède Kant ; Louis Ancillon combat Voltaire et Hume, loue Locke, mais revient aussi à Leibnitz ; Engel réduit l'idée de force au *nisus*, à la tendance, au sens musculaire. A l'Université de Strasbourg on s'occupe de Bonnet et de Maupertuis, de Kant et de Hume, de Condillac et de d'Alembert (1).

En Suisse, Bonnet imagine, comme Condillac, une statue vivante, tient compte, comme Turgot, des sensations organiques et comme de Maillet, Buffon, Robinet, expose des théories transformistes (2). Son ami Lesage a pour disciple Sennebier et pour successeur Prévost. En Italie, on suit Condillac, on traduit Helvétius ; Beccaria et Galiani inspirent les philosophes et les économistes français (3). De même on met en français les œuvres de Berkeley, de Hume, de Robertson, d'Adam Smith, de Hartley, de Reid, etc. Hume, Smith, Dugald-Stewart visitent à plusieurs reprises la France ; Voltaire, Montesquieu, Helvétius, Rousseau vont en Angleterre ; Bentham se réclame d'Helvétius, Reid reproduit Buffier.

Après les noms, rappelons les doctrines, en suivant les éléments de métaphysique de nos programmes. On a discuté au xviii° siècle la valeur objective de la connaissance (4) et l'existence du monde extérieur (5). On a examiné les questions que soulèvent la nature, la matière et la vie (6), exposé et critiqué des doctrines matérialistes et spiritualistes (7). On s'est occupé avec passion, quelquefois avec profondeur, de l'existence de Dieu et

---

(1) Bartholmèss, *l'Académie de Berlin* ; F. Picavet, Introductions à la *Critique de la Raison pratique* et au *Mémoire sur l'habitude*.
(2) F. Picavet, art. *Bonnet* (*Grande Encyclopédie*).
(3) Cf. Louis Ferri, *Histoire de la philosophie en Italie au XIX° siècle* ; Caro, *Études sur le XVIII° siècle* ; Paul Janet, *les Causes finales*, etc.
(4) Les sceptiques, les savants, Fontenelle, Buffier, S'Gravesande, Voltaire, Condillac, d'Alembert, Diderot, Grimm, Turgot, d'Argens, Ancillon, Engel, Hume, Reid et Kant.
(5) D'Alembert, Diderot, Turgot, Hume et Reid.
(6) Maupertuis, de Maillet, Buffon, Robinet, La Mettrie, Diderot, d'Holbach, Dom Deschamps, Lambert, Bonnet, etc.
(7) Condillac, Diderot, de Polignac et de Lignac, La Mettrie, Helvétius, d'Holbach, Hume, Rousseau, Mérian, Hartley, Reid, etc.

de la religion naturelle (1). Le problème du mal a toute une littérature (2). On a affirmé et nié l'immortalité de l'âme (3), pris parti pour le fatalisme ou la liberté (4). Jamais la question de l'origine des idées n'a été plus vivement discutée (5). Comment donc affirmer que Condillac est le premier et presque le seul métaphysicien du xviii° siècle?

Ce n'est pas tout. On aborde alors la philosophie des mathématiques (6), celle des sciences physiques et naturelles (7). On travaille à constituer une psychologie expérimentale, qui n'est pas toujours séparée de la métaphysique (8), une psychologie physiologique (9), animale (10), morbide (11) et ethnique (12). La grammaire est rattachée à la psychologie et à la philosophie du langage (13). On développe la philosophie de l'histoire, de l'économie politique et de la politique (14). La morale, la science de l'éducation et l'esthétique tendent à se constituer en sciences indépendantes (15), l'histoire de la philosophie et des sciences prend une importance de plus en plus grande (16).

Les sciences et la philosophie sont complètement unies : il n'y a pas une théorie, une hypothèse contemporaine qui n'ait été ou exposée, ou entrevue, ou préparée au xviii° siècle. Le mouvement entraîne ceux même qui sembleraient devoir lui être hostiles, des professeurs en Sorbonne et des jésuites, des doctrinaires et des oratoriens, des prêtres et des sulpiciens. Et pour compléter l'esquisse de ce siècle, rappelons que Marmon-

---

(1) Maupertuis, Voltaire, Condillac, La Mettrie, Diderot, d'Holbach, Rousseau, Grimm, Mendelssohn, Bonnet, Hume, etc.
(2) Maupertuis, Voltaire, Rousseau, d'Holbach, etc.
(3) Voltaire, Condillac, La Mettrie, Diderot, Helvétius et Rousseau, d'Holbach, Mendelssohn, Bonnet, etc.
(4) Frédéric II et Voltaire, Condillac, La Mettrie, Rousseau et d'Holbach, Grimm, Hume, Reid, Kant, etc.
(5) Voltaire, Condillac, La Mettrie, Hume, Reid, Kant.
(6) Euler, Lagrange, S'Gravesande, d'Alembert, Clairaut, Maupertuis, Lambert.
(7) Buffon, Pallas, Haller, Bordeu, Brown, Barthez, Bonnet, les Jussieu, Linné, etc.
(8) Diderot, Condillac, La Mettrie, Bonnet, Buffon, Turgot, Le Catt, Reid, etc.
(9) D'Holbach et Bonnet.
(10) Buffon, Condillac, Réaumur, Georges Leroy.
(11) Diderot.
(12) Buffon, Maupertuis, Rousseau.
(13) Buffier, Dumarsais, Maupertuis, Condillac, de Brosses, d'Alembert, Turgot, Smith.
(14) Voltaire, Fontenelle, Montesquieu, Condillac, d'Alembert, Raynal, Turgot, Mably, Beccaria, Hume, Rousseau, Smith.
(15) Voltaire, Helvétius, Rousseau, d'Holbach, Bentham, Turgot, Formey, le P. André, Diderot, etc.
(16) Fontenelle, Brucker, Condillac, d'Alembert, Diderot, de Jaucourt, Turgot.

tel, condamné pour ses hardiesses théologiques, analyse l'*Orga-
non* et défend Aristote contre Port-Royal, que les Bénédictins
commencent une *Histoire littéraire* de la France, dont se moque
Voltaire et qui sera continuée par Ginguené, Daunou, Fauriel,
Littré et Renan ; que Rey-Régis (1) expose en 1789 des théories
avec lesquelles on combattra par la suite toute la philosophie
du xviii° siècle.

(1) Paul Janet, *un Précurseur de Biran*. (*Rev., ph.*, XIV, p. 368.)

CHAPITRE PREMIER

LES IDÉOLOGUES : LEURS RELATIONS POLITIQUES ET PRIVÉES, UNIVERSITAIRES, SCIENTIFIQUES ET LITTÉRAIRES

Ce n'est pas chose facile que de déterminer quels philosophes on doit comprendre parmi les « idéologues ». Ouvrez le *Dictionnaire de l'Académie* et vous y trouvez des définitions bien peu précises :

IDÉOLOGIE. Science des idées, système sur l'origine et la formation des idées : *Traité d'idéologie.*
IDÉOLOGUE. Celui qui réduit toute la philosophie à l'idéologie : *Un profond idéologue.* On dit quelquefois aussi idéologiste.

Consultez-vous Littré qui, par ses affinités philosophiques (1) pourrait être *a priori* considéré comme tout à fait préparé à nous renseigner exactement ? Voici ce que nous lisons dans son *Dictionnaire* :

IDÉOLOGIE. 1° Science des idées considérées en elles-mêmes, c'est-à-dire comme phénomènes de l'esprit humain : *Leibnitz, qui trouvait Locke si faible en idéologie* (Chateaubriand, *Génie du Christianisme*, III, II, 2) ; 2° en un sens plus restreint, science qui traite de la formation des idées, puis système philosophique d'après lequel la sensation est la source unique de nos connaissances et le principe unique de nos facultés ; 3° théorie des idées suivant Platon.
IDÉOLOGIQUE. Qui a rapport, qui appartient à l'idéologie : *Connaissances, vérités idéologiques.*
IDÉOLOGISTE. Synonyme d'idéologue : *Nos idéologistes modernes sont tombés dans l'athéisme.* (B. de Saint-Pierre, *Harm.*, V. 6.)
IDÉOLOGUE. 1° Celui qui s'occupe d'idéologie : *un profond idéologue. Tel ou tel écrivain sera un subtil idéologue* (Chateaubriand, *Génie du Christianisme*, III, II, 2) ; particulièrement celui qui est de l'école de Condillac, en général, métaphysicien ; 2° en un sens défavorable, rêveur philosophique et politique.

(1) Cf. ch. VII et Appendice.

Littré ne cite que des adversaires de l'idéologie pour déterminer le sens de chacun de ces mots. Il ne mentionne même pas D. de Tracy, l'inventeur du mot « idéologie » et ne distingue pas l'*idéologiste*, terme employé par Tracy et Cabanis, de l'*idéologue*, que méprisent Chateaubriand et Napoléon. Enfin il semble appliquer l'une et l'autre expressions à ceux qui sont de l'école de Condillac.

C'est à ce dernier point de vue que s'est placé également Damiron. Cabanis, D. de Tracy, Garat, Volney, Lancelin, Broussais, Gall et Azaïs sont rangés par lui « dans l'école de la sensation, dans l'école sensualiste ou parmi les défenseurs de l'idéologie et les disciples de Condillac, dont l'Institut a développé les doctrines ». L'auteur de l'article *Idéologie* du *Dictionnaire philosophique*, définit l'idéologie, « la science des idées considérées en elles-mêmes, c'est-à-dire comme simples phénomènes de l'esprit humain ». Mais pour lui aussi, l'idéologie, au sens restreint du mot, est « la science des idées, telle que l'entendait l'école de Condillac ». Et faisant entrer dans l'école D. de Tracy, Cabanis, Garat, Volney, il estime qu'à peine Laromiguière peut être appelé un idéologue, que Degérando et Biran ne l'ont été qu'un instant. Toutefois il voit bien que l'idéologie « alliée de la Révolution française, naît et grandit avec elle »; que leurs représentants sont les mêmes à la Convention et à l'Institut; qu'ils se retrouvent pour la plupart à Auteuil chez Mme Helvétius.

Qu'entendait donc D. de Tracy par l'idéologie? Dans son premier Mémoire, il montrait que la connaissance de la génération de nos idées est le fondement de la grammaire, de la logique, de l'instruction et de l'éducation, de la morale et de la politique. Puis, critiquant la formule « analyse des sensations et des idées », les mots « métaphysique » et « psychologie », il proposait de désigner la science dont s'occupait spécialement la seconde classe par le mot idéologie, traduction littérale de science des idées. Ainsi, disait-il, on indiquerait qu'on cherche la connaissance de l'homme, uniquement dans l'analyse de ses facultés, et que l'on consent à ignorer tout ce qu'elle ne nous découvre pas. Et il ajoutait qu'en composant la première section d'analystes et de physiologistes, on avait voulu faire examiner ces facultés sous tous les rapports, ce qui se fût mieux réalisé encore, s'il y avait eu avec eux des grammairiens (1).

(1) *Mémoires de l'Institut national, Sc. mor. et polit.*, I, p. 287, 323 sqq.

Rien dans ces explications n'autorise à identifier les doctrines des idéologues avec celles de Condillac. Serait-il possible cependant de compléter, en ce sens, la définition de D. de Tracy ?

Qu'on ne puisse voir, dans les philosophes devenus célèbres, surtout à partir de 1789, des disciples de Condillac, c'est ce qu'on pensera *a priori*, si l'on se souvient que Condillac n'a pas été — et nous croyons l'avoir prouvé — le seul philosophe du xviii° siècle. Si Cabanis semble indiquer que Garat, de Tracy, Lancelin, Degérando, Laromiguière, Jacquemont, Biran sont des disciples de Condillac, il ne faut pas oublier que Cabanis critique Condillac, et se réclame lui-même ailleurs d'Helvétius et de Buffon, de Bonnet et des Encyclopédistes, « qui ont préparé le règne de la vraie morale, et l'affranchissement du genre humain ». En outre, comme l'a fort bien vu Sainte-Beuve (1), Cabanis composait cette préface vers 1802, et mettait en avant Condillac qui, n'ayant jamais écrit contre l'âme ni contre Dieu, était un maître plus ostensible et plus avouable que d'Holbach, Diderot et même Condorcet. Un peu plus tard d'ailleurs, D. de Tracy s'expliquait sur ce sujet avec une clarté qui ne laisse absolument rien à désirer : « Les Allemands, disait-il en examinant la philosophie de Kant, nous croient tous, en métaphysique, disciples de Condillac comme ils sont disciples de Kant ou de Leibnitz... Ils ne savent pas que, parmi ceux qui se restreignent comme lui à l'examen des idées et de leurs signes, à la recherche de leurs propriétés dont ils tirent quelques conséquences, il n'y en a peut-être pas un seul qui adopte sans restriction les principes de grammaire de Condillac, ou qui soit pleinement satisfait de la manière dont il analyse nos facultés intellectuelles, ou qui ne trouve rien à reprendre à ce qu'il dit sur le raisonnement(2) ... C'est de la méthode et non des décisions de Condillac que nous faisons grand cas... Cette méthode nous montre pourquoi nous ne pouvons pas faire de système... Elle consiste à observer les faits avec le plus grand scrupule, à n'en tirer des conséquences qu'avec pleine assurance, à ne jamais donner à de simples suppositions la consistance des faits, à n'entreprendre de lier entre elles les vérités que quand elles s'enchaînent tout naturellement et sans lacune, à avouer franchement ce qu'on ne

---

(1) *Portraits littéraires*, I, p. 243 ; II, p. 298. Voyez en outre nos chapitres sur Cabanis.
(2) Pour la justification de ces assertions voyez toute la suite de notre travail.

sait pas et à préférer constamment l'ignorance absolue à toute assertion qui n'est que vraisemblable... Aujourd'hui nous autres Français, dans les sciences idéologiques, morales et politiques, nous n'avons aucun chef de secte, nous ne suivons la bannière de qui que ce soit. Chacun de ceux qui s'en occupent a ses opinions personnelles très indépendantes, et s'ils s'accordent sur beaucoup de points, c'est toujours sans en avoir le projet, souvent sans le savoir et quelquefois même sans le croire autant que cela est (1). »

On ne saurait demander à Napoléon, qui a contribué à populariser le mot, une définition précise de l'idéologue. Car Napoléon se servait de cette épithète ou de celle de « métaphysicien nébuleux » pour désigner ceux qui essayaient de défendre contre lui la liberté (2). S'il disait à Talleyrand, comme on l'a affirmé (3), au sujet du cours inauguré par Royer-Collard : « Savez-vous qu'il s'élève, dans mon Université, une nouvelle philosophie très curieuse, qui pourra bien nous faire honneur et nous débarrasser tout à fait des idéologues, en les tuant sur place par le raisonnement », nous ne trouvons, dans cette assertion, aucune indication nouvelle, puisque Royer-Collard exposait Reid, critiquait Condillac et même Descartes, quelquefois Locke et Helvétius, mais ne parlait point des contemporains auxquels Napoléon faisait allusion. Nous savons toutefois qu'à une réception officielle, l'empereur s'approcha de Fontanes et lui dit : « Fontanes,... grand maître de l'Université..., du positif..., du monarchique..., pas de billevesées métaphysiques..., idéologiques », ajouta-t-il en lançant un regard à Destutt de Tracy (4). Nous sommes donc ramenés à D. de Tracy et obligés de faire rentrer dans l'école tous ceux qui acceptent le mot nouveau et la science qu'il désigne, tous ceux qui continuent les traditions philosophiques du xviiie siècle, tel que nous avons essayé de le faire connaître.

Ainsi à côté de D. de Tracy, se placeront Volney et Garat, Dau-

---

(1) Voyez les chapitres sur D. de Tracy.
(2) Taillandier, *Documents biographiques sur Daunou*, 2ᵉ édit., p. 198. « Ce mot d'idéologie, dit Ampère (*Philosophie des Deux Ampère*, p. 5), tombait sur les nobles dithyrambes spiritualistes de Mᵐᵉ de Staël, et sur les analyses mesquines et erronées où se plaisaient les débiles héritiers de Condillac. » Voyez encore Daunou, *Notice sur Laromiguière*. Napoléon trouve même trop « d'idéologie » à l'empereur Alexandre.
(3) Sicard, *l'Éducation morale et civique avant et pendant la Révolution*, p. 553.
(4) Thurot, *Mélanges*, p. 658.

nou et Cabanis, Laromiguière, Rœderer et Sièyès, ceux qui appartiennent à l'Institut dès sa formation, qui y entrent par la suite pour travailler « à la science des idées » ou qui, dans une classe voisine, collaborent à l'œuvre commune; puis ceux qui concourent pour les questions proposées par la seconde classe, Degérando et Lancelin, Prévost, Ampère et Biran; enfin ceux qui ont fait connaître, conservé ou défendu, quand elles étaient attaquées, les doctrines émises par Cabanis, de Tracy et leurs contemporains, c'est-à-dire Thurot, Fauriel, Broussais, Cardaillac, Valette, Saphary, Stendhal, etc., etc. Fort peu de ceux dont nous parlerons auraient repoussé le nom d'idéologiste — auquel nous préférons cependant celui d'idéologue, qui est aujourd'hui plus usité. — Nous donnerons, pour chacun des hommes à propos desquels l'appellation peut paraître d'abord inopportune, les raisons qui nous ont engagé à la lui appliquer.

Mais avant de passer à l'étude des individus auxquels nous accorderons une mention spéciale, nous croyons utile d'indiquer rapidement quelle influence politique ont exercée ces philosophes dont les doctrines, nées avec la Révolution, ont grandi avec elle, quelles sociétés particulières ils avaient formées entre eux, comment fonctionnèrent l'Institut « qui développa les théories idéologiques », les Écoles centrales chargées d'enseigner les arts et les sciences « perfectionnés par l'Institut », les Écoles spéciales qui reçurent les élèves des Écoles centrales, les Écoles normales créées pour leur fournir des professeurs; enfin comment les doctrines furent propagées, défendues par les journaux et surtout par la *Décade philosophique*, qui pour l'école fut dans la presse ce qu'était l'Institut parmi les sociétés savantes.

I

Faire l'histoire des assemblées politiques qui se sont succédé pendant la Révolution, et des constitutions qu'elles ont proposées à la France, ce serait tout à la fois montrer l'influence, à cette époque, des philosophes du xviiie siècle et le rôle de leurs successeurs, les idéologues. Sieyès, Volney, Garat, Talleyrand, Rœderer, D. de Tracy, Grégoire, Dupont de Nemours, Brillat-Savarin, etc., siègent à la Constituante. Sieyès, Mounier qui défendra plus tard la philosophie, Talleyrand, font partie du Comité de constitution ; Rœderer, Talleyrand, Dupont de Nemours, du Comité de côntribution. Cabanis est l'ami et le médecin de Mirabeau, Daunou présente un plan d'éducation à l'Assemblée, Condorcet collabore à la *Bibliothèque de l'homme public* et à la *Feuille villageoise*. Cabanis compose pour Mirabeau un travail sur l'instruction publique, et Talleyrand est l'auteur d'un célèbre rapport sur le même objet.

La Déclaration des droits témoigne, en la raison et la vérité, une confiance qui rappelle Descartes et le xviii° siècle. « L'ignorance, y est-il dit, l'oubli ou le mépris des droits de l'homme sont les seules causes des malheurs publics et de la corruption des gouvernements. » En disciples de Descartes et de Condillac, les Constituants veulent que les réclamations des citoyens soient fondées « sur des principes simples et incontestables » ; avec Helvétius et d'Holbach « qu'elles tournent... au bonheur de tous ». Mais ils suivent Voltaire et Rousseau, quand ils « reconnaissent les droits de l'homme, en présence et sous les auspices de l'Être suprême ». Avec Helvétius et d'Holbach, ils affirment encore que « les distinctions sociales ne peuvent être fondées que sur l'utilité commune ». Comme Rousseau, ils placent la souveraineté dans la nation, et la déclarent « une, *indivisible*, imprescriptible, *inaliénable* ». Ils proclament la liberté religieuse et celle du travail, réclamées par Voltaire, Montesquieu et Turgot, établissent « des peines strictement et évidemment nécessaires », comme l'avaient demandé Montesquieu, Voltaire, Helvétius et Beccaria. Après Turgot, ils suppriment les jurandes et les corporations. Ils séparent les pouvoirs à la façon de Montesquieu, et décident que la Constitution sera représentative. Louis XVI parle lui-même comme un disciple de Rousseau, de d'Holbach et d'Helvétius : « Il ne pouvait plus reconnaître *le caractère de la volonté générale* dans des lois qu'il voyait partout sans force et sans exécution...; il avait conçu le projet *d'assurer le bonheur des peuples sur des bases constantes.* » (Lettre à l'Assemblée, 1791.)

A la Législative entrent François de Neufchâteau et Condorcet, qui y fait son rapport sur l'instruction publique. Rœderer est procureur-général syndic de la Seine, Daunou vicaire épiscopal d'Arras, puis vicaire métropolitain de Paris, Sieyès membre du directoire de la Seine, Talleyrand membre de ce même directoire et ambassadeur en Angleterre. D. de Tracy commande la cavalerie à l'armée de la Fayette. Dans la Convention figurent

Condorcet, Sieyès, Chénier, Lakanal, Daunou, Dupuis, etc. Condorcet propose le 16 février 1793, au nom du Comité de constitution, un projet de déclaration des droits et d'acte constitutionnel qui, modifié après le jugement de Louis XVI et le procès des Girondins, devint la constitution de 1793. Hérault, dans son rapport, dit comme les Constituants, mais en s'inspirant de Malebranche autant que de Descartes ou de Condillac, que « plus un peuple est agité, plus il importe de n'offrir à son assentiment que les *axiomes de la raison* ou au moins que les premières conséquences de ces axiomes irrésistibles et purs *comme la lumière dont ils émanent* ». Il essaie de concilier Rousseau avec Montesquieu en affirmant « que la constitution n'est pas moins démocratique que représentative », et s'estimerait heureux s'il avait résolu le problème posé par Rousseau cherchant un gouvernement « qui se resserrât à mesure que l'État s'agrandit ». Plus que jamais on parle, avec une assurance inébranlable, de la puissance de la raison. Ce n'est plus seulement de la corruption des gouvernements, c'est des malheurs du monde que sont seules causes l'oubli et le mépris des droits naturels de l'homme. Aussi déclare-t-on que l'instruction est le besoin de tous, que la société doit favoriser, de tout son pouvoir, les progrès de la raison publique et mettre l'instruction à la portée de tous les citoyens. Les comités de Salut public et de Sûreté générale, l'affirmation si souvent répétée, « tout devient légitime et même vertueux pour le salut public » rappellent Helvétius. Les définitions de la liberté, des peines, de la souveraineté nous reportent à Voltaire, à Montesquieu, à Rousseau et à Beccaria. L'article par lequel on stipule que les « garnisons des villes où il y aura des mouvements contre-révolutionnaires seront payées et entretenues par les *riches* de ces villes jusqu'à la paix », les réquisitions, le *maximum* font songer à Mably et aux autres théoriciens socialistes.

Pendant la Terreur, Garat, en qualité de ministre de la justice, lut à Louis XVI l'arrêt qui le condamnait à mort ; Volney, Daunou furent emprisonnés, Suard médita, dans sa prison, le manuscrit de la *Langue des Calculs*, D. de Tracy y systématisa ses idées, Ginguené y philosopha. Talleyrand fut mis en accusation, Rœderer obligé de se cacher, Cabanis se tint à l'écart dans les commissions des hôpitaux, Sieyès se contenta de vivre, M.-J. Chénier ne put sauver son frère et Condorcet n'échappa à l'échafaud qu'en prenant du poison.

Après le 9 thermidor, Daunou, Chénier, Lakanal, Sieyès, au comité d'instruction publique, créent des écoles primaires, les Écoles normales et centrales, l'École des Langues orientales vivantes, le bureau des longitudes et l'Institut. Baudin, Boissy d'Anglas, Creuzé-Latouche, Daunou, Lanjuinais, La Réveillère-Lépeaux siègent au comité chargé de reviser la constitution de 1793. Daunou fait, avec Barras, partie de la commission qui dirige la lutte au 13 vendémiaire contre les sections révoltées. Dans la constitution de l'an III, on voit que l'expérience a diminué la confiance. L'ignorance, l'oubli et le mépris des droits ne sont plus les seules causes de nos maux : le culte rendu à la Déesse a refroidi ceux qui attendaient tout de la Raison. Bien plus, les législateurs croient nécessaire de rappeler les *devoirs* de l'homme, après avoir énuméré ses droits ; parce que « si la déclaration des droits contient les obligations des législateurs, le maintien de la société demande que ceux qui la composent connaissent et remplissent également leurs devoirs ». Et ils insistent sur la nécessité d'être soumis aux lois (art. 3, 5, 6, 7), et de respecter les propriétés, tant le peuple, mis cinq ans auparavant en possession de ses droits, semble avoir bien vite appris à négliger ses devoirs ! C'est à Rousseau et à Voltaire, mais aussi au christianisme qu'ils empruntent « les deux principes gravés par la nature dans tous les cœurs » et dont dérivent tous les devoirs de l'homme et du citoyen : *Ne faites pas à autrui ce que vous ne voudriez pas qu'on vous fît. Faites constamment aux autres le bien que vous voudriez en recevoir.* Toutefois ils reproduisent les définitions précédemment données de la liberté, de la loi, des peines, de la souveraineté, invoquent l'utilité générale, le bonheur du peuple et insistent sur la séparation des pouvoirs. S'ils restent les disciples de Rousseau, ils semblent voir qu'il faudrait réclamer de l'électeur certaines garanties de capacité et s'assurer, d'un autre côté, que, pouvant se suffire par son travail, il n'est pas tenté de chercher des moyens d'existence dans le trafic de ses droits. Les jeunes gens (art. 16) ne peuvent être inscrits sur le registre civique, s'ils ne prouvent qu'ils savent lire et exercer une des professions mécaniques, parmi lesquelles rentrent les opérations de l'agriculture (1).

Sous le Directoire a lieu l'organisation de l'Institut, des écoles

---

(1) Cet article n'est applicable qu'à partir de l'an XII.

centrales et spéciales. La Réveillère-Lépeaux, François de Neufchâteau, Sieyès furent directeurs; Talleyrand, ministre des relations extérieures ; Sieyès, Garat, Ginguené, Daunou, Lakanal, envoyés en mission. Dans les deux Conseils siégèrent Daunou, Chénier, Cabanis, Camille Jordan, Portalis, Biran, Ginguené, Dupuis, Lakanal.

Au 18 brumaire, B. Constant rapproche Sieyès et Rœderer, qui sert, avec Talleyrand, d'intermédiaire entre le premier et Bonaparte; Volney agit activement auprès de Cabanis, de Chénier et des autres républicains d'Auteuil. La commission exécutive consulaire est composée de Bonaparte, de Sieyès et de Roger Ducos. Daunou, Chénier, Cabanis, Garat entrent aux commissions législatives et aux sections chargées de préparer la constitution. Dans le gouvernement qui sortit du 18 brumaire, Garat, Sieyès, Volney, D. de Tracy, Cabanis, Grégoire, plus tard Rœderer, siègent au Sénat; Biran, Dupuis, puis Gallois, au Corps législatif; Benjamin Constant, Daunou, Laromiguière, Chénier, Ginguené, Desrenaudes, Jacquemont, Gallois, J.-B. Say, au Tribunat; Portalis dirige les cultes, Rœderer, l'instruction publique. Desrenaudes est, avec Legendre, Emery, Cuvier et de Bonald, Noël et Villar au Conseil de l'Université. Ampère, Royer-Collard, Leprévost d'Iray, Izarn sont inspecteurs généraux. Degérando, d'abord secrétaire général du ministère de l'Intérieur, remplit diverses fonctions administratives.

En examinant la Constitution de 1799 et les modifications qu'elle subit jusqu'en 1814, l'historien s'aperçoit que la Révolution suit une marche inverse à celle de ses premières années. En l'an VIII, on se borne à dire que la constitution est fondée sur les vrais principes du gouvernement représentatif, sur les droits sacrés de la propriété, de l'égalité, de la liberté; mais on s'attache, déjà et surtout, à établir des pouvoirs forts et stables, tels qu'ils doivent être pour garantir les droits des citoyens et les intérêts de l'État. La Déclaration des droits disparaît. Le Sénatus-consulte du 14 thermidor an X manifeste, d'une manière éclatante, la reconnaissance nationale envers le héros vainqueur et pacificateur, donne au gouvernement toute la stabilité nécessaire à l'indépendance, à la prospérité et à la gloire de la République. Le premier consul nomme les présidents des assemblées de canton, des collèges électoraux, jure de maintenir la constitution, de respecter la liberté des consciences, et de s'opposer au retour des institutions féodales, de ne jamais faire la guerre que pour la défense et la gloire de la République, de n'employer le pouvoir dont il sera revêtu que pour le bonheur du peuple, de qui et pour qui il l'a reçu. Il a le droit de nommer au Sénat des citoyens distingués par leurs services, leurs talents et non présentés par les collèges des départements; il a le droit de faire grâce. Le Tribunat est réduit à cinquante membres. En l'an XII, Napoléon est empereur des Français : la dignité impériale est *héréditaire* dans sa descendance directe, naturelle et légitime, de mâle en mâle, par ordre de primogéniture, et à l'exclusion perpétuelle des femmes et de leur descendance. Il y a des princes français, membres du Sénat et du Conseil d'État à dix-huit ans, des palais impériaux, des grands dignitaires qui sont sénateurs et conseillers d'état : grand électeur, archichanceliers de l'Empire et d'État, architrésorier, connétable, grand amiral ; des grands officiers qui sont inamovibles. L'empereur jure de maintenir l'intégrité du territoire de la République, de respecter et de faire respecter les lois du Concordat et la liberté des cultes, de respecter et faire respecter l'égalité des droits, la liberté politique et civile, l'irrévocabilité des ventes des biens nationaux, de ne lever aucun impôt, de n'établir aucune taxe qu'en vertu de la loi, de maintenir l'institution de la Légion d'honneur, de gouverner dans la seule vue de l'intérêt, du bonheur et de la gloire du peuple français. Il fait sénateurs « ceux qu'il juge convenable d'élever à cette dignité ». S'il y a une commission sénatoriale de la liberté individuelle, elle ne prend connaissance des arrestations que sur la communication qui lui en est donnée par les ministres (1). De même la commission sénatoriale de la liberté de la presse n'a pas, dans son attribution, les ouvrages qui s'impriment et se distribuent par abonnement et à des époques périodiques. Enfin on introduit, en tête des expéditions exécutoires des jugements, des lois promulguées, la formule célèbre : « *par la grâce de Dieu et les constitutions de la république* (2), N..., empereur des Français, à tous présents et à venir, *salut* ».

Aussi ne sommes-nous pas trop surpris, après la chute de l'empereur, auquel les idéologues, républicains et royalistes, comme D. de Tracy, Biran, etc., n'avaient pas pardonné ses ten-

(1) Voyez ch. vii, § 5, ce que dit Jacquemont.
(2) Voyez la lettre adressée par Napoléon à Daunou en 1805, ch. vii, § 1.

dances absolutistes, de voir Louis XVIII s'intituler *roi de France et de Navarre par la grâce de Dieu*, tout en garantissant un certain nombre des droits proclamés par la Constituante et violés par Napoléon : impôt librement consenti, liberté publique et individuelle, liberté de la presse et des cultes, responsabilité des ministres, indépendance du corps judiciaire, etc. La charte de 1814 débute par une déclaration du droit public des Français. Quoique restrictive en bien des points, et présentée, comme « une concession », « un octroi » faits volontairement et par le libre exercice de l'autorité royale, elle montre combien il fallait compter avec les idées qui avaient triomphé en 1789. C'est aussi ce qu'indique l'*Acte additionnel aux Constitutions de l'empire*. Destiné à accroître la prospérité de la France par l'affermissement de la liberté publique, il contient un titre spécial, où sont énumérés les droits des citoyens.

Mentionnons encore, pour compléter le tableau des péripéties diverses par lesquelles ont passé les idées élaborées au xviii° siècle, la loi concernant les droits de la nation française, votée par les Chambres en 1815. Nous y voyons reparaître la souveraineté du peuple, la division des pouvoirs, la responsabilité des ministres, la liberté de la presse et des cultes, l'instruction primaire « indispensable pour la connaissance des droits et des devoirs de l'homme en société, mise gratuitement à la portée de toutes les classes du peuple », la garantie du droit de pétition, des secours publics, etc.

On sait d'ailleurs que c'est sur l'initiative de D. de Tracy que fut prononcée la déchéance de Napoléon, que c'est sur la proposition de La Fayette que la Chambre se déclara en permanence.

Pendant la Restauration, D. de Tracy, Volney restent à la Chambre des Pairs ; Benjamin Constant, Biran, Daunou, Camille Jordan, Grégoire sont députés. Talleyrand dirige les négociations qui suivirent la chute de Napoléon ; Degérando est conseiller d'État ; Laromiguière continue de professer à la faculté des lettres, où il a Thurot pour adjoint. Ampère fait des cours à la faculté des lettres, au Collège de France, où professent aussi Andrieux et Daunou, qui y défendent l'école contre les attaques de Cousin et de ses disciples.

La révolution de 1830 fut saluée avec joie par Daunou, D. de Tracy, Thurot, Lakanal et Jacquemont. Les survivants de l'ancienne Académie des sciences morales assistent à son rétablissement: D. de Tracy, Broussais, Laromiguière, Daunou, Rœderer, Talleyrand, Degérando, Droz, Lakanal, y défendent l'idéologie.

Nous retrouvons Daunou à la Chambre des députés, D. de Tracy, Degérando à la Chambre des pairs. L'influence politique de l'école se fait encore sentir en 1848: Armand Marrast occupe une place importante dans l'histoire de la seconde République.

Outre leurs réunions politiques, les idéologues en tenaient encore, notamment à Auteuil et à la rue du Bac, où ils abordaient, dans leurs entretiens, toutes les questions littéraires, artistiques, philosophiques et sociales qui avaient passionné les philosophes du xviii° siècle et qui intéressaient encore leurs contemporains.

A Auteuil (1), Mme Helvétius réunit, après la mort de son mari, d'Alembert, Thomas, Condillac, Turgot, Franklin, Malesherbes, Condorcet, d'Holbach, Chamfort, Morellet, Cabanis, D. de Tracy, Thurot, Volney, Garat, Chénier, Ginguené, Daunou. C'est chez elle que Franklin disait à Cabanis et à Volney, tous deux jeunes et pleins d'ardeur : « A cet âge, l'âme est en dehors, au mien elle est en dedans, elle regarde par la fenêtre le bruit des passants sans prendre part à leurs querelles. » Mme Helvétius laissa sa maison à Cabanis, quand elle mourut en 1800. Avec le maître de la maison, qui était l'âme de ces assemblées, se réunissaient D. de Tracy et Volney, Garat et Sieyès, Laromiguière et Daunou, Degérando, Thurot et Andrieux, Ginguené et Fauriel, quelquefois, quand ils étaient à Paris, Biran, Droz, Ampère et Manzoni, le petit-fils de Beccaria.

Sous le Directoire, Garat, Cabanis, de Tracy, Thurot, Gallois, Jacquemont, Le Breton, Laromiguière, Chénier, Andrieux, Ginguené, Benjamin Constant, Daunou dînaient, le tridi de chaque semaine, chez un restaurateur de la rue du Bac, et y parlaient politique, littérature ou métaphysique. En 1802, Cabanis et Chénier s'entendaient, par l'intermédiaire de Jacquemont, alors chef du bureau des sciences au ministère de l'intérieur, avec Moreau pour renverser le premier consul qui déjà avait détruit presque entièrement la liberté. Fouché, mis sur les traces de ce complot, fit dire à Cabanis et à ses amis qu'il en

---

(1) Mignet, *Notices historiques*, I, p. 271 ; Sainte-Beuve, *passim*. — Il faut se rappeler qu'il y avait eu déjà au xvii° siècle à Auteuil des réunions d'épicuriens; cf. Introduction, § 2.

était instruit. Les dîners du tridi cessèrent (1) et les amis ne se virent plus régulièrement qu'aux réunions d'Auteuil.

II

La Convention voulant, comme le dit Lakanal, détruire l'inégalité des lumières en appliquant l'analyse à tous les genres d'idée et dans toutes les écoles, avait créé, à l'avance, des Écoles normales pour « former un très grand nombre d'instituteurs capables d'être les exécuteurs d'un plan qui a pour but la régénération de l'entendement humain ». On devait apprendre, non les sciences, mais l'art de les enseigner. Dans « ce séminaire de la nature, de la vérité, de la raison et de la philosophie », les plus éminents en tout genre de sciences et de talents, des hommes d'une renommée européenne seraient les « premiers maîtres d'école d'un peuple ». Des citoyens, désignés par les autorités constituées, « déjà pleins d'amour pour la science qu'ils posséderont », ajoutait Lakanal, viendront recevoir ces grandes leçons. Aussitôt que seront terminés à Paris ces cours de l'art d'enseigner les connaissances humaines, ils iront les répéter à leur tour dans toutes les parties où la République ouvrira des écoles normales. La raison humaine, cultivée partout avec une industrie également éclairée, disait encore Lakanal, produira partout les mêmes résultats, et ces résultats seront la « recréation » de l'entendement humain chez un peuple qui va devenir l'exemple et le modèle du monde.

Les professeurs étaient tous des hommes distingués, quelques-uns des savants de premier ordre. Volney enseignait l'histoire, B. de Saint-Pierre la morale, Sicard la grammaire, Garat l'analyse de l'entendement, La Harpe la littérature, Buache et Mentelle la géographie, Daubenton l'histoire naturelle, Haüy la physique, Berthollet la chimie, Laplace et Lagrange les mathématiques, Monge la géométrie descriptive.

Chaque enseignement comprenait des cours, dans lesquels les professeurs « ayant préparé leurs idées, mais non leurs discours » devaient « parler leurs idées »; des conférences, où les auditeurs soumettaient à leurs maîtres des difficultés que

---

(1) Taillandier, *Documents biographiques sur Daunou*, p. 122 et 206.

ceux-ci résolvaient sur-le-champ ou leur faisaient des questions auxquelles ils donnaient une réponse immédiate. « Le but des Écoles normales, est-il dit dans l'Avertissement qui se trouve en tête des Séances recueillies par des sténographes, c'est l'instruction des citoyens d'une république où la parole exercera une grande influence et même une puissance. » L'ouverture de ces écoles, installées aux Jacobins de la rue Saint-Honoré, eut lieu le 1er pluviôse, à l'amphithéâtre du Muséum d'histoire naturelle, sous la présidence de Lakanal et de Deleyre. Elles furent fermées le 30 floréal.

Les Écoles normales ont été fort sévèrement jugées, comme la plupart des institutions de la Convention. « Les leçons, a dit Cousin, étaient plutôt des discours académiques que des conférences propres à instruire. » — « Transporter à Paris, dit M. Albert Duruy, quatorze cents jeunes gens de tout âge, de toute provenance, sans leur avoir fait subir un examen sérieux, c'était déjà bien scabreux. Les laisser libres de suivre ou de ne pas suivre les cours, c'était s'exposer à ne plus avoir que quelques auditeurs de bonne volonté. D'ailleurs, ajoute-t-il, la plupart des cours n'étaient guère faits pour attirer des jeunes gens dont la première instruction se bornait, en général, à quelques notions de grammaire et d'arithmétique. Sous le rapport de l'enseignement comme sous celui de la discipline, conclut-il enfin, l'École normale de l'an III ne répondait donc en aucune façon à la pensée dont elle était née ; elle eût peut-être à la longue suscité quelques vocations scientifiques, elle était incapable de donner à la République les instituteurs dont elle avait besoin. »

Il faudrait, pour porter un jugement définitif et exact, avoir, avec les douze volumes qui contiennent les cours et les conférences, la liste des quatorze cents élèves des départements, avec une biographie de chacun d'eux assez détaillée pour déterminer ce qu'il savait en arrivant aux Écoles normales, ce qu'il a fait par la suite. On pourrait juger les leçons et les discussions en elles-mêmes, les apprécier ensuite en tenant compte des auditeurs auxquels s'adressaient les professeurs, enfin essayer de montrer quelle influence elles ont exercée sur leur développement intellectuel.

Sans entreprendre ce travail, qui nous ferait sortir du cadre que nous nous sommes tracé, nous remarquerons, d'abord, que Cousin et Albert Duruy sont des adversaires politiques et philosophiques, dont il faut examiner et contrôler le jugement. Les contemporains ont laissé des appréciations toutes différentes. Ginguené annonce, dans la *Décade*, que Garat, qui a jeté au Lycée l'histoire dans un cadre nouveau, paraît destiné à s'élever encore davantage et peut-être à reculer les bornes d'une carrière où il entre après tant de grands hommes. Et Thurot disait, dans son *Discours préliminaire* à la traduction de l'*Hermès* de Harris, qu'il avait puisé, aux leçons de Garat, le germe de l'importante vérité qu'il y développait. Prévost de Genève, dont le témoignage est tout à fait désintéressé, parlait de même et vengeait, comme le dit Ginguené, les Écoles normales de la froideur et de l'injustice dont ce bel établissement eut presque également à se plaindre.

Daunou, sur lequel on s'est appuyé quelquefois pour les condamner, en parle dans les termes les plus élogieux : « Dans cette vaste et célèbre école, dit-il, des professeurs, presque tous d'un ordre éminent, comptaient parmi leurs nombreux auditeurs, beaucoup d'hommes de lettres et de savants fort distingués ; plusieurs de ces *élèves* (car on leur donnait ce nom) avaient honorablement cultivé, même étendu certaines sciences ; ils étaient déjà ou pouvaient devenir de très habiles maîtres » (1). De même Cabanis disait que cette École, où l'on entendit à la fois les Lagrange, les Laplace, les Berthollet, les Monge, les Garat, les Volney, les Haüy, etc., fut un véritable phénomène lors de sa création et qu'elle ferait époque dans l'histoire des sciences (2). Biot, loué plus tard, comme un chrétien des premiers temps, par le comte de Chambord, écrivait en l'an IX (30 floréal), dans la *Décade*, que « depuis quelques années, l'enseignement des sciences a tout à fait changé de face et que c'est à l'École normale qu'on doit cette amélioration. » Saint-Martin même, qu'on a trop souvent présenté comme un adversaire de Garat, sans tenir compte de son admiration pour la Révolution, trouvait que c'était un honneur pour lui d'avoir été envoyé par son district à l'École normale et « s'honorait d'un emploi si neuf dans l'histoire des peuples, d'une carrière d'où peut dépendre le bonheur de tant de générations ». S'il est plus sévère par la suite, c'est qu'il « voit le *spiritus mundi* tout pur et celui qui se cache sous ce manteau, c'est qu'il ne peut, chaque mois, parler qu'une ou deux fois, et cinq ou six minutes devant deux mille personnes à

---

(1) Notice sur Thurot.
(2) Préface des *Rapports*, p. XII.

qui il faudrait refaire les oreilles. » Bien plus, on a dit, non sans raison, que Saint-Martin à l'École normale devint meilleur philosophe qu'il ne pensait (1). Et lui-même, songeant un instant à demander une chaire d'histoire à l'école centrale de Tours, ne semble avoir été rien moins qu'un critique du système d'enseignement organisé à cette époque.

Enfin, dans un journal universitaire, le *Lycée*, qui volontiers fait l'éloge de Royer-Collard et de Cousin, nous rencontrons l'appréciation suivante : « Les écoles centrales, fragment d'un édifice idéal dont les fondements n'avaient pas été posés... la première École normale surtout, sortie du sein même de la Révolution, toute brillante de génie et de lumière, comme le soleil du sein du chaos et de la nuit, attestent suffisamment que l'époque dont nous parlons ne fut point si étrangère aux besoins supérieurs de l'esprit, ni aux plus hautes conceptions de l'intelligence (2). »

Personne n'a songé, que nous sachions, à contester la valeur des professeurs. Rappelons toutefois que Monge y exposa, pour la première fois, des idées qu'il avait dû jusque-là, par patriotisme, tenir cachées ; que Laplace y fit connaître les résultats auxquels il était arrivé pour le calcul des probabilités. Quant aux élèves, ils devaient être âgés au moins de vingt et un ans, et comme le dit Daunou, beaucoup d'entre eux étaient des hommes de lettres et des savants fort distingués. Parmi ceux dont les noms sont omis dans le compte rendu des séances, nous en rencontrons qui objectent à Haüy (24) qu'il est contraire à la marche analytique de donner des principes au commencement, citent Montesquieu à Sicard (108), pour établir que le sourd-muet n'est pas l'homme de la nature, et demandent à la Harpe si l'époque des modernes commence pour les Français à Descartes ou à Corneille (114). D'autres regrettent de ne point trouver Descartes parmi les grands analystes de l'esprit humain et citent Hume à Volney (165), croient trouver une contradiction entre ce que dit Sicard et ce qu'a écrit Condillac (114), ou invoquent, à propos du tutoiement, Condillac et Gedike de l'Académie de Berlin. Nous connaissons Mure et Teyssèdre qui défend la méthode et la doctrine de Descartes, Duhamel qui fait des objections à l'homme-statue de Condillac, et Géruzez qui arrête Monge

---

(1) Matter, *Saint-Martin, le philosophe inconnu*, ch. XVI.
(2) IV, p. 473.

par une objection tirée de Condillac ; Roullet, directeur de l'École polysophique de Nantes et plus tard professeur à l'École centrale de Vannes ; J.-J.-G. Lévesque qui, avant la fermeture des écoles, publie un *Essai sur la manière d'écrire et d'étudier l'histoire ;* Jeudi-Dugour qui donne, à la même époque, une *Histoire de Cromwell,* Thurot et Laromiguière, Saint-Martin et Bougainville, « sexagénaire et doyen d'âge de tous ceux qu'avaient envoyés les districts, ancien chef d'escadre qui avait fait trois fois le tour du monde et découvert l'île d'Otaïti. » Si l'on admet que, pour l'enseignement, la distinction des maîtres et celle des condisciples est plus propre que les leçons elles-mêmes à exciter les élèves et à développer leur esprit, on sera fort disposé à croire que les Écoles normales, si vite fermées, exercèrent une influence profonde et dont on exagérerait difficilement l'importance, sur la culture intellectuelle dans notre pays.

Il semble en outre que bon nombre des élèves des Écoles normales devinrent professeurs aux écoles centrales. Nous en sommes sûrs pour Géruzez, Roullet, Jeudi-Dugour, Laromiguière, Duhamel, Biot, Thurot, etc. En outre, Daubenton publiait son *Tableau méthodique des minéraux,* en le faisant suivre d'une lettre « du professeur des anciennes Écoles normales à un professeur d'histoire naturelle d'une école centrale. » Biot affirmait, comme nous l'avons vu, que les progrès réalisés depuis quelques années dans l'enseignement des sciences étaient dus à l'École normale. Il faut donc, pour juger les Écoles normales, examiner aussi ce que furent les écoles centrales.

Remarquons cependant encore qu'il est plus qu'étrange de voir des admirateurs de l'École normale instituée par Napoléon condamner celle qui l'a précédée ! Les professeurs, qui sont ceux des facultés des sciences et des lettres, sont ou les maîtres des anciennes Écoles normales, Haüy par exemple, ou leurs disciples et successeurs, Lacroix, Geoffroy Saint-Hilaire, Biot, Laromiguière, ou des hommes qui n'ont pas laissé une réputation plus grande, Dinet, Francœur, Desfontaines, Millon, Lacretelle, etc. Quant aux élèves, ils entraient dans la section des lettres sans avoir fait de philosophie (1), sans avoir étudié les sciences ou l'histoire, et l'on s'explique ainsi les lacunes que présente l'œuvre de ceux d'entre eux dont on a retenu les

---

(1) Voyez p. 62.

noms (1). S'ils savaient du latin et du grec, aucun d'eux n'en savait à coup sûr plus que Jeudi-Dugour, Roullet, Laromiguière ou Thurot.

Les Écoles normales, disait Lakanal, ont annoncé à la France le complément de l'instruction qui ne peut être que dans les écoles centrales. Le décret du 7 ventôse établissait une école par trois cent mille habitants ; il lui attribuait des professeurs de mathématiques, de physique et de chimie expérimentales, d'histoire naturelle, d'agriculture et de commerce, de méthode des sciences ou logique et d'analyse des sensations (2) et des idées, d'économie politique et de législation, de l'histoire philosophique des peuples, d'hygiène, d'arts et métiers, de grammaire générale et de belles-lettres, de langues anciennes, de langues vivantes et de dessin. Par les décrets du 11 ventôse et du 18 germinal, cinq écoles centrales devaient être fondées à Paris et quatre-vingt-seize dans les départements. La loi du 3 brumaire an IV institua une école centrale par département. L'enseignement est divisé en 3 sections : la première comprenant le dessin, l'histoire naturelle, les langues anciennes et les langues vivantes; la seconde, les mathématiques, la physique et la chimie; la troisième, la grammaire générale, les belles-lettres, l'histoire et la législation. Les professeurs sont assimilés, pour le traitement, aux administrateurs de département.

Pas plus que les Écoles normales, les écoles centrales ne sauraient être actuellement jugées avec impartialité. Comme elles, attaquées avec excès par les adversaires, et vantées sans mesure par les partisans de la Révolution, elles n'ont jamais encore été étudiées avec des informations suffisantes. Nous n'avons pas, pour chacune d'elles, la liste des professeurs qui y ont enseigné. Nous ignorons ce que savait et ce que valait chacun d'eux, ce qu'il était avant l'institution de ces écoles, et ce qu'il est devenu après leur suppression. Nous manquons de renseignements pour les élèves qui les ont fréquentées, nous ne savons quelle influence a exercée, sur la formation de leur esprit et de leur caractère, l'enseignement qu'ils y ont reçu. Grâce à l'obligeance de M. Jules

---

(1) Voyez ce que M. Paul Janet dit de Cousin (*Victor Cousin*, p. 6). Cf. également Damiron, *Souvenirs de vingt ans d'enseignement*.

(2) Des documents que nous devons à l'obligeance de M. Rebut, professeur au lycée de Tours et qui ont été puisés aux Archives de la préfecture, nous ont appris qu'il y avait eu à Tours un professeur (Bourgius) et un suppléant (Baillot) pour les cours d'analyse des sensations.

Gautier, nous avons pu, par la *Revue de l'enseignement secondaire et supérieur*, adresser un appel qui n'est pas resté sans réponses. Malheureusement les personnes qui se sont mises en quête de renseignements n'ont pas toujours été aidées dans leur tâche par des archivistes, ou peu au courant des documents qui concernent la période révolutionnaire, ou peu disposés à laisser utiliser des pièces que d'ailleurs ils ne publient pas eux-mêmes. Incapable d'écrire l'histoire complète des écoles centrales, nous pouvons toutefois, avec les indications que nous avons recueillies, ou qui nous ont été transmises, montrer, par des exemples pris dans des régions diverses, et où nos lycées ont eux-mêmes une importance très diverse, que, dans leur ensemble, les écoles centrales font honneur à leurs fondateurs, et surtout qu'elles auraient pu, si elles n'avaient pas été détruites, faire triompher les idées chères aux idéologues.

Les départements qui forment l'Académie actuelle de Lille comptaient cinq écoles centrales : celles de Soissons, de Mézières, d'Amiens; celle du Nord qui, fixée d'abord à Maubeuge (3 brumaire an VI), fut transportée à Lille le 7 avril 1796 (1), celle du Pas-de-Calais qui était à Arras. A ces écoles on peut joindre celles de Bruxelles (Dyle), de Gand (Escaut), de Luxembourg (les Forêts), de Mons (Jemmapes), de Bruges (Lys), de Maestricht (Meuse-Inférieure), d'Anvers (Deux-Nettes), de Liège (Ourthes), de Namur (Sambre-et-Meuse). Il n'existe aucun ouvrage, à notre connaissance, où l'on ait essayé de déterminer quels furent les professeurs et l'enseignement donné dans ces diverses écoles. La *Décade*, qu'on ne saurait trop recommander à tous ceux qui s'occupent de l'histoire des idées et des hommes pendant la période révolutionnaire, nous a fourni un certain nombre de renseignements qui ne sont pas sans intérêt. Ainsi Guffroy-Vaughelle, professeur de belles-lettres, prononça à la clôture des écoles centrales en l'an VI un discours qu'elle crut devoir reproduire (20 vend. an VII), et dans lequel il gourmandait « les jeunes citoyens que l'indifférence ou la paresse éloignait de l'école ». Un

---

(1) Van Hende, *Histoire de Lille de 620 à 1804*. Il faut se défier des documents puisés à Paris sur les écoles centrales de province. Ainsi M. Albert Duruy donne un tableau dressé par le chef de la première division et présenté au ministre le 19 messidor an VI, dans lequel Laon et Douai sont indiqués comme pourvus d'écoles centrales. Et M. A. Duruy dit lui-même au haut de la page que l'école centrale de l'Aisne était installée dans les bâtiments de la ci-devant intendance de Soissons et il en donne deux pages plus loin la situation en l'an VI.

autre professeur de Lille, dont le souvenir est demeuré populaire, Lestiboudois, donne un *Abrégé élémentaire de l'Histoire naturelle des animaux* (an VII), une *Botanographie belgique* où il affirme que la méthode analytique est le moyen le plus facile et le plus commode pour satisfaire à l'impatience qu'ont les élèves de connaître les plantes. Il a tenté, et avec succès, croit-il, de remplir les vœux que formait J.-J. Rousseau pour l'accord des nomenclatures.

M. Albert Duruy a fait connaître la situation de l'école centrale de Soissons en l'an VI : *dessin, vingt élèves; langues anciennes, huit; histoire naturelle, sept; mathématiques, sept; autres cours, zéro*. Nous ne connaissons guère que de nom Mareschal, le professeur d'histoire, dont la *Décade* a publié une lettre, où il réclame « qu'on blanchisse les dortoirs et les salles d'études ». Mais le professeur de grammaire générale, Benoni Debrun, est l'auteur d'un *Cours de psychologie*, en 382 pages, dont la première partie, consacrée à l'analyse des sensations et des idées, avait pour but de modifier, en le perfectionnant, le système de Condillac, tandis que la seconde formait un traité de grammaire. De Poiret, le professeur d'histoire naturelle, la *Décade* insérait une lettre où il proposait que les professeurs fussent payés par l'Etat. Il obtenait, en l'an VIII, cent quatre-vingts suffrages à l'Institut, presque autant que Kant, et faisait paraître des *Observations sur la tourbe pyriteuse des environs de Soissons*, et en l'an IX, un travail sur *les Coquilles fluviatiles et terrestres, observées dans le département de l'Aisne et aux environs de Paris*, dont la *Décade* donnait un extrait (1). Le professeur de langues anciennes des Ardennes, Grancher, est l'auteur de *Poésies* annoncées par la *Décade*. L'administration centrale de la Somme donnait avis, par le même journal, que, le 15 prairial an VII, il serait procédé à la nomination des professeurs de législation et d'histoire naturelle. Bourgeois, chargé d'enseigner la grammaire générale, faisait paraître, en l'an IX, une *Méthode analytique pour apprendre la langue anglaise*. A Bruxelles, Rouillé et Lesbroussart, professeurs de belles-lettres et de langues anciennes, prononçaient, en l'an VI, le discours de clôture. La *Décade*, dont le rédacteur avait sous les yeux les discours auxquels étaient joints des procès-verbaux et des relations, trouve que

---

(1) La *Décade* de l'an X (20 vend.) dit : « L'Ecole jusqu'à présent peu active de Soissons vient aussi de soumettre un projet de règlement au Préfet. »

« rien n'est d'un plus heureux présage pour l'avenir ». Rozin, professeur d'histoire naturelle à la même école, est l'auteur d'un *Essai sur l'étude de la minéralogie en Belgique*. Loneux, qui professe à Liège, publie, en l'an VIII, une *Grammaire générale appliquée à la langue française* (340 pages). Thomeret, à Mons, écrit à la *Décade* une lettre sur un article du nouveau projet de Code civil (30 floréal an IX). Hang, à Maestricht, publie, en 1 vol. in-8, des *Principes de droit public français*. Van Hulthem, professeur de bibliographie et d'histoire littéraire à Gand, fait paraître un programme qui, « si l'on juge par lui de toutes les parties des études, permet d'affirmer qu'elles ne laissent rien à désirer ».

A l'Académie actuelle de Nancy, on peut rattacher les écoles centrales de Nancy, de Bar-sur-Ornain, de Metz, de Colmar, de Strasbourg, d'Épinal. Mongin, à Nancy, donne en l'an XII, une *Philosophie élémentaire* : « Il y a, dit la *Décade* en l'annonçant, une espèce de courage à publier aujourd'hui sous ce titre un traité important de métaphysique et de grammaire. » Un autre professeur de la même école, Willemet, lit à la Société de santé de Nancy un *Mémoire pour servir à l'histoire naturelle générale des insectes*. Dans la *Décade*, Dupont, professeur de belles-lettres de la Meuse, signale, chez Delille, une réminiscence singulière de l'abbé du Resnel. La bibliothèque de l'école du Bas-Rhin est considérable : elle contient plus de cent bibliothèques recueillies dans le département et elle est riche en incunables. Escher, professeur de grammaire générale, y fait soutenir des *Exercices publics d'idéologie et de logique*. Haussner publie, en l'an VII, sous le titre de *Anglo-Germanica*, cinquante mille phrases tirées des auteurs anglais et traduites en allemand. Butenschoen, professeur d'histoire dans le Haut-Rhin, communiquait à la *Décade* une lettre par laquelle il faisait connaître que Gall se servait de son immense collection de crânes pour son cours de craniologie, un des plus intéressants et des plus instructifs dont peut-être jamais docteur se soit avisé. « Il excite, disait-il, puissamment la curiosité de ses nombreux auditeurs... il assigne à chaque faculté intellectuelle et à chaque passion une partie du crâne » (20 mess. an IX). Puis il essayait de montrer (30 therm.), en citant le commentaire sur les *Politiques* d'Aristote, que ce n'est pas de Machiavel, accusé souvent d'avoir été le professeur de tyrannie de Robespierre, mais de saint Thomas d'Aquin, que ce dernier a pris des leçons. Enfin il demande qu'on fasse surtout étudier en grec Homère et qu'on prenne pour livre élémentaire l'*Anabase*. Un autre professeur, membre de l'Institut, réclame plus tard (20 prair. an XI) l'enseignement du grec : « Abandonner, dit-il, l'étude du grec pour celle du latin, c'est déserter l'école des maîtres pour celle des élèves. » « Les programmes du Haut-Rhin, lit-on dans la *Décade* du 20 vendémiaire an X, prouvent combien chacun des professeurs connaît la science qu'il enseigne, sait en perfectionner les méthodes et en parler le langage. Ils ont divisé tous les cours en six classes; l'élève passe de l'une à l'autre en subissant toujours, pour ce passage, un examen propre à constater qu'il a profité des leçons précédentes et peut recevoir avec fruit celles qui vont suivre. Ils ont ajouté aux langues anciennes l'enseignement de l'allemand et créé un pensionnat qu'ils dirigent eux-mêmes. Ils ont adopté les dispositions principales du règlement de l'école de l'Oise (1). Les élèves devront, autant que possible, avoir une année au moins de mathématiques et de physique, avant d'être admis au cours de grammaire générale, « cette dernière science ayant pour base les principes de l'analyse auxquels les deux autres offrent de continuelles applications ». Ajoutons enfin que Godfroy, professeur de grammaire générale dans la Moselle, publiait en 1797 un *Nouvel Abrégé de grammaire française* (125 pages).

Faisons un peu plus rapidement le reste de notre tour de France. On s'accorde à reconnaître que l'école de Besançon jouit d'une grande prospérité (2). Droz, le professeur le plus célèbre et le maître de Nodier, membre de l'Académie française et de la seconde Académie des sciences morales et politiques, fut en relations étroites avec D. de Tracy et Cabanis (3) « un de ces philosophes de la Grèce qui, sous de verts ombrages, instruisaient des disciples avides de les entendre. » Mais il convient d'insister sur une école voisine dont nous savons l'histoire depuis peu de temps.

L'école centrale du Jura fut ouverte le 2 floréal an V dans les bâtiments du collège de l'Arc. La bibliothèque contenait 15,000 volumes ; on acheta des instruments pour le cabinet de physique, des modèles et des bosses pour l'enseignement du

---

(1) Cf. p. 61.
(2) Albert Duruy, *ouvr. cité*, pp. 189, 192, 197.
(3) Sainte-Beuve, *Lundis*, III, 5ᵉ édition, p. 171 et ch. VII, § 5.

dessin ; on créa un jardin botanique. Trois anciens professeurs du collège royal, Jantet, Requet, Rouhier, furent chargés des mathématiques, des belles-lettres et de la bibliothèque. Les autres professeurs étaient Rosset pour le dessin, de Sampans, ancien médecin à Besançon, pour l'histoire naturelle, Stergue pour l'histoire ancienne (1), Dalloz pour la physique et la chimie, Abbey pour la grammaire, Rollin pour l'histoire, Pierre-Ignace Bulle de Dôle, plus tard président du tribunal civil, puis député (1815), pour la législation. Génisset de Mont-sous Vaudrey, l'un des chefs du parti révolutionnaire dans le Jura, y professa, avant d'être chargé de la rhétorique au lycée, puis de la littérature latine à la faculté de Besançon. L'école fut florissante : « Toutes les parties de l'enseignement, disait en l'an V l'administration centrale du Jura, sont confiées à des professeurs dont les talents égalent le zèle, le dévouement et le civisme. Près de quatre cents élèves suivent les différents cours ; ils ont déjà fait preuve, dans un exercice public (2), de progrès rapides ; leur exactitude aux leçons, la douce sollicitude et l'affection complaisante des professeurs pour les élèves leur assurent de nouveaux succès. » L'année suivante, le ministre de l'intérieur écrivait à l'administration centrale qu'il était satisfait de l'excellente situation de l'école. Fermée en 1802, elle avait déjà compté parmi ses élèves quelques-uns des hommes dont les Dôlois conservent avec fierté le souvenir.

De même il faut signaler, dans l'académie actuelle de Dijon, l'école centrale d'Auxerre, sur laquelle on n'a jamais, que nous sachions, appelé l'attention. Les exercices publics (3), dont nous donnons quelques extraits, propres à montrer ce qu'étaient les cours, prouvent surabondamment que l'école avait des professeurs tels que le collège actuel n'en a guère vu de meilleurs, et des élèves dignes de leurs maîtres. Ces élèves lisaient la *Décade* et quelquefois critiquaient, dans des lettres fort sensées, des ouvrages classiques : les professeurs, Deville ou Fontaine, y écrivaient pour annoncer un fait intéressant les naturalistes, ou pour demander, à propos de la traduction d'un

---

(1) Ne faudrait-il pas lire *langues anciennes ?* demanderons-nous à M. Feuvrier (*le Collège de l'Arc à Dôle*). — Sur cet excellent ouvrage, voyez ce que nous avons dit dans la *Revue de l'enseignement secondaire et supérieur* (t. IX, 229).

(2) Il serait à désirer que M. Feuvrier retrouvât et publiât cet « exercice public » qu'on faisait presque toujours imprimer. Rien n'est plus propre que de tels documents à nous renseigner sur les études des écoles centrales.

(3) L'École de l'Yonne (*Décade* an X) a ajouté à l'exercice un examen général et public des élèves qui a duré six jours entiers. — Voyez appendice I.

passage de Silius Italicus par Cournaud, professeur au Collège de France, qu'on n'altérât pas la langue « superbe » des Racine, des Voltaire, des Fénelon, des Rousseau, des Buffon. Un élève de l'école centrale de la Nièvre donne, de l'épitaphe latine de Desaix, une traduction en prose que distingue la *Décade*.

Ampère fut professeur de physique et de chimie à Bourg « où il trouva assez de ressources pour les différentes expériences » et où il prononça en 1801 un discours qui contient le germe et comme une première ébauche de l'*Essai sur la philosophie des sciences* (1). A Lyon même figurait, parmi les professeurs de l'école, un membre de l'Institut dont la *Décade* inséra des vers plus intéressants par le fond que par la forme :

> Toi de qui tout est né, toi de qui tout dépend,
> Toi qu'on nomme Destin, Nature, Providence,
> Suprême créateur ! Dieu très bon, Dieu très grand,
> Augmente, augmente encor le bonheur de la France !

A Grenoble, Berriat-Saint-Prix, Gattel, Dubois-Fontanelle, Villar, membre de l'Institut, enseignaient l'histoire, la grammaire générale, les belles-lettres et l'histoire naturelle. Le Lycée des sciences et des arts, dont ils faisaient partie, et qui avait en cinq ans (an IX), publié cent vingt mémoires, discours, dissertations ou pièces détachées, mit au concours la question suivante : « Quels sont les moyens de perfectionner l'éducation physique et morale des enfants ? » et reçut treize mémoires. Sur le rapport de Gattel, le prix est décerné, en l'an XI, à Perrier, né à Villeneuve-sur-Yonne, et employé au Bureau de la guerre à Paris. C'est en suivant les cours de l'école centrale, dit Sainte-Beuve, que Stendhal commença à se former et à s'émanciper. Nous savons même qu'il en fut un des plus brillants élèves (2).

A Chambéry, Raymond, professeur d'histoire, publie en l'an IX un ouvrage *de la Peinture considérée dans ses effets sur l'homme en général*, puis en l'an X un *Essai sur l'éducation dans l'ordre social et son application à l'éducation*, mentionné honorablement par l'Institut. A Vaucluse, Sabatier de Cavaillon réclame des vers attribués à Voltaire dans la *Décade*.

(1) Bertrand, *Un Discours inédit de André-Marie Ampère*. (*Annuaire de la faculté des lettres de Lyon;* 3ᵉ année, Paris, Leroux, 1885; cf. ch. VII, § 4.)
(2) Journal de Stendhal publié par Stryienski et François de Nion, p. IV. « A son premier voyage à Paris, il écrivit *cela* avec deux *l* dans une lettre officielle... M. Pierre Daru, le parent et le protecteur de Beyle, s'écria : Voilà donc ce brillant humaniste qui a remporté tous les prix dans son endroit ! » De ce jugement il résulte au moins que l'on faisait de bonnes humanités à Grenoble. Cf. ch. VII, § 5.

On ne conteste guère que l'école de Montpellier ait eu un grand succès (1). M. Albert Duruy a cité des chiffres qui valent la peine d'être rappelés. En l'an VI il y avait soixante élèves en dessin, trente en mathématiques, vingt en histoire naturelle, vingt-cinq en histoire, vingt en langues anciennes, quinze en législation, quatre-vingts en physique et chimie, quatre-vingts en grammaire générale. Albisson fut présenté par l'Institut pour la section de législation. Carney publia un mémoire sur un premier méridien et sur l'ère universelle à laquelle il se lierait. Draparnaud (2), qui semble avoir professé tout à la fois l'histoire naturelle et la grammaire générale, est candidat à la section d'idéologie contre Prévost et Degérando. En l'an X, quand on pouvait déjà avoir des craintes pour la liberté politique et pour le régime scolaire, un autre professeur, Guillaume, prononçait au 14 juillet un discours « plein d'énergie et de chaleur, dit la *Décade*, dans lequel il rappelait les circonstances mémorables qui signalèrent les premiers jours de notre liberté ».

L'école de Perpignan résistait encore en l'an X à tous les motifs de découragement : chaque année elle perfectionnait ses méthodes, étendait la sphère de l'enseignement et obtenait des succès plus grands.

Nous nous contenterons de rappeler le succès incontesté de l'école de Toulouse (3), et les publications de Chantreau, professeur dans le Gers (4). Estarac et Baradère, professeurs de grammaire générale à Pau (5) sont les « auteurs d'excellents cours » qui, lus probablement par D. de Tracy, firent du premier un candidat à la section d'idéologie en même temps que Lasalle, Prévost, Degérando, du second un candidat à la place de correspondant obtenue auparavant par ce dernier. Daube, professeur dans les Hautes-Pyrénées, donne un *Essai d'Idéologie*

---

(1) Albert Duruy, *ouvr. cité*, p. 189.
(2) Ch. vii, § 3.
(3) Albert Duruy, *loc. cit.*
(4) Un *Rudiment de l'histoire* ou *Traité complet des connaissances qu'il faut acquérir avant d'étudier l'histoire* (an VI), une *Traduction des tables chronologiques de Blair*, un *Système analytique des notions qu'il faut acquérir pour connaître complètement l'histoire d'une nation et le plan à suivre pour l'écrire*, des *Observations sur quelques points essentiels de l'Instruction publique*, un *Tableau analytique et raisonné des matières contenues dans les 70 vol. in-8 des Œuvres de Voltaire*.
(5) La *Décade* du 20 pluviôse an VIII indique Estarac comme professeur à l'école des Basses-Pyrénées ; celle du 10 vendémiaire an IX parle de Baradère « professeur de grammaire générale à Pau ».

sur lequel nous reviendrons (1). Canard, professeur de mathématiques à Moulins, est couronné par l'Institut en l'an IX pour un mémoire qui devint les *Principes d'économie politique*. Mathieu de Nancy, professeur de physique et de chimie dans la Corrèze, publie chez Janet-Lebrun un *Dictionnaire des rimes et des prononciations*. Lacoste de Plaisance, professeur dans le Puy-de-Dôme, est l'auteur d'*Observations sur les volcans de l'Auvergne*.

Laissons de côté l'école de Loir-et-Cher, plus fréquentée, et qui a de plus grands succès en l'an X, à cause du pensionnat qui y est annexé; celle de Périgueux, à côté de laquelle se trouve un pensionnat aussi florissant qu'elle-même; celle de Bourges qui, organisée depuis l'origine, constamment en pleine activité, voit chaque année s'augmenter, se consolider son succès, qui fait marcher d'un pas égal et par d'excellentes méthodes, les sciences mathématiques, physiques et morales (2). Mais il faut insister sur celles de Saint-Sever, de Rodez, de Cahors, de Niort, de Saintes, de Tours, sur lesquelles nous avons des documents précis. Elles eurent des professeurs et des élèves dont les noms et le nombre supportent fort bien, pour ne pas dire plus, la comparaison avec ceux des établissements qui leur ont succédé.

M. Xambeu n'a trouvé à Saint-Sever aucune pièce, aucun document relatif aux cours professés à l'école centrale et au nombre des élèves qui les suivaient. L'école, installée le 1er messidor an IV, eut pour professeurs Messier, Moreau, Maigné ou Magniez, Duplantier, Dufour, Bertrand, Lubet-Barbon, Lannelongue, Basquiat (3). Moreau, Magniez, Bertrand, qui avaient déjà professé à Aire, puis à Saint-Sever, le naturaliste Dufour, pour ne parler que de ceux sur lesquels nous avons des renseignements précis, semblent avoir été suffisamment préparés à enseigner les langues anciennes, la grammaire générale, l'histoire et l'histoire naturelle. L'école fut supprimée le 11 floréal an X, après avoir souf-

(1) Voyez ch. VIII, § 4.
(2) *Décade*, 20 vendémiaire an X.
(3) Moreau, Magniez, Bertrand, nous écrit M. Xambeu dans une note qu'il a bien voulu joindre à son *Histoire du Collège de Saint-Sever*, étaient venus dans les Landes en 1791, envoyés (de Paris, dit-on) par l'évêque Saurine. On trouve un Lannelongue parmi les bénédictins de Saint-Sever qui jurèrent en 1791 fidélité à la Constitution. Basquiat était de Saint-Sever où sa famille a tenu un rang important; le Dr Dufour, célèbre naturaliste, était médecin à Saint-Sever.

fert, semble-t-il, des querelles politiques qui provoquaient trop souvent des changements d'administrateurs (1). Mais la *Décade* nous apprend en outre (20 vend. an VII) que l'école centrale de Saint-Sever a terminé l'année scolaire par des exercices publics dans lesquels les élèves « dont le nombre a presque quadruplé » ont fait des réponses satisfaisantes.

A Rodez, l'école centrale fut inaugurée le 16 mai 1796. Il est douteux, dit avec raison M. Lunel, qu'aucune autre école centrale en France ait pu produire, au public, le jour de son ouverture, un pareil ensemble de professeurs. Bonnaterre était chargé de l'histoire naturelle, Chalret, de la chimie et de la physique expérimentale, Clausel de Coussergues, des belles-lettres, Balsac, de la législation, Cabantous, des langues anciennes; Monteil-Bellecombe enseignait l'histoire, Fabre la grammaire générale, Tédenat les mathématiques. Fabre, ancien doctrinaire et procureur-gérant au collège de la Flèche, était alors administrateur du département. Chalret avait composé un traité de mathématiques et longtemps enseigné dans l'université de Toulouse. Balsac fut plus tard chargé d'une chaire de droit à Aix, et mourut doyen de cette faculté. Monteil-Bellecombe est l'auteur d'une *Description de l'Aveyron*, dont la *Décade* annonça l'apparition, et d'une *Histoire des Français des divers états aux XIV°, XV°, XVI°, XVII° et XVIII° siècles* qui, publiée grâce à la générosité délicate de Laromiguière (2), le rendit célèbre. Clausel de Coussergues, prédicateur ordinaire du roi et aumônier de la duchesse d'Angoulême sous la Restauration, devint évêque de Chartres. Cabantous, professeur de littérature française en 1824 à la faculté de Toulouse, mourut en 1840 doyen de cette faculté. Quant à Tédenat et à Bonnaterre, ils étaient déjà célèbres : le premier, compris parmi les associés dès la formation de l'Institut, mourut recteur de l'académie de Nîmes (3). Le second, protégé par Raynal, collabora à l'*Ency-*

(1) Voyez Xambeu, *ouvr. cité*, p. 25. — La *Décade* du 6 septembre 1797 annonce le procès-verbal dressé par l'administration des Landes des exercices publics qui ont eu lieu à Saint-Sever à la clôture de l'année scolaire et elle ajoute, » que là, comme dans tous les départements, les professeurs n'ont pu exercer leur louable ministère qu'au milieu des privations de tout genre ».
(2) Voyez notre chapitre sur Laromiguière, § 3.
(3) Il publia en l'an VII des *Leçons élémentaires d'arithmétique et d'algèbre*, puis des *Leçons élémentaires de géométrie et de trigonométrie*, communiqua à l'Institut, la démonstration d'un théorème de géométrie sur l'évaluation de la solidité de la voûte hémisphérique de Viviani.

clopédie méthodique pour quatre tomes d'ornithologie, deux d'ophiologie, deux de cétologie et un d'astrologie. Membre de plusieurs Académies, il est cité par D. de Tracy, par Biran dans son premier ouvrage, comme « un maître sur le témoignage duquel il aime à s'appuyer » (1).

Aussi l'école de Rodez fut-elle florissante : elle compta deux cent quarante-huit élèves (an VI), trois cent vingt et un (an VII), trois cent quatre-vingt-six (an X) (2), et Fourcroy, peu disposé à la bienveillance pour les écoles centrales, écrivait au préfet de l'Aveyron en 1802 que la situation de celle de Rodez était brillante. Il faut remarquer d'ailleurs que les autorités départementales firent tout ce qui dépendait d'elles pour assurer le succès du nouvel établissement. Elles assistent à l'inauguration, aux exercices publics et aux distributions de prix ; elles accordent des encouragements aux professeurs pour des publications, des recherches, des fouilles de monuments celtiques. Elles commencent la collection dite *OEuvres des auteurs nés dans l'Aveyron*, réorganisent la bibliothèque, forment un jardin d'histoire naturelle et mettent à la disposition de l'école les objets de l'ancien cabinet de physique et de chimie du collège.

L'école de Cahors fut une des premières organisées. Dès l'an IV Rouziès, qui avait enseigné dans les collèges et « qu'un goût naturel avait appelé de bonne heure vers le genre d'enseignement adopté depuis peu », était nommé professeur de grammaire générale. Agar, plus tard confident de Murat, comte de Mosbourg et pair de France, était chargé d'enseigner l'anglais et l'italien, puis les belles-lettres. Poncet-Delpech et ensuite Rivière professaient la législation. La *Décade* publiait en 1796 un extrait du discours prononcé par Poncet à l'ouverture de son cours, et Rivière faisait soutenir publiquement, par ses élèves, une discussion sur les institutions du droit civil français (3). Les hommes choisis étaient, dit M. Baudel, des esprits d'élite et des profes-

---

(1) Biran parle de la *Notice historique sur le Sauvage de l'Aveyron* et considère à tort l'auteur comme professeur de grammaire générale. (Cousin, I, p. 39.)

(2) Il faut remarquer, avec M. Lunel (*Histoire du Collège de Rodez*, 1881) auquel nous empruntons la plupart de ces détails, que le nombre des élèves du lycée était de cent soixante-trois en 1811 et de trois cent vingt-quatre en 1880. Jamais l'établissement n'a été aussi prospère, à ce point de vue, qu'en l'an X ; cf. Appendice II.

(3) Il serait à désirer que M. Baudel, proviseur du lycée d'Albi, qui a donné des notes et documents fort intéressants sur l'école centrale du Lot, publiât les vingt pages de questions que comprend cet « Exercice public ». — Voyez outre l'ouvrage de Baudel, la *Décade* des 20 brumaire an VI, 20 vendémiaire an X, etc.

seurs éminents. » En l'an VI l'école comptait cent huit élèves dont trente suivaient le cours de grammaire générale. Les professeurs s'étaient tracé un plan général d'études et avaient réclamé l'enseignement des arts mécaniques en se mettant sous le patronage de Rousseau : « Émile, disaient-ils, sois notre modèle ! quel père de famille ne serait pas enorgueilli d'avoir un fils qui te ressemblât ? » En l'an VII il y a cent vingt-huit élèves, dont vingt au cours de grammaire générale. L'administration départementale pouvait répondre que l'école était florissante et qu'il ne lui manquait que le professeur de langues vivantes. Dès l'an VIII, le conseil général lui est hostile. Cependant elle comptait deux cent trois élèves en l'an X. La *Décade* constatait que c'était une des écoles les plus fréquentées, que les succès répondaient au zèle et aux talents des professeurs, mais ajoutait qu'elle avait été en butte à des attaques qui « allaient jusqu'à l'indécence ». En l'an XI, l'école a encore cent quatre-vingt-quatre élèves. Ses professeurs, qui avaient donné leur adhésion complète à la Révolution, furent obligés de renoncer à l'enseignement.

Un admirateur de Royer-Collard écrivait en 1828 (1) dans une notice sur Mazure, inspecteur, recteur d'Angers sous l'Empire, inspecteur général sous la Restauration, qu'en 1796 un mouvement remarquable s'opérait dans les esprits, que les écoles centrales devinrent en peu de temps un foyer de lumières, que « la foule se pressait autour de ces chaires nouvellement érigées ». Il ajoutait que M. Mazure, dont le témoignage ne saurait être suspect, rappelait avec plaisir et comme une singularité de l'époque, la pompe extraordinaire qui accompagnait les solennités de l'école centrale et les hommages universels dont lui-même fut l'objet, lorsque, adolescent, mais poète lauréat, il se vit le héros d'une fête municipale (2).

M. Xambeu a exposé d'une façon précise l'organisation de l'école centrale de Saintes. Elle avait comme professeurs : Jupin (langues anciennes), Jacquin (histoire), Delusse (dessin), Vanderquand (grammaire générale), Villebrune (histoire naturelle), Forget (belles-lettres), Lesueur (mathématiques), Métivier (législation), Méaume (physique et chimie), Muraire (bibliothécaire).

---

(1) *Lycée*, IV, p. 473.
(2) Le 20 décembre 1797, la *Décade* annonce l'*Almanach des Muses de l'École centrale du département des Deux-Sèvres*, « recueil des meilleures productions en vers et en prose des élèves du professeur de belles-lettres ». Cf. appendice III.

Ouverte le 30 frimaire an VI, elle fut fermée à la fin de l'année scolaire 1801-1802. Jupin avait été sous-principal et principal du collège ; Forget, professeur de seconde, sous-principal, puis professeur de philosophie. Delusse fut plus tard directeur de l'école municipale de dessin et conservateur du musée d'Angers, Méaume inspecteur d'académie à Amiens, Lesueur professeur de navigation à Rochefort, Métivier professeur de procédure civile à Poitiers. Vanderquand, prêtre comme Jacquin, appartient à une famille d'origine hollandaise, dont les descendants occupent aujourd'hui encore des situations fort honorables à Saintes et dans les environs. Villebrune (1), docteur en médecine, avait étudié tous les idiomes connus de l'Europe et de l'Asie. Conservateur de la Bibliothèque nationale et professeur de littérature grecque au Collège de France, il avait été destitué par le Directoire pour avoir écrit que la France avait besoin d'un chef. Les programmes qu'a réunis M. Xambeu et dont nous donnons, en appendice, quelques citations, montrent que les professeurs avaient utilisé, pour l'enseignement nouveau, leurs connaissances antérieures. Celui du professeur de grammaire générale, dont le cours est conservé à la bibliothèque de Saintes et qui voit, comme D. de Tracy, dans la science qu'il cultive, « l'histoire naturelle de la pensée », mérite tout particulièrement d'attirer l'attention (2). Ceux de langues anciennes et d'histoire sont tels, qu'après les avoir parcourus, on sera disposé à mettre en doute plus d'une assertion des adversaires passionnés des écoles centrales. Aussi n'est-il pas étonnant que l'estime publique ait entouré les professeurs dont le dévouement et la science assurèrent le succès de l'école (3).

« L'école de Tours, disait en l'an X la *Décade*, eut vingt-quatre élèves la première année ; elle en a maintenant cent soixante, quoiqu'elle soit environnée des grands établissements de la Flèche, Pontlevoix, Vendôme. » Organisée en 1796, elle eut, comme professeurs, Saint-Marc Corneille pour la grammaire générale, Leroux, puis Baignoux et Veau-Delaunay pour la législation et la morale, Dreux pour l'histoire. Veau-Delaunay avait traduit un

---

(1) Il est l'auteur de nombreux ouvrages et traductions d'ouvrages de médecine, auxquels il faut joindre les traductions d'Athénée, du *Manuel* d'Épictète, du *Tableau* de Cébès.
(2) Voyez Xambeu, *Histoire du Collège de Saintes*, 2ᵉ fascicule, Saintes, 1886, et Appendice IV.
(3) Xambeu, p. 72.

ouvrage de Priestley (*An essay on the first principles of government, and on the nature of political, civil and religious Liberty*), commencé une traduction de Beccaria et il publia des *Recherches sur les moyens de donner une nouvelle activité à l'étude de la langue et de la grammaire latine*. Le programme de grammaire générale ou plutôt la série de questions posées à l'examen public en l'an VIII, le *Tableau analytique du cours de morale et de législation* que nous publions en appendice prouvent que les professeurs, auxquels en l'an VII on n'attribue que trois et sept élèves (1) n'étaient pas inférieurs à la tâche qui leur était confiée. Et il semble bien aussi que les élèves savaient mettre à profit les leçons de leurs maîtres, puisque la *Décade* publiait, en l'an VIII, une traduction en vers français faite par l'un d'eux de l'épitaphe latine de Desaix.

La région qui s'étend de Nantes à Cherbourg devrait, en raison même des événements dont elle a été le théâtre, nous présenter des résultats moins satisfaisants. Cependant nous savons que les maîtres de Vannes furent admirablement choisis. Le professeur de dessin, Jamet de Kergouët, était greffier du tribunal civil, et qui mieux est, un artiste et un homme de goût. Aubry, qui enseignait l'histoire naturelle, était un docteur de Montpellier, médecin en chef de l'hôpital militaire de Vannes, président du district en 1793 et membre du directoire du district en l'an III. Il a laissé, entre autres ouvrages, un *Essai de flore morbihannaise*. Lamy-Roullet, qui enseignait les lettres anciennes, avait été élève de l'université de Paris, directeur de l'école polysophique de Nantes et envoyé à l'École normale. Il s'était présenté aux administrateurs avec des recommandations ou des certificats de Gail, de Ginguené, de Champagne, de Dumouchel, etc. Yzarn, en physique, avait professé à Cahors, puis suivi des cours de Chaptal, de Libes, de Fourcroy. Il présentait une attestation des membres de l'Institut, Fourcroy, Ventina, Parmentier, qui le déclaraient « très capable de remplir les fonctions qu'il sollicitait ». Arrachard enseignait la grammaire générale: ancien professeur de rhétorique dans l'Eure, il avait un certificat de Gail. Le Fortier, élève de Louis-le-Grand, maître de rhétorique au collège du Plessis, reçu à l'école de santé et médecin aux armées pendant quelque temps, était recommandé par Champagne,

---

(1) Il faut corriger le tableau donné par M. Albert Duruy, avec les indications que nous a fournies la *Décade*. Cf. Appendice V.

membre de l'Institut et directeur de Louis-le-Grand, devenu l'Institut central des Boursiers de l'Égalité. Après avoir lu le discours prononcé en l'an VI à l'ouverture du cours de belles-lettres par ce « littérateur qui lui était complètement étranger », la *Décade* affirmait que les départements renferment des talents capables de former « l'esprit de la jeunesse dans les lettres et la philosophie, qu'il ne faut pas tant désespérer de l'instruction publique qu'on le fait quelquefois ». Lalande enseignait l'histoire, après avoir fait de brillantes études au collège d'Harcourt et à l'École polytechnique. En mathématiques se trouvait Marot qui avait obtenu deux prix à l'Académie des sciences (1). L'école eut cent soixante-trois élèves en l'an VI, cent treize en l'an VII, soixante-huit en l'an VIII, et fut fermée en l'an XI.

La *Décade* insère des lettres de Bucquet, professeur d'histoire naturelle dans la Mayenne (10 frimaire an VIII), à propos d'un feu de bruyère pris pour un volcan entre Fougères et Vitré ; de Lemaout, professeur dans les Côtes-du-Nord, sur une secousse de tremblement de terre ; de Villier, en Maine-et-Loire, sur la navigation intérieure. A l'école de Rennes, Lanjuinais enseignait la législation, Mainguy, bibliothécaire en chef, professeur de bibliographie et d'histoire littéraire, prononçait, comme président de l'Institut de Rennes, un discours sur les Académies des différents siècles et des différentes nations de l'Europe.

L'école centrale de Rouen fut installée à la place du collège et du séminaire de Joyeuse au commencement de 1796. Parmi les professeurs, Bignon, qui enseignait la grammaire générale, avait été, de 1791 à 1794, le principal du Collège royal ; parmi les élèves se trouvait le futur physicien Dulong (2). Des documents publiés récemment par M. A. Gautier, il résulte que le professeur de physique et de chimie expérimentales manquait des moyens matériels nécessaires à son enseignement. Les traitements n'étaient point payés régulièrement ; il y avait eu en l'an VII une augmentation sensible dans le nombre des élèves, mais ceux-ci refusaient de recevoir des prix dans les cérémonies « en marquant par là une sorte de mépris insultant pour tout ce qui tient à la République » (3). Cependant la *Décade*, qui possédait les

---

(1) Mauricet, *l'École centrale du Morbihan*. (*Rev. de l'enseignement secondaire et supérieur*, 1ᵉʳ juin 1889.)
(2) A. Gautier, *le Collège de Rouen, aujourd'hui lycée Corneille*, Paris, 1876.
(3) *Revue de l'Enseignement secondaire et supérieur*, t. IV, 1885-86.

procès-verbaux et les relations de clôture des écoles centrales en l'an VI, qui cite les discours prononcés à Rouen par Delaistre et Ducastel, professeur de législation, ajoute : « Rien n'est plus touchant, rien n'est d'un plus heureux présage pour l'avenir. » Et quatre ans plus tard, elle mentionne, parmi les membres de la Société d'émulation de Rouen, Auber et Guersant, professeurs à l'école centrale.

Dans la *Décade* encore, nous lisons des lettres de Robinet, professeur à Avranches, sur les principes de Newton, la lumière et les couleurs ; du professeur de belles-lettres de l'Orne, qui signale un plagiat de Corneille à l'égard de Malherbe. A Caen, le professeur d'histoire naturelle traite de météorologie, de minéralogie, de botanique, de zoologie ; celui de langues anciennes « emploie le moins possible les méthodes métaphysiques » et s'adresse aux auteurs, à Homère (*Iliade*, I), à Horace (*Odes*) et à Tacite (*Vie d'Agricola*). En mathématiques, on aborde les équations, l'application de l'algèbre à l'arithmétique et à la géométrie, la statique. En physique et chimie, en grammaire générale, les programmes ne manquent ni d'ampleur, ni de sens pratique. Celui de législation mérite d'être cité en entier :

1° Éléments du droit naturel, puisés dans l'examen de la nature de l'homme et de ses facultés, et fondés sur son intérêt et le désir invincible qu'il a d'être heureux.

2° Application de ces principes à l'organisation du corps politique, au droit public, intérieur et extérieur, c'est-à-dire le droit civil, criminel, l'économie politique et le droit des gens ou des nations (1).

Mais dans cette région, c'est surtout l'École centrale de l'Eure qui mérite d'être signalée. Le 20 prairial an VII, la *Décade* constate que le mouvement imprimé à l'Instruction publique par le ministre de l'intérieur se communique aux départements mêmes qui avaient montré jusque-là le moins d'empressement et elle annonce l'inauguration de l'école de l'Eure, pour laquelle on avait rassemblé « les bustes de Brutus, de Guillaume Tell, de Rousseau et de Voltaire. Elle eut lieu au son des cloches et au bruit du canon » (2). En l'an IX, les professeurs de l'école

(1) A. Bénet, *École centrale du Calvados, exercice public et distribution solennelle des prix*, an VII (*Revue de l'Enseignement secondaire et supérieur*, X, 273).
(2) *Revue de l'Enseignement secondaire et supérieur*, V, p. 550. Procès-verbal de la célébration de la fête de la jeunesse. Il est regrettable que la Revue n'ait pas publié « les discours fort intéressants » qui y furent prononcés.

prennent sur leurs traitements les sommes nécessaires pour l'entretien de six élèves dont les pensions avaient été supprimées. En l'an X, l'école voit progressivement accroître sa consistance et ses succès : elle organise les excursions de vacances pour les élèves couronnés ou mentionnés honorablement. Un chariot porte le bagage et les tentes destinées au campement; on fait halte dans un emplacement communal; on dresse les tentes. La petite troupe qui a marché jusque-là comme une compagnie de soldats, se répand autour du camp, les naturalistes avec leurs boîtes, leurs outils et leurs sacs, les géomètres avec leurs instruments d'arpentage, les géographes avec ce qu'il leur faut pour lever des plans exacts et dresser des cartes topographiques ; les historiens interrogent les habitants des villages sur l'origine du lieu, les événements qui s'y sont accomplis, les hommes remarquables qui y sont nés ou y ont vécu, et rédigent ensuite chacun à sa manière, ces matériaux historiques. « Nous voudrions, disait avec raison Ginguené, que cette ingénieuse institution fût plus connue et qu'elle fût adoptée dans les autres écoles centrales (1). »

On voit s'il est juste de dire, après avoir parcouru cette esquisse où nous avons laissé de côté Paris et les écoles voisines, qu'on n'apprenait guère dans la plupart des classes, dites de langues anciennes, que les éléments du latin ; que l'enseignement de la grammaire générale, de l'histoire, de la législation et des belles-lettres était à peu près nul ; que si les écoles centrales avaient duré, elles auraient peut-être formé des générations sachant très bien le dessin linéaire, mais qu'il est au moins douteux qu'elles eussent produit beaucoup de savants et de lettrés (2).

Quelques indications sur les écoles de l'Académie de Paris, une revue rapide de l'Université impériale nous permettront de voir plus exactement quel degré de prospérité avait acquis l'enseignement nouveau, avec quelle énergie il fut défendu, comment des relations tendaient à s'établir entre tous ceux qui étaient chargés de le donner et enfin qu'il n'était pas inférieur à celui par lequel on le remplaça.

C'est le 8 prairial an IV qu'eut lieu l'ouverture des écoles centrales de la Seine : Garat, membre, avec Lagrange et Laplace, du jury d'instruction publique, parla d'abondance et fort bien. A la

(1) *Décade*, 20 vend. an X.
(2) Albert Duruy, *op. cit.*, p. 196, 197.

rentrée du 1er brumaire an V, Joubert, Déparcieux, Fontanes, Lenoir-Laroche, prononçaient des discours. La distribution des prix eut lieu le 27 thermidor : deux écoles sur cinq, celles du Panthéon et des Quatre-Nations, étaient en activité. Le président du département (on était à la veille du coup d'État de fructidor), fit l'éloge des anciennes études et de leur vénérable mère l'Université de Paris, « fille des rois ». Boisjolin lut le rapport qui rendait compte des travaux scolaires et de la méthode suivie par les professeurs ; Mentelle et Sélis proclamèrent les prix. Le 29 et le 30 thermidor avait lieu l'examen des élèves de Seine-et-Marne qui donnait « les résultats les plus satisfaisants et les plus surprenants ». Deux mois plus tard, Mentelle dans des *Considérations sur les Écoles primaires et centrales* « étrangères aux divers cultes religieux », réclamait que l'enseignement fût dirigé surtout vers la science, les devoirs et les mœurs, que les instituteurs publics devinssent des officiers de morale et remplissent même dans les campagnes quelques-unes des fonctions bienfaisantes auxquelles les ministres du culte étaient autrefois appelés. Au 1er brumaire, une troisième école, celle de la rue Antoine, s'ajoutait aux deux ouvertes en l'an IV. A la distribution des prix du 27 thermidor an VI, il y avait un discours de Joubert, président du département. Millin rendait compte du cours d'études. On donnait en prix, pour la grammaire générale, Locke, Condillac, Dumarsais, Court de Gébelin, de Brosses, Harris ; pour la législation et la morale, la *Politique* d'Aristote, traduite par Champagne, Cicéron, Montesquieu, Beccaria, Rousseau, Filangieri, d'Holbach, Saint-Lambert, Smith. Dans les trois écoles de Paris, les cours des trois sections sont suivis dès l'ouverture « avec affluence ». La *Décade*, qui nous fournit ces renseignements, rappelle que la fin de l'an VI a présenté un tableau digne du siècle, qui a perfectionné l'esprit humain et préparé le plus grand bonheur des peuples.

François (de Neufchâteau), ministre de l'Intérieur, établit un Conseil d'instruction publique, chargé d'examiner les livres élémentaires, imprimés ou manuscrits, les cahiers, les vues des professeurs, et occupé sans cesse des moyens de perfectionner l'éducation républicaine. Palissot et Domergue, Daunou, Garat, Jacquemont, Le Breton, plus tard Destutt de Tracy (1), Lagrange

---

(1) Voyez ch. VII, § 3.

et Darcet constituaient ce Conseil, aussi intelligemment composé que tous ceux que nous avons vus depuis.

La *Décade* rappelle qu'on a établi, pour l'an VII, un concours entre toutes les classes de toutes les écoles et que les amis des lettres ont dû se féliciter des résultats qu'ont, en général, présenté les exercices publics à la fin de l'année précédente. Le 30 messidor, elle insère une Ode en vers latins d'un élève du Panthéon et constate que l'étude des langues anciennes n'est pas aussi négligée qu'on pourrait le croire. La distribution des prix a lieu en présence du jury d'instruction publique, comprenant Lagrange, Laplace et Chénier. Duhamel, professeur de grammaire générale au Panthéon, traite de « l'esprit, du caractère et des résultats de l'instruction publique perfectionnée. » La rentrée est caractérisée par un discours de Lecouteulx qui loue Baudin « mort pour n'avoir su résister à la joie imprévue que lui a causée la nouvelle de l'arrivée de Bonaparte », et par celui de Mahérault qui fait l'éloge de Déparcieux.

On s'aperçoit bien vite, après le 18 brumaire, que les écoles centrales, comme toutes les autres institutions de la Révolution, sont menacées et sur le point d'être détruites.

Dans la *Décade* du 20 messidor an VIII, un professeur demandait au gouvernement de modifier, de perfectionner ces établissements, mais non de les détruire. « Les écoles centrales, disait-il, sont une institution philosophique et digne du xviiie siècle à plusieurs égards; cependant l'instruction n'y a pas assez d'ensemble et d'unité. La loi a réglé ce qu'il faut y enseigner, elle n'a pas dit comment il faut l'enseigner. Il faudrait, sans supprimer aucune science, sans déplacer aucun professeur, établir un plan d'instruction qui réunît les avantages de l'ancien et du nouveau système. On pourrait charger six professeurs d'enseigner, concurremment avec le latin, l'un la mythologie, le second l'histoire ancienne, le troisième l'histoire moderne, le quatrième la morale naturelle, le cinquième les belles-lettres, le sixième la grammaire générale. On proscrirait, dans les trois ou quatre premiers cours, l'usage barbare des thèmes, on se bornerait pour le latin, comme pour l'anglais, l'italien, l'allemand, à la traduction et à l'explication des auteurs. On étudierait la langue française, non dans des grammaires sèches et rebutantes, mais dans les *Provinciales* de Pascal, les *Oraisons funèbres* de Bossuet, les *Mondes* de Fontenelle, les écrits choisis de Voltaire, de Rousseau, de Boileau, de Racine. Le jeune homme, en sortant des écoles centrales, n'aurait pas toutes les connaissances possibles, mais il aurait la véritable science, celle de s'instruire lui-même. »

« On devrait, disait-il encore, favoriser les études en accordant aux écoles centrales quelques avantages analogues à ceux dont jouissaient les collèges, l'exemption du service militaire, par exemple. D'un côté la conscription a enlevé plusieurs jeunes gens qui auraient été plus utiles à la République dans la carrière des sciences que dans celle des armes. De l'autre, le désir de nous assimiler aux Romains et aux Grecs, chez lesquels personne n'était exempt du service militaire, mais qui diffèrent de nous par les lois, par la population, l'étendue du territoire et par le commerce, est en grande partie la source de nos plus grands écarts depuis la Révolution. Les mathématiques sont trop favorisées ; il faudrait s'occuper des sciences philosophiques, en formant une grande école où seraient enseignées la littérature, la morale publique et particulière, car les sciences philosophiques et littéraires sont, dans la paix, ce que les sciences mathématiques sont dans la guerre, elles font la gloire d'une grande nation, et si elles sont aussi négligées qu'elles l'ont été jusqu'ici, on peut, sans exagération, prévoir que, dans quelques années, nous n'aurons ni littérateurs, ni philosophes, ni bons écrivains. »

Un des professeurs, en continuant d'enseigner, veillerait sur les élèves et maintiendrait le règlement donné par le gouvernement. La dénomination d'écoles centrales pourrait être changée en celle de collèges centraux ; mais il ne faudrait pas, comme le voulait Champagne, en réduire le nombre.

Quant au grec, il suffirait d'en donner les premiers principes aux jeunes gens, pour les mettre en état de faire usage des racines et de trouver les étymologies de beaucoup de mots français ; il y aurait, dans quelques villes, des chaires spéciales pour ceux qui voudraient approfondir cette langue.

Une autre lettre poursuit le même but par des moyens différents : « Tous les savants du pays se réunissent pour demander le rétablissement des collèges... On passera six ans à apprendre le latin, on fera ensuite deux ans de philosophie. La première année, on argumentera en latin sur *l'ens per se*, sur l'universel de la part de la chose, etc., etc., ce qui donnera beaucoup de justesse à l'esprit ; la deuxième année, on verra la physique, on apprendra que les acides sont composés d'un amas de petites épées, les alcalis d'un amas de petits fourreaux, ce qui fait qu'en mêlant un acide à un alcali, les épées entrent dans ces fourreaux, comme chacun sait, et l'on a un sel neutre ; après toutes ces belles choses, les quinze derniers jours de l'année scolaire, on apprendra les mathématiques. » (20 thermidor.)

A la distribution des prix, en l'an VIII, Lacroix, membre de l'Institut et professeur aux Quatre-Nations, répond à ceux qui attaquent les écoles centrales : « En parcourant, disait-il, les annales de la philosophie et des lettres, on trouvera les germes de tout ce qui s'est fait de beau, de grand dans la Révolution. Les bases du système actuel d'instruction publique ont été indiquées depuis longtemps par les hommes qui ont fait le plus d'honneur à leur siècle. Montaigne, Bacon, Locke, Condillac, d'Alembert, Voltaire, Rousseau ont répandu, sur l'instruction de la jeunesse, des lumières repoussées alors par des hommes que leur médiocrité a plongés dans l'oubli, et qui employaient à défendre la routine les arguments que l'on répète aujourd'hui pour la ressusciter. » Rapidement il retraçait les progrès que l'enseignement a faits depuis la Renaissance, les améliorations introduites dans les collèges quelque temps avant la Révolution, et montrait combien il restait encore de vices dans ces établissements, combien était préférable le système organisé par la loi du 3 brumaire : « C'est avec raison, disait-il, qu'on s'est écarté du plan des anciens collèges. En faisant marcher l'enseignement des sciences physiques et mathématiques, parallèlement à celui des lettres, auquel succède celui des sciences morales et politiques, et en réunissant l'étude des sciences qui fondent la théorie des arts chimiques et mécaniques avec celle du dessin qui sert aussi de base à un grand nombre d'arts, et qui est si propre à développer en nous le sentiment du beau, on n'a fait que se conformer aux progrès des lumières. Ces écoles remplissent les conditions que l'on désirait dans les anciens établissements, puisqu'elles présentent une instruction complète, dont toutes les parties sont utiles et peuvent être réunies ou séparées à volonté, et ce sont ces avantages qui constituent vraiment l'institution. La forme de l'enseignement, les subdivisions des cours, sont des accessoires purement réglementaires qui tiennent plus aux hommes qu'à la chose. »

Là où ces écoles n'ont fait aucun progrès, ajoutait-il, les dispositions fondamentales de la loi n'en sont nullement cause; mais l'incertitude occasionnée par les projets de changement sans cesse mis en avant, et spécialement par les derniers, leur a porté un coup sensible dont les cours de l'année se sont ressentis. A ceux qui ne les trouvent pas assez multipliées, il répond que les villes qui possédaient autrefois des collèges ont la faculté d'établir à leurs frais des écoles supplémentaires. A ceux pour qui elles ne se rattachent pas immédiatement aux écoles primaires, il dit que des enfants, sachant lire, écrire, chiffrer, sont capables d'étudier le dessin, le latin en commençant par les déclinaisons et les conjugaisons, les mathématiques et l'histoire naturelle, pourvu que le professeur se règle, comme il le fait en général, sur le degré d'intelligence et d'instruction de ses élèves. Quant à ceux qui se plaignent que les cours ne sont que des cours oraux, ils assimilent, sans les connaître, ces cours à ceux de quelques établissements ouverts avant la Révolution aux gens du monde pour remplir le vide que laissait l'éducation des anciens collèges, ou bien ils réclament des classes et non des cours, oubliant que les anciennes études comprenaient deux cours, subdivisés en classes, et qu'il a bien fallu nommer cours, dans les écoles centrales, les divers enseignements dont l'objet est distinct.

Lacroix montrait fort bien le but qu'on s'était proposé, les liens intimes qui rattachaient ces écoles à l'Institut et aux conceptions philosophiques du temps. Il répondait aux objections de leurs adversaires, sans nier cependant la possibilité d'y introduire des modifications avantageuses.

Ginguené, en rendant compte de cet ouvrage (30 nivose an IX), disait: « Si l'on peut faire encore d'autres objections, on y peut faire aussi d'autres réponses. Nous avons déjà dit que nous étions en fonds pour cela: un grand nombre de professeurs nous y ont mis par leur correspondance. Mais il semble que, depuis quelque temps, les efforts de leurs adversaires sont ralentis, que des projets annoncés comme devant avoir une exécution prochaine sont ajournés. Si la paix n'est pas faite, il y a du moins armistice; et nous croyons devoir garder ces munitions de réserve pour le cas où l'on reprendrait les hostilités. »

Le 10 brumaire, une lettre d'Auxerre combat la suppression projetée des chaires de morale et de législation, en affirmant « que le gouvernement est trop éclairé et trop ami des principes, pour porter à l'instruction publique une atteinte si meurtrière ».

Le numéro suivant donne le *Système nouveau d'instruction publique* de Chaptal. Le 20 frimaire, Dumas, professeur de belles-lettres, défend les écoles centrales contre un rapport fait au Conseil général de la Seine, même contre celui de Chaptal et le plan qu'il a proposé. Le 10 germinal la *Décade* donne la circulaire de Chaptal : « Une école centrale par département, disait-il, ne suffit pas à l'instruction publique. Depuis dix ans, on réclame de toutes parts le rétablissement de ces collèges florissants, où une jeunesse nombreuse trouvait une instruction facile et suffisante. » Et Chaptal demandait tout à la fois des renseignements sur les établissements d'instruction publique avant la Révolution, et l'opinion des conseils d'arrondissement sur les avantages de ces maisons d'éducation. « Nous ignorons, disait la *Décade*, si l'on réclame de toutes parts depuis dix ans le rétablissement de ces collèges florissants... ce que nous savons bien et ce que le ministre doit savoir beaucoup mieux que nous, c'est que l'éducation des collèges n'était ni facile, puisqu'on y consacrait huit ou neuf années à y apprendre seulement le latin, ni suffisante, puisqu'on n'y apprenait que le latin et pas autre chose... Revenir tout simplement à ces collèges dont Molière a dit ironiquement et comme une contre-vérité : Vivent les collèges d'où l'on sort si savant ! — ce serait rendre un médiocre service à la génération qui s'élève. »

Biot, professeur dans l'Oise, avait annoncé, dans la *Décade*, deux ouvrages de Lacroix, le *Calcul intégral et différentiel*, les *Éléments de géométrie*, à propos desquels il disait que Lacroix considérait comme une véritable synthèse la méthode employée par les métaphysiciens : « Si la métaphysique a fait tant de progrès entre les mains de Locke et de Condillac, ce n'est pas qu'ils aient employé l'analyse, c'est qu'ils ont senti qu'ils devaient chercher dans la nature les fondements d'une théorie nouvelle. » Professeur au Collège de France, il signalait, le 30 floréal an IX, l'*Application de l'algèbre à la géométrie* par Puissant, professeur à Agen : « C'est une chose singulière, ajoutait-il, que de voir ces pauvres écoles dont on dit tant de mal, donner naissance à un grand nombre de bons livres élémentaires, que souvent les étrangers s'empressent de traduire et d'adopter. » Et le même jour la *Décade*, parlant des rapports des préfets, où l'on a puisé tant d'arguments contre les écoles centrales, se demandait comment des hommes, à peine arrivés dans des pays qui, le plus souvent, leur étaient entièrement inconnus, pouvaient ainsi en former le tableau statistique !

Le 20 thermidor la *Décade* signale les *Eléments de législation naturelle* de Perreau. J.-B. Say, qui en donne un extrait, fait remarquer que c'est là encore un excellent ouvrage sorti de ces écoles centrales dont certaines gens affectent de dire tant de mal. Dans le numéro suivant, on accepte sans réserve l'opinion de D. de Tracy : avec quelques légères améliorations, les écoles centrales seraient parfaitement appropriées au but que le législateur a dû se proposer en les instituant.

A la distribution solennelle des prix, Chénier est choisi par les professeurs pour prendre la parole : « Ceux qui seraient portés, dit le rédacteur de la *Décade*, à craindre pour les progrès de la philosophie et de la liberté un mouvement rétrograde dans l'opinion publique, auraient pu se rassurer en voyant un pareil effet de l'éloquence philosophique et républicaine produit sur cette réunion de personnes des deux sexes, de tout âge et de tout état. » Chénier prenait l'offensive : « Que signifient, disait-il, ces vœux ardents d'un petit nombre d'hommes pour le rétablissement des collèges ? Quel est l'objet de ces regrets ? Les langues anciennes ? Mais le grec était à peine enseigné, le latin était appris par six ans de routine, la rhétorique était reconnue insuffisante par Rollin lui-même... Les deux années de philosophie, où tant de connaissances diverses étaient enseignées par le même professeur? Ces cahiers latins de logique, cette logique, vaine dans ses recherches, gothique dans ses formes, barbare dans son langage?.. Cette métaphysique nébuleuse, ce cours indigeste de physique et de mathématiques, ces trois années de théologie? Le régime intérieur (vraie geôle de jeunesse captive)? » Il invoquait Voltaire et Montesquieu, Rousseau et d'Alembert, Dumarsais et Condillac, Helvétius et Condorcet, La Chalotais, dont le plan se rapprochait beaucoup de celui des écoles centrales. Il s'indignait qu'on osât combattre la gratuité de l'enseignement et poser en principe que, pour le bien de la société même, l'ignorance doit être à jamais le partage de la multitude! Et il plaçait dans la répartition plus étendue, plus égale des lumières, la supériorité du xviiie siècle sur les âges précédents.

Dans le numéro suivant, la *Décade* donnait l'analyse raisonnée du plan d'études adopté par les professeurs de l'Oise, approuvé par D. de Tracy et le ministre de l'intérieur (1).

Au début de l'an X, la *Décade* fait une revue des écoles centrales et donne, sur la situation de chacune d'elles, les renseignements que nous avons utilisés. Elle signale une *Correspondance des écoles centrales et de l'instruction publique en général*, que les professeurs de Seine-et-Oise se proposent de centraliser. Ils entendent bien, en s'inspirant de la loi du 3 brumaire an IV, se rattacher à l'Institut : « Vous êtes, écrivaient-ils, les pères de l'instruction publique... Vous formez un foyer de lumière, permettez que nous en sollicitions quelques rayons pour notre correspondance ; elle ne doit pas vous être étrangère, car n'êtes-vous pas les chefs de l'instruction (2) ? »

Le 10 floréal an X, la *Décade*, après avoir, dans ses précédents numéros, souhaité que les écoles imitassent l'exemple donné par celle de l'Eure en son voyage de vacances et reproduit la proclamation par laquelle les Consuls invitaient les Français « à associer aux lumières qui nous éclairent les vertus qu'exige la religion à laquelle l'Europe doit sa civilisation », mais en faisant remarquer ensuite que Washington ne reconnaissait, dans son testament, aucune religion positive, annonçait l'amnistie pour les émigrés et l'adoption, au Tribunat, du projet de loi sur l'instruction publique par quatre-vingts voix contre neuf. C'était la mort, immédiate ou prochaine, de toutes les écoles centrales.

Or parmi les professeurs de l'Académie de Paris, nous trouvons les noms des hommes dont aujourd'hui encore on aimerait à voir les émules dans nos lycées : Laharpe et Fontanes, Ginguené et Rœderer, Cabanis et Laromiguière, Guéroult et Binet, Daunou et Saussure, Cuvier et Déparcieux, Brisson, Boisjolin et Sélis, Mentelle et Saint-Ange, Dieudonné-Thiébault, de l'Académie de Berlin, Labey, le traducteur d'Euler (3), Genty du Loiret, qui traite de *l'Influence de Fermat sur son siècle*, Boinvilliers de l'Oise, qui entre à l'Institut, Duhamel, l'ancien colla-

---

(1) Le matin, premier cours, langues anciennes ; deuxième cours, histoire et langues anciennes ; troisième cours, grammaire générale et langues anciennes ; quatrième, belles-lettres et langues anciennes ; cinquième, législation. Vers midi, tous les deux jours, dessin ; les soirs tous les deux jours, histoire naturelle, mathématiques, physique et chimie. — Signé Géruzez, professeur de grammaire générale.

(2) Lettres inédites du 4 vendémiaire et du 12 brumaire an X, signées par Dolivieux (1re), par Dolivieux et Leuhitte (2e). (Papiers de l'Académie des sciences morales, carton n° 2.)

(3) C'est le maître de Lancelin, ch. vii, § 2.

borateur de Sieyès et de Condorcet, Baudin, Biot et Lacroix, Antoine Leblanc, l'auteur de *Manco-Capac*, des *Druides*, d'une traduction en vers de *Lucrèce*, Perreau, Chénier, Libes et Géruzez, etc. On choisissait pour professeurs les hommes dont les travaux promettaient des maîtres excellents. Les écoles centrales durent leur succès incontesté dans l'Académie de Paris, à ce mode de recrutement où l'on tenait bien plus compte des intérêts des élèves que des prétentions des professeurs.

Si nous ouvrons l'*Almanach de l'université impériale* (1811 et 1812), nous retrouvons quelques-uns des hommes que nous venons de mentionner : Fontanes, Cuvier, Guéroult, Joubert, Ampère, Leprévost d'Iray, Yzarn, Lacroix et Biot, Laromiguière, Dumas, Labey, Duhamel, Libes et Binet (Paris), Laporte (Auxerre), Lavau (Versailles), Mazure (Angers), Génisset (Besançon), Van Hultem (Bruxelles), Lacoste (Clermont), Corneille Saint-Marc (Moulins), Berriat Saint-Prix, Dubois-Fontanelle (Grenoble), Raymond (Chambéry), Cabantous, Guffroy-Vaughelle (Clermont), Butenschoen (Mayence), Mongin (Metz), Carney, Dumas (Montpellier), Tédenat (Nîmes), Métivier (Poitiers), Mainguy (Rennes), Arrachart (Rouen), Picot-Lapeyrouse (Toulouse), etc., etc. Presque tous occupent des situations bien supérieures à celles qu'ils avaient auparavant.

Les programmes suivis constituent un recul sur ceux des écoles centrales. Il n'y a plus de chaire de morale et de législation, il n'y a plus, même dans tous les lycées de Paris, de professeur d'histoire. Le professeur de grammaire générale est remplacé par le professeur de philosophie. Mais l'on sait que le plan primitif ne comportait pas d'enseignement philosophique (1) et là où il fut organisé, il resta, ce semble, absolument facultatif. Cousin entre à l'École normale sans avoir fait de philosophie. C'est par hasard que M. de Rémusat, *en seconde*, va dans la classe de Fercoc et s'enthousiasme pour le condillacisme. Mignet et Thiers quittent le lycée de Marseille sans avoir fait de philosophie. Rien d'étonnant d'ailleurs à ce qu'il en fût ainsi. Ce qu'on s'est proposé, c'est de faire renaître l'étude des lettres latines (2),

---

(1) Le décret de 1808 dit que les lycées sont pour les langues anciennes, l'histoire, la rhétorique, la *logique* et les éléments des sciences mathématiques et physiques. Cf. ch. VIII, § 3.

(2) Discours latin de Burnouf à la distribution des prix du Concours général en 1812 : *Ergo renascitur lingua Romanorum.*

considérées, avec les lettres grecques, comme la source de toute bonne instruction (1). Aussi le discours latin tient-il la place d'honneur au concours général, où il est suivi par le discours français, le vers latin, la version latine, la version grecque. Dans la seconde classe d'humanités figurent version latine, thème latin, vers latins, version grecque; dans la première année, version latine, thème latin, version grecque; dans les deux années de grammaire, la version et le thème latins, la version grecque. C'est seulement ensuite que viennent la philosophie, les sciences physiques, les mathématiques spéciales et élémentaires (2). Ce n'est pas uniquement d'ailleurs pour les élèves que l'on donne la première place au latin. En 1810 « pour célébrer solennellement l'alliance auguste qui se fonde sur le repos des générations futures et rétablir l'usage de la langue latine... qu'il sied peut-être de parler quand nos lois et nos armes s'étendent au loin » (3), les professeurs de rhétorique furent invités à prononcer, le 1er jeudi du mois de juin, un discours latin sur le mariage de S. M. l'Empereur et Roi avec S. A. I. et R. l'archiduchesse Marie-Louise. Tous les professeurs, dont les discours avaient été transmis au grand-maître, « parurent dignes de leurs nobles fonctions »; plusieurs « firent preuve d'un véritable talent ». Luce de Lancival obtint le prix, et Napoléon dut trouver que les louanges lui avaient été largement distribuées. Mais il était plus réservé encore que Fontanes, affirmant en 1812 que les « hommes de Plutarque offrent moins de sujets à leur admiration que cet homme unique et prodi-

---

(1) Discours de Fontanes, 1812.

(2) On s'aperçoit aisément que l'instruction des élèves n'est pas le but poursuivi par Napoléon : « Toutes les écoles de l'Université impériale prendront pour base de leur enseignement : 1º les préceptes de la religion catholique ; 2º la fidélité à l'Empereur, à la monarchie impériale, dépositaire du bonheur des peuples, et à la dynastie napoléonienne, conservatrice de l'unité de la France et de toutes les idées libérales proclamées par les constitutions ; 3º l'obéissance aux statuts du corps enseignant qui ont pour objet l'uniformité de l'instruction et qui tendent à former pour l'état des citoyens attachés à leur religion, à leur prince, à leur patrie et à leur famille ; 4º tous les professeurs de théologie seront tenus de se conformer aux dispositions de l'édit de 1682, concernant les quatre propositions contenues en la Déclaration du clergé de France de la dite année. » (Décret de 1808, titre V.) — Si l'on supprime les *idées libérales* qui ne sont là que pour la forme, on trouvera sans doute que l'histoire, l'idéologie, la morale et la législation, telles que les avait comprises le xviiie siècle, ne pouvaient que nuire lorsqu'il s'agissait d'atteindre le but ainsi tracé. — A remarquer encore la recommandation de « veiller surtout à ce que l'enseignement des sciences soit toujours au niveau des connaissances acquises et à ce que l'esprit de système ne puisse jamais en arrêter les progrès ».

(3) Sur les prétentions de Napoléon à être le successeur de Charlemagne, voyez Ernest Lavisse (*Journal des Débats*, des 11 juillet et 22 août 1890).

gieux pour qui tous les parallèles sont désormais impossibles ».

Parmi les professeurs de grammaire générale, nous trouvions Thiébault, Laromiguière, Duhamel, Perreau, Daunou, Benoni-Debrun, Bourgeois, Loneux, Mongin, Escher, Godfroy, Abbey, Fontaine, Gattel, Draparnaud, Estarac, Baradère, Daube, Fabre, Rouziès, Vanderquand, Saint-Marc Corneille, Arrachard, Gérusez, etc., etc., dont il nous était possible de constater l'aptitude et les connaissances. Par ce que nous savions des autres écoles, les professeurs de grammaire générale semblaient capables de s'acquitter de la tâche qui leur était confiée. En 1811 et 1812, nous rencontrons comme professeurs de philosophie (1) :

Maugras (Lycée Impérial).
Fercoc (Napoléon).
Desfontaines, puis Cardaillac (Bonaparte).
Millon (Charlemagne).
Macquart (Reims).
M. de Faria, ensuite Denaus (Marseille).
Flotte (Amiens).
Héron (Angers).
Topin (Aix).
Bouvier (Château-Gontier).
Sartre (Laval).
Lemercier (Le Mans).
Demoy (Besançon), et Ordinaire.
Desèze et Toucas de Poyen (Bordeaux).
Bussat (Annecy).
De Valrivière (Limoges).
Landry (Mayenne).
Mongin (Metz).
Basse (Montpellier).
Dregel et Jacquemain (Nancy).
De Champeaux et Rousseau (Orléans).

De Bellissens et Bernadeau (Poitiers).
Lebart (Napoléonville).
Caro (logique, Vannes).
Cardaillac (Montauban).
De Laporte-Lalanne et Bréant (Rouen).
Laroque et Saurin (Toulouse).
Blondeau (Bourges).
Landreville (Bruxelles).
Jacquard (Tournay).
Tyrar de Long-Champs (Caen).
Caron (Versailles).
Lainez (Avranches).
Desaux (Cahors).
Pagès (Auch).
Aufauvre (Clermont).
Giraldon, puis Avit (Saint-Flour).
Colombot (Dijon).
De l'Étoile (Douai).
Lesbros (Grenoble).
Suarez (Chambéry).
Astier (Liège).
Heuser (logique, Cologne).
Girard (Rodez).

(1) Il n'y en a pas à Auxerre, à Gand, à Bruges, à Troyes, à Chartres, à Fontainebleau et à Melun, à Toulon, à Laon et à Saint-Quentin (il n'y a même plus de collège à Soissons), à Beauvais, à Dôle, à Vesoul, à Angoulême, à Périgueux, à Châteauroux, à Nevers, à Mons, à Courtray, à Anvers, à Alençon, à Agen, au Puy, à Chaumont et à Langres, à Autun, à Lille, à Arras, à Valence, à Namur, à Tulle, à Guéret, à Belley, à Saint-Etienne et à Montbrison, à Charleville et à Sedan, à Carcassonne, à Bar-sur Ornain, à Épinal, à Mende, à Tours, à Saint-Sever, à Tarbes, à Saintes, à Niort, à Fontenay-le-Comte, à Saint-Brieuc, à Evreux, à Colmar, à Foix, etc.

Verdier (Perpignan).
Raynal (Nimes).
Eliçagaray (Pau).
Molle (Rouen).
Poirrier (Nantes).

Ollitrault (logique, Quimper).
Sauthier (Strasbourg).
Gourju (Lyon).
Raynald (Albi).
Giraudeau de la Noue (Blois).

On ne donne pas de prix de philosophie en 1812 à Amiens, à Avignon où l'on décerne un prix de mémoire, à Besançon et à Bordeaux, à Bourges et à Bruxelles, à Caen, à Cahors, à Clermont, à Dijon et à Douai, à Limoges, à Lyon, à Montpellier, à Moulins, à Nancy, à Nantes, à Nîmes, au lycée Charlemagne et au lycée Bonaparte, à Pau, à Poitiers, à Rennes, à Rouen, à Strasbourg, à Toulouse. Seuls les lycées d'Angers (prix unique), de Grenoble (id.), de Marseille (id.), de Mayence (id.), de Metz (deux), de Napoléonville (deux), d'Orléans (deux), le lycée Impérial (deux), et le lycée Napoléon (deux), ceux de Reims (deux) et de Rodez (un), c'est-à-dire en tout onze lycées sur soixante avaient assez d'élèves en philosophie pour leur distribuer des prix ou même un seul! Quel dommage, diraient les défenseurs des écoles centrales, qu'on n'ait pu, en 1814, dresser des tableaux statistiques analogues à ceux de l'an VIII ! ils nous fourniraient à coup sûr les moyens de juger sévèrement l'Université impériale (1).

Et les professeurs? Mettons à part Desèze (s'il s'agit toutefois de l'auteur des *Recherches physiologiques et philosophiques sur la sensibilité*) (2), Mongin, que nous connaissons déjà, Caro, dont nous avons un *Cours élémentaire de philosophie*; Cardaillac sur lequel nous reviendrons, même Fercoc que nous voulons bien apprécier comme M. de Rémusat. Ce sont des professeurs suffisants. Nous n'avons, pour les autres, aucun moyen de savoir ce qu'ils valaient, ou même nous sommes obligés de les juger assez sévèrement. Desfontaines est absolument inconnu, Maugras a laissé des ouvrages volumineux que l'on peut lire sans aucun profit (3). Millon, devenu professeur à la faculté de Paris, a été une véritable énigme pour ceux qui ont cherché à en faire l'histoire. Remarquons en outre que Flotte est secrétaire de la faculté des lettres, professeur de philosophie à la faculté et au lycée ; Ordinaire, recteur, doyen de la faculté

---

(1) Toutes ces indications sont prises à l'*Almanach de l'Université impériale*.
(2) Paris, Prault, 1786.
(3) Cf. ch. VIII, § 3.

des lettres et professeur de philosophie; Desèze, recteur et doyen; Toucas de Poyen, suppléant de Desèze à la faculté et professeur au lycée; Blondeau, doyen, professeur de philosophie à la faculté des lettres et au lycée; Tyrar de Long-Champs, doyen, professeur à la faculté et au lycée; Desaux, Aufauvre, professeurs à la faculté et au lycée; Colombot, professeur et secrétaire à la faculté, professeur au lycée; de L'Étoile, Lesbros, de Valrivière sont au lycée et à la faculté; Gourju est doyen, professeur à la faculté et au lycée, Basse est à la faculté et au lycée; Dregel, recteur, doyen et professeur à la faculté; Jacquemain, secrétaire et suppléant à la faculté, professeur au lycée; Raynal est à la faculté et au lycée. De Champeaux est recteur, doyen et professeur à la faculté; Rousseau, son suppléant, est professeur au lycée; Eliçagaray est recteur, doyen, professeur à la faculté et proviseur du lycée; de Bellissens est recteur et professeur de philosophie à la faculté; Molle est au lycée et à la faculté, de Laporte-Lalanne est recteur, doyen et professeur à la faculté; son suppléant Bréant est professeur au lycée (peut-être aumônier). Sauthier, sur lequel nous avons des renseignements qui laissent voir comment l'Université recrutait quelquefois ses membres (1), est à la faculté et au lycée; Laroque est doyen et professeur suppléé à la faculté, en exercice au lycée! On avait conçu l'idée de séparer l'enseignement secondaire et l'enseignement supérieur, mais en chargeant les mêmes hommes de l'un et de l'autre, on réussit fort bien, ce semble, pour la philosophie tout au moins, à enlever aux maîtres leurs élèves et à les rendre eux-mêmes incapables de s'acquitter convenablement de leurs fonctions.

Aux Écoles normales et centrales, il convient d'ajouter les Écoles spéciales. La Convention transforma le Jardin des plantes en Muséum d'histoire naturelle. Daubenton, Fourcroy, Brongniart, Jussieu, Lamarck, Geoffroy Saint-Hilaire, Haüy, plus tard Cuvier, furent chargés de l'enseignement. Elle créa l'École des

(1) Voyez Appendice, la lettre de Haffner. Pour se convaincre que cette lettre ne doit pas être considérée comme la critique partiale d'un adversaire, relire celle de Fontanes citée par Sainte-Beuve (*Chateaubriand*, II, page 352) : « Plus j'examine cette composition des Lycées, et plus je la trouve incohérente. » — Sur l'introduction des prêtres comme Sauthier dans l'Université, voyez le Discours de Fontanes à l'installation des facultés de théologie, des sciences et des lettres de Paris : « Les études théologiques ont servi... plus qu'on ne croit à tous les développements des facultés humaines... Un grand monarque a formé du débris des universités et des congrégations anciennes un seul corps enseignant. »

langues orientales vivantes « d'une utilité reconnue pour la politique et le commerce » qui comprit l'étude de l'arabe, du turc, du tartare de Crimée, du persan et du malais. De même elle établit des Écoles de santé à Paris, à Montpellier, à Strasbourg. Les élèves de l'école de Paris fondent une société médicale d'émulation qui se propose, à l'imitation de Cabanis et suivant le conseil de Diderot, d'allier la médecine et la philosophie. Les mémoires de cette société contiennent des travaux de Bichat, de Pinel sur le traitement moral des aliénés, de Richerand sur le degré de certitude de la métaphysique, de Butet sur les sympathies, de Roussel sur les rapports de la médecine avec les sciences physiques et morales. Dumas, professeur à Montpellier, indique dans l'*Introduction à la science philosophique, expérimentale et médicale de l'homme vivant*, l'influence heureuse qu'exerceraient sur la science de l'homme une physiologie et une idéologie comparées. Moreau se réclame de Condorcet. Cabanis groupe autour de lui les meilleurs élèves de la faculté de Paris, Richerand et Alibert, qui se placent au rang des maîtres par des travaux dans lesquels la philosophie est loin d'être absente. Thouret se dispose à faire connaître « la philosophie, la sage hardiesse et l'imposante simplicité de la doctrine d'Hippocrate » (1).

L'École polytechnique, organisée en l'an III, eut pour professeurs les savants les plus illustres, Lagrange, Prony, Monge, Berthollet, Fourcroy, Chaptal, Vauquelin et Guyton de Morveau. Elle devait former des ingénieurs civils et militaires, enseigner les principes généraux des sciences. Les maîtres rattachaient leur enseignement aux doctrines philosophiques qui prédominaient dans les assemblées politiques, aux Écoles normales et centrales, à l'Institut, et qui auraient été professées à l'école spéciale des sciences morales, dont on demanda à plusieurs reprises la création : « J'ai commencé, disait Prony, par rassembler et classer les idées abstraites qu'on peut regarder comme les bases de la science... Les opérations de l'entendement dont ces idées sont le résultat doivent avoir été faites d'avance chez ceux qui veulent se livrer à l'étude de la mécanique, et l'on peut en dire autant de toute autre science... En général je n'ai négligé aucune occasion de rapprocher les spéculations géométriques

---

(1) Voyez ch. IV, § 4.

des préceptes de l'art de penser et de raisonner, et j'ai surtout insisté souvent sur les ressources qu'une langue bien faite offre à l'esprit et au génie (1). »

C'est à l'École polytechnique qu'Andrieux commence, après la suppression de la seconde classe de l'Institut et des écoles centrales, un cours de grammaire générale, destiné à continuer la tradition ailleurs interrompue, et dont Destutt de Tracy attend les meilleurs résultats. C'est là aussi que plus tard A. Comte, le compatriote de Draparnaud, retrouvera les doctrines scientifiques et philosophiques du xviiie siècle qui contribueront, pour une grande part, à l'éclosion de la philosophie positive.

En pédagogie comme en philosophie, les idéologues ont ouvert les voies où nous nous essayons à marcher. Pour l'enseignement supérieur, Talleyrand et Condorcet, Daunou, Lakanal et surtout, comme l'a bien vu M. Liard, Cabanis sont demeurés nos inspirateurs. Nous avons conservé le Muséum et l'École des langues orientales, les Écoles de médecine et l'École polytechnique. L'École d'administration de 1848, l'École des sciences politiques, plus récente et plus heureuse, n'ont réalisé qu'en partie les souhaits des idéologues. Par la nouvelle organisation qu'a reçue l'enseignement supérieur, on s'est de plus en plus approché de l'idéal qu'ils s'étaient proposé : les lettres et l'histoire, les sciences et la philosophie ont des maîtres et des élèves (2).

L'enseignement secondaire, plus lent dans son évolution, n'a pas encore résolu les problèmes que déjà se posaient nos pères. Toutes les innovations, tentées depuis vingt ans, ont été indiquées ou mises en pratique dans les institutions scolaires de la Révolution. Alors, en effet, on a voulu enseigner les lettres et les sciences, les langues vivantes et les langues anciennes, l'économie politique et la législation usuelle, on a recommandé les excursions de vacances, les exercices physiques et les travaux manuels, même le choix des directeurs par et parmi les professeurs. On a fait plus, car fort souvent on a réussi à mettre en pratique ce que la théorie avait suggéré.

Par contre, notre époque a fait ce qui, malgré les efforts les plus énergiques, n'avait pu être réalisé par les hommes de la Révolution. Si quelques-uns d'entre eux ont eu une vue assez

---

(1) Extrait d'un cours complet de mécanique (*Journal* de l'École, 5e cahier).
(2) Cf. Ernest Lavisse, *Questions d'enseignement national*.

nette de ce que doit être l'enseignement primaire, et si, partant, il est utile encore de les consulter en cette matière, ils n'eurent ni les ressources, ni surtout les maîtres expérimentés et savants, dont les conseils et les livres ont rendu possible et féconde l'éducation populaire.

III

Chamfort avait préparé, pour Mirabeau, un décret et un discours proposant la suppression des anciennes Académies. Elles eussent été remplacées par une Académie nationale, avec une section philosophique, une section littéraire et une section scientifique, qui se serait complétée par une Académie des beaux-arts. Talleyrand songea à un Institut, dont l'une des sections comprendrait les sciences philosophiques, les belles-lettres et les beaux-arts, dont l'autre réunirait les sciences mathématiques, physiques et les arts. Condorcet voulait une Société nationale des sciences et des arts, chargée de recueillir, d'encourager, d'appliquer et de répandre les découvertes utiles. Elle eût été composée de quatre classes, correspondant aux sciences mathématiques et physiques, aux sciences morales et politiques, à la médecine, aux arts mécaniques, à l'agriculture, à la navigation, enfin à la grammaire, aux arts d'agrément, aux lettres et à l'érudition. Le 3 brumaire an IV, la Convention adoptait, sur le rapport de Daunou, la loi célèbre qui organisait l'instruction publique. L'Institut national était chargé de perfectionner les sciences et les arts, de suivre les travaux scientifiques et littéraires qui auraient en vue l'utilité générale et la gloire de la République. Renfermant des représentants de toutes les connaissances humaines (1), réunissant les hommes les plus mar-

(1) Il comprenait, dans une première classe, celle des sciences physiques et mathématiques, dix sections, mathématiques, arts mécaniques, astronomie, physique expérimentale, chimie, histoire naturelle et minéralogie, botanique et physique végétale, anatomie et zoologie, médecine et chirurgie, économie rurale et arts vétérinaires. La seconde classe, celle des sciences morales et politiques, en avait six : analyse des sensations et des idées, morale, science sociale et législation, économie politique, histoire et géographie. La troisième classe, celle de la littérature et des beaux-arts, en comptait huit : grammaire, langues anciennes, poésie, antiquités et monuments, peinture, sculpture, architecture, musique et déclamation. Aux cent quarante-quatre membres résidant à Paris, se joignaient des associés, en nombre égal, pris dans toutes les parties de la République, et vingt-quatre associés étrangers.

quants dans les sciences et dans les arts, il constituait, en réalité, une Encyclopédie vivante (1), propre à réaliser, par ses travaux, les progrès que Descartes et ses disciples, que Turgot, Condillac et Condorcet avaient annoncés à l'humanité ! La création de la seconde classe était, non moins que l'obligation pour tous les membres, de travailler au perfectionnement des sciences et des arts, un des résultats de l'influence exercée par la philosophie du XVIII° siècle. Voltaire et Condillac, Turgot, Helvétius, Rousseau, Condorcet et leurs disciples encore vivants, avaient voulu donner aux sciences morales un développement égal à celui des sciences mathématiques, physiques et naturelles. Associer leurs représentants à ceux des sciences qui avaient grandi avant elles, c'était assurer le succès de l'œuvre entreprise.

Le 4 avril 1796, l'Institut tenait sa première séance en présence des cinq Directeurs. Daunou glorifia l'idée qu'avait eue la Convention de créer une classe des sciences morales et politiques : « La République nous appelle, dit-il, pour rassembler et raccorder toutes les branches de l'instruction, reculer les limites des connaissances et rendre leurs éléments moins obscurs et plus accessibles, provoquer les efforts des talents et récompenser leurs succès, recueillir et manifester les découvertes, recevoir, renvoyer et répandre toutes les lumières de la pensée, tous les trésors du génie (2). »

La seconde classe de l'Institut a-t-elle fait, pendant les sept années qu'elle a vécu, honneur à la philosophie, ou, pour parler d'une façon plus précise, a-t-elle produit des travaux en rapport, par leur nombre et leur importance, avec le but qu'on s'était proposé et avec l'idée qu'on se fait d'ordinaire d'une école philosophique ? M. de Tocqueville l'a nié en quelques lignes où il a accumulé, comme le dit M. Jules Simon, les injustices et les erreurs. M. Jules Simon a excellemment montré que le programme tracé par les fondateurs de l'Institut, a été rempli d'une façon supérieure par les philosophes et les économistes, d'une façon au moins convenable par les autres sections. Après lui, nous insisterons sur les travaux que l'Institut a produits ou suggérés dans le domaine qui nous intéresse spécialement.

La section de l'analyse des sensations et des idées a compté

(1) Expression de Daunou, reprise par Lémontey.
(2) Taillandier, *Documents biographiques sur Daunou*, p. 102 sqq.

parmi ses membres résidents Volney, Garat, Ginguené, Le Breton, Cabanis, Deleyre, Toulongeon ; parmi ses associés Destutt de Tracy, de Sèze, Laromiguière, Jacquemont, Sicard, Prévost de Genève, Cafarelli du Falga, Degérando. La section de morale avait pour membres résidents B. de Saint-Pierre, Louis-Sébastien Mercier, Grégoire, La Réveillère-Lépeaux, Lakanal et Naigeon ; pour associés Labène, Roussel, Villeterque, Saint-Jean Crévecœur, Ferlus, Ricard et Gaudin. La troisième section comprit Daunou, Cambacérès, Merlin, Pastoret, Garran-Coulon et Baudin ; Legrand de Laleu, Houard, Ramond, Reymont, Bigot de Préameneu, Massa, Grouvelle et Champagne. La quatrième, Sieyès et Dupont de Nemours, Lacuée et Talleyrand, Rœderer et Creuzé-Latouche, Lebrun et Gallois, Forbonnais et Roume, Garnier, Duvillard et Diannyère. La cinquième compta, parmi ses résidents ou ses associés, Pierre-Charles Lévêque, de Lisle de Sales et Raynal, Bouchaud et Dacier, Legrand d'Aussy et Poirier, Anquetil et Koch, Gudin et J.-J. Garnier, Gaillard et Papon, Gautier de Sibert et Sennebier ; la sixième, Buache et Mentelle, Rheinhard et Fleurieu, Gosselin et Bougainville, Beauchamp et Barthélemy, Lescalier, Coquebert de Montbret, Bourgoing, Verdun de la Crenne et le Michaud d'Arçon. Que de noms illustres, que d'hommes d'une réelle valeur, à côté de quelques individus dont le choix a pu être déterminé par les circonstances !

Quant aux travaux, nous mentionnerons seulement ceux qui présentent un intérêt immédiat pour notre sujet. Dans la séance publique du 15 germinal an IV, Cabanis indique le plan et le but de ses *Rapports sur le physique et le moral*. Le Breton lit une *Notice sur la vie et les ouvrages de Raynal*, « qui vivait avec Voltaire, Rousseau, Helvétius, Diderot, d'Alembert, Condillac et avec beaucoup d'autres écrivains d'un ordre distingué, quoiqu'ils ne fussent que du second. » Les 7 pluviose, thermidor et fructidor, Cabanis communique les trois premiers mémoires de son grand ouvrage. Anquetil, le 22 ventôse, les mentionne et parle des bases sur lesquelles vont s'élever les grands édifices de la morale, de la science sociale et de l'économie politique. Lévesque lit, le 2 ventôse, des *Considérations sur l'homme observé dans la vie sauvage, dans la vie pastorale et dans la vie policée*. Ne mettant dans l'homme, comme Condillac, que la sensibilité et le besoin, il croit que la nature lui inspirera d'elle-même l'accent du désir, de la crainte, de la joie, de la douleur, et que quelques gestes, enrichissant le langage et naissant des nouveaux besoins, suffiront aux hommes, quand ils se seront associés. Mais, en même temps, il fait de la perfectibilité leur qualité distinctive. Le 12 prairial, il expose des *Considérations sur les obstacles que les anciens philosophes ont apportés aux progrès de la saine philosophie*. Elles ne sont pas sans intérêt : « Dans l'antiquité, dit-il assez raisonnablement, on ne connaissait qu'un coin de terre et l'on fit des cosmographies ; on ne connaissait même pas la composition du coin de terre que l'on habitait, pas même la formation de la première croûte dont il était revêtu et l'on fit des cosmogonies. Pythagore contribua le plus, parmi les philosophes, à égarer la raison humaine... Socrate mérita le titre de philosophe en se bornant à rechercher les vérités morales... Avec Platon, tout fut envahi par le jargon métaphysique... Aristote, né avec un esprit vif, juste et étendu, eut le malheur de faire de la physique avec de la métaphysique au lieu d'en faire avec des observations, tout en observant une fois et en faisant un chef-d'œuvre estimé encore aujourd'hui, son *Histoire des animaux*. »

Le 2 floréal et le 2 messidor, D. de Tracy lisait le commencement de son *Mémoire sur la faculté de penser*. Laromiguière en donnait un sur *la Détermination des mots Analyse des sensations*, et un autre sur celle du mot *Idée*. Baudin introduisait la philosophie dans un *Mémoire sur les clubs*. Grégoire, à la séance publique du 7 germinal, proclamait le droit inné de tous les hommes à la liberté comme au bonheur, et affirmait que le doute méthodique a déblayé les préjugés, émoussé le glaive de l'intolérance, éteint les bûchers de l'inquisition et affranchi les nègres. Il soutenait qu'on ne conçoit pas une morale qui ne serait pas républicaine et espérait que la souveraineté nationale, retournant à sa source, reconstruirait l'édifice social dans diverses contrées des deux mondes, que « la république des lettres enfanterait des républiques ». Bonaparte, supprimant la seconde classe de l'Institut, se souvint sans doute de cette lecture de Grégoire.

Rœderer, à côté de Mémoires politiques sur *la Composition de la force publique dans un État républicain*, sur *la Majorité nationale*, sur *les Institutions funéraires convenables dans une république*, en présentait d'autres sur *les deux Éléments principaux de l'amour*, sur *les deux Éléments de la sociabilité humaine*, l'i-

mitation et l'habitude. Cambacérès s'occupait de science sociale. Dupont de Nemours exposait un panthéisme assez vague et assez bizarre, avant de s'occuper des nègres et des *Courbes politiques*. Delisle de Sales donnait un *Examen critique des philosophes qui ont rêvé sur le bonheur*, où il citait et critiquait Platon, Cicéron, Plutarque, Maupertuis, Helvétius; puis des *Pensées philosophiques sur la raison*, où, appelant Rousseau le Newton de la morale, il proposait trois sujets d'étude : Dieu, l'homme et la nature. Avant de réunir ces mémoires dans les *Apophthegmes sur le Bonheur*, Delisle de Sales lisait l'*Eloge de la Fontaine*. Avec une ignorance de la chronologie, assez plaisante chez un homme qui prétendait à la science universelle (1), il soutenait que La Fontaine a combattu le fameux pyrrhonisme de Berkeley (2). Puis il commençait un curieux Mémoire sur *la Philosophie d'un homme libre* et un autre sur *l'Institut national et les Académies*. A la classe de littérature, on entendait Sicard sur le mode d'instruction du sourd-muet, et un mémoire de Bitaubé, « composé dans une prison robespierrienne » sur la *Politique* d'Aristote.

Les dix mois pendant lesquels fonctionna l'Institut avaient été bien remplis. La seconde année ne le fut pas moins bien. Cabanis étudia l'influence des âges sur les idées et les affections morales, celle des sexes sur le caractère de ces idées et de ces affections, celle des tempéraments sur la formation des unes et des autres. D. de Tracy continua ses recherches sur la faculté de penser. D. de Sales, qui appelait Brucker la bibliothèque des philosophes, faisait l'éloge de Bailly; Le Breton, celui de Deleyre, le bibliothécaire de l'infant élevé par Condillac et l'ami de Rousseau, l'auteur d'une *Analyse de Bacon* et de l'article *Fanatisme* de l'*Encyclopédie*, de romances mises en musique par Rousseau et d'une traduction en vers inédite de Lucrèce. La Réveillère-Lépeaux qui, sans être théophilanthrope, croyait en Dieu, communiquait des *Réflexions sur le culte et les cérémonies civiles*. Baudin s'occupait de la loi. Talleyrand lisait deux mé-

---

(1) Il avait placé sur son buste l'inscription suivante : « Dieu, la nature et l'homme, il a tout expliqué », au-dessous de laquelle Andrieux ajouta : « Mais personne avant lui ne l'avait remarqué. »

(2) La Fontaine publia en 1678 le livre VII qui contenait l'*Animal dans la Lune* et mourut en 1695, quand Berkeley, qui donna en 1709 son premier ouvrage, avait dix ans. La Fontaine avait probablement en vue Malebranche, dont la *Recherche sur la vérité* date de 1675.

moires sur les relations commerciales des États-Unis avec l'Angleterre et sur les avantages à retirer des colonies nouvelles. Comme Condillac, Talleyrand condamne l'esprit de système et vante l'analyse : « Un voyage en Amérique, dit-il, est une sorte d'analyse pratique et vivante de l'origine des peuples et des États ; on part de l'ensemble le plus composé pour arriver aux éléments les plus simples, à chaque journée on perd de vue quelques-unes de ces inventions que nos besoins, en se multipliant, ont rendues nécessaires, et il semble que l'on voyage en arrière dans l'histoire des progrès de l'esprit humain. » On croirait, dans ces dernières lignes, entendre Rousseau et Condorcet. Ailleurs Talleyrand affirme comme Helvétius, Volney ou Saint-Lambert, que l'intérêt domine la volonté. Sicard rend compte de la *Grammaire* de Harris mise en français par Thurot. Champagne offre une traduction de la *Politique* d'Aristote, Camus perfectionne sa traduction de l'*Histoire naturelle* et s'occupe du *De mirabilibus auscultis*. La première section propose une seconde fois, pour le prix, la détermination de l'influence des signes sur la formation des idées ; la seconde demande de rechercher quelles sont les institutions les plus propres à fonder la morale d'un peuple ; la quatrième proroge la question des emprunts publics.

L'an VI, la seconde classe examine des essais ingénieux sur la pasigraphie ou le système d'une langue universelle, fondée surtout sur l'uniformité des signes, un système de lexicologie qui tend à rectifier les idées par le perfectionnement du langage. Elle rédige une série de questions pour l'Institut d'Égypte et ouvre un concours sur les moyens de rétablir la décence et la solennité des funérailles. Elle couronne Mulot, Amaury Duval et réussit, par son exemple, par ses encouragements et sans faire appel aux idées religieuses, à détruire un scandale qui avait pris des proportions inouïes. Tandis que les exécuteurs testamentaires de Mably annoncent la publication d'une nouvelle édition de Condillac corrigée, augmentée et comprenant un ouvrage inédit, *la Langue des Calculs*, l'Institut décerne le prix proposé par la section de l'analyse des sensations. Degérando l'obtient ; Lancelin et Prévost sont mentionnés. Dix mémoires avaient été envoyés et Biran avait réuni des notes sur la question. A la fin de l'an VI paraît le premier volume des mémoires de la seconde classe. Outre des travaux philosophiques de Rœderer, de Dupont de Nemours, de Cambacérès, de Pierre-Charles Lévesque, de Grégoire, de Delisle de Sales, la Notice de Raynal par Le Breton, il comprenait des *Considérations générales sur l'étude de l'homme et sur les rapports de son organisation physique avec ses facultés intellectuelles et morales*, une *Histoire physiologique des sensations*, par Cabanis. D. de Tracy y figurait pour *la Faculté de penser*, Laromiguière pour *la Détermination des mots Analyse des sensations* et un extrait du mémoire sur la détermination du mot *Idée* (1).

Aux lecteurs sérieux, Cabanis apparaissait comme le philosophe le plus marquant de la section, Destutt de Tracy comme le plus pénétrant et le plus apte à discuter les questions idéologiques, Laromiguière, comme le plus clair et le plus capable de rendre ses doctrines accessibles à tous.

Dans le premier trimestre de l'an VII, Rœderer traita des *Institutions propres à fonder la morale chez un peuple*, Toulongeon de la liberté individuelle, de Sales de la liberté des suffrages, Grégoire de la traite et de l'esclavage des nègres. Villeterque, s'appuyant sur Locke, Hobbes et Condorcet, proposa de donner aux pères et aux mères des droits égaux, modifiés seulement par la diversité des devoirs, sur l'éducation des enfants. Mercier soutint que, si c'est l'âme et la vie qui font le beau, c'est l'expression de la vie morale, sentimentale et virtuelle qui fait la beauté (2).

Daunou, secrétaire de la classe pour le second trimestre, signale des mémoires de D. de Sales sur Platon, « le prince des philosophes, » de Mercier, contenant des vues morales et politico-morales. Thouret et Haüy, Garat, Lebreton, Mercier et Hallé assistèrent à l'opération d'un aveugle-né âgé de vingt-quatre ans. Garat et Lebreton constatèrent qu'il n'était pas sans idée des couleurs : une vive lumière formait pour lui un faible crépuscule, insuffisant pour lui faire distinguer les objets. Placé obliquement à la lumière, il reconnut la couleur écarlate du gilet de Garat et appela une espèce de rouge la couleur rose d'une bobine. Un membre de l'Institut, professeur à l'école centrale de Lyon, composa un hymne à l'Éternel où nous avons relevé (3), pour montrer qu'il n'y avait, parmi la majorité

---

(1) Le volume contient xxvi-642 pages. Cabanis en occupe 172, D. de Tracy 168, Laromiguière 24.

(2) Notice par Lacuée, *Décade ph.* du 30 nivôse an VII.

(3) Cf. p. 43.

des membres, aucune hostilité contre la croyance en Dieu, des vers qu'il faut rapprocher de ce que nous avons dit déjà de Dupont de Nemours, de Delisle de Sales, de La Réveillère.

Dans les deux derniers trimestres, Rœderer s'occupa de la pasigraphie comme écriture et comme langue, critiqua la théorie de Domergue sur la proposition, à laquelle il préférait la nomenclature de Condillac et traita de la rédaction d'un Catéchisme de morale, en citant avec éloges d'Holbach, Saint-Lambert et Volney. Mercier combattit Locke en invoquant la grande loi non écrite et se prononça ouvertement et avec force pour les idées innées (1). La classe mit au concours la question de l'habitude et y remit celle de l'étendue et des limites de l'autorité du père de famille. Le second volume de ses mémoires paraissait en fructidor. Avec des travaux de Lévesque, de Baudin, de Talleyrand, qui touchent, en plus d'un endroit, à la philosophie, il contient les mémoires de Cabanis sur les âges, les sexes, les tempéraments (2). Après l'apparition de ce volume, qui suivait de près la publication, dans la *Décade*, d'une importante lettre de Cabanis sur la perfectibilité humaine, ce dernier se montrait de plus en plus comme le plus considérable, sinon comme le chef, des philosophes que comptait la seconde classe.

Baudin mourut subitement et de joie, en apprenant le débarquement de Bonaparte. D. de Tracy établit par de nouvelles preuves que c'est à la sensation de résistance que nous devons la connaissance des corps, et combattit les hypothèses de Malebranche et de Berkeley sur l'existence. Pour de Sales, la république la plus parfaite est celle qui aurait le bonheur de remettre à un grand homme le soin de diriger une constitution propre à favoriser le calme intérieur. Néron Forbonnais entrevoyait, dans les institutions du Consulat, l'aurore d'un beau jour pour l'économie politique. Champagne regrettait que Baudin fût mort avant d'avoir vu « que le héros dont il invoquait le nom, à son dernier moment, a réalisé toutes ses espérances ! » Ginguené faisait un remarquable rapport sur le concours de morale, analysait les ouvrages qui ne méritaient pas le prix et proposait de substituer un autre sujet, l'*Émulation est-elle un bon moyen d'éducation ?* à celui qu'on n'avait pas traité. Daunou recherchait en quoi consiste le vœu général. Toulongeon ramenait le droit naturel à la

---

(1) *Décade philosophique*, 10 thermidor an VII.
(2) Le volume comprend 699 pages, les mémoires de Cabanis en occupent 181.

libre disposition de soi et de ce qui est à soi. B. de Saint-Pierre s'occupait du régime diététique et des observations nautiques à suivre dans les voyages de long cours. Mais les mémoires les plus intéressants, sinon en eux-mêmes, du moins au point de vue de l'état des esprits, sont ceux de Mercier, combattant l'erreur « sophistique » de Locke qui a voulu détruire les idées innées. Le compte rendu de Lévesque se borne à indiquer que, selon Mercier, notre être s'aperçoit lui-même, notre pensée est un éclair de l'existence éternelle, une communication de la divinité, un aperçu du premier principe, une des différences infinies de concevoir la vérité première, de concevoir une vérité connue ou inconnue (1). Mais nous avons à ce sujet des renseignements plus précis. Mercier, qui avait combattu au Lycée le système astronomique de Newton, prit, dix jours à l'avance, l'engagement de détrôner Locke et même Condillac au profit du système des idées innées. Le 7 ventôse, il y avait un nombreux public à l'Institut. Mercier loua Platon et Socrate, Cicéron, Pythagore et même Proclus, combattit l'ennuyeux et illisible Locke, l'*Encyclopédie*, Condillac, et l'Institut qui se rendait la fable et la risée de l'Europe en rejetant les idées innées (2). En terminant il s'engageait à prouver dans dix jours, avec la même évidence, que nous connaissons les objets extérieurs et que nous acquérons des idées par intuition, c'est-à-dire par le sens interne. Il y avait

(1) *Décade ph.*, 30 ventôse an VIII.
(2) Un auditeur de Mercier communiqua deux lettres à la *Décade* (30 germinal, 10 et 20 floréal). Nous en extrayons quelques phrases rapportées textuellement : « J'admets les idées innées et j'obéis en cela à ma conviction intime... J'entends par idée la représentation ou la vision spirituelle des êtres... L'être est constitué par trois choses distinctes quoique indivisibles, l'essence, l'existence et la forme ; à l'état naturel, il n'a que des formes spirituelles. L'homme pense indépendamment des objets, indépendamment des sens... L'émanation divine est en nous, voilà l'origine de nos idées. Comment ne pas percevoir l'idée innée qui se dit à soi-même, je suis ?... On peut s'appuyer sur l'autorité de Platon, de Socrate, de Cicéron, pour soutenir qu'apprendre n'est que se souvenir, que notre âme renferme, dès notre naissance, toutes les idées qui ne font ensuite que se développer... Les prétendus métaphysiciens de nos jours ont voulu traiter par l'analyse un objet simple, faire sur l'idée ce que l'anatomiste fait sur le corps humain. Locke ne parle jamais du sentiment..., c'est l'amour qui a créé la science et non la science qui a produit l'amour... La statue ou plutôt la poupée de Condillac est une sottise, une folie... Platon doit rétablir parmi nous les idées innées, système grand, vrai, consolateur. Locke se méprit en intitulant son livre *Essai philosophique sur l'entendement humain*, car il n'y a pas fait un pas dans la connaissance de l'entendement... Il n'y a de vrai dans son livre que l'analyse grammaticale... Voltaire... logea le nom de Locke dans ses hémistiches : de là la réputation de cet ennuyeux et illisible Locke... Toutes ces folies que j'ai réfutées et qui ont été prônées par Locke, par Condillac et leurs disciples ont été entassées dans cette *Encyclopédie*, écume empoisonnée des plus monstrueuses erreurs et c'est là que nos sophistes vont les puiser

plus de monde encore à la séance du 17 qu'à celle du 7. Mercier soutint que la pensée est un éclair de la puissance éternelle, invoqua le sentiment religieux, affirma que l'existence du Créateur se manifeste en nous par l'intuition, que la pensée atteste les causes finales, que l'âme préexiste au corps et que le système des idées innées et de l'intuition par le sens intime a pour lui Descartes et Malebranche, Bonnet et « la Sagesse qui, sous le nom de Kant, remplit d'admiration toute l'Allemagne ». Ainsi Mercier a pu, au milieu des admirateurs de Locke et de Condillac, les attaquer avec une vivacité extrême. Il a, bien avant Cousin, vanté Platon, Proclus et Kant, sans être interrompu par aucun des confrères dont il froissait les convictions. Nous nous croyons, par cela même, autorisé à révoquer en doute une anecdote célèbre, qui tendrait à attribuer une intolérance singulière aux membres les plus éminents de l'Institut (1).

Signalons encore, pendant l'an VIII, les mémoires de Dégérando et de D. de Tracy sur la pasigraphie, de Merlin sur la nécessité d'un code universel et uniforme pour la République. « Ce code, disait-il, sera le plus bel ouvrage de la paix honorable et solide que promettent le génie et la fortune de notre héros, le courage des généraux, la valeur des citoyens armés pour notre cause, les champs de Marengo et le vœu que nous faisons tous d'être amis de tous les hommes, de toutes les nations,

---

aujourd'hui. L'Institut est le seul endroit de l'Europe où l'on ose encore les soutenir... ». Deuxième Mémoire :... « Tout ce qui est hors de la pensée est dans le néant... L'idée est ce qui est... La pression des esprits sur l'idée produit la pensée... Une pensée est une lumière de l'esprit... Une pensée, dans l'ordre intuitif, est toujours la clef d'une autre pensée... L'intuition ne s'épuise point, voilà pourquoi le sauvage peut s'élever jusqu'à l'idée de Dieu, parce qu'il le connaît par l'intuition... Je pense, donc j'existe. Bien plus quand je dis : je doute, j'existe à l'infini... Dès qu'on nie les idées innées, on fait de l'âme un être complexe... Quand l'anatomiste a rencontré le nerf, le tendon, la fibrille, il a tout fait... Locke n'est pas plus avancé que l'anatomiste. Qui expliquera le sentiment religieux, cet instinct divin, salutaire, cette religion naturelle à laquelle tous les hommes ont donné leur assentiment ? Les mots Dieu et bon ne sont-ils pas synonymes pour les sauvages ?... L'idée de Dieu est une idée innée, d'autant plus sûre qu'elle ne dérive pas de nos institutions... Si notre intelligence n'était pas hébétée par nos passions, nous n'aurions point de plaisir plus vif que cette intuition. (Voyez L. Carrau, *Conclusion de la Philosophie religieuse en Angleterre*)... Vous voulez connaître l'intelligence et vous la niez, quand vous l'avez soumise à votre implacable scalpel, vous l'avez détruite, vous l'avez tuée... Pourquoi chercher la lumière dans la mort, dans la matière, tandis qu'elle existe en nous, dans l'âme, dans la pensée ? » (Voyez F. Ravaisson, *la Philosophie en France au XIXᵉ siècle*.)... On peut rapprocher de ces mémoires de Mercier un mémoire *antilockiste* sur les signes, du médecin Rey-Cazillac, qui écrivait en l'an VII à l'Institut pour établir que le *nihil est in intellectu* est un très faux préjugé, une ancienne erreur. (*Documents inédits de l'Institut*, Introd., p. 16.)

(1) Ch. IV, § 5.

de tous les princes qui ne voudront pas être nos ennemis. »

En l'an IX, Cabanis traite de l'influence des maladies sur la formation des idées et sur les affections morales, Daunou, de la classification d'une bibliothèque, Toulongeon, de l'esprit, Degérando, de la philosophie de Kant, Bouchaud, du système de Hobbes et de la morale de Cicéron. La seconde classe décerne le prix sur l'émulation à Feuillet et mentionne quatre autres mémoires, dont un en allemand. Le III⁰ volume de ses *Mémoires* contient, outre un travail de Lévesque sur *Quelques acceptions du mot Nature*, une Notice historique de Bougainville sur *les Sauvages de l'Amérique septentrionale*, trois Mémoires de D. de Tracy sur *la Sensation de résistance*, sur *les Hypothèses de Malebranche et de Berkeley*, sur *les Projets de pasigraphie*. D. de Tracy, qui allait publier ses *Éléments d'idéologie*, promettait de mener à bonne fin l'étude idéologique de l'homme, en complétant l'étude plus physiologique qu'avait entreprise Cabanis. Tous deux pouvaient être considérés comme les maîtres de la philosophie française.

Il nous reste à mentionner, pour terminer cette histoire sommaire de la seconde classe, les mémoires de Mercier sur *la Philosophie de Kant*, sur *la Comparaison de la philosophie de Kant avec celle de Fichte*, ceux de D. de Tracy sur *la Philosophie de Kant* (1) et de Degérando, sur *le Sauvage de l'Aveyron*, de D. de Sales sur Dieu, de Lévesque sur *la Sympathie morale* qui dénote l'influence de Cabanis ; ceux de Bouchaud sur Sénèque et sur Épictète à propos duquel il combat la doctrine des idées innées, etc., etc. Il faut encore rappeler les concours sur l'habitude, où Biran fut d'abord mentionné, puis couronné; celui sur la décomposition de la pensée, jugé après la réorganisation de l'Institut. Enfin D. de Tracy communiqua une partie de sa grammaire générale. Quant aux deux derniers volumes de la classe, le premier, publié en l'an XI, débutait par un éloge enthousiaste du 18 Brumaire, « jour à jamais mémorable dans les fastes de la France, dans ceux de l'Institut, qui avait fourni au gouvernement le premier consul, Bonaparte, le second, Cambacérès et appelé à lui le troisième, Charles François Lebrun ». Le V⁰ parut en l'an XII, après la suppression des écoles centrales et de la seconde classe, quand Napoléon

---

(1) Voyez chapitre vi, § 3.

qui avait mutilé le Tribunat, était consul à vie. L'idéologie n'est plus en faveur et les mémoires imprimés portent presque tous sur l'histoire ancienne ou sur l'histoire de France antérieure aux temps modernes.

En résumé, la seconde classe qui ne fonctionna guère que sept années, a occasionné un mouvement philosophique considérable. Les *Rapports du physique et du moral* de Cabanis, l'*Idéologie* de D. de Tracy, les travaux sur les signes de Degérando et de Prévost, de Biran sur l'habitude et sur la décomposition de la pensée, en sont des preuves plus que suffisantes. Les nombreux Mémoires sur Kant établissent que l'on ne se désintéressait en aucune façon des œuvres qui paraissaient à l'étranger.

Nous avons vu déjà, en citant Bitaubé et auparavant Biot, Lacroix, Chénier, Pinel, Lamarck, Dupuis, que les trois classes de l'Institut « constituaient une Encyclopédie vivante » et faisaient chacune une place aux recherches philosophiques qui complétaient leurs travaux positifs. Cela est vrai de ceux même qui devinrent bientôt les ennemis de la philosophie. Si Garat, dans la séance publique du 15 nivôse an VI, louait Bonaparte de ses goûts tranquilles, de ses connaissances variées et de son talent d'observateur, ajoutant qu'il serait, après avoir terminé ses travaux, considéré comme « un philosophe qui aurait paru un instant à la tête des armées », Bonaparte répondait de manière à montrer qu'il faisait grand cas de cet éloge : « Les vraies conquêtes, disait-il, les seules qui ne donnent aucun regret, sont celles que l'on fait sur l'ignorance. L'occupation la plus honorable comme la plus utile, c'est de contribuer à l'extension des idées humaines. La vraie puissance de la République française doit consister désormais à ne pas permettre qu'il existe une seule idée nouvelle qu'elle ne lui appartienne » (1). Non seulement Bonaparte, qui devait plus tard poursuivre partout l'idéologie, mais Cuvier qui, dans ses *Eloges*, n'a pas assez de railleries pour la philosophie, pense comme D. de Tracy ou Cabanis : « C'est au moment où l'orage gronde, dit-il en l'an VIII, c'est lorsque le nom seul d'homme instruit est un crime aux yeux de quelques ennemis de la France, c'est lorsqu'une croisade s'est formée contre les sciences et la philosophie que l'Institut national

---

(1) *Décade* du 9 janvier 1798.

se consacre, avec une constance inébranlable, à répandre l'instruction, à perfectionner les sciences et à *propager la philosophie* (1). »

Il ne faudrait pas croire d'ailleurs que la suppression de la seconde classe ait fait disparaître complètement la philosophie de l'Institut. La classe d'histoire et de littérature ancienne décerne le prix sur *la Décomposition de la pensée*. Elle entend la lecture des Mémoires de Dupont de Nemours sur *la Liberté morale*, où il soutient en 1813 que « sans liberté il n'y a point de morale », de Degérando sur l'*Histoire des méthodes intellectuelles*. A la séance du 21 décembre 1808, Andrieux fait l'éloge de Fénelon pour arriver à celui de Cabanis, D. de Tracy vante et la philosophie et l'ami qu'il a perdu ; de Ségur est amené à parler lui-même d'idéologie, sans en dire trop de mal. La philosophie tenait encore, après 1808, une place considérable à l'Institut reconstitué, dans les rapports de Degérando, de Suard et de Chénier (2), dans le célèbre mémoire de Daunou sur le Destin.

Enfin l'Académie des sciences morales et politiques faisait revivre, en 1833, la seconde classe. D. de Tracy et Laromiguière, Droz et Degérando, Sieyès, Lakanal et Talleyrand, Rœderer et Garat, Daunou et Broussais, Dunoyer et Charles Comte y représentaient l'idéologie. Les notices les plus intéressantes et les mieux venues de Mignet ont été, pendant près de vingt ans, celles qu'il a consacrées aux idéologues.

L'Institut national formait le couronnement des institutions consacrées par la Convention à l'Instruction publique. Ce n'étaient pas seulement les professeurs des écoles centrales, c'étaient aussi ceux de toutes les écoles spéciales qui auraient pu voir dans ses membres « les chefs de l'enseignement ». En dehors de l'Institut, mais travaillant comme lui au développement des sciences, des arts et des lettres, qu'elles ne séparent pas de celui de la philosophie, se forment une foule de sociétés savantes dont nous ne mentionnerons que les plus importantes. L'Institut d'Égypte ne fut guère moins célèbre que l'Institut de France, qui lui avait d'ailleurs fourni ses meilleures recrues. Celui de Ligurie comprend une section consacrée à l'art de raisonner et à l'analyse des opérations de l'entendement.

A Paris, la Société médicale d'émulation, dont nous avons

---
(1) *Décade* du 20 brumaire.
(2) Cf. ch. vii, § 1.

parlé déjà, se propose d'allier la médecine à la philosophie. Au Lycée républicain, devenu plus tard l'Athénée, La Harpe attaque Toussaint, Helvétius, Diderot, Rousseau, *le Système de la Nature*, mais parle avec éloges de Fontenelle, de Buffon, de Montesquieu, de d'Alembert et de Condillac. Rœderer y enseigne l'économie politique, Mercier critique Condillac et Locke, Garat fait l'histoire de l'Égypte, Degérando donne un cours de philosophie morale et traite des sensations ; A. Leroy lit diverses dissertations sur *l'Éducation physique des enfants*, sur *les Sensations et les habitudes*. Moreau de la Sarthe traite des caractères, des variétés de l'espèce humaine, des dégradations auxquelles elle est sujette. Ginguené, Sicard, Biot, Demaimieux, professent ou font des lectures. La Harpe et Sue, Desmoutiers et Thurot enseignent au Lycée des étrangers. La Société des *Observateurs de l'homme* a pour but de démontrer l'importance de l'examen attentif des facultés physiques, intellectuelles et morales, d'établir ce qui est fait et ce qui reste à faire, de tracer la ligne où les certitudes finissent et où les conjectures commencent. Elle compte parmi ses membres, Demaimieux, l'auteur d'un système de pasigraphie, Cuvier, Degérando, Pinel, Portalis, Moreau de la Sarthe, Jauffret, Patrin et le capitaine Baudin. Pour ce dernier, partant pour la Nouvelle-Hollande, Cuvier écrit des *Considérations sur les méthodes à suivre pour l'observation de l'homme physique*, et Degérando sur *l'Observation des peuples sauvages*, Moreau de la Sarthe énumère les objets qui pourraient entrer au Muséum dont la Société a conçu le projet. On propose comme prix une médaille de bronze et six cents francs à qui traitera le mieux la question suivante : « Déterminer par l'observation journalière d'un ou de plusieurs enfants au berceau, l'ordre dans lequel les facultés physiques, intellectuelles et morales se développent et jusqu'à quel point ce développement est secondé ou contrarié par l'influence des objets dont l'enfant est environné, et par celle plus grande encore des personnes qui communiquent avec lui. » Pinel donne des observations sur les aliénés et leurs divisions en espèces distinctes, Patrin sur les mœurs, les usages des Russes Sibériens et des Tartares de Casan, Leblond, sur un jeune Chinois qui était à Paris. Portalis communique des fragments de son *Esprit philosophique*. On lit un mémoire sur un moyen nouveau et facile d'apprendre à articuler aux sourds-muets de naissance. Massieu, le célèbre élève de Sicard, vient exprimer par signes, son enfance qu'il a d'abord écrite (1).

Le Lycée des arts organise une pompe funèbre en mémoire de l'illustre et infortuné Lavoisier. Au Portique républicain, Laroche, ami d'Helvétius et traducteur d'Horace, présente un buste de ce philosophe. L'École et la société polymatique a des professeurs qui s'occupent, d'une manière spéciale, du perfectionnement, de la transmission des connaissances et de l'analyse de l'entendement appliqué à l'art d'apprendre et d'enseigner (2). Sicard lit, à la Société philotechnique, un mémoire sur le mécanisme de la parole (3). La Société philomatique n'admet que les mémoires qui renferment des faits, des observations ou des idées intéressantes et nouvelles (4). La Société d'encouragement pour l'industrie nationale compte, parmi ses membres, plus d'un idéologue, comme Degérando ou J.-B. Say, et ne recule pas devant l'examen des questions philosophiques.

A la Société des sciences et des arts de Douai, on porte des toasts à Bonaparte, à l'Institut de France et d'Égypte, aux philosophes qui ont illustré le xviiie siècle, à Condorcet, à Bailly, à Malesherbes, à Lavoisier et aux autres victimes du « vandalisme »; on propose, pour sujet de prix, un *Parallèle entre le xviiie siècle et celui de Louis XIV, considérés au point de vue des sciences et des arts* (5). La Société d'agriculture, sciences et arts de Châlons étudie les moyens d'extirper la mendicité. Nancy a une Société de santé, une Société d'émulation qui compte, parmi ses membres, le fils du célèbre helléniste Schweighæuser. On y étudie le livre de Job et on fait l'éloge de Gessner (6). La Société d'agriculture, sciences et arts du Bas-Rhin propose, comme sujet de prix, la question suivante : *Quels sont les moyens de propager la connaissance et l'usage de la langue française parmi les habitants de toutes les classes des départements de la République où la langue vulgaire est l'allemand?* (7). Noël, ancien commissaire-adjoint à l'instruction publique, ministre à Venise, en Hollande, tribun et futur inspecteur général de l'Université, forme à Colmar, où il est préfet, une Société d'émulation

---

(1) *Décade philosophique*, 30 thermidor an VIII et 30 brumaire an IX.
(2) *Id.*, 30 brumaire an IX.
(3) *Id.*, 10 frimaire an X.
(4) *Id.*, 10 floréal an X.
(5) *Id.*, 20 ventôse an IX, 20 floréal an X.
(6) *Id.*, 10 germinal an XII.
(7) *Id.*, 20 messidor an XI.

dont le but principal est de répandre les lumières, de favoriser les progrès de l'industrie, d'encourager le mérite, de faire connaître les richesses, les besoins et les ressources de toutes les parties du département. Pfessel, auteur de poésies allemandes, François, professeur de mathématiques à l'École centrale, en sont vice-président et secrétaire. La *Décade*, pour montrer les avantages de cette société, rappelle que son vice-président a, dès l'an IV, formé un plan de géographie industrielle qui embrassait le tableau des matières premières dont l'industrie nationale s'alimente, en y joignant le projet d'un cabinet d'histoire naturelle, où seraient conservés des échantillons de toutes les matières premières, à côté de ceux des différentes productions de l'industrie d'un pays (1).

Grenoble avait un Lycée des sciences et des arts qui, en cinq ans, avait produit cent vingt mémoires, discours, dissertations ou pièces détachées. Les professeurs à l'École centrale, Gattel, Berriat Saint-Prix, Dubois-Fontanelle en font partie. A l'une de ses séances publiques assistent l'évêque de Grenoble et Petit, le célèbre médecin lyonnais, Bonnot, l'élève de Rousseau, le neveu de Condillac et de Mably. Au concours sur la question de savoir comment il convient de perfectionner l'éducation physique et morale des enfants, on envoie treize mémoires. Celui qui est couronné porte une épigraphe empruntée à Bacon et souvent reproduite à cette époque : *Il faut refaire l'entendement* (2). Marseille a son Lycée des sciences et arts; Montpellier, sa Société, où figurent Carney et Draparnaud (3); Toulon, sa Société libre d'émulation. L'Académie du Gard publie une traduction par Trélis d'un fragment de Platon retrouvé sous les ruines d'Agrigente, et propose en prix l'éloge de Malesherbes. La Société des sciences et des arts de Montauban couronne un mémoire qui traite du meilleur genre d'éducation propre pour les femmes à rendre les hommes heureux en société. A l'Athénée du Gers, Vidaud s'occupe de l'amitié et de son influence sur les actions et le bonheur des hommes (4). Il y a, à Bourges, une Société d'agriculture, de commerce et des arts, un Lycée d'émulation. Au moment où l'on rétablit pour Fouché le ministère de

---

(1) *Décade*, 30 floréal an IX.
(2) 30 floréal an IX, 30 fructidor an XI.
(3) Cf. ch. VII, § 3.
(4) *Décade*, 10 et 20 thermidor an XI.

la police générale, la Décade annonce les mémoires du lycée de l'Yonne et les procès-verbaux des séances publiques de l'Athénée de Poitiers, qui lui fournissent « des motifs de consolation et d'espoir contre le retour des temps d'ignorance et d'abrutissement. » Rappelons enfin la Société d'émulation de Rouen, mentionnée à propos des écoles centrales, et le Lycée des sciences, lettres et arts d'Alençon, qui a pour correspondants Dupuis et Volney.

IV

Une école qui voulait faire triompher ses idées en politique, en éducation, en morale et en législation, en économie politique et en littérature devait chercher à les répandre par les journaux, devenus si nombreux depuis la réunion des États généraux. Sans insister sur les publications entièrement politiques, comme le *Journal de Paris*, où écrivent Lalande, Rœderer, Garat, Volney, Condorcet, le *Moniteur*, où figurent des articles de D. de Tracy, de Fontanes, nous en signalerons un certain nombre dont le caractère nous semble plus complètement idéologique. Condorcet, Sieyès et Duhamel fondèrent un *Journal d'instruction sociale*. Le *Journal des Savants* reparut avec Camus, Langlès, Silvestre de Sacy, Daunou, etc.; la *Clef du cabinet des souverains*, de Panckouke, eut pour rédacteurs Daunou, Garat, Fontanes, Roussel. Sarrette fonda, sur l'invitation de Talleyrand, le *Conservateur*, auquel ce dernier donnait des nouvelles de l'étranger; Garat, des articles de politique étrangère; Daunou, de politique générale ou de philosophie. Chénier et Boisjolin y traitaient de littérature, Cabanis, de la littérature étrangère. Sieyès avait promis sa collaboration, mais resta étranger au journal (1). Un autre *Conservateur*, publié en l'an VIII par François (de Neufchâteau), est un des recueils les plus curieux de l'époque révolutionnaire (2). Mais ce qui nous en semble le plus intéres-

(1) Taillandier, *Documents sur Daunou*. pages 110-119; *Décade*, 27 août, 6 septembre 1797.

(2) On y trouve les traductions de Virgile que Turgot avait tentées en vers métriques et hexamètres; des lettres de Buffon à l'abbé Bexon et le rapport secret de Bailly sur le mesmérisme; l'*Esprit des bibliothèques*, par Leclerc, et une adresse sur l'ordre naturel et social, considéré par rapport au bien universel, lue devant la société des Tammany à Philadelphie, par Georges Logan; une *Ode sur le mariage des prêtres*, suivie de notes historiques et philosophiques; des lettres

sant peut-être, ce sont les pièces qui ont rapport à la philosophie de Kant (1). Enfin Daunou faisait pour les *Annales patriotiques et littéraires* de Mercier, les articles *Convention*. Domergue et Thurot fondent le *Journal de la langue française*, etc.

Mais la *Décade* fut l'organe le plus marquant de l'école. Elle parut en floréal de l'an II, au moment où Robespierre, débarrassé des hébertistes et des dantonistes, faisait proclamer par la Convention que la terreur et toutes les vertus étaient à l'ordre du jour. Fondée par une société de républicains, elle voulait montrer que la lumière et la morale (2) sont aussi nécessaires au maintien de la République que le fut le courage pour la conquérir. Le but que s'étaient proposé les auteurs a été mis en lumière, lorsque, par suite de la réaction politique et religieuse, son titre parut une protestation contre les tendances dominantes. « Il y a six ans, écrivaient-ils le 20 fructidor an VIII, que ce journal fut entrepris par une société de gens de lettres pour opposer une digue à l'ignorance, qui menaçait de détruire tous les monuments du génie et des arts. Chamfort, l'un des entrepreneurs, périt; un autre homme de lettres, principal auteur de l'entreprise, fut jeté dans les prisons de la Terreur... Le plan en a été étendu et l'exécution améliorée... Notre titre, ajoutaient-ils, nous défend de négliger les sciences philosophiques, il nous ordonne de résister, selon notre pouvoir, aux tentatives de quelques personnes pour faire rétrograder l'esprit humain vers la barbarie et les préjugés dont tant de grands écrivains ont cherché à l'affranchir. La plus noble des tâches est maintenant d'achever ce qu'ils ont commencé. » Le vrai fondateur en fut Ginguené qui regrettait, au sortir des prisons de la Terreur, de n'avoir pas eu le temps d'exploiter une mine de philosophie épurée par la méditation et la vertu. Ambassadeur

de J.-J. Rousseau à Condorcet et à la maréchale de Luxembourg, une *Notice sur un exemplaire des Œuvres de Voltaire*, donné par lui à Helvétius et les *Essais poétiques* d'Helvétius avec les remarques de Voltaire ; enfin un *portrait de Fénelon* par d'Aguesseau, des pièces relatives à l'enterrement de Molière et de Voltaire, etc.

(1) *Choix de divers morceaux propres à donner une idée de la philosophie de Kant qui fait tant de bruit en Allemagne* : *Notice littéraire, sur Emmanuel Kant et sur l'état de la métaphysique en Allemagne au moment où ce philosophe a commencé à y faire sensation*, tirée du *Spectateur du Nord*, la traduction d'une *Idée de ce que pourrait être une histoire universelle dans les vues d'un citoyen du monde*, par M. Kant, celle de sa *Théorie de la pure religion morale, considérée dans ses rapports avec le pur christianisme et des Éclaircissements sur la théorie de la religion morale*, avec des considérations générales sur la philosophie de Kant (98 pages). Cf. Notre Introduction à la *Critique de la Raison pratique*.

(2) N'est-ce pas notre République athénienne ?

à Turin pendant une partie de l'an VI et de l'an VII, il fut remplacé, pour la rédaction, par Boisjolin et, dans la direction, par J.-B. Say ; puis rentra à la *Décade* en thermidor de l'an VII et en reprit la direction quand Say fut appelé au Tribunat. Quels étaient, avec Say et Ginguené, les autres fondateurs de la *Décade* ? En 1801, la plupart étaient membres de l'Institut.

Vers la fin de l'an X, la *Décade* fut désignée comme le plus triste des pamphlets périodiques dont puisse s'aviser un écrivain mercenaire, comme un blasphème décadaire contre la langue, un libelle contre le bon sens. Les rédacteurs, ajoutait-on, ont transformé le langage des anciens coryphées de la philosophie, qui avait séduit par sa magie, en un patois ignoble d'une métaphysique populacière, et l'on croit que dans la bande de ces jeunes Vandales se trouve l'auteur du scandaleux placard intitulé *les Aventures de J-C*. Les auteurs de la *Décade* se défendirent avec vivacité et donnèrent de plus amples renseignements : « Notre association se forma, disaient-ils, il y a bientôt neuf ans, au commencement de l'an II. Nous eûmes pour objet de nous opposer précisément à ce vandalisme, à ce ton populacier, à ce mépris de la langue, des principes littéraires et des modèles, à ces vices qui régnaient alors et dont notre calomniateur ose nous accuser aujourd'hui... Nous étions six..., les cinq autres ne se découragèrent pas, la *Décade* parut sans interruption... elle fut, surtout pendant les premières années, le seul journal littéraire qui défendit, par amour et avec connaissance de cause, ce que ces nouveaux venus en littérature feignent de défendre aujourd'hui, par esprit de parti et sans y rien entendre... La langue et les règles du goût y furent toujours respectées, le bon sens fut notre règle... Si la philosophie française, qui n'est point de la métaphysique, mais qui a démontré les vices d'une métaphysique embrouillée, est pourtant une métaphysique populacière, nous avouons que c'est la nôtre.. Nous fûmes si loin d'être des écrivains mercenaires que nous soutînmes plus d'une fois cette entreprise sans produit pécuniaire, du moins pour nous, seulement en considération de l'utilité dont elle pouvait être et pour répondre aux encouragements que nous donnaient les amis des lettres, ceux de la saine philosophie et d'une sage liberté... Nous ne sommes pas plus une société de jeunes gens que nous ne sommes une bande de Vandales... des gaietés de ce genre (*les*

Aventures de J-C.) ne s'accordent ni avec notre âge, ni avec notre caractère, ni avec l'état ou la position d'aucun de nous. Si notre accusateur, qui cache son nom, veut le dire, nous dirons les nôtres; il n'y en a aucun dont un honnête homme ait à rougir. » La *Décade* ne revint point sur ce sujet, et nous ne savons pas exactement les noms des six fondateurs : toutefois nous connaissons Amaury Duval, que Sainte-Beuve appelle l'ancien rédacteur en chef, et, parmi les collaborateurs ordinaires ou accidentels, Joachim le Breton, Sélis, Boisjolin, Fauriel, qui y publie de curieux articles sur Mme de Staël et Villers; Horace Say, dont J.-B. Say déplore la mort prématurée, Thurot qui y signale les ouvrages de Cabanis et de D. de Tracy, M.-J. Chénier et Andrieux, B. de Saint-Pierre, dont elle insère les lettres et les discours, Rœderer qui discute grammaire avec Domergue et défend, contre Rivarol, la philosophie moderne, Draparnaud et Dupont de Nemours, Richerand et Moreau de la Sarthe, Biot et Humboldt, Salaville et Roume, Butenschoen, Desrenaudes et Eymard. Cabanis lui adressait une importante lettre sur la doctrine de la perfectibilité; Cuvier songeait à y analyser l'ouvrage de Villers.

La *Décade* eut une existence assez difficile. On lit fréquemment, à la fin d'un numéro, qu'il y a augmentation du prix d'abonnement, à cause du renchérissement énorme des matières premières, du papier, de la main d'œuvre, du timbre. A la fin de 1798, le Directoire menace de la supprimer parce que, dans les articles de politique, elle critique, quoique avec décence et ménagement, quelques opérations diplomatiques qui eurent les suites les plus funestes. Mais la situation devint plus difficile encore quand la réaction politique et religieuse, encouragée par Bonaparte, attaqua avec succès toutes les idées que la *Décade* s'était donné pour tâche de défendre. Nous avons signalé déjà les injures auxquelles elle crut devoir répondre. En thermidor, l'*Observateur des spectacles* lui conseille de changer de titre. Elle ne tient point, dit-elle, à ce titre par esprit d'opposition aux désirs actuels du public, mais, connue en France et à l'étranger, elle eût fait croire, en le changeant, que les opinions des rédacteurs, ou les rédacteurs, n'étaient plus les mêmes : « Un journal qui a quelque réputation, ajoute-t-elle, n'abandonne point impunément son titre. » Mais quand Napoléon eut supprimé les écoles centrales, la classe des sciences morales et politiques et le Tribunat, quand il vit dans les « idéologues » ses pires ennemis, la *Décade* ne put ni imprimer librement ce que pensaient ses rédacteurs, ni continuer de remplir la tâche qu'elle s'était assignée.

Tant qu'elle exista, elle défendit vaillamment la philosophie, telle que l'avait comprise le xviii° siècle et telle que l'entendaient les idéologues. Elle annonce, le 10 septembre 1796, les *Vosges*, poème de François (de Neufchâteau) qui, emprisonné longtemps, privé de ses papiers, continue à aimer son pays et la République : « Bel exemple, dit-elle, pour ceux qui, après avoir préconisé la philosophie toute leur vie... la dénigrent, la calomnient en lui imputant toutes les horreurs qui ont souillé la Révolution, comme si Voltaire, Montesquieu, Buffon, Helvétius, Diderot, d'Alembert, Rousseau, Raynal avaient prêché le crime, fait l'apologie du brigandage et réduit l'assassinat en préceptes! » Trois mois plus tard, elle se demande, en signalant l'apparition du *Spectateur du Nord*, pourquoi les croyants disent que l'abominable philosophie du xviii° siècle prêche la révolte contre toute autorité, le mépris de tous les devoirs et l'oubli de tous les sentiments, qu'elle a instruit et excité les monstres qui ont dévasté la France, que Robespierre, Collot, Lebon, Carrier étaient des philosophes ! A propos de la brochure de Creuzé-Latouche sur l'intolérance philosophique et religieuse, elle rappelle que la philosophie a été un des premiers objets des fureurs du gouvernement révolutionnaire. Marat fut préféré à Priestley par les électeurs de Paris, le buste d'Helvétius mis en pièces par les Jacobins. Condorcet, Bailly et Lavoisier furent des victimes du gouvernement révolutionnaire. Le jour même où elle écrit qu'elle a reçu des vers à la louange de Bonaparte, assez pour en remplir un numéro (20 décembre 1797), elle affirme que « la Révolution, créée par la philosophie, doit être conservée par elle ». Elle revient sur le livre de Marat, qui traitait d'ignorants Locke, Condillac, Helvétius et autres. Rœderer y défend la philosophie contre Rivarol et rappelle que Robespierre, présenté comme le plus obscur satellite de la philosophie moderne, en fut le détracteur et l'ennemi des philosophes, qui pour lui n'étaient que des charlatans ambitieux. La *Décade* signale le discours où Cuvier combat la croisade qui s'est formée contre les sciences et la philosophie et constate que l'ouvrage *De l'Influence de la philosophie sur la religion*, « par un officier de cavalerie », est de quelqu'un qui ne connaît pas du tout la philosophie et qui connaît très mal la Révolution. Elle relève l'accusation de philosophie et d'attachement à tel et tel principe ou idée libérale « que maintenant il est reçu de ridiculiser pour parvenir ensuite plus sûrement à les faire proscrire », quand vient de paraître *Atala* et quand on songe à supprimer les écoles centrales. Elle insère le discours de Chénier qui défend ces dernières et fait l'éloge du xviiie siècle et de sa philosophie; puis elle signale le livre de Mounier, *De l'Influence attribuée aux philosophes, aux francs-maçons et aux illuminés sur la Révolution de France* : « On a voulu, dit le rédacteur anonyme, envelopper dans un commun anathème la cause des lumières et celle de la liberté... on a imaginé des conspirations de philosophes (1);... on a voulu donner à la philosophie, sur les écarts de la Révolution, l'influence qu'elle n'a eue que sur ses principes, pour la rendre également odieuse à tous les gouvernements et à tous les peuples... Mounier a fait justice de tous ces systèmes, fait sortir intacte et pure, du sein de notre histoire et au milieu de nos disputes, cette sublime alliance de la philosophie et de la liberté, aussi ancienne que la pensée, aussi durable que la raison. » Et dans le même numéro, annonçant que Degérando a été couronné par l'Académie de Berlin et nommé correspondant par celles de Genève et de Turin, elle ajoute : « Ceci prouve au moins que la doctrine de Locke et de Condillac réunit aujourd'hui les suffrages des sociétés savantes les plus éclairées de l'Europe. » Quand Despaze adresse à l'abbé Sicard une satire littéraire, morale et politique où il montre qu'au xviiie siècle

> ...l'athéisme en paix proclamant ses maximes
> Étouffe les remords pour enhardir les crimes,

la *Décade* cite le vers de Voltaire :

> Si Dieu n'existait pas, il faudrait l'inventer.

C'est avec plaisir qu'elle rapporte les paroles de B. de Saint-Pierre au lycée de Paris (16 brumaire an X) : « Chacun raisonne d'après son état, sa religion, sa nation et surtout son éducation, qui donne la première et la dernière teinture à notre jugement. Le *philosophe* seul accorde sa raison sur la raison géné-

---

(1) On pouvait s'autoriser de quelques passages de Cabanis, cf. ch. IV, § 2.

rale de l'univers, comme on règle sa montre sur le soleil. »

En annonçant que la question *Napoléon Bonaparte sera-t-il consul à vie ?* a été décidée à l'unanimité dans le département de la Seine, elle fait remarquer, d'après le catalogue de la dernière foire de Leipzig, que « les Allemands (et leurs livres le prouvent) estiment encore les sciences, les beaux-arts et la philosophie !... Honneur, ajoute-t-elle, à la nation germanique ! » En rendant compte du *Génie du christianisme*, Ginguené s'indigne contre l'esprit de parti qui a dicté ces sorties contre la philosophie, accusée de tout le mal suscité pour empêcher le bien qu'elle voulait faire, accusée même d'être mortelle aux véritables attraits des femmes, et de n'être ni moins cruelle ni moins sanguinaire que le fanatisme ! Il y a une espèce de courage, dit-elle en l'an XII, en signalant la *Philosophie élémentaire* de Mongin, à publier aujourd'hui, sous le titre de Philosophie, un traité important de métaphysique et de grammaire. Non seulement, en effet Mme de Genlis vante le temps de Louis XIV et travaille « avec ténacité à avilir et à dénigrer la mémoire de tous ceux qui ont pu appartenir à ce que l'auteur appelle la secte philosophique », mais Voltaire est accusé d'athéisme, on est menacé « du retour des temps d'ignorance et d'abrutissement »; Napoléon est déclaré empereur héréditaire et Fouché installé au ministère de la police, rétabli après la condamnation de Moreau et de ses complices !

Aussi la *Décade* fait-elle grand cas des philosophes du XVIIIe siècle. Elle invoque l'autorité de Locke, d'Helvétius, de Condillac pour affirmer que l'analyse seule nous permet de pénétrer avec assurance dans le sanctuaire de la science. Elle loue Sicard d'avoir appliqué à l'art d'enseigner à lire, les vérités découvertes par Locke et Condillac. Pour donner un échantillon du caractère de Locke à ceux qui admirent déjà ses ouvrages, elle traduit la lettre à Molyneux, modèle de simplicité et de modestie ; Mme de Genlis est renvoyée au *Gouvernement civil*. Andrieux le célèbre en vers ; Deguerle le vante à Saint-Cyr et le place à côté de Bacon, Dumarsais et Condillac. C'est sur Locke et Condillac que s'appuient Dorsch pour appeler l'attention sur Kant, Horace Say pour entreprendre un ouvrage sur l'entendement humain, Lacroix et Biot (1) pour expliquer les progrès de la métaphysique.

(1) III; p. 462, 29 janvier 1797; 20 fructidor an IX, VIIe vol., p. 357; F. Picavet. *la Philosophie de Kant en France de 1773 à 1814 ; Décade,* 30 messidor an VIII, 20 fructidor an IX.

En août 1797, elle annonce la nouvelle édition de Condillac, qui comprendra vingt-deux ou vingt-trois volumes, et déclare qu'elle voit toujours avec intérêt se multiplier les éditions d'un ouvrage élémentaire qui, jusqu'à présent, est le meilleur. De même, elle signale l'édition des *OEuvres complètes* d'Helvétius, qui contient des choses nouvelles, dignes de l'attention des philosophes et elle le défend avec vivacité contre les attaques de La Harpe et de ceux auxquels il s'était joint (1).

Elle est sévère pour Diderot, « qui a raconté en termes grossiers des histoires sales » dans *Jacques le Fataliste* et les *Bijoux indiscrets*, quoiqu'elle trouve la *Religieuse* un monument éternel de la turpitude des cloîtres et qu'elle cite Diderot comme un précurseur de Cabanis, comme l'athlète le plus vigoureux qu'on puisse opposer aux adversaires des principes philosophiques. Mais elle annonce avec plaisir les *OEuvres posthumes* de d'Alembert, la traduction, par Lasalle, de Bacon « ce grand homme auquel la philosophie et les sciences auront d'éternelles obligations ». Pour parler de Montesquieu, comme l'a fait La Harpe, il n'est pas nécessaire, selon un de ses rédacteurs, de l'avoir lu. Thomas lui-même semble, à cause de son *Marc-Aurèle* et de son *Essai sur les Éloges*, devoir être placé à côté de Montesquieu et de Rousseau. De Voltaire cependant, la *Décade* ne rappelle guère que le vers déjà cité. Mais pour qu'elle semble refléter tout le siècle, même en ce qu'il a aujourd'hui de plus contesté, elle parle du « grand Mably qui fit à Robertson l'honneur d'être du nombre de ses critiques » (2).

Condorcet est un des philosophes pour lesquels les auteurs de la *Décade* éprouvent le plus d'estime et d'admiration. Dès l'an III, elle donne des détails sur sa mort; la même année Ginguené annonce l'*Esquisse d'un tableau historique des progrès de l'esprit humain* et ne craint pas de mettre la belle page qui le

---

(1) « Helvétius, dit-elle, n'eut contre lui, pendant sa vie, que la persécution des fanatiques, les diatribes des sots et, après sa mort, les coups de pied de Robespierre, qui brisa publiquement son buste, et les critiques renouvelées depuis peu, du *Journal chrétien* et de la *Gazette ecclésiastique* par un théologien de fabrique nouvelle qui, de l'école de Voltaire, a émigré sur ses vieux jours dans celle de Nonotte et de frère Berthier. Il est probable que ces modernes homélies auront le sort des anciennes et qu'il y aura toujours un peu plus de gloire à se ranger sous l'étendard de Voltaire et d'Helvétius qu'à suivre, un bandeau sur les yeux, ceux de Berthier et de Nonotte. »

(2) Sur l'influence de Mably, voyez la fin de l'Introduction.

termine, à côté de ce que les philosophes anciens ont laissé de plus sublime. Si le 30 ventôse an VII, le rédacteur des affaires de l'Intérieur dit, avec un certain dédain, que les docteurs de « l'école de la perfectibilité de l'esprit humain » ne songent pas que les quatre-vingt-dix-neuf centièmes des hommes ne sont point des métaphysiciens et ne s'en trouvent pas plus mal, la *Décade* croit, à propos de cet article qui a mécontenté justement quelques amis de la philosophie, devoir à son titre, à l'esprit qui l'a toujours animée, à la constance et à la fermeté de ses principes, de s'expliquer clairement et franchement : « Si les partisans de la perfectibilité de l'esprit humain forment, dit-elle, une école, ils ne prétendent point être des docteurs. Cette école a eu pour l'un de ses principaux chefs une des victimes les plus regrettables de la barbarie de 1793, dont aucune désignation injurieuse ne doit insulter le souvenir. Les amis de sa mémoire, attachés aux mêmes opinions, sont en général d'assez bons esprits et d'assez bons républicains pour qu'en leur supposant même des erreurs, on les traite avec plus d'égards... Si les quatre-vingt-dix-neuf centièmes des hommes ne sont point des métaphysiciens et ne s'en trouvent pas plus mal, ils se trouveraient peut-être moins mal encore, si le dernier centième chargé de conduire, d'éclairer, de régir, de soumettre à de bonnes lois les quatre-vingt-dix-neuf autres était un peu meilleur métaphysicien, non pas selon la vieille acception de ce mot, mais dans le sens de la nouvelle école... Les hommes accusés de croire l'esprit humain perfectible à un degré qu'il leur paraît difficile et téméraire de fixer, ont été les premiers à penser, à dire et à écrire que les grandes institutions propres à frapper les sens et le cœur étaient celles dont on devait le plus s'occuper, si l'on voulait régénérer le peuple, et il leur est dur de joindre à la douleur de n'avoir pu encore faire entendre ce langage, celle de s'en entendre reprocher un tout contraire. ». A la suite de cet article, Cabanis écrivait à la *Décade* une belle et curieuse lettre dans laquelle il défendait tout à la fois la philosophie issue de Locke, de Condillac, d'Helvétius et la doctrine de la perfectibilité. Fauriel remarque, en analysant la *Littérature* de Mme de Staël, qu'elle rapporte au système de la perfectibilité indéfinie de l'espèce humaine, pour le développer et le confirmer, la plupart de ses réflexions, de ses idées, de ses observations sur l'état antérieur et présent de l'esprit humain dans la carrière des connaissances (1). Dans la seconde édition de son ouvrage, Mme de Staël disait qu'en parlant ainsi, elle ne faisait nullement allusion aux rêveries de quelques penseurs sur un avenir sans vraisemblance, mais aux progrès successifs de la civilisation dans toutes les classes et dans tous les pays. Et le rédacteur de la *Décade* affirmait que cette opinion, ainsi précisée, a été celle de tous les philosophes éclairés depuis cinquante ans, chez les nations voisines comme chez nous (2). Pour Moreau de la Sarthe, le xix⁰ siècle est l'époque, désignée par Condorcet où les sciences, devenues la consolation et la providence de l'humanité, doivent consacrer leurs nobles efforts à diminuer la somme des maux et à augmenter celle des bienfaits de la civilisation (3). La doctrine de la perfectibilité a été, selon J.-B. Salaville, celle de tous les philosophes de l'antiquité, elle a été professée, dans les derniers siècles, par tous les écrivains amis de l'humanité et zélés pour les intérêts de la morale. C'est la faculté de passer du connu à l'inconnu et ce qui le conduit à douter du principe de Locke et de Condillac, qui place dans la sensibilité la source ou l'occasion de l'intelligence (4). Ginguené reproche vivement à Palissot d'appeler philosophisme la philosophie de Condorcet. Il rappelle cette ébauche d'un chef-d'œuvre, qui est elle-même un chef-d'œuvre et qui, « sous la hache des proscripteurs, occupa les derniers moments d'une vie employée tout entière à la recherche du vrai, à la propagation de ce qui pouvait rendre les hommes plus heureux en les rendant meilleurs, cette *Esquisse*, monument d'une force d'esprit qui étonne, d'une étendue de connaissances et de vues qui impose et d'une bonté d'âme qui attendrit » (5).

Les successeurs de Locke, de Condillac, d'Helvétius et de Condorcet ne sont pas moins bien traités. Les ouvrages de Cabanis et de D. de Tracy, de Volney et de Degérando, de Thurot et de Dupuis, de Saint-Lambert et de Laplace, de Lacroix, de François (de Neufchâteau), de Mme de Staël, de Richerand, d'Andrieux, de Mme de Condorcet et de J.-B. Say, de Chamfort et de B. Constant, sont analysés avec soin, de manière à en faire bien ressortir la valeur et l'originalité. De Tracy et Degérando, Thurot et sur-

(1) 10 prairial an VIII.
(2) 30 brumaire an IX.
(3) 10 fructidor an IX.
(4) 30 brumaire an X.
(5) 30 germinal an XI.

tout Volney, Cabanis et Garat sont très fréquemment et élogieusement cités (1).

Toutes les institutions qui relèvent des doctrines philosophiques du xviii° siècle ou constituent un moyen heureux de les propager et de les faire aimer sont vivement louées. La *Décade* rend compte de l'ouverture de l'École normale, « couronnement d'un vaste édifice et sommet de l'enseignement ». Elle en signale les cours et spécialement celui de Garat. Ginguené, à propos de la traduction par Prévost des *Essais* d'Adam Smith, cite avec plaisir le traducteur qui venge nos Écoles normales de la froideur et de l'injustice dont ce bel établissement eut presque également à se plaindre. Elle ne porte pas moins d'intérêt aux écoles centrales. Chaque année elle donne le compte rendu de la séance d'ouverture ou de rentrée de celles de la Seine et d'un certain nombre de départements ; elle signale les exercices publics, les examens qui terminent l'année scolaire, les ouvrages de leurs professeurs et les travaux des élèves, les discussions que soulèvent l'organisation et l'existence de ces écoles. Elle rend compte d'un voyage de vacances et annonce les concours pour les chaires. Elle combat avec vivacité ceux qui demandent le rétablissement des collèges, est heureuse de faire remarquer que nos départements renferment des talents capables de former l'esprit de la jeunesse et qu'il ne faut pas désespérer de l'instruction publique. Elle fait valoir les réclamations des professeurs et insistant auprès des gouvernants pour qu'on paie les traitements en retard, indique que, dans la séance même où l'on a agité cette question, ceux des représentants du peuple ont été portés à près de douze mille francs par an. D'une façon générale, elle s'intéresse à tout ce qui concerne l'instruction publique : elle signale l'ouverture des cours de l'École polytechnique et demande qu'on fasse, pour les sciences morales, ce qu'on a fait pour les sciences physiques, qu'on établisse une école qui devienne la pépinière d'où

---

(1) A Palissot, Ginguené reproche d'avoir oublié, parmi les vivants, Cabanis qu'il ne fallait pas reléguer, pour ainsi dire, dans un petit coin et dans une note de l'article *Molière* avec son excellent ouvrage sur les *Rapports du physique et du moral*; Dupuis, qui a fait époque dans l'érudition et dans la philosophie par son grand ouvrage sur l'*Origine de tous les cultes*; Garat, que nos orateurs et nos philosophes placent au premier rang ; de Tracy, qui a porté, dans les *Éléments d'Idéologie*, une clarté et une méthode analytiques qui font disparaître, de cette science encore nouvelle, tout ce qu'elle pouvait avoir ou de vague ou d'obscur; Volney, qui a popularisé, par l'éloquence de ses *Ruines*, ce que Dupuis avait établi par l'érudition et qui a eu la gloire de voir confirmer, par nos savants revenus d'Égypte, tous les faits qu'il avait avancés et toutes les conjectures qu'il avait formées.

seront tirés les professeurs, les administrateurs, les ambassadeurs (1). Elle rapporte en 1796 le résultat de l'examen où cent treize candidats sur trois cent quatre ont été admis, et constate que l'instruction n'a pas été aussi négligée en France qu'on le croit généralement ; elle donne des extraits du journal que publie l'école. D'importants articles sont consacrés à l'instruction publique pendant la Constituante, la Législative et la Convention. La formation du Conseil de l'instruction publique est annoncée, les cours publics faits à l'ancien Lycée, au Lycée républicain et au Collège de France sont indiqués et quelquefois analysés.

La *Décade* publie la liste générale des membres de l'Institut et les Notices des travaux de chacune des classes ; elle rend compte des séances publiques et des ouvrages couronnés. De même elle fait connaître les travaux de l'Institut du Caire et de l'Académie de Berlin ; la formation et quelquefois les recherches des nombreuses sociétés qui s'élevaient alors dans toutes les parties de la France et qui voulaient, à l'imitation de l'Institut, travailler au progrès des lettres et des sciences. L'apparition des journaux, *Décade égyptienne*, *Décade cisalpine*, *Conservateur*, *Clef du cabinet*, etc., qui poursuivent le même but que ses propres rédacteurs, lui semble devoir être signalée à ses lecteurs.

Si la *Décade* a ses préférences en philosophie, en politique, en littérature, elle n'est ni exclusive ni intolérante. Toujours prêts à combattre le *fanatisme*, ses rédacteurs considèrent l'athéisme comme une religion qu'ils n'adoptent pas, mais pour laquelle ils réclament la liberté. C'est avec satisfaction qu'ils constatent qu'on a effacé les inscriptions apposées depuis quelques années sur le frontispice des temples : « C'était en effet, ajoutent-ils, un scandale, pour les catholiques, de lire sur la porte du lieu où ils célèbrent leurs mystères, ces mots, *à la Raison, au Génie, à la Paix*, etc. Depuis que les temples sont redevenus des églises, ces inscriptions se trouvaient tout à fait déplacées. » Elle insère une lettre curieuse, écrite de Philadelphie par Romme, agent du gouvernement français à Saint-Do-

---

(1) Il faut remarquer encore une fois le sens pratique de ces hommes dont on a si souvent critiqué les tendances utopistes : il n'a pas dépendu d'eux (voyez aussi le chapitre sur D. de Tracy) que nous n'eussions plus tôt en France une école plus complète, sinon plus prospère que celle qu'a réussi à instituer M. Boutmy.

mingue : « Je voulais vérifier, dit-il, s'il est vrai que les peuples grossiers de l'Afrique n'eussent aucune idée ni de l'Être suprême, ni de la spiritualité et de l'immortalité de l'âme, enfin s'il est vrai qu'ils adorent des bêtes et des fétiches. Je fus bien moins surpris encore qu'enchanté de trouver chez ces malheureux cultivateurs (Mandougues à Haïti) les connaissances les plus claires de Dieu, créateur et conservateur de l'univers, de l'âme unie au corps humain pendant la vie et passant par la mort à l'immortalité, des bonnes âmes devenant alors anges et des mauvaises réduites à l'état de démons (1). » De même s'ils trouvent que le 21 janvier a été un événement d'une grande importance politique, ils estiment que c'est un événement affligeant pour la philosophie et l'humanité, et se demandent s'il ne vaudrait pas mieux célébrer une naissance, celle de la République au 1er vendémiaire, qu'une mort. La harangue de Bonaparte aux soldats de l'armée d'Italie leur semble sublime, et ils impriment quelques-uns des vers latins, français, italiens, espagnols qu'on leur envoie en son honneur, comme ils pensent qu'avant le 18 brumaire la République penchait vers sa ruine. Mais ils défendent énergiquement les écoles centrales et toutes les institutions de la Convention. Ils se plaignent que les émigrés abondent à Paris, sollicitent leur radiation et se flattent avec *impudeur* de l'obtenir. Ils trouvent étrange (2) que le *Journal de Paris* accuse les membres de l'Institut d'avoir manqué de respect au gouvernement en lui adressant un discours où ils parlaient au chef de l'État « en confrères aussi chers que respectés » et rappellent, à ce sujet, le rapport de Lucien Bonaparte qui avait, en l'an VIII, fait supprimer l'*Ami des Lois* pour avoir versé le ridicule et le sarcasme sur une réunion d'hommes qui honorent la République par leurs lumières et qui étendent chaque jour le cercle des connaissances humaines. » Enfin s'ils admirent Sieyès et le suivent avec un intérêt marqué jusqu'au 18 brumaire, ils estiment, après qu'il a reçu comme récompense nationale le domaine de Crosne (vingt-cinq mille francs de rente), que ces sortes de donation sont d'un dangereux exemple, discréditent le désintéressement et recommandent la richesse, qu'elles peuvent dégénérer en habitude et en abus. Ne dirait-on pas qu'ils prévoient l'usage, dangereux pour la liberté, que Napo-

---

(1) 9 mai 1797, 20 frimaire an X, 10 germinal an X.
(2) 29 janvier 1797; 30 messidor an VIII, 30 fructidor an IX, 10 nivôse an VIII.

léon va faire de ce procédé, auquel surent résister bien peu de ceux avec qui il l'employait ?

Ainsi encore la *Décade* donne un Extrait et une analyse du *Cours de logique* de Pinglin, qui, combattant Locke et Condillac, « a acquis, en méditant, le droit d'avoir une opinion à lui ». C'est elle qui nous a conservé les leçons de Mercier contre Locke et Condillac, elle encore qui trouve méthodiques, étendues, appuyées sur des faits nouveaux, sur des observations personnelles les réfutations que fait, de Sicard et de Condillac, Lebouvyer des Mortiers. C'est elle enfin qui dit de l'ouvrage de Daube, dont elle signale les attaques contre Locke, Bonnet, Condillac, qu'il rendra un service réel (1).

Jamais un journal français, et c'est là une des causes du succès de la *Décade* en France et à l'étranger, n'a fourni à ses lecteurs des indications plus étendues, plus variées, plus exactes sur le mouvement philosophique, scientifique et littéraire. Nous l'avons montré pour la France ; il nous suffira de quelques lignes pour les pays étrangers. En ce qui concerne l'Angleterre, avec laquelle il y eut presque toujours guerre à cette époque, ou l'Amérique avec laquelle les relations se tendent quand Adams devient président, elle fait connaître tout ce qui peut intéresser les littérateurs, les politiques, les philosophes (2).

Elle publie une lettre de Naples sur les manuscrits d'Herculanum, des vers espagnols et italiens, en particulier un fragment du poème *Gli Animali parlanti*. Elle tient ses lecteurs au courant des travaux de Volta, rappelle, à propos de la mort de Beccaria, que son traité a été traduit dans toutes les langues et que son nom sera longtemps en honneur chez tous les amis de l'humanité. A l'occasion des Œuvres de V. Alfieri, elle insère une lettre de Bonafide. Après avoir tenté de rattacher Robespierre à saint Thomas d'Aquin, au lieu de voir en lui un disciple

---

(1) Messidor an III, 20 messidor an VIII, 20 vendémiaire an XII.

(2) Elle insère une lettre (en anglais) écrite par un membre de l'opposition à Lucien Bonaparte et une traduction d'un fragment des *Mémoires* de Franklin, qu'elle annonce ensuite quand ils ont été traduits par Castéra; des Notices sur la vie et les écrits du célèbre orientaliste William Jones, sur Arthur Young; une lettre de Priestley et une traduction de l'*Essai sur la danse, comme art d'imitation*, de Smith; un fragment d'*Ossian* et de *Sacountala*, conte oriental, d'après William Jones. Elle annonce la mort de Gibbon et donne un extrait de ses *Mémoires*, celle de Robertson « qui n'a été surpassé par aucun historien du siècle » ; de Thomas Reid, connu par un très bon ouvrage sur les facultés intellectuelles et morales de l'âme humaine. Elle analyse ou signale les traductions par Roucher, puis par Blavet, enfin par Garnier de l'*Essai sur la richesse des nations*, d'Adam Smith; puis

de Machiavel, elle fait connaître la traduction par Guiraudet des *OEuvres* du philosophe italien. C'est à la *Décade* que Mellendez Valdez adresse, comme un hommage à la France, ses *Poésies*, où pour la première fois la philosophie a parlé en Espagne le langage de la poésie.

Mais c'est surtout sur l'Allemagne que la *Décade* est exactement renseignée. Par les indications qu'elle nous a fournies, nous savons que Kant avait été, avant Mme de Staël et Victor Cousin, très attentivement étudié (1) en France par les idéologues. De même elle donne une exposition de la doctrine de Gall, le jour où elle relate la découverte par Cuvier de nouveaux os fossiles, entretient ses lecteurs du catalogue de la foire de Leipzig et des cours d'Iéna, de Swedenborg, des Mémoires de l'Académie de Berlin, de la proscription qui frappe à Vienne les ouvrages de philosophie et la *Décade* elle-même, d'une lettre de Humboldt à Fourcroy, de l'Académie de Gœttingue, etc. Elle signale et même analyse les traductions en français, en espagnol, en italien de *Werther*; celle du *Théâtre complet* de Kotzebue par Weiss et Jauffret; celle du *Wilhem Meister*, d'*Hermann et Dorothée* de Gœthe; celle du *Théâtre* de Schiller et celle, par Van der Bourg, du *Laocoon* de Lessing. Elle publie des traductions de Klopstock (*le Lac de Zurich*), de Rabener (*Moyens de découvrir à des signes extérieurs les sentiments secrets*), de Kotzebue (*la Vie de mon père*), de Herder (*le Juge prudent*), de Wieland (*Obéron et Agathon*), des imitations de Wieland et de Gœthe, une *Notice sur la vie* et une *Défense* de Wieland; des Anecdotes sur la vie de Gœthe que J.-B. Say traduit du *Monthly-Magazine*. Elle signale la *Lessing's Briefwechsel mit Gleim*, qui ne saurait être sans intérêt, et peut écrire en l'an XII : « Nous sommes à peu près au courant de la littérature allemande. » « A peu près » semblera assurément trop modeste à ceux qui se seront, comme

---

celles que donnent Thurot de l'*Hermès* d'Harris et de la *Vie de Laurent de Médicis* par Roscoë, Mme de Condorcet, de la *Théorie des sentiments moraux* de Smith et Prévost, des *Essais philosophiques* de Smith *précédés d'un Récit de sa vie et de ses écrits* par Dugald-Stewart; Bertin, des *Satires* d'Young; Baour-Lormian, d'Ossian, « qu'elle croit une invention de Macpherson »; Musset-Pathay, d'un *Abrégé de l'histoire grecque* de Goldsmith. Enfin elle analyse le Testament de Washington, donne une lettre de Philadelphie qui fournit des renseignements sur Volney occupé à visiter la Caroline et les établissements de l'Ohio, fait connaître les ouvrages publiés dans la *Nouvelle collection des classiques anglais*, les *Leçons de rhétorique et de belles-lettres* de Hugh Blair.

(1) F. Picavet, *la Philosophie de Kant en France de 1773 à 1814* (Introduction à une nouvelle traduction de la *Critique de la Raison pratique*).

nous, donné le plaisir de parcourir la poudreuse et trop ignorée collection des volumes de la *Décade*.

Enfin elle s'occupe de l'Académie de Copenhague et de la littérature de la Russie.

Elle ne nous fournit pas seulement des indications précieuses sur les idéologues, sur le mouvement philosophique, scientifique et littéraire auquel ils ont été mêlés, sur l'influence exercée par les philosophes du xviii° siècle ; elle nous aide à comprendre la philosophie qui va suivre. Lisez par exemple la lettre que M. Littré lui adresse et replacez-la dans le milieu où elle s'est produite (1), vous comprendrez bien plus aisément l'œuvre historique et philosophique de notre contemporain. Voyez les mentions fréquentes que fait la *Décade* du docteur Burdin et rappelez-vous qu'elle a grande estime pour Cabanis et tous ceux qui marchent dans la même voie, vous verrez que les doctrines de Saint-Simon et d'A. Comte, qui se sont réclamés de ce savant dont le nom ne disait rien à la plupart des contemporains, se rattachent à celles des idéologues qu'elles développent, reproduisent, complètent ou mutilent (2). Enfin lisez le compte rendu de la *Vie du législateur des chrétiens sans lacunes et sans miracles* (20 germinal an XI) « qu'aucun journal n'a osé annoncer ». Il y est question de l'odyssée de Jésus et de ce qu'elle a de trop humain. « C'est par le charme de l'éloquence et d'une belle figure, par la bienfaisance, par une vertu sans exagération, mais qui ne se dément point, par le contraste de sa doctrine avec la législation féroce de Moïse, que le législateur des chrétiens séduisit la Judée. » Ne croirait-on pas déjà lire un compte rendu de la *Vie de Jésus* de M. Renan ?

(1) Voyez Appendice.
(2) Voyez ch. vii, § 4.

CHAPITRE II

LA PREMIÈRE GÉNÉRATION D'IDÉOLOGUES

Il faut distinguer trois générations d'idéologues. La première comprend ceux qui, avant la fin du siècle, sont morts ou ont acquis leur plus grande célébrité. Avec la seconde viennent ceux qui, dans l'école et pour l'opinion publique, ont occupé la première place sous le Directoire, sous le Consulat et auxquels d'ordinaire on donne surtout le nom d'*idéologues*. Dans la troisième enfin prennent place ceux qui, déjà connus à l'une ou à l'autre des deux époques, conservent ou exercent, grâce à leurs doctrines moins éloignées de celles qui triomphent à la fin de l'Empire ou sous la Restauration, une influence considérable sur leurs contemporains. Degérando et Laromiguière sont les hommes les plus marquants de cette dernière période. C'est autour de Cabanis, de Destutt de Tracy, de Daunou que nous grouperons les penseurs de la seconde, la plus florissante et la plus originale. Nous mettrons en tête de la première génération, Condorcet, dont se réclament Destutt de Tracy et Cabanis. Puis viendront Sieyès, Rœderer et Lakanal qui ont, comme Condorcet, joué un rôle politique; Volney, dont l'influence a été croissant jusqu'au 18 brumaire; Dupuis, Maréchal et Naigeon qui se rattachent à Volney. Enfin nous étudierons Saint-Lambert qui, après un long silence, reparaît avec une œuvre dont le succès a été grand, même après sa mort; Garat, dont le cours aux écoles normales excita un véritable enthousiasme; Laplace et Pinel, qui publient avant le xix⁰ siècle leurs ouvrages les plus importants.

I

Marie-Jean-Antoine-Nicolas Caritat, marquis de Condorcet, naquit à Ribemont, le 17 septembre 1743. Il avait quatre ans à la mort de son père. Sa mère, très pieuse, le voua au blanc jusqu'à onze ans. D'elle peut-être, il tint cette foi ardente dont l'objet n'était plus le christianisme, mais l'Évangile des temps modernes, la doctrine de la perfectibilité. Son oncle paternel, évêque de Gap, d'Auxerre, de Lisieux, le confia à un jésuite. Élève à Reims, puis au collège de Navarre, il soutint, à seize ans, une thèse à laquelle assistaient Clairaut, d'Alembert, Fontaine et, pour se livrer à l'étude des mathématiques, renonça à la carrière des armes.

Un *Essai sur le calcul intégral* (1764), un *Mémoire sur le problème des trois corps* (1767), réunis en 1768 comme *Essais d'analyse*, le firent entrer à l'Académie des sciences. En 1770, il va chez Voltaire avec d'Alembert. Les *Éloges de quelques académiciens morts depuis 1666 jusqu'à 1669* (1773), le font choisir pour secrétaire perpétuel. En tête de ce livre, d'Alembert écrit : « Justice, justesse, savoir, clarté, précision, goût, élégance et noblesse. »

L'année précédente, Condorcet avait publié les *Lettres d'un théologien*, où en disciple de Voltaire et en allié des Encyclopédistes, il faisait la guerre aux institutions sociales et religieuses. Pour lui déjà, Descartes est le restaurateur de la vraie méthode de philosopher ; Gassendi, qui avait un esprit très philosophique, mais non le génie des découvertes, est inférieur à Descartes et à Bacon ; Vauvenargues a eu l'idée hardie d'élever une morale philosophique, indépendante de tout système, comme de toute révélation.

En 1776, Condorcet donnait, avec une édition des *Pensées*, un *Éloge de Pascal*, à propos duquel Voltaire écrivait : « L'*Anti-Pascal*, d'un homme très supérieur à Pascal, a le succès qu'il mérite auprès des gens de bien qui ont eu le bonheur de le lire. » Et d'Alembert répondait à Voltaire : « Je suis bien persuadé, comme vous, que le Pascal-Condorcet vaudra beaucoup mieux que le Pascal janséniste et qu'il est destiné à jouer le rôle le plus distingué dans les sciences et dans les lettres (1). » Disciple de Voltaire, Condorcet continue ses travaux scientifiques. Sa *Théorie des comètes* est couronnée (1777) par l'Académie de Berlin. Ami de Turgot, il aborde les questions économiques. A la mort de Maurepas, d'Alembert pose sa candidature à l'Académie française. Il obtient seize voix, Bailly quinze. Ce fut, dit Grimm, une des plus grandes batailles que d'Alembert ait ga-

---

(1) Beuchot, 7260 et 7290.

gnées contre M. de Buffon (1). Dans son discours de réception, Condorcet insiste sur les avantages que la société peut retirer de la réunion des sciences physiques et des sciences morales : le xviii° siècle, disait-il, a tellement perfectionné le système général des connaissances humaines qu'il n'est plus au pouvoir des hommes d'éteindre cette grande lumière.

L'année suivante d'Alembert meurt et désigne Condorcet pour son exécuteur testamentaire. L'activité de ce dernier, de 1780 à 1794, est prodigieuse. Il s'occupe de l'application du calcul des probabilités aux choses de l'ordre moral (2). Tout en écrivant, comme secrétaire perpétuel, les éloges d'Euler, de Bezout, de d'Alembert, de Macquer, de Bergman, de Cassini, de l'abbé du Gua, de Buffon, de Franklin, etc., il fait paraître une *Vie de Turgot* (1786), une *Vie de Voltaire* (1787), traduites en anglais et en allemand. Avec Lacroix il édite les *Lettres à une princesse d'Allemagne* d'Euler. Il annote un volume de la traduction de Smith par Roucher, compose des mémoires pour les Académies de Berlin, de Saint-Pétersbourg, de Turin, pour l'Institut de Bologne, et collabore à la *Bibliothèque de l'homme public*, à la *Feuille villageoise,* au *Journal d'Instruction publique,* etc.

Nommé à la Législative par les électeurs de Paris, Condorcet en fut président et présenta son célèbre *projet sur l'Instruction publique*. Le département de l'Aisne l'envoya à la Convention. Dès le 11 octobre, il fit partie du comité de constitution avec Brissot, Vergniaud, Gensonné, Sieyès, Danton, Barrère, Thomas Payne et Pétion. Quand on jugea le roi, il proposa que son sort fût décidé par des députations des départements, puis reconnut Louis XVI coupable et réclama l'appel au peuple, vota la peine la plus grave qui ne fût pas la mort, et enfin demanda qu'il y eût sursis à l'exécution. Après le 31 mai, il combattit les idées soutenues par le nouveau comité de constitution et fut dénoncé par Chabot. La Convention accepta les propositions du comité qui concluait à l'arrestation de Condorcet et à sa tra-

---

(1) Cf. aussi Lucien Brunel, *les Philosophes et l'Académie française*, p. 280 et sqq.
(2) Il publie ou compose l'*Essai sur l'application de l'analyse à la probabilité des décisions rendues à la pluralité des voix* (1785), qui deviendra plus tard les *Éléments du calcul des probabilités et son application aux jeux de hasard, à la loterie et au jugement des hommes* (1804), et le *Moyen d'apprendre à compter sûrement et avec facilité* (an VIII).

duction à la barre, puis le décréta d'accusation et le mit hors la loi. Pendant huit mois, il resta chez Mme Vernet (1) et y composa, sans livres, l'*Esquisse* dont il remettait chaque soir les feuilles à son hôtesse. Quand la Convention eut édicté la peine de mort contre toute personne qui donnerait asile à un proscrit, il quitta Paris. Arrêté dans un cabaret de Clamart, il fut conduit à la prison de Bourg-la-Reine. Le lendemain matin, quand on vint le chercher pour l'interroger, on ne trouva qu'un cadavre : il avait pris le poison que toujours il portait sur lui.

Condorcet n'appartient pas que par son dernier ouvrage à l'histoire de la philosophie (2). Sans doute il y a résumé toutes les doctrines auxquelles l'avaient conduit ses recherches, mais il faut interroger ses autres œuvres pour avoir une idée exacte et précise de la place qu'il doit occuper dans l'histoire de la spéculation. Toutes présenteraient d'utiles indications. Nous en tirerons quelques-unes des *Éloges* et des *Vies*, avant de montrer ce qu'il a fait pour le calcul des probabilités, ce qu'il a projeté pour l'instruction publique, ce qu'il a espéré pour l'humanité.

Dans l'*Éloge d'Euler*, Condorcet rappelle que Totleben paya au-dessus de sa valeur une métairie pillée par ses soldats, et que l'impératrice Élisabeth y joignit un don de quatre mille florins, preuve, ajoute-t-il, de ce progrès humain que quelques écrivains s'obstinent à nier encore, apparemment pour éviter qu'on ne les accuse d'en avoir été les complices. En parlant de du Gua, le traducteur de Berkeley, il vante tout à la fois l'*Encyclopédie*, monument honorable pour la nation, pour le siècle, et Descartes qui mérite que la reconnaissance de tous les savants, de tous les amis de l'humanité veille éternellement sur sa gloire. Berkeley, dit-il, n'eût pas blessé les oreilles des philosophes, sans moins étonner le vulgaire, s'il avait affirmé que notre conviction de l'existence et de la réalité des corps ne peut être appuyée que sur la permanence observée dans certains groupes de sensations et la constante régularité des lois auxquelles sont assujettis les phénomènes successifs que ces groupes permanents nous présentent. Franklin, dit-il ailleurs, pyrrhonien même en morale, admit ensuite l'existence de Dieu, l'immorta-

---

(1) Une plaque placée au n° 15 de la rue Servandoni, entre le premier et le second étage, rappelle le séjour de Condorcet : « En 1793 et 1794, Condorcet, proscrit, trouva un asile dans cette maison, où il composa sa dernière œuvre, l'*Esquisse des progrès de l'esprit humain.* »

(2) C'est ce qu'on lit dans le *Dictionnaire philosophique* de Franck.

lité de l'âme et ne méprisa pas les pratiques extérieures : toutes les religions lui paraissaient également bonnes, pourvu qu'une tolérance universelle en fût le principe et qu'elles ne privassent point des récompenses de la vertu ceux qui, en la pratiquant, suivaient une autre croyance, ou n'en professaient aucune. Et à propos de l'Hospital, Condorcet trouve que si la vertu ne suffit pas pour assurer le bonheur, elle est, pour tous les hommes, le moyen d'être le moins malheureux. En combattant Pascal, il affirme que si de longues erreurs ont abruti et corrompu l'homme, il ne faut pas désespérer trop tôt de lui rendre, en l'éclairant, le courage de devenir meilleur et plus heureux ; il ne peut se dispenser de regarder comme un génie profond et une âme sublime l'inventeur de la morale stoïcienne (1).

A d'Alembert, Condorcet joint Diderot dont il fait un éloge enthousiaste (2). Dans le *Discours préliminaire à l'Encyclopédie*, il trouve, comme chez Turgot, le germe des idées qu'il développa plus tard : « C'est, dit-il, un tableau précis de la marche des sciences depuis leur renouvellement, de leurs richesses à l'époque où d'Alembert en traçait l'histoire et des progrès qu'elles devaient espérer encore... Un de ces ouvrages précieux que deux ou trois hommes au plus dans chaque siècle sont en état d'exécuter. »

S'il écrit la vie de Turgot, c'est que l'histoire d'un tel homme intéresse tous les âges et toutes les nations. Les *Discours* de 1750 sont un monument singulier, moins encore par l'étendue des connaissances qu'ils supposent, que par une philosophie et des vues propres à l'auteur. Smith a peut-être trouvé, dans l'article *Fondation*, le germe de son ouvrage. Le plan de gouvernement que s'était formé Turgot, suppose que l'instruction morale du peuple est absolument séparée des opinions religieuses et des cérémonies du culte. La suppression des religieux des deux sexes rendrait à la nation des biens immenses ;

---

(1) Cf. Cabanis, ch. IV.
(2) « Homme d'un esprit étendu, d'une imagination vaste et brillante, dont le coup d'œil embrassait à la fois les sciences, les lettres et les arts, également passionné pour le vrai et pour le beau, également propre à pénétrer les vérités abstraites de la philosophie, à discuter avec finesse les principes des arts et à peindre leurs effets avec enthousiasme, philosophe ingénieux et souvent profond, écrivain à la fois agréable et éloquent, hardi dans son style comme dans ses idées, instruisant ses lecteurs, mais surtout leur inspirant le désir d'apprendre à penser et faisant toujours aimer la vérité même lorsque, entraîné par son imagination, il avait le malheur de la méconnaître. »

en appointant les évêques et les curés, on détruirait les dîmes, on ferait une grande économie, « puisqu'ils doivent donner l'exemple de la simplicité et du désintéressement ».

Condorcet entreprend ensuite de faire connaître toutes les idées de Turgot (1). Avec lui il considère comme seul fondement de la certitude, la supposition qu'il existe des lois constantes pour tous les phénomènes ; il croit que l'être capable de se perfectionner peut, après la mort, éprouver des modifications dont sont causes celles qu'il a reçues pendant la vie. Sur la liberté et la propriété, sur les conditions auxquelles doivent répondre les lois, Condorcet s'exprime en termes que reproduiront presque littéralement les *Déclarations des Droits*. La seule méthode pour trouver des vérités précises, c'est l'analyse des idées ; la seule source du bonheur public, c'est la connaissance de la vérité à laquelle on conforme l'ordre de la société, c'est l'extension et la divulgation des lumières. Sans vouloir détruire l'inégalité d'intelligence ou de lumières, il pense déjà qu'il est possible d'instruire tous les hommes, assez pour qu'ils ne soient pas sous la dépendance de ceux qui leur sont supérieurs.

La Constitution républicaine est la meilleure de toutes ; les républiques fédératives sont les plus propres à garantir un État contre les invasions (2). Au moment d'une réforme, le législateur ne peut être rigoureusement juste, il est réduit à ne faire que des lois dont il résulte une moindre injustice. Et Condorcet finit la *Vie de Turgot* en exposant, à grands traits, les idées de l'*Esquisse*. La perfectibilité indéfinie est une des qualités distinctives de l'espèce humaine. Elle appartient au genre humain en général et à chaque individu en particulier. Les progrès des connaissances physiques, de l'éducation et de la méthode scientifique contribueront à perfectionner l'organisation, à rendre les hommes capables de réunir plus d'idées dans leur mémoire et d'en multiplier les combinaisons, ainsi qu'à perfectionner le sens moral.

(1) Sur l'âme humaine, l'ordre de l'univers et l'Être suprême, les principes des sociétés et les droits des hommes, les constitutions politiques, la législation et l'administration, l'éducation physique et les moyens de perfectionner l'espèce humaine, relativement au progrès et à l'emploi de ses forces, au bonheur dont elle est susceptible, à l'étendue des connaissances où elle peut s'élever, à la certitude, à la clarté et à la simplicité des principes de conduite, à la délicatesse et à la pureté des sentiments qui naissent et se développent dans les âmes, aux vertus dont elles sont capables.

(2) N'est-ce pas là une des causes du reproche de « fédéralisme » adressé aux Girondins ?

Les erreurs seront anéanties et remplacées par des vérités nouvelles, le progrès croîtra toujours de siècle en siècle, sans avoir de terme assignable en l'état actuel de nos lumières. Les hommes deviendront meilleurs à mesure qu'ils seront plus éclairés, les nations tendront à se rapprocher, les peuples finiront par reconnaître les mêmes principes, par se réunir pour les progrès de la raison et du bonheur commun. La politique, fondée sur l'observation et le raisonnement, se perfectionnera. L'histoire confirme la croyance à la perfectibilité indéfinie : aucun objet d'étude ne doit donc être négligé, aucune spéculation n'est inutile. « Turgot, disait enfin Condorcet, est un des hommes les plus extraordinaires que la nature ait produits, celui qui, peut-être, a été le moins éloigné de la perfection à laquelle la nature humaine peut s'élever. »

La *Vie de Voltaire* est essentiellement aussi une œuvre destinée par Condorcet à préparer le succès des doctrines qui lui sont chères. C'est l'histoire des progrès que les arts ont dus à son génie, du pouvoir qu'il a exercé sur les opinions de son siècle, enfin, de cette longue guerre contre les préjugés, déclarée dès sa jeunesse, et soutenue jusqu'à ses derniers moments. « Voltaire, dit-il, conçut le grand projet d'être le bienfaiteur de tout un peuple en l'arrachant à ses préjugés, jura d'y consacrer sa vie et tint parole. » Les *Lettres sur les Anglais* ont produit en France une révolution. Les ouvrages scientifiques de Voltaire, sans lui donner une place parmi les savants, ont fait connaître Newton, le véritable système du monde et les principaux phénomènes de l'optique. Bien plus, ils ont servi son talent pour la poésie ; car l'étude des sciences, dit Condorcet, que sembleraient avoir lu André Chénier et Sully-Prudhomme, agrandit la sphère des idées poétiques et enrichit les vers de nouvelles images. *Alzire* et *Mahomet* sont des monuments éternels de la hauteur à laquelle le génie de la poésie et l'esprit philosophique peuvent élever la tragédie. Les *Discours sur l'homme* offrent des traits d'une philosophie profonde, qui paraît simple et populaire, parce qu'elle est presque toujours exprimée en sentiments ou en images.

Voltaire, aux Délices et à Ferney, est abandonné à ses passions dominantes et durables, l'amour de la gloire, le besoin de produire et le zèle pour la destruction des préjugés, la plus forte et la plus active de toutes celles qu'il a connues. Sa vie est embellie par l'exercice d'une bienfaisance qui s'occupe des individus et de l'humanité. Même l'auteur de la *Pucelle* est, pour Condorcet, « l'ennemi de l'hypocrisie et de la superstition. » La *Loi naturelle* est le plus bel hommage que l'homme ait rendu à la Divinité; *Candide*, un chef-d'œuvre dans le genre des romans philosophiques, l'*Essai sur les mœurs et l'esprit des nations* est une lecture délicieuse pour les hommes qui exercent leur raison. Voyant dans l'*Encyclopédie* le coup le plus terrible qu'on pût porter aux préjugés, il se fit le chef des philosophes et des Encyclopédistes. En plaidant la cause des Calas, il défendit la tolérance et ramena, sur les crimes de l'intolérance et la nécessité de les prévenir, les regards de la France et de l'Europe. L'*Émile* augmenta son zèle contre une religion qu'il regardait comme la cause du fanatisme qui avait désolé l'Europe, de la superstition qui l'avait abrutie : « Je suis las, disait-il un jour, de leur entendre répéter que douze hommes ont suffi pour établir le christianisme, et j'ai envie de leur prouver qu'il n'en faut qu'un pour le détruire. » Ses livres se répandant partout, les libres penseurs se multiplièrent dans toutes les classes et dans tous les pays. L'Europe fut étonnée de se trouver incrédule, tandis que ceux qui auraient dû défendre le christianisme, honteux de partager avec le peuple une croyance aussi décriée, se bornaient à soutenir l'utilité politique de la religion. Alors les tragédies de Voltaire contiennent des idées philosophiques et profondes, ses *Contes* deviennent une école de morale et de raison, ses *Épîtres* renferment une philosophie plus usuelle et plus libre. Si Voltaire se prononce pour les Russes contre les Turcs, Condorcet demande que les hommes soient libres et que chaque pays jouisse des avantages que lui a donnés la nature : c'est là, dit-il, ce que réclame l'intérêt commun de tous les peuples. Et il ajoute, comme s'il prévoyait que la Révolution ne sera pas pacifique : Qu'importe, auprès de ces grands objets et des biens éternels qui naîtraient de cette grande révolution, la ruine de quelques hommes avides qui avaient fondé leur fortune sur les larmes et le sang de leurs semblables ! Ainsi, dit-il encore, devait penser Voltaire, ainsi pensait Turgot. C'est avec un plaisir visible qu'il signale la réponse de Voltaire au curé qui voulait lui faire reconnaître la divinité de Jésus-Christ : « Au nom de Dieu, ne me parlez plus de cet homme-là, et laissez-moi mourir en repos. » Voltaire est pour lui « l'homme dont la main puissante ébranlait les antiques colonnes du temple de la superstition, et qui aspirait à changer en hommes ces vils troupeaux qui gémissaient depuis si longtemps sous la verge sacerdotale! » Dans ses ouvrages, Condorcet signale une foule de maximes d'une philosophie profonde et vraie ; il a uni la poésie et l'histoire à la philosophie, séparé la morale de la religion, embrassé, dans ses vœux et dans ses travaux, tous les intérêts de l'homme, combattu toutes les erreurs et toutes les oppressions, défendu et répandu toutes les vérités utiles.

Comme le diront plus tard les *Déclarations des droits*, Condorcet estime que l'erreur et l'ignorance sont la cause des malheurs du genre humain, que les erreurs superstitieuses sont les plus funestes, parce qu'elles corrompent toutes les sources de la raison, et que leur fatal enthousiasme instruit à commettre le crime sans remords. N'avertissons pas, dit-il en termes dont on se souviendra plus tard au temps de la Sainte-Alliance, les oppresseurs de former une ligue contre la raison, cachons-leur l'étroite et nécessaire union des lumières et de la liberté, ne leur apprenons point d'avance qu'un peuple sans préjugés est bientôt un peuple libre. Puis viennent des conseils sur la nécessité de demander aux progrès des lumières et non à une révolution violente le changement des institutions : « Pourquoi, dit-il, acheter par des torrents de sang, par des bouleversements inévitables, et livrer au hasard ce que le temps doit amener sûrement et sans sacrifice ? » Le philosophe attaquera la superstition et montrera aux gouvernements la paix, la richesse, la puissance, comme l'infaillible récompense des lois qui assurent la liberté religieuse ; il les éclairera sur tout ce qu'ils ont à craindre des prêtres (1).

Les recherches sur le calcul des probabilités forment une partie importante de l'œuvre de Condorcet. Après Pascal et Fermat, Huygens et Jean de Witt, Halley et Sauveur, Bernouilli et Leibniz, après Moivre et D. Bernouilli, Buffon et d'Alembert, Euler et Lagrange, Condorcet entreprit d'appliquer le calcul des probabilités aux sciences morales. Versé dans l'algèbre et l'économie politique, il était admirablement préparé, dit M. Gou-

---

(1) Au lieu de montrer, dit Condorcet, oubliant qu'il ne sera pas lu uniquement par ses amis, que la superstition est l'appui du despotisme, le philosophe, qui écrit pour des peuples soumis à un gouvernement arbitraire, prouvera qu'elle est l'ennemie des rois. Entre les deux vérités, il insistera sur celle qui peut servir la cause de l'humanité et non sur celle qui peut y nuire, parce qu'elle peut être mal entendue.

raud (1), pour essayer de mener à bonne fin cette tâche immense, faite pour effrayer et étonner l'esprit. De 1781 à 1783, il examine ce qui a été fait avant lui. En 1784, il tente d'apprécier mathématiquement la vraisemblance d'un fait extraordinaire attesté par le témoignage. L'année suivante, il applique l'analyse à la probabilité des décisions rendues à la pluralité des voix. Distinguant les décisions valables, quelle que soit la majorité qui les forme, et celles qui n'obligent la minorité que si elles réunissent un nombre de voix déterminé, il se demande quelle probabilité il y a que l'assemblée rende une décision fausse, vraie, fausse ou vraie, et qu'elle la rende à une majorité certaine et fixe. Comment voteront des assemblées dont les membres, également éclairés, sagaces et honnêtes, n'exerceront aucune influence les uns sur les autres ? Quelle sera la pluralité ? Comment votera chaque membre ? Comment voteront des hommes inégaux en lumières et en jugement, agissant les uns sur les autres ? Condorcet estime que les résultats, exprimés par lui sous forme algébrique, seront bientôt traduits, grâce aux progrès de la statistique, en nombres précis dans la législation, la jurisprudence et les affaires. Allant plus loin, il se représente les sociétés humaines comme de grandes constructions géométriques, où tout arrive par des causes constantes et fixes. On peut donc créer une mathématique sociale, où le géomètre calculera les révolutions futures des sociétés humaines, en s'appuyant sur l'histoire, comme il calcule les retours périodiques des éclipses et des comètes (2).

Le projet de Condorcet sur l'instruction publique est la mise en pratique de ses doctrines. L'instruction doit embrasser toutes les sciences, assurer aux hommes de tous les âges la facilité de conserver leurs connaissances et d'en acquérir de nouvelles. Elle doit être gratuite, pour diminuer autant que possible l'inégalité de richesse. Elle comporte des écoles primaires et secondaires, des instituts, des lycées, une société nationale des sciences et des arts. Les écoles primaires seront installées dans tout village de quatre cents habitants; les secondaires, dans chaque district et dans les villes de quatre mille habitants. Il y aura cent dix ins-

---

(1) *Histoire du Calcul des probabilités depuis son origine jusqu'à nos jours*, Paris, 1848.

(2) Laplace, Poisson, Quételet ont développé ces idées de Condorcet, qui ont été vivement combattues sous leur forme primitive et sous la forme qu'elles ont prise chez ses successeurs. Cf. § 5.

tituts et neuf lycées. Dans les écoles primaires et secondaires, on enseignera aux deux sexes l'écriture et l'arithmétique, les éléments de la morale, de l'histoire naturelle et de l'économie politique, les principes du droit naturel, de la constitution, des lois anciennes et nouvelles, de la culture et des arts, d'après les découvertes les plus récentes. Les instituts ne sont qu' « une réduction insignifiante de l'enseignement supérieur » ; l'enseignement secondaire est la partie la plus faible de l'œuvre de Condorcet (1).

On ne saurait juger de même ses vues sur l'enseignement supérieur : toutes les sciences y seront enseignées pour former des savants et des professeurs. Des lycées seront établis à Douai et à Strasbourg, à Dijon et à Montpellier, à Toulouse et à Poitiers, à Rennes, à Clermont et à Paris. Dans chacun d'eux, la première classe, celle des sciences mathématiques et physiques, a des professeurs, pour la géométrie transcendantale et l'analyse mathématique, pour la mécanique, l'hydraulique, la mécanique céleste et les applications de l'analyse aux objets physiques, pour l'application du calcul aux sciences morales et politiques, pour la géographie mathématique, pour l'astronomie d'observation, la physique expérimentale, la chimie, pour la minéralogie et la géologie, pour la botanique et la physiologie végétale, pour la zoologie. Dans la seconde, celle des sciences morales et politiques, il y a des professeurs pour la méthode des sciences, l'analyse des sensations et des idées, la morale et le droit naturel, pour la science sociale, l'économie politique, les finances et le commerce, pour le droit public et la législation générale, pour la chronologie, la géographie, l'histoire philosophique et politique des différents peuples. Dans la troisième, qui a pour objet les applications des sciences aux arts, il y a six professeurs pour la médecine. Il y en a pour l'art vétérinaire, pour l'agriculture et l'économie rurale, pour l'exploitation des mines et l'art militaire, pour la science navale et la stéréotomie, pour la partie physique et mécanique comme pour la partie chimique des arts et métiers. La quatrième, consacrée à la littérature et aux beaux-arts, aura les chaires suivantes : théorie des beaux-arts en général et en particulier, de la poésie et de l'éloquence, antiquités, langues orientales, langue et littérature grecques, langue et littérature

(1) Louis Liard, *l'Enseignement supérieur en France*. Albert Duruy (*l'Instruction publique et la Révolution*) dit de même, p. 85, que la partie véritablement faible du projet est celle qui traite de l'enseignement dans les instituts.

latines, langues et littératures modernes, dessin et peinture, sculpture et architecture, théorie de la musique et composition.

On est trop souvent porté à traiter d'utopistes les idéologues et surtout Condorcet, pour que nous ne citions pas, à propos de ce plan, le jugement d'un homme que les obligations de sa situation mettent, plus que personne, en garde contre les chimères : « C'est un plan d'une nouveauté, d'une hardiesse et d'une précision merveilleuses... sans rien d'utopique, de démesuré, une corrélation adéquate du haut enseignement à l'état des sciences à la fin du XVIII° siècle... leur répartition en des compartiments assez élastiques pour se prêter à de nouveaux progrès, à de nouvelles découvertes ; tout y est, et chaque chose y est en bonne place... C'est un malheur irréparable qu'il n'ait pas été appliqué... Même aujourd'hui, si nous avons mieux sur certains points, sur certains autres nous sommes bien en deçà du plan de Condorcet (1). »

Enfin la Société nationale a, comme les lycées et les instituts, quatre classes : la première avec quatre-vingt-seize membres, la deuxième avec soixante, la troisième avec cent cinquante-quatre, la quatrième avec quatre-vingt-huit, répartis également entre Paris et les départements. Elle doit perfectionner les sciences et les arts, recueillir, encourager, appliquer et répandre les découvertes utiles, surveiller et diriger les établissements d'instruction publique. C'est au nom de la perfectibilité « dont les bornes inconnues s'étendent, si même elles existent, bien au delà de ce que nous pouvons concevoir encore », que Condorcet réclame l'indépendance de l'enseignement et en confie la direction à un pouvoir « soustrait aux vicissitudes de la politique ». Des directoires nommés par les instituts, les lycées, la Société nationale, auraient dirigé et inspecté les écoles primaires et secondaires, les instituts, les lycées ; la Société nationale, se recrutant elle-même, aurait nommé les professeurs des lycées, ceux-ci les professeurs des instituts, qui, à leur tour, auraient élu les maîtres des deux premiers degrés.

L'*Esquisse* est le testament philosophique de Condorcet. Montrer le développement des facultés dans les sociétés humaines, le suivre de génération en génération, en marquant les pas faits

(1) Liard, *l'Enseignement supérieur en France*, tome I⁰ʳ, page 160. Nous regrettons de ne pouvoir citer en entier cette appréciation qui nous paraît de tous points exacte et excellente.

vers la vérité et le bonheur, tracer l'histoire des progrès de l'esprit et indiquer les moyens d'en préparer de nouveaux, telle est la tâche qu'il s'est proposée. L'histoire reprend une importance qu'elle n'avait plus depuis Descartes. Pour acheter moins chèrement le bonheur promis par la grande Révolution qui s'accomplit, il faut voir, en observant les sociétés, quels obstacles sont encore à craindre, et comment on pourra les surmonter. Sans doute Condorcet, en examinant les neuf périodes antérieures à 1789, hasarde bien des conjectures; sans doute il attribue une action beaucoup trop néfaste aux « tyrans et aux prêtres », mais il s'efforce, bien avant les éclectiques, de rendre justice aux philosophes grecs. Démocrite et Pythagore sont des précurseurs de Descartes et de Newton, Platon est le chef de la secte qui a soumis, pour la première fois, à un examen rigoureux la certitude des connaissances humaines, Aristote, l'homme qui embrasse toutes les sciences et applique la méthode philosophique à tout ce que l'intelligence humaine peut atteindre. De même encore Condorcet parle, en excellents termes, des Arabes et de leurs travaux scientifiques, de la scolastique, qui aiguisa les esprits et donna naissance à l'analyse philosophique. S'il loue Bacon et Galilée, c'est à Descartes qu'il attribue le grand mouvement dont les esprits avaient besoin au xviie siècle. S'il admire Locke, s'il est sévère pour la doctrine de Leibniz, qui a retardé en Allemagne les progrès de la philosophie, il l'appelle « un génie vaste et profond ». Rien de plus exact, de plus complet, sous sa forme abrégée, que l'exposition des progrès réalisés au xviiie siècle par les sciences, la philosophie et les lettres. Cabanis, Degérando et Fauriel s'inspireront de Condorcet pour demander une étude impartiale du passé et compteront ainsi parmi les initiateurs de la véritable critique historique.

Mais l'histoire n'est qu'un point de départ. Il faut tracer, d'après ce qu'elle enseigne, le tableau des destinées futures de l'humanité. Les résultats auxquels on arrivera seront parfaitement valables, si on ne leur attribue pas une certitude supérieure à celle qui peut naître du nombre, de la constance, de l'exactitude des observations. En procédant de cette façon, Condorcet trouve que les espérances (1) sur l'état à venir de l'espèce humaine se réduisent à trois points : destruction de l'inégalité

(1) C'est dans des termes à peu près analogues que Socrate résume les résultats auxquels il est arrivé sur l'immortalité. (*Phédon*, 114 D.)

entre les nations, progrès de l'égalité dans un même peuple, perfectionnement réel de l'homme. A un moment donné, le soleil n'éclairera plus que des hommes libres, ne reconnaissant de maître que leur raison. Les tyrans et les esclaves, « les prêtres et leurs stupides ou hypocrites instruments », n'existeront plus que dans l'histoire et sur les théâtres. L'inégalité des citoyens a trois causes principales : l'inégalité de richesses, l'inégalité d'état entre celui qui transmet des moyens assurés de subsistance à sa famille et celui pour qui ces moyens dépendent de la durée de sa vie, enfin l'inégalité d'instruction. Ces trois inégalités diminueront continuellement, sans pourtant s'anéantir, car elles ont des causes naturelles et nécessaires, et on ne pourrait en faire disparaître les effets, sans porter aux droits des hommes des atteintes plus directes et plus funestes. Mais elles diminueront par la fondation d'établissements de prévoyance, par un choix heureux des connaissances et des méthodes, qui permettra d'instruire la masse entière d'un peuple de tout ce que chaque homme a besoin de savoir, et ne laissera subsister de différence qu'entre le talent, le génie, le bon sens.

Y a-t-il un terme où le nombre et la complication des objets que l'on connaît déjà rendent tout progrès nouveau impossible ? Condorcet ne le pense pas. On trouvera des formules, et plus simples, et résumant plus de faits. L'égalité d'instruction et l'égalité entre les nations accéléreront la marche des sciences dont les progrès dépendent d'observations nombreuses et de celles qui relèvent de la méditation, où l'on obtiendra des perfectionnements de détail. L'accroissement du nombre des individus n'est pas une limite à la perfectibilité de l'espèce, parce que celle-ci aura acquis alors des lumières dont nous avons à peine l'idée, parce que la bonté morale de l'homme, résultat nécessaire de son organisation, est, comme toutes les autres facultés, susceptible d'un perfectionnement indéfini, parce que la nature lie la vérité, le bonheur et la vertu. Joignez à cela la destruction de l'inégalité de droits entre les deux sexes, la condamnation de la guerre, le fléau le plus funeste et le plus grand des crimes, le progrès des beaux-arts et celui de l'art d'instruire, l'institution d'une langue universelle. Avec celle-ci on exprimera par des signes les objets réels, les collections bien déterminées, simples et générales, les rapports généraux de ces idées, les opérations de l'esprit et celles qui sont propres à chaque science et les procédés des arts ; on donnera à chaque science une marche aussi sûre que celle des mathématiques.

La perfectibilité de l'homme est donc indéfinie, en ne lui supposant que les facultés et l'organisation dont il est aujourd'hui pourvu. Mais les facultés et l'organisation elles-mêmes peuvent s'améliorer. Les progrès de la médecine conservatrice augmenteront la durée de la vie, ceux de la médecine préservatrice (1) feront, à la longue, disparaître les maladies transmissibles ou contagieuses, les maladies générales qui tiennent au climat, aux aliments, à la nature des travaux, peut-être même presque toutes les autres maladies. Sans que l'homme devienne immortel, la mort ne sera plus que l'effet ou d'accidents extraordinaires, ou de la destruction de plus en plus lente des forces vitales ; la distance entre sa naissance et le moment où, naturellement et sans maladie, il éprouve la difficulté d'être s'accroîtra sans cesse. L'accroissement aura lieu suivant une loi telle qu'elle approche continuellement d'une étendue illimitée sans pouvoir l'atteindre, ou suivant une loi telle qu'elle puisse acquérir, dans l'immensité des siècles, une étendue plus grande que toute quantité déterminée, assignée pour limite. Dans le second cas, les accroissements sont indéfinis au sens absolu du mot ; dans le premier, ils le sont pour nous ; et nous ignorons lequel des deux sens il faut leur appliquer. En outre, les facultés physiques, perfectionnées chez l'individu, pourront se transmettre à ses descendants, et il est permis d'étendre ces espérances jusqu'aux facultés intellectuelles et morales.

La vue de l'espèce humaine marchant d'un pas ferme et sûr dans la route de la vérité, de la vertu et du bonheur, console le philosophe des crimes, des erreurs et des injustices, le récompense de ses efforts pour les progrès de la raison et la défense de la liberté. Dans cette contemplation, il trouve un asile où le souvenir de ses persécuteurs ne peut le poursuivre, un élysée que sa raison a su créer et que son amour pour l'humanité embellit des plus pures jouissances !

Un Français, voyageant en Orient, faillit, sans le vouloir, être l'auteur d'une religion nouvelle, parce qu'il avait répété et expli-

(1) Remarquer les adjectifs *conservatrice* et *préservatrice*. Si Sainte-Beuve l'eût fait, il n'eût pas, à propos des progrès de la médecine, invoqué Molière. Remarquer aussi le *sans que l'homme devienne immortel* qui répond à certains critiques, trop nombreux encore, pour lesquels Condorcet a dit « qu'on arriverait à ne plus mourir ».

qué la devise républicaine: Liberté, égalité, fraternité. Si jamais les principes de la Révolution avaient une semblable fortune en Europe, Condorcet devrait être considéré comme le prophète du nouvel Évangile. Personne n'a travaillé, avec plus d'énergie et d'enthousiasme, à détruire, avec toutes les armes forgées par ses prédécesseurs, l'ancien ordre de choses, à fonder l'ordre nouveau, en joignant, à ce que lui avaient découvert ses recherches propres, ce qu'il avait appris de d'Alembert, de Turgot, de Voltaire, des philosophes, des économistes et des savants; personne n'a été loué davantage par ceux qui après lui ont suivi la même voie, personne n'a été attaqué avec plus d'acharnement et quelquefois même avec plus d'injustice par leurs adversaires (1).

On serait incomplet sur Condorcet si l'on ne disait quelques mots de Mlle de Grouchy. Obligée, lorsque que Condorcet eut été décrété d'accusation, de se faire « lingère et peintre » pour vivre, elle et sa fille, elle publia en 1798, avant de devenir l'amie de Fauriel, une traduction de la *Théorie des sentiments moraux* et des *Considérations sur l'origine et la formation des langues* de Smith. Elle les fit suivre de huit lettres sur la *Sympathie*, adressées à Cabanis (2).

---

(1) Condorcet est pour la *Décade* un grand homme à qui la philosophie et les sciences auront d'éternelles obligations ; Guinguené met la fin de l'*Esquisse* à côté de ce que les philosophes anciens ont laissé de plus sublime. Moreau de la Sarthe, Cabanis défendent, dans la *Décade*, la doctrine de la perfectibilité ; D. de Tracy appelle Condorcet le plus grand philosophe de ces derniers temps et le met au-dessus de Montesquieu (ch. VI, § 4). C'est sur le rapport de Daunou que la Convention décrète l'impression de l'*Esquisse*. On verra par la suite que ceux dont nous ne citons pas ici les noms n'éprouvaient pas une admiration moins vive.

Les adversaires de Condorcet ont été nombreux. Palissot appelle *philosophisme* la doctrine de Condorcet ; La Harpe, pour mieux le combattre, supprime la mention « Sans doute l'homme ne deviendra pas immortel » et lui impose comme conséquence immédiate de ses raisonnements cette absurdité si souvent reproduite : « la possibilité de ne plus mourir ». Nous recommandons la lecture de l'Appendice où La Harpe torture les phrases et les mots (*Philosophie du XVIIIe siècle*, I, 269 sqq.) à ceux qui croient légitime d'attribuer à un penseur des conséquences qu'il a nettement répudiées. Chateaubriand va plus loin encore : la doctrine de la perfectibilité ramène aux idées les plus mystiques de la spiritualité (don de prophétie et longévité des patriarches!). De Bonald parle aussi de cette perspective d'immortalité que Condorcet promet à l'homme et appelle l'*Esquisse* « l'Apocalypse du nouvel Évangile ». — On s'est habitué à répéter, sans les vérifier, toutes ces assertions, qu'on trouverait même dans des ouvrages élémentaires. Sainte-Beuve, en un jour de mauvaise humeur (3 février 1851), s'est montré d'une sévérité excessive pour Condorcet qui avait eu le malheur d'être loué par Arago. M. Paul Janet (*Histoire de la science politique*) a soutenu qu'on peut « presque dire qu'il n'y a point du tout d'utopie dans ses prophéties. » C'est ce qu'a soutenu également, sans avoir lu M. Janet, M. Mathurin Gillet dans l'*Utopie de Condorcet* (Paris, 1883).

(2) L'ouvrage fut fort bien accueilli. C'était un service, disait Thurot (*Nouveaux*

C'est en lisant les chapitres de Smith, que Mme de Condorcet en faisait d'autres propres à tracer la ligne qui sépare les deux écoles de philosophie, française et écossaise, ou peut-être à les rallier. Smith a bien exposé les effets de la sympathie morale, mais il n'en a pas vu la première cause, parce qu'il n'a pas examiné les causes de la sympathie qui naît à l'occasion des maux physiques. A la vue des maux d'autrui, nous éprouvons un sentiment douloureux, puis nous nous souvenons de ce que nous avons souffert, nous pensons aux maux que nous pouvons éprouver. L'idée abstraite de la douleur, comme celle du plaisir, renouvelle en nous l'impression générale faite sur nos organes : c'est parce que nous sommes sensibles que nous sommes susceptibles de sympathie pour les maux physiques. Ce que commence la sensibilité, la réflexion le complète : elle donne à notre sensibilité, dont elle prolonge le mouvement, des habitudes à la suite desquelles l'humanité devient en nos âmes, un sentiment actif et permanent. Nous cherchons le bonheur dans les travaux des sciences, dans les méditations de la nature, de l'expérience et de la philosophie ; nous nous attachons à l'infortune et la suivons partout pour en devenir les consolateurs. La sympathie physique, fortifiée par diverses circonstances et rendue plus active, plus énergique par l'enthousiasme, donne naissance à des peines et à des plaisirs moraux. La sensibilité, une fois éveillée et excitée, se renouvelle à la seule idée abstraite du bien ou du mal.

Après une nouvelle réfutation de Smith, qui n'a pas vu les causes de notre compassion pour les malheurs des grands, on trouve des recherches sur les causes du rire et sur l'empire que certains hommes exercent sur ceux qui les lisent et les écoutent, « modèle de discussion profonde et lumineuse comme de sagacité philosophique, » un parallèle de Voltaire et de Rousseau, « tracé avec autant de grâce et d'esprit que de vérité. » Puis Mme de Condorcet cherche l'origine des idées morales et du sentiment de nos droits et de nos devoirs, du juste et de l'injuste. A la satisfaction que nous fait éprouver le spectacle ou l'idée du plaisir d'autrui, se joint un plaisir pour

---

Mélanges) à rendre aux lettres et à la philosophie, que de faire connaître en France cet excellent ouvrage. Cabanis trouvait que Mme de Condorcet, par de simples considérations rationnelles, avait su, dans ses *Lettres*, tirer, en grande partie, du vague où la laissait encore Smith, la sympathie morale.

nous-mêmes, quand nous le lui procurons. Par contre, nous éprouvons un sentiment douloureux, quand nous voyons, imaginons et surtout causons son malheur. Dans le premier cas, l'habitude et la réflexion donnent naissance à toutes les affections bienveillantes et bienfaisantes, dans le second, au remords. Ces deux sentiments universels sont les principes et le fondement de la morale du genre humain. En réfléchissant sur nos sentiments sympathiques, nous les apprécions d'une manière plus conforme à la raison et au bien général. Nos actions acquièrent une bonté et une beauté morales ; nous avons l'idée de la vertu ou des actions qui font aux autres un plaisir approuvé par la raison. Et parmi les causes principales qui peuvent nous en détourner, Mme de Condorcet signale surtout, comme l'eût fait Condorcet, « l'action produite par les mauvaises institutions ».

II

Condorcet travailla surtout pour l'humanité. Sieyès (1748-1836), son collaborateur au *Journal d'Instruction publique* et son collègue à la Convention, pensa plus à la France dans ses projets de réformation. Élevé chez les Jésuites, il fit sa philosophie et sa théologie à Saint-Sulpice et éprouva une satisfaction très vive en lisant Locke et Condillac. Ses réflexions, écrites de 1772 à 1775, portent sur Condillac et Bonnet, Helvétius et les économistes : seule l'histoire ne l'attire pas. Chanoine en Bretagne, vicaire général à Chartres et délégué à la chambre supérieure du clergé de France, il apprit la pratique des affaires, tout en méditant sur l'organisation de la société, sans s'inspirer de Montesquieu ou de Rousseau. Une monarchie représentative, dans laquelle la pyramide serait remise sur sa base, lui paraissait seule propre à faire le bonheur de l'individu. Trois écrits (1) le rendirent célèbre dans toute la France. Une représentation double pour le tiers, la suppression des privilèges et l'établissement d'une constitution différente de celle de l'Angleterre, la suppression des limites provinciales et une nouvelle division territoriale, la formation d'une Assemblée nationale, y étaient nettement réclamées. Député de Paris, il proposa à l'Assemblée,

---

(1) *Essai sur les privilèges ; Qu'est-ce que le tiers état? Moyens d'exécution dont les représentants de la France pourront disposer en 1789.*

qui les accepta, les réformes qu'il avait indiquées. Mais elle ne suivit ses idées ni sur le rachat des dîmes, ni sur le jury. Dès lors Sieyès se tut et, malgré l'invitation de Mirabeau qui se reposait sur « ce grand penseur », refusa de donner son avis sur le droit de paix et de guerre. Pendant la Législative (1) il vécut dans la retraite. A la Convention, il vota la mort de Louis XVI (2) et prépara seul un projet sur l'administration de la guerre ; avec Daunou, un projet sur l'instruction publique, qui fut présenté par Lakanal. Il « vécut » pendant la Terreur, puis fut président de la Convention et membre du comité de Salut public, alla en Hollande conclure un traité d'alliance, contribua aux traités de Bâle et faillit être assassiné par l'abbé Poulle. Il refusa d'être Directeur, entra à l'Institut et conçut, en 1796, l'idée assez originale de faire connaître Kant à la France (3). Ministre plénipotentiaire à Berlin, après la paix de Campo-Formio, il en partit, en mai 1799, avec la réputation « d'un observateur habile, d'un homme grand et spirituel ». De retour à Paris, il fit avec Bonaparte le 18 brumaire, mais ne réussit pas cette fois encore à faire accepter, en son entier, la constitution par laquelle il croyait pouvoir concilier la liberté et l'ordre. Son rôle politique était fini et la France avait un maître. Toutefois, comme le dit Mignet, toutes les constitutions, de 1800 à 1814, furent modelées en grande partie sur ses plans, et son influence s'exerça sur l'Empire comme sur la Révolution.

Sieyès a été jugé assez sévèrement à cette époque par ses amis politiques (4). Il nous suffit, pour marquer sa place dans l'école, de rappeler, que non seulement il a étudié Kant, mais encore qu'il fit partie de la société d'Auteuil et manda à Paris Laromiguière dont il avait lu en 1793 les *Éléments de la philosophie*. Cabanis a vu, dans sa *Déclaration des droits*, un des meilleurs morceaux qui existent dans aucune langue. « Si l'école (5), dit

---

(1) Il avait refusé d'être archevêque de Paris en disant qu'il n'avait jamais ni prêché, ni confessé. (Jules Simon, *Une Académie sous le Directoire*, p. 312.)
(2) Il la vota sans phrases et on lui mit dans la bouche l'expression « la mort sans phrase » qu'il n'avait pas prononcée. (Id. *ibid.*, p. 311.)
(3) Gazier, *Revue philosophique*, juillet 1888, Lettre de Blessig. F. Picavet, *la Philosophie de Kant en France de 1773 à 1814*.
(4) Voyez ch. 1, § 4.
(5) Sainte-Beuve parle de la littérature de l'an III, à plus forte raison peut-on appliquer ses paroles aux philosophes de l'école. — Sur Sieyès, cf. *Notice sur la vie de Sieyès*, Paris, Maradan, 1794 ; Mignet, *Notices historiques* ; Sainte-Beuve, *Lundis* (V) ; Jules Simon, *op. cit.*

Sainte-Beuve, peut montrer Garat comme le plus brillant de ses prosateurs, elle révère Sieyès comme son grand pontife caché ».

Rœderer passa auprès de Louis XVI la dernière nuit de son règne, auprès de Bonaparte la première du sien. Lieutenant de Sieyès à la Constituante, il dut à Talleyrand d'être rayé au 18 fructidor de la liste de déportation et fut chargé de négocier, avant le 18 brumaire, les conditions politiques d'un arrangement entre Bonaparte et Sieyès. Mignet et Sainte-Beuve ont écrit sur Rœderer des notices de mérite divers qui suffisent, à celui qui les complète l'une par l'autre, pour connaître l'homme, l'économiste, l'administrateur et l'écrivain. Nous voudrions, en utilisant ces notices et des documents qu'ils ne paraissent pas avoir consultés, mettre en lumière le philosophe (1).

Né à Metz en 1754, Rœderer fit son droit à Strasbourg, lut Montesquieu et Bonnet, Locke, Condillac et les Encyclopédistes. Comme le dit Sainte-Beuve, « il eut *sa période de Rousseau*, pendant laquelle il *fut ivre de l'amour du bien*, pendant laquelle l'*image de la vertu s'était comme réalisée en lui* ». Ami de Dupont de Nemours, qui avait rédigé le système de Quesnay, et admirateur de Turgot, il étudia Adam Smith, dont il voulut propager les idées. En 1787, il se prononçait pour l'abolition des douanes intérieures; en 1788, il publiait son écrit sur la députation aux États généraux : « Depuis quarante années, disait-il, cent mille Français s'entretiennent avec Locke, Rousseau, Montesquieu ; chaque jour ils reçoivent d'eux de grandes leçons sur les droits et les devoirs de l'homme en société; le moment de les mettre en pratique est arrivé. » Nommé en octobre 1789 à l'Assemblée constituante, il fit partie avec Dupont de Nemours, Talleyrand, Duport, Defermon, La Rochefoucauld, du comité des contributions publiques dont il fut presque toujours le rapporteur. Il réussit à faire porter l'impôt, non sur la terre seule, comme le voulaient les physiocrates, mais sur tous les revenus. Il devint alors l'ami de Mirabeau, de Sieyès, de Talleyrand, qui lui écrivait un jour : « Vos réflexions, monsieur, sont excellentes ; elles appartiennent à un homme qui médite avec l'*esprit le plus et le mieux philosophique.* » Élu procureur général syndic de la Seine, il

---

(1) Mignet, *Notices et Mémoires historiques*; Sainte-Beuve, *Lundis*, VIII. — Les trois articles de Sainte-Beuve, écrits en juillet et août 1852, ont pour objet indirect l'éloge de Napoléon et de l'Empire et ont besoin de quelques corrections (cf. p. 123); Rœderer, Œuvres, 8 vol. in-4. — Voyez aussi la *Décade* (*passim*).

fit dresser les rôles des contributions foncière et mobilière et se conduisit, au 20 juin et au 10 août, « en magistrat probe, exact, peu royaliste sans doute d'affection, mais honnête, strict et consciencieux ». Obligé de se cacher pendant quelque temps, il défendit ensuite, au *Journal de Paris*, les propositions qui, pendant le procès du roi, inclinaient vers les solutions les plus humaines, et dans un cours sur l'organisation sociale, professé à l'Athénée, combattit les théories contraires à la propriété (1). Après la proscription des Girondins, il se réfugia au Pecq sous Saint-Germain. Comme Destutt de Tracy, Ginguené, Daunou, Biran, il revint à la philosophie. « Une seule idée d'un philosophe, disait-il à dix-huit ans, l'expression heureuse d'un sentiment avantageux, a peut-être fait plus, pour l'avancement de la raison et du bonheur des hommes, que les travaux réunis de cent mille citoyens obscurs qui se sont vainement agités. » Il entreprit la traduction du *de Cive*, de Hobbes, qui lui paraissait avoir un mérite éminent comme écrivain politique et qui peut-être lui fournit les conclusions de son jugement sur l'état de la France en 1792 (2).

Après le 9 thermidor, Rœderer rédigea, pour Tallien, un discours contre la Terreur; pour Merlin de Thionville, un *Portrait de Robespierre*. Dans le *Journal de Paris*, il s'attacha à délivrer « ceux qui étaient prisonniers en eux-mêmes sous les verrous de la peur ». Demandant un gouvernement homogène républicain sans *populacité* qui ramenât tous les royalistes de bonne foi, il réclamait, pour les *Français fugitifs et les émigrés*, pour ceux qui du moins n'avaient cherché qu'à se dérober à la captivité ou à la mort, la liberté de rentrer en France et dans leurs biens. Puis il fondait le *Journal d'Économie politique, de Morale et de Politique*, où il offrait une place à l'abbé Morellet. Il entrait à l'Institut, professait aux écoles centrales, au Lycée, et collabo-

(1) Il faut signaler le passage où Rœderer venge Rousseau du tort qu'ont fait à sa réputation ceux qui se sont appuyés sur son autorité, en montrant que le *Discours sur l'inégalité* pose la propriété comme principe de la société (*Décade*, an IX).

(2) « Il existait alors, dit-il, une démocratie ou, si l'on veut, une ochlocratie redoutable, résidant en vingt-six mille clubs correspondant ensemble et soutenus par un million de gardes nationaux... Ils montraient aux prolétaires la France comme une proie qui leur était assurée s'ils voulaient la saisir... Les orateurs n'avaient qu'à s'adresser à la faim pour avoir la cruauté... On vit alors se renouveler ce qu'on avait vu dans la révolution de 1648 en Angleterre... Hobbes... défendant, dans le *de Cive*, le système monarchique... disait : Dans la démocratie, il peut y avoir autant de Nérons qu'il y a d'orateurs qui flattent le populaire; il y en a plusieurs à la fois et tous les jours il en sort de dessous terre. »

rait à la *Décade*. Les questions philosophiques l'attirent, au moins autant que les questions politiques, littéraires ou économiques. Nous nous bornerons à rappeler ses *Mémoires* sur les deux éléments, désir et curiosité, qui composent l'amour, sur l'imitation et l'habitude, les deux éléments de la sociabilité humaine ; les *Observations sur les institutions qui peuvent fonder la morale d'un peuple*, sur la pasigraphie comme écriture et comme langue, sur la théorie de la proposition, où il défend Condillac contre Domergue. Mais d'autres travaux sont plus strictement philosophiques. C'est ainsi que, recherchant si nous voyons les objets droits ou renversés, si c'est l'expérience du toucher qui a donné l'habitude de les redresser, il affirme que c'est le jugement ou le sentiment de l'œil, non celui du toucher, qui nous fait connaître la situation des corps, pourvu que le toucher nous ait appris auparavant qu'ils existent. Dans l'*Art de savoir ce qu'on dit en politique et en morale*, il se propose d'appliquer l'analyse à un grand nombre de questions. Dans un mémoire sur un catéchisme de morale, il loue d'Holbach, Saint-Lambert et Volney. C'est Rœderer qui donne une analyse claire, quoique rapide, de l'important mémoire qui a obtenu le prix d'idéologie sur les *signes*. Enfin, dans la *Décade*, un mois avant le 18 brumaire, il résume et combat en termes énergiques et par d'excellentes raisons (1), ce que Rivarol avait dit de la philosophie moderne.

Il avait fait connaissance avec Bonaparte en mars 1798 dans

(1) « L'auteur, dit-il, relève longuement quatre erreurs de métaphysique qu'il lui plaît d'attribuer à la philosophie moderne et qui sont au contraire de ces sottises surannées dont la philosophie moderne a tellement fait justice que leur réfutation ne peut plus que paraître ridicule. Ces erreurs supposées sont que l'homme est naturellement libre, juste, bon et solitaire... Accusation méprisable par son absurdité, odieuse par toutes celles que l'auteur y ajoute comme autant de conséquences, quoiqu'aucun rapport ne les unisse... Il me paraît clair que la Révolution n'est pas née immédiatement de la philosophie : la philosophie l'avoue, l'affectionne comme l'ennoblissement d'une nation nombreuse et susceptible de tous les genres de gloire et de bonheur, mais elle n'en a pas tout l'honneur... Les crimes de la Terreur ont été enfantés par la souffrance populaire, poussée jusqu'à la frénésie, par des scélérats qui avaient le besoin du crime et une grande autorité publique... Robespierre, qu'il présente comme le plus obscur satellite de la philosophie moderne, était le détracteur de la philosophie, l'ennemi des philosophes qu'il appelle des charlatans ambitieux... La philosophie n'est plus renfermée dans les livres des sages, elle en est sortie comme la lumière s'est échappée du soleil ; comme la lumière elle est aujourd'hui répandue sur toute la terre, elle brille fort haut par-dessus toutes les têtes, elle est réfléchie dans la plupart des institutions sociales, mêlée à l'air que nous respirons. Elle peut être un moment altérée par quelque alliage impur, obscurcie par quelques nuages, mais sa destinée est de se remontrer toujours et de reparaître incessamment dans toute sa splendeur. »

un dîner chez Talleyrand (1). Un an plus tard, quand Bonaparte revint d'Égypte, Sieyès était membre du Directoire. Talleyrand et Rœderer furent les intermédiaires entre Bonaparte et Sieyès, tandis que Volney, ce semble, se chargeait de négocier avec Cabanis et ses amis des Conseils. Rœderer rédigea l'adresse placardée dans Paris et défendit le nouveau gouvernement dans le *Journal de Paris*, entra au conseil d'Etat et s'enthousiasma de plus en plus pour le premier consul, qu'on trouve toujours, dit-il en combattant à son sujet le proverbe qu'il n'y a point de héros pour son valet de chambre, plus grand que soi quand il parle, quand il pense, quand il agit. Brouillé avec Benjamin Constant et ses anciens amis, qui voulaient défendre au Tribunat les libertés publiques, il rédigeait les lois sur l'établissement des préfectures, la formation de la liste des notabilités et la Légion d'honneur. Chargé de l'instruction publique et des théâtres, du département de l'esprit, comme disait Bonaparte, Rœderer se proposa de faire marcher de front, dès les plus basses classes des collèges, les trois genres de connaissances, littéraires, physiques et mathématiques, morales et politiques, en mesurant à l'intelligence des enfants les notions de chaque science, en les faisant enseigner, dans chaque classe, par trois professeurs différents. Un jour pourtant Rœderer s'aperçut que Bonaparte inclinait la constitution dans un sens monarchique, et il laissa entendre qu'il était resté partisan de la liberté. Bonaparte le traita de métaphysicien, expression sans doute moins injurieuse dans son esprit que celle d'idéologue, mais qui, comme le dit Mignet, n'était pas de bon augure. Aussi Rœderer fut-il retiré de la direction de l'Instruction publique et envoyé

---

(1) Sainte-Beuve, préoccupé à ce moment de trouver à Bonaparte tous les genres de mérite, a dit : « Dans cette première conversation, on causa beaucoup des signes et de leur influence sur les idées... Bonaparte, avec ce sens direct qu'il portait à tout, dit qu'il ne croyait pas que nous dussions une seule idée aux signes, que nous avions celles que notre organisation nous procurait et pas une de plus. Si on ne peut avoir d'idées que par les signes, demandait-il, comment a-t-on eu l'idée des signes? Rœderer... rappela alors au général plusieurs points d'ailleurs incontestables : que les signes des idées abstraites et des modes mixtes sont nécessaires pour les arrêter, pour les enregistrer dans notre tête et nous donner les moyens de les comparer, etc., etc. Le général en convint, mais il avait dit sur le fond de la question la chose essentielle. » Si l'on veut se rappeler ce que nous venons de dire des connaissances idéologiques de Rœderer, si l'on consulte ce que nous disons plus loin du premier mémoire de D. de Tracy, on sera convaincu que Sainte-Beuve a bien mal choisi le moment de louer Bonaparte et que ceux qui, pour combattre les idéologues, ont reproduit ce jugement, ont été tout aussi mal inspirés. On peut voir également la réponse que fit Garat à une question semblable.

au Sénat, *ad patres*, comme il le disait spirituellement à Bonaparte lui-même. Napoléon, semblant regretter en mars 1804, après la conspiration de Moreau et de Pichegru, que Rœderer ne fût pas ministre de l'Intérieur, celui-ci lui répondit : « Vous m'avez très bien jugé en ne me nommant pas. Je suis un homme de parti ; je suis un soldat du parti philosophique. » Napoléon, devenu empereur, chargea Rœderer de missions en Suisse, à Naples, dans le grand-duché de Berg et en Espagne, mais il ne l'employa plus aux grands travaux intérieurs. Sans lui être hostile comme il l'était aux idéologues, il ne lui pardonnait pas d'être métaphysicien, c'est-à-dire de n'être pas un instrument complètement docile. Il ne le voyait guère sans lui demander : « Comment va la métaphysique » ? pas plus qu'il ne manquait une occasion de condamner, devant D. de Tracy, « les billevesées idéologiques ».

Rœderer, exclu de la Chambre des Pairs et de l'Institut à la seconde Restauration, se livra à des travaux historiques où la fantaisie joue, comme dans ceux de Saint-Lambert et de Garat, un rôle beaucoup trop grand. Après 1830, il rentra à la Chambre des Pairs, puis à l'Académie des sciences morales et donna, en 1835, son mémoire sur *la Société polie*, dans lequel on remarqua surtout ce qui concernait l'hôtel de Rambouillet et Mme de Maintenon. Il mourut à l'âge de quatre-vingt-un ans. « Il a mérité, dit Mignet, le souvenir reconnaissant de ses contemporains et l'estime de la postérité. — Il a marqué, dit Sainte-Beuve, par ses idées et ses vues, sa place dans l'histoire de la littérature et de la société françaises. » On ne saurait contester, quand même on trouverait quelque exagération dans ces jugements, qu'il soit nécessaire de le connaître pour se faire une idée exacte de la philosophie française après 1789.

Laplace parle de Lakanal comme d'un des hommes les plus distingués dont les noms méritent d'être transmis à la postérité pour avoir lutté constamment en 1793 et 1794 contre la barbarie. C'est en effet au conventionnel protecteur des sciences, bien plus qu'au philosophe, qu'il convient de donner une place à côté de Sieyès et de Rœderer.

Lakanal (1762-1845) fit ses études chez les Doctrinaires par lesquels, sans doute, il connut Condillac. Entré dans la congrégation, il enseigna la cinquième à Lectoure, la quatrième à Moissac où professait peut-être alors Laromiguière, la troisième à Gimont, la seconde à Castelnaudary, la rhétorique à Périgueux où Biran fut peut-être son élève, puis à Bourges. Docteur ès-arts à Angers en 1785, il professa la philosophie à Moulins. En 1792, il entra à la Convention et siégea à la Montagne. Il vota la mort de Louis XVI, rejeta le sursis et l'appel au peuple. Membre du Comité d'Instruction publique avec Sieyès, Chénier, Daunou, Grégoire, Boissy-d'Anglas, Bourdon, Romme, David, Guyton-Morveau et Fourcroy, il en fut élu président à l'unanimité. Après une mission en Seine-et-Marne et en Seine-et-Oise, il fit édicter deux ans de fers contre quiconque se rendrait coupable de « vandalisme ». Puis le Jardin des Plantes, dont la Commune de Paris voulait, dit-on, faire un champ de pommes de terre, devint, grâce à lui, le Muséum d'histoire naturelle. La même année, il aidait Geoffroy St-Hilaire à créer le noyau de la ménagerie, méritant ainsi d'en être appelé par les professeurs « le second fondateur ». La reconnaissance de la propriété littéraire, l'adoption du télégraphe de Chappe, sont encore l'œuvre de Lakanal. Envoyé par le comité de Salut public dans la Dordogne, le Lot, le Lot-et-Garonne et la Gironde, il fit fabriquer des armes, traita « révolutionnairement » les grandes routes et « improvisa les chemins ». Les habitants furent invités, « au nom de la patrie en larmes », à terminer leurs procès par la voie de l'arbitrage. Aucun d'eux ne fut arrêté. Biran, ancien garde du corps, dut probablement à Lakanal de n'être pas inquiété. De retour à la Convention, Lakanal y présente, le 26 juin, un projet de décret pour l'établissement de l'Instruction publique, inspiré, ce semble, par Sieyès et Daunou (1). Son rapport sur la fête funèbre pour le transport des cendres de Rousseau au Panthéon montre plus d'enthousiasme que de mesure (2). Dans celui qu'il présente sur la fondation des Écoles normales, il loue Condorcet « esprit véritablement philosophique » qui avait coordonné toutes les connaissances dans un plan d'enseignement public. Avec Bacon et Locke, il affirme que l'analyse est seule capable de *recréer* l'entendement, de

---

(1) Liard, *op. cit.*, p. 172.
(2) « La voix de toute une génération nourrie de ses principes et pour ainsi dire élevée par lui, la voix de la République entière appelle Rousseau au temple élevé par la patrie reconnaissante aux grands hommes qui l'ont servie... L'auteur du *Contrat social* s'est associé en quelque sorte à la gloire de la création du monde, en donnant à ses habitants des lois universelles et nécessaires comme celles de la nature. »

détruire l'inégalité des lumières, comme la liberté politique et la liberté illimitée de l'industrie et du commerce détruiront les inégalités monstrueuses des richesses. « Pour la première fois sur la terre, dit-il dans sa langue emphatique, la nature, la vérité, la raison et la philosophie auront un séminaire, les hommes de génie seront les premiers maîtres d'école d'un peuple (1). »

C'est encore sur sa proposition que le 18 novembre 1794, la Convention décréta l'établissement de vingt-quatre mille écoles primaires, puis le 25 février 1795, celui des écoles centrales, où la nation ferait des enfants, « exceptés par la nature de la classe ordinaire », un Euclide, un d'Alembert, un Quintilien ou un Rollin, un Locke ou un Condillac, un Drake ou un la Pérouse. Le 30 mars 1795, il provoquait la fondation de l'École des langues orientales vivantes et contribuait ensuite à la création du Bureau des longitudes. A-t-il été l'organisateur de l'Institut ? Il l'a soutenu. Mignet nomme comme tels Talleyrand, Daunou et Lakanal. Taillandier, d'après La Révellière-Lépeaux et Sarrette, affirme que Daunou (2) est le principal auteur de la loi de Brumaire.

Lakanal fut élu membre de l'Institut, à cause, dit l'abbé Sicard, des services qu'il avait rendus aux sciences, aux lettres, aux arts et à ceux qui les cultivent. Aux Cinq-Cents, il fut rapporteur du concours sur les livres élémentaires (3). Par Sicard (4), il fait nommer Laromiguière instituteur-adjoint des Sourds-Muets. Commissaire-général de la République dans les départements du Rhin, nouvellement réunis à la France, il poursuit les pillards, fait jeter les marchandises avariées dans le fleuve; un jour cent tonneaux de viande, un autre, sept cents

---

(1) « Vous avez, disait-il encore à ses collègues, les vertus et les talents de Turgot, vous avez le pouvoir absolu qu'il ne possédait pas, pour travailler en faveur de la raison, de la liberté et de l'humanité. »

(2) Cf. ch. vii, § 1.

(3) « Il faut surtout, disait-il, un génie particulier pour écrire des traités de morale à l'usage de l'enfance; la simplicité des formes et la grâce naïve du style doivent s'y mêler à la justesse des idées; l'art de raisonner n'y doit jamais être séparé de celui d'intéresser l'imagination : un tel ouvrage doit être conçu par un logicien profond et exécuté par un homme sensible; on voudrait y trouver, en quelque sorte, l'esprit analytique de Condillac et l'âme de Fénelon. » Nous ne citons pas ce que dit Lakanal de la « fraîcheur d'une eau pure qui passe de nos corps dans nos âmes ». — On lit de même chez Biran à la date de 1794 : « O bon Fénelon, viens me consoler ! tes divins écrits, etc... Il serait à désirer que l'homme accoutumé à s'observer analysât la volonté comme Condillac a analysé l'entendement. »

(4) Sur les rapports de Lakanal et de Sicard, cf. ch. viii, § 1.

pièces de vin, et met en défense les places fortes. Après le 18 brumaire, Lakanal résigne ses fonctions, sur l'ordre de Bonaparte, et redevient professeur à l'école centrale de la rue Antoine. En 1804, économe du lycée Bonaparte, il travaille à une édition des Œuvres posthumes de J.-J. Rousseau, revoit et réunit ses discours à la Convention et rédige un *Traité d'économie politique*. Retraité en 1809 avec trois mille francs de pension, inspecteur général des poids et mesures, il perd à la première Restauration sa pension. A la seconde, il est éliminé de l'Académie des inscriptions et belles-lettres où il avait été « déporté » en 1803, et part pour l'Amérique où il rencontre Jefferson. Colon et planteur, puis chargé de la réorganisation de l'université de la Nouvelle-Orléans, il apprit, dans l'Alabama, la révolution de Juillet. Rappelé à l'Institut en 1834, il liquida ses propriétés et rentra en 1837 à Paris. Il mourait le 14 février 1845, en citant Cicéron et saint Augustin. De Rémusat et Blanqui, Lélut et Carnot prononcèrent quelques paroles sur sa tombe. Mignet a écrit une Notice sur sa vie et son œuvre, M. Jules Ferry a fait, en 1880, donner une pension à sa veuve. Son nom est porté par une rue de Paris, par un boulevard de Moissac, par une rue de Tours, par le lycée de Bourg-la-Reine. Foix lui a élevé une statue, à l'inauguration de laquelle M. Paul Janet (1), dans un substantiel et élogieux discours, disait que le nom de Lakanal devra toujours être conservé et honoré, comme un de ceux qui ont préparé la France à devenir une nation instruite, sage, éclairée.

Personne ne trouvera désormais qu'on n'a pas suffisamment reconnu le mérite de Lakanal. Peut-être même quelques-uns penseront-ils (2) que de nos jours on l'a admiré un peu plus qu'il ne le faudrait, pour rendre à chacun, selon sa formule, ce qui lui est dû (3).

(1) *Revue bleue*, 7 octobre 1882. — Voyez en outre sur Lakanal, Geoffroy Saint-Hilaire, *Biographie universelle*; Marcus, *Lakanal*, Foix, 1879 ; Paul le Gendre, *Lakanal*, avec une préface de Paul Bert, Paris, 1882 ; Jules Simon, *Une Académie sous le Directoire*; Liard, *l'Enseignement supérieur en France*.
(2) *Dictionnaire pédagogique*, art. *Lakanal*.
(3) *Suum cuique*, Exposé sommaire des travaux de Joseph Lakanal pour sauver, pendant la Révolution, les sciences, les lettres et ceux qui les honoraient par leurs travaux, Paris, 1840.

III

Une notice de M. Bossange en tête de l'édition de 1826, une vive critique de sa doctrine par Damiron, une étude de M. Berger, appréciant avec sévérité, « l'espèce de délit social dont l'auteur des *Ruines* et du *Catéchisme du citoyen français* s'est rendu coupable », l'article de Sainte-Beuve consacré à marquer les traits de cette sèche, exacte et assez haute figure, voilà à peu près tout ce que nous avons sur Volney (1). Ses papiers confiés, disait Sainte-Beuve, à un de ses collègues d'un renom sévère et d'une probité proverbiale, sont conservés dans la famille illustre qui s'en trouve l'héritière. Mais il semble que, pour Volney comme pour Sieyès et plusieurs des hommes de la période révolutionnaire, on ait tenu à cacher au public des documents avec lesquels il eût pu établir des comparaisons malignes entre les aïeux et les petits-fils. Nous ne connaissons donc qu'un Volney incomplet, reconstitué avec ses œuvres, avec les critiques et quelquefois les éloges de ses adversaires ou de ses admirateurs ; nous pouvons toutefois marquer sa place dans l'école.

Né le 3 février 1757 à Craon (Mayenne), Constantin François Chassebœuf perdit sa mère à deux ans, entra à sept au petit collège d'Ancenis et y fut maltraité. Grâce à un de ses oncles, il fut placé au collège d'Angers. Émancipé à dix-sept ans et maître, par sa mère, de onze cents livres de rente, il se tourna vers la médecine et les langues orientales. A Paris (1776), il composa un *Mémoire sur la chronologie d'Hérodote*, attaqua Larcher et parut vouloir continuer Fréret. Présenté au baron d'Holbach, il connut Franklin, puis Mme Helvétius, peut-être Condillac et se lia avec Cabanis. Habitué à l'étude et passionné pour l'instruction, il crut, après avoir fait un petit héritage, qu'il devait le consacrer à un voyage pour « orner son esprit et former son jugement ». Il se décida pour l'Orient qu'il voulait parcourir non en « cavalier et en gentilhomme, ou en grand seigneur, en émir et en prince, » mais un bâton blanc à la main. Il se prépara, pendant plusieurs mois, aux fatigues du voyage et partit pour Marseille (1782) après avoir substitué le nom de *Volney* à celui de *Boisgirais* que lui avait déjà donné son père,

---

(1) Voyez encore Bodin, *Recherches sur l'Anjou*.

ennuyé, semble-t-il, des plaisanteries dont son nom avait été l'objet. Il séjourna quelque temps au Caire et s'établit huit mois, au monastère de Mar-Hanna dans le Liban, y apprit l'arabe, s'accoutuma à *porter la lance* et à *courir un cheval*, comme un Arabe du désert. Pendant trois ans il parcourut l'Égypte et la Syrie. De retour en France, il publia (1787) son *Voyage en Égypte et en Syrie* qui le fit célèbre. L'ouvrage, comme le dit Damiron et comme le répète Sainte-Beuve, offrait le premier modèle de la manière dont chaque partie de la terre devrait être étudiée et décrite. S'interdisant tout tableau d'imagination et pensant que le genre des voyages appartient à l'histoire et non au roman, Volney ne représente ni les pays plus beaux qu'ils ne lui ont paru, ni les hommes meilleurs ou plus méchants qu'il ne les a vus. Les chefs de l'expédition d'Égypte eurent en lui un guide précieux, et rentrés en France, vinrent le saluer avec respect. Sainte-Beuve regrette qu'il n'ait point pris la simple manière d'un voyageur qui nous parle chemin faisant, et qu'on accompagne; il le juge en homme qui a lu Chateaubriand, Byron et Lamartine et lui reproche d'affecter l'aridité et d'avoir une philosophie destructive, comme de laisser percer ses opinions méprisantes à l'égard du christianisme. Mais il a bien montré que les chapitres sont pleins et précis, que l'expression, exempte de toute phrase et sobre de couleur, se marque par une singulière propriété et une rigueur parfaite, que les descriptions atteignent à une véritable beauté et que le portrait du chameau, par exemple, est une description complète et parfaite, d'après nature, qu'envierait Cuvier et qui laisse en arrière celle de Buffon. Avec raison il a signalé un disciple d'Helvétius — avec moins de raison un disciple de Condillac — dans l'écrivain qui, placé au sommet du Liban, prend un plaisir secret à trouver petits les rochers et les bois, les torrents et les coteaux, les villes et les villages qu'on a vus si grands, qui est flatté d'être devenu le point le plus élevé de tant de choses et qui, par un sentiment d'orgueil, les regarde avec plus de complaisance!

Volney donna, en 1788, des *Considérations sur la guerre des Turcs*, où il indiquait le succès probable des Russes. Catherine II lui fit remettre par Grimm une médaille d'or, que Volney lui renvoya en 1791, quand elle prit parti pour les émigrés. Député aux États généraux, il crut, après avoir vu en Orient les mauvais effets du despotisme, que la liberté suffirait à tout et fut même un des premiers, paraît-il, à demander pour les tribunes le droit de « faire rougir le perfide ou le lâche, que le séjour de la cour ou la pusillanimité auraient pu corrompre ». En décembre 1789, il eût été directeur général de l'agriculture et du commerce en Corse, si l'assemblée n'eût interdit à tous ses membres d'accepter des fonctions à la nomination du roi. Dumont de Genève, le collaborateur de Mirabeau, a dit de Volney, « grand homme sec et atrabilaire, en commerce de flatterie avec Mirabeau, » qu'il avait de l'exagération et de la sécheresse, mais qu'il n'était pas des travailleurs. L'auteur d'une lettre publiée sous le nom de Grimm, probablement par Rivarol, l'appelle un des plus éloquents orateurs muets de l'Assemblée nationale. En avril 1790, Volney montait à la tribune pour s'opposer à ce que le catholicisme fût déclaré religion de l'État. Mirabeau prit, dit-on, dans son discours écrit, la phrase célèbre : « Je vois d'ici cette fenêtre, d'où partit l'arquebuse royale qui a donné le signal du massacre de la Saint-Barthélemy ». Quelques jours plus tard, Volney indiquait dans le *Moniteur* un moyen de vendre rapidement les biens du clergé, en multipliant le nombre des petits propriétaires. Au moment où paraissait le rapport de Thouret sur la constitution, il faisait imprimer les *Ruines* ou *Méditations sur les révolutions des empires*, qui eurent un grand succès. Sainte-Beuve a comparé cet ouvrage à un traité de Condillac, de D. de Tracy ou de Condorcet, mis à l'orientale par un génie qui n'en est pas un. Il a signalé ce qui est faux, au point de vue astronomique et théologique, et montré ce qui l'est par le côté littéraire et moral. On s'aperçoit trop, en lisant son article, qu'il était alors rallié aux défenseurs du pouvoir absolu et de la religion.

Le voyageur, sur les ruines de Palmyre, médite sur les vicissitudes des empires et demande au génie qui lui apparaît, par quels mobiles ils s'élèvent et s'abaissent, de quelles causes naissent la prospérité et les malheurs des nations, sur quels principes enfin doivent s'établir la paix des sociétés et le bonheur des hommes. La puissance secrète qui anime l'univers, dit le génie, a donné à l'homme la faculté de sentir et lui a imposé, comme lois primordiales et essentielles, l'amour de soi, le désir du bien-être, l'aversion de la douleur. Ces mobiles simples et puissants le retirèrent de l'état sauvage et barbare. Les impressions éveillèrent ses facultés et développèrent son entendement, ses besoins suscitèrent son industrie. Pour assurer leur existence, accroître leurs facultés et protéger leurs jouissances, les hommes unirent leurs moyens et leurs forces : ainsi l'amour de soi devint le principe de la société. Modéré et prudent, il donna naissance à tous les développements du génie et de la puissance ; aveugle et désordonné, il devint un poison corrupteur. Car la cupidité et l'ignorance ont été cause de tous les maux qui ont désolé la terre. Les lois et leurs agents eurent pour mission de tempérer le conflit des cupidités, de maintenir l'équilibre entre les forces : l'équité produisit la prospérité des empires en conformant les lois de convention aux lois de la nature. Les rapports des hommes se compliquant et la cupidité s'accroissant, l'égalité originelle ne put subsister entre les familles : il y eut des chefs. L'esclavage des individus prépara celui des nations. Quand on eut des tyrans sur la terre, on en supposa dans les cieux. L'homme, pour les apaiser, leur sacrifia ses jouissances ; une morale abnégative et antisociale plongea les nations dans l'inertie de la mort. Poursuivant le bonheur qui lui échappait, l'homme se fit une autre patrie dans un monde imaginaire et méprisa celui de la nature : l'ignorance, la superstition, le fanatisme multiplièrent les dévastations et les ruines. Et cependant l'être incompréhensible et infini, Dieu, qui dirige la marche des mondes, peuple les abîmes de millions de soleils, est impartial et juste ! Il fait prospérer les moissons où il y a des mains soigneuses pour les cultiver, multiplier les nations où il y a industrie et ordre, où la justice est pratiquée, où l'homme puissant est lié par les lois qui protègent le pauvre, où chacun jouit des droits qu'il tient de la nature et d'un contrat dressé avec équité ; où l'on pratique, en un mot, la vraie religion.

Mais les lumières s'accroissent : de grandes nations ont un même langage et l'imprimerie communique et fixe les idées. L'amélioration de l'espèce humaine est d'ailleurs un effet nécessaire des lois de la nature : l'homme tend à se rendre heureux, comme le feu à monter, la pierre à graviter, l'eau à se niveler. S'éclairant par l'expérience, il sera bon et sage, parce qu'il est de son intérêt de l'être. La science deviendra vulgaire. Tous les hommes connaîtront les principes du bonheur individuel et de la félicité publique ; ils concevront que la morale est une science physique, composée d'éléments compliqués dans leur jeu, mais simples et inaltérables, parce qu'ils constituent l'organisation ; ils seront modérés et justes, parce que là est l'avantage et la sûreté de chacun. Quand il y aura des nations éclairées et libres, d'autres adopteront leur esprit et leurs lois. Il s'établira, de peuple à peuple, un équilibre de forces qui fera cesser la guerre et soumettre à des voies civiles le jugement des contestations ; l'espèce ne sera plus qu'une seule famille, gouvernée par un même esprit, par les mêmes lois, et jouissant de toute la félicité dont la nature humaine est capable.

Après avoir indiqué, avant que Condorcet ne les développât, les progrès futurs de l'humanité, Volney célèbre, avec un enthousiasme qui surprend chez un homme dont on connaît la sécheresse habituelle, le mouvement immense qui vient de naître, le siècle nouveau qui verra l'affranchissement d'un grand peuple et remplit d'espérance toute la terre, la séance du Jeu de paume et la nuit du 4 août. Puis il indique la base primordiale, l'origine physique de toute justice et de tout droit : « Quelle que soit la puissance active, la cause motrice qui régit l'univers, elle a donné à tous les hommes les mêmes organes, les mêmes sensations, les mêmes besoins; elle a, par ce fait même, déclaré qu'elle leur donnait à tous les mêmes droits à l'usage de ses biens, et que tous sont égaux dans l'ordre de la nature. En outre elle a fourni à tous les hommes des moyens suffisants de pourvoir à leur existence; elle les a donc constitués indépendants,... créés libres,... propriétaires absolus de leur être. L'égalité et la liberté sont deux attributs essentiels de l'homme, deux lois de la Divinité inabrogeables et constitutives comme les propriétés physiques des éléments... L'idée de liberté contient essentiellement celle de justice qui naît de l'égalité » (1).

A la conspiration des tyrans, Volney oppose l'assemblée générale des peuples, déclarant qu'ils ne forment plus qu'une grande famille, avec une seule loi, celle de la nature, un même code, celui de la raison, un même trône, celui de la justice, un même autel, celui de l'union. Enfin il aborde le problème des contradictions religieuses. Examinant successivement le culte des éléments et des puissances physiques, le sabéisme ou culte des astres et l'idolâtrie ou culte des symboles, le dualisme et le système de l'autre monde, le culte de l'univers et celui de l'âme du monde, celui du Demiourgos ou grand ouvrier, Volney croit que l'esprit religieux n'a eu pour auteurs que les sensations et

(1) Voyez Littré, *la Science au point de vue philosophique*, p. 341 et Marion, *la Solidarité morale*, p. 26.

les besoins de l'homme. L'idée de Dieu n'a pour type et pour modèle que celles des puissances physiques (1), des êtres matériels agissant en bien ou en mal. L'histoire de l'esprit religieux n'est que celle des incertitudes de l'homme qui, placé dans un monde qu'il ne comprend pas, veut en deviner l'énigme, imagine des causes, suppose des fins et bâtit des systèmes qu'il remplace par d'autres systèmes non moins vicieux. Si les hommes sont en désaccord, c'est qu'ils affirment ce dont ils ne sont pas assurés, et qu'ils n'ont pas cherché si les tableaux que se peint l'esprit sont exactement ressemblants à leurs modèles, en invoquant le témoignage et l'examen des sens. Pour vivre en paix et en concorde, il faut tracer une ligne de démarcation entre les objets vérifiables et ceux qui ne peuvent être vérifiés, séparer le monde des êtres fantastiques du monde des réalités, ôter tout effet civil aux opinions théologiques et religieuses.

Sainte-Beuve a eu raison de dire que Volney, oubliant le doute dont il fait si souvent profession, explique, comme s'il le savait de science certaine, l'origine des religions et raconte les mystères des temps primitifs comme s'il y avait assisté. La question de l'origine des religions est bien plus complexe que ne le pensaient Volney et ses contemporains : elle suppose des études historiques, ethnologiques et psychologiques, et, malgré tous les progrès réalisés, nous ne pouvons même pas encore aujourd'hui en entrevoir la solution positive. Mais Sainte-Beuve n'a pas, en sens inverse, fait des remarques bien plus intéressantes. Volney a exposé, dans ses grandes lignes, la théorie de la perfectibilité. Il a continué d'Alembert, d'Holbach et précédé Comte, en séparant les objets vérifiables de ceux qui ne peuvent être vérifiés, mais sans nier l'existence d'un Dieu impartial et juste (2). Enfin l'enthousiasme devait partout être bien grand pour qu'un homme aussi froid que Volney célébrât l'ère nouvelle, comme un chrétien eût chanté l'avènement du christianisme. A tous ces titres, le livre de Volney est un document d'une importance incontestable.

En 1792, Volney achète en Corse le domaine de Confina et y tente sans succès une entreprise industrielle et coloniale. Bona-

---

(1) Voir ce que nous avons dit de d'Holbach, *Introduction*, § 3.
(2) Voyez d'ailleurs ce qu'il en dit dans la *Loi naturelle*, où il se défend d'être athée, en se séparant de d'Holbach. — Si Damiron dit que Volney fait plus que *négliger*, qu'il *repousse et proscrit*, c'est en confondant la foi et l'espérance, qui sont des vertus chrétiennes, avec le sentiment religieux.

parte, alors à Ajaccio, interrogea Volney sur ses voyages et peut-être puisa-t-il dans ces entretiens la première idée de l'expédition d'Égypte. Rentré en France au commencement de 1793, Volney publia son *Catéchisme du Citoyen français*, devenu plus tard *la Loi naturelle* ou *les Principes physiques de la morale*. Peu de livres ont été aussi loués ou critiqués, peu ont été moins lus. Avant Saint-Lambert et sous une forme plus concise, Volney réalisait une œuvre ébauchée par Voltaire et d'Alembert, Helvétius et d'Holbach (1). La loi naturelle est l'ordre régulier et constant des faits par lequel Dieu régit l'univers, ordre que sa sagesse présente aux sens et à la raison des hommes, pour servir à leurs actions de règle générale et commune, pour les guider, sans distinction de pays ni de secte, vers la perfection et le bonheur. Elle est donc primitive et vient immédiatement de Dieu, une et universelle, uniforme et invariable, évidente et palpable, raisonnable et juste, pacifique et tolérante, également bienfaisante pour tous les hommes, que seule elle suffit à rendre meilleurs et plus heureux. Elle enseigne très positivement l'existence de Dieu, car, pour celui qui observe avec réflexion le spectacle étonnant de l'univers, les propriétés et les attributs de chaque être, l'ordre admirable et l'harmonie de leurs mouvements, il est démontré qu'il existe un agent suprême, un moteur universel que désigne le nom de Dieu. Les sectateurs de la loi naturelle, loin d'être des athées, ont des idées plus fortes et plus nobles de la divinité que la plupart des autres hommes; ils l'adorent, en observant toutes les règles qu'elle a imposées aux mouvements de chaque être. Par la douleur, la nature avertit l'homme et le détourne de ce qui tend à le détruire; par le plaisir, elle l'attire et le porte vers ce qui tend à le conserver et à le développer. Mais pour acquérir les notions nécessaires à son existence et au développement de ses facultés (2), l'homme doit vivre en société. De ce principe simple et fécond, *se conserver et développer ses facultés*, dérivent les idées de bien et de

---

(1) Volney traitait en dix chapitres, de la loi naturelle et de ses caractères, de ses principes et des bases de la morale, des vertus individuelles, tempérance, continence, courage et activité, propreté, et des vertus domestiques, des vertus sociales et de la justice, du développement des vertus sociales.

(2) Il importe de remarquer cette seconde partie de la formule de Volney, que Damiron, dans ses critiques, laisse constamment de côté : « Se conserver *et pour cela tout tenter et tout faire*, telle est selon Volney la grande loi de la nature humaine » (p. 118). — Nous n'avons pas besoin de faire remarquer, en outre, que les mots soulignés par nous ne sont pas dans Volney.

mal, de vice et de vertu, de juste et d'injuste, etc., qui fondent la morale de l'homme individuel ou social. Le bien, par exemple, est tout ce qui tend à conserver et à perfectionner l'homme ; la vertu est la pratique des actions utiles à l'individu et à la société. Parmi les vertus individuelles, Volney place la science, la tempérance, opposée à l'ivrognerie, le vice le plus vil et le plus pernicieux, la profanation du bienfait de Dieu, à l'incontinence et à l'impudeur ; le courage et la force, que nous pouvons acquérir en maniant habilement les aliments physiques sur lesquels se fonde telle ou telle qualité ; l'activité, contraire à la paresse et à l'oisiveté, la propreté, une des vertus les plus importantes, en ce qu'elle influe puissamment sur la santé du corps et sa conservation (1). Les vertus sociales se réduisent à la justice. Les hommes, égaux, libres et maîtres d'eux-mêmes, ne peuvent se demander et se rendre que des valeurs égales ; la balance du donné au rendu doit être en équilibre : la justice est cette égalité ou cet équilibre ; équité, égalité et justice ne sont qu'une seule et même chose (2). La charité n'est qu'une forme de la justice. Au lieu de dire : « Ne fais pas à autrui ce que tu ne voudrais pas qu'on te fît, » elle nous commande de « faire à autrui le bien que nous voudrions en recevoir ». Quant à l'espérance et à la foi, ce sont des idées sans réalité, les vertus des dupes ou des fripons (3).

Enfin la société est une banque d'intérêt formée entre tous les citoyens ; la patrie, une famille de doux attachements ; la charité, l'amour du prochain étendu à toute une nation. Toute sagesse, toute perfection, toute loi, toute vertu, toute philosophie se ramène à la pratique de ces axiomes : « Conserve-toi, instruis-toi, modère-toi, vis pour tes semblables, afin qu'ils vivent pour toi. »

Sans doute Volney est impuissant à ramener, comme il le veut, toute la morale à des principes physiques. On peut même soutenir que sa morale est incomplète. Il nous semble toutefois que, non seulement elle est irréprochable dans ses préceptes, mais encore qu'elle est loin de manquer d'élévation et d'ampleur.

(1) « N'est-on pas un peu étonné, dit Damiron, de voir la propreté mise au rang des vertus ? » (P. 130.) — Franklin ne pensait pas de même et les modernes n'ont pas éprouvé le même étonnement que Damiron. — Voyez Marion, *Leçons de morale*; Pierre Laloi, *Instruction morale et civique*.
(2) Volney précède Littré. (Cf. Marion, *op. cit.*, et notre note 1 p. 132.)
(3) C'est là une attaque à la morale chrétienne, non au *sentiment religieux*, comme le veut Damiron.

Aussi nous comprenons que Cabanis (I, xxxvi), en réunissant Volney et Saint-Lambert (1), place le premier au-dessus du second comme un esprit plus étendu, plus fort, plus habitué aux analyses profondes et dont le style, ferme et original, laisse des traces plus durables. Damiron, qui le combat avec des armes de toute espèce, constatait en 1828 que le *Catéchisme* de Volney, simple, clair et conséquent, régnait presque partout où celui de l'Eglise ne faisait plus loi, c'est-à-dire, ajoutait-il lui-même, sur le plus grand nombre. Pour Guyau, la *Loi naturelle* est le résumé le plus complet et le plus logique de l'épicurisme, et tout le travail du xviii° siècle sur la morale s'y trouve condensé. C'est un des essais les plus remarquables pour fonder une véritable physique des mœurs; son titre rappelle Spinoza et fait pressentir Spencer : « Un principe important, ajoute-t-il, admis par Volney, aurait pu introduire une vraie révolution dans sa morale trop terre-à-terre. Suivant lui, la conservation de l'être... implique le perfectionnement de l'être, le progrès perpétuel,... la dégradation est une diminution. En approfondissant cette conception, Volney aurait pu en venir à placer l'idéal moral dans l'état le plus élevé de l'être, dans une sorte de noblesse supérieure aux intérêts mesquins et capable de regarder la vie de haut (2) ». D'ailleurs Volney a été plus complet qu'on ne l'accorde d'ordinaire, puisqu'il a commandé, comme nous l'avons vu, de joindre, à la conservation, le développement des facultés (3).

Emprisonné, comme royaliste, à peu près à la même époque que Daunou, D. de Tracy et bon nombre de leurs amis, il fut remis en liberté après le 9 thermidor, se rendit à Nice et fut nommé professeur d'histoire aux Écoles normales. Ses leçons le présentent sous un aspect nouveau. Il se proposait d'étudier la marche et les progrès de la morale privée et publique, la marche et les progrès de la civilisation, de considérer la naissance des codes civils et religieux, mais surtout de diminuer l'influence journalière que l'histoire exerce sur les actions et les opinions des hommes. On avait souvent invoqué l'exemple des

---

(1) « Ils méritent, dit-il, toute la reconnaissance des vrais amis de l'humanité ; ils ont fondé les principes de la morale sur le besoin constant du bonheur commun à tous les individus, et fait voir que, dans le cours de la vie, les règles de conduite pour être heureux sont absolument les mêmes que pour être vertueux.
(2) *La Morale d'Epicure*, p. 275.
(3) Si Damiron et presque tous ceux qui l'ont suivi disent le contraire, c'est qu'ils n'ont pas pris toute la formule de Volney, et que Volney lui-même a négligé parfois de lui donner une forme complète.

Romains et des Grecs : Volney soutient que les gouvernements des Mamelouks d'Égypte et du dey d'Alger ne diffèrent point essentiellement de ceux de Sparte et de Rome ; qu'il ne manque, aux Grecs et aux Romains, que le nom de Huns et de Vandales pour nous en retracer tous les caractères (1). Pour une raison semblable, et à propos des auteurs de Mémoires personnels, il s'élève contre les *Confessions* de Rousseau et la secte renouvelée d'Omar ou du Vieux de la Montagne, qui s'est saisie de son nom pour appuyer son nouveau Coran et jeter un manteau de vertu sur la personne du crime. Il faut cesser d'admirer les anciens auxquels nous devons peu en morale et rien en économie politique, pratiquer le scepticisme, si l'on veut servir la cause de la liberté et de la philosophie, tant il est difficile en histoire de trouver la vérité et même d'arriver à des probabilités satisfaisantes.

Ces leçons contiennent encore quelques indications intéressantes pour l'histoire des idées. Volney ne voit pas, dans les principes, des choses abstraites, existant indépendamment de l'humanité, mais des faits sommaires et généraux, résultant de l'addition des faits particuliers et devenant par là, non des règles tyranniques de conduite, mais des bases de calculs approximatifs, de vraisemblances et de probabilités. Chaque langue est une histoire complète, puisqu'elle est le tableau des idées de tout un peuple. C'est par l'étude des langues que l'on remontera le plus haut dans la généalogie des nations, puisque la soustraction successive de ce que chacune a emprunté ou fourni, conduira à une ou plusieurs masses primitives et originelles, dont l'analyse découvrira même l'invention du langage. « On ne peut rien faire de plus utile, dit Volney, en indiquant des recherches nouvelles, dont ceux qui y ont le mieux réussi ont rarement salué en lui le promoteur, que de recueillir, pour connaître l'histoire, des vocabulaires et des grammaires. » Mais qu'il est loin de l'enthousiasme que montraient les *Ruines* pour le progrès futur de l'humanité ! Au moment où paraissait l'ouvrage posthume de Condorcet, Volney disait que, sous des noms divers,

---

(1) Dans le *Voyage aux États-Unis*, il ira jusqu'à dire : « Les tragédies de Sophocle et d'Euripide me peignent presque littéralement les opinions des hommes rouges sur la nécessité, sur la fatalité, sur la misère de la condition humaine et sur la dureté du Destin aveugle. » Tout cependant n'est pas faux dans ces jugements. Cf. Hebig, *das Homerische Epos aus den Denkmælern erlæutert*, et G. Boissier, *Promenades archéologiques* (Revue des Deux Mondes, 1884).

un même fanatisme ravage les nations, que les acteurs changent sur la scène, sans que les passions changent. L'histoire n'est que la rotation d'un même cercle de calamités et d'erreurs; les affaires humaines sont gouvernées par un mouvement automatique et machinal, dont le moteur réside dans l'organisation physique de l'espèce. Conclusion décourageante, dit Sainte-Beuve, qui peut nous faire mesurer le chemin parcouru en deux années par l'auteur des *Ruines!*

Les leçons de Volney eurent un grand succès (1). Il entra à l'Institut, dans la section de l'Analyse des sensations, mais il ne participa point à ses travaux. Quittant la France, il s'embarqua au Havre avec « le dégoût et l'indifférence, dit-il, que donnent le spectacle et l'expérience de l'injustice et de la persécution ». Triste du passé et soucieux de l'avenir, il allait avec défiance chez un peuple libre, voir si un ami sincère de cette liberté profanée trouverait, pour sa vieillesse, un asile de paix dont l'Europe ne lui offrait plus d'espérance. En 1797 John Adams remplaça, comme président des États-Unis, Jefferson, l'ami des idéologues. On accusa Volney d'être un agent secret du Directoire; Priestley lui reprocha son incrédulité. Volney revint en France en 1798 et fut un de ceux qui contribuèrent le plus au 18 brumaire. Il refusa le ministère de l'intérieur et entra au Sénat, se brouilla avec le premier consul qui songeait à conclure le concordat (2), donna sa démission de sénateur, qui ne fut pas acceptée, quand Bonaparte devint empereur, et fut ensuite nommé comte (3). Découragé et souffrant, Volney, comme Daunou et D. de Tracy, se réfugia de plus en plus dans l'étude. Il publiait, en 1803, son *Tableau du climat et du sol des États-Unis d'Amérique*, dans lequel il se bornait à peu près à la géographie physique : la classe des sciences morales et politiques avait été supprimée, et il devenait déjà difficile, sinon impossible, d'écrire sur les questions politiques. Les Notes et les Éclaircissements joints à

---

(1) La *Décade*, en l'an VII, rappelait les vues neuves qu'y avait semées cet homme d'un esprit supérieur. Cabanis les citait, avec celles de Lagrange et de Laplace, de Berthollet, de Monge et de Haüy (I, xii).

(2) Sainte-Beuve a raconté comment Volney, après le retour d'Égypte, s'occupait de Bonaparte et allait jusqu'à prendre soin de ne pas lui laisser boire son café trop chaud ou trop froid ; comment, avant le concordat, il répondit au premier consul qui disait : « la France veut une religion », — « la France veut les Bourbons » : comment le premier consul s'emporta et frappa Volney d'un coup de pied au ventre. Cf. Jacquemont et Stendhal, ch. vii.

(3) Il faut remarquer qu'en vertu du statut du 1ᵉʳ mars 1808, les ministres, les sénateurs, les conseillers d'État à vie, etc. « devaient porter le titre de comte » (art. 4).

l'ouvrage présentent quelques particularités intéressantes (1).

Quant à l'ouvrage lui-même, on peut y signaler surtout, après Sainte-Beuve, la rectitude et la perfection du dessin physique. La *Décade*, l'analysant dans trois articles substantiels, rappelait que l'exactitude de son premier ouvrage avait été dûment contrôlée, considérait le *Catéchisme du citoyen français* comme le fruit d'une analyse forte et profonde, et faisait autant de cas du *Voyage aux États-Unis*. Et l'un des écrivains les plus estimés des États-Unis, Ch. Brockden-Brown, a montré, en le traduisant, que ses descriptions avaient été considérées comme exactes et pittoresques par ceux qui sont le mieux à même de les apprécier.

Volney, toujours plus souffrant et plus découragé, renonça aux spéculations dont il avait attendu les meilleurs résultats pour le progrès de l'humanité. Des études chronologiques, des recherches sur le langage et en particulier sur une méthode de simplification des langues orientales, occupèrent ses dernières années. Signalons, dans son *Discours sur l'étude philosophique des langues*, ce qu'il dit de Platon, « cette abeille de toute science, ce poète de toute philosophie » ; de Locke, « qui a su tirer du grand principe métaphysique d'Aristote des conséquences qui équivalent à une création » ; de Leibniz, « homme d'un esprit simple et droit qui, sortant de la route commune, émit les premières idées judicieuses sur la manière de poser la question de l'étude des langues » ; de Condillac et de D. de Tracy, dont l'esprit lumineux a de plus en plus éclairci le problème de la formation du langage.

Maintenu à la Chambre des Pairs, marié à une personne de sa famille beaucoup plus jeune que lui et qui entourait de soins sa vieillesse, ses dernières années, dit Sainte-Beuve, paraissent avoir été assez heureuses. Mais combien son horizon s'est rétréci ! Combien on le trouve indifférent pour toutes les questions qui

---

(1) Volney relève une invraisemblance dans *Atala* qu'il appelle l' « œuvre d'un auteur préconisé ». Après avoir décrit les mœurs des sauvages, il critique la théorie de l'état de nature et rappelle que Rousseau fut décidé, par sa conversation avec Diderot à Vincennes, à répondre négativement à la question posée à Dijon : « Voilà, dit-il, le point de départ de cet homme qui aujourd'hui trouve des sectateurs tellement voisins du fanatisme qu'ils enverraient volontiers à Vincennes ceux qui n'admirent pas les *Confessions* ! » Enfin Volney nous apprend qu'il a trouvé à Cincinnati des pierres pétries de coquilles semblables à celles qu'il avait vues près de Francfort et qu'il les a soumises à l'examen d' « un de nos plus habiles naturalistes », M. Lamarck. Après cet examen, il lui paraît évident que les régions de l'Amérique septentrionale, où elles ont été recueillies, ont fait autrefois partie du fond des mers.

l'avaient intéressé ! Combien il est devenu étranger à tout ce qui ne concerne pas sa tranquillité ! Qu'on en juge par ces fragments de lettres, que Sainte-Beuve trouve *assez agréables et assez souriantes* : « La ville, écrit-il à un correspondant qui vit à la campagne, n'a-t-elle pas aussi ses inconvénients ? Aurez-vous toutes ces douceurs de chaque jour, de chaque heure, cet exercice réglé que vous avez ? Aurez-vous un seul domestique fidèle, attentif ? C'est ici la pierre philosophale ; tandis qu'à la campagne il reste de la moralité, et qu'en faisant un bon sort de son vivant, on peut trouver serviteur d'attache... Jadis... j'étais un homme précis, j'en suis bien revenu. Les projets sont à mon ordre, je ne suis plus au leur. Chaque année, quand l'hiver m'attriste, je parle d'aller en Provence, et, quand je songe au départ, je m'enfonce dans mon grand fauteuil et je fais plus grand feu pour remplacer le soleil. La bonne chose que d'être en un bon chez soi ! Usons de chaque jour sans trop de prévoyance du lendemain. La prudence est bien quelque chose dans la vie ; mais combien le hasard n'y est-il pas davantage ! Je suis le plus jeune du Sénat, me disait Fargue, je ferai, je ferai, etc., etc... nous l'enterrions dix jours après. Moi j'ai compté mourir chaque année de 1802 à 1805, et me voilà en 1819. A la Providence ! prêt à tout. »

Quoi qu'en dise Sainte-Beuve, nous préférons, à ce Volney vieilli et assagi, le Volney enthousiaste des *Ruines* ou même le Volney s'embarquant au Havre « avec le dégoût et l'indifférence que donnent le spectacle et l'expérience de l'injustice et de la persécution ». Nous préférons à l'homme qui renonce à ses projets et se fait tout petit pour que la fortune n'ait plus de prise sur lui, celui qui lutte pour le triomphe de ses idées ou même ceux qui, voyant, comme D. de Tracy, combattre ou mépriser les doctrines auxquelles ils avaient cru, ont passé, dans une tristesse continue, les dernières années d'une vieillesse qui leur était à charge, parce qu'elle leur semblait inutile.

Quand Ginguené reprochait à Palissot d'avoir oublié, dans ses *Mémoires*, Cabanis, Garat et D. de Tracy, il joignait à ces noms celui de Dupuis qui a, disait-il, fait époque dans l'érudition et la philosophie par son grand ouvrage de l'*Origine de tous les cultes* et louait Volney d'avoir popularisé dans les *Ruines* ce que Dupuis avait établi par son érudition.

Né à Trie-le-Château (Oise) en 1742, Dupuis, placé par le duc de la Rochefoucauld au collège d'Harcourt, fut professeur de rhétorique à Lisieux et se fit recevoir avocat ; il prononça, au nom de l'université, deux discours qui appelèrent sur lui l'attention, étudia les mathématiques et suivit les cours d'astronomie de Lalande. Ses travaux journaliers et ses relations intimes lui donnèrent l'idée du grand ouvrage qui a établi sa réputation. On serait tenté de rapporter surtout à d'Holbach, dont toutes les affirmations sont reproduites et appuyées sur un nombre immense de faits historiques, la première idée de cet ouvrage destiné, disait Ginguené, à « lever entièrement le voile qui couvrait les fictions des siècles anciens ». Professeur d'éloquence latine au collège de France et membre de l'Académie des inscriptions, Dupuis entra à la Convention et vota pour la détention dans le procès du roi. Il fit hommage à l'assemblée en 1794 de l'*Origine de tous les cultes ou la religion universelle* (3 vol. in-4 et atlas, 12 vol. in-8), dont il avait déjà, dans le *Journal des Savants* et dans l'*Astronomie* de Lalande, publié des fragments, qui lui avaient attiré une réfutation de Bailly. Aux Cinq-Cents, Dupuis s'occupa de l'instruction publique et des écoles centrales. Il entra à l'Institut national, et, après le 18 brumaire, au Corps législatif. Proposé par ce dernier corps et par le Tribunat pour le Sénat, qui ne le nomma pas, il mourut en Bourgogne en 1809, après avoir vu triompher les idées qu'il avait combattues. En 1798, il avait donné un *Abrégé* de son grand ouvrage où étaient présentés les principes de sa théorie et ses plus importants résultats. Sous cette forme, disait la *Décade*, il joignait à l'avantage d'être d'un prix très modéré et de pouvoir être lu sans fatigue, celui de renfermer plusieurs additions importantes.

S'appuyant sur les poètes, les théologiens, les législateurs, les artistes et les philosophes anciens, Dupuis affirme, comme d'Holbach, que l'univers et ses parties, la nature et ses agents principaux ont, non seulement dû être adorés comme dieux, mais l'ont été effectivement. C'est donc par la nature et ses parties, par le jeu des causes physiques que l'on doit expliquer le système théologique de tous les anciens. C'est sur le ciel et le soleil, sur la lune et les astres, sur la terre et sur les éléments qu'il faut porter les yeux, si l'on veut retrouver les dieux de tous les peuples et les découvrir sous le voile que l'allégorie et la mysticité ont souvent jeté sur eux, pour piquer notre curiosité ou pour nous inspirer plus de respect.

L'univers fut regardé comme un animal vivant, qui communique sa vie à tous les êtres qu'il engendre par sa fécondité éternelle, comme souverainement intelligent et peuplé d'une foule d'intelligences partielles répandues par toute la nature, dont la source est dans son intelligence suprême et immortelle. Le soleil et la lune, Vénus et Jupiter, Mercure, Mars et Saturne furent les sept grands Dieux ; le ciel, qui entraînait tous les astres, devint leur père et fut placé à la tête de toutes les théogonies. Le zodiaque fut le chemin des dieux : calendrier qui convient à l'Égypte et ne convient qu'à elle, puisque les figures qui désignent les constellations peignent l'état de l'Égypte inondée par le Nil (Poissons), l'époque où le Nil s'est retiré (Bélier), où l'on peut labourer (Taureau), où la nature est dans un état d'enfance (Gémeaux), etc. Vingt-cinq mille ans ou plusieurs fois vingt-cinq mille ans avant notre ère, les Égyptiens furent donc les inventeurs des sciences astronomiques, de la division du zodiaque et des signes qui en distinguent les diverses parties. Les mois et les saisons prirent les marques distinctives des animaux célestes, le zodiaque devint une des grandes causes. Les étoiles, placées en dehors de la bande du zodiaque, furent liées aux signes et groupées sous des images d'hommes et d'animaux ; elles donnèrent naissance aux trente-six figures extrazodiacales élevées à la dignité de causes et de dieux. En distinguant la cause active, ciel, soleil, lune, étoiles fixes, planètes, zodiaque, et la cause passive, terre et éléments, on plaça le ciel et la terre à la tête de la famille des dieux, on les unit par un mariage d'où sont venus tous les êtres. En séparant les principes, dont l'un préside à la lumière et l'autre aux ténèbres, on expliqua le bien et le mal de la nature, la vertu et le crime.

C'est par la physique et l'astronomie ancienne que Dupuis interprète l'*Héracléide*, les voyages d'Isis ou de la lune, honorée sous ce nom en Égypte, les *Dionysiaques* ou le Poème de Nonnus sur le soleil, les *Argonautiques*, la fable du soleil adoré sous le nom de Christ. Celle du paradis terrestre, empruntée des livres de Zoroastre, ne contient qu'une allégorie sur le bien et sur le mal physique. Le réparateur du mal, le vainqueur des ténèbres, c'est le soleil de Pâques ou de l'agneau équinoxial. La légende du Christ, mort et ressuscité, ressemble, au génie près, à toutes les légendes et aux poèmes anciens sur l'astre du jour personnifié. Les mystères de sa mort et de sa résurrection sont ceux de la mort et de la résurrection d'Osiris, de Bacchus, d'Adonis et surtout de Mithra ou du soleil. Les dogmes de la théologie chrétienne, notamment celui des trois principes, appartiennent à beaucoup de théologies plus anciennes et se retrouvent chez les Platoniciens, dans Plotin, dans Macrobe et autres écrivains non chrétiens. Les chrétiens n'ont rien qu'on puisse dire leur ouvrage, encore moins celui de la divinité.

Après avoir ainsi affirmé que le Christ n'est pas plus réel que l'Hercule et ses douze travaux, que la religion chrétienne rentre dans le cercle de la religion universelle ou du culte rendu à la nature et au soleil, son principal agent, Dupuis soutient, comme d'Holbach, qu'il est faux de voir un bien dans la religion et un mal dans la philosophie ou la raison éclairée. Sans appeler la persécution contre les prêtres, il veut qu'on leur ôte toute influence sur la morale et fait une critique, aussi vive que grossière, de la morale chrétienne.

Cette production volumineuse, dit Ginguené, est surchargée d'une érudition fatigante, elle manque d'ordre et de méthode et n'est pas écrite comme le devrait être un ouvrage de cette importance. Mais elle forme le recueil le plus précieux de préservatifs contre toutes les superstitions, la mine la plus riche d'explications de toutes les fables et la collection la plus complète des emblèmes ingénieux dont furent originairement couverts tous les secrets de la philosophie et tous les grands phénomènes de la nature.

Nous avons perdu le goût de ces compilations érudites où l'histoire n'est invoquée, souvent faussée, que pour défendre une idée préconçue ; nous cherchons les faits, nous les soumettons à une critique pénétrante et nous essayons seulement ensuite de déterminer les lois qui les régissent. Même lorsqu'il s'agit de leur doctrine préférée, les modernes savent que, voir seulement les faits qui la confirment, c'est fournir des armes trop redoutables aux adversaires. Aussi ne lit-on plus Dupuis, quoique tout ne soit pas à dédaigner dans son œuvre érudite.

Sylvain Maréchal (1750-1803), un moment célèbre pendant la Révolution, fut un athée tolérant, enthousiaste de la vertu, adversaire de l'instruction des femmes après avoir écrit pour leur donner le goût de la belle antiquité. C'est un de ces hommes médiocres, dont les ouvrages, sinon la vie, fournissent la réfutation la plus péremptoire de leurs doctrines. Il n'y a à signaler, dans son œuvre, que l'*Almanach des honnêtes gens*, où avant A. Comte, il remplace les saints par des hommes illustres, et le *Dictionnaire des athées*, où prennent place Jésus-Christ et saint Justin, saint Augustin et Pascal, Bossuet et Bellarmin, Leibnitz et Descartes, puis, dans un supplément ajouté par Lalande, Bonaparte et Kant!

Naigeon (1738-1810) a édité Diderot, Turgot et Montaigne. Fanatique de Diderot et ami de d'Holbach, personne n'a plus chaleureusement défendu l'athéisme et le matérialisme. Son *Recueil de philosophie ancienne et moderne* mérite d'être consulté en ce qui concerne les Académiciens et Diderot, Cardan et Collins. S'il est supérieur à Maréchal, il ne remplace ni Diderot, ni d'Holbach, il ne vaut intellectuellement aucun des idéologues dont nous nous sommes occupés.

IV

On cite quelquefois encore le nom de Saint-Lambert, on ne lit plus guère ses ouvrages. Nous avons dû, à la bibliothèque de l'Université de France, couper plus d'une feuille de l'exemplaire dans lequel nous avons pris connaissance de sa philosophie. Et cependant Voltaire écrivait, en 1773, que le *Poème des Saisons* était le seul ouvrage du siècle qui passerait à la postérité; une des classes de l'Institut décernait, en 1810, le grand prix décennal pour la morale, aux *Principes des mœurs chez toutes les nations*, et M.-J. Chénier trouvait que peut-être même le *Catéchisme universel* était sans défaut! Comment expliquer un tel oubli après une telle célébrité?

Né à Nancy en 1716 et élevé chez les jésuites de Pont-à-Mousson, attaché au roi Stanislas et préféré à Voltaire par Mme du Châtelet, Saint-Lambert se fixa à Paris, après la mort de Stanislas. En 1769 il publia le *Poème des Saisons*, fut en 1770 le successeur de Trublet à l'Académie française, et fit précéder d'un *Essai sur la vie et les ouvrages d'Helvétius*, le *Poème du Bonheur*. Avec Mme d'Houdetot, il contracta une liaison qui dura jusqu'à sa mort. Après avoir donné des poésies fugitives et des contes en prose, des apologues orientaux, et enfin, en 1798, les *Principes des mœurs chez toutes les nations*, dont le dernier volume paraissait, trois ans plus tard, avec les *Essais sur la vie de Bolingbroke et de Helvétius*, avec les *Deux amis*, conte iroquois,

Saint-Lambert mourait âgé de quatre-vingt-cinq ans (1803).

Dans les *Mémoires sur Bolingbroke*, qu'on peut encore consulter pour l'histoire de l'Angleterre à cette époque (1), il fait l'éloge de Locke, qui a montré l'origine de nos connaissances et presque leurs bornes, et de Shaftesbury, qui a établi la morale sur des principes solides et l'a rendue éloquente. Le *Poème des Saisons* est un des résultats du progrès philosophique (2). Saint-Lambert y vante les éditeurs de l'*Encyclopédie*, qui ont rendu un service immortel au genre humain et croit aux progrès futurs de l'humanité : « L'esprit humain, dit-il, ne peut faire de pas en arrière... De jour en jour notre espèce doit tirer de nouveaux avantages de la découverte de l'Amérique, du passage aux Indes, du progrès du commerce et des sciences, de la navigation et de la philosophie. J'aime à espérer et espère. » Mais, dans le parti philosophique, il se rangerait plutôt à côté de Voltaire que de d'Holbach : « Ce qu'il y a de certain, dit-il, c'est que l'idée consolante d'un Dieu bon, d'un Dieu qui se plaît au spectacle de nos plaisirs, doit nous rendre bons, parce qu'il est de la condition de l'homme d'imiter ce qu'il admire, ce qu'il adore. » Le poème débute par un hommage à la Divinité (3).

Il est d'autant plus important de le rappeler que déjà Saint-Lambert songeait au grand ouvrage dont la publication coïncide avec la fin de sa vie : « On n'a pas même encore, dit-il, dans les notes sur l'*Automne*, un livre qui donne les principes et les devoirs détaillés de cette morale qui doit être com-

---

(1) Voyez Garat, *Mémoires historiques sur le XVIIIe siècle*.
(2) « La philosophie, dit-il, dans le *Discours préliminaire*, a agrandi et embelli l'univers... Des philosophes éloquents ont rendu la physique une science agréable... Le langage de la philosophie, reçu dans le monde, a pu l'être dans la poésie... On a pu entreprendre des poèmes qui demandent une connaissance variée de la nature, et leurs auteurs ont pu espérer des lecteurs... Les anciens aimaient et chantaient la campagne, nous admirons et chantons la nature. »
(3) O toi qui de l'espace as peuplé les déserts,
    Et de soleils sans nombre éclairas l'univers
    Qui diriges la course éternelle et rapide
    Des mondes emportés dans les plaines du vide,
    Arbitre des destins, maître des éléments,
    Toi dont la volonté créa l'ordre et le temps,
    Tu prodiguas tes dons sur ce globe d'argile,
    Et ta bonté pour nous décora notre asile.
    Mais l'homme a négligé les présents de tes mains :
    Je viens de leur richesse avertir les humains,
    Des plaisirs faits pour eux leur tracer la peinture,
    Leur apprendre à connaître, à sentir la nature.
    O Dieu de l'univers ! Dieu que j'ose implorer,
    Accepte mon hommage et daigne m'éclairer.

mune à tous les hommes. Les livres élémentaires n'ont guère été faits que par des hommes médiocres et il faudrait qu'ils fussent l'ouvrage d'hommes supérieurs. Ce serait aux académies dirigées par les gouvernements, à travailler aux ouvrages nécessaires à l'éducation de la jeunesse. » S'il faut en croire ce qu'il a lui-même affirmé plus tard, il avait, depuis plus de seize ans, fait le plan détaillé des *Principes des mœurs !* Par contre, il nous apparaît alors, comme dans la suite, assez peu soucieux de l'exactitude scientifique : il suit le système de Ptolémée, non qu'il ait encore des partisans, mais parce qu'il persuade la vue.

Saint-Lambert, qui avait collaboré à l'*Encyclopédie*, habitait chez le prince de Beauvau, très lié avec les philosophes, et il était assidu chez Mlle de Lespinasse, où il rencontrait d'Alembert, Condorcet, Marmontel et Condillac. Il figure parmi les dix-sept philosophes qui se réunissent, le 15 mai 1770, chez Mme Necker pour élever une statue à Voltaire. Dans son discours de réception à l'Académie, il fait l'éloge de Montesquieu et de Voltaire, de Condillac, de Thomas et de d'Alembert, mais oublie Buffon qui était assez mal avec les philosophes (1). La même année, quand Séguier se fut plaint des allusions malveillantes de Thomas à son réquisitoire contre le *Système de la nature*, Saint-Lambert proposa d'exclure Séguier, qui « avait forfait envers l'Académie », en s'adressant au chancelier, au lieu de la prendre pour juge. Il s'attira une vive réprimande de Duclos, peu soucieux d'envenimer un conflit dont l'Académie avait déjà grand peine à sortir en conservant sa dignité (2). En 1776 il charge Condorcet de renouveler auprès de Turgot les offres de l'Académie ; en 1778 il fait partie, avec le prince de Beauvau et Marmontel, de la députation « extraordinaire et solennelle » envoyée à Voltaire, pour féliciter de son arrivée un « homme si célèbre dans les lettres et si précieux à l'Académie et à la nation ».

C'est surtout par la préface du *Poème sur le Bonheur* d'Helvétius, qu'il marque bien son alliance avec les philosophes (1772). Grimm écrivait, en novembre, que l'*Essai sur la vie et les ouvrages d'Helvétius* faisait beaucoup de sensation : c'est, ajou-

---

(1) « Comment peut-on, dit Grimm, passer sous silence M. de Buffon, quand on a le courage de louer son pesant adversaire, l'abbé de Condillac ? »
(2) Lucien Brunel, *les Philosophes et l'Académie française au XVIIIe siècle*, p. 201 sqq.

tait-il, un excellent morceau, plein de philosophie, écrit dans le meilleur goût, hardi, sage et piquant, c'est un modèle en ce genre et ce n'est certainement pas ce que M. de Saint-Lambert a fait de moins bien. C'est dans cet *Essai* qu'on peut, encore aujourd'hui, trouver les renseignements les plus intéressants sur un homme qui, un moment, occupa l'attention de l'Europe et fut aussi célébré et combattu en France que Montesquieu, Voltaire ou Rousseau. Mais si l'on peut accepter, avec de légères réserves (1), tout ce que dit Saint-Lambert de la bienfaisance et des vertus d'Helvétius, on ne saurait, en aucune façon, s'associer au jugement qu'il porte sur le philosophe. Selon lui, Helvétius aurait été disciple de Locke comme Aristote l'a été de Platon ; Montesquieu l'aurait trouvé un homme au-dessus des autres; la nature lui aurait donné la beauté, la santé, le génie. Le livre de l'*Esprit* serait un des meilleurs ouvrages du siècle, on n'en aurait point fait où l'homme soit vu plus en grand et mieux observé dans les détails. Si Descartes a créé l'homme, Helvétius l'a connu et a, le premier, fondé la morale sur la base inébranlable de l'intérêt personnel. Le livre de l'*Homme* renfermerait le même fond d'idées vraies, avec de plus grands développements peut-être, avec plus de profondeur dans les principes et d'étendue dans les conséquences. Il importe de se rappeler, sinon de discuter, ces éloges exagérés, pour comprendre comment Saint-Lambert entend l'histoire et pour résoudre une question que nous serons obligé de nous poser, quand nous le verrons donner son grand ouvrage comme une œuvre essentiellement originale.

Quand parurent les *Principes des mœurs chez toutes les nations*, ceux qu'avait loués Saint-Lambert n'étaient plus. La Révolution avait réalisé les souhaits des philosophes, mais détruit bien des choses qu'ils auraient voulu conserver. Saint-Lambert semble avoir éprouvé plus de déception que d'enthousiasme, en présence d'un événement qui dérangeait toutes ses habitudes. Il est curieux de lire, à ce point de vue, l'*Analyse historique de la Société*, qu'il avait terminée, dit-il, en 1788, et dont il ne s'est plus occupé depuis. On y trouve un éloge de Louis XV, qu'il n'eût point signé en 1770 (2).

(1) Saint-Lambert affirme, par exemple, qu'Helvétius a signé une rétractation de *l'Esprit*, non par crainte, non pour plaire à sa mère, mais pour sauver le censeur auquel on menaçait de s'en prendre de la publication du livre!

(2) « Louis XV protégea les philosophes, il accueillit Montesquieu ; l'abbé de Condillac eut des bénéfices et des pensions ; l'*Encyclopédie* fut soustraite aux persécu-

S'il rappelle que Louis XV eut des faiblesses qui durent diminuer le respect dont il avait été d'abord entouré, il n'en dit pas plus, parce qu'il n'aime point à rappeler les imperfections de « ceux à qui sa patrie doit de la reconnaissance ». Aussi ne voit-il point, dans la société ou dans l'histoire, d'homme dont la vertu ait été la passion dominante, comme elle l'est dans Louis XVI ; il range parmi ceux qui, en 1788, crient contre les distinctions sociales, les familles riches et anoblies depuis peu qui ne peuvent prétendre aux premiers honneurs, celles qui ne sont que riches et point nobles, les légistes qui ne peuvent acheter les charges conférant la noblesse et, avec « ces races envieuses », le clergé de la classe inférieure et quelques nobles, même anciens, mais pauvres et humiliés de ne point sortir des grades inférieurs. Il voudrait qu'on ne choisît, comme députés, que des propriétaires ayant au moins huit mille livres de rentes et qu'on exclût les calvinistes, qui pourraient unir leurs intrigues et leurs murmures aux clameurs de Paris ; que les Etats opinassent par ordre et qu'on conservât à la noblesse certaines distinctions honorifiques ; qu'on laissât subsister les corvées, « paiement des prés, des bois, des champs » donnés par les ancêtres à leurs vassaux, et que les nobles continuassent à avoir la justice seigneuriale, qui n'est point tyrannique. Il faut que la première classe du clergé soit riche, pour que sa considération en soit augmentée et pour qu'elle puisse encourager le travail du peuple ou soulager sa misère. Il faut continuer de lever l'impôt de la gabelle, en le rendant égal dans tout le royaume. Avec les mécontents de Paris, il ne faut pas méconnaître l'utilité de la police et des lettres de cachet. Et, pour bien marquer qu'au moment où il publie ce livre, il n'est plus l'homme qui, en 1769, « aimait à espérer et espérait », il a soin d'avertir que, s'il veut rendre l'homme plus éclairé, meilleur et plus heureux, il ne prétend pas qu'il s'élèvera à une perfection politique et morale, dont il ne le croit pas susceptible. Les degrés qu'on peut ajouter encore à la perfection du caractère et du bonheur sont en petit nombre. Il ne faut pas remplir l'esprit humain de chimères qui ne serviraient qu'à nous dégoûter de notre état présent : « Augmentons

tions du clergé et du parlement ; Voltaire, qui n'avait pas assez de prudence, jouit d'une faveur utile et point ostensible ; quelques philosophes furent mis à Vincennes et à la Bastille pour les soustraire à la rigueur de la magistrature... Le cœur de Louis était tolérant, il eut toujours de la considération pour le mérite. »

nos vertus, dit-il, mais restons contents d'être hommes; ne prétendons pas devenir des dieux. C'est une belle machine que l'aérostat; cherchons quelques moyens de la perfectionner et d'en faire usage, mais ne concevons pas la folle espérance de nous en servir un jour, pour aller souper dans la lune, ou passer quelques jours à la campagne, chez nos amis de Saturne et de Jupiter. »

Pour que sa manière de voir parût bien changée sur des questions essentielles, Saint-Lambert qui, implicitement réfutait Condorcet, se réfutait lui-même, mais, ce semble, sans s'en apercevoir. Il avait intitulé son livre *Principes des mœurs chez* « toutes » *les nations* ou *Catéchisme* « universel » et il faisait, disait-il, abstraction des gouvernements, pour apprendre seulement à l'homme à aimer sa patrie et à en respecter les lois. Il composait son *Analyse de la Société* pour montrer que les principes établis par lui conviennent à toutes, quelles que soient leurs lois, et que même ils doivent être la base de ces lois. Et il condamnait, à plusieurs reprises (I, 34; IV, 356 sqq.), la manie qu'a l'esprit humain d'établir certains principes absolus, prétendues vérités universelles d'après lesquelles on croit pouvoir se conduire dans tous les lieux et dans tous les temps (1)!

Aussi, à priori, semble-t-il bien difficile d'admettre le jugement de Cousin sur Saint-Lambert : « Un silence profond, évidemment systématique, règne sur ces deux grandes questions de Dieu et d'une autre vie... Il relègue ces deux croyances parmi les superstitions arbitraires qui n'entrent point dans l'ordre des connaissances naturelles, invariables, sur lesquelles doit reposer le Catéchisme universel... Sa philosophie est sans Dieu et elle n'excède par les limites de ce monde... il continue Helvétius (2). » Saint-Lambert, comme Voltaire, attaque le fanatisme et condamne les querelles théologiques; mais il serait étrange qu'après avoir débuté par une *Ode sur l'Eucharistie*, après avoir invoqué Dieu au moment où il était le plus lié avec les philosophes, il eût choisi, pour aller plus loin qu'il n'avait

---

(1) Sur cette question, voyez Boutmy, *Études de droit constitutionnel*, et Paul Janet, *Histoire de la science politique*, 3ᵉ édition, Introduction.
(2) Cousin, *Philosophie sensualiste*, Vᵉ leçon. — Quant à ce que dit Cousin en s'adressant « aux jeunes gens qui ont un vif amour de la liberté et des droits du genre humain », il faut remarquer qu'il confond deux choses distinctes, le libre arbitre et la liberté politique. Saint-Lambert, comme tous les idéologues, n'a jamais cessé d'être partisan de cette dernière. Voyez surtout II, 294.

été autrefois et que n'allait Voltaire, pour lequel il conservait toujours une vive admiration, l'époque où il se séparait en plus d'un point des plus modérés de leurs successeurs! Et il ne l'a pas fait. S'il ne veut pas que l'enfant répète, matin et soir, de longues prières qu'il ne peut comprendre, c'est pour qu'il adresse une courte invocation, un hommage à l'Etre suprême (ii, 91). Au lieu d'une multitude de cérémonies religieuses, de longues et inutiles prières, de discours qu'on écoute sans y rien comprendre, on lira, le dimanche, deux de ses dialogues et on s'examinera sur chacun d'eux; on commentera le dictionnaire de morale et on entendra le ministre de la paroisse, qui ne sera plus qu'un officier de morale, expliquer en détail les dialogues et les préceptes du Catéchisme. Ce sont là des « exercices vraiment pieux », puisqu'ils tendent à honorer l'Être suprême comme il veut l'être (ii, 119). S'il combat la superstition, il affirme que Dieu ne se met pas en colère. Son élève ne croira point qu'il y ait, dans les astres et les airs, dans les cavernes, dans les forêts et dans les temples, des êtres fort instruits et fort puissants qui connaissent l'avenir et en disposent, mais « il croira qu'il y a un grand être qui conduit les hommes, par l'attrait du plaisir et par la crainte de la douleur..., qui a voulu que le bonheur de l'homme fût lié au bonheur de ses semblables. Et si cet être immense veut être honoré, l'hommage qu'il nous demande, c'est un genre de vie conforme aux lois et au bien de la société » (ii, 317, 329). Il va même plus loin dans cette direction : la religion est la philosophie du peuple (1), les prêtres sont les instituteurs de cet enfant éternel (iv, 308). C'est surtout aux femmes qu'elle peut être utile en exaltant ou même en créant en elles les plus belles qualités (iii, 253); mais son pouvoir est aussi un des moyens les plus puissants pour empêcher les penchants dangereux de troubler l'ordre général (269). Aussi insiste-t-il sur les sentiments vifs d'espérance ou de crainte qu'inspire la religion; s'il lui demande de renoncer aux disputes inintelligibles, de prêcher, au nom de l'Évangile, toutes les vertus sociales, il veut qu'elle conserve son culte et en augmente même la pompe. Il en réclame une telle que la religion catholique, où le clergé ait une subordination graduée : Rome tendra surtout à entretenir cette fraternité, cette bienveillance qui rendent le christianisme

---

(1) Assertion reprise par Cousin.

respectable et cher à la philosophie même (III, 269 ; IV, 380, 407).

Ce qui frappe le lecteur, c'est l'assurance avec laquelle Saint-Lambert avance les affirmations historiques les plus hasardées et les moins exactes. Les stoïciens sont pour lui des sophistes qui s'amusent à créer l'être qu'on n'était pas encore en état d'expliquer ; et s'ils ont formé quelques grands hommes, c'est en les conduisant par de belles erreurs plutôt que par la raison. Par contre, ni les anciens, ni les modernes n'ont rien fait sur la morale qu'on puisse comparer au *de Officiis* de Cicéron, le maître éclairé d'un peuple instruit et le précepteur d'une société polie, qui, supérieur à Socrate, à Platon et à Aristote, ne laisse presque rien à dire sur tous les devoirs, de quelque genre qu'ils soient. S'agit-il de l'histoire proprement dite ? Saint-Lambert ne trouve nulle part la manière dont l'homme a passé de l'état sauvage à la civilisation : il se contente des écrits des philosophes, des fictions des poètes et arrive ainsi à expliquer l'origine de la propriété : « Une femme de sens propose un jour à son mari et à sa famille une grande nouveauté. Partageons, dit-elle, le terrain que nous ensemençons et que chaque famille recueille seule le fruit du champ qu'elle aura semé. » C'est à peu près de la même manière qu'il expose l'état des sauvages et la condition des femmes chez les différents peuples. La plupart des écrivains philosophiques du XVIII siècle s'inquiétaient peu, en général, d'avoir réuni tous les faits sur lesquels nous nous appuyons aujourd'hui pour faire revivre le passé. Confiants dans la puissance de la raison pour perfectionner l'homme et le rendre heureux à l'avenir, ils croyaient que leur raison, déjà perfectionnée, pouvait, avec quelques faits, reconstruire les époques antérieures de l'histoire de l'humanité. Chez Saint-Lambert, une autre cause encore a contribué à l'emploi de ce procédé qui permet de simplifier le travail en inventant l'histoire, au lieu de l'étudier : c'est sa confiance en sa propre raison, en son infaillibilité personnelle.

Bien qu'il nous dise lui-même que sa mémoire n'est plus fidèle, que ses yeux et sa main se refusent à son travail (IV, 414) et que, d'un autre côté, il parle souvent des imperfections de son ouvrage et avance que, s'il était excellent, il ne serait pas le sien, mais celui de son siècle, il essaie de montrer qu'il a fait œuvre originale. Ainsi, depuis plus de quarante-cinq ans, il en a tracé le plan détaillé. Il l'aurait donc conçu avant

1753, c'est-à-dire avant que Condillac, Helvétius, d'Holbach, Rousseau et bien d'autres eussent publié leurs ouvrages principaux. Il l'a terminé, il y a cinq ou six ans, avant que Volney eût donné les *Ruines* et le *Catéchisme du citoyen français*, Condorcet, l'*Esquisse d'un tableau historique des progrès de l'esprit humain*; avant que Cabanis et D. de Tracy eussent commencé, à l'Institut, les lectures qui devaient exercer une si grande influence ! D'un autre côté, il ne vante plus seulement, il juge les philosophes qui l'ont précédé et tâche de trouver en quoi il leur est supérieur. Voltaire est toujours loué sans restriction, peut-être parce qu'il n'a jamais fait un système raisonné et a laissé à Saint-Lambert le soin de compléter son œuvre (I, 41). Montesquieu a donné un ouvrage immortel, mais qui contient quelques erreurs : l'influence du climat a été exagérée parce qu'elle n'a pas été observée chez l'homme sauvage (I, 112) ; les causes pour lesquelles les préjugés essentiels, dans une belle monarchie, ne sont pas encore assez puissants, n'ont point été dites par lui, mais Saint-Lambert lui doit d'en avoir *trouvé* une (IV, 198). Locke a, le premier, prouvé que la morale est aussi susceptible de démonstration que la géométrie et la science des nombres. Condillac est celui de ses disciples qui a rendu le plus de services à la raison humaine ; mais son *Abrégé de l'histoire* est fort inférieur à ses ouvrages de métaphysique et de morale (I, 37). Sa *Logique* (1780) a paru quand Saint-Lambert avait fini la sienne et ne lui a rien fourni qui pût enrichir son livre ou l'empêcher de le publier. Quant au traité de Locke sur *la Conduite de l'esprit humain dans la recherche de la vérité*, il ne développe pas toujours assez les causes de nos erreurs. Saint-Lambert a été plus loin que Locke et Condillac, il est plus clair que l'un et plus précis que l'autre (I, 261 sqq.). De même il a fait un grand usage du principe de Locke, très supérieurement développé par Condillac, sur la liaison des idées, que ni l'un ni l'autre n'ont jamais appliqué à l'art de former le caractère moral (II, 124). Helvétius est sévèrement jugé. C'est le premier moraliste qui ait employé les principes de Locke, mais il a trop contesté l'influence du climat. Il a eu d'abord une grande célébrité, et n'a conservé que beaucoup d'estime. S'il a été utile et le sera toujours, malgré quelques exagérations et quelques erreurs, c'est aux philosophes plus qu'au vulgaire des lecteurs (I, 35 sqq., 112). L'*Essai sur la vie et les ouvrages d'Helvétius* signale bien quelques grandes beautés, mais non plus un bon poëme, dans le *Bonheur*. Les éloges hyperboliques disparaissent (1). Rousseau n'a été utile à la philosophie que parce qu'on a trouvé de nouvelles vérités en détruisant ses erreurs. Ses idées les plus raisonnables lui viennent de Hobbes. Shaftesbury a eu des partisans, Pope, Bolingbroke, Hutcheson, Ferguson, Smith, qui ont ajouté des erreurs aux erreurs de leur maître (I, 27 sqq.).

En critiquant ses contemporains, Saint-Lambert invoque toutefois leur autorité : tous ont approuvé le plan détaillé de son livre et l'ont engagé à l'exécuter (I, 50). Et il n'a rien négligé, si on l'en croit, pour rendre son œuvre digne d'être lue. Il a étudié *tous* les philosophes anciens ou modernes, il a été éclairé par la multitude des faits recueillis depuis plusieurs siècles et par les observations qu'il a faites dans une de ces grandes sociétés où il y a beaucoup d'idées et de connaissances ; il a vu se perfectionner la science de l'homme et il a pensé que les temps étaient arrivés où l'on pouvait donner, aux habitants de tous les pays, celui des livres qui pouvait leur être le plus utile !

Que Saint-Lambert ait lu ou compris « tous » les philosophes, c'est ce qui est, avons-nous vu, absolument faux. Faut-il ajouter plus de confiance aux autres assertions et voir en lui un penseur original ? Les propositions les plus souvent citées dans son œuvre (2) sont des idées de Voltaire, d'Helvétius, de Rousseau ; la forme que leur donne Saint-Lambert n'est pas originale, mais singulière et elle a fourni, aux adversaires de l'école, l'occasion de faciles triomphes (3).

L'ouvrage a cinq parties, pour lesquelles Saint-Lambert mani-

---

(1) Ainsi en parlant de l'*Esprit*, il dit: « Il s'est peu fait d'ouvrages où l'homme soit vu plus en grand etc. », et non plus : « Il ne s'est point fait d'ouvrages, etc. » De même la phrase dans laquelle Helvétius était mis au-dessus de Descartes se trouve supprimée.

(2) « L'homme en entrant dans le monde n'est qu'une masse organisée et sensible... C'est un être sensible et raisonnable qui doit chercher le plaisir et éviter la douleur. — Ceux qui s'aiment bien sont ceux qui ne séparent pas leur bonheur du bonheur des autres hommes. — La conscience est le sentiment agréable ou triste que nous éprouvons d'après le jugement que nous portons de nos actions. Tantôt la conscience est pour nous ce bonheur de l'Olympe auquel les dieux avaient associé Hercule et tantôt ce vautour qui rongeait le cœur de Prométhée ; elle est la plus aimable des compagnes ou la plus terrible des furies. — Nous ne cherchons point à connaître si notre âme est la vie même, ou une portion de la vie, si elle est matière subtilisée ou esprit pur, si elle est simple ou composée, une faculté ou le résultat de nos facultés. »

(3) Voyez de Bonald, *passim*, et Buisson, ch. VII, § 3.

feste les mêmes prétentions. Les deux premières contiennent des détails « approfondis » sur l'esprit et le cœur humain, et présentent une analyse de l'homme, « différente de celles qui ont paru jusqu'à présent », une analyse de la femme, « qui n'a pas été assez observée par les anatomistes ». Dans cette psychologie où les questions les plus importantes sont traitées en quelques lignes (1), on chercherait vainement une idée neuve et, en pensant à Cabanis et à Destutt de Tracy, dont tout le monde connaissait déjà les recherches, on se demande comment Saint-Lambert a pu songer à la publier et surtout croire qu'elle était différente de ce qui avait été fait jusqu'alors.

De ces deux analyses, Saint-Lambert passe à une logique, intitulée *De la Raison* ou *Ponthiamas*. Ce qui concerne l'éducation physique est excellent, mais était déjà dans Rousseau et Helvétius. Ce qu'il dit des connaissances et des degrés de certitude, en cherchant à surpasser Condillac et Locke, est d'une banalité rare. On peut cependant signaler l'idée d'un *Dictionnaire des substances*, dans lequel des estampes coloriées présenteraient l'objet aux yeux, et d'un *Dictionnaire de morale,* où les descriptions et les préceptes seraient suivis d'un récit, historique ou inventé (2).

Après la logique et avant l'analyse historique de la société, dont la seule originalité consiste à n'avoir presque rien de commun avec l'histoire, vient le *Catéchisme*, suivi de son *Commentaire*. Chose assez piquante, c'est dans cette partie de son œuvre, que l'amant de Mme du Châtelet et de Mme d'Houdetot, l'écrivain qui donnait comme « œuvre philosophique » le conte iroquois, destiné à la glorification d'un ménage à trois, a été le plus remarquable et a rencontré cette originalité, d'une nature tout aimable et toute pratique, que lui reconnaissaient ses contemporains (3).

(1) Ainsi en 116 pages il traite : 1° de nos sens, causes premières de tous nos sentiments, de toutes nos idées, de tous nos jugements, de l'influence qu'ils ont sur la politique, la morale et les arts « dans le monde entier » ; 2° des facultés de l'entendement, des effets de certaines idées sur nos passions et notre raison, de la liaison des idées et de l'amour-propre ; 3° des passions, des caractères, de la conscience, des effets du climat, de l'état sauvage et de l'état de société, de la raison d'usage, de l'homme dans les différents âges de la vie.

(2) Voyez le *Dictionnaire Guzier* et les *Petites histoires pour apprendre la vie de M. Pierre Laloi*, qui réalisent le souhait de Saint-Lambert.

(3) Aujourd'hui encore, on ne peut qu'admirer les préceptes suivants et en recommander la pratique :
Ne faites pas aux autres ce que vous ne voudriez pas qu'ils vous fissent.
L'amour du travail nous fait sentir que nous avons en nous-mêmes les moyens

On peut recommander aussi la lecture du *Commentaire* à tous ceux qui sont chargés de l'enseignement. Ils y trouveront des pensées justes, quelquefois fines et délicates. Saint-Lambert veut qu'on cite les plus beaux traits de la vie de Socrate, de Caton, d'Épaminondas, des hommes qui se sont fait une habitude de préférer à tout le plaisir d'être justes et utiles; que l'enfant apprenne, quand il a l'usage des mots, à céder à la nécessité des choses, à ne plus désirer après le mot « cela est impossible », à ne plus se plaindre après celui-ci « c'est un malheur inévitable ». Si vous avez plusieurs enfants, dit-il, prenez garde de jeter entre eux des semences de jalousie : s'il n'est pas possible que vous les aimiez tous au même degré, qu'ils le pensent : donnez des louanges à l'enfant qui marche avec rapidité et caressez celui qui se traîne

---

d'augmenter nos jouissances, et il est impossible, dans les sociétés bien ordonnées, que l'homme qui travaille pour lui-même ne travaille en même temps pour les autres; il nous préserve de l'ennui et des défauts attachés à la paresse.

Vous désirez que les hommes ne vous offensent ni dans vos biens, ni dans votre personne, ni dans votre honneur; respectez donc leurs biens, leur personne, leur honneur.

Surprenez-vous un secret? c'est la propriété d'un autre; respectez sa propriété.

Faites-vous aimer, afin qu'on aime dans votre bouche la justice et la vérité.

Vous avez un ennemi tant que vous n'avez point pardonné.

Servez l'homme, dans celui dont vous ne pouvez aimer la personne.

Aimez un pays où vous n'avez à craindre que les lois, et où les lois ne sont point à craindre pour l'homme juste.

Payez les impôts avec joie, c'est le mieux employé de l'argent que vous dépensez.

Dites-vous : mes biens ne sont pas à moi seul, ils sont à l'État et à moi... ma vie n'est pas à moi seul, elle est à l'État et à moi.

Souvenez-vous que vos mœurs influent sur les mœurs de votre patrie; vous lui devez d'être juste et sage.

Si vous éprouvez de grandes injustices, il vous est permis de la quitter; mais il ne vous est jamais permis de la quitter pour la combattre.

Cherchez à deviner ce que votre mère désire de vous, que votre volonté suive la sienne quand elle ne l'a pas devancée.

Prenez pour épouse celle que vous pourriez aimer comme sœur et comme amie.

Rien ne peut vous dispenser d'être chaste; mais que votre douceur atteste que la vertu ne vous a point coûté.

Montrez (à votre fille) un grand respect pour la chasteté.

Qu'elle repousse de bonne heure la familiarité des hommes, même de ses frères.

Prenez garde d'aimer en vos enfants ce qui vous amuse, de préférence à ce qui leur est utile.

Vous devez au moins à vos frères les égards que vous devez à tous les hommes.

Ne rougissez pas d'abord à la vue d'un parent pauvre, mais rougissez s'il reste pauvre.

Le temps donne un charme inexprimable à l'habitude d'aimer et les anciennes amitiés sont ce qu'il y a de plus aimable et de plus sacré sur la terre.

Quand vos aliments sont délicieux, qu'au moins ceux de vos serviteurs soient agréables.

Ce que vous leur devez le plus, c'est l'exemple des mœurs : quelles que soient les vôtres, ils les imiteront.

avec effort. Voulez-vous guérir la paresse qui a pour cause la légèreté? Observez quels sont les plaisirs que les enfants aiment le plus; ne les en faites jouir que lorsqu'ils se seront appliqués à l'un des exercices que vous demandez. S'ils ont eu une attention suivie (1), louez-les en et dites-leur que de très grands plaisirs seront les effets de leur attention. Variez leurs jeux et leurs études : on enseigna la géographie à un enfant qui ne voulait pas étudier la géométrie et il apprit l'une et l'autre. La bonne éducation, dit-il encore, est celle qui apprend à vivre avec les hommes et avec les maux : il faut tromper la douleur physique et vaincre la douleur morale. Voulez-vous, dit-il enfin, préparer vos enfants à devenir de bons maris et des épouses aimables! parlez-leur de l'union des cœurs et du moral de l'amour, en ayant toujours l'air de compter pour rien le physique, vos enfants en feront autant.

Quelques critiques assez superficiels prirent à la lettre les prétentions de Saint-Lambert (2) et admirèrent sans réserve l'œuvre d'un homme qui avait su vivre si longtemps. Les véritables juges l'appréciaient plus exactement. Cabanis accordait plus d'étendue, de force, de profondeur à Volney et parlait de Saint-Lambert comme d'un écrivain facile, élégant, observateur, plein de finesse, dont l'ouvrage, accompagné d'explications et d'exemples heureusement choisis, rend plus sensible la vérité de tous les principes qu'il établit et l'utilité des règles qu'il en tire pour la conduite journalière (I, xxxvi). De même Suard, dans son Rapport, appelait le *Catéchisme* un ouvrage supérieur par les divers genres qu'il réunit et par l'universalité des applications qu'on peut en faire, surtout à l'enseignement de la morale, mais avait soin de dire qu'il ne se distingue ni par l'originalité, ni même par la profondeur des vues. Ce qui motivait le jugement de l'Institut, c'est que Saint-Lambert avait, avec une raison et un talent peu communs, enchaîné et exposé les vérités de détail déjà connues

(1) Ribot, *Psychologie de l'attention*.
(2) Ainsi Boisjolin (*Décade* du 30 messidor an VI), reconnaît dans le livre, une conception entièrement neuve : « Bossuet, disait-il, regardait un bon catéchisme religieux comme le chef-d'œuvre de la théologie; ne serait-il pas plus vrai de dire qu'un bon catéchisme de morale serait le chef-d'œuvre de la philosophie? Si cette opinion n'est pas une erreur, ajoutait-il, elle détermine aisément le rang que mérite le *Catéchisme* du C. Saint-Lambert parmi les monuments dont la philosophie s'honore. Il a développé les beautés de la nature champêtre et dévoilé les secrets de la nature humaine : c'est avoir dans les lettres un beau caractère et une heureuse destinée. »

et non contestées. Enfin Chénier louait la pureté continue, la politesse exquise et l'élégante souplesse du style. Ce qui lui semblait surtout digne de remarque, c'est que la raison ne pliait devant aucun préjugé dans cette belle production : « Il convenait, disait-il, à ce vieillard honorable, de proclamer en expirant la vérité qu'avait choisie sa jeunesse, de rester fidèle aux hommes illustres dont il avait été l'élève et l'ami, de respecter enfin, dans les souvenirs du XVIII° siècle, une gloire qu'il avait vu croître et qu'il avait lui-même augmentée. »

On peut, en y joignant les réserves que nous avons déjà faites et en l'appliquant uniquement au *Catéchisme* et au *Commentaire*, accepter sur Saint-Lambert le jugement de Cabanis, de Suard et de Chénier : il a recueilli en morale l'héritage du XVIII° siècle et donné une forme personnelle à ce qu'il y a trouvé de meilleur. En aucune façon on ne saurait le considérer comme l'égal de ceux auxquels il a succédé et lui attribuer l'originalité qu'il a réclamée avec tant d'insistance.

V

Joseph-Dominique Garat (1749-1833) (1), fils d'un médecin, fut élevé par l'abbé Duronéa qui lui fit aimer Dumarsais et Boileau. Il étudia seul Virgile et Tacite, Locke et Montesquieu et fut reçu avocat au parlement de Bordeaux. Il vint à Paris avec une tragédie qui contenait plus de philosophie que de poésie. Au *Mercure* et à l'*Encyclopédie méthodique,* il connut Suard, par lequel il entra en relations avec J.-J. Rousseau, d'Alembert, Condillac, Helvétius, Diderot et Buffon. Après avoir composé un *Éloge de Michel de l'Hôpital*, où La Harpe entrevoyait un penseur, il fut couronné en 1779 pour celui de Suger, en 1781 et 1784 pour ceux de Montausier et de Fontenelle. Buffon, pour ce dernier, l'embrassa en disant : « Voilà un écrivain. » La Harpe, blessé dans son amour-propre par Garat, le jugea avec sévérité, mais non sans justesse (2).

(1) Sur Garat voyez *Décade philosophique, passim*. Damiron (*Essai sur l'histoire de la philosophie en France au XIX° siècle*) ne fait, à propos de Garat, que critiquer le principe que toutes nos connaissances viennent des sens. Villenave (*Biogr. univ.*) a eu en sa possession une Notice inédite sur Garat, écrite par lui-même.

(2) « Il est question de pastorales, dit-il, eh ! vite une poétique sur l'églogue et quinze pages sur Théocrite et Virgile, qui servent merveilleusement à faire sentir le mérite

Au Lycée, Garat professa l'histoire et sut plaire, dit la *Décade*, aux femmes et aux penseurs. Quand Necker combattit l'idée d'un *Catéchisme de morale, fondé sur les seuls principes du droit naturel*, Garat lui répondit et soutint que si l'ordre social avait pour objet le bien du plus grand nombre, la vertu et la morale en naîtraient immédiatement, puisque les intérêts particuliers et l'intérêt général s'accorderaient et ne feraient qu'un même intérêt. Député à la Constituante, Garat rédigea, au *Journal de Paris*, les séances de l'Assemblée. Pendant la Convention il fut ministre de la justice, puis de l'intérieur, lut à Louis XVI son arrêt de mort et fut accusé d'avoir montré tout au moins de la faiblesse pendant la Terreur (1).

Mais si Garat n'a jamais eu en politique qu'un rôle effacé et sur lequel il est inutile d'insister, il n'en est pas tout à fait de même en philosophie.

Garat enseigna aux Écoles normales l'*Analyse de l'entendement*. Il a expliqué ce titre. Le mot de métaphysique risquait de le faire confondre avec la science ténébreuse des anciennes écoles, qui discourait sans fin sur les essences des êtres, sur les modes et sur les accidents, sur les substances spirituelles et non spirituelles. Celui de psychologie, employé par Bonnet et proposé par Condillac, n'est pas heureux : il ne reçoit presque aucune clarté de notre langue, et remonte, par son étymologie, à l'idée de l'âme plutôt qu'à l'idée des opérations de l'esprit humain. La dénomination de Locke, bien que composée de plusieurs mots, a paru préférable : elle fait entendre clairement et assez brièvement ce qu'on se propose.

Quel est l'objet du cours? La raison ou l'entendement est le plus bel attribut de l'homme, le germe en est répandu à peu près universellement, mais reste stérile dans le plus grand nombre. La cause de cette humiliante inégalité des esprits vient de la différence des circonstances et de la culture, des études, des méthodes et des travaux. Or, pour diriger l'esprit vers la

---

de Fontenelle. Il a fait un opéra, écrivit une poétique sur l'opéra et un long éloge de Quinault. »

(1) *Mémoires* de Mme Roland : « Le timide Garat... remplaça, avec son ignorance et son allure paresseuse, l'homme le plus actif de la République... Gohier d'une faiblesse égale à celle de Garat... Garat qui ne refusa jamais rien à ses maîtres. — » Il est vrai que Mme Roland dit de Condorcet, « qu'elle n'a jamais rien connu de si lâche... Qu'il est aussi faible de cœur que de santé ». — Mais André Chénier, après avoir parlé des « héros que la Montagne nourrit pour le gibet » ajoute : ...Nous entendrons leurs oraisons funèbres, De la bouche du bon Garat (*Iambes* II).

vérité, on a eu recours au goût, qui juge de la beauté plutôt que de la vérité; à l'induction qui, avec Socrate, ne comportait que des questions sans suite et des réponses sans liaison, alors qu'il n'y a de lumière pure et étendue que dans la liaison des idées; à l'art syllogistique d'Aristote, pugilat de l'esprit qui exerce et perd ses forces sans faire œuvre utile aux hommes; enfin aux formes, mais non à la méthode des géomètres et à la précision qu'ils ont donnée à leur langue. C'est seulement à partir du XVIe siècle que sept à huit philosophes ont pensé qu'il fallait d'abord bien connaître l'esprit humain, le suivre pas à pas, depuis les sensations, qui appartiennent également aux animaux, jusqu'aux conceptions de l'intelligence la plus vaste. Établissant ce que nous devons à chacun des sens et à tous, apercevant les causes des erreurs de nos sens et les moyens par lesquels ils les corrigent, ramenant à la sensation, l'attention, la comparaison, le jugement, la réflexion, la mémoire, l'imagination, le raisonnement; démêlant, distinguant et définissant tous les genres et toutes les espèces d'idées, depuis les images des objets extérieurs jusqu'aux conceptions les plus intellectuelles, ils ont permis de décomposer les notions les plus complexes avec autant de facilité qu'un horloger décompose la montre dont il est l'ouvrier, et de songer à *recréer* l'entendement humain. Étudiant les langues comme moyens nécessaires à la communication des idées, ils virent qu'on ne pense que parce qu'on parle, qu'on fixe et qu'on retient devant son esprit, par la parole, des sensations et des idées qui s'échapperaient. Ils montrèrent que les langues ont, pour les philosophes, une importance qu'on ne soupçonnait pas. La bonne méthode est donc l'art de multiplier les sensations distinctes et bien vérifiées, de diriger les opérations de l'esprit selon la nature de ses facultés, de posséder le secret de la formation des idées pour voir toujours clairement comment on les a faites et ce qu'elles représentent, de parler avec précision, concision et liaison, pour donner à toutes les pensées de la netteté, de la certitude et de l'étendue. Elle s'applique à toutes les connaissances et a amené les découvertes faites, depuis Galilée, dans les sciences exactes et physiques, comme elle a guidé Bacon et Locke dans l'analyse de l'esprit humain. C'est cette méthode que Garat se propose de faire connaître.

Dans la première leçon, il loue avec enthousiasme Bacon,

le premier des créateurs de l'analyse de l'entendement : les trois plus belles découvertes de Newton ne sont que des vues de Bacon soumises à l'expérience et au calcul. Après Bacon, Garat place Locke. Il a remonté à l'origine des idées et vu par quels degrés les sensations deviennent des notions. Il a démontré la funeste influence des mots sur les raisonnements, posé la base de la certitude des connaissances humaines et la borne qu'elles ne peuvent franchir. Il a trouvé les fondements du gouvernement civil, inspiré ainsi le *Contrat social* et préparé la liberté de la France. Enfin il a fourni à l'auteur de l'*Émile* ses principes sur l'éducation et développé, avec une évidence irrésistible, les idées de tolérance. Charles Bonnet, commençant par la spiritualité de l'âme pour finir par sa résurrection, partant des ténèbres pour arriver aux ténèbres, a semé cependant sa route d'une lumière forte et abondante.

Avec Condillac, Garat croit arriver au repos, après une longue fatigue, à la lumière après les ténèbres ou des routes à demi-éclairées. La clarté qu'il répand sur les idées a valu à des ouvrages de métaphysique autant de lecteurs qu'aux ouvrages de goût. Sa *Grammaire* est fort au-dessus de celle de Dumarsais. Son *Histoire générale des hommes et des empires* est, pour les arts, les sciences, la morale, la législation, plus complète que tous les ouvrages de ce genre publiés chez les nations savantes de l'Europe et en fait l'égal de Képler et de Newton. Son *Essai sur le commerce et le gouvernement* résout, par la méthode, des questions que les économistes avaient longtemps agitées.

A son tour, Garat veut essayer de marcher sur la trace de tous ces hommes illustres (1).

Le cours devait comprendre cinq sections. La première traiterait des sens et des sensations. Il y a un art de voir, d'écouter, de toucher, qui peut être porté à une perfection beaucoup plus grande qu'on ne le pense et qui permettrait d'étendre la sphère de tous les organes des sens, multiplierait infiniment les sensa-

(1) « Il y a vingt ans, dit-il, que frappé de la lumière qui sortait de leurs écrits, quoique destiné peut-être à d'autres genres par les goûts naturels de mon esprit, j'ai toujours été ramené, comme malgré moi, aux ouvrages qu'ils ont faits et aux matières qu'ils ont traitées. Il y a vingt ans que je les médite, mais je n'en ai pas encore écrit une seule page : c'est au milieu de vous que je vais faire l'ouvrage que je dois faire pour vous. Nous allons le faire ensemble : naguère et lorsque la hache était suspendue sur toutes les têtes, dans ce péril universel, auquel nous avons échappé, un des regrets que je donnais à la vie était de mourir, sans laisser à côté de l'échafaud, l'ouvrage auquel je m'étais si longtemps préparé. »

tions et étendrait nos connaissances dans toutes les directions. A côté de cet art, il y en a un autre. L'air qu'il respire et les aspects sous lesquels il reçoit les rayons du soleil, les aliments, les liqueurs, sont les agents naturels avec lesquels l'homme peut monter, à des tons différents, l'instrument de sa sensibilité (1).

Dans la deuxième section, il devait être question des facultés de l'entendement, c'est-à-dire des manières de diriger nos sens et de combiner nos sensations, pour en recevoir de conformes à nos rapports avec la nature des choses. Il faut distinguer l'attention et la mémoire, l'imagination et le raisonnement. L'attention décide de toutes les autres facultés et agit sur la sensation qui en commence la chaîne, sur la réflexion qui la termine et sur les facultés intermédiaires. Rechercher des règles pour diriger l'attention, c'est rechercher les secrets de la raison et du génie. L'imagination et la mémoire sont essentiellement la même faculté, mais la mémoire est une imagination affaiblie, l'imagination une mémoire vive et complète. Nous appelons encore imagination la faculté de combiner les images reçues ; mais il ne faut pas oublier qu'à l'imagination se mêlent des opérations presque insensibles, jugements et raisonnements, si l'on veut éviter des erreurs grossières ou le vague de certaines idées que l'on trouve même chez Locke et Condillac. Entre les facultés, l'imagination est ce que sont, dans les armées, les avant-gardes qui vont aux reconnaissances : elle marche en avant pour découvrir ce qu'il faut soumettre au calcul et à l'observation. Apercevoir et énoncer des ressemblances ou des différences entre plusieurs sensations, c'est juger ; découvrir, dans un jugement formé, un jugement qui y était renfermé et caché, c'est raisonner. En portant l'art de penser à sa plus haute perfection, on raisonnera aussi rapidement qu'on juge, on jugera aussi rapidement qu'on imagine, on imaginera aussi rapidement qu'on sent : cette vérité démontrée, que toutes les opérations de l'esprit ne sont que sensations, ne nous paraîtra presque plus qu'une sensation elle-même.

La troisième section est consacrée à la théorie des idées. L'ignorance a été telle qu'un homme de génie, Descartes, a cru qu'elles sont innées ! La pensée doit être traitée comme Lavoisier, Berthollet, ont traité l'air qui paraît si simple, quand il est en réalité composé de parties dont les formes et les qualités dif-

---

(1) « Une tasse de café, dit Garat songeant à Voltaire, donne au génie le mouvement avec lequel il va produire et créer ». — Cf. d'Holbach, *Introduction*, § 3.

fèrent. On a eu raison de restituer aux individus la réalité dont les avait dépouillés une philosophie subtile et fausse, on a peut-être été trop loin ; on a trop peu connu ou marqué les fondements réels de la classification des êtres par genres et par espèces. Les idées physiques se forment les premières et sur des modèles que nous présente la nature. Les idées morales ne sont pas sans modèles, comme l'a cru Condillac (1) ; elles ne nous viennent pas par un sens *moral*, mais par tous les sens : la douleur et le plaisir nous apprennent à faire les notions du vice et de la vertu. Toutes les idées, depuis celles de corps jusqu'à celle de la cause première, sont produites par l'abstraction, principe de la précision et de la généralisation, de la composition et de la décomposition, à laquelle se livrent toutes nos facultés. Elle crée les langues et les crée pour elles.

A la théorie des idées est unie immédiatement celle du langage ou plutôt des signes. Rousseau a dénoué le problème de l'institution du langage, comme les mauvais poètes dénouent l'intrigue d'une mauvaise tragédie. Condillac qui, avec moins de gloire, d'éloquence et de génie, a peut-être rendu des services plus essentiels à l'esprit humain, en a donné une solution simple et facile qui répand une lumière éclatante sur la théorie des idées et sur la théorie des langues. Ces dernières servent à communiquer les pensées et à en avoir : les divinités devant lesquelles le genre humain a tremblé et qui sont nées de l'écriture hiéroglyphique, montrent la puissance des signes. Si les grands poètes ont été la lumière de l'esprit humain, si l'éloquence a été la plus terrible ennemie de la philosophie et de la vérité, mais s'est associée de nos jours à la philosophie pour réparer les maux qu'elle a faits, il faut chercher les moyens de rendre cette alliance facile, universelle et durable, il faut se demander si le style philosophique peut être à la fois très éloquent et très exact. Enfin si l'algèbre, c'est-à-dire une langue toute nouvelle, a été créée depuis deux siècles, si en dix ou douze ans la nouvelle langue des chimistes s'est répandue dans toute l'Europe, la formation d'une langue nouvelle, pour tous les genres d'idées, n'est pas à beaucoup près l'ouvrage qui présente le plus de difficultés à une saine philosophie. Son adoption par tous les peuples est aujourd'hui tout au plus difficile. Si

---

(1) Dans ces deux passages, Garat lui-même s'écarte de Condillac.

l'Europe est jamais établie en républiques, un congrès de philosophes instituera cette langue, source de lumières et de vertus, de richesses et de prospérités pour toutes les nations.

La cinquième section traite de la méthode : il n'y a d'autre moyen de bien voir, observer, penser et parler que de parler, penser, observer et voir analytiquement. C'est l'analyse qui a fait les magnifiques découvertes des sciences exactes et physiques. La synthèse ne donne quelques lumières que si elle est l'œuvre de l'analyse ; abandonnée à elle-même, elle a élevé les systèmes les plus insensés qui ont trompé la terre !

Dans les conférences qui suivirent, Garat fut amené à compléter quelques-unes de ses idées. Un élève (Mure) faisait, dans une lettre, l'éloge d'Helvétius : il entreprenait de réconcilier les oreilles savantes avec le mot métaphysique et de laisser au jargon de l'école le nom de scolastique. Garat répond que les prosélytes d'Helvétius sont plutôt des croyants que des hommes très convaincus ; qu'Helvétius s'est appuyé exclusivement sur l'organisation extérieure, sans tenir compte de l'organisation intérieure, qui a une influence bien plus grande sur la pensée, et qui est trop imparfaitement connue pour qu'on puisse en raisonner avec certitude. Quant au mot *métaphysique*, qui conviendrait à la science de l'entendement, décrié dans les scolastiques, puis dans les ouvrages de Rousseau, d'Helvétius et de Diderot, il est devenu synonyme d'abstractions chimériques et on n'a pas le courage de le conserver. A un autre élève, qui regrettait de ne pas trouver Descartes parmi les grands analystes de l'esprit humain, Garat dit que Descartes est un des philosophes (1) auxquels l'esprit humain est le plus redevable, qu'il a créé une très grande partie de l'algèbre, fait de la dioptrique un corps de science et de doctrine et contribué à introduire dans les ouvrages plus de concision et de précision ; mais qu'il n'a fait ni pu faire une analyse de l'entendement humain, puisqu'il plaçait, à l'entrée de cette analyse, les idées innées comme une borne qui lui fermait la carrière. S'il a paru, en posant les quatre règles de sa méthode, entrer dans la voie où ont marché Bacon et Locke, s'il a insisté sur la nécessité de bien diviser les objets et fourni le germe de la véritable méthode, il l'a étouffé lui-même par ses idées

---

(1) On ne peut donc dire (Franck, *Philosophie mystique en France à la fin du* XVIIIe *siècle*, p. 70), que Garat refuse à Descartes le nom de philosophe.

innées. Un autre élève fait remarquer que les langues ne créent pas la pensée, mais l'analysent; par suite, la pensée est antérieure à la parole et à tout langage artificiel. Garat distingue les images ou les sensations, pour la réception et la conservation desquelles il n'y a pas besoin des langues, et la faculté de penser ou de diviser et de lier des sensations, en d'autres termes d'additionner et de soustraire, pour laquelle il faut des signes ou des langues. C'est ce qu'a bien vu Hobbes, qui, dans sa *Logique* ou *Calcul*, a assimilé l'art de penser à l'art de calculer. Un autre élève parlait de l'immortalité de l'âme, base de la morale, essentiellement liée à la spiritualité. Il demandait comment, avec le système qui voit dans les sensations l'origine de toutes les idées, on peut concevoir une existence purement spirituelle. Sans penser que le dogme de l'immortalité ne donne pas des appuis plus grands, plus beaux, plus forts, Garat soutient que la morale, qui a ses plus magnifiques espérances dans une autre vie, a ses racines dans celle-ci et que les lois en ont été gravées dans le cœur humain. La liaison de la spiritualité et de l'immortalité peut être réelle ; mais comment prouverait-on par la raison qu'elle est si essentielle et si nécessaire, quand beaucoup de philosophes, même de chrétiens et de saints, ont cru que l'âme était immortelle et matérielle?

La discussion la plus souvent citée, c'est celle que Garat eut avec Saint-Martin. Celui-ci, âgé de cinquante-deux ans, avait connu Martinez de Pascalis, lu Boehme sans le comprendre et écrit, par colère contre les philosophes, son livre des *Erreurs et de la vérité*, que Voltaire avait considéré comme ce qui fut jamais imprimé de plus absurde et de plus obscur, de plus fou et de plus sot. Les maîtres et les élèves des Écoles normales lui semblaient uniquement remplis de l'esprit du monde et il croyait voir sous ce manteau, « l'ennemi de tout bien » (1).

Saint-Martin (2) proposa trois amendements à la leçon de Garat. Il demandait le rétablissement du sens moral « une des

---

(1) M. Franck a établi (61) que la *Vie de la sœur Marguerite du Saint-Sacrement* avait permis à Saint-Martin de montrer que la médecine « quand elle ne tient pas compte de l'ordre surnaturel » n'est pas une science plus fondée que la philosophie et qu'elle n'aboutit qu'à tuer le corps, comme celle-ci à tuer l'âme.
(2) Sur Saint-Martin, voyez L. Moreau, *Réflexions sur les idées de Saint-Martin le théosophe*, 1850 ; Caro, *Essai sur la vie et les doctrines de Saint-Martin, le Philosophe inconnu*, 1852 ; Sainte-Beuve, II. *Portraits littéraires* ; Matter, *Saint-Martin le philosophe inconnu*, 1862 ; A. Franck, *la Philosophie mystique en France à la fin du XVIII⁰ siècle*, 1866.

sources et un des canaux de notre perfectionnement », soutenait que la parole a été nécessaire pour l'institution de la parole et qu'il est possible de prouver que la matière ne pense pas. Nous avons montré déjà ce que pensait Garat des deux premières questions ; il nous suffira d'indiquer brièvement sa réponse à la troisième. Plus circonspect que Locke, il n'a ni énoncé ni annoncé aucune opinion sur les rapports de la matière et de la pensée ; jamais il n'a dit que la matière est éternelle et qu'elle pense, jamais il ne le dira. Il ne se mêle pas de l'hypothèse des matérialistes, parce qu'ils n'ont pas de démonstration à lui présenter, et qu'il n'a pas de démonstration à leur offrir. Pour s'appuyer sur une base que rien ne peut ébranler, il renonce à monter aussi haut que les spiritualistes et les matérialistes, qui en disent plus que lui, sans en savoir davantage. Les idées attachées aux mots *organe, mouvement, sensation,* ne se lient même jamais assez étroitement dans la vraie métaphysique, pour ne pas laisser des intervalles entre lesquels le spiritualisme peut placer heureusement son hypothèse, s'il est philosophique, ses dogmes, s'il est religieux. Par conséquent, la métaphysique, qui n'est pas le spiritualisme, n'en est pas pour cela l'ennemie, mais elle vient plutôt à son secours. C'est ce qu'ont bien compris, dit Garat, Condillac et Bonnet, auxquels il eût pu joindre Kant (1). Saint-Martin, après avoir concouru inutilement deux fois pour les prix de l'Institut, écrivit une lettre insérée dans les *Séances et Débats des Écoles normales* à la demande de Garat. Il y affirmait que les spiritualistes sont spécialement et invariablement opposés aux idéologues, que Bacon laisse beaucoup de choses à désirer, que toutefois il est non seulement moins repoussant que Condillac, mais à cent degrés au-dessus (2). Et il ajoutait que la philosophie de Garat avait besoin des industries de l'élocution et trouvait un utile appui, dans ses talents et dans son adresse.

(1) Sans doute on ne peut en droit conclure que Saint-Martin avait tort dans cette discussion parce qu'il partait de principes mystiques, appuyés sur des visions surnaturelles ; mais il ne faudrait pas dire non plus, ce semble, que Garat n'osa s'avouer ni spiritualiste parce qu'il ne l'était pas, ni matérialiste parce que le mot lui faisait peur, et ajouter qu'on ne fait pas de la philosophie avec des compromis, que c'est déclarer sa défaite que de capituler avec sa conscience (Caro, p. 43). Garat, en réalité, se place sur le terrain de la science positive.

(2) Saint-Martin dit qu'il a parcouru « très légèrement » l'*Essai sur l'origine des connaissances humaines* et le *Traité des sensations*, « très rapidement » l'*Analyse de la philosophie* de Bacon.

Garat fut incontestablement le premier en France à professer la philosophie en orateur, au bon sens du mot. Laromiguière et Royer-Collard, Cousin, Jules Simon et Caro l'ont continué. Il ne faut pas d'ailleurs croire que les contemporains le jugeaient aussi sévèrement qu'on l'a fait de nos jours, et non sans raison, après avoir examiné dans leur ensemble, et son œuvre et sa vie. Nous avons déjà rapporté le jugement de Ginguené ; Thurot et Daunou, Prévost et Cabanis (1) pensaient comme Ginguené. Ces leçons, dont on espérait voir sortir un beau livre, ont fait la réputation philosophique de Garat. Lui-même d'ailleurs a pu penser un instant, quitte à l'oublier presque immédiatement, qu'il ferait réellement l'ouvrage promis. En refusant d'entrer, comme grammairien, à l'Institut, il disait que, retiré à la campagne, sa vie entière serait consacrée à achever le traité de l'analyse des sensations et des idées, l'histoire de l'antiquité et celle de la Révolution. Garat ne devait tenir aucune de ces promesses, mais il avait remis en honneur l'étude de la psychologie et donné à ses auditeurs le désir de reprendre des questions indiquées et non traitées. A partir de cette époque, on est en présence d'un homme chez lequel on ne trouve plus guère que les défauts dont on avait déjà signalé en lui les germes. Membre du Conseil d'instruction publique et de l'Institut, ambassadeur à Naples où Daunou va le voir, il ne manque pas une occasion de louer Bonaparte qui, d'ailleurs, promet aux idéologues de travailler au triomphe des idées pour lesquelles ils combattaient (2).

(1) Garat, commissaire à l'instruction publique, fait charger Thurot de la traduction de l'*Hermès* de Harris, engage Cabanis à composer ses *Révolutions de la médecine*. Thurot se reconnaissait redevable à Garat de l'importante vérité qu'il développait. Prévost mentionnait les leçons du professeur célèbre dont la voix éloquente annonçait un si vaste plan et espérait qu'il ne tarderait pas à présenter le développement de ses principes sur la philosophie de l'esprit humain. — Cabanis, en 1802, rappelait les belles et éloquentes leçons où Garat annonçait une exposition détaillée de toute la doctrine *idéologique*. — En 1833, Daunou disait encore que Garat, dans sa fonction de commissaire de l'instruction publique, comme dans celle de professeur à l'École normale, par ses propres travaux comme par les encouragements donnés à ceux des autres, contribua efficacement à la renaissance et au progrès de la véritable philosophie. M. Aulard, qui étudie avec impartialité et compétence toutes les œuvres de cette époque, pense à peu près de même.

(2) Cf. ch. III, § 2, Garat pouvait dire plus tard, sans qu'on en fût trop surpris alors, que si la puissance d'une grande place et la puissance de la gloire militaire sont réunies au plus haut degré dans le même homme, il faut, non redouter celle de la gloire, mais la regarder comme une garantie et comme une barrière, car les usurpateurs ne sont jamais des héros et réciproquement. Considérant la morale comme le point d'appui des négociations, il voulait que celui qui tenait en sa main de grandes destinées et sa propre gloire se chargeât de faire triompher ces idées ! (*Décade*, 9 janvier 1798 et vendémiaire an IX.) Cf. Taine, *op. cit.*, III.

Aussi fut-il un de ceux qui aidèrent au 18 Brumaire. Sénateur, il s'aperçut, sans qu'on sache s'il en fut trop mécontent, qu'il n'avait pas travaillé pour la liberté. Exclu de l'Institut, comme de la Chambre des Pairs à la Restauration, il ne conserva pas de rancune contre ceux qui avaient contribué à « l'épuration », et accepta de composer les *Mémoires historiques sur le XVIII° siècle et sur M. Suard* (1820). Les défauts que La Harpe relevait, dans l'*Éloge de Fontenelle*, se sont accentués dans les *Mémoires*. Suard est en prison à Sainte-Marguerite : Garat décrit la Provence et la Méditerranée. Le gouverneur lui prête la *Bible* et le *Dictionnaire de Bayle* : Garat parle de la Bible et de Bayle. Suard apprend l'anglais : Garat fait une dissertation sur la langue anglaise. Suard peut observer l'état de la littérature en France : Garat parle de Fontenelle, de Montesquieu et de Voltaire. Suard est, chez Mme Geoffrin, présenté à Fontenelle par Raynal : Garat fait le portrait de Raynal, décrit le salon de Mme Geoffrin, et par occasion, s'occupe de Marivaux et de Trublet. Suard se lie avec Arnaud, enthousiaste de Platon et Gerbier, avocat célèbre : Garat compare Platon et Locke, dépeint le « temple de la Justice » et fait un tableau de l'éloquence en Grèce et en Angleterre. Suard fonde le *Journal étranger* et la *Gazette Littéraire* : Garat parle de Young, de Beccaria, de Ginguené et de Mme de Staël. Suard était des sociétés où la conversation jouait un si grand rôle : Garat se fait le narrateur de cette partie considérable de l'histoire de la monarchie française. Il commence à Charlemagne, qui attire autour de lui les femmes les plus spirituelles, de préférence aux plus belles; parle, à propos d'Abélard et de saint Bernard, des faiblesses « d'un jeune théologien et de sa jeune élève », qui, devenant les objets de tous les entretiens, attendrirent les âmes, adoucirent la langue, avancèrent tout un siècle, et d'un art du raisonnement bien plus sûr que celui des écoles, qui se forme au sein des plaisirs et de la galanterie. L'Hôpital, Montaigne et La Boétie, la *Satire Ménippée* et Henri IV, Corneille et Louis XIV, Molière, Racine et Fénelon, Descartes et Port-Royal, aussi bien que Mmes de Sévigné, de la Fayette et de Maintenon, Voltaire, Diderot, J.-J. Rousseau, Montesquieu et Delolme, d'Alembert, d'Holbach et Helvétius figurent dans cette histoire des conversations! Suard et sa femme entrent en relations avec Mme du Marchai, que séduisaient les doctrines économistes; Garat expose les idées de Quesnay, de Turgot, de

Necker, de Mirabeau le père, puis passe à leur ennemie, Mme du Deffand et à Morellet qui l'a mise au-dessus de Mme Geoffrin ! On n'a pas le courage de poursuivre cette analyse jusqu'à la fin du volume !

Souvent la forme ne vaut guère mieux que le fond. Garat est tout ensemble emphatique et obscur, banal et solennel (1). Et que d'éloges donnés à des choses et à des hommes bien divers, uniquement, ce semble, parce qu'ils fournissaient matière à développements oratoires (2) ! Toutefois le livre contient des renseignements bien précieux et qu'on chercherait vainement ailleurs, sur les hommes du xviii° et du commencement du xix° siècle. Bien plus, Garat rencontre quelquefois, dans ses digressions, des descriptions vraiment gracieuses et poétiques que n'ont pas surpassées ceux qui ont parlé du Midi avec le plus d'amour (3). Si l'on songe qu'il avait soixante-dix ans, qu'il

(1) Un homme dénonce Suard, qui lui avait été confié par ses parents : « Mais ou c'était la première trahison de l'infâme ou il avait commis d'autres crimes restés profondément ignorés trente ou quarante ans. La première supposition peut faire trembler les âmes les plus sûres de leur vertu, la seconde pourrait jeter des alarmes dans les liaisons les plus longues et les plus intimes. » Suard peut à peine apercevoir la mer : « Il fallait de l'adresse pour la regarder par la fente de la meurtrière et l'adresse ne s'acquiert qu'avec de l'exercice. Il ne put guère la voir d'abord que dans une seule dimension, celle de la ligne droite, la plus courte pour les géomètres, la plus ennuyeuse pour tout le monde... il fallait qu'il se fît comme une espèce d'art de se servir de sa lucarne. A force de tourner lui-même autour de la lucarne qu'il ne pouvait faire tourner, il apprit à la manier, comme les astronomes une lunette, il en étendit le champ, il parvint à regarder en tout sens, à voir, à distinguer au loin et dans toutes les dimensions. » — Suard est emprisonné, c'est un coup d'État. Il revient à Besançon, il est l'honneur de l'université, de sa province, comme des auteurs de ses jours. — Garat n'oublie ni « la hache du bourreau », ni « le glaive de la vérité », ni « le temple de la justice », ni « les hauteurs où il n'y a plus de sexe » ni « les sophas de la volupté » ; il ne craint même pas les calembours et parle du « livre de la *Félicité publique*, de Chastellux qui faisait *celle* de Voltaire » etc., etc.

(2) Charlemagne, François Ier, Louis XIV, le Régent, Louis XV, Louis XVI et Louis XVIII, Robespierre et Bonaparte, Carnot et Barras, Bossuet et Voltaire, Condorcet et Descartes, Mazarin et Mme de Montespan, les brahmes et les missionnaires chrétiens, Trublet et les *Provinciales*, d'Holbach et Rameau, Laromiguière et Kant, les Écoles normales et les anciennes universités, la *Bible* et le *Dictionnaire* de Bayle !

(3) « Au bord de la Méditerranée, ce n'est pas Naples et Valence seulement qui sur la terre et sur les eaux sont des lieux d'enchantement et de délices ; ce n'est pas seulement sur quelques golfes de prédilection de cet Océan gracieux, c'est sur toute son étendue depuis Lemnos et Chypre jusqu'aux monts de Pyrène que, dans ces beaux jours si bien définis des fêtes données par le ciel à la terre, on croit voir errer et glisser sur les flots le char nautique de Vénus et de ses grâces. Et combien les peuples aimables et heureux pour qui sous un si beau climat, ces beaux jours sont si nombreux, les embellissent encore en offrant au ciel le spectacle du bonheur qu'ils en reçoivent ! On dirait qu'à leur tour ils veulent aussi lui donner des fêtes !

« Qui n'a pas vu, dans le midi de la France, ces légères felouques parées de leurs

avait lu à Louis XVI son arrêt de mort et loué Hoche, vu Bonaparte supprimer la liberté, bouleverser l'Europe, et les Bourbons entreprendre de rétablir l'ancien ordre de choses, on se persuadera aisément que ce qu'il y a peut-être de plus curieux encore à étudier dans ce livre, c'est un homme à qui les événements les plus terribles n'enlèvent ni sa bonne humeur, ni son contentement, parce qu'il trouve l'occasion de s'essayer à des périodes pompeuses, oratoires ou harmonieuses!

C'est aux Écoles normales que Laplace (1749-1827) résuma les résultats obtenus par ses prédécesseurs sur le calcul des probabilités et ceux par lesquels il les complétait. Dès 1774, il avait soutenu que chacune des causes auxquelles un événement observé peut être attribué, est indiquée avec d'autant plus de vraisemblance, qu'il est plus probable que cette cause, étant supposée exister, l'événement aura lieu. Réunissant en un seul corps, après la mort de Condorcet, toutes les méthodes imaginées depuis Pascal, il en donna la théorie analytique et enseigna à appliquer, à toute espèce de problèmes, la méthode unique dans laquelle il les harmonisait toutes. Il n'a pas fait, a-t-on dit, une œuvre où son génie de géomètre ait jeté un plus vif éclat. Puis il développait, dans l'*Essai philosophique sur les probabilités*, sa leçon aux Écoles normales, en montrant combien la théorie des hasards s'applique facilement aux jeux, aux sciences naturelles, à la médecine, aux sciences politiques et morales.

Mais c'est plus encore par son *Exposition du système du monde* et son *Traité de mécanique céleste*, que Laplace est justement célèbre. Dans le *Traité* (1799), Laplace montrait que l'astronomie est un grand problème de mécanique, dont les éléments du mouvement des astres, leurs figures et leurs masses sont les seules données indispensables que cette science doive tirer de l'observation. Il y rassemblait les théories des divers phénomènes que les cieux nous présentent et exposait la géomé-

---

voilures et de leurs banderoles comme les nymphes des eaux de leur chevelure, présentant, aux combats et aux couronnes, de jeunes garçons moitié vêtus, moitié nus, prêts à fendre les flots de leurs bras et de leurs rames, ramant comme des Tyriens, nageant comme des phoques? Qui n'a pas entendu ces bruissements mêlés et confondus de la mer et de la joie publique, qu'on prendrait de loin pour le tumulte des ruches nombreuses, s'enivrant de nectar aux calices des vergers en fleurs? Que de jeunes Provençales dont les voix amoureuses font retentir les airs, les vagues et les rochers de chansons, premiers modèles de ceux de Pétrarque? »
Cf. Alphonse Daudet, *Le Nabab*.

trie profonde qui a été nécessaire pour résoudre ce problème. L'*Exposition du système du monde* (1796) était dédiée aux Cinq-Cents : « L'astronomie, disait Laplace, par la dignité de son objet et la perfection de ses théories, est le plus beau monument de l'esprit humain et le titre le plus noble de son intelligence. Séduit par les illusions des sens et de l'amour-propre, l'homme s'est regardé longtemps comme le centre du mouvement des astres, et son vain orgueil a été puni par les frayeurs qu'ils lui ont inspirées. Enfin plusieurs siècles de travaux ont fait tomber le voile qui cachait à ses yeux le système du monde. Alors il s'est vu sur une planète presque imperceptible dans le système solaire, dont la vaste étendue n'est elle-même qu'un point insensible dans l'immensité de l'espace. Les résultats sublimes auxquels cette découverte l'a conduit sont bien propres à le consoler du rang qu'elle assigne à la terre, en lui montrant sa propre grandeur dans l'extrême petitesse de la base qui lui a servi pour mesurer les cieux. Conservons avec soin, augmentons le dépôt de ces hautes connaissances, les délices des êtres pensants. Elles ont rendu d'importants services à la navigation et à la géographie ; mais leur plus grand bienfait est d'avoir dissipé les craintes produites par les phénomènes célestes, et détruit les erreurs nées de l'ignorance de nos rapports avec la nature, erreurs d'autant plus funestes que l'ordre social doit reposer uniquement sur ces rapports. Vérité, justice, voilà ses bases immuables. Loin de nous la dangereuse maxime qu'il peut quelquefois être utile de tromper ou d'asservir les hommes pour mieux assurer leur bonheur ! De fatales expériences ont prouvé, dans tous les temps, que ses lois sacrées ne sont jamais impunément enfreintes ». Pour ce seul ouvrage, d'une clarté et d'une élévation incomparables, Laplace devrait être placé à côté des plus grands des idéologues (1). Il y loue d'Alembert et trace, à la façon de Condorcet, le tableau des progrès de la plus sublime des sciences naturelles. Avec Volney et Dupuis, il fait des connaissances astronomiques la base de toutes les théogonies. Il parle du fanatisme et de la superstition comme Volney ou Naigeon ; des causes finales, comme l'expression de l'ignorance où nous sommes des véritables causes ; de l'esprit philosophique, comme Voltaire ; de l'analyse, comme d'une méthode tellement féconde

---

(1) Voyez Cabanis, *Rapports du physique et du moral* ; D. de Tracy, *Idéologie*. — Lewes rapproche Laplace de D. de Tracy.

qu'il suffit de traduire, dans cette langue universelle, les vérités particulières, pour voir sortir, de leur expression, une foule de vérités nouvelles et inattendues ; de la méthode enfin, comme un disciple du xviii° siècle (1).

Laplace ne se contentait pas de résumer et de compléter les travaux de ses prédécesseurs. En donnant le véritable Système du monde, il remontait à la cause des mouvements primitifs de ce système. Pour tenter cette entreprise, disait-il, nous avons cinq phénomènes : les mouvements des planètes dans le même sens et à peu près dans un même plan ; les mouvements des satellites dans le même sens que ceux des planètes ; les mouvements de rotation de ces différents corps et du soleil dans le même sens que leurs mouvements de projection et dans des plans peu différents ; le peu d'excentricité des orbes des planètes et des satellites ; enfin, la grande excentricité des orbes des comètes, quoique leurs inclinaisons aient été abandonnées au hasard. L'hypothèse de Buffon, d'après laquelle une comète tombée sur le soleil en aurait chassé un torrent de matière dont se seraient formés au loin les planètes et leurs satellites, ne satisfait qu'au premier de ces phénomènes. La véritable cause a dû embrasser toutes les planètes. En raison même de la distance prodigieuse qui les sépare, elle ne peut avoir été qu'un fluide d'une immense étendue. Pour qu'elle leur ait donné, dans le même sens, un mouvement presque circulaire autour du soleil, il faut que ce fluide ait environné cet astre comme une atmosphère. Donc l'atmosphère du soleil s'est primitivement étendue au delà des orbes de toutes les planètes et s'est resserrée successivement jusqu'à ses limites actuelles. Le soleil ressemblait alors aux nébuleuses que le télescope nous montre composées d'un noyau plus ou moins brillant, entouré d'une nébulosité qui, en se condensant à la surface du noyau, le transforme en étoile.

Comment l'atmosphère solaire a-t-elle déterminé les mouvements des planètes et des satellites ? Le refroidissement, en la

---

(1) « Les lois générales, disait-il, sont empreintes dans tous les cas particuliers ; mais elles y sont compliquées de tant de circonstances étrangères, que la plus grande adresse est souvent nécessaire pour les découvrir. Il faut choisir ou faire naître les phénomènes les plus propres à cet objet, les multiplier, en variant leurs circonstances, et observer ce qu'ils ont de commun. Ainsi l'on s'élève successivement à des rapports de plus en plus étendus, et l'on parvient enfin aux lois générales que l'on vérifie, soit par des preuves ou des expériences directes, lorsque cela est possible, soit en examinant si elles satisfont à tous les phénomènes connus ».

resserrant, condense à la surface les molécules voisines ; le mouvement de rotation augmente (principe des aires), de même que la force centrifuge ; le point où la pesanteur est égale à cette force est plus près du centre. Ainsi, en se refroidissant, l'atmosphère solaire abandonne les molécules situées à sa première limite et aux limites successives que produit l'accroissement de rotation du soleil. Quant aux zones de vapeurs abandonnées, elles forment, par leur condensation et l'attraction mutuelle de leurs molécules, des anneaux concentriques de vapeurs circulant autour du soleil. Rarement la condensation des molécules d'un anneau a produit un anneau liquide ou solide ; presque toujours l'anneau s'est rompu en masses sphéroïdales, qui, mues avec des vitesses peu différentes, ont circulé à la même distance autour du soleil, et constitué des planètes à l'état de vapeurs. Le plus souvent l'une d'elles a pu réunir, par son attraction, les autres autour de son centre, de manière que l'anneau forme une seule masse sphéroïdique de vapeurs. Quant à la planète en vapeur, un refroidissement ultérieur amène la naissance et l'accroissement d'un noyau central. La planète devient ce qu'était le soleil à l'état de nébuleuse. Aux diverses limites de son atmosphère, se produisent les phénomènes précédemment indiqués, anneaux et satellites, circulant autour de son centre. Enfin les différences sans nombre, qui ont dû exister dans la température et la densité des diverses parties de ces grandes masses dont est formé le système solaire, ont produit les excentricités de leurs orbites et les déviations de leurs mouvements du plan de l'équateur solaire.

Les ouvrages où MM. Paul Janet et Renouvier ont combattu les conclusions de Quételet qui, après Poisson, a développé les vues de Laplace sur le calcul des probabilités, les *Essais* dans lesquels Spencer a rattaché l'hypothèse de la nébuleuse à la doctrine de l'évolution, indiquent quelle importance a conservée Laplace dans la philosophie contemporaine.

Pinel (1745-1826) tenta, pour la médecine, ce que Lavoisier avait fait pour la chimie. Son premier ouvrage fut, jusqu'à la réforme de Broussais, comme l'a dit Mignet, la charte de la médecine française. Le titre même, *Nosographie philosophique ou méthode de l'analyse appliquée à la médecine* (1798), en fait connaître le but. Employant continuellement l'analyse pour décomposer les objets compliqués, considérer leurs éléments d'une manière isolée et bien déterminer leur caractère, pour repasser ensuite à des notions justes et précises des objets composés, Pinel a voulu appliquer les principes de Condillac. Mais il le sait fort bien aussi, il a suivi Descartes, qui recommande de conduire par ordre ses pensées, en commençant par les objets les plus simples et les plus aisés à connaître, pour monter peu à peu, par degrés, aux connaissances les plus compliquées. Il vante le doute méthodique qui peut souvent s'appliquer à la pathologie interne : « Quel bienfait, dit-il, pour le genre humain, si on pouvait le faire adopter par l'universalité de ceux qui exercent la médecine ! »

La quatrième classe des maladies était consacrée aux névroses. Pinel croyait qu'une méthode naturelle leur était alors inapplicable, et il se bornait à une disposition artificielle. Deux ans plus tard (1800), il publiait son *Traité médical et philosophique sur l'aliénation mentale ou la manie*. Au lieu de traiter les aliénés comme des criminels ou des possédés, il ne vit en eux que des malades, employa la douceur et la bienveillance, les sépara en différentes classes, introduisit la propreté, l'ordre, et obtint des guérisons nombreuses. Son livre acheva ce que sa pratique avait commencé. Mais dans cet ouvrage encore, Pinel s'était occupé tout autant des méthodes et des recherches philosophiques que des questions purement médicales. Il y avait appliqué l'analyse après avoir étudié les écrits des psychologistes modernes, Locke et Harris, Condillac, Smith et Stewart, pour saisir et tracer les variétés comprises dans la dénomination générale de l'aliénation de l'esprit. Le succès en fut aussi grand parmi les philosophes que celui de la *Nosographie* parmi les médecins. On peut y reconnaître, à toutes les pages, disait dans la *Décade*, Moreau de Tours, un développement de cette pensée de Montaigne : « Tout ceci se peut rapporter à l'étroite couture de l'esprit et du corps s'entre-communiquant leurs fonctions » et on est ainsi amené à penser qu'il faut introduire la médecine dans la philosophie. « C'est ce que se diront sans doute, ajoutait-il, les idéologistes profonds, qui trouveront dans cet excellent ouvrage un très grand nombre de faits, dont l'observation féconde doit éclairer d'une vive lumière la partie morale de l'anthropologie. » Moreau ne se trompait pas : Cabanis en combat certaines assertions, mais fait le plus grand éloge de cet écrit « dicté par le véritable génie de la médecine ».

Destutt de Tracy ne saurait trop en recommander la lecture (1).

Pinel a fait une grande place à la psychologie et forcé les médecins, en combattant les entités morbides, en liant les maladies aux organes, en les classant et en les définissant, à perfectionner le diagnostic pour les mieux analyser. Comme philosophe, il est un des créateurs de la psychologie pathologique et morbide.

Résumons les résultats auxquels nous a conduit l'étude des idéologues du premier groupe. Condorcet est le successeur de d'Alembert et de Voltaire, de Turgot, des économistes et des mathématiciens. Mme de Condorcet maintient l'alliance de la philosophie française et de la philosophie écossaise. Sieyès songe à faire connaître Kant; Rœderer relève de Rousseau, de Turgot, de Smith et pense à traduire Hobbes. Quant à Volney, Dupuis, Maréchal et Naigeon, ils rappellent Helvétius, d'Holbach, Diderot, Mably, Gassendi, Montaigne et les sceptiques. Saint-Lambert se rattache surtout à Helvétius et à Voltaire. Garat fait l'éloge de Bacon, de Locke, de Bonnet, de Condillac. C'est Montaigne, Descartes, Locke, Condillac, les physiologistes et les naturalistes du XVIIe et du XVIIIe siècle, que continue Pinel, tandis que Laplace complète Buffon, puis les mathématiciens et les astronomes des deux siècles précédents. Nous retrouvons donc les directions générales et diverses de la spéculation au XVIIe et au XVIIIe siècle. Personne ne soutiendra plus, nous l'espérons, qu'ils ne sont que des disciples de Condillac. Sans doute, Condillac a été lu et loué par la plupart d'entre eux, mais beaucoup moins cependant que Turgot, d'Alembert, Voltaire, Diderot, d'Holbach et Rousseau. Il a été critiqué par Garat lui-même, qu'on a toujours présenté comme le type du condillacien fidèle.

D'un autre côté, Condorcet et ceux que nous venons d'étudier ne se bornent pas à continuer leurs prédécesseurs; ils font passer leurs doctrines dans la pratique et ils augmentent le patrimoine qui leur a été transmis. Condorcet donne à la théorie de la perfectibilité une forme complète et presque définitive, à l'histoire une place importante. Il indique ce que doit être l'enseignement supérieur et travaille, comme Laplace, à appliquer le

(1) « En expliquant, dit-il, comment les fous déraisonnent, il apprend aux sages comment ils pensent. Il prouve que l'art de guérir les hommes en démence n'est autre chose que celui de manier les passions et de diriger les opinions des hommes ordinaires, et consiste à former leurs habitudes. Ce sont les physiologistes philosophes, comme le citoyen Pinel, qui avanceront l'idéologie. »

calcul des probabilités aux sciences morales, et à créer une mathématique sociale. Chez Volney, avec le modèle de la manière dont chaque partie de la terre devrait être décrite, se trouvent l'explication ingénieuse des idées de liberté et de justice, une tentative remarquable de fonder une physique des mœurs, l'idée féconde de considérer les langues comme l'histoire d'un peuple. Dupuis offre une interprétation complète et, en plus d'un point originale, sinon impartiale, des mythologies et des religions ; Maréchal remplace le culte des saints par celui des grands hommes. Garat trace le plan d'une idéologie que constitueront ses successeurs. Laplace émet, sur l'origine du système solaire, une hypothèse qui a peut-être obtenu plus de succès à notre époque que lors de son apparition. Avec Pinel la médecine est de plus en plus philosophique, et la psychologie morbide se développe.

LA SECONDE GÉNÉRATION D'IDÉOLOGUES

L'IDÉOLOGIE PHYSIOLOGIQUE

CHAPITRE III

CABANIS AVANT LE 18 BRUMAIRE

I

Fauriel, l'ami filial de Cabanis, avait projeté de lui consacrer une notice étendue ; mais il se détourna insensiblement des études qui lui rappelaient celui qu'il avait perdu. Daunou travaillait à une biographie de Cabanis quand la mort le surprit. Ainsi, dit Sainte-Beuve, la tradition s'est rompue avant que l'esprit en ait pu être fixé, par un héritier fidèle, dans le portrait du sage (1). Nous ne saurions nous donner pour un de ces héritiers fidèles, mais nous souhaiterions de renouer les traditions philosophiques, historiquement ininterrompues en notre pays depuis le moyen âge, et de faire connaître la vie, les doctrines et l'influence d'un homme qui a été, pendant près de vingt ans, l'un des représentants les plus marquants, et avec Destutt de Tracy, le principal inspirateur de la philosophie française. Surtout nous voudrions présenter, avec exactitude et impartialité, une doctrine, louée quelquefois sans discernement, plus souvent décriée et condamnée avec la dernière rigueur, mais qui n'a pas encore été exposée sous son véritable jour.

(1) Cf. D. de Tracy, Discours de réception à l'Académie française ; Ginguené, art. *Cabanis* (*Biographie* de Michaud) ; Damiron, *Essai sur la philosophie en France* ; Mignet, *Notice* ; de Rémusat, *Revue des Deux-Mondes*, 1844 ; Louis Peisse, *la Médecine et les médecins* ; Sainte-Beuve, *Lundis*, passim (ch. VII, § 2) ; etc., etc. Nous avons en outre eu à notre disposition des lettres inédites de Cabanis, de Biran, de D. de Tracy qui nous ont été communiquées par M. Naville, et un curieux manuscrit de Cabanis que possède la Bibliothèque de Versailles. Enfin, nous avons consulté, avec l'autorisation de M. Jules Simon, les archives de l'Académie des sciences morales et politiques.

Cabanis (Pierre-Jean-Georges) naquit à Cosnac en 1757. Son père, homme religieux et austère, s'était tourné, après des études de droit, vers l'agriculture et avait transformé un domaine stérile en une terre productive. Turgot se lia avec l'agriculteur, l'excita à publier son *Traité de la greffe* (1765), à travailler avec lui en qualité de secrétaire perpétuel de la Société d'agriculture de Brive, à améliorer la condition du peuple, spécialement à introduire dans le Limousin la culture de la pomme de terre. Le jeune Cabanis fut confié d'abord à deux prêtres (1). Puis, comme Lakanal, Laromiguière et Biran, il alla chez les Doctrinaires, qui avaient un collège à Brive. La sévérité de ses maîtres de quatrième et de troisième ne fit que rendre plus raide un caractère naturellement irritable. En seconde, le père Berrut appliquait, en disciple de Condillac, la méthode analytique à l'étude du français, du latin et du grec pour en tirer les règles de la grammaire générale, la décomposition du discours et la connaissance de la pensée. L'enfant fit des progrès rapides et conserva toujours le meilleur souvenir de ce maître si différent des autres (2). Maltraité en rhétorique, il s'accusa d'une faute qu'il n'avait pas commise et fut renvoyé à sa famille où il fut sévèrement puni : « Son âme se révolta et s'aigrit de plus en plus ; dès ce moment il ne fit plus rien (3). » Son père le conduisit à Paris et l'abandonna à lui-même, non sans l'avoir toutefois, ce semble, recommandé à ses amis les économistes. Le jeune homme, qui avait quatorze ans, se remit à l'étude : « Peu assidu aux leçons de ses professeurs de logique et de physique, il lisait Locke, il suivait les cours de Brisson ; en même temps il reprenait en sous-œuvre toutes les différentes parties de son éducation première (4). » Platon et Plutarque, Epictète et Locke, Charron et Montaigne, Cicéron et Tacite, Bourdaloue et Bossuet, saint Augustin et saint Jérôme, Buffon et Rousseau, Pascal et Montesquieu, comme Voltaire, lui donnaient le texte de ses lectures et le sujet de ses méditations (5).

(1) « Il donna quelques indices de talent, il manifesta souvent un esprit de suite et une ténacité dans ses habitudes qui durent faire pressentir que, s'il prenait une bonne route, il pourrait obtenir du succès. » (Cabanis cité par Ginguené, *Biographie universelle*.)
(2) Il est souvent question de Berrut dans les Lettres inédites de Cabanis à Biran.
(3) Cabanis cité par Ginguené (*Biographie universelle*).
(4) Id. (*ibid.*)
(5) Dans le manuscrit inédit de la bibliothèque de Versailles, après les analyses ou les traductions d'Hippocrate et de Galien, on trouve des études sur les commen-

Aussi tous les jours son âme s'agrandissait : le plaisir d'avoir appris quelque chose lui donnait une ardeur incroyable pour apprendre encore. Mais il ne se contentait pas de leur emprunter leurs pensées, il voulait encore dérober aux plus grands d'entre eux le secret de l'art d'écrire : « C'est, écrivait-il à son père, un article que messieurs les économistes ont trop négligé. Je puis vous assurer que s'ils avaient eu J.-J. Rousseau pour secrétaire, leur système serait celui de toute l'Europe (1). »

Deux années se passèrent ainsi. Cabanis partit en 1773 comme secrétaire (2) du prince-évêque de Wilna qui était venu demander aux philosophes les moyens de sauver la Pologne. Témoin de la première mutilation de ce pays, Cabanis eut à se plaindre du prince-évêque qui ne lui donna aucun des avantages promis, refusa d'enseigner le français aux séminaristes de Wilna, et, après avoir professé les belles-lettres à l'Académie de Varsovie, revint en France « avec un mépris précoce des hommes et une mélancolie sombre que sa bonté naturelle avait peine à maîtriser ». Turgot était ministre. Cabanis aurait voulu entrer dans l'administration des finances ou aux affaires étrangères. Turgot quitta le ministère avant d'avoir placé le fils de son ami.

Lié avec Roucher, le poète des *Mois*, Cabanis entreprit de traduire Homère en vers français. Roucher ne savait pas le grec, Hennebert, un autre de ses amis qui traduisit plus tard Lucrèce, le savait, mais manquait d'expérience ; les traductions des *Géorgiques* par Delille, ou de Pope par Duresnel ne pouvaient lui servir ni de modèle, ni de point d'appui. Enfin Cabanis n'avait pas assez étudié les anciens et Homère. Aussi le système de traduction qu'il adopta était-il vicieux par son excès de

---

taires d'Origène à la Genèse, à saint Jean, à saint Paul, etc., dans lesquels nous relevons quelques phrases qui dénotent un véritable étudiant en théologie : « Nous buvons donc le sang de Jésus-Christ d'une autre façon dans le sacrement que par la foi en écoutant sa parole », à côté d'autres qui indiquent le futur auteur des *Rapports* et de la *Lettre sur les causes premières* : « Notre intelligence n'est pas corporelle, parce qu'elle n'est pas changée par les tempéraments des climats où nous habitons ». Puis viennent des Commentaires, sur les œuvres de saint Jérôme divisées par Erasme en trois classes, dans lesquels nous relevons cette assertion que « la première source du pélagianisme est l'apathie des stoïciens ». Le volume se termine par d'autres commentaires sur les *Institutions oratoires* et les *Déclamations* attribuées à Quintilien, par un *Traité des humbles remontrances à Sa Sainteté sur les lettres et bulles apostoliques obtenues contre le bien de l'État, ou du roy, ou de personnes tierces*, etc., etc.

(1) Cf. Mignet, Ginguené, *op. cit.*
(2) Mignet. — Cabanis avait préféré ce lointain voyage à « une retraite absolue dans le sein de sa famille où le premier essor de son talent se fût bientôt engourdi ». (*Biographie universelle*.)

liberté (1), et les deux morceaux qu'il envoya au concours ne furent pas même remarqués (2). Il devait être plus heureux par la suite.

Turgot conduisit Cabanis chez Mme Helvétius qui le logea dans sa maison d'Auteuil et crut voir revivre en lui le fils dont le souvenir lui était si cher. Pour cette aimable femme qui refusa d'épouser Turgot et Franklin (3), il composa des vers qui ont, dit Mignet, le tour et la grâce de ceux de Voltaire (4).

Chez Mme Helvétius, Cabanis vit d'Holbach dont il fréquenta la maison (5). S'il n'a pas fait mention du *Système de la Nature* il n'en a pas moins, comme l'a soupçonné Sainte-Beuve, subi profondément l'action de cet esprit puissant, dont les doctrines d'ailleurs ont été modifiées en lui par d'autres influences. Il s'y lia avec Thomas, avec Condillac, qui lui raconte la manière dont il compose quelques-uns de ses ouvrages, et qui lui frappe un jour le front en disant : « Jeune homme, il y a là quelque chose » (6). Chez d'Holbach et chez Turgot, il vit fréquemment d'Alembert et Diderot et apprit à admirer « cette association de philosophes qui, au milieu du siècle, avait distribué, d'après un plan systématique, et réuni dans un seul corps d'ouvrage les principes ou les collections des faits propres à toutes les sciences

(1) Cabanis, *Œuvres*, vol. V, p. 363 sqq.
(2) *Dictionnaire philosophique* de Franck, art. *Cabanis*.
(3) Mignet, *Eloge de Franklin*.
(4) Si le temps qui roule sans cesse,
Amenait pour vous la vieillesse,
Je n'oserais vous en parler ;
Mais les ans ont beau s'écouler,
Votre gaieté légère et vive,
Ce teint qui garde ses couleurs,
L'amour du soleil et des fleurs,
Enfin cette âme neuve et pure,
Tout dit que vous fixez le temps,
Et vous paraîtrez à cent ans
Sortir des mains de la Nature.
Ce destin qui vous est promis
Sans doute a bien quelque avantage,
Mais vous y perdrez vos amis,
Car vieillir est notre partage,
Et bientôt, je vous le prédis,
Nous ne serons plus de votre âge.

(5) « C'est dans la société de Mme Helvétius qu'il continua de cultiver la connaissance de Turgot, qu'il fit celle de d'Holbach, de Franklin, de Jefferson, qu'il s'acquit l'amitié de Condillac et de Thomas, qu'il vécut familièrement plusieurs années de suite avec Diderot, d'Alembert et d'autres hommes de lettres distingués que la France possédait encore. » (Cabanis cité par Ginguené.)
(6) Saphary, *l'Ecole éclectique et l'Ecole française*.

et à tous les arts, qui avait préparé le régime de la vraie morale et l'affranchissement du genre humain » (1). En 1778, il était, par Turgot, présenté à Voltaire acclamé de tout Paris, mais déjà fatigué et malade. Il en recevait quelques éloges pour sa traduction d'Homère, « presque toujours, dit-il, aux dépens de l'original ». C'est surtout avec Franklin, le meilleur des amis de Mme Helvétius, quand elle n'eut plus Turgot, et avec Condorcet, le plus ardent admirateur de ce dernier, que Cabanis entretint les relations les plus intimes.

Franklin (2) en quittant la France (1785), lui donnait comme des reliques et des souvenirs d'amitié, son épée de lieutenant-général et la canne dont il s'était servi plus de trente ans dans ses expériences pour calmer les eaux agitées. Cabanis écrivait plus tard une *Notice* sur Franklin. Il avait eu entre les mains le célèbre carnet sur lequel ce dernier avait noté chaque soir ses progrès et ses fautes. Ainsi il avait appris l'histoire chronologique de son âme et de son caractère. Il y avait vu l'un et l'autre se développer, se fortifier, se façonner à tous les actes qui constituent leur perfection ; il y avait vu l'art de la vie et de la vertu, appris de la même manière que celui de jouer d'un instrument et de faire des armes (3).

Franklin, après avoir lu Collins, avait nié l'existence de Dieu et mis en question les bases de la morale. « Cet égarement d'un esprit hardi, dit à ce sujet Cabanis, qui s'élance dans toutes les routes que la suite des raisonnements lui présente, ne dura qu'un instant assez court. Franklin reconnut bientôt son erreur. Il revint sur ses pas avec le même empressement. Il y a peut-être peu de philosophes aussi sûrs qu'il l'était, de l'existence d'un être intelligent, âme de l'univers (4) et personne n'a soumis à des démonstrations plus rigoureuses les principes qui, même sans cette croyance, établissent les règles de la vertu. Il aimait à citer deux mots de Bacon, l'un, qu'il faut plus de crédulité

---

(1) *Rapports*, I, p. 3.
(2) Voyez ch. II, § 3, les paroles de Franklin à Volney et à Cabanis.
(3) Cabanis a fort bien parlé du grand homme dont le souvenir lui fut toujours cher, fort bien montré que l'activité, l'économie, le bon emploi du temps ont une importance qu'on ne saurait exagérer. En vivant du travail de ses mains, il est possible de cultiver son esprit. Sans être un savant de profession, on peut, avec de l'analyse et de la sagacité, rendre de grands services aux sciences et s'y faire même un grand nom. Les bonnes habitudes du caractère et les vertus peuvent être réduites à un art, dont l'utilité se démontre par le calcul et dont la pratique s'apprend par un exercice méthodique.
(4) La même expression se retrouvera dans la *Lettre sur les causes premières*.

pour être athée que pour croire en Dieu; l'autre qu'une étude superficielle (*levis degustatio*) de la physique conduit à l'athéisme, mais que des connaissances plus approfondies (*pleni haustus*) ramènent aux idées et aux sentiments religieux. » Comme Franklin, Cabanis se prit d'une admiration profonde pour Socrate; par lui il connut Jefferson.

Cabanis aima et estima beaucoup Condorcet (1). Le comparant à Fontenelle, à Mairan et à d'Alembert, il lui trouve des connaissances plus étendues et plus variées, un esprit plus actif, plus vigoureux, un talent plus profond et plus élevé, une âme plus ardente, soutenue par une philosophie plus courageuse. Condorcet n'a pas seulement fait l'éloge de quelques savants, il a tracé le tableau de toutes les sciences qu'ils ont cultivées, en a suivi les progrès, et souvent présagé les découvertes ultérieures. Aussi Voltaire le plaçait à la tête de la philosophie. Comme Socrate (2), il ne cessa d'éclairer les hommes jusqu'à son dernier moment (3). C'est Cabanis qui lui donna le morceau d'extrait de stramonium qu'il portait toujours sur lui et avec lequel il s'empoisonna. C'est lui qui le conduisit à la rue Servandoni, où il trouva si longtemps un asile. C'est à Cabanis que Condorcet légua sa famille et ses derniers écrits. Après la Terreur, Cabanis épousa la belle-sœur de Condorcet, Charlotte de Grouchy, et défendit, dans la *Décade*, la doctrine de la perfectibilité. Mme de Condorcet lui adresse en retour ses *Lettres sur la Sympathie*.

Cabanis avait toujours eu une faible santé. Comme Biran, il n'eut que trop d'occasions d'observer en lui la dangereuse réaction du moral sur le physique, et l'homme doué de plus de courage que de force (4). Son père le pressait de faire choix d'une profession:

---

(1) « Avant la Révolution, il l'avait rencontré chez Turgot, chez Franklin, et chez quelques autres de leurs amis communs. Des rapports plus intimes confirmèrent par la suite ce qu'avaient commencé l'estime de sa personne et l'admiration de ses lumières. Les malheurs du gouvernement révolutionnaire et l'atroce persécution à laquelle Condorcet fut livré peu de temps après le 31 mai resserrèrent encore leur amitié; mais tous les efforts pour le dérober à sa fatale destinée furent vains, et Cabanis n'eut dans cette catastrophe d'autres consolations que de recueillir les derniers écrits de son malheureux ami et ses dernières recommandations, toutes relatives à sa femme et à son enfant ». (*Biographie universelle*.)

(2) Voir ce qui a été dit de Franklin dans la page précédente.

(3) « Tenant comme lui d'une main la coupe fatale, il traçait l'esquisse magnifique des progrès de l'esprit humain, resserrait dans quelques pages, pour sa fille chérie, les principes de la morale, et descendant des plus hautes régions du calcul, ne dédaignait pas de rédiger des leçons d'arithmétique pour les instituteurs et les enfants des classes indigentes de la société. » Cabanis, *Éloge de Vicq-d'Azyr* (*Œuvres*, V). Biran parle de même. (*Mémoire sur l'influence de l'habitude*.)

(4) Discours de M. de Tracy, remplaçant Cabanis à l'Académie française.

« Il se décida pour la médecine, qui offrait une ample pâture à l'activité de son esprit, et dont les fonctions exigeaient un exercice continuel du corps, devenu pour lui le plus pressant besoin. Sa mauvaise santé même le détermina à ce choix, dans lequel il fut encore plus particulièrement confirmé par le médecin Dubreuil, dont il avait réclamé les secours et qui s'offrit à lui servir de guide dans cette nouvelle carrière » (1). De Dubreuil il conserva le meilleur souvenir (2). Auprès de ses malades il recueillit des notes, qu'il utilisa dans les *Rapports du physique et du moral* (3).

Tout entier à ses nouvelles études, il renonça à la poésie « si complètement et si franchement, qu'il passa plusieurs années sans se permettre la lecture d'une page d'Homère, de Virgile ou de Racine ». Mais il ne renonçait pas à l'étude de l'antiquité. Sous la direction et avec la coopération de Dubreuil, Cabanis analyse, traduit ou commente Hippocrate et Galien (4). Par ce travail, qui équivaut tout à la fois au premier Mémoire inédit de Biran *sur l'Habitude* et au *Journal* de 1794 et 1795, nous pouvons compléter l'histoire de la formation des doctrines de Cabanis. Nous y relevons en effet un certain nombre d'assertions empruntées, par Hippocrate et par Galien, à Héraclite, à Platon et aux Stoïciens, ou des réflexions faites par Cabanis lui-même, qui tantôt ont passé dans les *Rapports* et tantôt dans la *Lettre sur les Causes premières*. Ainsi à propos du *de Carnibus*, Cabanis s'exprime de la façon suivante : « Le chaud, le feu auquel

---

(1) Cabanis cité par Ginguené.

(2) « C'était, disait-il, un homme qui réunissait à toutes les lumières de son art, la plus haute philosophie et l'esprit d'observation le plus exact, un homme précieux sous tous les rapports qui, enlevé subitement au milieu de sa carrière à la science, à ses amis, à l'humanité, n'avait eu, dans le cours d'une pratique immense, le temps de rien écrire et dont la gloire n'existe que dans le souvenir des hommes qui l'ont connu et des malades qui doivent la vie à ses soins. »

(3) « Cette justesse de raison, disait-il, en citant Dubreuil dans son premier mémoire, cette sagesse froide qui, d'après l'ensemble des données, sait tirer les résultats avec précision, ne suffit pas au médecin : il lui faut encore cette espèce d'instinct qui devine, dans un malade, la manière dont il est affecté. Je ne parle pas seulement du degré de sensibilité, d'irritabilité, de mobilité du sujet qu'on traite, degré qui détermine la dose et le choix des remèdes ; mais encore des divers centres de sensibilité, des différents rapports entre les organes qui s'observent dans tel ou tel individu. »

(4) Le manuscrit inédit de Versailles passe successivement en revue la vie et les œuvres d'Hippocrate, la vie et les œuvres de Galien. — Cabanis a mis en tête du manuscrit : « Ce travail, écrit en entier de la main du docteur Dubreuil qui a guidé mes premiers pas dans l'étude de la médecine, a été fait par moi, sous sa direction et avec sa coopération. — P.-J.-G. Cabanis. » Il l'a plus tard annoté, probablement au temps où il faisait son cours sur Hippocrate.

Hippocrate attribue l'immortalité, ne peut être autre que Dieu. Mais quand il dit que la plus grande partie de cette substance chaude s'est retirée de la confusion au dessus de toutes les choses basses et changeantes, et qu'il en est demeuré seulement ce qu'il en faut pour assembler toutes ces choses contraires entre elles-mêmes, pour les unir, les réconcilier et leur donner la vie et l'entretien, comme il le prouve ensuite par la construction de toutes les parties du corps humain, c'est sans doute qu'il entend parler de cet esprit vivifiant que Dieu a versé dans cette grande machine de l'univers pour la construction et la conservation de toutes ses parties. Cet esprit semble être immortel et tout intelligent, puisque, dans tous les changements des choses, il subsiste, et dans ses ouvrages, agit toujours suivant les règles de la prudence et de la sagesse; et, de fait, quoiqu'il soit matériel, il est incorruptible en ce qu'il est céleste, et il agit avec intelligence, en ce qu'il est inspiré de la bouche de Dieu ». Ne croirait-on pas lire un Abrégé de la *Lettre sur les Causes premières*? Ailleurs le manuscrit mentionne « l'auteur de la nature » et définit « le rôle de la prière » (1); puis affirme que « le vrai jour, c'est la lumière de la foi ». Il est question ensuite du « discours que nous devons faire aux hérétiques de notre temps suivant les écritures », des merveilles du corps humain, qui donnent les idées du Dieu qui l'a formé, comme la maison donne l'idée de l'ouvrier qui l'a construite. Immédiatement après vient un passage qui semble le début des *Rapports* : « Le cerveau est non seulement le principe et comme la racine de tous les nerfs et de tous les muscles, mais même le principe de toutes leurs fonctions, comme étant la fontaine et la source des esprits animaux. Si quelque nerf est coupé, les parties supérieures qui s'entretiennent encore avec le cerveau conservent l'usage de leurs facultés animales, mais les inférieures, qui par cette rupture se trouvent séparées du cerveau, deviennent percluses pour être privées des influences du mouvement et de la vie animale ». Ailleurs, il reproche à Galien d'être trop confus à propos de l'immortalité de la partie raisonnable de l'âme, embarrassé qu'il est, comme le sera lui-même Cabanis, d'expliquer comment, si

---

(1) Les prières sont bienfaisantes et nécessaires à la créature pour obtenir de son auteur les grâces, les faveurs qu'elle désire ; mais c'est aller contre l'ordre de la Providence divine, de vouloir obtenir, par les seules prières, sans travailler, ce que Dieu nous a destiné pour la récompense de nos actions.

les âmes sont spirituelles, elles peuvent s'étendre par tout le corps, et comment elles diffèrent entre elles.

L'étude d'Hippocrate et de Galien a encouragé Cabanis à unir intimement la philosophie et la médecine, à étudier avec soin les rapports du physique et du moral. Elle lui a fait connaître une métaphysique éclectique et platonico-stoïcienne, elle a préparé les recherches de Fauriel sur les stoïciens et la *Lettre sur les Causes premières*. Hippocrate et Galien, qui le conduisent à Bonnet et à Rousseau, interviennent, comme Homère et les poètes, comme Helvétius, Turgot et Condillac, d'Holbach et Franklin, Voltaire et Condorcet, comme Dubreuil et le christianisme, pour former son esprit et ses doctrines. C'est ce que nous montreront tous ses ouvrages, c'est ce qu'indique déjà le *Serment d'un médecin*, composé en 1783, quand il finit ses études médicales (1).

II

Le 10 décembre 1788, Cabanis terminait le *Degré de certitude de la médecine*, dans lequel il se proposait de faire sentir aux médecins toute la dignité de leur art. Mais le mouvement général, qui suspendit la plupart des travaux scientifiques et littéraires, en tournant l'attention des meilleurs esprits vers l'organisation sociale, puis les luttes révolutionnaires lui en firent retarder l'impression, qui n'eut lieu que dix ans plus tard. Le 15 juillet 1789, il se rendait à Versailles, pour annoncer à Garat, à Volney et à quelques autres de ses amis ce qui s'était passé la veille à Paris. C'est alors qu'il entra en relations avec Mirabeau, dont il devint le médecin, le collaborateur et l'ami. Pour Mirabeau il prépara son travail sur l'instruction publique, qu'il fit paraître en 1791.

(1) Il contient une invocation « au grand Dieu dont la bonté surpasse la puissance, qui cherche l'amour et la reconnaissance, répand partout la vie et les bienfaits, remplit de sa présence le lieu saint (l'église), où le remords retrouve l'espoir ». Devant ce Dieu bon, Cabanis jure de consacrer toute sa vie à son art et de soigner de préférence le pauvre, le citoyen utile, le sage éloquent qui combat pour la vertu et plaide pour les droits des hommes comme ceux qui s'arment pour rajeunir la liberté flétrie ; de n'avoir ni pitié, ni secours pour le corrupteur qui enhardit la sombre autorité des tyrans et met sous leurs pieds la « sainte humanité ». Il jure encore de montrer les erreurs des autres et surtout les siennes, de respecter les lois, de la pudeur et d'être, pour les jeunes gens, ce que Dubreuil a été pour lui. S'il remplit tous ses devoirs, il prie ce Dieu juste de répandre quelque douceur sur ses jours et de veiller sur les amis qui « consolent » sa vie, de rendre son nom béni plutôt que célébré, d'oublier ses erreurs, et de l'entraîner, sans terreurs, vers les jours éternels, en lui laissant trouver des charmes à l'espoir de mourir, et en faisant verser quelques larmes sur sa tombe.

Selon un juge compétent (1), cette étude, qui n'a pas été sans influence sur le rapport de Talleyrand, dénote une vue profonde de ce que doit être l'enseignement supérieur.

Le premier des quatre projets de Discours portait sur l'instruction publique ou sur l'organisation du corps enseignant; le second, sur les fêtes publiques, civiles et militaires ; le troisième, sur l'établissement d'un Lycée national ; le quatrième, sur l'éducation de l'héritier présomptif de la couronne et sur la nécessité d'organiser le pouvoir exécutif.

Un bon système d'éducation publique est, dit Cabanis, le moyen d'élever promptement les âmes au niveau de la constitution et de combler l'intervalle immense qu'elle a mis entre l'état des choses et celui des habitudes. L'Assemblée constituante n'a qu'un objet, rendre à l'homme l'usage de toutes ses facultés et la jouissance de tous ses droits, faire naître l'existence publique, de toutes les existences individuelles librement développées, et la volonté générale de toutes les volontés privées, constantes ou variables. Peut-être même devrait-elle se borner à protéger les progrès de l'éducation, à donner la Constitution la plus favorable au moi humain, et les lois les plus propres à mettre chacun à sa place. Toutefois l'ignorance du peuple est si profonde, l'habitude de regarder les établissements d'instruction publique et gratuite comme le plus grand bienfait des rois, est si générale, qu'il serait dangereux, et même impossible, de ne pas diriger l'éducation d'après des vues nationales.

En premier lieu, il faut soumettre les collèges et les académies aux magistrats élus par le peuple et non au pouvoir exécutif. En second lieu, toutes les dépenses doivent être la récompense de travaux déjà faits ou un encouragement pour des travaux à faire. Les Académies ne choisiront que ceux dont les talents leur auront été signalés par la puissance publique. On ne donnera point, pour les premières études, les bourses qui devront toujours être le prix de quelque succès; on n'établira point l'instruction gratuite, parce que le maître qui reçoit un salaire est bien plus disposé à perfectionner sa méthode d'enseignement, et le disciple, qui le paie, à profiter de ses leçons. En troisième

---

(1) Liard, *l'Enseignement supérieur en France*, Ier vol. — M. Liard, tout en déclarant, l'authenticité douteuse, ne l'attribue pas à Cabanis. Que l'ouvrage soit réellement de Cabanis, c'est ce qu'on peut reconnaître par les idées qui y sont développées, c'est ce qu'affirme d'ailleurs Ginguené.

lieu, tous les hommes employés à l'éducation doivent, quant aux fonctions d'instituteurs, dépendre uniquement des agents du peuple. En quatrième lieu, il faut qu'il y ait, à tous les degrés, des moyens d'avancement. Les paroisses et les cantons, les districts et les départements se chargeront des frais qu'exige l'éducation des enfants pauvres; l'Assemblée nationale assignera des sommes destinées à récompenser les maîtres qui se distinguent dans leur enseignement et à secourir ceux que les infirmités ou la vieillesse forcent d'abandonner leurs travaux. La nation honorera et récompensera les philosophes, les littérateurs, les savants, les artistes.

En cinquième lieu, l'Assemblée réglera l'organisation de l'enseignement public en général et constituera les écoles, déterminera le genre d'instruction qu'y recevront les élèves et l'esprit dans lequel on y enseignera. Tout en encourageant l'étude des langues mortes, en faisant surtout renaître de ses cendres cette belle langue grecque dont le mécanisme est si parfaitement analytique et dont l'harmonie appelle toutes les beautés du discours (1), elle ordonnera que tout enseignement public se fasse en français. Mais elle se bornera à jeter ainsi les germes de tout le bien que la perfectibilité de l'homme nous promet (2).

En sixième lieu, quoique tous les travaux de la société restent libres, les magistrats doivent surveiller un certain nombre de professions, médecine, chirurgie, pharmacie; en encourager et en faciliter l'enseignement, former des écoles pratiques, partout où la médecine s'enseigne et constituer les collèges de médecine sur les principes qui peuvent seuls les perfectionner. Dans chaque département un collège sera chargé de délivrer des grades aux médecins et aux chirurgiens, d'examiner les apothicaires, les droguistes et les vétérinaires. Toutes les parties de l'art de guérir seront réunies et on bannira ces idées de prééminence, de subordination, qui ont été si longtemps une source intarissable de débats entre ceux qui les cultivent. Les professeurs, médecins d'hôpital, tiendront note des maladies observées et du traitement suivi. On rendra publiques, dans chaque département, par la voie de l'impression, les découvertes médicales, chirurgicales et vétérinaires (3).

---

(1) Ce seul passage rappelle le traducteur d'Homère et d'Hippocrate.
(2) Voilà le disciple de Turgot et de Condorcet.
(3) Cabanis s'occupe surtout des hommes : « Les femmes destinées, dit-il, à la vie

L'immortel Bacon voit, dans les sciences naturelles, la vraie colonne lumineuse qui doit nous conduire au sein des déserts. Elles portent en effet des coups mortels aux opinions superstitieuses, préparent l'extirpation des erreurs, et fraient la route de la vérité. Il faut encourager, favoriser et faciliter l'étude de la nature; former des cabinets de physique, d'histoire naturelle, des laboratoires de chimie et des jardins de botanique. Il faut, avec les bibliothèques des maisons religieuses, constituer de bons recueils de livres à l'usage du public et former, dans chaque département, une collection de tous les instruments des arts, en commençant par les plus nécessaires à la vie et les plus appropriés aux localités.

Après ce discours vient un projet de décret. Les trois Académies sont remplacées par une Académie nationale avec trois sections : philosophique, littéraire, scientifique, et par une Académie des arts, avec cinq sections : peinture, sculpture, architecture, musique, art dramatique. Les écoles de théologie sont reléguées dans des séminaires où l'enseignement se fera en français. Les maîtres d'école, autorisés à recevoir une rétribution de leurs élèves, enseigneront à lire, à écrire, à calculer, à lever des plans et à arpenter. Ils emploieront des livres qui feront connaître la Constitution et les principes de la morale. Dans les collèges, il y aura des chaires de grec, de latin, d'éloquence, de poésie, de philosophie et de physique. Les élèves recevront, en dernier lieu, les leçons de philosophie et de physique. Le professeur de philosophie achèvera de faire connaître les méthodes par lesquelles on marche d'une manière sûre à la vérité, expliquera les rapports des hommes entre eux et le système social, les droits des citoyens et les devoirs de l'individu. Les professeurs des collèges seront citoyens actifs et, quand ils se retireront, éligibles à l'Assemblée nationale. Les écoles de jeunes filles, dans les campagnes, pourront être tenues par les sœurs de charité, si l'Assemblée nationale les emploie pour soigner les pauvres malades et diriger les ateliers charitables de femmes.

intérieure, ne doivent peut-être sortir de la maison paternelle que dans quelques cas rares ; Rousseau, dont le souvenir et les maximes se présentent sans cesse à l'esprit toutes les fois qu'on parle de liberté, de philosophie, de culture de l'homme, était fortement pénétré de cette vérité, si familière aux peuples anciens, que l'homme et la femme, ayant un rôle entièrement différent dans la nature, ne peuvent avoir le même dans l'état social. L'ordre éternel des choses ne les fait concourir à un but commun qu'en leur assignant des places distinctes.

Dans le second Discours, Cabanis distingue les besoins qui tiennent à la conservation de l'individu, à la propagation de l'espèce et constituent la partie physique, des besoins qui, résultant des rapports sociaux, forment le moral de l'homme. Il y a deux classes de besoins moraux. Les uns doivent être satisfaits pour que les rapports des individus ne soient pas dénaturés ou leurs relations avec le corps social interverties dans leur mode et leur objet ; ils servent de base à la justice. D'autres dépendent de la faculté que l'homme possède de partager les affections de tous les êtres et particulièrement de ses semblables ; ils sont l'origine de tous les sentiments de bienveillance et de dévouement qui, d'après l'admirable plan de l'auteur des choses (1), nous font trouver notre bonheur le plus pur dans ce qui augmente celui des autres. Cette faculté est surtout le principe de notre sensibilité. Sur elle se fonde l'extension du bonheur des hommes, après qu'ils ont satisfait les besoins physiques, fort impérieux, mais bornés et faciles à apaiser. Au législateur, qui ne peut tout faire, le moraliste vient en aide. Dans le cœur des individus, dans le sein de la vie domestique, il porte les principes salutaires, qui régissent la grande association. Il corrige les maux dont le législateur n'a pu délivrer entièrement les choses humaines, confirme les biens qu'ont augmentés les institutions politiques et augmente ceux qui se sont dérobés à leur influence. Le législateur et le moraliste, d'accord entre eux, montrent de quelles vertus l'homme est capable et à quelles jouissances la nature le destine. Quelques petites peuplades de la Grèce, dont l'histoire est véritablement instructive (2), ont joué un très beau rôle, quand les philosophes, qui les avaient éclairées par leurs écrits, furent chargés de rédiger des lois. On peut prévoir des avantages plus grands pour l'empire français, dont les nouvelles lois ont été préparées et formulées par des sages. Toutefois, pour faire obéir l'homme, il faut bien moins le convaincre que l'émouvoir. C'est à quoi l'on arrivera par une bonne organisation des fêtes nationales. Elles retraceront, honoreront, consacreront la Révolution et la constitution.

Cabanis rappelait, dans le troisième Discours, que le but général de l'association est le perfectionnement du bonheur de

---

(1) Remarquer l'expression sur laquelle nous reviendrons à propos de la discussion avec Bernardin de St-Pierre et de la *Lettre sur les causes premières*.

(2) On reconnaît encore le traducteur d'Homère et l'admirateur des Grecs.

l'homme, que celui de l'éducation est le perfectionnement des moyens par lesquels s'étend notre existence et s'accroît notre bonheur. Or, tous nos besoins et les moyens que nous avons de les satisfaire se réduisent à la sensibilité, le dernier fait auquel on puisse remonter dans l'étude de l'homme (1). L'action de l'éducation sur l'existence physique et morale est à peu près indéfinie, les progrès méthodiques en sont absolument incalculables. Elle mettra l'individu en état de vivre convenablement avec ses semblables, car les relations morales s'établissant surtout entre les êtres de même âge, l'éducation publique est la meilleure pour les hommes. Un Lycée national procurera à l'élite de la jeunesse les moyens de terminer ses études. Cent élèves, envoyés par les départements, y seront entretenus pendant un temps déterminé. On y réunira une immense collection des produits de la nature, les chefs-d'œuvre du génie dans les sciences ou dans les arts, les machines par lesquelles les découvertes se démontrent ou les travaux s'exécutent. On y appellera les philosophes et les gens de lettres, les savants et les artistes les plus célèbres qui y enseigneront, d'après une méthode générale, tout ce qui peut faire éclore, agrandir, développer les facultés intellectuelles. L'art de diriger l'entendement dans la recherche de la vérité ou de l'appliquer aux différents objets de nos études, sera le but poursuivi. On y formera des hommes propres à tout : législateurs, politiques, savants, artistes. On créera ou on perfectionnera, pour l'esprit, des télescopes et des leviers semblables à ceux que l'optique et la mécanique ont créés pour les yeux et les mains (2). Dans cette école encyclopédique, la chaire de méthode sera la base de toutes les autres (3). L'art de raisonner est l'art de bien voir, de bien entendre, de sentir juste. Il faut analyser l'objet, le démonter pièce à pièce, puis le remonter et le mettre à côté de ce qui doit lui servir de terme de comparaison. On analyse de même les idées. En généralisant, on classe objets et idées par leurs analogies. Puis, par gradations successives, on va des objets ou des idées les plus simples, les plus faciles à connaître, jusqu'aux plus complexes. Les connaissances sont incontestables, si la chaîne qui les lie ne souffre aucune interruption. En se servant du connu pour découvrir

---

(1) La même idée se retrouvera au début du second mémoire des *Rapports*.
(2) La même idée est développée par Laromiguière ; ch. vııı, § 3.
(3) Cabanis est le disciple du xvııı° siècle et de Descartes.

l'inconnu, on forme des axiomes, qui comprennent un nombre croissant d'idées particulières. Des opérations de l'esprit, représentées par des signes, espèces de *pierres numéraires* qui marquent la route suivie, naît le raisonnement, qui se perfectionne avec le langage. Aussi Condillac disait-il que les langues sont des méthodes analytiques, et les méthodes analytiques de véritables langues. Ainsi il ouvrait une nouvelle route à l'esprit humain (1).

La grammaire universelle est inséparable de la méthode universelle. L'étude des sciences et des arts n'en est que l'application pratique. Qu'on ne croie pas réfuter ces vues, en les traitant d'idées abstraites ou métaphysiques. La métaphysique est le seul guide de l'homme qui, sans elle, ne comparerait jamais ses sensations et ne tirerait aucun résultat de leur comparaison. D'ailleurs la métaphysique de Locke, d'Helvétius, de Bonnet et de Condillac n'est que l'art de juger, dont la nature nous enseigne les éléments. Quand nous comparons et concluons, nous faisons de la métaphysique. Nous en faisons lorsque, de faits épars, nous composons des notions générales, lorsque, d'observations individuelles, nous tirons des règles ou des principes. De la métaphysique, le genre humain peut attendre l'agrandissement de son existence, sa perfection et son bonheur (2).

Chaque science, disait en terminant Cabanis, ajoute à la masse

(1) Dans le premier Mémoire, Cabanis ajoute qu'il faut donner au mot *langue* le sens le plus étendu (I, 72).
(2) Cf. D. de Tracy, ch. v et vi. Le projet de décret institue au Lycée national une chaire de méthode, une d'économie publique (?) et de morale, une d'histoire universelle, une de géométrie et d'algèbre, une de mécanique et d'hydraulique, une de physique générale, une d'histoire naturelle et une de chimie, une de physique expérimentale et une de physiologie ou de physique animale. Il aura trois chaires de langues anciennes, hébreu et ses dialectes, grec, latin ; trois de langues orientales, turc, arabe, persan ; quatre de langues européennes, italien, espagnol, anglais, allemand ; deux de littérature, éloquence et poésie ; quatre des arts, peinture, sculpture, architecture, musique. Voici comment Cabanis justifie l'avant-dernière proposition : « L'utilité des langues modernes doit être considérée sous deux rapports très divers, mais très étendus l'un et l'autre. Le premier embrasse tout ce qu'elles ont de relatif à l'étude même de l'entendement humain et des modifications que ses procédés ou leurs signes éprouvent de la part des circonstances locales et politiques. Sous ce rapport, les langues modernes entrent dans les éléments de la véritable métaphysique, mais uniquement comme les langues anciennes dont elles ne diffèrent point en cela. Le second rapport est fondé sur les connaissances qui se puisent dans leurs écrits, sur les relations commerciales dont elles peuvent devenir le moyen, sur les voyages savants ou diplomatiques qu'on ne saurait entreprendre sans leur secours, sur les échanges de lumières et de richesses qui doivent en résulter ; c'est le côté par lequel l'étude des langues vivantes est de l'application pratique la plus vaste, de l'utilité la plus immédiate et la plus sensible. » On a été fort longtemps, en France, avant d'accepter les idées de Cabanis.

de nos idées, parce qu'elle repose sur des faits propres qui donnent des idées générales ou principes. Ces principes, comparés avec ceux des autres sciences, fournissent des idées plus générales encore ; on range ainsi sous un petit nombre de chefs tous les travaux de l'entendement et on trouve une source de combinaisons inconnues. Que les hommes apprennent cette vérité si consolante et inscrite à chaque page de notre histoire la plus intime : la raison n'est que la nature elle-même, la vertu, que la raison mise en pratique, et l'art du bonheur, que celui de la vertu (1).

Le *Journal de la maladie et de la mort de Mirabeau* (avril 1791) n'a pas été assez consulté par ceux qui ont cherché ce qu'a fait et ce qu'eût pu faire Mirabeau (2). On y voit clairement combien se préoccupent peu de la vérité historique ceux qui continuent à parler du poison qui aurait hâté sa mort, combien aussi les écrivains modernes qu'on dit les plus simples sont souvent encore emphatiques (3). Cabanis, comme plus tard Vermorel (4), estime, après avoir parcouru la correspondance avec la cour, que Mirabeau n'a jamais abandonné la cause pour laquelle il avait d'abord combattu.

III

Avant de préparer son travail sur l'Instruction publique, Cabanis avait fait paraître des *Observations sur les Hôpitaux*, qui amenèrent sa nomination à la Commission des Hôpitaux de

---

(1) Le quatrième Discours contient un passage important sur Helvétius : « Un philosophe célèbre, dont les écrits ont rendu les plus importants services à la raison et dont les vertus ont donné les plus grands exemples à son siècle, Helvétius, disait qu'il n'y a que deux sortes de gouvernements : les bons et les mauvais. Les autres différences par lesquelles on les distingue, dans les ouvrages et dans les écoles d'économie politique, lui paraissent entièrement frivoles. En effet, elles n'ont guère de réalité que dans des accessoires insignifiants ou dans des formes superficielles, qui ne changent rien à l'essence des choses. Partout où la loi résulte de la volonté générale bien recueillie, partout où cette loi s'exécute sans résistance, partout où son action se fait sentir indistinctement à tous les membres de la société, là sans doute, quelles que soient d'ailleurs les formes législatives, administratives, judiciaires, la souveraineté part de sa véritable source, le droit des individus est respecté, la liberté publique repose sur des bases solides. »

(2) Mignet dit qu' « en publiant ce chef-d'œuvre touchant, Cabanis a rendu un service immortel à l'histoire ».

(3) Thiers eût dû tenir compte du jugement de Mignet et ne pas refaire après Cabanis le récit de la mort de Mirabeau.

(4) *Mirabeau* (Bibliot. Nat.). « Mirabeau est certainement un des pères les plus illustres de la Révolution dont nous sommes tous les fils. »

Paris, où il siégea en 1791, 1792 et 1793. Il demandait que l'on remplaçât les grands hôpitaux par des maisons où l'on ne réunirait pas plus de cent cinquante malades : « Dans ce moment, disait-il, où la nation s'occupe avec ardeur de tout ce qui peut assurer le bonheur public, il est impossible qu'elle ne porte pas ses regards sur des désordres qui trompent les vues charitables de la société, et qui viennent aggraver les maux du pauvre jusque dans le *sanctuaire* de la bienfaisance... Cet objet intéresse les *âmes sensibles*, puisque le sort de la classe la plus malheureuse en dépend : mais il n'intéresse pas moins le puissant et le riche, puisque la sûreté de leurs jouissances est toujours en raison inverse des souffrances et des mauvaises mœurs du peuple. »

Bon nombre de ces observations n'ont plus aujourd'hui d'application ; quelques-unes mériteraient d'être examinées et discutées. Nous préférons indiquer les idées qui nous révèlent ce que pensait alors Cabanis. La pauvreté est pour lui l'ouvrage des institutions sociales, comme les grandes richesses, dont elle est la suite. Il serait injuste, autant qu'impolitique, de vouloir prévenir ou faire cesser toute inégalité, mais il est encore plus impolitique et plus injuste de la produire par art et de la pousser jusqu'à des proportions qui ne sont pas naturelles. Si les hommes ne se réunissent et ne cherchent à augmenter leurs forces que pour accroître leur bonheur, chaque individu perd de son bonheur, toutes les fois qu'il sort de l'ordre (1) et qu'il dénature ses rapports avec ses semblables. La somme des vertus d'une nation, prise en masse, est la masse de la félicité publique ; chaque vice est une menace, chaque crime un attentat contre elle, mais les classes supérieures sont celles qui se ressentent le plus, en bien ou en mal, des bonnes ou des mauvaises mœurs de la dernière classe. A tous égards, la vénération publique est due à « ces filles respectables que la religion et l'humanité dévouent au service des malades, sous les regards de ce Dieu auquel elles ont fait le sacrifice le plus sublime ». Avant que l'Assemblée nationale songeât à rendre la liberté aux religieuses, Cabanis avait quelquefois pensé, qu'il y aurait un moyen bien simple d'arracher au désespoir, aux remords et aux aliénations d'esprit qui en sont la suite, les filles infortunées qui réclament contre des vœux imprudents. Toute religieuse, trompée sur sa vocation,

---

(1) Voyez la *Lettre sur les causes premières.*

eût pu quitter le cloître en passant chez les sœurs de la charité, à qui le gouvernement devrait confier le soin des hôpitaux. Et ce projet lui paraissait devoir être également approuvé par la religion, la raison et l'humanité.

A l'imitation d'Hippocrate, dont il vante les immortels écrits, les médecins doivent rédiger des journaux d'observations analogues aux *Épidémies*. Des écoles pratiques rendraient, avec les journaux faits par des praticiens éclairés et prudents, les plus importants services. C'est surtout à l'observation qu'on doit recourir : les systèmes, ou les principes généraux, ne doivent être que le résultat direct et précis de tous les faits qui s'y rapportent, et si chaque homme, en médecine surtout, pouvait tout voir de ses yeux, il serait peut-être avantageux de fermer tous les livres et de ne consulter que la nature.

En termes émus, Cabanis rappelait Dubreuil, dont l'amitié tendre et courageuse manquait bien plus à son cœur que ses lumières à son instruction. Avec Sieyès, dont il cite la belle *Déclaration des droits*, il admet que la société doit des secours à tout individu hors d'état de pourvoir à ses propres besoins. Pour lui, la grande maladie des États civilisés est la mauvaise distribution des forces politiques et la disproportion choquante des fortunes. Les institutions sociales sont faites pour corriger ce que la nature peut laisser de vicieux dans la situation de l'homme. Mais, dans presque tous les cas, l'aumône est un crime public, car si elle peut satisfaire celui qui donne, et lui procurer des jouissances qu'il demanderait inutilement à son or, elle dégrade celui qui reçoit, l'habitue à la paresse, ouvre son cœur à tous les vices et le prépare à tous les attentats (1).

A la Commission des hôpitaux, Cabanis fit des rapports, dont il tira un ouvrage (2), publié pour faire connaître ce que le raisonnement et l'expérience lui avaient appris sur la mendicité, « la plus redoutable des maladies qui minent les États modernes ». A la sensibilité, principe des besoins, cause déterminante des volontés, des appétits, l'homme joint la faculté de partager les affections des autres êtres sensibles et surtout de ses semblables. Ces deux facultés, identifiées et confondues dans son

---

(1) On peut retrouver des idées analogues chez Spencer, *Introduction à la Science sociale, Morale évolutionniste*.
(2) Dubois d'Amiens (*Dictionnaire philosophique*) donne, comme de 1796, l'*Essai sur les secours publics* ; Mignet place avec raison l'ouvrage en 1792.

organisation, constituent sa véritable supériorité. La seconde est le principe de la bienfaisance ; la réflexion, s'ajoutant à ce sentiment, pour ainsi dire instinctif, montre au riche qu'il est de son devoir et de son intérêt de secourir le pauvre. Mais le corps social ne reconnaît pour loi que son utilité propre. Ceux qui le représentent doivent avoir sans cesse le peuple tout entier sous les yeux et s'interdire toute préférence entre ses membres, substituer la justice, qui se répand sur tous, à la pitié qui se nourrit d'impressions particulières, et avoir pour principal objet le maintien de la paix, du bien-être et du bon ordre. La charité est une vertu qu'il faut raisonner, un art qu'il faut étudier. L'aumône, mal dispensée, devient une nouvelle cause de désordre et aggrave toutes celles de la mendicité. L'augmentation des secours augmente le nombre des pauvres : les habitudes viles de vagabondage et d'oisiveté deviennent bientôt les mœurs générales ; la morale se dégrade, par le remède même qu'on voulait opposer à la corruption. Les individus, inconsidérés dans leur bienfaisance, font le mal en petit ; les gouvernements le font en grand ; ils amènent la perte de l'esprit de famille, de l'amour du travail, des sentiments libres et fiers, l'abrutissement et la corruption (1).

Les gouvernements établissent des hôpitaux de valides ou de malades et des ateliers de travail. Peut-être les secours à domicile, bien organisés, seraient-ils préférables. Avec le tableau complet des faits rassemblés dans les divers pays, avec le résultat des tentatives faites par les hommes bienfaisants et sages, on pourra former des plans de secours publics mieux entendus, et voir plus clairement les causes des désordres qui s'introduisent partout dans la distribution des richesses. Parmi ces causes, il faut citer toutes les mauvaises lois, toutes les erreurs des gouvernements (2). Une révolution augmente passagèrement les maux pour la réparation desquels elle était faite. Si d'insensés démagogues épouvantent les propriétaires, les causes de la mendicité s'accroissent d'une manière encore plus effrayante. La mendicité et les grandes richesses, dit Cabanis, en développant une idée antérieurement indiquée par lui, ont la même source : les richesses ou trop immenses, ou amassées par de *faux* moyens, produisent et aggravent la mendicité. Les plus

(1) Ne serait-il pas bon pour nous encore de suivre ces conseils ?
(2) On retrouve le disciple d'Helvétius, de Turgot, de d'Holbach.

forts, les plus habiles, les plus riches ont institué les gouvernements et promulgué les lois: ils ont voulu augmenter leur force, leur richesse, l'influence de leur habileté. Le peuple ignorant n'a pas vu où était son véritable intérêt; les petites inégalités de la nature ont été remplacées par d'autres, factices, injustes et monstrueuses. Une bonne constitution, de bonnes lois, un bon gouvernement, voilà le véritable partage des terres, le seul qu'avouent la justice, la raison et la nature.

En attendant que l'heureuse influence de la liberté délivre le législateur du soin de pourvoir à la subsistance des indigents, il faut organiser les secours, pour maintenir la paix et l'ordre nouveau. Celui qui, pouvant travailler, refuse de le faire, ne mérite aucun secours et doit être sévèrement surveillé. Celui qui, manquant de pain, demande du travail, doit trouver l'un et l'autre. Mais faut-il instituer de grands ateliers où tout individu ait, à chaque instant, un travail facile? De tels établissements sont vicieux et produisent toujours des effets directement contraires à leur but: les ouvrages projetés ne se font pas, le patrimoine des pauvres se dissipe sans fruit, des hommes utiles prennent des habitudes de fainéantise et peuvent même devenir dangereux pour la société, la main-d'œuvre enchérit et les travaux nourriciers languissent. Seul l'intérêt particulier garantit la prospérité publique: il suffit de l'éclairer. Donc la meilleure manière d'occuper les pauvres est de les laisser isolés en leur fournissant du travail à la tâche, dont ils rendent compte et reçoivent le salaire, à mesure qu'il se trouve fait. Si l'on ne peut éviter les grands ateliers, il faut, autant que possible, en charger, par entreprise, des hommes industrieux qui en feront leur affaire propre.

De même les malades doivent être secourus, de préférence, à domicile, soignés par leurs parents ou par des femmes que choisirait la commune. Quant à ceux qui n'ont ni demeure, ni famille, il faut les envoyer dans des hôpitaux. Dans les prisons, il faut isoler et faire travailler les condamnés. Pour les enfants trouvés, on aura recours au zèle des ci-devant sœurs de la Charité, qui devraient, dit Cabanis, dépouiller leur esprit, comme leur costume de confrérie, et voir, dans le règne de l'égalité, celui des maximes les plus pures de cette religion qu'osent invoquer, dans leur révolte, les chefs hypocrites des mécontents. Pour le traitement des fous, il propose quelques-unes des réformes que Pinel devait introduire et faire accepter.

Pendant la Terreur, Cabanis, qui avait refusé de fuir le danger en allant représenter la France aux États-Unis, demeura à Auteuil où s'était également retiré D. de Tracy. Plus heureux que son ami, Cabanis ne fut pas inquiété, à cause, dit Mignet, du respect reconnaissant qu'il avait inspiré à tous dans le village dont il était le médecin et le bienfaiteur. Pour distraire Mme Helvétius « de ses dégoûts et de ses afflictions », il traduisit neuf morceaux de Meissner, la *Stella* de Gœthe, le *Cimetière de Campagne* de Gray et la *Mort d'Adonis* de Bion, publiés en 1797 et dédiés à sa mère adoptive.

Après la chute de Robespierre, Garat devint commissaire de l'instruction publique, avec Ginguené et Clément pour directeurs adjoints. Cabanis s'intéressa à l'exécution du vaste plan formé pour l'organisation de l'enseignement. Il communiqua à Garat quelques vues sur l'application des méthodes analytiques à l'étude de la médecine. Garat, les trouvant justes et utiles, l'encouragea à les mettre en ordre. Cabanis suivit son conseil. Mais son cadre s'agrandit. Il conçut le projet de ramener à des éléments très simples toutes les parties de la médecine et d'indiquer, pour chacune, la méthode qui peut seule en diriger avec sûreté l'étude et l'enseignement. Pendant l'hiver de l'an III, il écrivit l'introduction qu'il se proposait de mettre en tête de l'ouvrage : il y esquissait les différentes révolutions de la médecine et les principes généraux qui doivent présider à sa réforme. Cette partie de l'ouvrage était achevée en avril 1795.

Aucune science, dit Cabanis, n'a plus besoin que la médecine de l'esprit philosophique. Dans un moment où se renouvellent toutes les sciences, les médecins doivent regarder, comme un devoir, de réunir leurs efforts pour régénérer leur science et leur art. Que la médecine emprunte donc le langage sévère et précis de la physique, le ton communicatif et, pour ainsi dire, vulgaire de la morale ; qu'elle systématise ses principes par l'observation, l'expérience et le raisonnement, et qu'elle perfectionne la forme de son enseignement. Pour sa part, Cabanis a conçu une classification nouvelle de ses parties. Il a adopté un ordre meilleur pour l'exposition des faits sur lesquels elle repose et des notions que fournit l'examen refléchi des faits. Enfin il espère, par une détermination plus rigoureuse du sens des mots, bannir entièrement de la langue médicale le vague et l'obscurité.

L'*Introduction* rappelle l'*Esquisse* de Condorcet et trace l'histoire des révolutions de la médecine. Elle caractérise chacune d'elles par les circonstances qui l'ont fait éclore et les changements qu'elle a produits dans l'état ou la marche de la science. C'est en rapprochant les résultats ainsi obtenus des méthodes philosophiques modernes, que Cabanis indique ce qui lui paraît utile à la réforme de la médecine et de son enseignement. Il rappelle brièvement (1) les conclusions de son ouvrage sur la *Certitude de la médecine*. L'étude de la nature est en général celle des faits et non celle des causes. Nous n'avons pas besoin, pour étudier les phénomènes que présentent les corps vivants et pour en tracer l'histoire fidèle, de connaître la nature du principe qui les anime, ni la manière dont il met en jeu leurs ressorts. Il suffit de bien constater les phénomènes, d'épier l'ordre suivant lequel ils se reproduisent et leurs rapports mutuels, de les classer, en tenant compte de cet ordre et de ces rapports. Ainsi, par l'observation, l'expérience et le raisonnement, nous pouvons connaître les mouvements réguliers qui s'exécutent pour entretenir la santé, ou ceux qui tendent à la rétablir pendant la maladie, les substances, qui, appliquées dans ce dernier cas aux corps vivants, y produisent les mêmes efforts et les mêmes phénomènes. Si la médecine a une utilité pratique pour la société, elle sert, en outre, à la connaissance du système animal, qu'embrassent, dans leur ensemble, les sciences naturelles, car les maladies font ressortir beaucoup de phénomènes, très difficiles à bien apprécier sans elles (2) et dévoilent plusieurs ressorts ou propriétés qui s'effacent et disparaissent dans l'uniformité d'un état plus régulier et plus constant. Elle jette enfin un jour nécessaire sur la base de toutes les sciences morales et peut avoir, sur le perfectionnement du genre humain, une influence directe en améliorant le physique, indirecte, en contribuant aux progrès de l'éducation morale.

En partant de la nature constante des choses, on voit que l'homme a dû chercher de bonne heure les moyens d'apaiser les douleurs et de guérir les maladies dont il était atteint. On doit

---

(1) L'ouvrage comprend cinq chapitres : I. L'art de guérir. II. Tableau des révolutions de l'art de guérir, depuis sa naissance jusqu'à son introduction chez les Romains. III. Vues générales sur l'enseignement de l'art de guérir. IV. Considérations particulières sur diverses branches de la médecine. V. Objets accessoires.

(2) Cabanis développera ces idées dans les *Rapports* et plus spécialement dans le septième Mémoire.

présumer (1) que les découvertes très lentes furent souvent le produit de hasards heureux. Le besoin força à observer et conduisit à de nouvelles découvertes. Après les poètes et les prêtres, les premiers philosophes classèrent les observations médicales, pour les soumettre à l'examen du raisonnement, mais transportèrent dans la médecine des hypothèses d'autant plus fécondes que la physique, l'astronomie, la géométrie, d'où ils les tiraient, étaient absolument étrangères à l'étude du corps vivant. Acron, génie original et hardi, voulut ramener l'art de guérir à l'expérience ; Hippocrate sépara la médecine de la philosophie, mais essaya de la rendre philosophique et de la ramener à l'expérience raisonnée, en la délivrant des faux systèmes et en lui donnant des méthodes sûres. Du même coup il fit rejaillir, sur la philosophie morale et physique, les lumières de la médecine. De nos jours encore, médité par les médecins, consulté par les philosophes ou lu par les hommes de goût, il est et sera toujours pour chacun d'eux, un des plus beaux génies de l'antiquité. Galien donna à la médecine hippocratique un éclat qu'elle n'avait point eu dans sa simplicité primitive. Mais l'art, surchargé de règles superflues ou trop subtiles, s'embarrassa dans beaucoup de difficultés nouvelles, qui ne tiennent pas à la nature. La médecine fut enseignée avec éclat à Alexandrie. Les Arabes commentèrent Galien et Hippocrate, s'approprièrent les idées des auteurs moins connus et introduisirent quelques améliorations importantes dans la préparation des remèdes. Les alchimistes, poursuivant des chimères, eurent des idées saines ou plutôt des vues heureuses en médecine (2). Paracelse, le prototype des charlatans, rendit des services réels, sentit les vices de la médecine et entrevit les réformes qu'elle exigeait. Vésale et Colombus, Carpi et Mercurialis, Capivaccius, Calvus et Prosper Martian, donnèrent à la médecine italienne un éclat égal à celui qu'avait eu la médecine grecque. L'école de Paris revint à Hippocrate. Stahl, un des génies extraordinaires que la nature semble destiner de temps en temps au renouvellement des sciences, changea la face de la chimie et tenta de faire, pour la médecine, ce qu'il avait fait pour la chimie. Van Helmont annonça de brillantes vérités dans la langue des charlatans.

(1) On reconnaît ici les hypothèses que Cabanis, comme Condorcet et tous les idéologues, est trop souvent porté à substituer aux faits.
(2) Berthelot, *les Origines de l'Alchimie*; Boutroux, *Revue phil.*, mai 1886.

Sydenham, l'ami de Locke, ramena la pratique à l'expérience et fit ainsi une véritable révolution en médecine.

Bacon, surtout Descartes mieux compris tout d'abord, transformèrent la philosophie rationnelle et les sciences expérimentales. La médecine devint cartésienne. Boerhave publia des ouvrages qui sont des chefs-d'œuvre d'érudition et de critique, de clarté, d'ordonnance et de précision, mais où se trouvent malheureusement des hypothèses peu justifiées qu'il emprunte à la chimie, à la mécanique, à l'hydraulique et où les résultats précèdent trop souvent l'exposition et la classification des faits.

Bordeu et Venel, Lamure, Barthez et ses disciples ont formé, des opinions de Stahl, de Van Helmont et du solidisme, une doctrine nouvelle qui, perfectionnée par l'application des méthodes philosophiques et les progrès des autres sciences, se rapproche de plus en plus de la vérité.

Au XVIII° siècle seulement, l'enseignement a fait de véritables progrès. Plusieurs parties des connaissances humaines ont atteint une sorte de perfection ; de riches matériaux sont rassemblés pour les autres. Il ne s'agit plus que d'appliquer à toutes les vraies méthodes et surtout de les appliquer avec la même rigueur. Le philosophe tracera ces méthodes ; le législateur en transportera l'esprit dans l'organisation des établissements publics d'instruction.

C'est par la sensibilité, qui fait concourir tous les organes à l'action du cerveau, que l'homme apprend à connaître les objets. Ses sensations sont la cause occasionnelle et directe, ses organes, les instruments immédiats de son instruction. Il s'en crée d'autres. De leur perfectionnement successif dépend celui du genre humain. Hippocrate, Aristote et Épicure paraissent seuls, chez les anciens, avoir reconnu que les sensations sont les véritables matériaux de nos jugements. Bacon a tracé un plan de réforme scientifique. Hobbes et Locke, Bonnet et Condillac ont perfectionné les vues de Bacon et rendu les procédés de l'analyse philosophique plus simples et plus sûrs.

Dans l'art de guérir, il y a de grandes difficultés pour appliquer l'analyse à l'observation et au traitement des maladies, à la classification des remèdes. C'est pourquoi il faut revenir à l'observation des faits particuliers et mieux circonscrire la valeur des signes généraux pour en former des définitions.

Or il n'existe pour nous que des faits, cause ou effet, dans les phénomènes qui arrivent constamment à la suite l'un de l'autre.

Éclairer et étendre les premières règles que donne un instinct heureux ou le savoir, les enchaîner et les coordonner, en perfectionner l'application, enrichir la méthode par des observations constantes et la diriger de jour en jour par des vues plus générales et plus sûres, donner aux mots de l'exactitude et réformer la langue mal faite, telle est la véritable méthode à employer en médecine. Or l'esprit marche toujours du connu à l'inconnu et une langue bien faite doit offrir des pierres d'attente pour les mots nouveaux que pourront exiger les découvertes futures: le nom ne doit donc être ni la description, ni la définition de l'objet, dont on ne saurait représenter les propriétés ou les circonstances caractéristiques dans la formation même ou dans l'association des mots.

Les médecins d'ailleurs ont souvent fait à leur art, une fausse application des doctrines philosophiques et des théories chimiques, géométriques, algébriques, etc. La médecine philosophique a renversé certaines théories et en a ridiculisé d'autres. Seules les observations ou les faits relatifs à chaque branche de l'art, surnagent au milieu du naufrage universel. Les savants ne mettent plus leur gloire à défendre une opinion, mais à faire preuve d'un bon esprit, en cherchant sincèrement la vérité et en reconnaissant leurs propres erreurs. Les vrais philosophes, indifférents aux résultats de leurs recherches, ne veulent qu'être exacts (1). Comme Descartes, ils pensent qu'il est bon de faire, de temps à autre, une sévère revision des connaissances mêmes qui ne laissent aucun motif d'incertitude, parce que, d'ordinaire, l'habitude de croire équivaut à une démonstration.

Rendre compte de l'ordre et de l'enchaînement des objets ou des faits, et tirer, de ces rapports, toutes les conséquences immédiates, voilà ce que les meilleurs esprits ont fait, pour quelques sciences, et voilà ce qui reste à faire en médecine. Il y faudrait des recueils complets et bien ordonnés d'observations, de courts exposés théoriques, où l'on rendrait compte de l'esprit dans lequel ces recueils sont et doivent être formés, comme des résultats les plus directs à en tirer. Dira-t-on qu'on coupera les ailes au génie? mais, d'abord dans les sciences qui de-

---

(1) Voyez ce que dit D. de Tracy dans son *Mémoire* sur Kant (ch. vi, § 3).

mandent de l'attention et de l'exactitude, il vaut mieux lui mettre du plomb aux pieds que de lui donner des ailes (1). En outre, une carrière nouvelle et sans limites s'ouvrira devant lui : vingt-cinq ou trente ans suffiront à vérifier les observations ; un égal espace de temps permettra de répéter les expériences et d'en constater les résultats. Les méthodes pratiques recevront la sûreté dont elles sont susceptibles. Tous les problèmes seront résolus et la médecine se trouvera au niveau des autres sciences par sa certitude, comme elle est peut-être au-dessus d'elles par son objet et son but.

L'analyse, au fond toujours la même, est une analyse de description ou de décomposition et de recomposition. Elle est historique, si elle forme des histoires raisonnées, où la succession des faits relatifs à tels ou tels objets de nos recherches, se développe dans l'ordre naturel; déductive, quand nous opérons sur les produits de notre entendement ou plutôt sur leurs signes. Lorsque Condillac suppose un homme, arrivé de nuit dans une maison et découvrant tout à coup la campagne environnante, il y a décomposition et recomposition de l'objet, puis déduction d'idées, enfin analyse historique. Quand il démonte une montre et la remonte pièce à pièce, il décompose et recompose à la manière des chimistes. Quand, dans la *Langue des Calculs* (2), il considère l'analyse comme une suite de traductions qui nous fait marcher d'identités en identités, ce qui n'est pas exact d'ailleurs (3), il fait une analyse de déduction à laquelle il réduit tout l'artifice du raisonnement.

En médecine, l'analyse de description donne la forme, la couleur, la situation d'un organe, ses rapports de voisinage, d'éloignement, de ressemblance ou de différence avec d'autres parties. L'analyse chimique fait trouver les corps simples qui composent les parties. L'analyse historique expose les fonctions d'un organe et les mouvements d'un muscle ; l'analyse de déduction tire des conclusions justes. L'analyse historique doit parcourir avec attention la chaîne entière des changements ou des phénomènes. S'il s'agit d'une maladie, on ne saurait s'y dépouiller, avec trop de soin, de toute prévention, de toute idée étrangère

---

(1) Cette pensée de Bacon sert d'épigraphe à la *Logique* de D. de Tracy.
(2) On reconnaît que Cabanis a revu son ouvrage avant de l'imprimer en l'an XII, puisque la *Langue des Calculs* ne fut publiée qu'en 1798.
(3) Cabanis reproduit les mêmes réserves dans une lettre inédite à Biran, cf. ch. VII, § 3. Cabanis n'est donc pas disciple fidèle de Condillac.

aux faits qu'on a sous les yeux. Il faut voir ce qui est, et non ce qu'on imagine ; peindre ce qu'on a vu, sans y mêler aucune des conséquences qu'on en a tirées (1). L'analyse chimique ne peut pas toujours recomposer les corps, et les conclusions auxquelles elle conduit n'ont souvent pour appui que des probabilités. Les idéologistes comparent avec raison, dans l'analyse de déduction, la suite d'évolutions des idées, au jeu des petites boîtes renfermées les unes dans les autres ; le premier raisonnement, à la boîte qui renferme toutes les autres (2). Si l'on emploie un langage exact et si l'on ne sort point de la théorie, on peut donner une certitude entière à ses conclusions; dans les applications pratiques, on ne fait que des calculs de probabilité. Tantôt, c'est entre deux limites connues que se trouve la vérité dont on peut s'approcher de plus en plus : ainsi fit Métius, exprimant par $\frac{113}{365}$ au lieu de $\frac{7}{22}$ le rapport du diamètre à la circonférence. Tantôt le calcul rassemble, en faveur d'une opinion ou d'une conclusion, des motifs plus ou moins nombreux, plus ou moins graves : nous croyons que le soleil se lèvera demain, parce que l'expérience des siècles a prouvé que cet ordre est constant.

Dans l'enseignement, on commencera par les objets ou les premiers connus, ou les plus faciles à connaître, pour ne passer que graduellement et successivement à ceux qui demandent une observation plus profonde, des sens plus exercés, ou même de nouveaux instruments. On développera les idées dans leur ordre de génération ; on parcourra la chaîne qui les lie, en évitant de franchir tout intermédiaire que l'esprit ne supplée pas aussitôt et nécessairement. On mettra les jeunes médecins au lit des malades, on considérera les sujets avec eux, on dirigera leur attention et leurs essais, on excitera leur intérêt, on piquera leur curiosité en passant de l'analyse à la synthèse et de la synthèse à l'analyse. On vante beaucoup la méthode analytique, et on a raison. Mais elle marche par toutes les routes qui conduisent à la vérité et préfère, pour chaque circonstance, la plus sûre, tantôt rassemblant les données pour en tirer les résultats, tantôt saisissant les résultats et laissant les données se ranger, d'elles-mêmes, autour d'eux ; quelquefois même ne suivant pas

---

(1) Il ne faut donc pas, comme Cabanis, substituer les présomptions aux faits.
(2) C'est à D. de Tracy que Cabanis fait allusion (ch. v, § 2, ch. vi, § 3).

la voie des inventeurs, de peur qu'à force de vouloir fixer le génie ou régler son essor, on ne l'engourdisse et le glace (1).

Après ces considérations philosophiques, Cabanis passe aux branches diverses de la médecine, de l'anatomie et de la physiologie, puis aux relations de la médecine avec la morale. La médecine et la morale, branches d'une même science, celle de l'homme, reposent sur une base commune. De la sensibilité physique ou de l'organisation qui la détermine et la modifie, découlent idées, sentiments, passions, vertus et vices, mouvements de l'âme ou maladies et santé du corps. C'est dans l'organisation que sont écrits les principes éternels qui fondent nos droits et nos devoirs. C'est par l'étude du rapport constant des états physiques aux états moraux que l'on peut conduire l'homme vers le bonheur, que l'on transformera le bon sens en habitude et la morale en besoin; que l'on agrandira les facultés, qu'on épurera et multipliera les jouissances; qu'on fera embrasser, en quelque sorte, l'infini dans une étroite et courte existence, par l'idée et la certitude d'un perfectionnement toujours progressif et toujours illimité (2).

Puis après avoir esquissé quelques-unes des idées développées plus tard dans le mémoire sur *l'Influence des sexes* et constaté les *lois admirables des choses* dans le développement de la jeune fille, Cabanis passe à la pathologie, à la séméiotique, à la thérapeutique, à l'hygiène qui fait partie de la médecine et de la morale. Si la morale est l'art de la vie, dit-il, comment cet art pourrait-il être complet, sans la connaissance des changements que peut éprouver le sujet sur lequel il s'exerce, et des moyens capables de produire ces changements? Aussi l'hygiène et, par conséquent, quelques notions d'anatomie et de physiologie, devraient entrer dans tout système d'éducation, pour que les habitudes physiques soient appropriées au genre de nos travaux, aux dispositions morales que nous voulons cultiver en

---

(1) Cabanis semble répondre à ceux qui, comme Chateaubriand et même Mme de Staël ou J. de Maistre, reprochent à l'analyse condillacienne de supprimer l'enthousiasme et de contrarier le génie. — En même temps il se sépare de Condillac : « Si les ouvrages de Condillac n'ont pas eu, à leur apparition, tout le succès qu'ils méritent, c'est que l'auteur ne prépare et ne réserve au lecteur ni surprise, ni difficultés. Chaque paragraphe annonce le suivant, et la première phrase indique les autres ; la peine du lecteur est tellement ménagée, qu'il finit par n'en plus prendre aucune, et l'on a si bien pensé pour lui, que bientôt il ne pense plus guère lui-même ».

(2) Ces idées rappellent Condorcet et annoncent les *Rapports*.

nous. De l'influence des aliments, des climats, on peut tirer des règles applicables à tous les systèmes d'éducation. Bien plus, l'observation constante des siècles atteste que les dispositions physiques se transmettent des pères aux enfants. Quelques faits certains, plusieurs analogies d'un grand poids et l'ensemble des lois de l'économie animale, portent à croire que certaines dispositions morales se propagent également par la voie de la génération. Par conséquent, en traçant des règles de régime, on travaille au perfectionnement de l'espèce (1).

Laissons de côté ce que dit Cabanis de la chirurgie, de la matière médicale, de la chimie et de la pharmacie. En botanique, il s'élève contre l'abus des classifications (2) et se félicite de ce que les hommes les plus distingués qui la cultivent commencent à s'occuper des phénomènes qui caractérisent la vie des végétaux. En traitant de la médecine vétérinaire, il fait un devoir de donner aux animaux, qui partagent nos travaux, « qui font partie de la famille humaine », tous les soins qui peuvent rendre leur existence plus douce, et non seulement de renoncer à tout mauvais traitement sans objet, mais encore de chercher à les rendre heureux. Puis, tout en soutenant que les phénomènes vitaux dépendent de tant de ressorts inconnus et tiennent à tant de circonstances, que les problèmes ne peuvent être posés avec toutes leurs données, et se refusent absolument au calcul; en se demandant quel avantage on trouverait à traduire, dans une langue inconnue, ce que la langue vulgaire exprime clairement, il estime que les diverses parties de la physique animale ne se sont pas toutes également refusées à cette application de la géométrie et de l'algèbre. C'est du perfectionnement des méthodes philosophiques qu'il fait dépendre celui des méthodes d'observation. Aussi la philosophie rationnelle et la morale doivent venir en aide à la médecine; la morale, s'identifier à chaque instant avec la médecine pratique.

(1) Cette idée de l'hérédité physiologique, qui tient une si grande place dans la science contemporaine, est reprise par Cabanis dans les *Rapports*.
(2) « La nature, dit-il, se plaît à parer les végétaux des plus belles et des plus riches couleurs, à les imprégner des parfums les plus doux. Nous respirons une vie nouvelle, avec les émanations des jardins et des bosquets, mais une manière froide et classique de considérer les plantes flétrirait ces heureuses impressions et laisserait bien peu de prise à la mémoire. Les prestiges de l'imagination, les souvenirs les plus chers au cœur, confondus souvent avec ceux des fleurs et de la verdure, n'empêchent pas que l'étude d'un catalogue ne soit toujours insipide et monotone ».

La connaissance des langues anciennes est devenue moins indispensable depuis qu'il y a de bons livres dans les langues modernes; mais l'étude des langues jette un grand jour sur les procédés de l'esprit et permet de transporter certaines impressions, qui y accompagnent les idées, aux langues dont nous nous servons actuellement, de perfectionner, par des emprunts heureux, ces indispensables instruments de l'intelligence (1).

La conclusion de cet ouvrage considérable est, comme les *Ruines*, remarquable par l'enthousiasme qu'elle respire (2).

IV

« Des occupations et des devoirs de différents genres, disait Cabanis, ne m'ont pas permis de conduire à sa fin un si grand ouvrage ». En effet, il devenait, en l'an III, professeur d'hygiène

---

(1) « Rien, dit-il, ne fortifie davantage l'esprit, ne lui donne plus de souplesse, ne meuble la mémoire de plus de sensations, d'images, de mouvements et de tours variés, que la lecture des bons écrivains dans les différentes langues ; et l'instruction n'est, en quelque sorte, qu'ébauchée quand on n'a pas entendu, dans leur idiome natal, les accents intraduisibles de ces génies originaux qui sont encore à plusieurs titres les bienfaiteurs de l'humanité ». On s'aperçoit encore que Cabanis a lu et relira Homère.

(2) « L'époque actuelle est une de ces grandes périodes de l'histoire vers lesquelles la postérité reportera souvent les yeux et dont elle demandera éternellement compte à ceux qui purent y faire marcher, plus rapidement et plus sûrement, le genre humain dans les routes de l'amélioration. Il n'est donné qu'à peu de génies favorisés d'exercer cette grande influence : mais dans l'état où sont les sciences et les arts, il n'est personne qui ne puisse contribuer à leurs progrès. Le moindre perfectionnement réel, dans l'art le plus obscur, rejaillit bientôt sur tous les autres, et les relations établies entre les différents objets de nos travaux, les font tous participer aux progrès de chacun. On voit, on sait, on démontre aujourd'hui qu'il n'est rien d'isolé dans les travaux de l'homme ; ils s'entrelacent, pour ainsi dire, comme les peuples dans leurs relations commerciales, ils s'entr'aident comme les individus unis par les liens sociaux... Il est donc maintenant permis aux hommes les plus obscurs d'aspirer à rendre des services importants, il est permis aux savants, aux gens de lettres, aux artistes, aux plus simples artisans d'aspirer à rendre des services généraux, de contribuer au perfectionnement commun... Et nous qui, dévoués au soulagement de l'humanité souffrante, tenons si souvent, dans nos mains, les intérêts les plus chers au cœur de l'homme ; nous, que l'importance de ces intérêts force à chercher des lumières de toutes parts et dont les études embrassent presque toutes les connaissances physiques et morales, pourrions-nous être seuls exceptés du droit de servir le genre humain tout entier par nos travaux et de concourir à ses progrès ? Non, sans doute. Réunissons donc nos efforts : portons, dans les études et dans la pratique de notre art, cette philosophie et cette raison supérieures sans lesquelles, bien loin d'offrir d'utiles secours, il devient le plus souvent un véritable fléau public : osons le rattacher, par de nouveaux liens, aux autres parties des connaissances humaines ; qu'elles en reçoivent de nouvelles et plus pures lumières : et qu'au moment où la nation française va consolider son existence républicaine, la médecine, rendue à toute sa dignité, commence elle-même une ère nouvelle, également riche en gloire et féconde en bienfaits ».

aux écoles centrales, puis il entrait à la section d'analyse des sensations et des idées. Un mois plus tard il y lisait des *Considérations générales sur l'étude de l'homme et sur les rapports de son organisation physique avec ses facultés intellectuelles et morales*. Dans la séance publique du 15 germinal, il indique le plan et le but des *Rapports du physique et du moral*. Puis il lit, en thermidor, l'*Histoire physiologique des sensations* ; en fructidor, l'*Étude de l'homme considéré par rapport à l'influence des âges sur la formation des idées et des affections morales*, le Mémoire sur *l'Influence des sexes*. Il est chargé d'examiner, avec Rœderer, les ouvrages de Werner ; avec Lacuée, un Mémoire sur *l'Insalubrité et le mauvais état des prisons* (1). Au commencement de la même année, il publie, dans le *Magasin encyclopédique*, une *Note sur le supplice de la guillotine*. Tout en s'élevant contre les « assassinats juridiques » de la Terreur et en demandant la suppression de la guillotine, il soutient que le moi n'existe que dans la vie générale et que les têtes des guillotinés n'éprouvent ni vives souffrances, ni vives angoisses.

L'an V, Cabanis examine, avec Daunou, la *Galerie historique et républicaine des hommes célèbres* ; avec Lacuée et Baudin, la question des secours publics. Avec Grégoire, Daunou, Dupont de Nemours, Lévesque et Fleurieu, il choisit les mémoires à imprimer ; avec Rœderer, il lit de nouveaux ouvrages de Werner. Il fait une seconde lecture des *Considérations générales sur l'étude de l'homme* et propose de rédiger une *Bibliothèque universelle* qui serait l'itinéraire des sciences, des lettres et des arts, parce que « le plus grand obstacle à la saine instruction et au progrès de l'esprit sera, un jour, l'immensité des livres au milieu desquels l'homme, non encore instruit, se trouve perdu sans savoir quelle route il doit prendre ». Puis il lit son Mémoire sur *l'Influence des tempéraments* et l'Institut décide qu'on imprimera en entier ce qu'il a communiqué des *Rapports*. En même temps qu'il publie ses *Mélanges de littérature allemande*, il collabore au *Conservateur*, avec Garat et Daunou, Chénier et Boisjolin, Sieyès et Talleyrand. Deux fois désigné par les professeurs de l'École de médecine, il fait un cours de perfectionnement de la clinique. Nous avons ses *Leçons* d'ouverture et

---

(1) Pour l'Institut, nous suivons les indications inédites que nous avons trouvées dans les cartons du secrétariat.

de clôture. La médecine touche à une grande révolution. Ses progrès reposent principalement sur la génération à laquelle Cabanis s'adresse. Destinée à vivre sous une constitution qui respecte et consacre tous les droits, elle va se trouver entourée des circonstances les plus propres à développer les talents ; elle a devant elle un avenir dont on n'avait point osé concevoir l'espérance. L'expérience de la vie, ajoutait-il, vous apprendra que les jouissances les plus étendues et les plus durables sont attachées à la combinaison des idées importantes et à la découverte des vérités utiles ; que le bonheur tient à l'accomplissement des devoirs qu'on s'est imposés et que la meilleure manière de travailler pour soi-même est de travailler pour ses semblables ; qu'en un mot, l'art d'être heureux n'est que celui d'être vertueux et bon. Heureux, disait-il encore, les maîtres qui, contribuant à développer et à perfectionner en vous les riches dons de la nature, s'associent ainsi d'avance à votre gloire ! Plus heureux encore ceux qui, par leurs leçons et leurs exemples, cultivent, dans vos âmes, le sentiment et l'amour de nos sévères devoirs, et qui se préparent, pour leur vieillesse, le consolant spectacle des succès qui vous attendent !

Le cours doit tendre à deux fins essentielles. D'un côté, il faut exposer les cas les plus rares et familiariser les esprits avec les circonstances extraordinaires qui se présentent dans la pratique ; tracer des règles propres à se guider d'après des observations analogues, quand manqueront les observations identiques, et faire sentir les rapports généraux qui lient ou rapprochent les maladies les plus diverses en apparence, les motifs communs qui font rentrer dans le même esprit et découler des mêmes vues les traitements, qu'au premier coup d'œil on peut croire les plus opposés ; enfin, simplifier les dogmes fondamentaux qui se rapportent à tous les cas et peuvent servir de lien à toutes les observations de détail. D'un autre côté, il faut traiter l'art d'étudier et d'observer, d'expérimenter et de raisonner, dans la science dont les objets sont le plus variés et le plus mobiles. Le plan d'un cours, où toutes les parties de la pratique seraient enchaînées dans l'ordre le plus naturel et naîtraient les unes des autres, ne peut être le fruit que de beaucoup de travaux et de méditations. Le triage des faits certains, ou douteux, ou faux, des vérités évidentes ou des conjectures et des erreurs, n'a pas été fait encore. Il faut revoir un nombre infini d'observations et tenter un nombre encore plus considérable d'expériences. Si l'on peut déjà lier, en systèmes partiels, celles qui se rapportent à certains fragments de l'art, il est impossible de bâtir un système général qui les distribue, les organise et les embrasse toutes.

Des ouvrages d'Hippocrate on peut rapprocher les découvertes modernes. Les règles de la méthode universelle n'ont été trouvées que dans ces derniers temps, et on n'a fait voir ni comment il convient de la transporter d'un genre à l'autre, ni quelles modifications il convient alors de lui faire subir. Dans les mathématiques, les signes ont exactement la même signification pour tous et les démonstrations sont rigoureuses. Les sciences physiques participent aux mêmes avantages, quand on peut y ranger les vérités dans l'ordre naturel de génération. Mais, pour ramener ainsi à des méthodes sûres et exactes toutes les branches des connaissances humaines, la tâche sera longue, car les objets sont mobiles et changeants. Il faut donc remonter aux esprits inventeurs, qui nous découvrent les lois auxquelles ils obéissent dans leur marche. Cela est surtout indispensable dans les sciences d'observation. Or, si les modernes ont créé l'art d'interroger la nature, ils ne peuvent, pour le talent de l'observation, lutter avec les Grecs, qui nous offrent, au degré le plus éminent et dans tous les genres, cette contemplation assidue et cette fidèle reproduction des procédés de la nature (1).

Hippocrate a eu le génie de l'inventeur au plus haut degré de perfection peut-être dont il est susceptible. Il a connu l'artifice des procédés de l'esprit ; il a exposé la manière dont nos idées se forment, les causes les plus ordinaires de nos erreurs, les moyens de nous en garantir, la marche générale à suivre pour découvrir les vérités et les rendre fécondes. Bien plus distinctement qu'Aristote, il attribue nos idées à la perception et à la combinaison des impressions reçues par les sens.

---

(1) « Savants, philosophes, poètes, artistes, tous présentent, à cet égard, un caractère commun, qu'il ne faut pas beaucoup d'attention pour reconnaître, et quand on veut étudier l'art de démêler et de saisir ce qui tient essentiellement aux formes générales ou à la marche constante des choses, de retracer chaque objet dans un dessin et avec des couleurs d'une égale vérité pour tous les pays et pour tous les siècles, de réveiller une grande quantité d'impressions accessoires, par la manière de choisir et d'associer les impressions principales, ce sont les génies de cette heureuse et grande époque qu'il faut consulter, qu'il faut méditer, dont il faut commencer par imiter la manière pour pouvoir se placer à côté d'eux et parvenir à les surpasser quelquefois ». On s'aperçoit ici encore que Cabanis a étudié Homère et Hippocrate ; on est préparé aux doctrines stoïciennes de la *Lettre sur les causes premières*.

Des généralités sur Hippocrate et sur ses ouvrages, prolégomènes des leçons, seront suivies par l'explication des *Aphorismes*, des *Pronostics* et des *Épidémies* dont il commentera « les sommités indicatrices ». Il terminera par des considérations générales sur les réformes qu'exigent l'étude et la pratique de la médecine, sur la manière dont il convient d'y appliquer les méthodes analytiques et par l'énumération des devoirs sacrés de la profession médicale.

C'est uniquement des devoirs du médecin que parle Cabanis dans son *Discours* de clôture. Les rapports moraux se fondent, disait-il, sur une certaine communauté d'idées et de sentiments : l'homme, éminemment sensible par sa nature, susceptible de partager les affections ou les pensées de tout ce qui l'entoure et d'imiter les actes dont il est le témoin, a en lui les sources de sa moralité, les principes de sa sociabilité et les causes de sa perfectibilité indéfinie : « C'est dans la volonté sentie en nous, ajoute-t-il, ou reconnue dans autrui, par ses signes propres, que consiste pour nous la moralité des actions humaines. La volonté est ce qu'il y a de plus indépendant, de plus pur, de plus précieux dans l'homme : c'est l'homme lui-même (1). C'est ce que nous donnons, quand nous n'avons rien à refuser ; c'est ce que nous sommes le plus jaloux de conquérir ; et les personnes que l'expérience et la réflexion ont le plus dégoûtées de toute espèce de puissance sont toujours touchées de celle qui s'exerce sur les cœurs ». La morale, connaissance des rapports qui s'établissent entre les hommes, art de les régler dans l'intérêt de tous et de chacun, ou science du bonheur, se résume dans cette formule, applicable à tous les individus et à toutes les circonstances : « Fais à autrui ce que tu veux qu'il te soit fait ». Comme la nature de l'homme, les règles générales de la morale sont immuables, et si la volonté de la puissance inconnue qui gouverne l'univers daigne se manifester à nous, ce ne peut être que par les lois auxquelles nous sommes soumis (2). Il faut consulter ses forces avant d'entreprendre de grandes études et de s'imposer de sévères devoirs. Il faut avoir le coup d'œil rapide et sûr qui fait le grand médecin ; une sen-

---

(1) Dans les *Rapports*, Cabanis renvoie à M. de Tracy pour établir que le moi réside exclusivement dans la volonté (II, 361).

(2) Cabanis parle de même à la fin du premier Mémoire sur *l'Histoire des sensations* (I, 160). Cf. Volney, ch. II, § 3.

sibilité vive et prompte, jointe au besoin habituel de réfléchir sur ce qu'on a senti ; la faculté d'imitation ou le talent de reproduire la nature, porté sur des objets essentiels ; la faculté de se former rapidement des tableaux distincts de toutes ses sensations et d'en conserver l'empreinte ineffaçable ; enfin celle de mettre toujours spontanément et, comme malgré soi, ses souvenirs à côté de ses impressions, pour en chercher les rapports. Il faut connaître les langues anciennes et modernes, pour lire les textes originaux et pour suivre les contemporains dans les routes qu'ils s'ouvrent. Il faut surtout étudier les moyens par lesquels l'esprit arrive à la connaissance de la vérité, les procédés qu'il emploie pour acquérir les idées les plus exactes et les plus simples, pour en déduire l'art de les appliquer aux recherches les plus compliquées et les plus difficiles ; il faut examiner les méthodes dans leurs applications particulières (1).

Enfin le médecin recherchera, dans les sciences étrangères, ce qui se rapporte aux principes les plus constants de son art ; dans son art, ce qu'il peut fournir aux autres sciences : « Car il est évident, ajoute Cabanis en indiquant le plan sommaire de son ouvrage capital, que l'étude des facultés intellectuelles et des passions de l'homme peut tirer de grandes lumières de la médecine ; que, par suite, la morale et l'art de l'éducation peuvent lui devoir un jour des vues nouvelles et, peut-être aussi, quelques moyens directs. Cette carrière, qui s'ouvre au génie, est belle et grande ; il ne s'y agit de rien moins que de perfectionner les principaux instruments du bonheur de l'homme, et l'homme lui-même ». Et il termine par l'éloge de Dubreuil, dont il cite en exemples le caractère, la science et le dévouement.

Au commencement de l'an VI, Cabanis crut que l'instruction nationale allait être organisée sur un plan « digne des lumières du siècle et de la majesté de la république ». Il lui parut nécessaire de déterminer les rapports des différentes sciences et d'en circonscrire le domaine respectif, afin d'y transporter, avec fruit,

(1) Aussi il sait gré à Fleury d'avoir voulu donner à l'étude des objets les plus communs une grande place dans l'instruction des enfants « promenés chez les ouvriers et les artistes, placés au milieu des ateliers et des manufactures ». Il loue Garat d'avoir formé, dans son ministère de l'instruction publique, le projet de constituer une collection de livres élémentaires, dans lesquels on aurait fait l'histoire de tous les matériaux que chaque profession façonne, la description des outils, des méthodes qu'elle emploie, pour obliger chaque ouvrier à les connaître avant d'exercer ses droits de citoyen.

les méthodes analytiques destinées à changer entièrement la face du monde intellectuel. En février 1798, il présentait à l'Institut, et la *Décade* annonçait à ses lecteurs, le *Degré de certitude de la médecine*, dédié aux membres de l'École de Paris.

La médecine, dit Cabanis, est la base de toute bonne philosophie rationnelle, car elle montre à nu l'homme physique, dont l'homme moral n'est qu'une partie ou une autre face. Elle fournit un fondement solide à la philosophie qui remonte à la source des idées et des passions. Elle doit diriger tout bon système d'enseignement et trouver, dans les lois éternelles de la nature, les fondements des droits et des devoirs de l'homme, tracer l'art de conduire, de perfectionner l'entendement et l'art du bonheur. Enfin, elle est éminemment propre à dissiper les fantômes qui fascinent et tourmentent les imaginations, à détruire toutes les croyances superstitieuses.

Dans l'*Introduction*, Cabanis affirme que, si les êtres sensibles peuvent être malades ou sains, c'est que le « plan de la nature » l'exigeait ainsi. Cette expression est l'énonciation d'un fait : à savoir qu'il y a des rapports réguliers et constants entre les diverses parties de l'univers. Ailleurs, il parle de la nature comme de la force qui produit les mouvements propres à chaque corps, ou de l'ensemble des lois qui les régissent, ce qui l'a fait appeler par Van Helmont l'*ordre de Dieu* (1). Quant à la philosophie des causes finales, elle n'a jamais pu soutenir un examen sérieux, quoique peut-être l'intelligence bornée de l'homme ait bien de la peine à la rejeter entièrement. Contre les philosophes qui regardent les lois de l'instinct comme résultant de certains raisonnements rapides et inaperçus, Cabanis soutient que les animaux sont dirigés par un guide secret, antérieurement à tout essai sur le choix de leurs aliments et même de leurs remèdes; que l'instinct se fait d'autant moins entendre, que le développement des facultés intellectuelles est poussé plus loin (2). Il ne cherche pas à savoir si les animaux ont été mieux partagés, avec l'instinct, que l'homme avec l'intelligence, parce qu'en fait la perfectibilité indéfinie de notre espèce ouvre à la raison un champ immense de jouissances et de bonheur.

(1) Il faut remarquer encore une fois les expressions « le plan de la nature » dont le sens sera développé dans la *Lettre sur les Causes premières* et « l'ordre de Dieu » qui montre qu'en 1798 Cabanis écrivait le mot dont il aurait voulu, a-t-on dit, interdire l'usage aux autres.
(2) Idées développées dans l'*Histoire des sensations* (*Rapports*, 134).

On peut ramener à sept les objections contre la certitude de la médecine : 1° Les ressorts secrets de la vie échappent à nos regards ; 2° la nature et les causes premières de la maladie nous sont absolument inconnues ; 3° les maladies sont si variées, si susceptibles de complications, qu'on ne saurait tirer, de leur observation la plus scrupuleuse, aucune règle fixe qui serve à les faire toujours reconnaître ; 4° la nature des remèdes, leur mode d'action sur nos corps sont un mystère pour nous ; 5° les expériences médicales sont encore plus difficiles que l'observation des maladies ; 6° la théorie de la médecine n'est pas la même dans tous les temps, sa pratique change d'un siècle à l'autre ; 7° l'exercice de la médecine demande tant de connaissances diverses, tant de sagacité, tant d'attention, tant de grandes qualités morales réunies, qu'on peut la regarder comme n'existant pas, ou plutôt, comme une arme dangereuse de l'ignorance et du charlatanisme. Cabanis examine chacune d'elles, non pour soutenir des préventions favorites, mais pour chercher sincèrement la vérité, qui, devant toujours à la fin s'élever sur les débris des opinions humaines, est la seule autorité qu'il puisse être à jamais honorable de reconnaître et de défendre (1).

L'homme ne connaît ni l'essence de la matière ni celle du principe secret qui détermine tous les phénomènes de l'univers. Les vraies causes, les causes premières sont aussi cachées pour lui que l'essence des choses, et les prétendues causes dont la connaissance l'enorgueillit, ne sont que des faits. Deux faits se trouvent-ils enchaînés l'un à l'autre dans un ordre successif, on dit que le premier est cause du second. Celui-ci devient cause à son tour, relativement à un troisième, et ainsi de suite jusqu'à cette « force spontanée », principe général du mouvement, puissance active et personnifiée chez la plupart des peuples sous des noms différents, mais dont il est impossible de nous faire d'autre idée que celle qui résulte directement des phénomènes de l'univers. Si on l'appelle « spontanée », on ne prétend pas exprimer sa nature, mais rendre l'impression qu'en reçoit l'intelligence bornée de l'homme en la voyant agir sans relâche, avec une activité toujours nouvelle et toujours renaissante d'elle-même (2).

(1) On retrouve la même idée chez tous les idéologues et chez leurs successeurs. Cf. ch. vii, § 4, A. Thierry.

(2) Cabanis développe ces idées sur la cause et l'effet (*Rapports*, I, 158), ce

D'ailleurs la connaissance de la cause première, à laquelle tant de profondes méditations et tant de veilles ont été si inutilement employées, n'est pas applicable aux besoins de l'homme, dont l'observation des faits est le partage et à qui elle suffit (1). De nouveau Cabanis rappelle le passage d'Hippocrate, antérieur à l'axiome énoncé par Aristote. Après Hippocrate encore, il soutient que, pour assurer sa marche dans toute science expérimentale, l'homme n'a besoin que de constater les faits, de leur donner, dans son esprit, l'ordre et les rapports qu'ils ont dans la nature et de n'en tirer que les conséquences qui s'y trouvent renfermées expressément. La certitude rigoureuse appartient exclusivement aux objets de pure spéculation ; dans la pratique, il faut se contenter d'approximations qui suffisent d'ailleurs à l'espèce humaine, pour assurer sa conservation et son bien-être. La conclusion reproduit une partie de la leçon de clôture sur Hippocrate (2).

Eymard rendit compte, dans la *Décade* du 10 fructidor an VI, de l'ouvrage de Cabanis. « Le C. Cabanis, en portant ses méditations sur un sujet d'un intérêt si général, et par cette raison si digne de son esprit et de son cœur, a bien mérité de l'humanité : il a l'élégance et la pureté du style, une logique exacte et pressante, des vues philosophiques très profondes et l'heureuse habitude des méthodes analytiques ». Après avoir cité les passages où Cabanis affirme que l'homme ne connaît l'essence de rien et ce que nous avons rapporté de la conclusion : « Voilà, dit-il, les conseils et le langage de la vraie

qui prouve que Birau n'a pas été le premier à parler de la doctrine de Hume. Quant aux causes premières, il en est question au même passage et dans la Lettre à Fauriel.

(1) Cabanis ne sera pas toujours de cet avis.

(2) « Oui, dit-il, j'ose le prédire ; avec le véritable esprit d'observation, l'esprit philosophique, qui doit y présider, va renaître dans la médecine ; la science va prendre une face nouvelle. On réunira ses fragments épars, pour en former un système simple et fécond comme les lois de la nature. Après avoir parcouru tous les faits, après les avoir revus, vérifiés, comparés, on les enchaînera, on les rapportera tous à un petit nombre de points fixes ou peu variables. On perfectionnera l'art de les étudier, de les lier entre eux par leurs analogies ou par leurs différences, d'en tirer des règles générales, qui ne seront que leur énoncé même, mais plus précis. On simplifiera surtout l'art, plus important et plus difficile, de faire l'application de ces règles à la pratique. Chaque médecin ne sera pas forcé de se créer ses méthodes et ses instruments... Des esprits médiocres feront, peut-être avec facilité, ce que des esprits éminents ne font aujourd'hui qu'avec peine, et la pratique, dépouillée de tout ce fatras étranger qui l'offusque, se réduisant à des indications simples, distinctes, méthodiques, acquerra toute la certitude que comporte la nature mobile des objets sur lesquels elle s'exerce ».

philosophie. Puissent-ils être généralement entendus, généralement appliqués à tous les objets qu'il nous importe de connaître et d'étudier » ! Enfin Eymard, dans une emphatique péroraison, montrait combien les recherches des idéologues intéressaient un certain nombre de leurs contemporains (1).

Et la *Société médicale*, qui publiait en l'an VI des mémoires de Bichat, de Pinel, de Richerand, de Roussel, se présente comme ayant, après l'auteur du *Degré de certitude de la médecine*, allié la médecine à la philosophie. Cabanis était alors représentant de Paris aux Cinq-Cents. A l'Institut il fut, au moment où l'on annonçait le premier volume des *Mémoires de la classe*, chargé avec Rœderer, Lebreton, Fleurieu et Tracy, d'examiner les projets de pasigraphie. Aux Cinq-Cents, il réclama des monuments pour Descartes et Montesquieu, Condillac et Mably.

C'est en l'an VI que se place un événement dont le récit, reproduit par tous les historiens, nous semble avoir été inventé après coup, quand il était de bonne guerre de prêter aux idéologues tout ce qu'on croyait propre à les déconsidérer. Si l'on en croit Aimé Martin, les collègues de B. de Saint-Pierre se seraient ligués contre lui à l'Institut et lui auraient reproché de croire en Dieu. Chargé de faire, pour le 3 juillet 1798, le rapport sur le concours de morale, il l'aurait terminé par une déclaration solennelle de ses principes religieux. Aux premières lignes de sa lecture, un cri de fureur se serait élevé de toutes les parties de la salle. « L'idéologue Cabanis (c'est le seul que nous nommerons), emporté par la colère, s'écria : Je jure qu'il n'y a pas de Dieu et je demande que son nom ne soit pas prononcé dans cette enceinte ! — Votre maître Mirabeau eût rougi des paroles que vous venez de prononcer, » aurait répondu B. de Saint-Pierre,

---

(1) « Grâce à l'analyse des Bacon, des Locke, des Condillac, grâce aux leçons éloquentes et si malheureusement interrompues de celui qui, en marchant sur leurs traces, a fixé notre attention sur leurs ouvrages (Garat), tandis que la tyrannie a perdu ses plus puissants auxiliaires, la raison s'est armée d'une force irrésistible ; le mensonge, l'erreur et l'ignorance, qui égaraient les hommes dans leurs recherches et qui, dans l'ordre social, les livraient en proie et comme de vils troupeaux au despotisme et à la superstition, ne seront plus entre les mains des prêtres et des rois des moyens d'aveuglement et d'oppression. La vérité a percé la nuit profonde ; la raison a dissipé les nuages ; la philosophie a brillé dans le ciel comme l'étoile du matin, et enfin l'astre radieux de la liberté s'est levé sur le monde ! O siècle d'éternelle mémoire ! O temps de miracles, et que de nouveaux prodiges appellent encore ! Hâte-toi de faire naître les heureuses générations qui doivent nous succéder. Nous avons assisté à ce grand spectacle, nous avons vécu. »

en se retirant, pour laisser l'assemblée décider, non s'il n'y a pas de Dieu, mais si elle permettra de prononcer son nom. Puis il aurait fait imprimer et distribuer, à la porte de l'Institut, le morceau qui terminait son rapport.

Aimé Martin représente B. de Saint-Pierre comme l'adversaire des philosophes. Rien ne justifie une telle assertion. Lui-même nous dit que d'Alembert fit avoir, à B. de Saint-Pierre, mille francs pour son manuscrit du *Voyage à l'île de France*. En outre, la *Décade* « le journal des philosophes » insère son écrit « à Virginie », rappelle que B. de Saint-Pierre, chargé de composer des *Eléments de morale républicaine*, tandis que Volney et Garat devaient traiter de la Déclaration des droits, de la Constitution et de l'histoire des peuples libres, fut nommé, avec eux encore, professeur aux Écoles normales. En 1796, elle donne un prospectus par lequel Bernardin annonce ses *Harmonies de la nature* « pour servir aux éléments de la morale et aux instituteurs des écoles préliminaires ». En 1797, c'est à elle qu'il envoie une lettre originale apportée par l'Océan dans une bouteille. Après cette fameuse séance, où il y aurait eu rupture complète entre lui et les philosophes, la *Décade* trouve que les élections de Paris (germinal an VII) se préparent bien et cite, parmi ceux qu'on songe à élire, Ginguené et Bernardin. Puis, quand les émigrés « se flattent avec impudeur d'obtenir leur radiation », c'est à la *Décade* que Bernardin envoie « des expériences nautiques, des observations diététiques et morales proposées pour l'utilité et la santé des marins dans les voyages de long cours ». Aussi donne-t-elle, en frimaire, les vers faits « pour le mariage du C. Saint-Pierre, par son ami Ducis ». Elle constate avec plaisir, au moment où on ridiculise, pour les faire proscrire, la philosophie et les idées libérales, que Bernardin s'exprime tout autrement au Lycée : « Chacun, disait-il en brumaire an X, raisonne d'après son état, sa religion, sa nation et surtout son éducation, qui donne la première et la dernière teinture à notre jugement. Le philosophe seul accorde sa raison sur la raison générale de l'univers, comme on règle sa montre sur le soleil ». C'est encore à la *Décade* qu'il communique la lettre du C. Brard, le jour même où ses rédacteurs se défendent contre les odieuses accusations de leurs adversaires. Enfin, en l'an XII, quand la *Décade* et les doctrines qu'elle défend sont tout à fait en défaveur, c'est par elle que Bernardin se plaint des contrefacteurs et annonce qu'il ouvre une souscription, pour celui de ses ouvrages qui lui a donné le plus d'amis, *Paul et Virginie* : « Dieu, disait-il après avoir indiqué le format, le prix et les conditions de la souscription, m'a fait la grâce de ne jamais manquer à mes engagements ».

Bernardin ne fut donc pas alors l'ennemi des philosophes (1). On pourrait d'ailleurs se demander comment l'Institut eût empêché de prononcer le nom de Dieu dans ses séances, quand de Lisle de Sales présentait *Dieu*, l'homme et la nature, comme objets d'étude pour la raison ; quand un membre de l'Institut priait, en vers « le Dieu très bon et très grand » d'augmenter le bonheur de la France ; quand Mercier y défendait les idées innées, que Grégoire y faisait l'apologie de Las-Casas et que Bouchaud donnait, comme assez exactes, les idées qu'a exposées, sur l'existence de Dieu, Cicéron dans les *Tusculanes* et le *De Natura Deorum* ou le *De Officiis*, puis reprochait à Sénèque d'avoir nié, en admettant les dieux et une Providence, les peines réservées aux méchants dans une vie future. Dupont (de Nemours), traitant un mois après le jour où Cabanis aurait demandé qu'on ne prononçât pas le nom de Dieu, des bases de la morale, remontait à une intelligence suprême, à qui tous les rapports sont connus et soutenait que ce n'est pas seulement en qualité de rémunérateur et de vengeur du crime, que Dieu est utile à la morale, mais qu'il en est le fondement nécessaire comme sagesse souveraine et type immense de toute vérité. Enfin comment Cabanis, dont nous avons rappelé les études théologiques et philosophiques, eût-il pu interdire aux autres d'employer un nom dont il s'était servi lui-même, dans le *Serment d'un médecin* et les *Observations sur les hôpitaux*, quand il avait trouvé, dans son second Mémoire, que l'inscription *Je suis ce qui est, a été et sera, et nul n'a connu ma nature* faisait parler d'une manière véritablement grande et philosophique la cause première, quand il venait encore, dans le *Degré de certitude de la médecine*, d'écrire que Van Helmont, prenant la nature au sens où il la définit lui-même, l'appelle l' « ordre de Dieu » ? (2)

---

(1) Voyez dans les *Mémoires de Sainte-Hélène* le jugement que porte Napoléon sur Bernardin. Voyez aussi le *Bernardin* d'Arvède Barine.
(2) Nous laissons encore de côté ce que dit Cabanis dans la *Vie de Franklin* et dans la *Lettre sur les causes premières*. Voyez ch. IV, § 4.

V

Au début de l'an VII, Cabanis, dans une *Lettre à un ami*, soutient que ce n'est pas le moment de harceler la commission des finances sur les projets qu'elle propose, puis cinq jours après avoir communiqué à l'Institut, en seconde lecture, son Mémoire sur *les Tempéraments*, il présente, aux Cinq-Cents, un remarquable rapport sur l'organisation des Écoles de médecine (29 brumaire). « La médecine, y disait-il, est fondée sur l'observation d'une classe de phénomènes réguliers, sur l'étude de certains mouvements, qui se succèdent et s'appellent dans un ordre invariable, sur la connaissance pratique de certains effets que l'art, soit en imitant, soit en contrariant la nature, vient à bout de produire méthodiquement. Elle a des principes, que l'esprit peut saisir ; ses connaissances peuvent former un ensemble méthodique : elle est donc véritablement une science ; ses procédés peuvent être soumis à des lois, elle est donc véritablement un art. L'utilité de la médecine doit être considérée, à plusieurs points de vue, par le philosophe et par le législateur. Elle apprendra à soulager, à guérir les maux des êtres souffrants ; elle tracera des règles sûres d'hygiène, appropriées à tous les tempéraments, à toutes les manières de vivre, à tous les climats ; elle surveillera les travaux publics, où la santé des citoyens est intéressée, dirigera toutes les mesures de police, dans les grandes maladies contagieuses ; elle inspectera les objets de subsistance que la fraude peut altérer, et motivera les jugements dans plusieurs questions de droit civil et commercial. Ses relations sont très intimes avec l'histoire naturelle et différentes branches de la physique, avec la philosophie rationnelle et la morale. Peut-être même saura-t-elle ramener, par l'effet immédiat de certaines impressions physiques, l'esprit égaré de l'homme au bon sens, à la vertu, au bonheur. Enfin, notre espèce est susceptible d'un grand perfectionnement physique ; c'est à la médecine d'en chercher les moyens directs, de s'emparer à l'avance des races futures et de tracer le régime du genre humain. Aussi l'enseignement de la médecine doit-il avoir pour but, outre les progrès particuliers de la science, l'augmentation de l'action qu'elle exerce sur les autres travaux de l'esprit, notamment sur la philosophie rationnelle et sur la morale « dont le flambeau devient d'autant plus nécessaire que toutes les superstitions étant évanouies, il s'agit sérieusement d'établir, sur des bases solides, le système moral de l'homme, et de faire une science véritable de la vertu et de la liberté ».

La création des Écoles de médecine a été un des grands bienfaits de la Convention ; elles ont produit de nombreux élèves, donné naissance à des ouvrages remarquables et attiré quantité d'étrangers. Aussi suffit-il de consolider et de perfectionner l'œuvre, en y joignant des chaires d'anatomie pathologique et d'accouchement, de chimie appliquée à l'étude et à l'enseignement de la médecine. « Nous sommes sortis, disait Cabanis à ses collègues en les conjurant d'organiser cette instruction nationale, victorieux de tous les orages révolutionnaires ; nous avons anéanti les armées des rois de l'Europe,... mais, je vous le dis avec le sentiment d'une profonde conviction, nous n'avons rien fait pour l'avancement de la liberté, pour le développement des idées et des habitudes républicaines, pour la conservation de notre nouveau gouvernement, si des principes solides ne remplacent les préjugés, si le bon sens et la saine instruction ne viennent joindre dans tous les cœurs, à l'énergie des sentiments libres, l'amour de l'ordre et le goût des utiles travaux. Cette révolution, qu'on peut appeler celle des idées et des mœurs, c'est à vous de la préparer, de la commander, en quelque sorte, par vos lois ». Et affirmant qu'il ne dépendait plus d'aucune puissance d'enchaîner l'esprit humain, qu'un mouvement désormais invincible entraînait toutes choses vers le plus grand perfectionnement, Cabanis invitait les législateurs à hâter ce mouvement bienfaiteur et à lui donner une meilleure direction !

Aussi son influence grandit tous les jours. Boisjolin le cite avec Garat, parmi les métaphysiciens supérieurs, qui appliquent le raisonnement exclusivement aux faits qu'ils ont pu observer et découvrir. Quand la doctrine de la perfectibilité est attaquée dans la *Décade* par le rédacteur des affaires de l'intérieur, c'est Cabanis qui la défend dans une lettre aussi intéressante qu'inconnue (1). Chef véritable de la seconde génération d'idéologues, il se fait le champion de Condorcet, le représentant le plus autorisé de l'école, dans le journal qui en est l'organe le plus

---

(1) Nous publions en appendice ce document qu'on peut regarder comme inédit, puisqu'il n'a été ni cité, à notre connaissance, par aucun de ceux qui ont étudié Cabanis, ni reproduit ou mentionné dans aucune édition de ses œuvres.

accrédité. La doctrine de la perfectibilité est bien loin d'être nouvelle et elle n'est point chimérique. La philosophie moderne ne cherche pas, comme on le dit trop souvent, à glacer tout enthousiasme ; elle ne s'occupe pas d'objets inintelligibles ou frivoles, d'idées creuses, de subtilités et d'abstractions, mais elle est la science des méthodes qu'elle fonde sur la connaissance des facultés de l'homme et qu'elle approprie à la nature des différents objets. Seule elle a vu que la liberté ne saurait être perfectionnée et conservée que par les lumières et elle a indiqué, comme l'un des premiers devoirs du législateur, celui de multiplier partout et de coordonner avec sagesse les moyens d'instruction. Mais aussi elle pense que les vérités les plus pures perdent une partie de leur autorité par suite des préjugés ; que jamais on n'aura assez perfectionné les notions qui servent de base à nos jugements pour qu'il ne reste plus rien à faire, soit afin d'étendre et de multiplier nos jouissances, soit afin d'en perfectionner les moyens. C'est à elle que, depuis Aristote jusqu'à Gravina, Beccaria, Smith et Diderot, on doit ce qui a été dit de mieux sur l'éloquence, la poésie, la musique et les arts du dessin (1). Et c'est à cause d'elle que les hommes qui la professent, se réjouissent de voir des savants ou des écrivains qui font mieux et vont plus loin qu'eux-mêmes, sont toujours prêts à témoigner estime et reconnaissance à tous les travaux qui contribuent à nous rapprocher du but.

Par une autre lettre adressée à la *Décade* (2), Cabanis prit la défense de l'Ecole polytechnique que Thomas de la Marne proposait de supprimer. Les amis de la liberté n'ont qu'à la citer, pour repousser victorieusement les reproches de vandalisme. Ceux qui s'intéressent aux progrès de l'instruction se consolent de l'état désastreux où se trouvent la plupart des autres écoles, en songeant que, du moins, les sciences physiques et mathématiques n'ont jamais été enseignées avec autant de moyens de tout genre. Les matières d'enseignement, ses professeurs illustres, les élèves distingués qu'elle a déjà fournis aux divers services publics, suffiraient à la défendre. Mais, pour répondre à des objections souvent répétées, il faut rappeler les vues qui la

---

(1) Cabanis reproduit les mêmes idées dans la *Lettre à Thurot* (ch. IV, § 3).
(2) Nous pouvons dire de cette lettre ce que nous disions de la précédente ; elle est aussi inconnue que si elle était inédite. Elle n'est pas signée, mais la table des matières la lui attribue formellement.

firent créer. Elle fut destinée à enseigner la théorie des sciences mathématiques et physiques, tandis que les écoles d'application (1) étaient exclusivement consacrées à l'instruction pratique. Rien de plus conforme à la nature des choses que cette distinction. La théorie est indispensable pour bien saisir les détails et les procédés de la pratique ; mais on porterait la confusion dans l'une et dans l'autre, si l'on mêlait l'étude de la première à celle de la seconde, si l'on ne rendait d'abord familier à tous les élèves l'instrument général dont ils ont besoin. L'Ecole polytechnique ne saurait être placée ailleurs qu'à Paris ; car là seulement on trouve des professeurs capables de tenir les élèves au courant de toutes les découvertes. D'ailleurs, en procédant ainsi, on répandra, dans toute la France, non seulement les connaissances exclusivement concentrées à Paris, mais encore les nouvelles méthodes qui fournissent le seul moyen utile d'égaliser en quelque sorte les esprits. Il ne saurait être non plus question de réduire les autres parties enseignées dans les écoles centrales pour y fortifier celles qui tiennent exclusivement aux sciences physiques et mathématiques, car cette réduction serait propre à détruire le peu qui nous reste d'enseignement. Il faut revenir aux pratiques des siècles et des pays les plus éclairés, à l'instruction littéraire, préliminaire indispensable et base de toutes les autres. Les élèves mêmes qui réussissent dans les sciences, mais n'ont pas une éducation littéraire suffisante, se ressentent toujours de cette lacune.

Cinq jours avant que Cabanis écrivît cette lettre, Bonaparte, de retour d'Égypte, assistait à la séance générale de l'Institut avec Monge et Volney. Cabanis, ami de Volney et de Sieyès, prit une part active au 18 Brumaire. On s'en est étonné fort souvent: « Il est vraiment surprenant, a-t-on dit (2), que des hommes comme Grégoire, Tracy, Cabanis, Gallois et plusieurs autres, aient pu se méprendre au point de fonder de grandes espérances sur les intentions de Bonaparte ». Qu'on s'aperçût en 1817 que le 18 Brumaire avait donné « naissance à un nouveau despote », il n'y avait rien d'étonnant. Il était peut-être plus difficile, en l'an VIII, de supposer qu'il en serait ainsi. Que Bonaparte ait

---

(1) Les observations de Thomas, disait Cabanis, lui ont été dictées plutôt par un zèle particulier pour l'école de Châlons, située dans son département, que par des considérations d'intérêt public.

(2) Lavaud, *Notice sur Grégoire*, 1817, Paris.

trompé, tout à la fois, les espérances des idéologues, qui attendaient un Washington, et celles des royalistes, qui voyaient en lui un Monk, cela est vrai encore. Mais les idéologues n'avaient-ils pas de bonnes raisons de croire que Bonaparte défendrait leurs idées ? C'est par Barras qu'il avait été choisi pour commander l'armée au 13 vendémiaire ; c'est par le Directoire, où siégeaient Barras, La Révellière-Lepeaux et Carnot, qu'il avait été nommé au commandement de l'armée d'Italie. Après le traité de Campo-Formio, il répondait aux compliments de Garat, *comme un philosophe qui aurait paru quelque temps à la tête des armées* : « Les vraies conquêtes, les seules qui ne donnent aucun regret, sont celles que l'on fait sur l'ignorance. L'occupation la plus honorable comme la plus utile pour les nations, c'est de contribuer à l'extension des idées humaines. La vraie puissance de la République française doit consister désormais à ne pas permettre qu'il existe une seule idée nouvelle qui ne lui appartienne ». Ami de Volney, il entreprenait, peut-être sur ses indications, l'expédition d'Égypte et faisait tous ses efforts pour décider D. de Tracy à l'accompagner. De retour en France, il reprenait ses relations avec Volney et Rœderer, et par ce dernier, avec Talleyrand et Sieyès. A cette époque, où l'on représente d'ordinaire « tous les grands personnages du gouvernement, de l'armée, de l'Institut, affluant chez le général et lui déférant en quelque sorte le pouvoir » (1), Bonaparte, dit Mignet, recherchait, avec une amabilité mêlée d'ambition, les entretiens d'un homme aussi respecté, qui était l'un de ses plus spirituels confrères à l'Institut et pouvait être l'un de ses soutiens aux Cinq-Cents. Il allait visiter Cabanis à Auteuil et demandait à voir Mme Helvétius (2). Comment Cabanis se serait-il défié, lui d'ailleurs si confiant et si peu disposé à soupçonner les hommes de mensonge, de celui qui estimait D. de Tracy et témoignait de la déférence à Mme Helvétius, qui avait pour amis Volney, Rœderer, le défenseur de la philosophie attaquée par Rivarol, et enfin s'était exprimé à l'Institut comme un pur idéologue? D'ailleurs, il ne répugnait pas plus que Turgot ou Condorcet à employer des mesures despotiques pour établir la liberté. Il ne

---

(1) Sainte-Beuve, *Rœderer*, p. 361.
(2) Elle lui faisait parcourir son jardin et lui disait : « Je veux que vous sachiez, général, combien on peut être heureux avec deux arpents de terre. Vous pourrez arriver à la suprême puissance, mais vous n'y trouverez jamais le bonheur dont je jouis ici ».

condamnait, parmi les journées dans lesquelles, de 1789 à 1799, les partis avaient eu recours à la violence, que celles dont le but n'avait pas été de rendre les Français meilleurs, plus instruits et plus heureux.

Dans la commission des Cinq-Cents, formée pour préparer la Constitution, Cabanis défendit, à propos de l'emprunt forcé, la Révolution qui venait de s'accomplir (1).

A la fin de décembre, il donnait *Quelques Considérations sur l'organisation sociale et sur la nouvelle Constitution*. Après avoir contribué à préparer les événements de Brumaire et à les terminer, il démontre aujourd'hui, disait J.-B. Say (2), en vrai citoyen et en bon penseur, quelles en doivent être les heureuses conséquences; il ramène par la raison ceux qui n'avaient cédé qu'à la force. Cabanis répond à ceux qui ne voient que des ambitions personnelles dans la révolution de Brumaire (3). Puis, d'après les facultés et les besoins de l'homme, et en faisant abstraction d'un prétendu état de nature « pure fiction de l'esprit », il établit que le gouvernement doit être fort, pour protéger efficacement la liberté des individus; pondéré, pour ne pas

---

(1) Aux hommes de sang, à qui on avait arraché leur proie, aux agents de la royauté, qui voyaient qu'on n'avait pas travaillé pour eux et qui se réunissaient pour faire circuler des bruits sinistres, pour jeter l'alarme parmi les acquéreurs de biens nationaux, il répondait qu'il n'y aurait point de réaction, que les hommes du 18 et du 19 brumaire étaient les mêmes qui voulurent et préparèrent le 18 fructidor, pour arrêter les assassinats des brigands royaux et pour réprimer l'audace avec laquelle les émigrés parlaient de rentrer dans leurs anciennes possessions. A ses collègues, il disait qu'après avoir montré aux fanatiques révolutionnaires, ce qu'est le courage de la raison et de la conscience et ce que les modérés savent oser quand il le faut, ils montreraient maintenant ce que doit être l'énergie de la modération après la victoire, en ne poursuivant et ne châtiant que les actes considérés comme criminels par la morale de tous les pays et de tous les temps. Il laissait aux royalistes le loisir de chercher, dans leurs bassesses et leurs plates adulations, quelque image du régime qui fait l'objet de leurs regrets et affirmait qu'ils ne feraient point partager cette ivresse à ceux qu'ils en fatiguaient : « Des âmes fières et républicaines, disait-il, sont plus difficiles en louanges, elles n'acceptent que celles des hommes libres, et pour celui qui a servi dignement sa patrie, ce ne sont pas les adorations des valets, c'est l'approbation reconnaissante des citoyens qui flatte, élève et touche le cœur. Telle est la véritable gloire des véritables grands hommes, mais il faut presque en être digne pour bien en sentir le prix ». (*Décade*, 30 brumaire an VIII.)

(2) *Décade philosophique*, 10 nivôse an VIII.

(3) « Quelques personnes assez malheureuses pour ne chercher dans les actions humaines que des vues coupables ou viles, s'efforcent de rapporter à certaines ambitions personnelles la cause de ce dernier mouvement. Elles sont à plaindre de ne pouvoir pas même supposer qu'il existe des âmes assez généreuses pour attacher tout leur bonheur au souvenir d'un grand service rendu à leur pays, de ne pas croire qu'il y ait des fonctionnaires à qui la vie deviendrait insupportable, s'ils avaient négligé d'employer le genre et le degré d'influence qu'ils exercent sur les affaires publiques, pour faire cesser l'oppression de leurs concitoyens. »

opprimer ceux qu'il doit défendre; stable, parce que la durée améliore les bonnes institutions, mais ouvert aux améliorations et aux perfectionnements.

La Constitution nouvelle réunit les avantages de la démocratie et de l'aristocratie, de la monarchie et de la théocratie. Elle tient compte de la division des pouvoirs et du système représentatif : le peuple, incapable de remplir lui-même les diverses fonctions, est aussi incapable d'approprier à chacune les hommes dont le caractère et le talent y conviennent le mieux. Aussi, Cabanis vante-t-il le mode ingénieux d'élection proposé par Sieyès et dont Garat disait que, *nul n'étant exclu, il serait pourtant difficile qu'aucun fût mal choisi* (1). L'état de la France, en guerre à l'extérieur et à l'intérieur, justifie suffisamment la part considérable qu'on a faite au pouvoir exécutif, surtout en raison des garanties qu'offre, dit Cabanis, celui qui a été revêtu du titre de premier citoyen français, et J.-B. Say ajoute que le rôle d'un usurpateur et d'un roi est petit en comparaison de celui qu'il est appelé à remplir (2) ! — Cabanis (3)

(1) « Voilà la bonne démocratie, la voilà avec tous ses avantages : car l'égalité la plus parfaite règne entre tous les citoyens ; chacun peut se trouver inscrit sur la liste de confiance et y rester, en passant à travers toutes les réductions ; il suffit qu'il obtienne les suffrages... Voilà la démocratie purgée de tous ses inconvénients. Il n'y a plus ici de populace à remuer au forum ou dans les clubs ; la classe ignorante n'exerce plus aucune influence ni sur la législature, ni sur le gouvernement ; partant, plus de démagogues. Tout se fait pour le peuple et en son nom, rien ne se fait par lui ni sous sa dictée irréfléchie..., il vit tranquille sous la protection des lois... il jouit des doux fruits d'une liberté véritable ».

(2) J.-B. Say disait encore dans le même article : « Il ne faut point être surpris que les événements de brumaire aient obtenu, *comme ceux de 1789*, l'assentiment de tous les vrais citoyens, de tous les bons penseurs ».

(3) « Hommes paisibles et laborieux, vous serez protégés par des lois sages ; et l'exécution de ces lois sera remise entre les mains d'un gouvernement stable et fort.

« Propriétaires et capitalistes entreprenants, vos possessions vous sont garanties : le fruit de vos spéculations restera dans vos mains ; il deviendra la juste récompense de vos efforts : aucune entrave n'arrêtera l'essor de vos plans, aucune loi prohibitive ou rapace ne viendra les glacer, vous les mettre à contribution.

« Hommes de tous les partis, respirez enfin : toutes les dénominations de la haine sont abolies ; il n'y a plus maintenant que des Français. Vous ne pouvez plus être oppresseurs, mais aussi vous ne serez plus opprimés.

« Hommes religieux, de quelque manière que vous adoriez cette force inconnue de la nature, cette puissance toujours et partout active (voir ce que nous avons dit à propos de la séance légendaire de l'an X p. 214 sqq ; le passage présent est une nouvelle preuve en faveur de nos conclusions) que vous aimez à faire présider plus immédiatement aux destinées humaines, la liberté de votre culte sera protégée, et si vos dogmes contribuent à fortifier dans les cœurs la bonne et saine morale, ils seront respectés de ceux même qui ne les adoptent pas.

« Savants, hommes de lettres, artistes de tout genre, une carrière immense de gloire s'ouvre devant vous : vous travaillerez pour un peuple libre et sensé ; vos chefs-d'œuvre seront accueillis et proclamés avec enthousiasme, vos productions

terminait en exhortant chaleureusement les citoyens des différentes classes à soutenir et à défendre le nouveau pacte.

utiles seront appréciées par la raison, consacrées par la reconnaissance, et les récompenses nationales sont également réservées à celles qui peuvent augmenter le bien-être ou les jouissances des citoyens, comme à celles qui doivent honorer la patrie aux yeux des autres nations et de la postérité.

« Enfin, vous philosophes, dont toutes les méditations ont pour objet le perfectionnement et le bonheur de l'espèce humaine, ce ne sont plus de vaines ombres que vous embrassez maintenant. Après avoir assisté, dans les continuelles alternatives de l'espérance et de la douleur, à ce grand spectacle de notre Révolution, vous en voyez avec joie terminer le dernier acte : vous verrez surtout avec ravissement s'ouvrir enfin cette ère nouvelle si longtemps promise au peuple français, où tous les bienfaits de la nature, toutes les créations du génie, tous les fruits du temps, du labeur et de l'expérience seront mis à profit, ère de gloire et de prospérité où les rêves de votre enthousiasme philanthropique doivent eux-mêmes finir par être tous réalisés. »

CHAPITRE IV

CABANIS APRÈS LE 18 BRUMAIRE

Cabanis, devenu sénateur, ne devait garder longtemps ni son admiration pour la constitution de l'an VIII, ni sa confiance en Bonaparte. Mais en raison même de la part qu'il avait prise à l'établissement du régime nouveau, on accorda une attention plus grande à ce qui paraissait de lui dans les deux premiers volumes des *Mémoires* de la seconde classe (1).

Trois lettres enthousiastes de Thurot, dont la dernière parut quelques jours avant Marengo, les signalaient aux lecteurs de la *Décade*. Cabanis a, selon Thurot, placé les sciences métaphysiques et morales au rang des sciences physiques et naturelles ; il leur a donné un degré de certitude et d'évidence dont on aurait eu peine à les croire susceptibles. A la même époque, Biran travaille au premier Mémoire sur *l'Habitude* : « l'œuvre de Cabanis jette un nouveau jour, dit-il, sur la science de l'homme, et présage la création prochaine d'une nouvelle métaphysique ».

Rien de moins distinct et de moins saisissable, selon de Rémusat, que la doctrine des *Rapports*. Il a raison, s'il entend qu'on n'y trouve point de système métaphysique ou de réponses fermes aux questions d'origine, de nature ou de destinée (2) ; il a tort aux yeux de qui accepte le point de vue où s'est placé Cabanis, du rapport des phénomènes physiologiques et des phénomènes psychologiques. Et c'est là le seul rôle qui convienne à l'historien, soucieux de faire connaître le véritable fondateur, après Descartes, de la psychologie physiologique en notre pays. Aussi insisterons-nous tantôt sur la méthode ou la liaison des

---

(1) On y trouvait des *Considérations générales sur l'homme*, l'*Histoire physiologique des sensations*, l'*Influence des âges, des sexes, des tempéraments sur la formation des idées et des affections morales*, c'est-à-dire six des douze Mémoires dont la réunion forme les *Rapports du physique et du moral*.

(2) C'est ce qui explique les interprétations si différentes qu'en ont données, au point de vue métaphysique, les partisans et les adversaires.

idées, tantôt sur des vues originales, de manière à mettre en lumière ce qui peut expliquer le succès du livre.

I

C'est surtout le plan et le but que nous fournit la lecture du premier Mémoire. Belle et grande est l'idée de considérer toutes les sciences et tous les arts comme des rameaux d'une même tige, unis par une origine commune et par le résultat qu'ils sont destinés à produire, le perfectionnement et le bonheur de l'homme. Mais il en est qui se prêtent des secours plus nécessaires ou plus étendus. La physiologie, l'analyse des idées et la morale, sont les trois branches d'une seule et même science qui peut s'appeler, à juste titre, la science de l'homme. Les hommes qui ont cultivé avec le plus de succès la philosophie rationnelle, étaient presque tous versés dans la physiologie, ou du moins, les progrès de ces deux sciences ont toujours marché de front.

Les premiers sages de la Grèce étudièrent l'homme sain et l'homme malade pour lui conserver ou lui rendre la santé. La philosophie y naquit comme par une espèce de prodige, avec la plus belle langue que les hommes aient parlée (1). Pythagore et Démocrite, Hippocrate et Aristote créèrent des méthodes et des systèmes rationnels, y lièrent leurs principes de morale et fondèrent les uns et les autres sur la connaissance physique de l'homme. L'école de Pythagore fournit pendant plusieurs siècles des législateurs à toute l'ancienne Italie, des savants à toute la Grèce et des sages à l'univers. Son fondateur entrevit les éternelles transmutations de la matière, porta le premier le calcul dans l'étude de l'homme, et voulut soumettre les phénomènes de la vie à des formules mécaniques. Démocrite osa concevoir un système mécanique du monde, fondé sur les propriétés de la matière et sur les lois du mouvement. Ainsi il fut conduit à ne chercher les principes de la morale que dans les facultés de l'homme et dans les rapports des individus entre eux. Il indiqua les expériences comme un nouveau moyen d'arriver à la vérité. Il disséqua des animaux et chercha la solution des pro-

---

(1) Voyez la *Lettre à Thurot sur les Poèmes d'Homère.*

blèmes de métaphysique dans l'organisation de l'homme, comparée avec les fonctions de la vie et avec les phénomènes moraux. Hippocrate a fondu, dans ses écrits, la médecine et la philosophie, en commençant par étudier les faits. Il a formé des élèves qu'il entourait de tous les objets de leur étude, comme s'il avait été déjà initié à tous les secrets de la méthode analytique. Également en garde contre les généralisations portant sur des données insuffisantes et contre l'impuissance de l'esprit qui, ne sachant pas apercevoir les rapports, se traîne éternellement sur des individualités sans résultats, il sut appliquer, aux différentes parties de son art, les règles générales de raisonnement et la métaphysique supérieure qui embrasse tous les arts et toutes les sciences. Souvent il jeta un regard perçant sur les lois de la nature et sur les moyens par lesquels on peut les faire servir aux besoins de l'homme. Dans une phrase des Παραγγελίαι, il a fait l'histoire de la pensée.

Aristote fut un des esprits les plus éminents de l'antiquité. Le premier, il fit l'analyse complète et régulière du raisonnement. S'il était remonté à la formation des signes, s'il avait connu leur influence sur celle même des idées, il aurait peut-être laissé peu de chose à faire à ses successeurs. L'*Histoire des animaux*, dont Buffon n'a point fait oublier les admirables peintures, dévoile le secret de son génie. C'est dans l'étude des faits physiques, dans l'anatomie et la physiologie qu'il a acquis la fermeté de vue qui le caractérise et puisé les notions fondamentales de l'économie vivante, sur lesquelles sont établies et sa métaphysique et sa morale (1).

Bacon ouvrit de nouvelles routes à l'esprit humain. Il avait embrassé toutes les parties des sciences, mais spécialement la physique animale. Descartes qui, malgré ses erreurs, a rendu des services immortels aux sciences et à la raison humaine, a passé une grande partie de sa vie à disséquer. Le secret de la pensée lui parut caché dans l'organisation des nerfs et du cerveau. Il osa même déterminer le siège de l'âme et chercha à connaître les lois qui la régissent par des observations physiologiques. Hobbes avait plus médité que lu. Étranger à plusieurs parties des sciences, il introduisit cependant, dans les matières de pur raisonnement, une classification extrêmement métho-

---

(1) A ces quatre philosophes, Cabanis ajoute plus tard Épicure.

dique et une précision de langage qui n'a peut-être jamais été égalée (1). Locke a remonté aux sensations, véritable source des idées et à l'emploi vicieux des mots, véritable source des erreurs. Médecin, il préluda, par l'étude de l'homme physique, à ses découvertes dans la métaphysique, la morale et l'art social. Charles Bonnet fut grand naturaliste autant que grand métaphysicien. Helvétius, avec son esprit sage et étendu, Condillac, avec sa raison lumineuse et sa méthode parfaite, ont manqué des connaissances physiologiques qui auraient empêché le premier de soutenir le système de l'égalité des esprits, et fait sentir au second que l'âme, telle qu'il l'envisage, est une faculté, mais non pas un être, et que, fût-ce même un être, elle ne saurait avoir plusieurs des qualités qu'il lui attribue (2).

La sensibilité est le dernier résultat et le principe le plus général que fournit l'analyse des facultés intellectuelles et des affections de l'âme. Le physique et le moral se confondent donc à leur source; le moral n'est que le physique considéré sous certains points de vue plus particuliers. La vie est une suite de mouvements qui s'exécutent en vertu des impressions reçues par les différents organes. Les opérations de l'âme ou de l'esprit résultent aussi des mouvements exécutés par l'organe cérébral; ces mouvements, d'impressions ou reçues et transmises, par les extrémités sentantes des nerfs, dans les différentes parties, ou réveillées dans cet organe par des moyens qui paraissent agir immédiatement sur lui.

Du moment que nous sentons, nous sommes (3). Quand un objet a opposé des résistances à notre volonté, nous avons une idée de ce qui n'est point nous-mêmes. Nos sensations diffèrent entre elles; il y a une correspondance, soumise à des lois constantes, entre les sensations reçues par les différents organes; nous sommes assurés que, relativement à nous du moins, il y a, entre les causes extérieures, la même diversité qu'entre nos sensations.

La manière de sentir varie selon les individus. L'organisation

(1) « Ce qui ne l'a pas empêché, ajoute Cabanis, avec des principes si solides et un instrument si parfait, d'arriver à de misérables sophismes sur les plus grandes questions politiques ».
(2) Voilà un des passages où Cabanis, quittant le domaine positif, semble combattre la métaphysique spiritualiste.
(3) Sur cette transformation de la formule cartésienne, *Cogito, ergo sum*, voyez Thurot, *Décade*, 10 fructidor an XIII; Destutt de Tracy, *Logique*, Discours préliminaire, p. 138 (1825). Cf. aussi Turgot, art. *Existence* (Introduction).

primitive où le tempérament, le sexe mettent entre eux de notables différences. L'âge et l'état de santé ou de maladie amènent, chez l'individu, des variations dans la manière de sentir. Enfin le climat, le régime, le caractère ou l'ordre des travaux, c'est-à-dire l'ensemble des habitudes physiques, la modifient puissamment. A ce point de vue l'étude physique de l'homme peut fournir, au philosophe, au moraliste et au législateur, des lumières nouvelles sur la nature humaine et des vues fondamentales sur son perfectionnement. De là le plan des *Rapports*. Après l'histoire physiologique des sensations devaient venir celle des tempéraments, le tableau physique et moral des sexes, puis des âges, la détermination précise de l'influence des climats et l'histoire de l'instinct, la théorie des délires, du sommeil et l'analyse physiologique de la sympathie, l'examen des effets de l'hygiène sur les opérations morales et des considérations touchant l'influence des maladies sur le caractère des idées et des passions, l'analyse de la réaction du moral sur le physique et des vues générales relatives à l'action que la médecine peut exercer sur le moral (1). On aura sur ce point, disait Cabanis, tout ce qui peut devenir d'une application directe dans les travaux du philosophe, du moraliste et du législateur. On dissipera les derniers restes de plusieurs préjugés nuisibles et on donnera une base, solide et prise dans la nature même, à des principes sacrés qui, pour beaucoup d'esprits éclairés d'ailleurs, ne reposent encore que sur des nuages. Et Cabanis terminait par une éloquente apologie du gouvernement républicain, par un véhément réquisitoire contre la tyrannie et la royauté (2).

Le second et le troisième Mémoire contiennent l'*Histoire physiologique des sensations*. L'auteur se propose de remplir d'abord les lacunes qui séparent encore les observations de l'anatomie ou de la physiologie et les résultats de l'analyse philosophique. On n'est pas réduit, dit-il dans un passage souvent cité, à prouver que la sensibilité physique est la source de toutes les idées et de toutes les habitudes qui constituent l'existence morale de l'homme. Locke, Bonnet, Condillac, Helvétius ont porté cette vérité jusqu'au dernier degré de la démonstration. Parmi les personnes instruites, et qui font quelque usage de leur raison, il n'en est maintenant aucune qui puisse élever le

(1) Ce plan fut modifié, voyez § 2.
(2) Voyez ce passage supprimé dans l'édition de 1803 (Appendice).

moindre doute à cet égard (1). Mais les physiologistes ont établi que les mouvements vitaux sont le produit des impressions reçues par les parties sensibles, et ces impressions sont la source des idées et des mouvements vitaux. Or toutes les déterminations des animaux sont-elles, comme l'a cru Condillac, le produit d'un choix raisonné et, partant, le fruit de l'expérience ? ou plusieurs d'entre elles ne se forment-elles pas, le plus souvent, sans que la volonté des individus y puisse avoir d'autre part que d'en mieux diriger l'exécution et de manière à constituer ce qu'on appelle l'instinct ? De même la sensibilité est-elle l'unique source des mouvements organiques ? ou est-ce d'une propriété distincte, l'irritabilité, que dépendent un certain nombre d'entre eux ?

Les deux questions se tiennent. S'il y a des mouvements relevant de l'irritabilité, c'est à elle aussi qu'on rattachera les déterminations sans choix et sans jugement. S'il y a des déterminations et des mouvements dont l'individu n'a pas conscience, il faudra distinguer l'impulsion qui porte l'enfant à sucer la mamelle de sa mère, du raisonnement qui nous fait préférer des aliments, déjà trouvés bons, à des aliments déjà trouvés mauvais et ne plus dire que les idées nous viennent toutes par les sens. La seconde question n'est guère qu'une question de mots, quoique l'hypothèse de Stahl ait plus de simplicité et que l'unité du principe physique y corresponde mieux à l'unité du principe moral (2). Il n'en est pas de même de la première. Le mouvement est, pour l'homme, le signe de la vitalité. Un certain nombre de nos mouvements sont volontaires ; d'autres, comme les secrétions, la circulation, etc., se font à notre insu. Une même cause, la sensibilité, peut-elle produire des effets si divers ? Dans l'homme, les nerfs sont le siège particulier de la sensibilité qu'ils distribuent dans tous les organes dont ils forment le lien général. Entre ces organes ils établissent une correspondance plus ou moins étroite et en font concourir les fonctions diverses à la vitalité commune. Aussi quand on lie ou coupe tous les troncs de nerfs qui se subdivisent et se répandent dans une partie du corps (3), cette partie devient entièrement insensible ;

---

(1) C'est en s'appuyant sur des assertions analogues qu'on a pu faire des idéologues de purs disciples de Condillac; mais Cabanis va lui-même modifier la formule et la rendre absolument différente de ce qu'elle était chez Condillac.

(2) Cabanis se montre assez disposé à l'accepter dans le dixième Mémoire (cf. § 2).

(3) Cf. ch. III, § 4 ce que Cabanis dit après Galien.

puis, incapable de produire des mouvements volontaires ; enfin, toute fonction vitale est anéantie. L'irritabilité doit être ramenée à la sensibilité. Le mouvement n'est qu'un effet de la vie, et les nerfs sont l'âme véritable des mouvements des fibres musculaires. En outre, c'est de la sensibilité seule que dépend la perception de nos propres organes et des objets extérieurs. C'est en vertu de ces perceptions et des jugements que nous en tirons que s'exécutent les mouvements volontaires : les organes moteurs sont donc soumis aux organes sensitifs et ne sont animés et dirigés que par eux. Enfin les mouvements involontaires et inaperçus dépendent d'impressions reçues par les diverses parties des organes, et ces impressions, de la sensibilité de ces parties.

Les impressions viennent des objets extérieurs et sont presque toujours aperçues par la conscience. Ou bien, reçues dans les organes internes et produites par les diverses fonctions vitales, elles passent inaperçues de la conscience et déterminent des mouvements dont nous ignorons la cause. Les philosophes analystes ont toujours négligé les dernières. En ce sens, Condillac a eu tort de dire que toutes nos idées nous viennent des sens et par les objets extérieurs. Car les impressions internes contribuent à la production des déterminations morales et des idées (1).

Il resterait à faire, pour elles, ce que Condillac a fait pour les impressions externes, à déterminer quelles affections morales et quelles idées en dépendent particulièrement ; puis à les classer et à les décomposer, afin d'assigner à chaque organe celles qui lui sont propres ou qu'il concourt à produire. La seconde opération est actuellement impossible. On peut, jusqu'à un certain point, exécuter la première. L'existence du fœtus est

(1) « Ainsi dans certaines dispositions des organes internes, et notamment des viscères du bas-ventre, on est plus ou moins capable de sentir ou de penser. L'état de ces viscères peut même occasionner la folie, dont, très souvent aussi, les organes de la génération sont le siège. Les songes, les rêveries qui suivent l'emploi des liqueurs enivrantes et des narcotiques, les dispositions vagues de bien-être ou de mal-être, que chacun éprouve journellement et qui dépendent de dérangements, plus ou moins graves, dans les parties internes du système nerveux, prouvent que les impressions, résultant des fonctions de plusieurs organes internes, contribuent à produire les idées et les déterminations morales ». Si Cabanis insiste, c'est qu'il « s'agit d'un des points les plus importants de la physiologie (psychologie dans l'ouvrage) et que le plus sage peut-être de tous les analystes, Condillac, s'est évidemment déclaré pour l'opinion contraire ». Remarquer tout ce passage où Cabanis se sépare de Condillac.

concentrée dans les impressions internes, dans les penchants, les déterminations qui en résultent, et donnent naissance aux mouvements des derniers temps de la grossesse. Quand l'enfant a vu le jour, les appétits, qui dépendent de son organisation et du caractère de sa sensibilité, se montrent avec évidence et mettent au jour le résultat sensible des opérations singulières que les lois ordonnatrices (1) ont conduites avec tant de lenteur et de silence. Avant d'avoir pu combiner les impressions qui l'assaillent en foule, l'enfant a des goûts, des penchants, des désirs. Il suce, en mettant en œuvre un mécanisme très savant aux yeux du physicien, le sein de sa nourrice ; il exprime, par des mouvements distincts des muscles de la face, presque toute la suite des affections générales, propres à la nature humaine. C'est dans les impressions intérieures, dans leur concours simultané, dans leurs combinaisons sympathiques et dans leur répétition continuelle pendant le temps de la gestation, qu'il faut chercher la source de ces penchants, du langage de la physionomie qui les exprime, des déterminations qu'ils produisent.

De même, les petits des oiseaux nous fournissent des faits, qui se rapportent à leur structure particulière, aux progrès qu'ils ont faits dans la vie et au rôle qu'ils doivent y remplir (2).

Les phénomènes qui tiennent à la maturité des organes de la génération se produisent par le même mécanisme : ils ne sont le fruit d'aucune expérience, d'aucun raisonnement, d'aucun choix fondé sur le système connu des sensations. De même l'oiseau agite ses ailes privées de plumes, le chevreau frappe des cornes qu'il n'a pas encore. Mais, de tous les penchants qu'on ne peut rapporter à l'habitude, l'instinct maternel est le plus fort. Le temps qui précède la maternité nous montre, chez les animaux, une suite d'actions inexplicables dans la théorie

---

(1) A remarquer pour l'intelligence de la *Lettre sur les Causes premières*.
(2) « Les petits des gallinacés marchent en sortant de la coque, courent après le grain et le saisissent, avec le bec, sans aucune erreur d'optique. Les petits chiens et les petits chats sentent de loin l'approche de leur mère et la distinguent de tout autre animal de son espèce et de son sexe. Les petits des brebis et des chèvres vont, au moment même de leur naissance, chercher leur mère à des distances considérables».Cabanis revient, dans le dixième Mémoire, sur l'importance que présentent l'étude du fœtus et la détermination de l'échelle idéologique des êtres. Il a expliqué lui-même pourquoi il n'a pas craint de se répéter (II, 511) : c'est que ses idées s'éloignant beaucoup de la manière commune de voir, leurs principaux résultats étant absolument nouveaux, il a préféré se répéter plutôt que de ne pas mettre sa pensée dans tout son jour.

de Condillac. Les oiseaux construisent les édifices les plus ingénieux ; la forme en est toujours la même, pour chaque espèce, dans tous les temps et dans tous les pays ; elle est, chez toutes, la mieux appropriée à la conservation et au bien-être des petits, au climat et aux divers dangers qui les menacent (1). Enfin on peut rattacher encore les effets produits, par la mutilation, sur les penchants et les appétits singuliers qui se manifestent dans certaines maladies, aux déterminations dont l'ensemble forme l'instinct et dont la cause est dans les impressions intérieures.

Aux impressions internes appartiendra donc l'instinct, aux impressions externes, le raisonnement. L'instinct est plus puissant et même plus éclairé dans les animaux que dans l'homme. Il l'est d'autant moins que l'intelligence s'exerce davantage, car chaque organe a une faculté de sentir limitée qui ne peut être reculée qu'aux dépens des autres, puisque l'être sensitif n'est capable que d'une certaine somme d'attention qui cesse de se diriger d'un côté quand elle est absorbée de l'autre (2).

Mais il reste une grande lacune entre les impressions internes ou externes et les déterminations morales ou les idées. Est-il impossible de travailler sûrement à la remplir ?

On ne peut concevoir la nature animale sans le plaisir et la douleur, dont les phénomènes sont essentiels à la sensibilité, comme ceux de la gravitation et de l'équilibre, aux mouvements des grandes masses de l'univers. Quand les extrémités sentantes se contractent, il y a douleur ; quand elles se relâchent et s'épanouissent, il y a plaisir. L'organe sensitif produit le sentiment, en réagissant sur lui-même, comme il réagit sur les fibres musculaires, pour produire le mouvement. La sensibilité est comme un fluide dont la quantité totale est déterminée, et qui, toutes les fois qu'il se porte en plus grande abondance dans un de ses canaux, diminue proportionnellement dans les autres. Mais la réaction de l'organe sensitif sur lui-même pour produire le sen-

(1) Bonnet a rassemblé, sur cet objet, dit Cabanis en montrant clairement le point de vue auquel il se place, des détails curieux dans sa *Contemplation de la nature*, pour en étayer, il est vrai, la philosophie des causes finales ; mais ce n'est pas un motif pour rejeter ses intéressantes observations, car la philosophie rationnelle analytique doit commencer à marcher d'après les faits, à l'exemple de toutes les parties de la science humaine qui ont acquis une véritable certitude.

(2) Les mêmes idées sont reprises dans le dixième Mémoire. Remarquez l'équivalent de la formule « l'instinct est en raison inverse de l'intelligence », qu'on ne songe guère d'ordinaire à rapporter à Cabanis.

timent, et sur les autres parties, pour produire le mouvement, part toujours d'un des centres nerveux, moelle épinière, cerveau, ganglions, etc.; l'importance de ce centre est toujours proportionnée à celle des fonctions vitales que la réaction détermine ou à l'étendue des organes qui les exécutent.

Aussi l'intégrité, dans les fonctions, suppose celle des organes. La pensée, dit Cabanis, dans un passage célèbre, ne saurait exister quand le cerveau manque, elle s'altère plus ou moins quand il est mal conformé ou malade : « Pour se faire une idée juste des opérations de la pensée, il faut considérer le cerveau comme un organe particulier destiné spécialement à la produire, de même que l'estomac et les intestins à opérer la digestion, le foie à filtrer la bile, les parotides et les glandes maxillaires et sublinguales à préparer les sucs salivaires. Les impressions, en arrivant au cerveau, le font entrer en activité, comme les aliments, en tombant dans l'estomac, l'excitent à la secrétion plus abondante du suc gastrique et aux mouvements qui favorisent leur dissolution. La fonction propre de l'un est de se faire des images de chaque impression particulière, d'y attacher des signes, de combiner les différentes impressions, de les comparer entre elles, d'en tirer des jugements et des déterminations ; comme la fonction de l'autre est d'agir sur les substances nutritives dont la présence le stimule, de les dissoudre, d'en assimiler les sucs à notre nature. Dira-t-on que les mouvements organiques par lesquels s'exécutent les fonctions du cerveau nous sont inconnus? Mais l'action par laquelle les nerfs de l'estomac déterminent les opérations différentes qui constituent la digestion, mais la manière dont ils imprègnent le suc gastrique de la puissance dissolvante la plus active, ne se dérobent pas moins à nos recherches. Nous voyons les aliments tomber dans ce viscère, avec les qualités qui leur sont propres, nous les en voyons sortir avec des qualités nouvelles ; et nous concluons qu'il leur a véritablement fait subir cette altération. Nous voyons également les impressions arriver au cerveau par l'entremise des nerfs : elles sont alors isolées et sans cohérence. Le viscère entre en action, il agit sur elles et bientôt il les renvoie métamorphosées en idées, que le langage de la physionomie et du geste, ou les signes de la parole et de l'écriture, manifestent au dehors. Nous concluons, avec la même certitude, que le cerveau digère en quelque sorte les impressions, qu'il fait organiquement la secrétion de la pensée » (1).

Toutes les conclusions obtenues en s'appuyant sur les faits, à la manière des physiciens et en marchant de proposition en proposition, à la manière des géomètres, donnent, pour unique principe des phénomènes de l'existence animale, la *faculté de sentir*. Quelle est la cause, la nature, l'essence de cette faculté ? Des philosophes ne feront pas ces questions. Nous n'avons d'idée des objets que par les phénomènes observables qu'ils nous présentent : leur nature ou leur essence ne peut être pour nous que l'ensemble de ces phénomènes. Nous n'expliquons les phénomènes qu'en les rattachant à d'autres déjà connus auxquels ils ressemblent ou succèdent. Quand il y a ressemblance, nous les rattachons d'autant plus étroitement que la ressemblance est plus parfaite ; quand il y a succession constante, nous établissons entre eux les relations exprimées par les deux termes d' « effet » et de « cause ». Les faits généraux ne s'expliquent point : s'ils se rapportaient, par ressemblance, à un autre phénomène, ils se subordonneraient à lui ou se confondraient avec lui ; s'ils se rattachaient à d'autres phénomènes comme à leurs causes, ils cesseraient encore d'être des faits généraux. Les faits généraux *sont* parce qu'ils *sont* : on ne peut expliquer l'attraction, dans la physique des masses ; on ne doit pas plus vouloir expliquer la sensibilité, le fait général de la nature vivante, dans la physique animale et dans la philosophie rationnelle. On n'a pu la rattacher encore à aucun autre fait plus général de la nature universelle ; il est vraisemblable qu'on ne le pourra jamais, et quand même on arriverait à l'expliquer un jour (2), nous n'en saurions point davantage sur les causes premières, dont on a

---

(1) Lewes (*History of Philosophy*) remarque que Cabanis, par une phrase malheureuse, a donné l'avantage à ses adversaires et empêché le progrès de ses propres doctrines. Il soutient que Cabanis n'a jamais pensé que le cerveau secrète la pensée comme le foie, la bile. C'est ce que dit aussi avec raison Peisse. Il faut remarquer d'ailleurs que Descartes a dit lui-même : « Ceux qui *digèrent* le mieux leurs pensées afin de les rendre claires et intelligibles ». (*Discours de la Méthode*.) Constatons encore que Cabanis ne connaissait pas plus d'une façon positive le phénomène de la digestion que nous ne connaissons aujourd'hui « toutes les fonctions cérébrales ». Que de fois l'*obscurius* a-t-il été employé à éclaircir l'*obscurum* !

(2) Cabanis est plus affirmatif dans l'ouvrage : « En supposant, dit-il, p. 158, ce qui n'est pas impossible en effet, qu'on puisse découvrir un jour la liaison que la sensibilité peut avoir avec certaines propriétés bien reconnues de la nature ». Nous assistons ainsi aux fluctuations de sa pensée. Réservant, ce semble, les recherches métaphysiques pour un autre temps ou se refusant à les entreprendre alors, il ne laisse pas de donner à entendre qu'il entrevoit quelquefois plus de probabilités dans telle ou telle solution.

déjà dégagé beaucoup de phénomènes, sans les éclairer elles-mêmes en aucune façon.

L'inscription de l'un des temples anciens faisait parler, d'une manière vraiment grande et philosophique, la cause première de l'univers : *Je suis ce qui est, ce qui a été, ce qui sera, et nul n'a connu ma nature*. Une autre inscription disait: *Connais-toi toi-même*. La première est l'aveu d'une ignorance inévitable ; la seconde est l'indication formelle et précise du but que doivent se tracer la philosophie rationnelle et la philosophie morale.

Dans le deuxième Mémoire sur l'*Histoire physiologique des sensations*, Cabanis parle des impressions que l'organe sensitif reçoit, par les changements qui se passent dans son intérieur, des mouvements et des déterminations qu'elles produisent. Il explique ainsi certaines formes de la folie, de l'épilepsie et les affections extatiques. Entre l'état où toutes les opérations sont interverties et l'état naturel où leurs phénomènes suivent des lois plus connues, il y a des nuances intermédiaires (1). Une attention forte, une méditation profonde suspendent l'action des organes sensitifs externes ; les opérations de la mémoire et de l'imagination s'exécutent, le plus souvent, sans aucune intervention de causes situées hors de l'organe sensitif. Quelquefois l'action spontanée de cet organe est bornée à l'une de ses divisions : ainsi certains vaporeux se croient si légers qu'ils craignent d'être emportés par le moindre vent, ou sentent grossir leur nez d'une manière distincte. Un homme, atteint d'un abcès dans le corps calleux, sent son lit se dérober sous lui, et est poursuivi, depuis six mois, par une odeur cadavéreuse. Un autre se sent tour à tour étendre et rapetisser, pour ainsi dire, à l'infini (2).

Les mouvements qui dépendent des impressions spontanées de l'organe sensitif, sont soumis aux mêmes lois ; un mouvement général ou partiel des parties vivantes suppose, dans le centre nerveux qui le produit, un mouvement auquel il ressemble ; il s'étend, par sympathie, dans divers organes, ou se concentre dans un seul. Ainsi il y a dans l'homme, comme l'a dit Syden-

---

(1) Voyez la *Psychologie de l'attention*, où M. Ribot a étudié avec pénétration et originalité « les états morbides de l'attention ». On s'aperçoit que la physiologie a fait bien des progrès et que la psychologie en a profité. Mais en lisant Cabanis on peut constater que l'on était, en 1800, sur la voie qui a conduit M. Ribot à ses recherches si importantes pour la connaissance psychologique de l'homme.

(2) Ces deux derniers cas sont des observations personnelles de Cabanis. Voyez Taine, *De l'Intelligence*, et Ribot, *Maladies de la Volonté*.

ham, un homme intérieur, doué des mêmes facultés et des mêmes affections : c'est l'organe cérébral. On compte, par suite, trois opérations distinctes de la sensibilité : elles se rapportent aux organes des sens ou aux parties internes, surtout aux viscères de la poitrine et du bas-ventre, ou à l'organe cérébral lui-même.

Mais en quoi consiste l'intégrité du cerveau, de la moelle épinière, du système nerveux en général ? Sans cerveau on ne pense point, et les maladies du cerveau apportent des altérations, analogues et proportionnelles, dans les opérations de l'esprit. Les opérations intellectuelles ne s'exécutent bien que si les impressions ont une vivacité déterminée. Il y a des rapports directs entre la manière dont le sentiment se forme et celle dont le mouvement se détermine. Les forces motrices s'engourdissent et s'éteignent, quand la sensibilité ne les renouvelle pas ; perdent de leur stabilité et de leur énergie, quand les impressions sont trop vives et trop multipliées. L'énergie et la persistance des mouvements se proportionnent à la force et à la durée des sensations.

Les idées et les déterminations que forme directement le système nerveux sont produites par des mouvements exécutés dans ce système, et soumises aux lois qui règlent l'action de nos membres. Si les déterminations naissent d'impressions produites dans l'organe sensitif, elles sont persistantes et dominantes, comme chez les maniaques. Si elles viennent des extrémités sentantes internes et des organes où elles aboutissent, comme les déterminations instinctives, elles sont déjà moins persistantes et moins tenaces. Enfin, les sensations proprement dites, les seules dont se soient occupés les idéologistes, arrivent par les organes des sens et sont les moins profondes et les moins continues.

La pulpe cérébrale paraissant partout la même, la différence des impressions tient, ce semble, à la structure différente des organes, à la manière dont les extrémités des nerfs s'y épanouissent et dont agissent, sur ces épanouissements, les causes extérieures. Le toucher est le sens général, dont les autres sont des modifications. Les extrémités de la pulpe cérébrale, très enveloppées et recouvertes, dans la peau, le sont moins dans les organes du goût, de l'odorat et de l'ouïe ; elles sont presque à nu et très épanouies dans celui de la vue. Mais quelles sont les circonstances les plus évidentes et les plus générales qui sont propres aux fonctions de chacun des organes des sens? C'est une loi constante de la nature animée, que le retour fréquent des impressions les rend plus distinctes, que la répétition des mouvements les rend plus faciles et plus précis, mais aussi que des impressions trop vives et trop souvent répétées s'affaiblissent (1). Par contre, le tact est le premier sens qui se développe, le dernier qui s'éteint avec la sensibilité et la vie. Les impressions du goût étant courtes, changeantes, multiples, tumultueuses et souvent accompagnées d'un vif désir, on n'arrive que fort lentement à discerner les saveurs, fort difficilement à se les rappeler. Si celles de l'odorat sont fortes, elles émoussent la sensibilité de l'organe ; si elles sont constantes, elles ne sont plus aperçues et, laissant peu de traces, ne peuvent être rappelées que très difficilement par la volonté. Mais grand est leur retentissement dans le système nerveux, le canal alimentaire et les organes de la génération.

C'est à la vue et à l'ouïe que nous devons les impressions dont le souvenir est le plus durable et le plus précis, les connaissances les plus étendues. C'est que l'ouïe reçoit et analyse les impressions du langage parlé, et qu'en outre, le rythme du chant, de la poésie rend les perceptions plus distinctes et le rappel plus facile. L'œil s'exerce continuellement, ses impressions s'unissent à tous nos besoins, à toutes nos facultés, et continuellement peuvent se renouveler, se prolonger et se varier.

Si la perception et la comparaison se font vraisemblablement au centre commun des nerfs, qui seul est « le sens interne », chaque sens cependant paraît bien avoir sa mémoire propre. Car, en laissant de côté le tact, le goût et l'odorat, pour lesquels les faits ne manqueraient pas, on peut remarquer que les sons souvent entendus restent dans l'oreille, ou s'y renouvellent quelquefois d'une manière fort importune ; que si, après avoir regardé quelques minutes une fenêtre éclairée par le soleil, on ferme les yeux, la trace des impressions persiste ordinairement le double du temps qu'elles avaient duré (2).

(1) Cabanis avait donc, comme D. de Tracy (ch. v, § 2), et avant Biran, insisté sur l'habitude et son importance. Voyez ce qu'il en dit encore § 1.
(2) On peut voir, en lisant la *Psychologie allemande* et les *Maladies de la Mémoire* de M. Ribot, que la psychologie physiologique et la psycho-physique sont bien plus précises aujourd'hui qu'au temps où Cabanis écrivait ses Mémoires. Elles seraient, ce semble, arrivées plus tôt à ce résultat si l'on n'avait pas renoncé aux recherches inaugurées par les idéologues.

En résumé, la manière de recevoir les sensations nécessaires pour acquérir des idées, éprouver des sentiments ou avoir des volontés, en un mot, pour *être*, diffère, suivant les individus et dépend de l'état des organes, de la force ou de la faiblesse du système nerveux, mais surtout de son mode de sensibilité. C'est pourquoi il faut examiner les changements qu'apporte, à la manière de sentir, la différence des âges, des sexes, des tempéraments, des maladies, du régime et du climat.

Tout, dit Cabanis, en disciple d'Hippocrate ou plutôt d'Héraclite, dans l'*Influence des âges*, est en mouvement, tout est décomposition et recomposition, destruction et reproduction perpétuelle. Ces métamorphoses, suite nécessaire d'une action qui n'est jamais suspendue (1), en renouvellent à leur tour les causes et conservent l'éternelle jeunesse de l'univers. La durée et les modes successifs de l'existence des différents corps, sous leur forme propre, dépendent plus des circonstances qui président à leur formation que de leurs éléments constitutifs. Les compositions et décompositions chimiques se font suivant des lois infiniment moins simples que celles de l'attraction des grandes masses, moins savantes que celles qui président à l'existence et à la conservation des êtres organisés (2). Les plantes, dont l'organisation est la plus grossière, montrent des forces exclusivement propres aux corps organisés ; les animaux les plus informes, certains phénomènes qui n'appartiennent qu'à la nature sensible. La gomme ou mucilage s'organise dans les végétaux en tissu spongieux, en fibres ligneuses, en écorce, en feuilles, etc. ; se transforme, chez les animaux, en gélatine, puis, en tissu cellulaire, en fibre vivante, en membranes, en vaisseaux et en parties osseuses. Le mucilage, et plus encore la gélatine, ont une forte tendance à se coaguler ; le gluten des graines nutritives se rapproche singulièrement de la fibrine animale, et ces points de contact, qui n'empêchent pas que les animaux ne soient séparés des végétaux par des caractères essentiels, serviront peut-être un jour à développer le mystère de l'organisation. Toutefois, il faut admettre un principe ou une faculté vivifiante que la nature fixe dans les germes ou

---

(1) Voyez le dixième Mémoire, où ces idées sont reproduites, et les pages où nous avons indiqué l'influence des Grecs sur Cabanis.

(2) Ce n'est pas le seul endroit où Cabanis s'essaie, avant Aug. Comte, à classer les sciences d'après l'ordre de généralité décroissante et de complexité croissante.

répand dans les liqueurs séminales ; ou mieux une condition sans laquelle les phénomènes propres aux différents corps organisés ne sauraient avoir lieu, mais non celle d'un être particulier communiquant aux corps les propriétés dont résultent leurs fonctions. C'est avec le système nerveux que ce principe s'identifie chez l'animal. Organes et facultés varient suivant les différents états du système nerveux et du tissu cellulaire. La gélatine, dont ce dernier est le grand réservoir, tient, chez les jeunes animaux, beaucoup encore du mucilage. Par degrés, elle devient fibrine et elle s'animalise davantage en passant d'un animal à un autre. Dans le système nerveux se produisent des changements plus importants encore. Ses rapports avec les organes varient de jour en jour : après avoir agi sur eux avec vitesse et promptitude, il le fait avec plus de force et de mesure ; enfin d'une façon lente et languissante. Chez l'enfant, la multiplicité des vaisseaux, l'irritabilité des muscles, la distension des glandes et de tout l'appareil lymphatique sont très grandes. De à mobilité, faiblesse musculaire et opérations tumultueuses ; impressions vives, nombreuses, sans stabilité et idées rapides, incertaines, peu durables ; quelque chose de convulsif, dans les passions comme dans les maladies (1).

Les anciens médecins avaient divisé la vie en périodes climatériques, dont la première se termine à sept ans, avec l'apparition des secondes dents, ou l'âge de raison ; la seconde, à quatorze. « J.-J. Rousseau s'est attaché particulièrement, dans son plan d'éducation, à tracer l'histoire et à montrer la véritable direction de cette époque importante (sept à quatorze ans) de la vie : il en a suivi le développement avec une attention scrupuleuse, l'a peinte avec la plus grande vérité, et les leçons pratiques, dont il y donne les exemples, sont des modèles d'analyse. L'admirable talent de l'auteur prête, aux vérités que cette méthode lui dévoile, une vie, un charme et même une lumière

---

(1) « Les objets de ses besoins et de ses plaisirs sont simples, immédiats ; il n'est point distrait de leur étude par des pensées qui ne peuvent exister que plus tard dans son cerveau, par des passions qui lui sont absolument étrangères. Tout ce qui l'environne éveille successivement son attention. Sa mémoire neuve reçoit facilement toutes les empreintes et, comme il n'y a point de souvenirs antérieurs, qui puissent les affaiblir, elles sont aussi durables que faciles. C'est le moment où se forment les plus importantes habitudes. Les idées et les sentiments les plus généraux de la nature humaine se développent, pour ainsi dire, à l'insu de l'enfant, par le même artifice que l'ont déjà fait certaines déterminations instinctives pendant la période de gestation ».

qui les font passer tout ensemble dans les esprits et dans les cœurs (1) ». Les impressions commencent à se rasseoir, à se régler; la mémoire devient plus systématique et plus tenace; l'attention plus forte et plus suivie, le tissu cellulaire est plus élaboré, les solides prennent plus de tons, et les stimulus, répandus dans chacun des fluides, une activité plus considérable.

Puis les organes de la génération entrent en action, la chaleur et la force de l'économie animale augmentent. L'adolescence se complète par la jeunesse : l'organe cérébral reçoit, surtout alors, ces impressions qui lui sont propres et dont les causes agissent en lui-même; l'imagination exerce son plus grand empire (2).

Vers trente-cinq ans, a lieu le passage de la jeunesse à l'âge mûr, qui amène les plus notables changements dans le physique et le moral. La résistance des solides commence à contrebalancer l'action du système nerveux et l'impulsion des humeurs; la pléthore passe des artères aux veines; le sentiment de force et de bien-être qui caractérise la jeunesse diminue de jour en jour; la sagesse et la circonspection remplacent l'audace. Comme le bonheur consiste dans le libre exercice des facultés, que la vie est d'autant plus entière que tous les organes sentent et agissent plus fortement, sans sortir de l'ordre de la nature, l'imagination a besoin, alors que s'émousse le sentiment des forces, de se rassurer, par les impressions d'une force factice exercée sur les objets extérieurs : on devient ambitieux.

Vers la fin de l'âge mûr, les humeurs, en se décomposant, produisent la goutte, la pierre, le rhumatisme et les dispositions apoplectiques. Quelquefois leur acrimonie excite une réaction de l'organe nerveux sur lui-même et une sorte de seconde jeunesse, dont J.-J. Rousseau offre un exemple singulier. Mais bientôt le vieillard existe, agit et pense avec difficulté, il ne songe qu'à lui et aspire à ce repos éternel, que la nature ménage à

---

(1) Cf. ch. III, § 1, ce que Cabanis écrit à son père sur Rousseau.

(2) « C'est l'âge de toutes les idées romanesques, de toutes les illusions... toutes les affections aimantes se transforment en religion, en culte, on adore les puissances invisibles comme sa maîtresse... parce que tout remue des fibres devenues extrêmement sensibles, et que cet insatiable besoin de sentir, dont on est tourmenté, ne peut toujours se satisfaire sur des objets réels... C'est alors que naissent et se développent la plupart des dispositions sympathiques et bienveillantes, qui assurent notre bonheur, et celui de ceux qui doivent vivre avec nous ; c'est alors que se recueillent le plus de ces sentiments et de ces idées qui forment une précieuse collection pour l'avenir ».

tous les êtres, comme une nuit calme après un jour d'agitation (1). La mémoire l'abandonne ; il se rappelle mieux les impressions de l'enfance qui, pour ainsi dire identifiées avec l'organisation, se sont rapprochées des opérations automatiques de l'instinct ; la faiblesse du cerveau et des opérations qui le font sentir, rendent, aux déterminations, la mobilité et les caractères qu'elles ont eus dans l'enfance : « La mort n'a rien de redoutable aux yeux de la raison, elle n'épouvante que les imaginations faibles qui ne savent pas apprécier au juste ce qu'elles quittent et ce qu'elles vont retrouver, ou les âmes coupables qui souvent, au regret du passé, si mal mis à profit pour leur bonheur, joignent les terreurs vengeresses d'un avenir douteux. Pour un esprit sage, pour une conscience pure, la mort n'est que le terme de la vie : *c'est le soir d'un beau jour* (2) ».

Accompagnée de sensations différentes, selon l'âge et le caractère des maladies, elle est convulsive, douloureuse même dans la jeunesse et dans les maladies aiguës ; mais c'est dans l'âge mûr, semble-t-il, qu'on meurt avec le moins de résignation. Bacon avait regardé l'art de rendre la mort douce, comme le complément de celui d'en retarder l'époque : la médecine devrait réunir toutes ses ressources pour améliorer notre dernier terme, comme un poète dramatique rassemble tout son génie pour embellir le dernier acte de sa pièce. Cabanis réalisera les vœux de Bacon, en parlant de l'influence que doit avoir un jour la médecine sur le perfectionnement et sur le plus grand bien-être de la race humaine.

Le cinquième Mémoire traite de l'influence des sexes. Le plus grand acte de la nature, c'est la reproduction des individus et la conservation des races. Les deux sexes sont différents, dans toutes les parties de l'organisation. La faiblesse musculaire porte les femmes à des habitudes sédentaires et à des soins plus délicats ; les hommes ont besoin de mouvement et d'exercice. Ces dispositions diverses dépendent de l'influence des organes de la génération qui sont plus sensibles et plus irritables, parce qu'ils renferment des nerfs venant de différents troncs. A cause de leur nature glandulaire, ils influent beaucoup sur le cerveau. Du rôle différent de l'homme et de la femme dans la reproduc-

(1) Voyez page 249.
(2) C'est l'expression de La Fontaine qui rappelle Lucrèce et Horace.

tion, on peut déduire leur existence et leurs habitudes morales. La perfection de l'homme est la vigueur et l'audace ; celle de la femme, la grâce et l'adresse. Leurs idées et leurs sentiments sont en rapport avec leur organisation et leur manière de sentir. La femme se borne aux travaux qui cultivent l'adresse délicate de ses doigts, la finesse de son coup d'œil, la grâce de ses mouvements. Elle s'effraye des méditations longues et profondes, et choisissant ce qui exige plus de tact que de science, plus de vivacité de conception que de force, plus d'imagination que de raisonnement, elle est merveilleusement propre à la partie de la philosophie morale qui porte directement sur l'observation du cœur humain et de la société. Et avec beaucoup de force, Cabanis s'élève contre les femmes qui sortent de ce rôle (1).

Puis il expliquait par les différences organiques, l'apparition de l'instinct d'audace et de timidité chez l'homme, de pudeur et de coquetterie chez la femme, indiquait les affections diverses de la puberté, les rapports qui unissent les affections de la gestation, de la lactation et de la génération, les effets que produit la perte de la faculté d'engendrer, et la mutilation ou le développement imparfait des organes de la génération. L'amour, tel qu'on l'a dépeint et que la société le présente en effet quelquefois, est fort étranger au plan primitif de la nature (2).

(1) « Que si non contentes de plaire, dit-il, par les grâces d'un esprit naturel, par des talents agréables, par cet art de la société qu'elles possèdent sans doute à un bien plus haut degré que les hommes, elles veulent encore étonner par des tours de force et joindre le triomphe de la science à des victoires plus douces et plus sûres, presque tout leur charme s'évanouit... Perdant les agréments sans lesquels l'empire de la beauté lui-même est peu certain ou peu durable, elles n'acquièrent de la science que la pédanterie et les ridicules. En général les femmes savantes ne savent rien à fond, elles brouillent et confondent tous les objets, toutes les idées... Dans la jeunesse, dans l'âge mûr, dans la vieillesse, quelle sera la place de ces êtres incertains, qui ne sont, à proprement parler, d'aucun sexe ? Par quel attrait peuvent-elles fixer le jeune homme qui cherche une compagne ? Quels secours peuvent en attendre des parents infirmes ou vieux ? Quelles douceurs répandront-elles sur la vie d'un mari ?... La nature des choses et l'expérience prouvent également que, si la faiblesse des muscles de la femme lui défend de descendre dans le gymnase et dans l'hippodrome, les qualités de son esprit et le rôle qu'elle doit jouer dans la vie lui défendent, plus impérieusement encore peut-être, de se donner en spectacle dans le lycée ou dans le portique... Le bonheur des femmes dépendra toujours de l'impression qu'elles font sur les hommes, et je ne pense pas que ceux qui les aiment véritablement, puissent avoir grand plaisir à les voir portant le mousquet et marchant au pas de charge, ou régentant du haut d'une chaire, encore moins peut-être de la tribune d'un sénat ».

(2) « Non, l'amour tel que le développe la nature, n'est pas ce torrent effréné qui renverse tout : ce n'est point ce fantôme théâtral qui se nourrit de ses propres éclats, se complaît dans une vaine représentation et s'enivre lui-même des effets qu'il produit sur les spectateurs fascinés ; c'est encore moins cette froide

Quelques idées accessoires, dans ce Mémoire, nous éclairent sur sa méthode et ses tendances métaphysiques. Nous l'avons vu, trop rarement, citer des faits précis pour justifier ses assertions et on le lui a reproché avec raison (1). C'est que, dit-il, pour ne pas faire un gros livre, il se borne aux points sommaires et généraux et ne s'arrête sur des faits particuliers qu'autant que leur connaissance paraît nécessaire à la sûreté de sa marche, à l'évidence des résultats (I, 317). Aux modernes qui substituent aux causes occultes des explications plus dogmatiques (2), il reproche d'avoir fait contracter aux esprits la mauvaise habitude de rechercher la nature des causes ; d'avoir souvent, en déterminant ces dernières, personnifié de pures abstractions (I, 317). Aux finalistes qui admirent l'amour maternel, il fait remarquer que les merveilles de la nature sont toutes dans les faits, et qu'on n'est forcé d'admettre, dans les causes, rien d'étranger aux conditions nécessaires de chaque existence ; bien plus, que l'empire des causes finales se resserrera à mesure que l'on connaîtra mieux les propriétés de la matière et l'enchaînement des phénomènes (I, 365 et 390).

Cabanis explique, dans le dernier des six Mémoires publiés en l'an VIII, les quatre tempéraments reconnus par les anciens. Des poumons volumineux et une sanguification plus active, une plus grande quantité de chaleur, des muscles plus souples et des fibres plus dociles ; l'éclat et la grâce dans les idées, la douceur et la bienveillance dans les affections, avec une sorte de mobilité et d'inconstance ; peu de force et de profondeur dans l'esprit, caractérisent le tempérament sanguin. Des poumons et un foie volumineux se joignent, chez le bilieux, à des sensations extrêmement vives, à une extrême sensibilité de toutes les parties du système et un sentiment presque habituel d'inquiétude. Une poitrine étroite et serrée, la constriction habituelle du système épigastrique sont accompagnées, chez le mélancolique, de

---

galanterie qui n'a pas même, en se jouant dans l'expression recherchée des sentiments tendres et délicats, la prétention de tromper la personne à laquelle ils s'adressent... Sous le régime bienfaisant de l'égalité, sous l'influence toute-puissante de la raison publique, libre enfin de toutes les chaînes dont l'avaient chargé les absurdités politiques, civiles ou religieuses, étranger à toute exagération, à tout enthousiasme ridicule, l'amour sera le consolateur, mais non l'arbitre de la vie ; il l'embellira, mais ne la remplira point, car, lorsqu'il la remplit, il la dégrade, et bientôt il s'éteint lui-même dans les dégoûts ».

(1) Taine, l'Ancien Régime.
(2) Voyez ce que Voltaire dit des causes occultes.

déterminations pleines d'hésitations et de réserve, de sentiments réfléchis, d'appétits et de désirs qui prennent plutôt le caractère de la passion que celui du besoin. Enfin le flegmatique a, avec peu de chaleur et de force dans la circulation, des sensations peu vives, des mouvements faibles et lents, une tendance générale au repos.

A ces tempéraments, Cabanis en ajoute deux. Le premier est caractérisé par une prédominance du système nerveux ou sensitif sur le système musculaire ou moteur qu'accompagnent des déterminations profondes et persistantes, des élans durables, un enthousiasme habituel et des volontés passionnées. Le second se distingue par la prédominance du système moteur sur le sensitif, qui a pour conséquence des déterminations légères et fugitives, des impressions multipliées, se succédant sans relâche et se détruisant mutuellement, des idées et des affections passagères, etc.

Ces six tempéraments se combinent, en des proportions infiniment diverses, dans ceux que nous observons. Aucun ne présente l'équilibre exact et parfait des qualités ou facultés diverses qui formerait le tempérament le plus propre à assurer la jouissance pleine et entière de chacun des instants de la vie, et à lui garantir une longue durée. Si d'ailleurs le régime peut modifier, jusqu'à un certain point, il ne change pas le tempérament, qui se transmet même des parents aux enfants (1). Aussi Cabanis recommande-t-il le mélange des races, comme le moyen le plus efficace de modifier et d'améliorer la nature humaine (2). Et, soutenant que l'égalité, réelle en général, ne serait qu'approximative dans les cas particuliers, il se sert d'une comparaison qui lui a été souvent reprochée (3).

(1) A plusieurs reprises, Cabanis insiste sur l'importance qu'il faut accorder à l'hérédité et se présente encore ici comme le précurseur de Darwin et de Spencer, de Galton et de Ribot, comme le continuateur des Cartésiens et notamment de Malebranche.

(2) « On pourrait à la longue, dit-il, et pour des collections d'hommes prises en masse, produire une espèce d'égalité de moyens, qui n'est point dans leur nature primitive, et qui, semblable à l'égalité des droits, serait alors une création des lumières et de la raison perfectionnée ».

(3) « Voyez ces haras, où l'on élève avec des soins égaux et suivant des règles uniformes, une race de chevaux choisis : ils ne fournissent pas tous exactement propres à recevoir la même éducation, à exécuter le même genre de mouvements. Tous, il est vrai, sont bons et généreux ; ils ont même tous beaucoup de traits de ressemblance, qui constatent leur fraternité ; mais cependant chacun a sa physionomie particulière ; chacun a ses qualités prédominantes. Les uns se font remarquer par plus de force ; les autres par plus de vivacité, d'agilité, de grâce ;

Ses conclusions dernières sont plus justes. Pour appliquer l'hygiène aux cas individuels, pour la réduire en règles communes à tout le genre humain, il faut étudier la structure et les fonctions des parties vivantes ; pour étudier avec fruit l'homme moral, pour apprendre à gouverner les habitudes de l'esprit et de la volonté, par les habitudes des organes et du tempérament, il faut connaître l'homme physique.

Dans ce Mémoire, Cabanis établit en outre que la connaissance et l'exposition systématique des rapports constitue la science et il distingue ceux-ci plus nettement (I, 494 sqq.) que ne l'a fait Ampère, auquel on attribue de nos jours cette doctrine, au point de vue de la facilité à les saisir et de leur importance (1). Sur la nature du système nerveux, il fait quelques conjectures. C'est le véritable réservoir d'électricité comme de phosphore et un excellent conducteur. Les expériences de chimie animale pourraient jeter une grande lumière sur l'économie vivante, fourniraient des vues directement applicables à la médecine, à l'hygiène, à l'éducation physique de l'homme et lèveraient peut-être quelques-uns des voiles qui couvrent le mystère de la sensibilité. Vraisemblablement on trouverait qu'aux différences dans les dispositions natives ou accidentelles des corps vivants, correspondent des variétés dans la combinaison intime des solides et des humeurs: mais on n'est point en état de tirer des conclusions directes et surtout de rien établir de dogmatique (I, 431). Ainsi encore nous voyons comment on a pu, tout à la fois, signaler, dans les *Rapports*, des tendances matérialistes et se plaindre de n'y pas trouver de conclusions rigoureuses. Mais, comme le dit l'auteur, de quelque manière que soient résolues toutes ces questions, elles ne changent point sa doctrine. Pour le juger, c'est aux théories positives qu'il développe, non aux tendances métaphysiques qu'il indique à peine, qu'il convient de

---

les uns sont plus indépendants, plus impétueux, plus difficiles à dompter ; les autres sont naturellement plus doux, plus attentifs, plus dociles, etc. De même, dans la race humaine, perfectionnée par une longue culture physique et morale, des traits particuliers distingueraient encore, sans doute, les individus ».

(1) Voyez ce qu'il a déjà dit de la relativité de la connaissance. — « Connaître, avait dit Kant, c'est réunir ; c'est réunir, disait Biran, par un acte, par un vouloir ; c'est réunir, ajoutait Ampère, au moyen d'un rapport ». (*Rapport sur la philosophie au XIX° siècle*, p. 17.) M. Ravaisson voit le disciple et non le maître auquel les doctrines ont été empruntées. Pareille chose lui est arrivée plus d'une fois, comme à bien d'autres. Biran, Ampère, Fauriel ont été considérés comme les auteurs de théories qu'ils avaient puisées chez Cabanis et Tracy. Cette observation s'applique aux conclusions de M. A. Bertrand. (*Psychologie de l'effort.*)

s'attacher. Et il est fort nécessaire de s'en souvenir, car Cabanis est lui-même assez dédaigneux pour les formes religieuses qui sont en opposition avec ses doctrines positives (1).

II

Dans un éloge de Vicq d'Azyr, composé vraisemblablement à cette époque pour l'Institut, Cabanis célèbre avec enthousiasme le xviii° siècle (2). Mais déjà Bonaparte s'était emporté contre Daunou qui refusait de quitter le Tribunat pour le conseil d'État et, après le 3 nivôse an IX (machine infernale), le gouvernement proposait l'établissement de tribunaux spéciaux pour juger les crimes et les délits politiques. L'opposition fut vive au Tribunat; il y eut guerre ouverte entre le Consul et ceux qui l'avaient aidé le plus énergiquement au 18 brumaire. Ces derniers songèrent à se joindre à Moreau et à Pichegru pour renverser Bonaparte. Cabanis surtout, nous dit-on, était des plus animés (3). Mais Fouché découvrit le complot et en avertit les idéologues, qui furent ou se tinrent éloignés des affaires.

La santé de Cabanis s'était de nouveau altérée (4); Moreau de

(1) « Le regard observateur, dit-il, à propos de l'amour, le reconnaît dans l'austérité d'une « morale excessive, » dans les « extases » de la « superstition, » dans ces maladies extraordinaires qui faisaient jadis les « prophètes » et les « pythonisses, » et qui n'ont pas encore entièrement cessé « d'ameuter le peuple ignorant »; il le retrouve dans les idées et les penchants qui paraissent le plus étrangers à ses impulsions primitives; il le signale jusque dans les privations superstitieuses ou sentimentales qu'il s'impose lui-même ».

(2) « Quelle ère de la littérature, disait-il que celle où les auteurs du *Méchant* et de la *Métromanie*, ceux des *Recherches sur l'Histoire de France* et des *Considérations sur les Mœurs* n'étaient placés qu'au second rang, où l'on vit fleurir, pour ainsi dire, à la fois Fontenelle, Voltaire, Buffon, J.-J. Rousseau, Montesquieu, Diderot, d'Alembert, Condillac, Helvétius, Thomas!... Vers le milieu de ce siècle, dit encore Cabanis après d'Alembert et Condorcet, l'esprit humain prit un essor nouveau; des méthodes plus sûres furent appliquées à tous les objets de nos recherches. Les procédés de la raison qui se perfectionnaient de jour en jour et l'étude des sciences naturelles, jointe à celle des sciences philosophiques et morales, ont donné à la langue, peu souple et peu harmonieuse peut-être, mais élégante et toujours claire, une précision qu'elle n'avait pas eue encore et, par degrés, l'habitude de traiter avec plus d'intérêt et de soin les sujets les plus sévères des sciences, faisait prendre à notre littérature la nouvelle direction qu'elle suit maintenant ». Puis venait l'éloge de Malesherbes, de Vicq d'Azyr qui a senti que la réforme de la langue anatomique ne peut être opérée qu'à l'aide de la philosophie »; de Lavoisier et de Bailly, de Turgot et surtout de Condorcet, de la médecine et des médecins, accompagné d'une correction heureuse de la formule de Buffon, qui lui fait voir l'homme tout entier, non dans son style, mais dans l'ensemble de ses sentiments et de ses idées.

(3) Taillandier, *Documents biographiques sur Daunou*, p. 206.

(4) « C'est au milieu des langueurs d'une santé défaillante, disait-il au début du

la Sarthe, rendant compte de la séance d'ouverture des Écoles de médecine de Paris, annonçait cependant que le professeur Cabanis se proposait de donner une suite aux Mémoires déjà publiés, en traitant successivement de l'influence des maladies, des climats et des professions, etc. En fructidor (1802), paraissaient les deux volumes des *Rapports du physique et du moral de l'homme*, qui contenaient six nouveaux Mémoires. Trois ans plus tard, Cabanis en donnait une nouvelle édition, avec une table analytique par M. de Tracy et une table alphabétique par Suë. Favorablement accueilli par le public, l'ouvrage paraissait cependant après le *Génie du Christianisme* et la conclusion du concordat. On s'aperçoit, en lisant la préface et en comparant le premier volume avec les Mémoires imprimés, que les idéologues sont de plus en plus obligés de prendre une position défensive en face de la réaction (1). Aussi, au lieu d'une « confédération de philosophes formés au sein de la France sous les yeux même du despotisme qui frémissait en vain de rage », il est question d'une « association » paisible de philosophes, formée au sein de la France. La « sainte confédération contre le fanatisme et la tyrannie », est remplacée par les « hommes respectables, unis pour combattre le fanatisme et pour affaiblir du moins les effets de toutes les tyrannies » (p. 2 et 3). Le Mémoire disait que les premiers Nazaréens se hâtèrent de fondre leurs croyances, leur fanatisme ignorant et sombre avec les rêves du platonisme ; le livre explique qu'il s'agit d'une secte de chrétiens juifs, dont Cérinthe avait été le chef, et semble ainsi éloigner

---

Mémoire qu'il lisait en nivôse, à l'Institut, sur l'influence des maladies, que j'ai pris la plume ». En floréal, il refuse de faire partie de la Commission chargée de continuer le *Dictionnaire de la langue française*, à cause de ses nombreuses occupations, mais aussi à cause du mauvais état de sa santé.

(1) « Quelques personnes avaient paru craindre, dit Cabanis (XXXVIII), que cet ouvrage n'eût pour but ou pour effet de renverser certaines doctrines et d'en établir d'autres, relativement à la nature des causes premières. Mais il n'est pas possible de le croire sérieusement. Nous regardons ces causes comme placées hors de la sphère de nos recherches, et comme dérobées pour toujours aux moyens d'investigation que l'homme a reçus avec la vie... L'ignorance la plus invincible est le seul résultat auquel nous conduise, à leur égard, le sage emploi de la raison... Nous laisserons donc à des esprits plus confiants, plus éclairés, le soin de rechercher quelle est la nature du principe qui anime les corps vivants ; car nous regardons la manifestation des phénomènes qui les distinguent des autres forces actives de la nature, ou les circonstances, en vertu desquelles ont lieu ces phénomènes, comme confondues, en quelque sorte, avec les causes premières, ou comme immédiatement soumises aux lois qui président à leur action. On ne trouvera point encore ici ce qu'on avait appelé longtemps de la métaphysique, ce seront de simples recherches de physiologie dirigées par l'étude particulière d'un certain ordre de fonctions ».

toute allusion aux chrétiens (1). Bien plus, Cabanis supprime la conclusion éloquente et hardie du premier Mémoire, qui eût pu paraître une satire indirecte, mais violente du gouvernement de Bonaparte. Où il disait que tous les phénomènes physiologiques ou moraux se rapportent toujours uniquement, en dernier résultat, à la sensibilité « physique », il ne parle plus que de la sensibilité (I, 155). Aux personnes qui se disent pieuses et ont amèrement censuré l'expression de « repos éternel », il rappelle qu'elle est littéralement traduite d'une prière de l'Eglise (I, 303). S'il regarde encore, avec Bacon, la philosophie des causes finales comme stérile, il ajoute, en songeant peut-être déjà à la *Lettre sur les causes premières*, qu'il est bien difficile à l'homme le plus réservé de n'y avoir jamais recours dans ses explications (I, 352).

D'autres corrections, sans être aussi importantes, doivent cependant être signalées. Les unes portent sur la forme qu'elles améliorent fort heureusement (2), d'autres ont pour objet, notamment en ce qui concerne l'état psychologique du fœtus, de remplacer par les doctrines actuelles de D. de Tracy, celles qu'il lui a précédemment empruntées. Des additions sont consacrées à faire remarquer que les Allemands comprennent sous le nom d'anthropologie, la physiologie, l'analyse des idées et la morale, réunies par lui dans la science de l'homme (p. 7); à introduire Épicure après Pythagore, Démocrite, Hippocrate et Aristote parmi les bienfaiteurs du genre humain (p. 14); à louer le plan d'hygiène de Moreau de la Sarthe (p. 19) et à inviter son ami et confrère Thouret à faire connaître la doctrine d'Hippocrate (23). De même il indique que la formule célèbre (*nihil est in intellectu quod non prius fuerit in sensu*) ne se trouve point en toutes lettres dans les écrits d'Aristote. Il cite avec éloge, à côté de Haller et de Cullen, de Pinel et de Hallé, Richerand qui se place déjà près des maîtres (55) et constate que Pinel n'a pas trouvé pour le cerveau de tous les fous des résultats constants (68). Il renvoie à l'anatomie de Bichat (85), après avoir laissé

---

(1) Cf. les travaux sur la Gnose, les Gnostiques et Schmidt, *Cerinth, ein judais. Christ*. Nous retrouvons les études théologiques de Cabanis, III, § 1.

(2) Au lieu de « Dubreuil avait eu dans le *torrent* d'une pratique immense », il met » dans *le cours* d'une pratique immense »; au lieu de « des sujets musculeux et robustes faisaient véritablement bande à part », il écrit « qu'ils forment véritablement une classe à part ». — L'*axiome* de Condillac devient la *proposition* de Condillac. Au lieu de : « Une constitution délicate l'avait mis à portée d'observer plus en détail », il met « lui avait donné les moyens » etc., etc.

entendre d'une façon assez singulière (1), mais avec beaucoup de raison, ce semble, que le jeune auteur s'était emparé, sans en rien dire, de plusieurs de ses idées. Dans des notes, il promet, sur le perfectionnement physique de l'espèce humaine, un ouvrage dont il est occupé à rassembler les matériaux (p. 314); il parle de la mort de Roussel, l'auteur du *Système physique et moral de la femme*, comme d'une grande perte pour la philosophie et les lettres (372) ; il rapporte les expériences de Volta, d'après lesquelles on ne peut douter de l'identité du fluide galvanique et de l'électricité (430).

Cabanis, plus réservé sur le terrain métaphysique et religieux, est plus affirmatif sur les questions de philosophie scientifique. De son ouvrage, il résultera, croit-il, que la physique est la base des sciences morales : devenues ainsi une branche de l'histoire naturelle de l'homme, elles suivront une voie sûre et feront de rapides progrès (xxi). Lui-même estime qu'il n'est pas impossible de gouverner, par le régime physique et moral, les états périodiques et alternatifs d'activité et de repos du cerveau ; peut-être même de les produire artificiellement, pour donner une force momentanée plus grande aux facultés intellectuelles ou pour leur imprimer une nouvelle direction (17). Après avoir autrefois considéré comme vraisemblable qu'on ne pourrait jamais rattacher la sensibilité à un fait plus général, il n'est pas éloigné de penser qu'on découvrira un jour la liaison qu'elle peut avoir avec certaines propriétés bien reconnues de la matière (158). S'il croit que les esprits sages auront toujours des égards pour les *opinions accidentelles* qui servent à rendre un autre homme meilleur ou plus heureux, il veut empêcher ceux qui cessent d'y croire, d'abandonner comme chimériques, les vertus dont elles étaient pour eux le soutien (xxxviii). Le véritable bonheur est nécessairement le partage exclusif de la véritable vertu. Par une heureuse nécessité, l'intérêt de chaque individu ne saurait jamais être séparé de l'intérêt des autres : en liant ses affections aux destinées présentes et futures de ses semblables, on agrandit, sans limites, son étroite et passagère existence, on la soustrait à l'empire de la fortune.

Cabanis, le personnage le plus important alors de l'école,

---

(1) Voyez ch. vii, § 3.

n'oublie pas de signaler les travaux de ceux qui collaborent avec lui à l'œuvre entreprise (1).

Dans l'étude des *Rapports du physique et du moral*, c'est la question de l'influence des maladies sur la formation des idées et des affections morales, qu'il est le plus essentiel de résoudre (2). Cabanis examine successivement les affections nerveuses qui, venant des organes de la génération, produisent l'exaltation et les extases, ou des viscères hypocondriaques, donnent naissance aux passions tristes, craintives, même à la démence; puis l'affaiblissement général de la faculté de sentir, les fièvres dans lesquelles l'état des facultés intellectuelles répond exactement à celui de constriction ou d'épanouissement actif des organes, mais prend en outre un caractère particulier, suivant la nature de la fièvre et le genre de l'organe malade qui en est la source; enfin les dégénérations de la lymphe, écrouelle, rachitis, scorbut, acrimonie singulière des humeurs rongeantes et lépreuses. Les maladies influent d'une manière directe sur la formation des idées et des affections morales; la médecine, les combattant avec succès, sert à modifier et à perfectionner les opérations de l'intelligence et les habitudes de la volonté. Mais ce qui est le plus intéressant dans ce Mémoire, ce sont les considérations du début et quelques exemples. Il y a, selon l'auteur, de l'ordre dans le monde physique, puisque l'univers existe et que certains phénomènes reviennent périodiquement. L'ordre prédomine dans le monde moral et une force secrète, toujours

---

(1) A côté de Condorcet et de Laplace, il mentionne les *Leçons* de l'École normale, qui fut un véritable phénomène et fera époque dans l'histoire des sciences. Puis, en regrettant que Garat n'ait donné au public que les belles et éloquentes leçons où il annonçait une exposition détaillée de toute la doctrine idéologique, il indique les *Éléments d'idéologie* de D. de Tracy, comme le seul ouvrage vraiment complet sur cette matière et rappelle que Degérando a traité fort en détail une question particulière, que Laromiguière en a posé plusieurs, avec plus de précision qu'on ne l'avait fait jusqu'alors, par la seule définition de quelques mots. Lancelin a présenté les bases mêmes de la science sous quelques nouveaux points de vue; Jacquemont s'est tracé un plan plus vaste encore; Biran a composé un fort bon Mémoire sur *l'Habitude* et un autre sur *la Décomposition de la pensée*. Volney et Saint-Lambert méritent, par leurs travaux sur la morale, la reconnaissance des vrais amis de l'humanité. Thurot s'est fait connaître par des écrits que caractérise la maturité de l'esprit et du talent. Richerand et Alibert comptent parmi les élèves déjà célèbres de l'École de Paris qui se font remarquer par leur ardeur pour les progrès de la médecine philosophique; Draparnaud est également recommandable comme naturaliste et philosophe; Mme de Condorcet a tiré, du vague où la laissait encore Smith, la sympathie morale, célébrée par les Écossais.

(2) C'est ce qu'a montré, d'une façon aussi originale que précise, M. Ribot dans ses *Maladies de la Volonté, de la Personnalité, de la Mémoire*, etc. Voyez également Maudsley, *Pathologie de l'Esprit*.

agissante, tend sans relâche à le rendre plus général et plus complet, comme le prouvent l'existence de l'état social, son perfectionnement progressif, sa stabilité (493). En outre, le développement automatique des propriétés de la matière, la marche constante de l'univers et, d'un autre côté, l'action de l'homme peuvent changer à la longue, ou même empêcher de renaître les circonstances qui tendent à détruire l'ordre. Ainsi il y aurait, par la simple persistance des choses, dit Cabanis après Laplace, avant Lamarck (1), Darwin et Spencer, « affaiblissement successif des causes naturelles qui pouvaient, à l'origine, s'opposer au changement avantageux », et des améliorations évidentes qui seraient l'ouvrage de la nature. L'ordre général, qui règne entre les grandes masses, s'est peut-être établi progressivement. Peut-être les corps célestes ont-ils existé longtemps sous d'autres formes et avec d'autres relations; peut-être ce grand tout se perfectionnera-t-il, à l'avenir, sous des rapports dont nous n'avons aucune idée, mais qui changeront l'état du globe et l'existence de tous les êtres « qu'enfante son sein fécond » (495 sqq.).

Un certain nombre de faits bien observés, mais relatés encore d'une façon peu précise, préparent les conclusions : Cabanis a éprouvé que, pendant le froid de la fièvre, le cercle des intérêts et des idées se resserre extrêmement, que ses facultés intellectuelles et morales étaient réduites presque uniquement à l'instinct animal (536). Plusieurs fois il a observé, chez des femmes qui eussent été jadis d'excellentes pythonisses, les effets les plus singuliers des changements dans les organes des sens : les unes distinguent facilement à l'œil nu des objets microscopiques, d'autres voient assez nettement dans la plus profonde obscurité pour s'y conduire avec assurance, d'autres suivent les personnes à la trace, comme un chien, et reconnaissent à l'odorat les objets dont ces personnes se sont servies ou qu'elles ont seulement touchés. Il y en a dont le goût a acquis une finesse particulière et qui désirent ou savent choisir les aliments et même les remèdes avec une sagacité qu'on n'observe d'ordinaire que chez les animaux. D'autres aperçoivent en elles-mêmes, dans leurs paroxysmes, ou certaines crises qui se préparent et dont la terminaison prouve bientôt après la justesse de leur sensation, ou des modifications organiques, attestées par celle du pouls

---

(1) Voyez ch. IV § 5 et ch. VII § 3.

et des signes encore plus certains. « Il y aurait, dit-il avec raison, mais en laissant le soin d'accomplir ce qu'il recommande à ses successeurs (1), beaucoup d'observations à faire sur ces crises, sur ces changements généraux, sur ces exaltations ou concentrations de la sensibilité... et l'analyse philosophique pourrait, aussi bien que la physiologie, en tirer de nouvelles lumières » (554).

Cabanis entend, par le régime, l'ensemble des habitudes physiques, soit volontaires, soit nécessaires. Si les machines électriques, les aimants artificiels et même les corps sonores offrent des traces d'habitudes (2), ce sont les végétaux et surtout les animaux qui sont capables d'en contracter. L'homme en qui tout « concourt, conspire, consent » est modifié par la pesanteur, la température, la sécheresse ou l'humidité de l'air; par les aliments, par la diète, atténuante ou lactée ; par les substances narcotiques ou stupéfiantes ; par les boissons, par les mouvements corporels, par le repos ou le sommeil, par le travail. Une bonne hygiène, en donnant des règles propres à perfectionner la vie physique, contribue puissamment à l'amélioration de l'homme et à l'accroissement de son bonheur.

On trouve encore, dans ce Mémoire, quelques observations personnelles plus précises qu'elles ne le sont d'ordinaire chez Cabanis. Il a remarqué (II, 19) chez quelques femmes délicates, surtout à l'époque ou dans les temps voisins de leurs règles, une sorte d'altération de l'esprit et du caractère, annonce des orages ou des vents étouffants du midi. « Peu de temps avant la Révolution, dit-il encore, je fus consulté pour une femme chez laquelle l'empâtement et l'endurcissement général du tissu graisseux et cellulaire amenèrent bientôt par degrés la suffocation complète de la vie. Quand on lui parlait, il fallait le faire très lentement. Elle ne répondait qu'au bout de quelques minutes et d'une manière plus lente encore. Son esprit semblait hésiter et chanceler à chaque mot. Avant sa maladie, elle avait eu beaucoup d'intelligence : quand je la vis, elle était dans un état d'imbécillité véritable. Elle avait été fort riche : elle ne paraissait presque plus capable de former le moindre désir; elle ne montrait plus aucun sentiment de répugnance ou d'affection » (69).

Mentionnons encore l'éloge de Volney et de son exact et très

---
(1) Cf. Ribot, *l'Attention*.
(2) Léon Dumont a repris cette idée de Cabanis (*Revue philosophique*, I, 321).

philosophique *Voyage*, de Buffon et de ses admirables travaux ou de ses vues éminemment philosophiques, de Burdin (1) et de ses expériences sur l'emploi des gaz comme médicaments (50). Cabanis n'oublie pas d'ailleurs ses préférences politiques et fait l'éloge des gouvernements « fondés sur la liberté et l'égalité », estimant encore que « bien en vain les tyrans et les déclamateurs, qu'ils tiennent à leurs gages, s'efforcent de renverser ou de flétrir ces principes éternels ». Enfin il est préoccupé déjà des idées qui inspireront la *Lettre sur les Causes premières* : si les institutions monastiques ont été de grands fléaux, certains ordres religieux ont rendu des services à l'agriculture, d'autres aux lettres », et il faudrait savoir s'il est possible encore aujourd'hui « d'en emprunter quelques vues pour la création d'institutions nouvelles appropriées à l'état des lumières » (64).

Le neuvième Mémoire traite de *l'Influence des climats sur les habitudes morales*. Avec Montesquieu, et surtout avec Hippocrate, Cabanis soutient, contre Helvétius, que le climat ou l'ensemble des circonstances physiques attachées à chaque lieu influent sur les habitudes morales ou l'ensemble des idées et des opinions, des volontés instinctives ou raisonnées et des actes qui en résultent chez chaque individu. Personne n'a mieux montré la puissance de l'habitude : c'est sur elle qu'est fondée l'éducation, et partant, la perfectibilité commune à toute la nature sensible, mais plus spéciale à l'homme. Son empire ne s'exerce pas seulement sur l'individu, puisque, transmise par la génération, elle propage, de race en race, des facultés particulières plus développées et peut, après plusieurs générations, former une nouvelle nature acquise, qui ne change qu'autant que les causes déterminantes de l'habitude cessent pendant longtemps d'agir, ou que d'autres causes font naître des déterminations (180) nouvelles (2). Les climats différents offrent des êtres d'une diversité infinie ; les mêmes êtres, cheval, chien, bœuf, sont d'autres espèces dans les différentes régions et dégénèrent ou se perfectionnent quand on les transplante d'un pays dans un autre. Ainsi l'on s'explique que les variétés humaines sont l'ouvrage des climats eux-mêmes, surtout quand on songe que la nature, disposant du temps comme de tous les autres moyens, l'emploie avec une étonnante prodigalité (195). On le

---

(1) Voyez ch. VII, § 4.
(2) Voilà l'hérédité, comme l'ont comprise Lamarck et Darwin.

comprendrait mieux encore, s'il était solidement établi que la différence des climats fait celle des langues, puisque, comme l'a soupçonné Locke, comme l'ont montré Condillac et ses disciples, les progrès de l'esprit dépendent de la perfection du langage. Mais il n'en est rien et Cabanis se refuse, pour un travail dont les hypothèses doivent être sévèrement bannies, à employer des arguments douteux.

En arrivant à l'instinct, à la sympathie, au sommeil et au délire, Cabanis s'aperçut que, pour faire un corps de doctrine avec les idées relatives à ces diverses questions, il perdrait de vue son objet principal, et ferait un autre ouvrage. Il se borna à réunir toutes les considérations par lesquelles ces questions sont liées à son véritable sujet, et traita, dans le dixième Mémoire, de la vie animale, des premières déterminations sensitives, de l'instinct et de la sympathie, du sommeil et du délire ; puis, dans le onzième et le douzième, de l'influence du moral sur le physique et des tempéraments acquis.

Mignet a bien vu que le dixième Mémoire contient « une hypothèse audacieuse », une sorte de « construction de l'univers », une cosmogonie, « mécanique comme l'idéologie » des précédents. Mais, plus occupé de juger que d'exposer cette « cosmogonie imaginaire et inadmissible, » il n'en a pas fait suffisamment ressortir l'originalité. Nous y verrions moins une cosmologie qu'une tentative de résoudre, par la philosophie des sciences, des questions dont l'examen relevait de ce qu'on appelait auparavant « la métaphysique de l'univers ». D'un côté, en effet, Cabanis estime que l'organisation de la matière ne peut avoir pour cause que les forces actives et premières de la nature, dont nous n'aurons jamais « aucune idée exacte ». Mais il rappelle, en disciple de Descartes et des savants du xviie et du xviiie siècle, qu'une science a des fondements inébranlables, lorsque toutes les déductions en sont rapportées à des principes simples, fixes et clairs ; qu'elle est complète quand, par les recherches et l'analyse, on a déterminé ce qui, dans ces principes, est soumis à nos moyens de connaître. Pourquoi les principes des corps organisés ne seraient-ils pas un jour aussi exactement connus que ceux de l'air et de l'eau ? pourquoi ne découvrirait-on pas les conditions nécessaires à l'apparition de la vie chez les animaux comme celles d'où résultent la foudre, la grêle, la neige ou ces combinaisons chimiques, où les substances réunies ont des propriétés qu'elles n'avaient pas isolément ? D'après ce qu'on sait déjà, on peut vraisemblablement espérer que la lumière se fera un jour sur ce qu'on ignore encore. Chimérique en effet est la distinction que Buffon a voulu établir entre la matière morte et la matière animée. Les végétaux vivent et croissent par le seul secours de l'air et de l'eau, c'est-à-dire de l'oxygène, de l'hydrogène et de l'azote. Or toute substance végétale, placée dans des circonstances convenables, donne naissance à des animalcules particuliers : la chaîne est donc ininterrompue du *mort* au *vivant*. Mais ces circonstances ou ces conditions doivent-elles toujours rester inconnues ? Non, puisque l'art reproduit les végétaux, avec des parties que la nature n'a pas destinées à cette fonction ; puisqu'il dénature leurs espèces et en fait éclore de nouvelles, comme des matières préparées par lui, vinaigre, carton, reliure de livres, il fait naître des êtres sans analogue connu dans la nature ; puisque la nature fait apparaître, sur les végétaux et les animaux malades, des races inconnues « dégénérations de la substance même de l'individu ». Ou toutes les parties de la matière sont susceptibles de tous les modes d'organisation, ou, ce qui revient au même, les germes de toutes les espèces possibles sont partout répandus. Le passage de la vie à la mort et de la mort à la vie, qui constitue, comme l'avaient vu les anciens (1), l'ordre et la marche de l'univers, ne nous échappe pas toujours entièrement. Sur les toits et dans les laves, par l'action de l'air et de la pluie, apparaissent des végétaux et des animaux. Les îles du grand Océan reposent sur des roches, ouvrage d'insectes marins. Sorties, par degrés, du sein des eaux où ces travailleurs infatigables (2) font végéter de si puissantes masses, elles montent, éprouvent à la surface des influences diverses et, par des altérations analogues à celles des laves, se couvrent successivement de races que fait naître la nature de cette terre nouvelle et que le climat adopte sans trop d'effort (3).

Mais l'homme et les grands animaux, qui se reproduisent actuellement par la génération, ont-ils pu, à l'origine, être formés

(1) Cf. ch. III, § 1.
(2) Cf. Darwin, *les Récifs de corail*.
(3) Les expériences de M. Fray semblent montrer que les matières végétales et animales se résolvent dans l'eau distillée en globules qui ne sont point des animaux ; que, plongées dans l'eau ou dans un air formé de toutes pièces, elles produisent constamment différents insectes ; que l'eau distillée la plus pure peut, additionnée d'oxygène, d'azote, d'acide carbonique et avec le concours de la lumière et de la

de la même manière? Toujours nous l'ignorerons, puisque le genre humain n'a pas plus de renseignements exacts sur l'époque primitive de son existence, que l'individu ne se souvient de sa propre naissance. Mais quelques-uns des animalcules ainsi formés se reproduisent ensuite par génération. Les espèces ne sont pas aujourd'hui ce qu'elles étaient lors de leur formation primitive : elles ont été modifiées par le climat, les aliments, leurs rapports avec l'homme ou les êtres vivants. D'autres, comme l'a montré Cuvier, se sont éteintes, ou par suite des bouleversements, ou à cause des usurpations de l'homme, ou en raison d'une organisation imparfaite. L'homme lui-même peut avoir subi de nombreuses modifications, peut-être des transformations importantes. On est obligé d'accorder que le globe a une antiquité « prodigieuse »; on ne peut nier la possibilité des variations que le cours des temps ou les convulsions de la nature ont fait éprouver aux races vivantes, qui ont, dans chaque circonstance particulière, donné naissance à d'autres races « mieux appropriées à l'ordre nouveau des choses ». Il n'est donc pas rigoureusement impossible de rapprocher la première production des grands animaux de celle des animalcules microscopiques que l'on tire du néant en changeant les dispositions chimiques ou physiques des matières qui les forment.

De même la nature revient de la vie à la mort : les matières animales se décomposent en gaz dont s'emparent les végétaux ; les charpentes osseuses des animaux, surtout des poissons et des coquillages, forment des bancs de terres calcaires qui hâtent et perfectionnent la végétation. Certaines matières végétales en se décomposant, se transforment en animalcules, qui, à leur mort, en engendrent d'autres, « pendant beaucoup plus de temps que Cabanis n'a pu l'observer », avant que tout semble rentrer dans l'état de repos et d'insensibilité. Les découvertes des naturalistes diminuent les intervalles des différents règnes : quelques filons minéraux, par leur végétation successive et leurs digitations rameuses, se rapprochent des plantes les plus imparfaites ;

---

chaleur, produire des matières minérales, des végétations et des animaux. Cabanis fait ses réserves et dit que ces observations doivent être revues avec soin et répétées de cent manières différentes. Sur les générations spontanées, voyez les discussions entre M. Pasteur et M. Pouchet, choses en ce qui concerne la production actuelle d'animaux sans germes, par les mémorables expériences d'où est sortie une science nouvelle. (*Comptes rendus de l'Académie des sciences*, 1860 ; *Annales des sciences naturelles*, 4º série, tome XVI ; *Revue des cours scientifiques*, 1864.)

entre les végétaux et les animaux se placent les zoophytes, et peut-être quelques plantes irritables dont les mouvements, comme ceux des organes musculaires vivants, correspondent à des excitations particulières (1); enfin, dans les animaux, l'organisation et les facultés offrent tous les degrés possibles de développement, du mollusque jusqu'à l'homme.

Ainsi Cabanis, qui incorpore à sa doctrine des vues exposées par Maupertuis, de Maillet, Robinet, Buffon et Bonnet, bientôt reprises par Lamarck, est un précurseur de Darwin et du transformisme moderne. Nous comprenons pourquoi la *Philosophie zoologique* de Lamarck fut si mal accueillie ou si peu lue en France : Cabanis en avait lié les doctrines à une philosophie condamnée comme « essentiellement matérialiste » (2).

A ces vues transformistes se joignent d'autres conjectures non moins originales, et non moins laissées dans l'ombre par ceux qui ont parlé de Cabanis. Ainsi il soupçonne quelque analogie entre la sensibilité animale, l'instinct des plantes, les affinités électives et la simple attraction. Mais faut-il expliquer l'attraction par la sensibilité, ou la sensibilité par l'attraction, « espèce d'instinct qui, suivant les circonstances, arrive par degrés jusqu'aux merveilles de l'intelligence (3) »? Il l'ignore, ne voulant pas sortir du domaine scientifique pour passer à la métaphysique. Mais il ne se refuse pas une excursion dans la philosophie des sciences. Si l'on arrive un jour à le savoir, il pense, contrairement à ce que soutiendra plus tard Lamarck, qu'on y sera conduit par l'examen des opérations qui s'exécutent en nous, plutôt que par celles qui se font loin de nous (4). En étudiant la formation des organes dans le fœtus, il insiste sur la nécessité d'admettre la sensibilité là où ne se manifeste pas nettement la conscience des impressions, car rien n'est plus contraire que l'opinion oppo-

(1) Cf Darwin, *les Mouvements et les habitudes des plantes grimpantes; les Plantes insectivores*, etc.
(2) De Bonald rapproche Cabanis et Lamarck pour condamner « leurs systèmes abjects ». (*Recherches philosophiques*, II, 289.)
(3) Sur le choix entre les explications par l'inférieur et les explications par le supérieur, voyez Ravaisson, *Rapport*, etc.
(4) M. Bertrand (*l'Aperception du corps humain*) cite ces passages (p. 88) pour montrer que l'instinct universel de Cabanis est l'inconscient de Hartmann. — Il faut, pour rendre cette assertion tout à fait exacte, se rappeler l'influence exercée par Cabanis sur Schopenhauer. Il ajoute en outre que « le plus profond métaphysicien de notre temps, M. F. Ravaisson n'a rien dit de plus hardi ». Il est assez piquant de considérer comme le continuateur des « sensualistes », un de ceux qui en ont parlé avec le plus de dédain. Et cependant M. Bertrand a raison. Biran a puisé chez Cabanis et on a plus d'une fois attribué à celui-là ce qui revient à celui-ci.

séc, aux faits physiologiques, rien n'est plus insuffisant pour l'explication des phénomènes idéologiques. Ce n'est pas ce que les physiologistes appellent irritabilité, puisque l'irritabilité est la faculté de contraction de la fibre musculaire et persiste après la mort ; c'est l'action des organes que font agir les nerfs qui reçoivent les impressions, sans intervention du centre cérébral (1). Dans le système nerveux, il y a des systèmes partiels ; et peut-être, dans chaque système et dans chaque centre, un moi partiel relatif aux impressions dont ce centre est le rendez-vous et aux mouvements que son système détermine et dirige (2). La cause de la sensibilité se confond avec les causes premières et n'est pas pour nous un objet de recherches : toutefois l'étude des phénomènes porte à croire que l'électricité, modifiée par l'action vitale, est l'agent invisible qui, parcourant le système nerveux, produit les impressions et les impulsions.

C'est dans l'étude idéologique et physiologique du fœtus que Cabanis cherche l'origine de l'instinct. Sentir est l'état essentiel de tout organe vivant ; l'habitude et la répétition des actes rend ce besoin plus impérieux. Ainsi les impressions et les déterminations propres au système nerveux et à celui de la circulation engendrent la première, la plus constante et la plus forte des habitudes de l'instinct, celle de la « conservation » ; celles des organes de la digestion produisent l'instinct de « nutrition ». Des mouvements auxquels les organes sont déterminés par cela même qu'ils sentent, naît un nouvel instinct ; de l'impression de résistance vient l'idée de corps extérieur ; la conscience d'un effort voulu donne la conscience du moi senti. Le fœtus porte déjà dans son cerveau, quand il arrive à la lumière, les premières

(1) Ribot, *Maladies de la personnalité*, p. 6 : « La physiologie nous apprend que la production de l'état de conscience est toujours liée à l'activité du système nerveux, en particulier du cerveau. Mais la réciproque n'est pas vraie ; si toute activité psychique implique une activité nerveuse, toute activité nerveuse n'implique pas une activité psychique. L'activité nerveuse est beaucoup plus étendue que l'activité psychique »... Il ne faut pas oublier que Hartmann, l'auteur de l'*Inconscient*, relève de Schopenhauer « vrai disciple de Cabanis ». On a lieu de s'étonner que M. Colsenet, dans la *Vie inconsciente de l'Esprit*, n'ait même pas cité Cabanis. On voit par cela même combien peu, en France, nous connaissons les hommes dont l'influence a été considérable à l'étranger.

(2) M. Bertrand (*Aperception du corps humain*), s'appuie sur ce passage pour mettre sa propre doctrine de l'*animisme polyzoïste* sous la protection d'un nom qui fait autorité et la rattacher à une tradition toute française (91). Il ajoute excellemment que « cette théorie semble effrayer quelque peu la prudence de Cabanis.., qui, ne faisant pas œuvre de métaphysicien... est pressé de revenir à l'expérience et au terrain solide des faits ». On souhaiterait que tout le monde en France eût reconnu de même « l'originalité et la prudence de Cabanis ».

traces des notions fondamentales que ses rapports avec tout l'univers sensible et l'action des objets sur les extrémités nerveuses doivent successivement y développer. Ce n'est pas cette « table rase » dont ont parlé certains idéologistes. Aussi les belles analyses de Buffon, de Bonnet, de Condillac, sont incomplètes et pourraient faire prendre une mauvaise direction.

Rien en effet ne ressemble moins à l'homme que ces statues que l'on fait sentir et agir ; rien ne ressemble moins à la manière dont se produisent sensations, désirs et idées, que ces opérations partielles d'un sens, agissant dans un isolement absolu du système, et privé même de cette influence vitale, sans laquelle il ne saurait y avoir de sensation. Toutes les opérations de l'organe pensant sont modifiées par les déterminations et les habitudes de l'instinct ; jamais l'organe particulier d'un sens n'entre isolément en action (1). L'analyse détaillée et complète de l'enfant, avant que tous ses sens aient été mis simultanément en jeu par les objets extérieurs, ferait l'objet d'un nouveau *Traité des sensations* qui ne serait peut-être pas moins utile aux progrès de l'idéologie que ne l'a été celui de Condillac (2).

Les premiers traits de l'instinct sont gravés dans le système cérébral au moment même de la formation du fœtus : mais, à côté des tendances à la conservation, à la nutrition, au mouvement qui se développent dans le fœtus même, il y en a qui se forment aux époques subséquentes de la vie, ou au moment de la naissance et par le développement général des organes, ou par la maturité de certains organes particuliers et par les maladies. Toutes, mais surtout les premières, relèvent des impressions internes. Aussi Draparnaud, qui tente de dresser l'échelle idéologique des différentes races, trouvera l'instinct d'autant plus direct et plus fixe que l'organisation est plus simple, d'autant plus vif que les organes internes ont plus d'influence sur le

---

(1) Avant Lewes (Ribot, *Psychologie anglaise*, p. 345 et 395), Cabanis a appelé l'attention sur les sensations venant du système, que les psychologues et les physiologistes ont si étrangement négligées, il a critiqué cette « monstrueuse et hypothétique statue », développement logique de cette idée que tout provient des cinq sens externes. De même quand M. Ribot écrit (*ibid.*,p. 259) : « on commence même en France à considérer les sensations de la vie organique comme formant un groupe à part »; il eût été plus exact de dire « on en revient en France à considérer, etc. ».

(2) C'est ce qu'a tenté Preyer dans sa *Physiologie de l'embryon*, suivie de *l'Âme de l'enfant*. Dans ce dernier ouvrage (X) Preyer parle comme Cabanis, que d'ailleurs il ne cite pas : « L'âme du nouveau-né ne ressemble pas à la « Table rase » sur laquelle les sens font la première impression, etc. ».

centre cérébral, et l'intelligence d'autant plus étendue que l'animal est forcé de recevoir plus d'impressions de la part des objets extérieurs (1).

La sympathie ou la tendance d'un être vivant vers d'autres, est en quelque sorte l'instinct lui-même ; elle comprend des attractions et des répulsions qui résultent de l'organisation et suppose, dans l'être auquel elle s'adresse, des sensations, des penchants, un moi. Dès qu'elle s'élève au-dessus du pur instinct, il y entre un fond de jugements inaperçus. Mais, comme toutes les tendances primordiales, elle s'exerce par les divers organes des sens : la vue occasionne une foule de déterminations affectives, et peut-être les rayons lumineux, qui partent des corps vivants, ont-ils des caractères physiques autres que ceux qui viennent des corps bruts. L'odorat est, pour certains animaux, le principal organe de la sympathie ; l'ouïe fait naître bien des impressions purement affectives et instinctives ; le tact ne paraît exercer son action sympathique que par le moyen de la chaleur vivante. Les opérations de l'intelligence modifient les tendances sympathiques et en font des sentiments plus ou moins aperçus, des affections plus ou moins raisonnées. Sans « facultés inconnues », la sympathie devient « morale » : l'individu partage les idées et les affections des autres, désire leur faire partager les siennes et éprouve le besoin d'agir sur leur volonté. De plus, il cherche à les imiter, et ne fait que s'imiter soi-même. L'imitation est le principal moyen d'éducation pour les individus et les sociétés. Par suite, les causes qui développent les facultés intellectuelles et morales sont liées à celles qui produisent, conservent et mettent en jeu l'organisation où est placé ainsi le principe du perfectionnement de la race humaine.

Les opérations du jugement et de la volonté sont influencées par les sensations proprement dites et par les déterminations instinctives : il n'est pas nécessaire de recourir à deux principes d'action, pour expliquer les balancements des désirs et les combats intérieurs. Les désordres du jugement et de la volonté tiennent à ceux des sensations, des impressions, dont la cause agit dans le système nerveux, de celles que reçoivent les extrémités sentantes internes et des déterminations instinctives. On

(1) Peut-être faudrait-il reporter à Cabanis ce que Bain et Ribot (*Psychologie anglaise*, 268) attribuent à Müller, « sur l'état du fœtus qui ne ressemble pas à celui de l'âne de Buridan ».

expliquera la folie par l'altération des sensations, par les maladies du système nerveux ou les habitudes vicieuses qu'il contracte, même sans avoir toujours découvert, dans ce dernier cas, des lésions organiques. De même le sommeil, périodique comme les lois les plus générales de la nature, est produit par tout ce qui émousse les impressions ou affaiblit la réaction du centre nerveux commun sur les organes. Dans ce reflux des puissances nerveuses vers leur source, les sens s'assoupissent successivement et plus ou moins profondément, mais, seuls en certains cas, complètement; les extrémités internes conservent à leurs impressions une activité relative aux fonctions des organes, à leurs sympathies, à leur état présent et à leurs habitudes. Les causes qui agissent, dans le sein du système nerveux, ne sont plus distraites par les impressions des sens et deviennent prédominantes. Ainsi se font, dans le rêve, de nouvelles combinaisons d'idées ou naissent des idées que nous n'avons jamais eues; ainsi sont au premier plan, dans la folie, des idées qui ont si peu de rapport avec les objets externes. Celui qui classerait, d'après des faits certains et des caractères constants, les divers genres d'aliénation mentale, en indiquerait les causes et distinguerait ceux que l'on peut guérir et ceux qui ne peuvent l'être, rendrait service à l'idéologie (1).

L'influence du moral sur le physique est, pour Cabanis, celle du système cérébral sur les autres organes : il ne faut pas multiplier les principes avec les phénomènes, avoir recours à des forces inconnues et particulières, pour mettre en jeu les organes pensants et expliquer leur influence sur le système animal, parce que la pensée diffère essentiellement de la chaleur animale, comme celle-ci diffère du chyle et de la semence. Partout, dit-il, la nature prodigue les merveilles et économise les moyens... mais il fallut un temps fort long à l'esprit hypothétique de l'homme pour n'admettre dans la nature qu'une seule force; peut-être lui en faudra-t-il plus encore pour reconnaître que, ne pouvant la comparer à rien (2), nous ne pouvons avoir aucune idée véritable de ses propriétés, et que les vagues notions que nous avons de son existence étant formées sur la contemplation des lois qui gouvernent toutes choses, la faiblesse de nos moyens

---

(1) « Les études sur la folie, écrivait M. Ribot en 1870, bien incomplètes encore, ont-elles été stériles jusqu'ici ? »

(2) Même expression dans la *Lettre sur les Causes premières* (§ 4).

d'observation doit resserrer éternellement ces notions dans le cercle le plus étroit et le plus borné.

Bénjamin Constant (1) a parlé du livre en excellents termes. Mais comme bien d'autres, il y a cherché ce qui ne s'y trouve pas, ce que Cabanis devait donner avec la *Lettre sur les Causes premières*. En nous limitant à ce qui y est nettement indiqué, nous pouvons affirmer que rarement un ouvrage a autant servi aux progrès de la science et de la philosophie des sciences. Sans doute, l'entreprise était prématurée, puisque la physiologie et même la chimie ne fournissaient encore, ni l'une ni l'autre, une base solide pour l'étude des faits psychologiques. Sans doute, on y rencontre beaucoup d'affirmations aujourd'hui inadmissibles ou conjecturales. Même on peut dire « qu'on est trop souvent en l'air, dans la région vide des généralités pures, et non sur le terrain palpable et solide de l'observation personnelle et racontée ». Mais il n'en est pas « toujours » ainsi : à plusieurs reprises, nous avons signalé des « observations personnelles » et l'emploi de cette méthode que M. Taine donne comme la caractéristique de la psychologie contemporaine (2). Bien plus, Cabanis, s'inspirant d'Hippocrate et des Grecs, de Descartes et de Bonnet, plus que de Condillac et d'Helvétius, a créé la psychologie physiologique. Bichat et Broussais, les médecins, les physiologistes et les aliénistes ont continué les recherches qu'il avait recommandées plus que personne et préparé des lecteurs à ses modernes successeurs. Aug. Comte, allant plus loin, a absorbé la psychologie dans la physiologie ; mais, par cela même, il a contribué à faire vivre les idées de Cabanis. Biran, en les incorporant à la métaphysique, les a transmises aux spiritua-

---

(1) « Je lis, écrit-il, le 3 frimaire an XI, le livre de Cabanis et j'en suis enchanté. Il y a une netteté dans les idées, une clarté dans les expressions, une fierté contenue dans le style, un calme dans la marche de l'ouvrage, qui en font, selon moi, une des plus belles productions du siècle. Le fond du système a toujours été ce qui m'a paru le plus probable, mais j'avoue que je n'ai pas une grande envie que cela me soit démontré. J'ai besoin d'en appeler à l'avenir contre le présent, et surtout à une époque où toutes les pensées qui sont recueillies dans les têtes éclairées n'osent en sortir, je répugne à croire que, le moule étant brisé, tout ce qu'il contient serait détruit. Je pense, avec Cabanis, qu'on ne peut rien faire des idées de ce genre comme institutions. Je ne les crois pas même nécessaires à la morale. Je suis convaincu que ceux qui s'en servent sont le plus souvent des fourbes, et que ceux qui ne sont pas des fourbes jouent le jeu de ces derniers, et préparent leur triomphe. Mais il y a une partie mystérieuse de la nature que j'aime à conserver comme le domaine de mes conjectures, de mes espérances, et même de mes imprécations contre quelques hommes ».

(2) *L'Ancien Régime*, III, ch. I, p. 237.

listes (1). Non moins fécondes ont été les théories sur la relativité de nos connaissances, sur l'importance des sensations internes et de l'idéologie embryonnaire, animale ou morbide ; sur la puissance de l'habitude, sur l'instinct et l'inconscient, sur le transformisme et l'explication de l'inférieur par le supérieur, sur les rapports de la morale et de la politique avec l'idéologie et la physiologie. Le continuateur d'Hippocrate, de Descartes et des philosophes du xviiie siècle, a été un précurseur de Lewes et de Preyer, de Schopenhauer et de Hartmann, comme de Lamarck, de Darwin et de bien d'autres penseurs qui appartiennent aux écoles les plus différentes, et ne soupçonnent quelquefois même pas que les idées dont ils sont partis leur sont venues indirectement, mais par des intermédiaires authentiques, de l'auteur des *Rapports du physique et du moral*.

III

Pendant les années qui suivent la publication des *Rapports*, Cabanis nous est surtout connu par les lettres inédites qu'a bien voulu nous communiquer M. E. Naville. En pluviôse (17) il engage Biran à traiter la question de la *Décomposition de la pensée*, et le sujet sur lequel ce dernier « a envoyé une si magnifique esquisse » (2). « Rien, dit-il, ne peut être plus utile à la considération et aux progrès de la science dont, au reste, on ne peut plus se passer aujourd'hui ». Quelques jours plus tard (1er ventôse), il lui écrit que tous les hommes qui s'occupent de philosophie lisent son Mémoire sur *l'Habitude* et que leur jugement est unanime. Puis il lui parle (19 ventôse) de sa santé et lui indique un régime à suivre. Et revenant aux deux sujets dont Biran s'occupait alors, il ajoute : « Songez que vous vous devez à la vérité, dont les progrès tiendront, dans tous les genres, à la perfection de celui qui nous occupe. Quelque temps après (10 floréal), Ginguené défendant, dans la *Décade*, les idéologues contre Palissot, lui reprochait d'avoir relégué, dans une note de l'article *Molière*, Cabanis et son excellent ouvrage sur les *Rapports*.

(1) Paul Janet, *Traité élémentaire de philosophie*, Rapports du physique et du moral, p. 332.
(2) M. Bertrand estime qu'il s'agit du Mémoire sur *les Rapports de l'idéologie et des mathématiques* (Science et psychologie, p. 1).

Au commencement du dernier trimestre de l'an XI, Cabanis fit paraître une nouvelle édition du *Degré de certitude de la médecine*, en y joignant les *Observations sur les hôpitaux*, le *Journal de la maladie de Mirabeau*, une *Note sur le supplice de la guillotine*, un *Rapport sur l'organisation des Écoles de médecine*, quelques *Principes* et quelques *Vues sur les secours publics*. La *Décade* y consacra un article. Cabanis, disait-elle, en exposant les devoirs et les qualités d'un bon médecin, « s'est pris lui-même, et à son insu, pour modèle », et cette nouvelle production ne peut qu'ajouter encore, s'il est possible « à la gloire qu'il a acquise par son bel ouvrage sur l'influence du physique et du moral de l'homme ».

Moreau de la Sarthe trouva l'extrait insuffisant. Rappelant que la philosophie médicale comprend deux objets distincts, l'application de la philosophie générale à l'étude et aux progrès de la médecine, l'application réciproque de la médecine à la philosophie, il faisait, parmi les travaux propres à entrer dans une philosophie médicale (1), une place spéciale à tous les ouvrages de Cabanis, et notamment au nouveau Recueil « application de la médecine aux progrès de la saine métaphysique et de cette dernière au perfectionnement de la méthode médicale ».

Au moment où paraissaient cette réimpression et la *Grammaire* de Destutt de Tracy, Cabanis annonce à Biran que le prix sur la *Décomposition de la Pensée* sera distribué et qu'il fondra dans son compte rendu la note dont il lui est redevable : « Je ferai en sorte, dit-il, que votre travail concoure à l'utilité de cette science que vous êtes destiné à faire marcher en avant, et qui, malgré la guerre ouverte qu'on lui a déclarée, s'introduit de plus en plus chaque jour, dans toutes les parties des travaux de l'esprit humain ». En l'an XII, il lui écrit, à propos des intrigues qui avaient eu lieu, dans les élections de la Dordogne : « Il est dans le cours nécessaire des choses, dit-il comme en 1803, non pas que les hommes vertueux ne souffrent pas souvent, mais que les coquins soient tôt ou tard punis ». Par suite du dépérisse-

---

(1) Il y place les livres d'Hippocrate, *de Veteri Medicina*, *de Decenti Ornatu*, *de Aere, Aquis et Locis*, un chapitre de Bacon, le *Traité de l'expérience* de Zimmermann, la Préface de Quesnay aux Mémoires de l'Académie de chirurgie, l'*Idée de l'homme physique et moral*, le *Specimen novi Medicinæ Conspectus*, de La Caze, la *Methodus studii medici* de Haller et le *Plan d'une nouvelle constitution de médecine*, présenté, à l'Assemblée nationale, par l'ancienne Société royale, les *Éloges historiques* de Vicq-d'Azyr, presque tous les ouvrages de Pinel, et le *Discours préliminaire de la Physiologie* de Dumas.

ment total de sa santé, il renonce à l'espoir de compléter (18 pluviôse) son travail sur l'application des méthodes analytiques à l'étude de la médecine. Cédant aux vœux de quelques amis, il publie le *Coup d'œil sur les Révolutions et sur la Réforme de la médecine*. Le médecin Montègre présenta l'ouvrage aux lecteurs de la *Décade*. « Le caractère connu de l'auteur, disait-il, la grandeur et la sûreté des vues qu'on retrouve dans ses autres ouvrages, doivent nous faire regretter qu'il n'ait pu terminer une entreprise aussi importante ». Après Cabanis, il rappelle les diverses époques de la science médicale, et jette un coup d'œil rapide sur l'état général de l'enseignement; il signale le chapitre des relations de la médecine et de la morale « rempli de considérations grandes et élevées, bien digne du philosophe auteur des *Rapports du physique et du moral* », et termine en citant le passage où Cabanis insistait sur la nécessité, pour le médecin, d'unir la philosophie morale à la philosophie rationnelle.

Le 28 floréal, Napoléon Bonaparte était déclaré empereur des Français ; le 21 messidor, le ministère de la police était rétabli pour Fouché. La santé de Cabanis s'altère de plus en plus : « Ce qui m'afflige, écrit D. de Tracy à Biran, le 4 août 1804, c'est que je ne suis pas content de sa santé, elle est toujours bien débile ; c'est un si excellent homme que je ne puis supporter de le voir souffrir ». Cabanis lui-même se plaint à Biran que « les forces de la vie s'affaiblissent ».

En l'an XIII, il félicite ce dernier dont le Mémoire sur *la Décomposition de la pensée* a été couronné par la troisième classe ; sans être partout de son avis, il juge « que c'est un très beau et très riche travail ». La seconde édition des *Rapports* paraît, augmentée de deux tables, dressées par D. de Tracy et Sué, et des expériences de M. Fray. D. de Tracy, dont la correspondance avec Biran est fort active, nous apprend que Cabanis se trouvait fort bien alors de sa vie campagnarde (1). C'est à Cabanis qu'il dédie son *Traité*, complet par la publication de la *Logique* (2). Cabanis et Tracy avaient à peu près achevé l'œuvre

(1) « Oui, venez voir nos riches prairies, écrivait Cabanis lui-même à Fauriel l'année précédente, nos blés admirables, notre verdure aussi riche que fraîche et riante. Les insectes qui bourdonnent appellent la rêverie et invitent à un calme heureux. Ceux qui carillonnent ailleurs ne produisent pas toujours le même effet ».

(2) « A qui cet hommage, dit-il, pouvait-il être plus légitimement dû qu'à vous, qui nous avez donné réellement toute l'histoire de l'homme, autant du moins que

à laquelle leur nom demeure attaché. Mais la réaction contre la philosophie du xviii° siècle et celle qui en était issue, devenait de plus en plus puissante. Les idéologues s'en rendaient compte (1).

En 1806, Biran vient à Paris, mais ne va pas à Villette, où Cabanis l'attendait avec impatience. Cabanis l'engage à travailler « à la réforme de quelques parties de la langue géométrique », mais aussi à terminer l'impression de son Mémoire, qui ne peut manquer d'être utile aux progrès de la science. A la fin de l'année, Cabanis s'excuse d'être un correspondant si inexact (2) et se réserve d'être le confident des recherches que Biran et D. de Tracy poursuivront, au grand avantage de la science (3). Une dernière lettre (8 avril 1807) est adressée à Biran qui doit faire son travail sur la métaphysique et la langue de la géométrie et

le permet l'état actuel de nos connaissances. Vous l'avez tracée de la manière à la fois la plus vaste et la plus sage, la plus éloquente et la plus exacte ; et tous ceux qui voudront jamais se conformer au précepte sublime de l'oracle de Delphes vous devront une éternelle reconnaissance... Indépendamment des obligations particulières à la science... je me vante que votre ouvrage m'a été utile avant même qu'il fût achevé, que vos conversations me l'ont été encore davantage et que c'est à vous que j'ai dû jusqu'au courage d'entreprendre les recherches auxquelles je me suis livré et jusqu'à l'espérance qu'elles pourraient avoir quelque utilité... Aussi le succès que j'ambitionne le plus, c'est que mon ouvrage puisse être regardé comme une conséquence du vôtre, et que vous n'y voyiez qu'un corollaire des principes que vous avez exposés... La science se trouverait replacée sur ses véritables bases... l'histoire de notre intelligence serait enfin une portion et une dépendance de la physique humaine ».

(1) C'est ce que montre une lettre de Cabanis à Barbier, l'auteur d'un *Examen de plusieurs assertions hasardées par La Harpe dans sa Philosophie du XVIII° siècle* : « Excusez-moi, écrit-il le 16 prairial an XIII ; ma négligence à votre égard n'est pas volontaire. Depuis que j'ai reçu l'intéressant écrit que vous m'avez fait l'honneur de m'adresser, j'ai eu bien peu de moments libres, forcé de passer une grande partie du temps auprès de ma femme malade ; mais je n'en ai pas moins été touché et flatté de me trouver au nombre de ceux à qui vous avez bien voulu envoyer particulièrement cette réfutation de quelques-unes des imputations calomnieuses qui fourmillent dans les derniers écrits de La Harpe. J'ai été l'ami et je me fais l'honneur d'être le disciple de plusieurs des grands hommes qu'un essaim d'écrivailleurs aussi ignorants que malveillants attaquent maintenant avec tant de fureur. Quoique je ne regarde pas ces atteintes comme bien dangereuses, j'aime à trouver le défenseur de ceux dont j'honore la mémoire dans un homme pour lequel je suis plein d'estime depuis très longtemps et dont je sais que le caractère rend le talent et le savoir aussi respectables qu'ils sont distingués ». (*Bulletin du Bibliophile*, 1838 n° 2.)

(2) « Cela tient, dit-il, à ce que mon existence, c'est-à-dire mes rapports et mes devoirs sont presque toujours au-dessus de mes forces, qu'après avoir fait l'indispensable et l'ennuyeux, il ne me reste plus de courage pour ce qui serait le plus cher à mon cœur et que, lorsque je suis forcé de me livrer au repos, un instinct, plus fort que tout, me contraint à le rendre absolu ».

(3) « Je vous regarderai faire et je jouirai de vos succès. Car je ne suis plus capable moi-même d'aucun travail important, quoique ma santé soit meilleure depuis deux mois, mais il faut savoir se soumettre aux diverses privations que la nature impose et savoir être ce qu'on peut ».

du calcul, « le plus utile de tous ceux qu'il est si capable d'exécuter ». Plus que jamais il se montre affectueux pour son correspondant, comme s'il sentait que sa fin approche (1). Dix-huit jours plus tard, D. de Tracy annonçait à Biran que leur ami avait eu une première attaque !

Mais, avant de raconter brièvement les derniers moments de Cabanis, il faut examiner les œuvres importantes auxquelles il a travaillé de 1802 à 1807. C'est en 1807 que Ginguené place les *Affections catarrhales*, postérieures ainsi, ce semble, à la *Lettre sur les Causes premières*. Cabanis y consignait le résultat d'observations commencées depuis plus de vingt-cinq ans. L'ouvrage n'était fait ni pour les maîtres de l'art, ni pour les gens du monde, mais pour les jeunes praticiens. On y retrouve l'homme et le philosophe (2).

Nous savons moins exactement à quelle époque il faut reporter la *Lettre à Thurot sur les Poèmes d'Homère* et la revision de la traduction commencée en 1778. Le passage où Cabanis parle de l'apparition récente du *Tableau des États-Unis* de Vol-

---

(1) « Nous parlons bien souvent de vous, mon cher ami, et notre amitié jouit bien vivement des espérances que nous donne votre zèle pour la poursuite de vos travaux; nous ne vous désirons que santé et liberté. Ma femme, souvent témoin de nos entretiens sur votre sujet, partage tous nos sentiments. Elle me charge de vous le dire et de vous remercier de votre aimable souvenir. Vous savez, mon cher ami, tout ce que je vous ai voué de haute estime, d'amitié sincère et inviolable. Comptez-y pour tout le temps que je passerai sur cette terre ».

(2) L'épigraphe *non fingendum, sed inveniendum*, est empruntée à Bacon. Le grand Hippocrate y est appelé le premier, sans aucune comparaison, de tous les praticiens. Fort éloigné d'adopter des théories fondées sur quelques notions positives trop incomplètes, l'auteur est tout aussi éloigné d'écarter, avec les empiriques absolus, toute vue théorique de la médecine pratique, car il serait même impossible de reconnaître, dans les faits qui se présentent, l'identité ou l'analogie avec d'autres faits antérieurement connus, si l'on n'avait point su lier les derniers par des résultats communs, c'est-à-dire par des principes. Toutefois il vaudrait mieux n'avoir absolument aucune théorie, que d'en adopter une, démentie par un certain nombre de faits réguliers, ou, du moins, de ne pas s'en servir avec assez de réserve pour ne point méconnaître, dans ceux qu'on observe une première fois, les différences qui peuvent les distinguer de ceux auxquels on imagine devoir les rapporter. Cela est vrai de toutes les sciences d'observation. Quand on s'attache aveuglément à ce qu'on appelle souvent avec si peu de raison les principes, on ne peut que rouler dans le cercle des erreurs. Les rapides progrès qu'ont faits, dans ces derniers temps, plusieurs branches de la physique, sont uniquement dus à ce que les meilleurs esprits, parmi ceux qui les cultivent, soumettent chaque jour à l'expérience tous les principes que l'on a crus, ou que même on croit encore, les plus certains et les plus démontrés. Toute théorie ne doit donc, pour le médecin philosophe, qu'aider la mémoire, en liant les faits connus et en dirigeant les raisonnements d'induction que l'analogie suggère à l'aspect de tous les objets nouveaux. Toujours les faits doivent servir de guides ; les idées générales théoriques en doivent être une expression abrégée ; les vues de traitement, une conséquence directe et nécessaire.

ney (V, 294) montre qu'il en était occupé dès 1803 : ceux où il mentionne les ouvrages de D. de Tracy et sa théorie du jugement (p. 344), où il critique La Harpe (p. 361), nous conduisent en 1805. Enfin la mention de la mort d'Hennebert nous ramène à 1802. Il semble donc que Cabanis soit revenu à Homère, après la publication des *Rapports* (1) et s'en soit occupé jusqu'à sa mort. Thurot et un autre de ses amis l'avaient engagé à revoir ses essais de traduction ; il suivit leurs conseils, leur lut son travail, et l'envoya à Thurot avec une lettre, destinée à servir de préface à la partie qu'il avait dessein de publier pour sonder le public. L'ouvrage ne parut point, et c'est seulement en 1825 qu'il fut introduit dans une édition des Œuvres complètes de Cabanis (2).

La *Lettre sur les Poèmes d'Homère* est, comme le disait Daunou, fort remarquable. L'auteur marque fort bien la difficulté de traduire Homère en vers français (3). Il soutient même qu'il est plus difficile de traduire que d'écrire un ouvrage original (4).

Homère est du petit nombre des poètes dont on relit toujours les vers avec un nouveau plaisir, même quand on les sait dès longtemps par cœur. Personne n'a peint, avec un caractère plus touchant et plus sacré, l'amour conjugal (5).

(1) Ginguené nous dit qu'en 1807, après sa première attaque, il songeait à retoucher et à terminer sa traduction d'Homère.
(2) Thurot, en 1809, cita quelques fragments de la lettre et de la traduction en analysant la traduction de Saint-Aignan (*Mélanges*, p. 103).
(3) « Le grec, dit-il, est remarquable par l'abondance, la richesse, l'harmonie, par une majesté simple et par ces heureuses compositions de mots qui rassemblent et concentrent les impressions ou les idées, sans jamais y porter d'incohérence et de confusion; le français, par l'élégance, la précision des termes, la clarté des tours et des phrases ».
(4) « Le traducteur doit rendre toutes les idées de l'original dans leur ordre primitif, il ne peut les présenter sous des faces nouvelles, à moins qu'il n'altère nullement le sens ; les petites modifications, additions ou retranchements qu'il hasarde, doivent toujours être d'accord avec l'esprit général de l'auteur et ne produire que des impressions étroitement liées et conformes à celles qu'on reçoit en le lisant lui-même. Il faut donc que le traducteur connaisse parfaitement toutes les ressources de sa langue, qu'il ait un talent souple et fécond, qui puisse se replier dans tous les sens, choisir entre les différentes manières d'exprimer la même idée, il faudrait en un mot, que sans rien changer aux idées de l'auteur original et en lui conservant, autant qu'il est possible, l'empreinte du pays et de l'époque qui l'ont vu naître, on lui fît prendre les formes et le langage qu'il n'eût pas manqué d'adopter s'il eût écrit pour le peuple auquel on veut faire connaître et goûter ses productions ».
(5) « Quelle douce et profonde mélancolie ! Quels tons purs et religieux n'a-t-il pas répandus sur le récit des derniers adieux d'Hector et d'Andromaque ! Quelle vérité d'accent dans l'expression de leur noble tendresse ! Combien cette femme céleste devient touchante, par l'espèce de culte qu'elle rend à son époux, par la faiblesse d'un cœur souffrant qui réclame un appui et n'en conçoit pas d'autre que le

Cabanis n'oublie pas ses travaux antérieurs, il veut porter la véritable méthode philosophique dans l'étude et l'examen de toutes les productions des arts. Dans les pages remarquables où il traite de la belle nature, il combat l'idée d'une imitation tellement ressemblante qu'on puisse la confondre avec l'original. Avec raison il fait remarquer qu'aucun poète n'a été plus fécond qu'Homère, dans le sublime de pathétique et dans celui de la grandeur et de la force ; que nulle part il n'a mieux réalisé cette alliance que dans la peinture des trois grands caractères différents d'Achille, d'Hector et d'Ulysse, tracés et développés avec une prédilection toute particulière, parfaits tous les trois dans leur genre. Laissant de côté l'exactitude des descriptions et des récits, où Homère surpasse même les géographes et les historiens de profession, Cabanis rappelle l'art avec lequel il donne à chaque objet une manière d'être et une couleur propre (1). Aussi ne trouve-t-il de comparable à Homère, parmi les modernes, que Fénelon et La Fontaine (2); les poètes allemands, qui ont voulu l'imiter, ont manqué le but qu'ils se proposaient. Puis, considérant Homère par rapport aux poètes grecs, il estime qu'il n'y a rien de supérieur ou même de comparable, dans les tragiques les plus parfaits, à l'admirable scène d'Achille et d'Agamemnon, par laquelle s'ouvre le poème,

cœur du grand Hector, par cette douce soumission d'une âme dévouée qui n'existe, ne sent, ne veut que dans l'objet unique de ses affections !... Voyez avec quelle décence, avec quelle retenue, Hélène, la coupable Hélène, paraît sur les remparts, au milieu des vieillards troyens !... Avec quelle crainte respectueuse elle approche de Priam ! avec quelle modestie elle répond à ses questions ! avec quelle vérité touchante l'expression de ses remords vient se mêler à tous ses discours !... Que de profondeur, que d'énergie, que de majesté dans le caractère de Pénélope, dont la tendresse survit au temps et à l'absence ! qui sans cesse environnée de poursuivants nombreux, n'est occupée que d'Ulysse et des chers intérêts qu'il lui a remis dans les mains ! Que de grâce et quel charme particulier dans l'espèce de subordination qu'elle affecte à l'égard de son fils Télémaque, devenu, par le progrès de l'âge et par l'absence prolongée d'Ulysse, le chef de sa maison ! Admirables tableaux qui retracent, avec autant de force que de naïveté, ce que peut offrir de plus touchant, de plus attrayant, de plus sublime, le caractère de la compagne de l'homme, développé par des rapports également dignes de tous les deux »!

(1) « Peint-il un orage, un lion, le cours d'un fleuve, les bois et les rochers d'une montagne, ce ne sont ni un fleuve, ni un orage, ni un lion, ni des rochers et des bois tels que l'imagination peut les créer au hasard ; tous ces objets sont particularisés. Souvent le poète les prend dans la réalité ; il les a vus et il les caractérise avec une vérité parfaite. Mais lors même qu'ils ne sont que des fictions de son esprit, il lui suffit, pour les faire confondre avec la nature elle-même, de quelques-uns de ces traits fins qui semblent n'avoir aucun rapport avec le but dont il est occupé dans le moment, et qui, sans ajouter beaucoup au tableau comme tableau, ne permettent pas à l'esprit de rester en doute sur l'existence réelle de l'original ».

(2) Cf. la comparaison qu'Andrieux établit entre Fénelon et Cabanis, § 5.

à celle d'Hélène sur les remparts de Troie, aux adieux d'Hector et d'Andromaque, à celle de Priam, venant demander le corps d'Hector au vainqueur le plus inexorable. Il n'admet pas comme les critiques du xviii° siècle, qu'on accuse Homère de bavardage et de désordre dans ses discours. Il prend les passages les plus critiqués par des écrivains célèbres ou blâmés par des hommes d'esprit et de goût — injures d'Achille à Agamemnon, songe d'Agamemnon, discours de Diomède, etc., etc., — pour faire sentir le caractère simple, profond et savant du dramatique d'Homère. Mais d'où vient la beauté de ses ouvrages ? Elle tient surtout à l'étude profonde qu'il avait faite de la nature intellectuelle et sensible de l'homme. Son exemple et celui des grands poètes de tous les pays et de toutes les époques prouvent que la connaissance des procédés de l'esprit humain, la véritable théorie des impressions directes et sympathiques, peut seule conduire à celle de tous les arts et faire sentir, avec Condillac, que l'analyse est la muse du poète, le génie inspirateur qui guide en secret le sculpteur, le peintre et le musicien. C'est à des philosophes qu'on doit la faible partie de la théorie générale des lettres et des arts sur laquelle on a jeté quelques lumières. Depuis Aristote jusqu'à Beccaria, Diderot, Helvétius, Burke, Smith, etc., tout ce qu'on a dit de sensé sur les véritables principes des arts d'imitation, est le fruit de cette philosophie dont l'ignorance méconnaît les bienfaits et que l'irréflexion regarde presque comme étrangère à la conduite de la vie, à la direction des besoins et au perfectionnement des plaisirs. Aristote a donné le principe fécond d'où sortent tous les moyens de rendre l'imitation de la nature plus frappante, en disant, à propos des figures, que « nous aimons à voir une chose dans une autre ». La philosophie moderne (1) dit que juger, c'est reconnaître qu'une idée est dans une autre ; que raisonner, c'est porter une suite de jugements qui remplissent chacun la condition précédente et nous conduisent à une conclusion, résultant des termes de la question, mais inaperçue. Dans l'état de perfection que peuvent atteindre toutes les facultés intellectuelles et morales, la persuasion sera peut-être toujours unie à la conviction. On ne pourra émouvoir que par la vérité, qui se prêtera sans peine à tous les ornements de la plus

---

(1) Cabanis renvoie aux ouvrages de M. de Tracy.

riche imagination et qui, une fois reconnue et sentie, passionnera aussi profondément les hommes que de brillantes erreurs les enflamment et les agitent encore tous les jours.

En partant des philosophes anciens, on peut reconnaître et assigner la cause du plaisir que nous font éprouver les chefs-d'œuvre de l'art. Seule, la théorie de la formation des idées peut dévoiler les motifs de beaucoup de règles, devinées en quelque sorte par le génie, nous apprendre pourquoi et jusqu'à quel point sont vrais la règle de l'unité d'intérêt et le principe, établi par Locke, sur la nécessité de la liaison des idées, celui de Beccaria, qui réduit le style aux combinaisons capables de réveiller la plus grande quantité possible d'impressions simultanées, l'idée de Burke et d'Helvétius qui voient, dans l'effet du sublime, une espèce de terreur, etc. Enfin l'étude et l'observation délicate des impressions sympathiques sont peut-être plus indispensables encore que celles des impressions directes et des idées ou sentiments qu'elles produisent. Adam Smith l'a bien fait sentir ; mais il faudrait remarquer, en outre, que les rapports sympathiques changent avec le nombre des auditeurs et peut-être des lecteurs, et qu'ils suffisent à rendre compte des différences de style, de ton, de couleur que la convenance impose aux différents genres ; à expliquer peut-être les règles des grands poèmes, de l'épopée et de la tragédie (1). Aussi, sans étudier l'entendement et analyser les passions, peut-on, comme La Harpe, faire paraître un cours de littérature en beaucoup de volumes, qui ne contiennent pas une seule idée propre à l'auteur.

Cabanis s'était efforcé de se rapprocher de plus en plus de l'esprit et du ton de l'original, de traduire distinctement les impressions, de marquer la liaison et le développement des idées, de conserver tout ce qui caractérise les mœurs et les habitudes du temps, de reproduire, autant que possible, le mouvement et la couleur d'Homère (2). Et il semble bien qu'il y ait réussi en plus d'un endroit où le lecteur songe à André Chénier, qui, lui aussi, puisait aux sources grecques pour renouveler la poésie française.

La *Lettre à Thurot* est une réponse au *Génie du Christianisme*.

(1) Voyez Guyau, *'Art au point de vue sociologique*.
(2) On comprend qu'il ait ainsi appris à être impartial et exact dans l'exposition des doctrines philosophiques. La Lettre à Thurot prépare la *Lettre sur les Causes premières*. On voit comment l'impartialité et le goût de l'exactitude sont venus à Cabanis ; on ne comprend pas pourquoi il aurait dû les emprunter à Fauriel.

Chateaubriand avait fait la poétique de la religion chrétienne et soutenu que l'incrédulité est la principale cause de la décadence du goût et du génie ; que les écrivains du xviii° siècle doivent la plupart de leurs défauts à un système trompeur de philosophie, que l'analyse est la mort de l'imagination et des beaux-arts. Cabanis fait la poétique de la philosophie et soutient qu'Homère n'a été un grand poète que parce qu'il a étudié l'homme en philosophe ; que l'analyse est la muse du poète, du sculpteur, du peintre et du musicien, comme le guide du savant et du philosophe ; que les progrès de la philosophie auront pour conséquences de nouveaux progrès dans les beaux-arts. Nulle part d'ailleurs il ne renvoie au christianisme ces attaques, plus perfides que justes, à cause de leur généralité, que Chateaubriand a lancées contre la philosophie.

IV

Hippocrate, autant que les philosophes du xviii° siècle, avait inspiré les *Rapports du physique et du moral*, l'œuvre positive de Cabanis. Homère et les Grecs l'avaient aidé à montrer que la philosophie est une utile alliée des beaux-arts et de la poésie. Les Grecs encore, avec Franklin et Turgot, lui fournirent l'occasion de soutenir, avec un rare bonheur dans les expressions et les idées, que la philosophie seule est capable de donner au monde la religion simple et consolante qui ne produirait que du bien. C'est ce qu'il fit dans la *Lettre sur les causes premières,* publiée en 1824, mais adressée, vers 1806, à Fauriel, qui avait formé le projet d'écrire l'histoire du stoïcisme.

On s'est souvent demandé quelle place tient cette Lettre dans la philosophie de Cabanis. Bérard, qui la publia comme une arme de guerre, soutint que, cédant par condescendance plutôt que par conviction à l'esprit dominant de son époque, Cabanis n'avait donné une couleur matérialiste à ses idées que par respect humain ; que, dans la liberté du commerce intime, il avouait ses doutes et ses incertitudes, que, plus tard, éclairé par de plus sérieuses réflexions et penseur plus sincère et plus libre, il était arrivé à des croyances à la fois plus vraies et mieux arrêtées (1).

(1) Damiron, si sévère pour les « sensualistes », trouve que la critique de Bérard a l'air d'être dirigée par l'esprit de secte et de parti et que Bérard a usé de la pièce publiée dans un intérêt étranger à celui de la vraie philosophie.

Damiron eût voulu que l'éditeur insistât davantage sur ce qu'il y a de beau et de grand dans cette « conversion » d'un esprit supérieur, qui passe, par un motif purement scientifique, d'un système incomplet à une théorie plus large et plus voisine de la vérité (I, 97). Dubois d'Amiens (*Dict. phil.*) pense que Fauriel montra à Cabanis l'insuffisance des doctrines physiologiques entées sur la philosophie du xviiie siècle ; que ce dernier, accessible comme tous ceux qui cherchent de bonne foi la vérité, à ces nouvelles lumières, finit par modifier insensiblement ses idées, non sur les causes premières des phénomènes vitaux, mais sur celles des phénomènes intellectuels, puis, et comme par extension, sur celles des phénomènes du monde physique ou de l'univers. Et il affirme que Cabanis aurait pu donner véritablement ces nouvelles idées comme le complément logique de celles qu'il avait émises dans les *Rapports*, du moins en ce qui concerne le moral de l'homme. Selon M. de Rémusat, aussi dédaigneux pour la *Lettre* que pour les *Rapports*, Cabanis s'est bien moins démenti qu'on ne l'a prétendu. Il n'y a ni conversion, ni apostasie, et l'ouvrage n'a pas, en lui-même, une grande valeur ; les contradictions n'y manquent pas et l'obscurité en est désespérante. Mais lui-même, peu soucieux d'échapper au reproche qu'il adresse à Cabanis, dit qu'on s'y trouve « en plein spinozisme » puis n'y voit plus « qu'un stoïcisme vulgaire, un alexandrinisme superficiel, qui ne peut satisfaire la raison » ! Sainte-Beuve, qui parle avec sympathie et admiration de la *Lettre sur les Causes premières* et de son auteur, a bien vu que M. de Rémusat était « un adversaire » ; mais il a cru que Fauriel avait « inspiré le dernier mot de Cabanis finissant ». Pour Mignet, la *Lettre* ne doit pas être séparée des *Rapports*, elle les complète plutôt qu'elle ne les réforme. Cabanis y donne ses vues sur la puissance divine et sur l'âme humaine, qu'il ajoute, « par une tardive déduction », presque « par une heureuse inconséquence », aux actes de la sensibilité mécanique. En Dieu, il reconnaît la cause et la raison de tout ; dans le moi, un être indépendant qui précède, reçoit, juge et modifie les impressions. Et à son tour, Mignet, comme de Rémusat, détruit ce qu'il avance, en ajoutant que Cabanis, dans ce vaste ensemble dont les parties se suivent et le plus souvent se lient, se contredit moins encore qu'il ne se développe, lorsqu'il va de l'action des causes secondes, auxquelles il accorde trop, à la reconnaissance de la cause première. Rappelons enfin que Ginguené cite la

Lettre, « un des plus beaux morceaux de philosophie qui existent dans notre langue », pour prouver que ses sentiments intimes étaient bien différents de ceux qu'on lui a supposés!

Cabanis s'est proposé un but essentiellement positif dans les *Rapports*. Il avertit à plusieurs reprises le lecteur de n'y pas chercher la solution des questions métaphysiques, et par conséquent il ne faut jamais prendre en ce sens les affirmations qui s'y trouvent. Rien ne s'opposait à ce qu'il essayât ensuite de les résoudre. Peut-être, d'ailleurs, « avait-il besoin, comme Benjamin Constant, d'en appeler à l'avenir contre le présent et, surtout à une époque où toutes les pensées qui sont recueillies dans les têtes éclairées n'osent en sortir, répugnait-il à croire que le moule étant brisé, tout ce qu'il contient serait détruit ». Qu'il fût disposé à suivre les Grecs, on le comprendra sans peine, d'après les pages qui précèdent. Le spectacle de ce pays, qui produisit une foule d'esprits éminents dans tous les genres, qui créa l'art de la vertu et qui voulut soustraire l'homme à l'empire de la fortune, aux maux de la société, à ceux même de la nature, en lui donnant tout le degré de perfection dont ses facultés le rendent susceptible, lui a « toujours » paru le plus beau qui pût fixer l'attention des penseurs amis de l'humanité, le plus utile qu'on pût offrir à tous les hommes (p. 4). L'étude d'Hippocrate, de ses ouvrages authentiques ou non, lui avait donné, sur plus d'un point, des doctrines qui étaient celles des stoïciens (1). De même Franklin et Turgot avaient eu « cette religion simple et consolante, qui fut jadis celle des grandes âmes formées par la doctrine stoïque » (p. 16). Qu'y a-t-il donc d'étonnant à ce qu'il ait reconnu, en face de la réaction religieuse de plus en plus prononcée, que s'il est impossible de détruire, dans la grande masse des hommes, l'idée fondamentale sur laquelle reposent toutes les religions positives, il faut chercher à diriger ce torrent, au lieu de continuer à faire de vains efforts pour l'enchaîner ou pour le tarir (p. 15)? et que, par suite, il ait trouvé dans une doctrine qui lui rappelait ses maîtres les plus chers, Hippocrate et Franklin, Dubreuil et Turgot, qui forma les plus grandes âmes, les plus vertueux citoyens, les hommes d'État les plus respectables de l'antiquité, « un but particulier d'utilité pour l'époque présente » (p. 6), qu'il ait

(1) Cf. Zeller, *Die Philosophie der Griechen* et L. Stein, *die Psych. d. Stoa*,

pensé aux stoïciens, avant que Chateaubriand songeât à Tacite ? Et le disciple de Condorcet, l'admirateur d'Homère et d'Hippocrate, d'Aristote, de Démocrite et d'Épicure, des philosophes et des poètes grecs, celui qui disait, en 1799, des partisans de la perfectibilité, « qu'ils se réjouissent de voir des savants ou des écrivains qui font mieux et vont plus loin qu'eux-mêmes, qu'ils sont toujours prêts à témoigner estime et reconnaissance à tous les travaux qui contribuent à nous rapprocher du but », pouvait montrer à Fauriel combien il serait utile d'écrire l'histoire du stoïcisme. Il n'avait pas besoin de ses indications « pour apprécier avec impartialité et intelligence » les doctrines du Portique. Enfin comment Cabanis qui, depuis le *Serment d'un médecin*, avait fait intervenir tant de fois dans ses considérations, Dieu, la cause première, l'ordre constant des choses, le plan de la nature et les causes finales se serait-il contredit en reprenant ces notions pour déterminer quel degré de vraisemblance on peut leur accorder ?

L'analyse de la *Lettre*, plus admirée ou décriée que lue, confirme ces résultats. Plus nettement que d'Alembert et Condorcet, mais en suivant la voie ouverte par eux, Cabanis montre que les observations faites par les philosophes, à diverses époques, sur les habitudes des individus et des nations, sont peut-être ce qu'il y a de plus propre à perfectionner la connaissance de la nature humaine. La discussion des idées dont ils partent nous apprend à suivre la marche de l'intelligence dans les différentes routes qu'elle peut s'ouvrir et à en tirer des règles plus sûres pour la diriger dans ses travaux. Elle nous fait voir de quelle utilité peuvent être ces opinions diverses dans la pratique de la vie ; à quel état des esprits elles conviennent plus spécialement ; en quoi elles se rapportent et en quoi elles diffèrent ; comment il faudrait les modifier ou les amalgamer, pour qu'elles influent d'une manière plus généralement et plus constamment avantageuse, sur la culture de l'esprit et sur la direction des penchants. L'étude philosophique des cosmogonies et des théogonies jette de grandes lumières sur l'histoire des nations et de l'esprit humain. Il ne serait même pas déraisonnable d'affirmer que l'histoire proprement dite des différentes époques est moins instructive que leurs fables : « Gardons-nous, dit-il, dans un passage fort justement relevé par Sainte-Beuve, de croire avec les esprits chagrins, que l'homme aime et embrasse l'erreur pour l'erreur elle-même ; il n'y a pas, et même il ne peut y avoir de folie qui n'ait son coin de vérité, qui ne tienne à des idées justes sous quelques rapports, mais mal circonscrites et mal liées à leurs conséquences ». N'est-ce pas là, dit Sainte-Beuve, le principe éclectique moderne dans son application historique ? Nous n'en disconvenons pas, mais c'est à Cabanis et non à Fauriel qu'il faut le rapporter, c'est aux idéologues (1) que, par ce côté encore, se rattache l'école qui les a le plus vivement combattus.

Les philosophes ont imaginé les religions, les poètes et les orateurs les ont rendues populaires ; les législateurs les ont fait servir à leurs projets. Les philosophes grecs, à partir de Socrate, soit qu'ils aient fait gouverner le monde par des intelligences supérieures, qu'ils aient refusé à ces dernières toute influence sur la marche des choses ou qu'ils aient nié la possibilité de leur existence, donnèrent presque tous une base religieuse à la morale. Ils en cherchèrent la source et les motifs dans l'idée qu'ils s'étaient faite des causes premières et de la nature des forces qui soutiennent la vie. Ils avaient tort de laisser la morale livrée au hasard des opinions théoriques, de chercher bien loin ce qui était en eux. Les règles de morale, dit Cabanis en 1806 comme en 1800, découlent des rapports mutuels qu'établissent entre les hommes, leurs besoins et leurs facultés ; ces rapports sont constants et universels, parce que l'organisation humaine est fixe. Quant aux motifs de pratiquer les règles de la morale, ils sont dans l'utilité générale qui la détermine et la constitue, dans les avantages particuliers attachés à l'habitude d'y subordonner ses actions et même ses penchants. L'habitude de la vertu est si conforme à la nature humaine, qu'elle procure un contentement intérieur, indépendant de tout calcul ; que par le doux besoin des sympathies, dont elle développe et perfectionne tous les mouvements, elle remplit le cœur d'une satisfaction constante et finit par rendre les sacrifices eux-mêmes une nouvelle source de bonheur.

Les sages de l'antiquité ne pouvaient prévoir les maux dont les idées religieuses, associées à la morale et à la politique, deviendraient la cause immédiate et directe. S'ils avaient donné aux hommes la volonté secrète des puissances invisibles comme un motif de plus de respecter les lois de la morale, d'y rester cons-

---

(1) Voyez également ce que nous disons de Degérando, ch. VIII, § 2.

tamment soumis et de leur rendre un hommage pur, jusque dans le secret de la conscience et des désirs, ils n'eussent fait qu'une chose très utile et très louable (1). Mais ils auraient dû empêcher que jamais un homme osât parler au nom des puissances divines, les rendre complices de coupables desseins et jeter dans les esprits les semences de toutes les erreurs. Ils ne le firent pas *et peut-être est-il impossible* de le faire. Les idées et les institutions religieuses ont rendu des services réels ; mais l'établissement d'un système sacerdotal donna naissance à cette vaste et profonde conjuration contre le genre humain, qui toujours fit obstacle aux vues sages et paternelles des législateurs et des chefs de peuples, ou les seconda dans leurs projets d'abrutissement et d'oppression.

En mettant de côté l'influence indirecte des religions positives sur les jugements et les actes qui leur sont le plus étrangers, le trouble, les angoisses, les terreurs qu'elles répandent souvent dans les âmes les plus vertueuses, les désordres, les divisions, les animosités cruelles qu'elles produisent dans les familles, le tort plus grave qu'elles ont d'être l'unique base de la morale, mise ainsi à la merci de raisonnements bons ou mauvais, l'immoralité profonde de l'expiation, qui permet au plus noir scélérat d'être criminel avec sécurité, un examinateur impartial trouve qu'elles ont fait beaucoup plus de mal que de bien aux hommes. Leur entière destruction, dit Cabanis avec les hommes du xviiie siècle, serait un des plus grands bienfaits du génie et de la raison. Mais si les idées religieuses ou superstitieuses tiennent essentiellement à notre manière de sentir et de considérer les forces motrices de l'univers, s'il est impossible de détruire, dans la masse, l'idée fondamentale des religions positives et s'il est nuisible de n'y réussir que pour quelques individus, il faut chercher à diriger le torrent qu'on ne peut enchaîner ou tarir. Affaiblir l'influence funeste qu'ont les idées religieuses sur le bon sens, la morale et le bonheur des individus, augmenter et rendre plus pure l'in-

(1) « Rien n'est plus sublime que l'idée de mettre ainsi la nature humaine en rapport constant avec l'intelligence suprême, rien n'est plus imposant que de faire concourir l'homme à l'ordre général, de placer son bonheur dans l'accord de ses actions et de ses penchants avec les lois éternelles de l'univers ; rien n'est plus incontestable que de dire de la vertu qu'elle nous est ordonnée par les causes premières, car les lois qui déterminent les besoins, développent les facultés, font éclore les passions de l'homme et produisent les lois de la morale, sont l'œuvre de ces causes, dont on peut dire, par conséquent, qu'elles expriment la volonté ». Cf. Volney, II, § 3.

fluence heureuse qu'elles exercent quelquefois, serait peut-être un moyen d'amener les progrès de l'art social, d'espérer qu'un jour « la religion simple et consolante qui resterait sur la terre n'y produirait que du bien. Telle était celle de Franklin et de Turgot ; telle fut celle des grandes âmes, formées par la doctrine stoïque, de ces esprits élevés, nourris de pensées toujours vastes et sublimes, qui associaient l'existence de chaque individu à celle du genre humain, qui donnaient à la vertu les motifs et le but les plus nobles, les plus imposants, en la faisant concourir à l'ordre de l'univers ».

Quelles sont donc, sur les causes générales de la nature, les idées auxquelles l'homme se trouve invinciblement conduit ? quelles sont celles que l'examen le plus sévère de la raison ne peut jamais rejeter d'une manière positive et absolue ? L'homme qui, ne voyant plus dans toutes les opérations de la nature que le produit nécessaire des propriétés inhérentes aux différents corps, a atteint le dernier terme auquel puisse le conduire le bon emploi de sa raison, peut et doit se demander encore quelle puissance a imprimé ces propriétés aux corps (1). Jamais un système purement mécanique de l'univers ne sera, dans ses parties les plus importantes, lié suffisamment pour qu'on ne suppose pas toujours, par analogie, de l'intelligence et de la volonté dans la cause, dont les effets présentent des signes si frappants de coordination, et qui marche toujours vers un but précis avec tant de justesse et de sûreté. Si nous ne pouvons connaître que les effets observables de la cause première, l'ignorance dogmatique, victorieuse contre l'assertion positive que les causes sont mécaniques et aveugles, n'a pas la même force contre l'assertion contraire. Appuyée sur un ensemble de raisonnements abstraits qui paraissent invincibles, elle a pour elle toutes ces impressions et ces jugements directs, bien plus puissants sur la masse des hommes, à qui les opinions qui touchent à la pratique doivent toujours être appropriées.

D'un autre côté, l'homme est doué d'imagination, et les idées les plus justes n'ont toute leur influence que si elles réussissent à le toucher, comme à le convaincre (2). Or le premier sentiment qui frappe l'homme, en présence de l'univers et de lui-même, est un sentiment de terreur ; il se sent, à chaque instant, soumis

(1) C'est ce que Cabanis a fait dans les *Rapports*.
(2) Voyez le travail sur l'*Instruction publique*, art. *Fêtes*.

à l'action, toute-puissante pour lui, de causes qu'il ne connaît pas. Lors même que le génie a écarté, par ses découvertes, une partie des voiles de la nature, il reste encore assez d'obscurité pour tenir le genre humain dans une incertitude mêlée d'effroi. En outre, la sensibilité est susceptible d'un accroissement en quelque sorte indéfini : l'homme agrandit son existence, ses besoins, ses affections, ses désirs; il voudrait agir sur tout, embrasser toute chose, s'élancer dans l'infini (1). Mais ses forces sont resserrées dans des limites fort étroites. Franchissant le terme de son existence sensible, il se place dans un monde meilleur, où il ne trouve plus les vicissitudes et le terme fatal de la vie humaine. Il espère une vie future, qui, non seulement lui conservera sa personnalité, mais qui surtout lui fera retrouver les êtres qu'il a le plus chéris sur cette terre ; qui accordera la justice et la puissance de l'être qui gouverne l'univers, assurera à la vertu un prix plus digne d'elle, et verra accomplir, pour le faible et l'infortuné, cette justice éternelle qu'ils réclament trop souvent en vain dans un séjour d'angoisses et de douleurs (2). Bien que nos idées, nos sentiments, nos affections soient le produit d'impressions reçues par des organes soumis à l'action médiate ou immédiate des différents corps, il est impossible d'affirmer que la dissolution des organes entraîne celle du système moral et surtout de la cause qui nous rend susceptibles de sentir, et que, vraisemblablement, nous ne connaîtrons jamais. Aussi le défenseur d'une vie future, s'appuyant sur les qualités qui, dans l'Être suprême, ne peuvent être séparées de l'intelligence et de la volonté, sur l'état de l'homme et les besoins de son cœur, en tire une suite d'arguments, d'autant plus forts que ceux auxquels ils répondent n'établissent rien de positif.

On n'a pas employé dans ces questions une méthode convenable : déistes et spiritualistes, athées et matérialistes se servent de la méthode de démonstration. Mais pour l'être ou le fait non immédiatement soumis aux sens, nous ne pouvons faire que des calculs de probabilité, qui se rapprochent plus ou moins de la certitude, mais n'y atteignent jamais (3). D'ailleurs, on ne peut

---

(1) Cf. p. 241.
(2) Voyez ce que nous avons dit de Voltaire et de Rousseau.
(3) P. Laloi et F. Picavet, *Instruction morale et civique. La science, la philosophie des sciences et la métaphysique*, p. 198.

connaître les faits premiers et généraux, puisqu'on ne peut les lier à des faits antérieurs (1) ; on ne peut que les constater et en observer l'influence sur les faits subséquents. L'univers n'étant comparable à rien (2), les forces, qui le meuvent et le maintiennent dans une éternelle activité, ne peuvent être étudiées que dans leurs effets observables. En nous dirigeant par l'analogie, nous attribuons cependant à ces forces certaines propriétés dont nous avons observé les signes, les circonstances et les effets dans les objets plus rapprochés de nous. Les poètes et les théurgistes donnent à la cause première tout ce que la nature humaine leur présente de plus parfait ou de plus imposant, mais aussi des qualités contradictoires ou démenties par des faits. Les philosophes les lui ont refusées toutes peut-être trop indistinctement. A quelles conclusions assez probables pour déterminer notre persuasion, sommes-nous donc conduits ? Écartons d'abord les mots à peu près vides de sens, « déisme », « athéisme », « spiritualisme », « matérialisme », celui même de Dieu, dont le sens n'a jamais été déterminé et circonscrit avec exactitude.

Sentir, se ressouvenir et juger composent l'intelligence ; l'ensemble des déterminations qui naissent des jugements constitue la volonté ; intelligence et volonté sont le système moral de l'homme. Si, à l'état d'ignorance, nous sommes portés à regarder comme animés tous les corps en mouvement et à leur attribuer l'intelligence et la volonté ; si, pour l'homme qui embrasserait l'univers dans son ensemble et ses détails, les phénomènes seraient une suite directe et nécessaire des propriétés de la matière ; dans les effets de la cause, qui ne peut être saisie en elle-même, il trouve les propriétés des êtres, dont les actes et les moyens d'action lui sont connus ; il saisit ces analogies pour les adopter ou les rejeter après mûr examen.

Toutes les vraisemblances le portent à regarder les ouvrages de la nature comme produits par des opérations comparables à celles de son propre esprit, dans la formation de ses œuvres les plus savamment combinées ; à concevoir l'idée de la plus haute sagesse, de la volonté la plus attentive à tous les détails. La réflexion le confirme dans cette opinion, sans lui fournir une démonstration rigoureuse. Mais l'hypothèse contraire ne

(1) Cf. *supra*, p. 235.
(2) Id., *ibid*.

s'appuie sur aucune analogie véritable, n'a pour elle presque aucune vraisemblance, ne peut être défendue que contre le reproche d'impossibilité absolue. Toutes les règles de raisonnement en matière de probabilité ramènent l'homme à son impression première. Dans les recherches sur la nature et les discussions philosophiques qu'elles font naître, il ne faut pas adopter les vaines et stériles explications des causes finales (1); mais quand nous raisonnons sur la cause ou sur les causes premières, toutes les règles de probabilité nous forcent à les reconnaître finales.

En outre, la sensibilité n'étant observée qu'au moyen de l'organisation, ne peut en être supposée le produit; elle est plutôt répandue dans toutes les parties de la matière où nous remarquons distinctement l'action de forces motrices qui tendent à les faire passer par tous les modes d'arrangement, régulier et systématique :

Mens agitat molem, et magno se corpore miscet.

Des forces actives animent la matière, la meuvent, la transforment d'après des plans très habiles, très compliqués, très divers, et cependant constants et uniformes. Elles font éclore, développent et conduisent, au terme de leur perfection, des êtres sensibles et intelligents (2). Or je l'avoue, dit Cabanis, « il me semble, ainsi qu'à plusieurs philosophes auxquels on ne pourrait pas d'ailleurs reprocher beaucoup de crédulité, que l'imagination se refuse à concevoir comment une cause ou des causes dépourvues d'intelligence peuvent en donner à leurs produits; et je pense en particulier, avec le grand Bacon, qu'il faut être aussi crédule pour la refuser d'une manière formelle et positive à la cause première, que pour croire à toutes les fables de la mythologie et du Talmud ».

On n'a point tort de reconnaître à la cause première la puissance, la justice, la bonté, etc. Mais il est absurde de la comparer à un chef, exclusivement occupé du bien-être de ses subordonnés, et les gouvernant par une suite d'expédients et de mesures accidentelles; de joindre l'épithète d'infini « mot

---

(1) Voyez *supra, passim*. Cabanis indique bien ici encore comment il peut se placer, sans se contredire, à un autre point de vue que dans les *Rapports*, où il considérait les choses d'une manière positive.

(2) Nous avons indiqué, à propos du dixième Mémoire, les tendances de Cabanis à expliquer « l'inférieur par le supérieur ». (Cf. § 2.)

vide de sens », à chacune de ses vertus ; de réunir en lui toutes les perfections humaines ; d'en écarter toute qualité sensible et de personnifier ainsi le néant. On peut supposer, dans l'univers, organisé de manière que toutes ses parties sympathisent entre elles, des centres partiels où le principe de l'intelligence se rassemble et un centre commun où les mouvements aboutissent et soient perçus (1). Ainsi pensèrent les stoïciens pour qui les êtres et en particulier les êtres vivants sont des parties du grand tout, et leur intelligence une émanation de l'intelligence générale. Chaque partie de la matière, chaque être sensible et vivant jouait son rôle dans le système général ; l'être intelligent et capable de réflexion devait connaître ce rôle et le remplir d'autant plus fidèlement qu'il était doué d'une intelligence plus parfaite et avait des moyens d'action plus étendus. Aujourd'hui, on pensera qu'il y a vie et organisation, partout où l'organisation peut se former et se maintenir ; qu'on ne saurait assigner de terme à la perfection que les lois éternelles (2) peuvent lui donner et qu'il y a peut-être cent fois plus de distance entre l'intelligence de certains êtres placés dans les autres mondes et celle de l'homme, relégué sur la terre, qu'entre l'intelligence de l'homme et celle du polype ou du zoophyte (3).

Ainsi se pose une autre question : ce système moral de l'homme partage-t-il à la mort la destinée de la combinaison organique ? Question plus difficile, car les analogies sensibles semblent favorables à ceux qui nient la persistance du moi, que nous voyons se former et naître, croître et se perfectionner avec les organes, se conformer exactement à tous leurs états de maladie ou de santé, s'affaiblir, vieillir et s'éteindre, au moment où cesse, dans les organes, toute manifestation du sentiment (4). Cependant on ne peut démontrer que la force vitale n'est qu'un produit. L'opinion qui en fait un principe actif de nature inconnue, mais nécessaire pour expliquer les faits, a un degré de probabilité supérieure. Tout se réunit pour nous convaincre que la vie générale des animaux est concentrée dans un foyer et que la vie particulière des organes n'est elle-même qu'une émanation de celle qui anime tout le système. Ainsi l'affaiblissement

---

(1) C'est ce que Cabanis a, pour l'homme, supposé dans les *Rapports*.
(2) Encore une expression dont s'est souvent servi Cabanis, cf. *supra*.
(3) Cf. § 2.
(4) Cabanis reprend encore les résultats des *Rapports*.

de certains organes produit un surcroît d'activité dans les autres ; leur destruction détermine, dans d'autres, un effort régulier et symétrique, pour remplir les fonctions des organes détruits. La sensibilité est comme un fluide qui afflue vers les parties les plus libres de l'appareil avec d'autant plus d'abondance que celles qu'il trouve inaccessibles sont plus importantes (1). Le principe vital est une substance, un être réel qui, par sa présence, meut les organes et retient liés les éléments, mais par son absence, les laisse livrés à la décomposition. Indécomposable comme les autres principes élémentaires de l'organisation, émanation du principe général, sensible et intelligent de l'univers, il se réunira à cette source commune de toute vie et de tout mouvement. La persistance du principe vital entraîne celle du moi, lien de tous les résultats intellectuels et moraux ; cependant on ne peut être aussi affirmatif que sur l'intelligence de la cause première. Plus faibles encore sont les probabilités, s'il s'agit des idées, des sentiments, des habitudes morales que nous regardons comme identifiées avec le moi. Toutefois la négation ne peut être démontrée et serait incompatible avec la justice parfaite, dont l'idée est inséparable de la cause première ; c'est là une raison morale qui a du poids et peut faire incliner la balance dans un état d'absolue incertitude de l'esprit. Mais l'ordonnateur suprême des choses ne peut exercer ses fonctions de rémunérateur et de vengeur que par des lois générales, dont la sanction n'est pas moins réelle et puissante, dès cette vie (2), quand même il n'y aurait pas de vie à venir. Les gens de bien, suivant la belle expression que Platon met dans la bouche de Socrate, doivent *prendre confiance dans la mort* qui ne peut leur apporter rien que d'heureux, mais aussi dans la vie qui n'a de véritables douceurs que pour l'homme vertueux, d'amertumes insupportables que pour le méchant (3).

Certes, la morale a des bases solides dans la nature humaine ; mais déduire les règles de notre conduite des lois de la nature ou de l'ordre, appeler vertu ce qui est conforme à cet ordre, vice ce qui y est contraire ; faire de chaque être un serviteur de la cause première, qui concourt avec elle à l'accomplissement du but total et exerce une partie de sa puissance, ce n'est pas éta-

---

(1) Mêmes idées *supra*, dans les *Rapports* et dans des travaux antérieurs.
(2) C'est ce que Cabanis a toujours affirmé.
(3) Cf. ch. III, § 1, ce que Cabanis dit de Galien.

blir la morale sur une croyance religieuse, c'est la faire sortir de son unique et véritable source, de la nature des choses en général et de la nature humaine en particulier ; c'est l'agrandir et l'ennoblir ; c'est donner à l'homme une idée sublime de la dignité de son être et des belles destinées auxquelles il est appelé par l'ordonnateur suprême.

Au reste cette religion fut et sera toujours la seule vraie, la seule qui donne une idée juste et grande de la cause suprême, qui élève l'esprit et satisfasse le cœur sans égarer la raison, qui donne à l'homme bien plus que l'immortalité, en lui montrant son existence liée au passé et à l'avenir, qui seule offre à la vertu des espérances éternelles dont peut se satisfaire la raison. Le sacerdoce en est exercé par tous les hommes qui recherchent les lois de la nature et particulièrement celles de la nature morale. Son culte consiste à se conformer de plus en plus à ces lois, à cultiver notre raison et nos penchants, à pratiquer toutes les actions utiles aux individus, à la patrie, au genre humain. Dans un moment où presque toutes les religions positives ont été si profondément ébranlées et où tant d'hommes éclairés prononcent l'utilité morale des religions, il y a des raisons de penser qu'un gouvernement puissant et ami de l'humanité, dit Cabanis qui ne semble pas avoir renoncé tout à fait à voir Napoléon travailler au succès de ses idées personnelles, pourrait établir, sur ce fond si simple et si riche, un culte et des solennités qui auraient un éclat et une pompe dont nos mesquines fêtes modernes n'ont jamais approché.

Tous ceux qui nous liront reconnaîtront, avec Sainte-Beuve, que la *Lettre sur les Causes premières* indique « la préparation d'une ère nouvelle, qu'elle respire les plus admirables sentiments et agite les conjectures les plus consciencieuses » ; mais ils en feront honneur à Cabanis et verront en lui l'homme qui « devine et devance l'histoire des philosophies, impartiale et intelligente ». Bien plus, s'ils se rappellent cet admirable ouvrage où M. Renan a exposé ses doutes, ses probabilités, ses certitudes, ils estimeront que le penseur, parti du stoïcisme, est quelquefois moins éloquent (1), moins « ondoyant et divers », mais qu'il n'a ni

---

(1) « Si la douleur n'était point un mal, dit Cabanis en combattant le célèbre paradoxe des stoïciens, elle ne le serait pas plus pour les autres que pour vous-mêmes ; nous devrions la compter pour rien dans eux comme dans nous ; pourquoi donc cette tendre humanité qui caractérise les plus grands des stoïciens, bien mieux peut-être que la fermeté et la constance de leurs vertus ? O Caton ! pourquoi te

moins d'originalité, ni moins de largeur d'esprit que celui pour qui le christianisme est « l'ombre dont nous vivons encore ». Et s'ils pensent à Fauriel, ce sera pour lui savoir un gré infini d'avoir transmis à d'autres la bonne parole qu'il avait entendue.

C'est le 26 avril 1807 que Destutt de Tracy annonçait à Biran la première attaque de Cabanis, en termes qui montrent combien ce dernier était aimé de ses amis, et combien D. de Tracy, si froid en apparence, était affectueux et sensible (1). Un mois plus

vois-je quitter ta monture, y placer ton familier malade, et poursuivre à pied, sous le soleil ardent de la Sicile, une route longue et montueuse? O Brutus ! pourquoi, dans les rigueurs d'une nuit glaciale, sous la toile d'une tente mal fermée, dépouilles-tu le manteau qui te garantit à peine du froid pour couvrir ton esclave frissonnant de la fièvre à tes côtés ? Ames sublimes et adorables, vos vertus elles-mêmes démentent ces opinions exagérées ; contraires à la nature, à cet ordre éternel que vous avez toujours regardé comme la source de toutes les idées saines, comme l'oracle de l'homme sage et vertueux, comme le seul guide sûr de toutes nos actions » ! Sainte-Beuve (*Fauriel*, p. 185) a raison de dire que Cabanis s'élève à une éloquence véritable, à celle où la pensée et le cœur se confondent.

(1) « Mercredi dernier, étant depuis quelques jours en très mauvaise disposition, il s'est livré imprudemment à une application trop forte; il en est résulté un coup de sang avec des caractères graves, la connaissance a été perdue, la tête brouillée, la langue embarrassée et la bouche tournée, mais tout cela n'a été qu'un éclair de deux minutes au plus par bonheur. Richerand était avec lui dans son jardin, il l'a ramené, soigné, et il était si bien lui-même qu'il a le premier caractérisé sa maladie et en a raisonné avec Richerand comme de celle d'un autre, pour décider ce qu'il y avait à faire; deux petites applications de sangsues, quelques bains de pieds, quelques lavements, un purgatif ont tout rétabli; tout le jour il causait avec nous tous très gaiement et plus que nous ne voulions le lui permettre; le lendemain il est descendu chez sa femme, et le surlendemain dans son jardin ; il n'a plus qu'un peu de faiblesse et de l'embarras dans les entrailles où est le siège de tout le mal ; enfin il ne lui restera absolument aucune trace de cet événement qu'on doit regarder et qu'il regarde effectivement lui-même, plus comme un avertissement que comme un accident. Mais vous sentez tout ce qu'exige de ménagements un tempérament robuste, mais fatigué, dont la débilité prend ce cours ; c'est là ce dont nous nous sommes occupés, et ce à quoi il se prête très bien ; ainsi j'espère qu'à quelque chose malheur sera bon, et qu'il va avoir plus de vrais soins de lui-même. Il a été vivement affligé de la vue de cette nécessité ; mais peu d'heures après le premier moment, il me disait que Condorcet avait eu un avertissement de ce genre précisément à la même époque de sa vie, vers cinquante ans, en 1790, que lui-même l'en avait soigné, et qu'il en avait si bien rappelé que les meilleurs ouvrages qu'il ait jamais faits sont ses derniers qui sont postérieurs. Cela lui faisait un vrai plaisir. Voilà les idées et les sentiments dont il est occupé, vous le reconnaîtrez là ; il l'est bien aussi que vous ne soyez pas en peine de lui et vous le reconnaîtrez encore à ce tendre intérêt mêlé de reconnaissance ; au vrai, comptez que je ne vous ménage point et que je vous dis la vérité tout entière, du moins telle que je la vois, et vous sentez bien que je suis assez affecté pour exagérer plutôt la crainte que l'espérance. Nous conserverons ce cher homme, nous dérouterons même, j'espère, cette détermination vicieuse de la nature; il sera toujours lui, et sera peut-être même plus fort dans quelque temps comme cela arrive à Pinel et à tant d'autres, car évidemment, il passe son temps critique qui, comme il le sait bien, est marqué dans les hommes comme dans les femmes; les pauvres petits êtres comme moi n'ont pas des crises si marquées, mais la mienne est bien laborieuse dans ce moment par ses souffrances et par le prix qu'il attache à mes soins. Je ne vous dirai rien de plus aujourd'hui;

tard (12 mai), D. de Tracy n'était pas plus rassuré sur la santé de Cabanis (1). En août (le 7) malade lui-même, il écrit à Biran que les nouvelles de Cabanis ne sont pas consolantes (2). Pris de la fièvre tierce et craignant pour la santé de la mère de son gendre, « l'adorable femme si indispensable aux deux familles », il apprend à Biran que Cabanis est assez bien et qu'il chasse. En décembre il lui en donne encore des nouvelles (3).

Les renseignements précis manquent sur les derniers mois

---

je vous donnerai, je vous assure, de ses nouvelles fréquentes, pour l'empêcher de le faire lui-même, car nous lui défendons d'écrire, au moins autant qu'il est en notre pouvoir; il va ces jours-ci aller à la campagne chez Mme de Condorcet; nous faisons des intrigues pour lui donner le goût de la botanique, il s'y prête et ce sera un grand bonheur; exercice doux, application douce, c'est la perfection; cela avait presque balancé en Rousseau les mauvais effets de l'étude des sciences morales ». (Lettre communiquée par M. Naville).

(1) « Je vois sa délicatesse habituelle changée en débilité, et la vieillesse commencer pour lui dix ans plus tôt qu'elle n'aurait dû, et je ne songe absolument plus qu'à sa conservation si précieuse à tant de gens, sans plus prétendre du tout à l'espoir de lui voir rendre de nouveaux services à la masse entière de la société; surtout je me reproche de ne vous en avoir pas donné des nouvelles de jour en jour, cependant vous pouvez bien croire que si tout n'avait pas été sans nouveaux orages, je n'aurais pas manqué de vous en instruire. Le vrai est qu'il est aussi bien qu'il soit possible de le désirer après un tel événement; il est vraiment et complètement dans son état habituel. Il vient d'aller faire une course de deux jours à quinze lieues d'ici avec la même vigueur; il s'est fatigué le corps et reposé la tête, et il est revenu mieux portant, dormant bien et digérant; il est reparti hier pour passer un mois avec sa femme chez sa belle-sœur à Meulan, il a fait la route à cheval; il se promènera beaucoup, je ne doute pas qu'il n'en revienne très bien. La nature a chez lui une force native très grande, et il y a des moments où je me flatte qu'elle perdra la direction vicieuse qu'elle a prise un moment, et que cette crise passée elle fera ses fonctions mieux qu'avant; je vous assure que je ne manquerai pas de vous en informer, c'est avec vous surtout que j'aime à m'entretenir de cet excellent homme qui vous connaît et par conséquent vous aime bien; il est profondément touché de votre intérêt ». (Id.)

(2) « Sa tête, pleine de l'esprit le plus aimable, est pourtant toujours faible et toujours portée à se troubler. Son neveu chéri se promettait bien le bonheur de vous voir, il est dans votre pays, il vous en a assurément bien parlé, vous en êtes actuellement au fait comme moi-même et mieux, car j'aime à me flatter que ma mélancolie influe sur la manière dont je le vois; ce qu'il y a de sûr et ce qui m'afflige, c'est qu'elle m'ôte bien des moyens de lui rendre mes soins utiles et agréables; il va bientôt aller à une campagne plus éloignée que celle-ci, et je le verrai partir avec une sorte de plaisir dans l'espérance qu'effectivement le genre de vie dont vous me parlez lui fera plus de bien que ma maussade société. Ce serait la vôtre, monsieur, qu'il lui faudrait et qui serait sa guérison. Il ne peut ni lire, ni s'appliquer ». (Lettre inédite, communiquée par M. E. Naville).

(3) « Notre excellent ami heureusement va bien, il chasse, il court, il se fortifie, mais cependant il est toujours incapable de la moindre application d'un moment, et la plus légère circonstance l'altère si visiblement que l'on peut craindre, à tout moment, des rechutes funestes et en attendant il est à douze lieues de moi, et les autres me retiennent ici. Je ne sais quand il reviendra, je n'ose même le souhaiter tant il lui est nécessaire de jouir de la paix du désert, pourvu encore que rien ne le trouble ». (Id.)

de la vie de Cabanis. Nous savons, par D. de Tracy, Ginguené et Mignet, qu'il passa l'hiver près du hameau de Rueil, allant à cheval avec son neveu visiter les malades des villages voisins. Une seconde attaque d'apoplexie fut suivie d'une affection de paralysie. Le 5 mai 1808, après une promenade pendant laquelle il avait eu, avec sa femme « les plus doux épanchements de cœur », il se mit au lit et dormit quelques heures. Vers une heure du matin, de sourds gémissements annoncèrent aux siens, éloignés par lui, une nouvelle attaque qui l'emporta.

Cabanis fut pleuré par tous ceux qui l'avaient connu, par les pauvres gens au milieu desquels il vivait, comme par les amis qui appréciaient sa valeur. Ses restes furent déposés au Panthéon. Mais ce fut l'Institut qui lui rendit les plus grands honneurs. Le 21 septembre, D. de Tracy remplaçait Cabanis à l'Académie française et prononçait « l'éloge de l'homme qui lui était le plus cher et dont il fut tendrement aimé ». Il osait dire que Cabanis avait rempli la double tâche qu'il s'était proposée, de porter la philosophie dans la médecine et la médecine dans la philosophie : « Ce magnifique travail, disait-il des *Rapports*, sera à jamais un des plus beaux monuments de la philosophie de notre temps et l'un de ceux qui contribueront le plus à la gloire du siècle où nous entrons. Quelle simplicité dans la marche, quelle profondeur dans les résultats, quelle finesse d'analyse dans les détails et quelle vérité frappante dans l'ensemble » ! Et il ajoutait, pour augmenter les regrets que causait une perte aussi prématurée : « Il méditait le plan d'un grand ouvrage sur les moyens possibles d'améliorer l'espèce humaine, en profitant de toutes les connaissances qu'elle a déjà acquises pour accroître encore ses forces, ses facultés et son bien-être. Il en avait rassemblé toutes les idées principales. Elles confirmaient ou étendaient les vérités répandues dans ses différents écrits, elles en étaient une application directe, il ne lui restait plus qu'à prendre la plume, c'était le monument qu'il croyait le plus propre à honorer et à illustrer sa mémoire ». Le déclin rapide de ses forces ne lui permit pas d'exécuter cette entreprise.

M. de Ségur répondit à D. de Tracy, fit l'éloge de Cabanis, de son œuvre et surtout des *Révolutions de la médecine*, qui constituent un excellent morceau d'histoire philosophique. Puis vint la lecture d'un fragment de la traduction de l'*Iliade*, suivie par

Une promenade de Fénelon, dans laquelle Andrieux faisait un éloge enthousiaste de Cabanis (1).

En 1810, l'Institut faisait figurer les *Rapports* parmi les ouvrages auxquels on pouvait décerner le prix de morale et d'éducation.

On est unanime sur l'homme. Nous ne rapporterons pas les jugements de ses amis. Mais Fauriel, lié avec plusieurs de ses adversaires philosophiques, n'en parla jamais que comme de l'homme le plus parfait moralement qu'il eût connu. Manzoni « pour exprimer cette fleur de bonté, de douceur et d'affection qu'il avait reconnue dans l'ami de son ami » l'appelait « l'angélique Cabanis » (2). Mignet rappelle le dévouement du médecin, la générosité du politique, l'élévation de l'écrivain et la modération du sage.

Comment a-t-on pu, se demanderont nos lecteurs, laisser dans l'ombre ou traiter avec dédain un penseur dont l'originalité semble indiscutable ? Il faut, pour s'en rendre compte, se rappeler combien fut violente la réaction politique, religieuse et philosophique qui suivit la Révolution. Frayssinous, dans ses

---

(1) O toi de qui j'appris cette touchante histoire !
Toi dont nous honorons aujourd'hui la mémoire,
Cher et bon Cabanis, je n'ai point l'heureux don
De ces traits éloquents, de ce noble abandon,
Qui partant de ton âme et si tendre et si sage,
Passionnaient toujours tes écrits, ton langage !
Dans tes yeux, dans tes traits souriait la bonté ;
Juste et fier, sans orgueil, simple avec dignité,
Toujours compatissant aux misères humaines,
Tu guérissais les maux, tu partageais les peines ;
Du divin Fénelon aimable imitateur,
Comme lui cher au pauvre et son consolateur,
Du vrai beau comme lui toujours ami sincère,
Nourri des anciens, plein de ton vieil Homère,
Ton savoir, ton génie éternisent ton nom ;
Tu nous rendais ensemble Hippocrate et Platon ;
O ciel et tu n'es plus ! ta mort prématurée,
Par tout ce qui t'aimait sera toujours pleurée.
Hélas ! dans nos amis nous-mêmes nous mourons,
En leur donnant des pleurs, c'est nous que nous pleurons.
Ah ! du moins qu'un espoir adoucisse nos plaintes ;
Leurs âmes, après eux, ne seront pas éteintes ;
Croyons qu'il est un Dieu qui, lorsqu'on a vécu,
Garde une peine au crime, un prix à la vertu ;
C'est là que la bonté sera récompensée ;
Un jour, j'aime à nourrir cette douce pensée ;
Les mortels bienfaisants revivront réunis,
Avec les Fénelon, avec les Cabanis.

(2) Sainte-Beuve, *Fauriel*, p. 162 et 188.

conférences à Saint-Sulpice, de 1803 à 1809, puis de 1814 à 1822, range Cabanis parmi les docteurs du matérialisme qui, dans des ouvrages pleins du plus scientifique appareil, ont inventé, pour expliquer mécaniquement la pensée, des comparaisons « équivoques et pleines d'erreurs » (1) ; qui ont imaginé des systèmes aussi absurdes en métaphysique que funestes en morale. Sous la Restauration, Frayssinous fait partie du Conseil royal de l'instruction publique et « honore de ses conseils et de ses objections » le professeur et les élèves de l'École normale (2). Puis, chargé de la direction de l'instruction rattachée aux cultes, il montre presque autant d'éloignement pour les idéologues et de goût pour la philosophie de Lyon que son prédécesseur M. de Corbière (3). Ce dernier d'ailleurs devait penser comme ses coreligionnaires politiques, de Bonald et de Maistre, que les doctrines soutenues par Cabanis étaient *abjectes* et que leurs auteurs étaient les ennemis du genre humain. Royer-Collard et ses amis, parfois en opposition avec ces adversaires acharnés des idéologues, étaient d'accord avec eux pour condamner leurs doctrines. Royer-Collard, qui proclamait Descartes et Condillac « des sceptiques », avait envoyé sur les différents points de la France, pendant son administration, de jeunes maîtres « véritables missionnaires de morale, dont l'influence aurait pu être utile, à une époque où il fallait en finir avec le scepticisme et refaire les croyances sur une base plus large et plus solide » (4). Cousin « voue sa vie entière à la poursuite de la réforme philosophique commencée par Royer-Collard » et voit, à côté de Condillac, « d'Holbach, La Mettrie et toutes les saturnales du matérialisme et de l'athéisme » (5). Aussi Damiron écrit-il son ouvrage sur la *Philosophie en France au XIXᵉ siècle*, pour combattre le sensualisme et ses conséquences morales, politiques, poétiques, religieuses, autant et plus que pour combattre l'école théologique (6). A la même époque, Aimé Martin publie les *OEuvres* de Bernardin de Saint-Pierre et présente, dans une Préface dont nous avons parlé à plusieurs

(1) *Défense du Christianisme, Spiritualité de l'âme.*
(2) Cousin, *Fragments philosophiques,* 1826, p. 353.
(3) *Lycée,* IV, 311 (*De l'Enseignement de la philosophie*).
(4) *Ibid.*
(5) Préface à a traduction de Tennemann. Cf. Thurot, art. sur *les Fragments de Cousin* (*Mélanges*), avec les notes qui y sont jointes.
(6) Voyez l'éloge des conférences de Frayssinous (p. 62) « qui fit d'assez bonnes objections contre 'hypothèse sensualiste ».

reprises, Cabanis comme un *athée intolérant*. Enfin Biran et Ampère sont occupés à combattre ceux dont ils ont été fiers d'être les disciples; Degérando est de plus en plus « religieux », Laromiguière ne prononce pas une seule fois, dans ses *Leçons*, le nom de ses anciens amis, et Thurot prouve l'existence de Dieu et l'immortalité de l'âme.

On devient de plus en plus sévère pour Cabanis. Il vaudrait mieux, dit-on, que la génération nouvelle débitât gravement les subtils riens des scolastiques que d'être assez niaise pour répéter cette prodigieuse absurdité, d'un maître en physiologie, que le cerveau digère la pensée comme l'estomac digère les aliments ; il y a « mille erreurs » dans son ouvrage et le système en est aussi révoltant que bizarre (1). Cournot s'excuse de le citer. Si Peisse donne une nouvelle édition des *Rapports*, de Rémusat proclame qu'il n'y trouve ni système, ni méthode, que ce n'est ni un traité scientifique ni un traité philosophique. Vainement Mignet voit-il en lui « le fondateur, bien qu'incomplet, d'une science nouvelle et l'utile réformateur d'une science ancienne »; vainement Sainte-Beuve affirme que Cabanis devait avoir, comme philosophe, une valeur supérieure à celle qu'on lui attribue; on finit par ne plus lui accorder qu'un mot dans les histoires de la philosophie (2); on le passe sous silence (3) ou même on donne à ses disciples, Biran et Ampère, ce qui lui appartient fort légitimement (4). Et quand on est revenu en France aux études qui avaient illustré Cabanis, ceux-là même aux travaux desquels il eût applaudi, se sont gardés de le réclamer pour prédécesseur et ont préféré s'appuyer sur des noms étrangers et moins discrédités.

Nous n'avons aucune raison de nous ranger parmi les adversaires de Cabanis, pas plus que nous ne voulons, à la suite de quelques-uns de ses admirateurs, chercher dans ses œuvres des armes contre telle ou telle doctrine philosophique. Avant tout, et

---

(1) Larroque, *Lycée*, III, p. 203 à 215.
(2) Hippeau (1839) donne même l'ouvrage moral de Volney comme postérieur aux *Rapports* (p. 413), Eugène Lévêque se borne à dire que Cabanis « déduisit du sensualisme le matérialisme ».
(3) Garnier, *Parallèle des écoles philosophiques*, p. 217 du *Précis d'un Cours de Psychologie*, 1831 ; Henri Joly, *Cours de philosophie et Histoire de la philosophie* ; Jourdain, *Notions de philosophie et Histoire de la philosophie* ; Bouillier, *Notions d'Histoire de la philosophie* ; Fouillée, *Histoire de la philosophie*, etc.
(4) Voyez Bouillier, *op. cit.*, surtout Ravaisson, *Rapport* (déjà cité, § 1), et Bertrand, *la Psychologie de l'effort*.

par-dessus tout, nous faisons avec impartialité œuvre d'historien. Nous avons montré l'originalité de Cabanis, nous avons expliqué pourquoi elle a été méconnue. Il nous reste à résumer brièvement les résultats auxquels nous sommes arrivé.

Disciple et admirateur des Grecs, de Turgot et de Franklin, de Condorcet et de d'Holbach, de Voltaire et de Rousseau, de Bonnet, de Condillac et d'Helvétius, Cabanis a préparé, pour Mirabeau, le plus original peut-être des projets sur l'instruction publique, qui aient été publiés pendant la Révolution ; pour Garat un travail, qui fait époque, sur *les Révolutions et la Réforme de la médecine*. Professeur, il a admirablement exposé les devoirs d'une profession « qu'il regardait comme si sainte » (1) ; homme politique, il n'a songé qu'à la France et à ses concitoyens. Continuateur de Condorcet, il a défendu, et heureusement modifié ou développé la doctrine de la perfectibilité. Il a, dans les *Rapports,* créé la psychologie physiologique (2) et recommandé la psychologie animale, embryonnaire et morbide, insisté sur l'importance des sensations internes et précédé ou préparé Lamarck et Darwin, Schopenhauer et Hartmann, Comte, Lewes et Preyer, sans compter ceux qui, par Biran et Ampère, lui ont fait indirectement plus d'un emprunt. La *Lettre à Thurot* a été la meilleure réponse au *Génie du christianisme* : les philosophes grecs, comme ceux de France, d'Italie et d'Angleterre, lui en ont fourni les éléments. Par cela même, il a été conduit à l'histoire « impartiale et intelligente » des philosophies, et Fauriel, son disciple, a transmis ses vues à Cousin et à Augustin Thierry. Enfin il a abordé les questions métaphysiques, qui tôt ou tard s'imposent au penseur, et a essayé, avec une sincérité absolue et une grande élévation, d'indiquer ses doutes, ses probabilités, ses certitudes: il a terminé sa vie spéculative avec les stoïciens platonisants, comme il l'avait commencée avec Homère, Hippocrate et Galien.

(1) Lettre inédite de Mme Cabanis, Manuscrit de Versailles.
(2) Rappelons encore un témoignage qui ne saurait être suspect : « Cabanis est le premier écrivain français qui ait traité philosophiquement et méthodiquement *des Rapports du physique et du moral* ». (Janet et Séailles, *Histoire de la philosophie.*)

LA SECONDE GÉNÉRATION D'IDÉOLOGUES

L'IDÉOLOGIE RATIONNELLE ET SES RELATIONS AVEC LES SCIENCES

CHAPITRE V

DESTUTT DE TRACY IDÉOLOGUE, LÉGISLATEUR ET PÉDAGOGUE

I

L'Écosse est, après la Grèce, une terre privilégiée pour la philosophie. Non seulement elle a produit des philosophes qui ne sont pas sans mérite, D. Stewart et Hutcheson, Brown et Hamilton, peut-être Scot Erigène et Duns Scot, des philosophes originaux, A. Smith, Hume et Reid, mais encore ceux de ses enfants qui l'ont abandonnée ont compté, dans leur postérité, des penseurs éminents. Elle a donné Kant à l'Allemagne et D. de Tracy à la France.

Avec Douglas, venu en France pour défendre Charles VII contre les Anglais, se trouvaient quatre frères de Stutt qui, restés dans la garde écossaise de Charles VII et de Louis XI, devinrent seigneurs d'Assay en Berri. Les descendants du second acquirent, par alliance, la terre de Tracy dans le Nivernais. Ils s'établirent à Paray-le-Frésil, dans le Bourbonnais, et purent mettre sur la tour de leur manoir, cette inscription : *Bien, bien acquis*. L'un d'eux était en 1676, avec Catinat, major général de l'infanterie française. Son fils quitta le service à la paix d'Utrecht ; son petit-fils, le père de D. de Tracy, prit part aux campagnes de Bohême et de Hanovre et commanda la gendarmerie du roi à Minden où il fut grièvement blessé et laissé pour mort. Sauvé par un de ses serviteurs, il mourut en 1761.

Son fils Antoine, né l'année même où paraissait le *Traité des sensations*, lui promit, en pleurant, à son lit de mort, d'être soldat comme ses ancêtres. L'enfant, âgé de sept ans, avait, ce semble, vécu jusque-là heureux et calme sous le toit paternel (1). Il aimait les exercices de cheval, auxquels il s'adonnait des journées entières : il affirmera même qu'il en est ainsi pour tous les enfants. Sa mère, qui paraît avoir été une femme fort distinguée, se consacra exclusivement à son éducation. Installée d'abord à Paris, elle lui fit donner une instruction classique. Quarante ans plus tard, D. de Tracy se rappelait encore le temps où on lui faisait expliquer Cornélius Népos, Plutarque ou même Aristote (*C.*, 41) et disait, de la langue grecque, qu'elle est la plus belle au jugement des connaisseurs (*Id.*, 206) (2). Suivit-il le cours de philosophie qui formait le couronnement des études classiques ? On peut le croire, puisqu'il est, dans ses œuvres, question de ce qu'on disait dans l'école (V, p. 372 et 375). Mais la façon dont il en parle nous montre qu'il n'en a pas tiré grand fruit : « On plaçait, dit-il en 1796 (IV, 341), après l'étude du latin et de la rhétorique, un prétendu cours de philosophie, que l'on faisait consister dans quelques notions faibles ou fausses sur la physique et la métaphysique. Mais cette philosophie était si généralement reconnue pour complètement défectueuse et inutile, qu'aucun élève ne faisait même semblant de l'étudier, à moins qu'il n'y fût forcé par des circonstances impérieuses, et que personne ne s'en embarrassait ». Il ne juge pas mieux l'ancienne logique qui s'appuie sur des hypothèses hasardées et des formules vaines (I, 46), ou celle d'Aristote, ouvrage d'une très forte tête, mais qui a eu une influence funeste, parce qu'elle repose sur des bases fausses (*Gr.*, 4).

D. de Tracy séjourna plusieurs années à Strasbourg, où de jeunes nobles achevaient leurs études, en se préparant à la carrière militaire : il y devint un cavalier accompli (I, 8). En même temps, il se livrait à des études sur lesquelles nous n'avons pas de renseignements assez précis. Alors le professeur Müller dis-

---

(1) « C'est sous les yeux des parents, dira-t-il plus tard (IV, 336), que doivent se passer les huit ou neuf premières années. Elles sont bien employées, si l'enfant a appris à lire, à écrire et a reçu quelques notions purement préparatoires ; s'il a contracté de bonnes habitudes et acquis ces heureuses dispositions de l'esprit que ne manque point de donner plus ou moins la société habituelle d'hommes qui ont une bonne éducation et des mœurs libérales ». Pour les renvois, cf. n. 1, p. 398.

(2) Voyez ce que nous avons dit de Cabanis dans les chapitres précédents.

cutait avec ses élèves les doctrines philosophiques du temps et surtout celles de Hume et de Kant. Si D. de Tracy ne connut pas celles de ce dernier qu'il aurait pu, bien que ne sachant pas l'allemand, étudier dans les travaux écrits en latin, il lui fut possible, par la suite, de demander des indications aux hommes qu'il avait appris à estimer et qui furent cause peut-être que toujours il parla, en excellents termes, du philosophe dont il combattit les doctrines. Entré dans les mousquetaires, il remplit scrupuleusement les devoirs de sa profession. Ses goûts philosophiques font songer à Vauvenargues, mais à un Vauvenargues bien portant et à qui l'avenir souriait: « J'étais, dit-il, dans cette période qui suit immédiatement la fin de l'éducation et où, n'ayant pas encore des devoirs bien importants à remplir dans l'état que j'avais embrassé, je pouvais me livrer sans scrupule à mes méditations et aux recherches vers lesquelles mon goût m'entraînait. Je me mis donc à considérer mes semblables de tous les temps et de tous les pays et à rechercher les causes des phénomènes les plus importants qu'ils offrent à l'œil de l'observateur ». Déjà tourmenté du besoin de connaître les sources et les bases de ses connaissances, il lisait les encyclopédistes et les économistes, Montesquieu et Helvétius; il allait, comme Turgot et Condorcet, visiter Voltaire à Ferney et concevait pour lui une vive admiration et une sorte de culte. Toute sa vie il combattra le fanatisme et, à l'époque où l'on cherche à rattacher les terroristes à Voltaire, il le proclame un homme éminemment sagace dans tous ses jugements et pour lequel il aurait dû faire un article dans l'histoire de la science. Condillac, partant de Locke, ne se fût point élevé sans lui au point où il est arrivé. C'est l'homme qui a combattu et vaincu bien des préjugés métaphysiques (*C.*, 443), qui a, le premier en France, considéré l'histoire sous un point de vue philosophique (IV, 288). Quand la réaction politique et religieuse est complètement triomphante, il s'indigne contre les « misérables » qui ont dit que Voltaire flattait les hommes puissants, contre les « vils détracteurs » qui n'oseraient se vanter de n'avoir jamais applaudi aux actions, aux sentiments ou aux maximes pernicieuses des grands ou de les avoir souvent blâmés, comme l'a fait Voltaire (*C.*, 372). Dans les dernières années d'une vie qu'il appelait les restes d'une existence inutile, il n'avait d'autre plaisir que de se faire lire Voltaire ou de se réciter les chefs-d'œuvre du « héros de la raison ».

D'autres influences contribuèrent à former son caractère et à développer son intelligence. De sa mère, il reçut, dit Mignet, des sentiments exquis. Auprès de son grand père, de sa grand'mère, petite-nièce du grand Arnauld, il se forma à l'ancienne politesse, à une sévère honnêteté. Comme Royer-Collard, mais avec un esprit plus large et plus libre, il apprit à estimer les solitaires de Port-Royal, dont l'exemple exerça une action considérable sur sa conduite et sa façon de penser ; l'auteur de la *Grammaire* et de la *Logique*, le « têtu de Tracy », rappelle Arnauld et continue les travaux de ceux « dont on ne peut assez admirer les rares talents et dont la mémoire sera toujours chère aux amis de la raison et de la vérité » (II, 5 ; III, 148).

Colonel en second de Royal-Cavalerie, comte de Tracy et seigneur de Paray-le-Frésil, par la mort de son grand père, il épousait Mlle de Durfort-Civrac, parente du duc de Penthièvre, qui lui donnait le commandement de son régiment, l'année même où le Congrès de Philadelphie proclamait l'indépendance des États-Unis et où Turgot quittait le ministère. Il vit avec enthousiasme l'entreprise de la Fayette, qui devait contribuer à faire reconnaître les droits des hommes dans l'autre hémisphère (*C.*, 234), avec peine la chute de Turgot. Quoiqu'il ne parvînt jamais à se distraire complètement du désir de savoir comment nous connaissons ce qui nous entoure et de quoi nous sommes sûrs, il ne dédaignait pas les plaisirs : beau danseur (1), élégant colonel, il inventait une contredanse à laquelle il donnait son nom. Il se laissait aller, dit Guizot, au charme de cette vie de société si séduisante par le mouvement des esprits et par la douceur des relations, se bornant à respirer l'air de son temps, à en adopter les idées et les espérances sans se tourner vers aucune étude spéciale.

En 1789, D. de Tracy, âgé de trente-cinq ans, était envoyé aux États généraux par la noblesse du Bourbonnais qui, d'accord avec les deux autres ordres, avait rédigé un cahier fort libéral, dans lequel elle réclamait l'égalité des droits civils, la monarchie représentative et un contrôle financier très rigoureux, consentait à partager les impositions foncières et territoriales et ne se réservait de privilège pécuniaire que la franchise d'un manoir de deux arpents. D. de Tracy arrivait à l'Assemblée, dit M. Guizot avec plus de justesse que de précision, étranger à tout intérêt,

---

(1) Voyez ce qu'il dit de la danse, *Mémoires de l'Institut national*, I, p. 438.

exempt de toute ambition personnelle. Il croyait et crut toute sa vie à l'utilité d'une révolution (1).

La plus grande partie des travaux utiles était employée à produire les richesses qui formaient les revenus de la cour et de toute la classe riche, et ces revenus étaient presque entièrement consommés en dépenses de luxe, c'est-à-dire à solder une masse énorme de population, dont tout le travail ne produisait absolument rien que les jouissances de quelques hommes (V, 258). L'instruction publique ne lui paraissait pas être dans un état plus prospère, car elle n'embrassait réellement que l'étude des langues et des lettres ; le prétendu cours de philosophie, qu'on y donnait pour couronnement, tenait la place, sans qu'on s'en aperçût, de plusieurs connaissances utiles, qui devraient entrer dans un véritable plan d'études (IV, 341).

D. de Tracy allait, dans ses revendications, plus loin que bon nombre de ses collègues. Même après la Terreur, il voulait, non seulement une balance exacte entre les recettes et les dépenses de l'État, mais encore la proclamation de l'égalité et la destruction de tout corps privilégié, l'exclusion des prêtres de tout salaire et de toute fonction publique, y compris celle d'enseigner la morale, l'uniformité des lois, des coutumes, de l'administration, des poids et mesures, le divorce, l'égalité des partages et la prohibition presque entière de la liberté de tester, la liberté entière et absolue d'exercer tous les genres d'industrie, celle du commerce intérieur et extérieur, sans gêne ni restriction aucune, celle du prêt à intérêt avec toutes les facilités et toute la sûreté que peut lui donner une bonne législation des hypothèques, la liberté individuelle et la liberté de la presse (*Moy.*, 205).

Mais il ne faut pas voir en lui un utopiste, qui ne tient aucun compte de la réalité ; un novateur, qui prétend faire table rase du passé. Il croit qu'il n'est pas toujours juste de résister à une

(1) « La France, écrit-il après 1806, n'était certainement pas sous son ancien gouvernement aussi misérable que les Français eux-mêmes se sont plu à le dire ; mais elle n'était pas florissante. Sa population et son agriculture n'étaient pas rétrogrades ; mais elles étaient stationnaires, ou si elles faisaient quelques faibles progrès, ils étaient moindres que ceux de plusieurs nations voisines, et par conséquent peu proportionnés aux progrès des lumières du siècle. Elle était obérée ; elle n'avait aucun crédit ; elle manquait toujours de fonds pour les dépenses utiles ; elle se sentait incapable de supporter les frais ordinaires de son gouvernement, et encore plus de faire aucun grand effort à l'extérieur. En un mot, malgré l'esprit, le nombre et l'activité de ses habitants, la richesse et l'étendue de son sol, et les bienfaits d'une très longue paix très peu troublée, elle tenait avec peine son rang parmi ses rivaux, et était peu considérée et nullement redoutée au dehors » (V, 256).

loi injuste; qu'il n'est pas toujours raisonnable de s'opposer actuellement et violemment à ce qui est déraisonnable. Car il faut savoir, avant tout, si la résistance ne fait pas plus de mal que l'obéissance (*C.*, 17). Il veut qu'on ajoute à l'expérience du temps, qu'on succède, en ce qui concerne par exemple l'instruction publique, aux anciens fondateurs; qu'on les imite, proportionnellement au temps, comme les siècles se suivent et se continuent, en ajoutant les uns aux autres (IV, 366). Selon des expressions modernes, il voudrait une *évolution* plutôt qu'une *révolution*. Aussi n'entra-t-il à l'Assemblée constituante que le 27 juin, avec la majorité de la noblesse; mais il siégea à gauche et vota presque toutes les propositions qui tendaient à établir le régime nouveau. Il accueillit avec joie la suppression des droits féodaux et des dîmes, qui devait produire un si grand changement dans l'état du pays (V, 258); la déclaration des droits de l'homme et du citoyen, qui fera à jamais époque dans l'histoire des sociétés humaines (*C.*, 231). Il blâma l'émigration et protesta de son dévouement à l'Assemblée et de la fidélité de son régiment, qu'on avait voulu faire passer au delà de la frontière. En 1806, il se moque encore des hommes qui, s'exagérant leur importance personnelle, croyaient de bonne foi, quand ils quittaient leurs châteaux, que tout le village allait manquer d'ouvrage et que les paysans, se partageant leurs biens et les achetant à vil prix, n'en seraient que plus misérables (V, 253). Il désapprouva la création des assignats, surtout quand il vit payer trois mille francs une paire de souliers qu'on était très heureux d'obtenir en secret à ce prix; celle du mandat qui, ayant une valeur nominative de cent francs, ne valait pas en réalité la feuille de papier sur laquelle il était écrit (V, 159, 157, 158). Il aurait souhaité que l'Assemblée nationale, ayant arraché le pouvoir aux anciennes autorités et se trouvant ainsi la seule autorité gouvernante, ne se fît point constituante, mais convoquât une assemblée qui, à l'ombre de sa puissance, se fût chargée de rédiger la Constitution. Par contre il crut qu'elle faisait une très grande faute en déclarant ses membres inéligibles à l'assemblée qui devait la suivre et en les privant ainsi de toute influence sur les événements ultérieurs (*C.*, 170).

    D. de Tracy s'était trouvé en relations avec ses collègues, La Fayette, Sieyès, Mirabeau, Volney, Talleyrand, Grégoire, peut-être avec Cabanis et avec Condorcet. Il reprit ses fonctions comme colonel du 78ᵉ régiment d'infanterie, puis fut nommé maréchal de camp et placé à la tête de la cavalerie, dans l'armée que commandait La Fayette. Le roi, dont il alla prendre congé, fut plein d'attention pour un grand seigneur qui rejoignait l'armée des princes, mais n'eut ni une parole, ni un regard pour celui qui, occupant un haut rang dans une des armées de la nation, avait été l'un des hôtes les plus brillants et les plus fêtés des bals de la reine. Après le 20 juin, La Fayette demanda vainement la destruction du club des Jacobins et la punition des auteurs de l'attentat. Mis en accusation et absous à une faible majorité, il renonça, après le 10 août, à son commandement et passa la frontière. Arrêté par les Autrichiens, il fut emprisonné à Olmutz. La veille il avait signé un congé illimité à D. de Tracy qui, refusant de le suivre, voulut rester en France, revint à Paris, s'installa à Auteuil avec sa mère, sa femme, ses trois enfants et noua des relations de plus en plus étroites avec Cabanis et Mᵐᵉ Helvétius, avec Condorcet et Daunou. Il s'occupa de l'éducation de ses enfants, mais en même temps se remit à l'étude (1).

A l'époque où Biran, retiré en Périgord, étudiait au hasard les mathématiques, la chimie, l'histoire naturelle, Condillac et Bonnet, Cicéron et Fénelon, et entassait ainsi bien des idées hétérogènes, D. de Tracy, plus méthodique, étudiait à nouveau les mathématiques, les sciences physiques et naturelles, en prenant pour guides Buffon, Fourcroy et surtout Lavoisier. Cette période vraiment féconde a laissé des traces dans tous ses écrits, qu'elle a d'ailleurs fait naître, puisqu'il ne s'est occupé de philosophie première que pour donner aux sciences un commencement qui ne se trouvait nulle part et une base qui ne reposât pas sur le sable mouvant (III, 344). Les sciences physiques et mathématiques, dit-il, sont aussi nécessaires que les langues et les belles-lettres, que les sciences morales et politiques, à toute éducation complète (IV, 338). Pour vivre en homme sensé, en bon père de famille, en citoyen éclairé, en un mot en être raisonnable,

---

(1) « Livré par les circonstances, dit-il, à mon penchant pour la vie solitaire et contemplative, je me mis à étudier, moins pour accroître mes connaissances que pour en reconnaître les sources et les bases. Cela avait été l'objet de la curiosité de toute ma vie. Il m'avait toujours semblé que je vivais dans un brouillard qui m'importunait, et la plus extrême dissipation n'avait jamais pu me distraire complètement du désir de savoir ce que c'est que tout ce qui nous entoure, comment nous le connaissons et de quoi nous sommes sûrs ».

comme pour être en état de se préparer à remplir quelque fonction, il faut, après des cours élémentaires de calcul et de géographie physique donnant une idée générale du système du monde et des principaux êtres qui composent ce globe ou existent à sa surface, suivre des cours de mathématiques pures, d'histoire naturelle, de chimie et de physique, d'où l'on tire une connaissance suffisante des trois règnes de la nature et de toutes les parties de la physique qui, démontrées par l'expérience, ne sont pas accessibles au calcul; enfin un cours de mathématiques, où l'on applique la théorie de l'analyse algébrique à toutes les branches de la nature qui le comportent (344). Distinguant la langue algébrique des autres langues (II, 230), D. de Tracy critique les mathématiciens qui disent que la vitesse d'un mouvement est le rapport entre l'espace parcouru et le temps employé (I, 125). Les sciences de l'étendue et de ses effets doivent leur certitude à l'admirable propriété qu'elle a de pouvoir être partagée en parties distinctes, avec une précision, une netteté et une permanence qui ne laissent rien à désirer (I, 131). Aussi la possibilité d'appliquer le calcul aux objets des différentes sciences est proportionnelle à la propriété qu'ont ces objets d'être plus ou moins appréciables en mesures exactes (I, 138). Et D. de Tracy se croit capable de citer, s'il faisait un petit traité de géométrie élémentaire, de nombreuses erreurs qui proviennent, dans la géométrie, de fausses idées métaphysiques (142). Enfin il conteste que les probabilités puissent être un objet de science et critique les théories de Condorcet (1) (IV, 183). L'étude des mathématiques n'est pas plus qu'une autre capable de rendre l'esprit juste (IV, 257). Celle des sciences physiques et naturelles, particulièrement celle de la chimie, paraît la plus propre à former l'esprit, en donnant de bonnes habitudes à l'intelligence. Il en serait de même de la physiologie, si l'on y comprenait la connaissance du centre sensitif et de nos fonctions intellectuelles. Après avoir traité des propriétés des corps, en physicien autant qu'en psychologue (I, 125), D. de Tracy rappelle les efforts qu'ont faits les grands chimistes modernes, afin d'exprimer, en nombres, l'intensité de l'affinité de certains acides pour certaines bases, sans pouvoir se servir de ces nombres, pour calculer rigoureusement les degrés de puissance, sans croire que l'emploi de ces chiffres

(1) Voyez ch. IV, § 1.

donne un nouveau degré de justesse à leurs belles observations et de sûreté à leurs excellents raisonnements (I, 138). Pour montrer qu'il ne suffit pas, à qui veut changer la face d'une science, d'en renouveler la nomenclature, il cite l'exemple des chimistes français. Ils ont découvert la théorie de la combustion et vu que le *vrai* phlogistique, cause véritable des phénomènes de la combustion, est un être qui, n'étant pas dans les combustibles, s'unit avec eux en dégageant de la lumière et de la chaleur, qui, augmentant le poids des corps et les rendant incombustibles, est la base du gaz vital. Ils ont fixé le sens des mots *phlogistique, combustion* et *combustible* et n'en auraient pas moins rectifié la science et fait réellement la langue, quand même ils n'auraient pas créé le mot *oxygène* (III, 47). Comme Pascal, D. de Tracy parle des merveilles de la nature : « Qui de nous, dit-il, après avoir affirmé que ce n'est point le merveilleux, mais l'absurde qui doit nous révolter, pourra jamais comprendre la prodigieuse petitesse des globules du fluide qui circule dans les nerfs d'un insecte, ou l'excessive ténuité des particules odorantes d'un corps qui en remplit continuellement un grand espace pendant des années, sans perdre une quantité appréciable de son poids ? Qui se fera jamais une idée de l'effrayante multitude des rayons lumineux qui partent d'un corps éclairé, dont chaque point en renvoie un faisceau tout entier à chacun des points de l'espace ? Et qui pourra jamais concevoir l'inappréciable subtilité des molécules de cette matière, qui se croisent et se pénètrent, pour ainsi dire, dans tant de milliards de sens différents, sans se causer le moindre obstacle ni le plus petit dérangement ? » (I, 190.)

L'état dans lequel se trouve la science de la pensée est analogue à celui de l'astronomie il y a cent ans. Locke répond à Copernic, Dumarsais à Galilée, Condillac à Képler ; aussi faut-il perfectionner les instruments qu'elle emploie, c'est-à-dire les langues, établir un plan d'observations et d'expériences nouvelles (*M.*, 320). On a bien fait de demander pour les jeunes gens, auxquels il destine ses *Eléments d'idéologie*, des notions de physique et d'histoire naturelle, de leur faire connaître les principales espèces de corps qui composent l'univers, de leur donner une idée de leurs combinaisons, de leur arrangement, des mouvements des corps célestes, de la végétation et de l'organisation des animaux (I, 5). Aussi fait-il rentrer l'idéologie dans la zoologie ou dans la physiologie, l'histoire détaillée de notre intelligence, dans la physique humaine (III, x), et subordonne-t-il les progrès de la métaphysique à l'état de la physique, persuadé que les rêves de la philosophie platonicienne et les suppositions gratuites des spiritualistes disparaissent graduellement, à mesure que les progrès de la physique augmentent la masse de ce qui est connu, nous donnent le courage de consentir à ignorer ce qui est au delà et nous dégoûtent de chercher à le deviner (*C.*, 445). S'il laisse la recherche des causes physiologiques à ceux qui sont capables de sonder de pareils mystères, s'il se borne à l'idéologie rationnelle, il reconnaît une idéologie physiologique et veut que l'analyste consulte les physiologistes (*M.*, 326). Il admire les travaux de Pinel et de Cabanis, dont il recommande la lecture, et fait tous ses efforts pour qu'aucune de ses explications ne soit en contradiction avec les lumières positives que fournit l'observation scrupuleuse de nos organes et de leurs fonctions (I, 323). Enfin, après avoir passé en revue les sciences, pour montrer quel a été le point de départ de nos connaissances, il donne le plan d'un tableau des premiers éléments de toutes, qui comprendrait la physique, l'histoire naturelle, l'arithmétique numérique et littérale, l'algèbre, le calcul différentiel et intégral (III, 364). Pas plus que Cabanis et que la plupart des idéologues, il ne sépare donc la philosophie des sciences (1).

Pendant la Terreur, quand les Girondins eurent été proscrits, Condorcet, Daunou et Mercier, Ginguené, Lavoisier et tant d'autres arrêtés ou obligés de fuir, le comité de surveillance de l'Allier décréta (octobre 1794), D. de Tracy d'arrestation, pour cause de suspicion, d'incivisme et d'aristocratie. Il le taxa à cent mille livres, pour la contribution provisoire et nécessaire à la solde de l'armée révolutionnaire et au secours des malheureux citoyens. D. de Tracy se justifia en établissant qu'il demeurait à Auteuil près Paris depuis dix-huit mois (2). Le Comité suspendit l'effet de son mandat d'arrêt et accepta provisoirement l'offre faite par de Tracy. Mais quelques jours plus tard, un peloton de

---

(1) Ce que M. Paul Janet dit de Laromiguière est exact (ch. VIII, § 3), il n'en est pas de même de ce qu'il dit des idéologues en général. (*Le Temps*, 1882.)

(2) « Il y avait donné des preuves de civisme et avait toujours eu à combattre le parti des contre-révolutionnaires dont il n'avait jamais cessé d'être victime ». Il lui était impossible de satisfaire à la réquisition des 100,000 livres, mais pour faire voir qu'il était prêt à tous les sacrifices qui dépendraient de lui, il abandonnait les revenus de ses propriétés de l'Allier.

soldats, commandés par le général Ronsin, cernait sa maison, la fouillait et emmenait D. de Tracy à Paris, où on l'enfermait à l'Abbaye. L'exemple de Jollivet qui, à peine entré, tira d'un portefeuille une écritoire, une plume, de volumineux papiers et, devant une mauvaise table, se mit à travailler au système hypothécaire qu'il fonda plus tard et qu'il calculait sur le cadastre de la France, lui rendit le calme et le goût du travail. Après six semaines de séjour à l'Abbaye, ils furent l'un et l'autre transférés aux Carmes, enfermés dans la même cellule, où ils continuèrent leur vie studieuse.

Condillac avait donné à Lavoisier sa méthode, Lavoisier mena D. de Tracy à Condillac : « Je n'avais jamais lu de lui, dit-il, que l'*Essai sur l'origine des connaissances humaines* et je l'avais quitté sans savoir si j'en devais être content ou mécontent. Je lus, dans les prisons des Carmes, tous ses ouvrages, qui me firent remonter à Locke. Leur ensemble m'ouvrit les yeux, leur rapprochement me montra ce que je cherchais. C'était la science de la pensée. Le *Traité des Systèmes* surtout fut pour moi un coup de lumière et, ne trouvant celui des *Sensations* ni complet ni exempt d'erreurs, je fis dès lors pour moi un exposé succinct des vérités principales qui résultent de l'analyse de la pensée ». Le 5 thermidor, pendant qu'on faisait l'appel des quarante-cinq condamnés qui devaient être traduits devant le tribunal révolutionnaire, il résumait la théorie à laquelle il était arrivé en formules concises : « Le produit de la faculté de penser ou percevoir = connaissance = vérité… Dans un deuxième ouvrage auquel je travaille, je fais voir qu'on doit ajouter à cette équation ces trois autres membres = vertu = bonheur = sentiment d'aimer ; et dans un troisième je prouverai qu'on doit ajouter ceux-ci : = liberté = égalité = philanthropie. C'est faute d'une analyse assez exacte qu'on n'est pas encore parvenu à trouver les déductions ou propositions moyennes propres à rendre palpable l'identité de ces idées. J'espère prouver par le fait ce que Locke et Condillac ont fait voir par le raisonnement, que la morale et la politique sont susceptibles de démonstration ». Et il ajoutait qu'à l'avenir il partirait toujours de ce point, si le ciel lui réservait encore quelque temps à vivre et à étudier.

Inscrit pour être jugé le 11 thermidor, il fut sauvé par la chute de Robespierre. Il ne sortit de prison, comme Daunou, qu'en octobre 1794, et retourna à Auteuil avec sa famille et ses amis :

il n'y retrouva plus Condorcet. De sa prison il revint philosophe : il n'avait perdu aucune de ses convictions, aucune de ses espérances. Toute sa vie il demeura l'admirateur de Voltaire, d'Helvétius, de Condorcet, de Condillac ; l'ami de Cabanis, de Daunou et des hommes qui continuaient la tradition du xviii° siècle. Quand La Harpe qui, autrefois novateur effréné, avait accusé les philosophes d'être des réformateurs timides et des amis froids de l'humanité, allait jusqu'à leur reprocher d'avoir tout bouleversé (I, xxx) et rendait responsables de la Terreur, Diderot et Helvétius, Raynal et d'Holbach, Rousseau et même Voltaire ; quand d'autres, comme Rivarol et Chateaubriand, abandonnaient complètement leurs anciennes opinions et allaient bientôt, aux applaudissements d'un nombreux public, s'attaquer à la philosophie ou au *philosophisme*, D. de Tracy, qui avait perdu une haute situation et cruellement souffert au moral et au physique, proclamait que le moment où les hommes réunissent un grand fonds de connaissances acquises, une excellente méthode et une liberté entière, est le commencement d'une ère absolument nouvelle dans leur histoire. L'*ère française* doit nous faire prévoir un développement de raison et un accroissement de bonheur, dont on chercherait en vain à juger, par l'exemple des siècles passés, qui ne ressemblent en rien à celui qui commence (*Gr.*, 8). Il y a un certain public, dit-il ailleurs, composé de ceux qui dénigrent leur pays, « ou parce qu'ils l'ont abandonné dans sa détresse ou parce qu'ils ne peuvent y briller », dont il ne cherchera pas à capter les suffrages et dont la malveillance lui importe peu (V, 270). Tout en reconnaissant que la France, sous son ancien gouvernement, n'était pas aussi misérable qu'on l'avait dit (p. 256), il fait l'éloge de la France nouvelle : « La Révolution est venue. Elle a souffert tous les maux imaginables, elle a été déchirée par des guerres atroces, civiles et étrangères ; plusieurs de ses provinces ont été dévastées et leurs villes réduites en cendres ; toutes ont été pillées par les brigands et par les fournisseurs des troupes ; son commerce extérieur a été anéanti ; ses flottes ont été totalement détruites, quoique souvent renouvelées ; ses colonies, qu'on croyait si nécessaires à sa prospérité, ont été abîmées, et, qui pis est, elle a perdu tous les hommes et tous les trésors qu'elle a prodigués pour les subjuguer ; son numéraire a été presque tout exporté, tant par l'effet de l'émigration que par celui du papier-monnaie; elle a entretenu quatorze armées dans un temps de famine, et au milieu de tout cela, il est notoire que sa population et son agriculture ont augmenté considérablement en très peu d'années ; et, à l'époque de la création de l'empire, sans que rien fût encore amélioré pour elle du côté de la mer et du commerce étranger, auquel on attache communément une si grande importance, sans qu'elle eût un seul instant de paix pour se reposer, elle supportait des taxes énormes ; elle faisait des dépenses immenses en travaux publics ; elle suffisait à tout sans emprunt, et elle avait une puissance colossale à laquelle rien ne pouvait résister sur le continent de l'Europe, et qui aurait subjugué tout l'univers sans la marine anglaise (V, 257) ». N'étaient quelques rares et courts passages, où il déplore la mort de Condorcet, le plus grand philosophe de ces derniers temps (*C.*, 383), de l'illustre et malheureux Lavoisier, digne à jamais de nos regrets (*M.*, 287), où il rappelle la trop fameuse Convention qui a fait tant de mal à l'humanité en rendant la raison odieuse, et qui, malgré la haute capacité et les grandes vertus de plusieurs de ses membres, s'est laissé dominer par des fanatiques et des hypocrites, des scélérats et des fourbes, et a, par cela même, rendu d'avance inutiles ses plus belles conceptions (*C.*, 169), on ne supposerait pas, en lisant ses œuvres, qu'il a failli périr sous la Terreur. Même après les avoir lues, on reste convaincu que le danger couru n'a en rien changé sa manière de penser.

II

Moins d'un an après que D. de Tracy avait quitté les Carmes, la Convention organisait l'instruction publique, fondait les écoles primaires, centrales, spéciales, l'institut national des sciences et des arts. Associé à la section de l'analyse des sensations, sur la proposition de Cabanis, D. de Tracy pensa, comme la plupart des idéologues (1), que l'Institut devait travailler « au progrès de toutes les connaissances humaines ». Le 2 floréal (avril 1796) (2), il lisait un Mémoire sur la manière dont nous acquérons la connaissance des corps extérieurs et du nôtre. Nous n'existons, disait-il, que par nos sensations et nos idées ;

---

(1) Voyez ch. 1, § 3.
(2) *Décade phil.*, 18 juillet 1796. Notice des travaux par J. Lebreton.

tous les êtres n'existent pour nous que par les idées que nous en avons. Ainsi la connaissance de la manière dont nous formons nos idées est la base de toutes les sciences. C'est l'analyse des idées qui a fait faire aux chimistes français, à l'illustre Lavoisier et à ses collaborateurs, tant de progrès dans l'analyse des corps. Cette analyse est surtout nécessaire pour traiter méthodiquement les sciences morales et politiques, grammaire, logique, science de l'éducation et de l'instruction, morale et politique, et pour les établir sur des fondements stables. Elles se réduisent à la solution de cet immense problème : *Les facultés d'une espèce d'êtres animés étant connues, trouver tous les moyens de bonheur dont ces êtres sont susceptibles.* Pour examiner soigneusement ce problème, et n'en tirer que les conséquences nécessaires, il faut suivre la méthode des géomètres et marcher pas à pas, en se refusant à tout jugement précipité. Un premier fait est bien constaté, bien avéré ; toutes nos idées viennent de nos sensations. Mais les sensations ne sont que des modifications intérieures de notre être dont aucune n'indique ce qui la cause. Comment donc apprenons-nous à les rapporter aux corps extérieurs? Condillac prétend que c'est par le toucher; mais ce sens, comme les quatre autres, ne nous donne que des modifications intérieures, tant que nous sommes supposés n'avoir aucun mouvement. C'est donc la faculté de faire du mouvement et d'en avoir conscience, qui nous montre les corps comme causes de nos sensations. Cette faculté ou *motilité*, portion de la faculté générale appelée sensibilité, n'a pas plus rapport à un sens qu'à un autre, mais les embrasse tous et est le seul lien entre notre *moi* et le reste des êtres.

A la fin de l'an IV et au commencement de l'an V (1), D. de Tracy lisait deux autres Mémoires sur l'analyse de la pensée ou plutôt sur la faculté de penser ou faculté de percevoir. Il demandait que la science résultant de cette analyse fût nommée *idéologie* ou science des idées, pour la distinguer de l'ancienne métaphysique.

Presque neuve encore, elle possède, disait-il, peu de vérités constantes et reconnues, malgré les ouvrages de plusieurs hommes célèbres et bien que, fondée sur des faits, elle soit susceptible de certitude comme les sciences exactes. C'est qu'elle n'a

---

(1) *Décade phil.*, 30 nivôse an V, Notice, par Talleyrand-Périgord.

jamais été traitée avec méthode et liberté, qu'elle n'a été l'objet direct des recherches d'aucun corps savant. La seconde classe devrait dénombrer les vérités connues et perfectionner les langues qui sont les instruments dont elle se sert, convenir des observations et des expériences à faire pour éclaircir les points douteux. Et lui-même, présentant le tableau sommaire des vérités idéologiques qu'il regardait comme constantes, établissait que la faculté de penser, telle qu'elle est en nous, se décompose en cinq facultés distinctes et essentielles : la faculté de sentir, celles de se ressouvenir, de juger, de vouloir et enfin celle de se mouvoir, qui lui semble, aussi bien que les autres, partie intégrante de la faculté de penser et nécessaire à son action, attendu que la sensation du mouvement, par opposition à celle de résistance, fait entrer en exercice notre faculté de comparer ou de juger. Puis, examinant les relations de quatre de ces facultés avec celle de vouloir, il trouvait qu'elles en sont en partie dépendantes, en partie indépendantes. Il expliquait la formation de nos idées en tant que connaissances, et de nos idées en tant que sentiments et passions. La liberté lui paraissait la faculté d'agir d'après sa volonté ; la liberté et le bonheur, une même idée, considérée suivant le moyen et suivant la fin.

L'an VI, D. de Tracy fit partie de deux commissions chargées d'examiner les systèmes de pasigraphie présentés par Maimieux, Zadkins-Hourwitz, Fournaux, Montignon, et celui de Butet sur la lexicologie. En janvier 1798, mécontent du changement introduit dans la question proposée pour le prix de morale, il écrivait, sur les moyens de fonder la morale d'un peuple, un Mémoire (1) qui parut en ventôse dans le *Mercure*. Persuadé que le premier pas à faire en morale est d'empêcher les grands crimes, que le plus utile principe à graver dans les têtes est que tout crime est une cause certaine de souffrance pour celui qui le commet, que les vrais soutiens de la société, les solides appuis de la morale sont les gendarmes et les gardiens des prisons, les jurés, les juges au criminel et les accusateurs publics, il réclamait : 1° une gendarmerie nationale, avec une

---

(1) Ce Mémoire comprend quatre chapitres : I, De la punition des crimes ; II, De la répression des délits moins graves ; III, Des occasions de nuire à autrui ; IV, De la disposition à nuire à la société et à ses membres, ou des inclinations vicieuses : § 1, De l'éducation morale des hommes, § 2, De l'éducation morale des enfants.

organisation constante, un ordre d'avancement invariable, tout entière dans la main d'un seul chef permanent, attachant sa fortune et sa gloire à la perfection du service ; 2° un jury, qu'il faut conserver pour n'avoir pas à l'établir une autre fois ; 3° des juges indépendants des gouvernants et des justiciables, partant, bien payés, nommés à long terme et ambulants ; 4° des accusateurs publics, dépendant du gouvernement et destituables pour simples négligences ; 5° des lois qui édictent des peines, non sévères, mais bien graduées et proportionnées moins à l'énormité des crimes qu'à la tentation de les commettre ; 6° une procédure qui donne toute facilité à la juste défense, mais qui ne laisse perdre aucun moyen de conviction ; car si le législateur pouvait rendre la punition manifestement inévitable, presque tous les désordres seraient prévenus. Quant à la répression des friponneries de toute espèce, il souhaite des tribunaux civils bien organisés, une procédure simple et prompte, des mesures sévères contre les banqueroutiers frauduleux et la condamnation aux dépens des plaideurs de mauvaise foi, l'exclusion des fonctions publiques pour les hommes de mauvaise réputation, etc., et surtout une police, plutôt incommode que paralysée, qui, astreinte à remettre promptement ceux qu'elle arrête aux tribunaux, ait une grande latitude pour arrêter.

La plupart des législateurs et des philosophes ont cru, à tort, que la communauté absolue des biens enlèverait aux hommes la possibilité de se nuire réciproquement. Car, en supposant que chacun puisse faire abdication de sa propre pensée, les intérêts individuels renaîtraient, lorsqu'il s'agirait de partager la masse commune des peines et des jouissances. Ce qu'il importe, c'est de concilier et de contenir les intérêts distincts qui peuvent devenir opposés, en établissant des lois qui répriment les crimes et les délits, en prenant des dispositions qui tendent à fondre les intérêts dans l'intérêt général, à rapprocher les opinions de leur centre commun, la raison, et à porter, dans l'action gouvernementale, la simplicité, la clarté, la régularité, la constance. On peut encore ôter aux hommes le désir de se nuire, en agissant sur les inclinations, en travaillant à l'éducation des hommes et des enfants. Les idées morales ne sont pas infuses en nous et n'ont pas une origine plus céleste que nos autres idées : la morale n'est qu'une application de la science de la génération des idées et des sentiments, elle ne se perfectionne qu'après l'idéologie, subordonnée elle-même aux progrès de la physique (1). Mais l'enseignement direct ne peut que perfectionner la théorie de la morale, non en répandre et en propager la pratique. S'il est nécessaire qu'il y ait quelques écoles pour éclairer les divers services publics, pour développer les théories savantes et former des maîtres, pour donner aux législateurs la théorie méthodique de la morale domestique et sociale, ce sont les législateurs et les gouvernants qui sont les vrais précepteurs de la masse du genre humain. En veillant à une exécution complète, rapide et inévitable des lois répressives et en établissant une balance exacte entre les recettes et les dépenses de l'État, en proclamant l'égalité et en détruisant tout corps privilégié et tout pouvoir héréditaire, en excluant les prêtres de tout salaire et de toute fonction publique, y compris celle d'enseigner la morale, et en établissant le divorce, l'égalité des partages, la prohibition presque entière de la liberté de tester, la liberté entière et absolue d'exercer tous les genres d'industrie, celle du commerce extérieur et intérieur, du prêt à intérêt, facilité et assuré par une bonne législation des hypothèques, ils feront plus que tous les professeurs pour l'éducation morale des hommes et pour celle des enfants, qui sera assurée si les parents ont de bonnes habitudes, produites par de bonnes institutions. « S'arrêter après ces objets, d'une efficacité prodigieuse, dit l'ancien lieutenant de La Fayette, à l'utilité des leçons directes données dans les écoles et les fêtes publiques, c'est négliger l'artillerie d'une armée pour s'occuper de sa musique ».

Ce Mémoire, qui dénote, en ses grandes lignes, un esprit pratique et un sens très droit, montre combien on a tort de ne voir dans les idéologues que des utopistes. Il nous explique comment ils ont hésité à combattre sans merci, en supposant qu'ils eussent pu le faire efficacement, un gouvernement qui organisait l'administration civile, militaire et judiciaire, mettait l'ordre dans les finances et assurait la répression des délits et des crimes, promulguait en 1803 et 1804 le Code civil, en 1806 le Code de procédure civile, en 1807 le Code de commerce, en 1808 le Code d'Instruction criminelle et en 1810 le Code pénal. Car en plus d'un point il donnait satisfaction aux souhaits que formait D. de Tracy en 1798. Et ne faisait-il pas creuser des canaux et des

---

(1) Voyez les mêmes idées chez Cabanis, ch. III et IV.

bassins, percer des routes, établir des ponts et des quais ? Ne promettait-il pas un million à l'inventeur d'une machine à filer le lin, et un million à qui remplacerait le sucre de canne par le sucre de betterave, en pensionnant Jacquart et décorant Richard Lenoir et Oberkampf (1) ?

Dans les premiers mois de 1798, Bonaparte préparant l'expédition d'Égypte, offrit à D. de Tracy de reprendre son épée de maréchal de camp et de l'accompagner. D. de Tracy avait quarante-quatre ans, il hésita deux jours (2), puis refusa et renonça à la carrière qui avait rempli la première partie de sa vie.

Tout entier désormais aux recherches philosophiques, il lisait à l'Institut une dissertation (3), destinée à servir de suite et de complément à son analyse de la faculté de penser, où il traitait du perfectionnement graduel de l'individu, de celui de l'espèce humaine, de l'influence des signes et des effets du retour fréquent des mêmes perceptions. Puis il recherchait les effets, sur le perfectionnement de l'individu et de l'espèce, du langage d'action et des signes articulés, dont il faisait remarquer les inconvénients et les avantages. Passant à l'examen de l'habitude, il montrait quelle peut en être l'action sur nos sensations, nos mouvements, nos souvenirs, nos jugements et nos désirs, puis concluait que l'*habitude* est presque la seule cause de la capacité de notre intelligence et, en même temps, l'unique source des difficultés que nous éprouvons à la bien connaître.

Puis il refondait ces différents Mémoires, pour leur donner une rédaction plus parfaite et en achevait la seconde lecture le 22 germinal. Imprimé dans le 1er volume des *Mémoires* de la seconde classe, son travail paraissait à la fin de l'an VI, avec trois Mémoires de Cabanis et deux de Laromiguière. Il est divisé en trois parties qui traitent de la manière dont nous acquérons la connaissance des corps extérieurs et du nôtre, des facultés particulières qui composent la faculté générale de penser, de la manière dont l'action des facultés élémentaires de la pensée a produit l'état actuel de la raison humaine et de la difficulté que nous

---

(1) Voyez ce que dit D. de Tracy de la France nouvelle § 1, et la fin du discours de réception à l'Académie française, ch. VI, § 3.

(2) Il dira plusieurs années après (*Gr.*, 206) : « Si les jésuites avaient mieux choisi les livres qu'ils ont fait imprimer... l'imprimerie serait à cette heure complètement établie chez les Maronites, par suite, peut-être chez beaucoup de nations de l'Orient..., *or il est impossible de déterminer les conséquences qu'un tel état de choses eût eu lors de l'expédition d'Égypte et de Syrie* ».

(3) *Décade phil.*, 30 germinal an VI, notice par Lacuée.

éprouvons à reconnaître les opérations de notre âme. Ces trois parties, dont la première est une introduction à la seconde, éclaircie et complétée par la troisième, renferment toute la théorie idéologique de D. de Tracy. Dans la première, il fait l'éloge de Locke, de Condillac qui, ne laissant aucune obscurité sur l'origine des idées, apprend complètement aux hommes comment ils sont modifiés intérieurement par leurs sensations. A côté d'eux, il place Cabanis qui s'est occupé, avec succès, des effets internes de la sensibilité. Contre Locke et d'Alembert, il soutient qu'on peut définir l'étendue, l'espace et le mouvement, en décomposant chacune de ces idées de manière à indiquer ce qui vient de chaque sens. Mais il combat surtout Condillac qui, attribuant au toucher la connaissance des corps, a été trompé par une analyse imparfaite des effets de ce sens. Il critique avec sagacité le *Traité des Sensations*, et en signale les contradictions, les obscurités. Condillac, dit-il, pensait que l'idée d'étendue se compose de la coexistence de plusieurs sensations, comme celle de durée se forme de leur succession, et c'est cette fausse idée de la notion d'étendue qui l'a empêché de découvrir comment nous acquérons cette idée et celle des corps. Puis, après avoir montré que nous devons à la *motilité* la connaissance de ceux-ci, il la distingue du toucher : tous nos sens forment la faculté de recevoir différentes impressions de la part des corps extérieurs sans les apercevoir ; la motilité est la faculté d'aller tirer, de ces mêmes corps, une impression de résistance à nos mouvements qui nous fait connaître leur existence. C'est un sixième sens qui n'a pas été distingué, parce qu'il n'a pas d'organe particulier. Vérité certaine, neuve et féconde qui éclaircit les notions de mouvement, d'espace, de lieu, de corps, d'étendue, de durée et de temps. Je me meus, je le sens et ne reçois aucune modification de mon moi que la sensation de mouvement ; ce que je rencontre est pour moi le néant, *rien*. Je continue et sens ma sensation arrêtée, contrariée : j'appelle un obstacle ou un *corps*, ce qui m'oppose cette résistance et m'empêche de me mouvoir. De rien et de corps j'abstrais l'idée générale de l'*espace* qui est *vide,* si je ne trouve rien ; *plein,* si je trouve des corps. Le *lieu* est une portion de l'espace, plein ou vide, déterminée par ses rapports avec d'autres portions de l'espace ; la *surface,* l'assemblage des points qui terminent un corps ; la *figure,* la disposition des parties de la surface ; un être *étendu* ou un corps, un être que nous sentons d'une façon continue pendant que nous avons la sensation d'une certaine quantité de mouvement. L'*étendue* d'un corps est pour nous la représentation permanente de la quantité de mouvement nécessaire pour la parcourir. Toutes les parties de notre faculté de sentir, jointes à la faculté de se ressouvenir, peuvent nous donner l'idée de *durée* ; mais, sans la motilité, je n'ai aucun moyen d'évaluer la *durée,* je ne puis avoir que la notion de *temps* ou d'une portion de durée mesurée (1).

Après cette théorie, d'une importance capitale dans l'histoire de la philosophie française (2), rappelons encore ce que D. de Tracy dit du *moi*. C'est, dit-il, une idée abstraite de la totalité des parties sentantes qui forment un ensemble, il en est la résultante ; son étendue est, en espace, composée de toutes les parties qui sentent ensemble et obéissent à la même volonté ; en durée, de toutes les perceptions que nous savons leur avoir appartenu. L'idée du *moi*, ajoute l'ancien habitué des bals de la reine, est composée de parties réunies pour sentir, comme l'idée de bal de personnes réunies pour danser ; dans les deux cas, toutes les parties peuvent avoir été renouvelées successivement, leur action peut avoir été plusieurs fois troublée, suspendue, interrompue, c'est toujours le même *bal* et le même *moi* si le système n'a pas été dissous (3).

La première partie du Mémoire complétait l'analyse de la génération des idées (4), jusqu'alors imparfaitement terminée ; la seconde est un tableau des opérations de notre pensée dans la formation des connaissances et des sentiments. La science de la pensée n'a point de nom, puisque la périphrase, *analyse des sensations et des idées,* indique simplement le travail auquel il faut se livrer ; on ne peut l'appeler *métaphysique,* parce que ce mot désigne une science qui traite de la nature des êtres, des esprits et des différents ordres d'intelligence, de l'origine des choses et de leur cause première ; une science autre que la *physique*, dont fait partie, comme l'a vu Locke, la connaissance

---

(1) Voyez les mêmes idées chez Bain, *les Sens et l'Intelligence* ; Spencer, *Principes de psychologie* ; Taine, *l'Intelligence* ; Ribot, *Psychologie anglaise.*
(2) Cf. A. Bertrand, *la Psychologie de l'effort.* Cf. notre Introduction au Mémoire de Biran.
(3) Voyez ce qui a été dit du ballet § 2.
(4) Cabanis critique Condillac et le complète par l'étude des sensations internes ; D. de Tracy le critique et le complète par l'étude de la motilité. Comment peut-on soutenir, ainsi que le font tous les historiens, que les idéologues sont « de purs condillaciens » ? Cf. *passim.*

des facultés de l'homme. Sans doute, nos sensations sont tout pour nous : la physique serait la connaissance de nos sensations considérées dans les êtres qui les occasionnent, l'histoire du monde ; la métaphysique, la connaissance de ces mêmes sensations considérées dans leurs effets en nous, l'histoire de notre moi, du petit monde (1). Division belle et complète, mais qui suppose un emploi nouveau d'un mot trop cruellement discrédité. Le mot *psychologie*, auquel avait songé Condillac, veut dire *science de l'âme* : il implique une connaissance de cet être et ferait croire qu'on s'occupe de la recherche vague des causes premières (2), et non uniquement de la connaissance des effets et de leurs conséquences pratiques. Le mot *idéologie* ou science des idées est très sage : il n'éveille aucune idée de cause, il est très clair par rapport au sens du mot français *idée* et rigoureusement exact dans cette hypothèse ; très exact encore eu égard à l'étymologie grecque. Car le mot εἴδω voulant dire, *je perçois par la vue, je connais*, le mot εἶδος ou εἰδέα, traduit ordinairement par tableau, image, signifie, bien analysé, *perception du sens de la vue*. Nous avons fait *idée* d'εἴδω, pour exprimer une perception en général ; nous pouvons bien faire *idéologie* pour exprimer la science qui traite des idées (3).

Quant à la faculté de penser, dont les produits sont des perceptions ou des idées, elle se résout en cinq facultés : la sensibilité ou faculté de percevoir des sensations, odeur, saveur, bruit et son, couleur et lumière, chaud et froid, sec et humide, douleur ou plaisir à l'intérieur du corps, mouvement; la mémoire ; le jugement ou faculté de percevoir des rapports, qui demeure sans effet tant que nous n'avons aucune sensation qui indique son origine, tant que la motilité ne nous a pas donné les perceptions de mouvement et de résistance ; la volonté ou faculté de percevoir des désirs ; la motilité, sans laquelle nous n'aurions ni connaissance des corps extérieurs et du nôtre, ni signe, ni même aucune connaissance, puisque toutes sont des rapports ou des perceptions de notre jugement. La pensée réunit les rapports (résistance, couleur, saveur, odeur, poids, figure, volume)

---

(1) D, de Tracy se servira souvent de ce mot « métaphysique » dont il faut bien se rappeler le sens nouveau chez lui.

(2) Voyez sur ce point ce que pense Cabanis, ch. III et IV.

(3) Hamilton critique ce mot qu'il voudrait remplacer « pour éviter une double bévue en philosophie et en grec » par celui de « idéologie ».

et en fait une seule idée ; elle sépare des qualités semblables celles par lesquelles les objets diffèrent entre eux : *concraire* et *abstraire* sont les deux opérations par lesquelles nous formons des idées composées (1).

D. de Tracy n'a point osé rechercher les causes physiologiques de la sensibilité et des facultés qui en dérivent, non plus que celles de la relation de ces facultés avec la volonté. Il laisse ces profondes et utiles recherches à ceux de ses collègues qui sont plus capables que lui de sonder de pareils mystères et partage l'idéologie en physiologique et en rationnelle (2). La première, très curieuse, exige de vastes connaissances, mais ne peut guère, dans l'état actuel des lumières, se promettre d'autres résultats de ses plus grands efforts que la destruction de beaucoup d'erreurs et l'établissement de quelques vérités ; l'autre requiert moins de science et a peut-être moins de difficultés, mais possédant des faits suffisamment liés, ne songeant qu'à leurs conséquences, elle permet des applications plus directes et la formation d'un système complet. D. de Tracy veut, pour donner des passions et des sentiments une analyse complète qui n'a pas été faite, même par Smith, expliquer la formation du premier désir. Condillac a montré que le besoin est le principe de toutes les opérations de la pensée, mais il n'a pas clairement expliqué ce qu'est le besoin. Il a prouvé que le désir naît du besoin, mais il a eu tort de faire de celui-ci une connaissance, car nos premiers besoins, dont dérivent tous les autres, et qui résultent de l'organisation, sont des perceptions simples, de purs sentiments, des produits immédiats de la seule faculté de sentir et, par conséquent, précèdent toute opération de jugement, toute perception de rapport, c'est-à-dire toute connaissance. Le besoin est la sensation même, tout plaisir ou toute peine qui est perçue. Le désir est un besoin avec perception de rapport, avec

(1) Celles-ci sont des idées particulières des qualités des corps (premier ordre), ou ces mêmes idées particulières, devenues générales par l'opération d'abstraire (surcomposées), ou des idées concrètes d'idées déjà généralisées, mais appliquées, comme celles de vie et de mort, à un individu (troisième ordre), ou ces idées concrètes et généralisées, comme celles de vie et de mort, appliquées à d'autres individus (quatrième ordre). Enfin par les idées de vie et de mort ou par d'autres, je me suis fait les idées de cause et d'effet. Je vois un homme en tuer un autre, je compose l'idée particulière de meurtre (cinquième ordre), que j'étendrai ensuite à tous les événements semblables (sixième ordre).

(2) D. de Tracy prend pour lui la partie que ne traite pas spécialement Cabanis. Mais l'un ne néglige pas l'idéologie rationnelle, l'autre ne néglige pas la physiologie. Ils se complètent l'un par l'autre et doivent être mis sur le même plan.

connaissance (1). C'est, dans un être animé, la volonté que nous voulons posséder, comme nous demandons à la fleur son odeur, et au fruit sa saveur. Une bonne volonté est celle qui s'unit à la nôtre, une mauvaise, celle qui résiste. Si nous désirons le pouvoir, la richesse, les honneurs, etc., c'est que nous pensons, avec ces choses, nous concilier les volontés. C'est ce désir qui forme le charme de l'amitié et du véritable amour, qui nous fait un besoin de l'estime des autres et donne naissance à la sensibilité morale, à la philanthropie (2).

La sensibilité est-elle active ou passive ? c'est une question de mots. Si *action* est le nom générique de tous les mouvements des êtres qui tombent sous nos sens, nous sommes actifs dans l'opération de sentir. Si *être actif* c'est faire une action librement, volontairement, *être passif*, la faire nécessairement, forcément, nous sommes passifs quand nous percevons une sensation sans l'avoir désirée, actifs quand nous ne l'éprouvons qu'après l'avoir recherchée par un acte exprès de notre volonté. Être libre, c'est pouvoir agir en conséquence de sa volonté ; la liberté est la puissance de satisfaire ses désirs. Liberté et bonheur sont les deux aspects d'une même idée : les vérités morales, politiques, physiques et mathématiques sont des moyens de bonheur et de liberté, de bien-être et de puissance. Notre volonté n'est pas libre, en ce sens que nos premiers désirs sont forcés, nécessaires et dérivent inévitablement de la nature des êtres et de leurs rapports avec notre organisation. Mais nous avons très souvent la puissance de nous procurer, à volonté, la perception d'une sensation ou d'un souvenir, d'où naissent de nouvelles habitudes amenant des impressions différentes ; de nouveaux signes, produisant de nouvelles combinaisons ; de nouvelles connaissances, bases de nouveaux désirs. En ce sens la volonté est libre. Toutefois aucun des actes de la volonté par lesquels nous avons fait renaître ces perceptions et provoqué ces nouveaux désirs n'a pu naître sans cause ; par conséquent le plus composé de nos désirs est un résultat aussi nécessaire que le

(1) Au premier degré se place la sensation pure, dépourvue de toute idée de cause, faisant naître le désir particulier de la sensation éprouvée. Au second, l'idée individuelle d'un corps, cause de cette sensation formée par l'opération de concraire, fait naître le désir de ce corps. Au troisième et au quatrième, l'idée de la sensation ou du corps, étendue à toutes les sensations ou à tous les corps semblables par l'opération d'abstraire, produit le désir de cette sensation et de ce corps en général, etc.

(2) Ces idées se trouvent chez Cabanis.

plus simple. Si nous connaissions l'enchaînement de toutes les causes et de tous les effets, nous trouverions que tout ce qui est, est nécessairement. La croyance à la liberté, comme la croyance au hasard dans le monde physique, ne provient que de l'ignorance des causes (1). C'est là d'ailleurs une question de pure curiosité qui n'influe en rien sur les applications que l'on peut faire de l'idéologie, qui n'embarrasse que ceux qui veulent absolument se faire une idée nette de la cause première de tout et lui trouver des desseins qui cadrent avec les petites combinaisons de leur faible intelligence (2).

Les moyens par lesquels agit notre sensibilité sont les organes intérieurs et extérieurs; les moyens généraux par lesquels agissent la mémoire, le jugement, la volonté et la motilité, sont les organes intérieurs. La liaison des idées s'établit, d'après les relations de ressemblance ou de différence, de convenance ou de disconvenance, de conséquence, de dépendance, de temps et de lieu. La sensibilité fournit les matériaux ; le jugement est la cause du mode suivant lequel elle agit. Les vérités d'expérience ou de fait sont la connaissance des impressions; les vérités de raisonnement, qui résultent de la comparaison des rapports entre les idées abstraites, sans nouvelle expérience, n'en sont que des conséquences. Condillac a donc eu tort de faire du raisonnement une faculté spéciale, car les raisonnements ne sont qu'une suite de jugements, et nos connaissances se ramènent à percevoir des rapports (3), à en composer les idées des êtres et celles qui en sont abstraites, à démêler les rapports entre les idées comprises dans les rapports de faits. Nos vrais moyens de connaître sont les facultés intellectuelles; l'*observation* et l'*analyse* ne sont que des manières d'employer ces dernières. La perfection d'une science est en proportion, non du nombre des faits observés, mais de la connaissance des lois qui les régissent. Si toutes les sciences étaient arrivées, comme l'astronomie, au point de ne dériver chacune que d'un seul principe, la totalité de la science humaine serait renfermée dans un petit nombre de propositions. Pour en réunir toutes les branches, il suffirait de trouver une proposition première (4) de

---

(1) Ces idées, reproduites dans l'*Idéologie*, rappellent Spinoza.
(2) Voyez les mêmes idées chez Cabanis.
(3) Nous avons déjà signalé chez Cabanis cette théorie qu'on veut de nos jours attribuer exclusivement à Ampère, ch. IV, § 1 et conclusion.
(3) Voyez Taine, déjà cité dans les chapitres précédents à propos de Cabanis.

laquelle dérivassent les propositions fondamentales. On verrait que les vérités secondaires ne sont que des conséquences d'une vérité première, dans laquelle elles sont implicitement renfermées et dont elles ne nous présentent que des développements partiels, à la manière de ces boîtes dans lesquelles on en trouve une plus petite, dans celle-ci une troisième, dans la troisième une quatrième. Condillac, en disant que toutes les vérités sont unes, n'a fait qu'entrevoir cette belle conception, parce qu'il ramenait les raisonnements ou les jugements exacts à des équations, tandis que l'idée générale et première est bien plus étendue que celles qu'elle renferme.

D. de Tracy n'a point voulu, dans cette seconde partie, donner un traité complet et classique de l'entendement humain, mais un *prospectus*, une table des chapitres de l'ouvrage à faire. Il n'a affirmé que ce dont il s'est assuré par des méditations profondes, des observations scrupuleuses et des expériences répétées. Il a la conviction personnelle qu'il n'a rien hasardé qui ne soit rigoureusement vrai ; il est donc possible de donner à la science sociale des principes reconnus et systématiques, qui permettront d'expliquer et même de prédire le bonheur et le malheur des diverses sociétés.

Dans la troisième partie, brièvement analysée déjà, D. de Tracy remarque que nous tenons de la nature ou de notre organisation la sensibilité et la perfectibilité, mais qu'il est assez difficile de déterminer jusqu'où irait le perfectionnement de l'individu isolé. Les enfants trouvés dans les bois ne fournissent que des observations insuffisantes et peu exactes; les sourds-muets de naissance nous donneraient des renseignements positifs, mais on ne les a pas assez bien observés jusqu'à ce jour (1). Toutefois il semble bien que, par le langage d'action, nous ne formerions pas d'idées abstraites. Il est si évident qu'avant de représenter une idée il faut l'avoir pensée, qu'on ne comprend pas comment des gens éclairés ont pu avancer que nous ne pouvons penser sans signes. Il est manifeste, au contraire, que nous n'aurions jamais de signes, si nous n'avions pas de pensées à exprimer (2). Mais quand les signes sont inventés, nous avons souvent la perception du signe avant d'avoir celle de l'idée. S'ils ont des

---

(1) Cf. Degérando, ch. VIII, § 1.
(2) Voyez ce que nous avons dit à propos de Rœderer (ch. II, § 2) et de Cabanis (ch. IV, § 2), contre une assertion de Sainte-Beuve trop généralement acceptée.

avantages, les signes ont aussi de grands inconvénients. Le même signe donne d'abord une idée très imparfaite ou même tout à fait chimérique ; ensuite une idée différente de celle qu'ont les autres hommes qui l'emploient ; enfin une idée souvent fort éloignée de celle que nous y avons attachée nous-mêmes à un autre moment. Par là nous voyons en quoi consistent la rectification des premières idées ou le progrès de la raison chez les jeunes gens, la diversité et l'opposition des opinions des hommes sur beaucoup de points, la cause de la variation perpétuelle de leurs façons de penser aux différentes époques de leur vie. Ces inconvénients s'atténuent à mesure que les signes se perfectionnent, et on peut essayer de déterminer quelles conditions devrait réunir une langue écrite pour être parfaite. Un grand obstacle à ce beau rêve, c'est l'impossibilité de trouver d'abord un nombre borné de syllabes radicales qui produisent l'immensité des mots nécessaires, au moyen de modifications, retraçant d'une manière sensible, les combinaisons de notre esprit dans la formation des idées ; puis un homme qui, n'ayant de passion que l'amour du vrai et possédant la science universelle, composât seul et d'un seul jet la totalité de cet idiome. Au demeurant, dit D. de Tracy, la langue parfaite est sans doute une chimère comme la perfection dans tous les genres.

Parmi les avantages des signes, D. de Tracy signale la facilité prodigieuse qu'ils nous donnent pour refaire les associations et les combinaisons d'idées simples qu'a faites le créateur de l'idée composée, la connaissance qu'ils nous transmettent de tous les faits observés par nos semblables, en nous faisant participer à l'expérience de tous les temps et de tous les hommes. En outre, ils provoquent la curiosité ; ils nous donnent nos besoins moraux, en nous apprenant que nos semblables sont doués d'une volonté qu'il nous est si intéressant de nous concilier.

Or ces idées, que nous formons rapidement à l'aide des signes, nous les avons sans avoir la conscience distincte de chacun de leurs éléments et de la manière dont ils sont assemblés. Ce singulier phénomène est une conséquence de l'effet que produit sur nous le retour fréquent des mêmes impressions. Une impression fréquemment répétée produit en nous une disposition que nous nommons *habitude* (1). Mais les diverses *habitudes* ont des

---

(1) Nous avons déjà signalé l'importance que Cabanis attache à l'habitude, ch. IV, § 2.

effets très différents ; la même en a souvent qui paraissent absolument opposés. La sensibilité physique et la sensibilité morale sont attiédies et exaltées ; les mouvements, devenus toujours très faciles, sont tantôt dépendants de la volonté à un point extrême, tantôt absolument involontaires. Les jugements sont d'une finesse singulière, ou si confus qu'on n'en a pas même conscience. La volonté est quelquefois déterminée sans motif et quelquefois contrairement à des motifs évidents. Or la répétition, même fréquente, d'une sensation purement sensation, ne laisse en nous aucune disposition nouvelle (1). La fréquente répétition des mêmes *mouvements* en rend l'exécution plus facile en augmentant la flexibilité des organes sans altérer ni exalter la perception que nous en avons. Plus les *souvenirs* ont été répétés, plus ils nous reviennent facilement. Les *désirs* sont dans le même cas ; au lieu de dire avec Condillac que ce que nous appelons passion est un désir véhément, tourné en habitude, on devrait dire qu'une passion est un désir devenu véhément et continuel, parce que le jugement qui y donne naissance est devenu habituel. Quand un *jugement* a été très fréquent, lui et tous ses analogues nous deviennent extrêmement faciles, n'attirent de notre part aucune attention et sont à peine sensibles. D'où il suit qu'en un instant indivisible, nous faisons une foule d'opérations dont nous avons à peine conscience et dont il nous est presque impossible de nous rendre compte. L'habitude qui n'agit directement que sur nos jugements est la cause d'une multitude de contradictions apparentes qui nous surprennent dans l'homme et de toute la peine que nous avons à démêler ce qui s'y passe et à constituer l'idéologie.

D. de Tracy a donc expliqué l'état de l'individu isolé et du sourd et muet, celui de l'homme parlant et les nuances qui séparent l'homme sauvage de l'homme éclairé. Il a trouvé la cause de tout ce que nous sommes, la source des difficultés de la science et bien des preuves que sa manière de concevoir l'action de notre intelligence est fondée. Il peut faire, de sa théorie idéologique, beaucoup d'applications aux différentes branches des sciences morales. Et de fait, D. de Tracy avait posé les bases de

(1) Si l'on objecte que la sensation ne produit plus ensuite d'étonnement, c'est que l'étonnement est l'effet du jugement et que, par suite, l'*attention* qui en résulte n'est pas une faculté élémentaire, mais une modification de notre être, produite par un jugement, qui engendre le désir de connaître. C'est la réfutation de la théorie de Laromiguière, exposée déjà dans le Mémoire du 7 germinal an IV.

son système, appelé l'attention des penseurs sur les signes et l'habitude, préparé ainsi les travaux de Degérando et de Prévost, de Lancelin et de Biran.

III

D. de Tracy eut bientôt après l'occasion d'appliquer ces idées à la science de l'éducation. Appelé en février 1799 au Conseil de l'instruction publique, avec mission spéciale d'accélérer l'examen des cahiers de grammaire générale et de législation, il rédigea six circulaires agréées par le ministre. La première posait une série de questions; la seconde, adressée aux professeurs de législation, détermine la nature et l'étendue de l'enseignement dont ils sont chargés, la place qu'il doit occuper dans le système entier de l'instruction et ses rapports avec les autres études, le temps que l'on y peut consacrer et la marche que l'on doit suivre. Le cours donnera aux jeunes gens les sains principes de la morale privée et publique, pour en faire des citoyens vertueux et éclairés sur leurs intérêts et sur ceux de leurs pays (1). En montrant ce qui doit être, il apprendra à juger ce qui est. Il suivra la partie du cours de grammaire générale qui explique la génération de nos idées et de nos sentiments, et précédera le cours d'histoire; car il faut avoir des principes bien fermes pour lire l'histoire sans danger. La troisième circulaire invite les professeurs de langues anciennes à envoyer leurs cours et leur rappelle que les jeunes gens ne sauraient apprendre les principes d'une langue sans avoir quelques notions de grammaire générale ni comprendre les règles du langage sans savoir ce qui se passe dans leur esprit quand ils pensent et tentent d'exprimer leurs pensées. Un traité élémentaire d'idéologie et de grammaire générale servira donc de préparation au cours de langue latine ou grecque. On y prendra pour guides Condillac, Dumarsais ou tel autre grand métaphysicien.

(1) 1° les éléments de la morale puisés dans l'examen de la nature de l'homme et de ses facultés intellectuelles, fondés sur son intérêt bien entendu, sur le désir invincible qu'il a d'être heureux, et constituant ce que l'on appelle le droit naturel; 2° l'application de ces principes à l'organisation du corps politique, au code de ses lois criminelles, civiles et économiques, à ses relations avec les nations étrangères, c'est-à-dire le droit public, criminel et civil, l'économie politique et le droit des gens.

Le même jour, D. de Tracy transmettait deux autres circulaires. La première réclamait aux professeurs de grammaire générale l'envoi de leurs cahiers. Le cours comprendra l'idéologie, la grammaire générale, la grammaire française et la logique. Complément et couronnement du cours de langues anciennes, il sera une introduction à ceux de belles-lettres, d'histoire et de législation. Toujours le professeur marchera du connu à l'inconnu, en utilisant les connaissances acquises par les élèves dans l'étude des langues anciennes, pour leur donner des leçons plus approfondies sur l'idéologie et la grammaire générale, en appliquant ces connaissances à la grammaire française, premier pas dans l'étude des belles-lettres. Enfin il en tirera les règles de l'art de raisonner (1). La seconde adressait la même invitation aux professeurs d'histoire. Leur cours doit donner une connaissance générale des événements qui se sont passés successivement chez les peuples qui ont mérité des historiens ; faire observer la marche de l'esprit humain dans les différents temps et les différents lieux, les causes de ses progrès, de ses écarts, de ses rétrogradations momentanées dans les sciences et les arts, l'organisation sociale et la relation constante du bonheur des hommes avec le nombre et surtout avec la justesse de leurs idées. Il préparera ceux qui en auront le désir à pousser plus loin leurs recherches et présentera un tableau sommaire de l'histoire universelle, avec l'indication des sources où l'on peut puiser des connaissances plus approfondies sur chacune de ses parties, et de bons conseils sur la manière de se servir des auteurs et de les apprécier. L'histoire pourrait, en ce qui concerne la métaphysique, la morale, l'art social et l'économie politique, servir à perpétuer d'anciens préjugés plutôt qu'à faire découvrir les vrais principes ; elle doit donc suivre l'étude des cours de grammaire générale et de législation. Quelque profit que puisse donner l'étude de l'histoire grecque et romaine, il ne faut pas négliger celle des nations orientales, chez lesquelles on a découvert l'origine de la plupart des vérités et des erreurs qui nous sont venues par les Grecs et les Romains.

D. de Tracy annonçait, pour l'avenir, des détails plus précis

(1) C'est-à-dire l'étude de ce qui constitue la certitude de nos connaissances, la vérité de nos perceptions et la justesse de nos déductions, en s'appuyant sur l'examen de nos facultés intellectuelles, l'effet que produisent sur elles la fréquente répétition des mêmes opérations et l'usage des signes avec lesquels nous combinons et communiquons nos idées. C'est le résumé du précédent Mémoire.

et se défendait d'avoir pensé à rétablir l'usage des dictées qui faisaient perdre tant de temps dans les anciennes écoles, mais espérait que quelques-uns des cahiers réclamés deviendraient d'excellents ouvrages élémentaires.

Après le 18 brumaire, fait avec l'appui de ses amis et l'approbation de l'Institut, D. de Tracy fut nommé sénateur. La Constitution de l'an VIII ne le satisfit pas (1). Mais il continuait l'œuvre qu'il avait entreprise; le 16 pluviôse (février 1800), il présentait au Conseil un important rapport dans lequel il faisait connaître l'état exact de l'instruction publique et les améliorations qu'on pouvait y apporter. Les professeurs se servent, en général, pour les langues anciennes, des méthodes de Gail et Guéroult ; pour l'histoire naturelle, de Buffon, Jussieu, Daubenton, Lacépède, Cuvier; pour les mathématiques, de Bezout, Bossut, Legendre, Cousin; pour la physique et la chimie, de Fourcroy, Brisson, Guyton, Haüy ; pour la grammaire générale, de Condillac, Dumarsais, Duclos, Court de Gébelin, Locke et Harris; pour les belles-lettres, de Batteux, Blair, Condillac ; pour l'histoire, de Rollin, Millot, Voltaire ; pour la législation, de Montesquieu, Hobbes, Filangieri, Beccaria, etc. Plusieurs cahiers de grammaire générale et de législation, disait-il, ont été trouvés dignes d'une considération particulière et le Conseil en a transmis le plan et les idées aux autres professeurs. En rappelant l'influence heureuse de l'École polytechnique sur l'enseignement des mathématiques, il affirmait qu'on peut juger par là du bon effet que produiraient de semblables établissements pour les lettres et pour les sciences morales. Le cours de grammaire générale est un de ceux où le conseil a remarqué le plus de professeurs distingués par leurs lumières et leur zèle (2). L'état de l'instruction publique doit faire concevoir des espérances fondées; tout bouleversement ou même tout déplacement des écoles centrales serait une calamité publique. Toutefois on pourrait abolir la distribution des cours en trois sections et créer une seconde chaire de langues anciennes, admettre les élèves sans limites d'âge, adopter un plan d'études « conforme

(1) « Il n'y a, dit-il plus tard (C., 207), aucune mesure qui puisse empêcher les usurpations quand toute la force active est remise dans une seule main. La nomination des sénateurs, ajoutait-il, vicieuse dès le principe, a été rendue plus vicieuse encore, ainsi que leurs attributions, par les dispositions illégales qu'ils appellent les constitutions de l'Empire ».

(2) Cf. ch. I, § 2.

à la vraie marche de l'esprit humain et favorable au développement de la raison », où les sciences morales et politiques, si nécessaires à des citoyens, occuperaient une place convenable. Personne ne devrait parvenir aux places éminentes de la République, sans en avoir fait une étude approfondie à Paris, dans une École supérieure qui fût pour elles ce qu'est l'École polytechnique pour les sciences mathématiques et physiques. Cette école serait aisément constituée, grâce à quelques légères modifications au Collège de France et à l'addition de quelques chaires. Mais, comme l'étude des sciences morales et politiques est extrêmement négligée, parce qu'elle est repoussée par les préjugés, il faudrait annoncer que, dans quelques années, nul ne sera admis aux écoles spéciales, sans avoir suivi le cours de législation d'une école centrale.

Ce remarquable rapport, approuvé par le Conseil, fut envoyé au Ministre qui se borna à en accuser réception. Bonaparte se préparait à supprimer la seconde classe, il n'avait aucune envie de créer un nouveau foyer « d'agitation idéologique ». Il faudra attendre jusqu'à nos jours pour voir admettre, à peu près sans contestation et en théorie, sinon en pratique, que l'administration d'un grand pays exige des études préalables, comme la construction d'un pont ou la direction d'une usine (1).

Trois mois plus tard, D. de Tracy lisait à l'Institut, quelques réflexions sur les projets de pasigraphie. On voudrait, disait-il, une langue et une écriture universelles. Or une langue ou un langage est, au sens le plus étendu, un système de signes qui expriment nos idées; au sens restreint, un système de signes partant de l'organe vocal et affectant l'organe de l'ouïe. L'écriture est un assemblage, non de signes, mais de caractères qui transforment en signes visuels, et, sans les changer, les signes vocaux d'une langue parlée. En créant une pasigraphie, on ne veut pas se procurer une *écriture* universelle, puisque notre alphabet écrit indifféremment toutes les langues de l'Europe, mais une *langue* universelle. On ne peut guère espérer qu'une langue nouvelle devienne universelle ; car en admettant que les radicaux primitifs des langues parlées soient les sons et les articulations que nous dicte la nature en certaines circonstances, tout le reste est l'effet des conventions. Un langage ne

---

(1) M. Boutmy a contribué pour beaucoup à répandre cette idée, en créant et en faisant fonctionner l'Ecole libre des sciences politiques.

peut devenir universel, comme national, que par des conventions volontaires. Mais une telle bonne volonté pour un langage nouveau, créé d'un seul jet et de dessein prémédité, est absurde à supposer chez les hommes de toutes les nations ; puisque les savants, qui avaient dans le latin une langue toute faite et à peu près universelle, l'ont laissée presque se perdre. Or on n'a pas proposé de créer une langue *orale,* car les pasigraphies ne sont que des langues visuelles. Et cependant, pour créer une langue nouvelle propre à devenir universelle, il faudrait la faire orale, car elle serait alors plus utile, plus facile à tracer, plus propre à l'expression, à la communication des idées et à la méditation, plus aisée à apprendre et à retenir. Elle ne serait pas plus difficile à faire, puisque les signes vocaux offrent des combinaisons plus commodes et plus distinctes que les signes visuels. Mais il faudrait concevoir nettement et complètement la classification méthodique et philosophique de la masse entière des innombrables idées qui meublent notre intelligence, démêler distinctement toutes les séries de leurs dérivations, de leurs modifications et de leurs combinaisons : c'est là une difficulté insurmontable. Fût-elle vaincue, que la langue nouvelle ne ferait qu'augmenter la confusion ; car elle ne serait jamais universelle. Le projet d'une pasigraphie est une conception vicieuse dans son principe, et qui ne produira jamais un résultat utile. Tout ce qu'on pourrait faire, ce serait de prendre une langue déjà connue, dont personne n'eût intérêt à défendre les irrégularités, le latin ou le grec par exemple, et de s'en servir beaucoup en la corrigeant sans scrupule. Elle deviendrait meilleure que les nôtres. Mais elle ne serait ni parfaitement philosophique, parce qu'il faudrait pour cela que toutes nos sciences et surtout l'idéologie fussent terminées, ni complètement universelle, puisqu'il faudrait la changer continuellement. Il vaut donc mieux améliorer nos langues : celle où l'on écoutera le plus volontiers les conseils de la raison, qui sera la mieux faite, la mieux parlée, la mieux écrite, dans laquelle les sciences et les arts auront fait le plus de progrès, sera celle qui approchera le plus de l'universalité.

Après avoir traité une question qu'il avait déjà abordée dans la dernière partie de son grand Mémoire, D. de Tracy revenait sur le problème qui en formait le point de départ. Par de nouvelles preuves, il montrait que c'est à la sensation de résistance que nous devons la connaissance des corps et qu'avant cette connaissance l'action de notre jugement ne peut avoir lieu, parce que nous ne pouvons distinguer, les unes des autres, nos perceptions simultanées. Dans la dernière édition des *OEuvres* de Condillac, à côté de la *Langue des Calculs*, monument précieux du rare talent de son auteur, et modèle pour qui veut appliquer les mêmes procédés à d'autres objets, il trouvait surtout dignes d'attention les changements apportés au *Traité des sensations*, dont tous les autres ouvrages de Condillac ne sont que des applications ou des résumés. Rappelant que l'histoire des pensées de Condillac est, pour ainsi dire, l'histoire de la science de 1746 à 1780, il exposait les opinions de ce dernier sur la génération des idées en 1746, en 1754, en 1780. En 1746, Condillac soutient à tort, contre Locke et Voltaire, que l'œil juge, c'est-à-dire connaît naturellement les figures, les grandeurs, les situations et les distances. En 1754, dans le *Traité des sensations*, il croit que c'est par le toucher, joint au mouvement, que nous apprenons à rapporter nos perceptions à quelque chose en dehors de nous. Ses dernières pensées se rapprochent plus encore de l'opinion de D. de Tracy. Il aurait dû dire comme son successeur: « Nous apprenons qu'un corps existe parce qu'il fait obstacle à nos mouvements et qu'il nous donne la sensation de résistance. Aussi ne pouvons-nous rien connaître, ni même rien concevoir que de résistant et d'étendu ». S'il n'a pas été jusque-là, c'est qu'il perd de vue ce qu'il a établi lui-même, que, quand nous nous mouvons, nous le sentons. En outre, D. de Tracy qui annonce des éclaircissements sur les propriétés des corps pour unir la métaphysique et la physique encore trop séparées, signale, dans les variantes et dans la *Langue des Calculs*, plusieurs idées nouvelles, exactement telles qu'il les a énoncées dans son Mémoire. Il s'accorde avec Condillac sur trois articles fondamentaux : 1° toutes nos idées viennent de nos sensations ; 2° une sensation pure et simple n'est qu'une modification de notre être, qui ne renferme aucune perception de rapport, aucun jugement ; 3° la sensation de résistance est la seule qui nous apprenne à la rapporter à quelque chose hors de nous. Plus fidèle aux conséquences de ces principes, il s'écarte, par cela même, de son prédécesseur. Considérant la sensation de résistance comme composée de celle de mouvement et de celle de solidité, il ne croit pas que la statue, privée de mouvement et n'ayant aucune connaissance des corps, puisse distinguer, comparer, percevoir un rapport entre l'odeur actuelle d'œillet et l'odeur de rose dont elle se souvient. Ainsi tombe la première partie du *Traité des sensations*. Il ne peut plus être question de chercher les connaissances, les désirs, les habitudes d'un homme qui aurait un, deux ou même cinq sens, mais qui n'aurait pas éprouvé la sensation de résistance, puisque, avant cette dernière, il ne peut porter aucun jugement.

Dans ses travaux antérieurs, D. de Tracy ne s'était pas occupé de prouver, parce qu'il regardait ce soin comme superflu, que les corps existent et que nous les connaissons. Or, on lui objectait que la sensation de résistance n'a par elle-même, non plus que les autres, rien qui nous assure qu'elle vient du dehors. Il se crut obligé de traiter cette question. En juillet, il lisait à l'Institut une *Dissertation sur l'existence* (1) *et les hypothèses de Berkeley et de Malebranche*. Malebranche, à force de raisonner sur Dieu et sur l'âme, a été conduit à adopter les rêveries platoniciennes sur le monde intellectuel ; mais ses opinions ne sont jamais à dédaigner. Berkeley a écrit la *Nouvelle théorie de la vision*, ouvrage véritablement excellent, plein d'idées d'une justesse, d'une sagacité et d'une profondeur qui enchantent. Il a eu raison de dire qu'il n'existe pas un être qu'on puisse appeler matière, puisqu'il n'y a que des corps individuels ; de dire que les corps ne nous sont connus que par les sensations qu'ils nous causent, et qu'il n'existe réellement, pour nous, que des sensations et des idées ; mais il a affirmé, tout à fait hypothétiquement, que ces causes de nos sensations doivent nécessairement exister dans la pensée d'un esprit et ne sauraient avoir aucune autre existence. Il a fait une équivoque perpétuelle, une confusion constante entre l'impression que reçoit un être sentant et la qualité qui, résidant ou pouvant résider dans un autre, est cause de cette sensation. Le problème de l'existence de notre propre corps a l'avantage de bien marquer les limites de l'ancienne métaphysique et de l'idéologie. Dans la première, c'est une des dernières conséquences de prétendues connaissances antécédentes ; dans l'idéologie, il se présente à la tête et même au delà de tout ce qu'on se propose d'étudier (2). Quand un

---

(1) Voyez ce que nous avons dit de Turgot, Introduction, § 3.
(2) Les adversaires de Tracy, Royer-Collard, Cousin et même Biran, le suivent et font de la perception extérieure le problème capital de la philosophie.

être doué de sensibilité éprouve une modification, il sent qu'il *est*, qu'il existe. « Je pense, donc j'existe », est un mot très profond et très juste. Sentir, c'est donc exister ; car c'est être sentant, et être sentant, c'est être. Mais être senti, c'est exister aussi, car c'est aussi *être*. Quand je sens un goût, une odeur, un son, j'apprends uniquement ma propre existence. Je sens des mouvements et je sens que je les fais ; j'éprouve une particulière manière d'être que nous appelons *vouloir*, laquelle est partie de mon moi ; ces mouvements sont arrêtés, malgré cette manière d'être ; je conclus qu'ils le sont par quelque chose qui n'est pas mon *moi*. Ce quelque chose existe et n'est pas moi : la pierre, que je place dans ma main, m'empêche de la fermer comme je le faisais auparavant, dès que je voulais ; certainement elle n'est pas moi. Mon propre corps est un corps à moi, parce que mon *moi* sent tout ce qui lui arrive, et que ma volonté le fait mouvoir. Résister, c'est donc *exister* ; l'être qui possède cette qualité est véritablement un *être*, et un être étranger à moi. Il me résiste, d'une façon continue, voilà son étendue ; suivant une certaine direction, voilà sa figure et sa forme ; il résiste ou cède à un mouvement plus ou moins intense, voilà sa mollesse ou sa dureté, sa ténacité ou sa divisibilité, sa solidité ou sa fluidité ; il se laisse entraîner par mon mouvement, voilà sa mobilité. Toutes nos sensations sont toujours le résultat du choc de quelques êtres, plus ou moins résistants, de quelques corps contre les organes qui sont aussi des êtres résistants, c'est-à-dire des corps.

En octobre 1800, le complot républicain d'Aréna et de Ceracchi, auquel la police prit trop de part, plus tard la machine infernale (24 décembre), œuvre des royalistes, mais qui fut imputée aux jacobins et amena la déportation de cent trente républicains, éloignèrent Bonaparte des républicains, qui avaient presque tous vu avec joie le 18 brumaire. Le conseil de l'Instruction publique, composé d'idéologues, fut détruit (1). D. de Tracy continua, d'une autre façon, son œuvre interrompue. Pensant, comme il l'avait déjà écrit à plusieurs reprises, que les législateurs de l'an IV avaient, sous le nom de grammaire générale,

---

(1) Un billet de Lucien Bonaparte avertit V. Campenon, secrétaire du conseil, que le secrétariat du conseil serait placé auprès des bureaux des établissements d'instruction publique, et qu'il fallait y transporter tous les objets dont la garde et la surveillance lui étaient confiées. Les membres du conseil n'en apprirent la destruction que par la copie de ce billet et la lettre qui la leur transmit.

institué un cours d'idéologie, de grammaire et de logique, qui, par la philosophie du langage, servît d'introduction au cours de morale privée et publique, il crut faire œuvre utile, pour les professeurs, en leur offrant, comme un texte à commenter, un canevas à remplir, des *Éléments d'idéologie* à l'usage des écoles centrales. Mais on était au moment de prendre un parti sur la forme des maisons d'éducation : il publia des *Observations sur le système actuel d'Instruction publique,* dans lesquelles il s'efforçait, en coordonnant, en développant et en complétant les idées qu'il avait déjà exprimées, de prouver que ce système était excellent et que les bases ne laissaient absolument rien à désirer ; qu'il avait produit déjà beaucoup de bons effets et pas un mauvais ; que, pour en retirer tous les avantages qu'on a droit d'en attendre, il ne s'agissait que d'en bien connaître l'esprit et d'en mettre successivement en activité toutes les parties, en les coordonnant entre elles. Distinguant les hommes de la classe ouvrière qui ont, de bonne heure, besoin du travail de leurs enfants, et ceux de la classe savante, qui ont plus de temps à donner à leurs études, il montrait qu'il faut, pour les premiers, des écoles nombreuses et un cours d'études complet en son genre ; qu'il faut des écoles centrales et spéciales pour la classe savante. L'éducation de celle-ci, dont il faut s'occuper d'abord, doit finir à vingt ans. Huit années sont consacrées à l'éducation domestique, quatre aux écoles spéciales ; il en reste huit pour les écoles centrales, où l'on doit puiser toutes les connaissances générales nécessaires à un homme bien élevé. L'instruction embrassera les langues et les belles-lettres, les sciences physiques et mathématiques, les sciences morales et politiques (1). Les écoles centrales fourniront ainsi les ressources nécessaires à ceux qui se préparent aux différentes écoles spéciales. Dans chaque profession, il faut d'ailleurs posséder ces trois genres d'instruction : on ne peut être lettré ou érudit, sans avoir au moins une teinture des sciences physiques et mathématiques ; on ne peut cultiver ces dernières sans savoir au moins une autre langue que la sienne ; les sciences morales et politiques ne peuvent pas plus se passer de ces secours et tout homme a besoin, comme individu, de connaître ses facultés intellectuelles ; comme homme social, de connaître les principes de la morale privée et

---

(1) Ce sont, dit D. de Tracy, les bases de tous les états savants : littérature et érudition, génie civil et militaire, médecine, fonctions civiles ou politiques.

publique. Aussi la loi place, dans chaque école, un professeur de langues anciennes et un de belles-lettres, un professeur d'histoire naturelle, un de physique et un de mathématiques, un professeur de grammaire générale, un de morale et législation, un d'histoire. Ces études diverses marchent de front et occupent à toutes les époques plus ou moins de temps, mais de manière à n'être jamais complètement perdues de vue. Elles doivent s'entr'aider (1). Certaines parties en seront enseignées à différentes reprises et envisagées à chaque époque sous un nouvel aspect. Le plan d'études que propose D. de Tracy satisfait à toutes ces conditions. La première année comporte des notions élémentaires de latin et de français, d'arithmétique, au besoin des leçons d'écriture. Dans la deuxième, on continue les leçons élémentaires de latin et de français, on donne des notions élémentaires de géographie physique, historique et politique, d'histoire naturelle ; avec la troisième commencent des études plus raisonnées, et partant plus difficiles, les cours de latin et de grec, de mathématiques, de grammaire générale. Dans la quatrième (douze à quatorze ans), l'année peut-être la plus importante, on continue les mêmes études. La cinquième comprend des cours de latin et de grec, d'histoire naturelle, de chimie et de physique, de morale et législation, continués dans la sixième, où le cours de morale traite de morale publique et explique l'origine des pouvoirs, les sources des richesses, c'est-à-dire l'organisation sociale et l'économie politique. La septième a des cours de belles-lettres, de mathématiques appliquées, d'histoire ; dans la huitième, on revoit ce qu'on a appris des langues, des lettres et de l'idéologie ; on applique les théories mathématiques aux principales parties de la physique ; on s'habitue à juger sainement des hommes et des choses ; on est prêt à vivre en homme raisonnable et à continuer un des trois genres d'études dans les écoles spéciales.

Certaines personnes ne voudraient pas de cours d'histoire : mais on ne peut y suppléer par aucun livre, parce qu'il n'y en a

---

(1) Il faut avoir quelques notions préliminaires de divers genres pour comprendre les livres avec lesquels on apprend une langue ; avoir étudié une langue et la marche du calcul, pour réfléchir sur les opérations intellectuelles dont une connaissance sommaire facilite l'étude des langues, des lettres, des sciences physiques et mathématiques, nécessaires pour apprendre la législation et l'histoire, qui, à leur tour, jettent un jour nouveau sur l'histoire philosophique de l'esprit humain, sur la logique et la rhétorique.

pas qui ne consacre une erreur ou morale, ou politique, ou physique, ou mathématique. Tout le monde sait de l'histoire, bien ou mal. La manière dont les hommes prennent l'habitude d'envisager les événements humains, décide de la majeure partie de leurs opinions, est la source de leurs sentiments, de leurs passions et le principe secret de leur conduite. N'en laissons donc pas la décision au hasard ; suivons le conseil du bon et sage Rollin qui, regrettant qu'on ne l'enseignât pas, lui attribuait une place considérable. Mais, dit-on encore, la morale raisonnée et surtout l'idéologie sont des connaissances au-dessus de l'âge où les enfants doivent les étudier. Sans doute on ne doit pas faire entrer dans la grammaire générale, en troisième et quatrième année, ce qui ne doit être que dans le cours de belles-lettres de la huitième ; mais il faut, de bonne heure, faire contracter aux enfants l'habitude de bien juger, de bien raisonner, partant d'examiner leurs pensées. Et ce travail n'est pas impossible pour des esprits occupés de l'étude des langues. Des instructions adressées aux professeurs leur feraient connaître en quel sens chaque cours doit être fait, les rapports qui doivent le lier aux autres et la méthode dont on désire qu'ils se servent. Une société d'hommes instruits, analogue au Conseil d'instruction publique créé par François (de Neufchâteau), préparerait ces instructions, inviterait les professeurs à rédiger leurs leçons, à composer des cahiers, non pour les faire apprendre par cœur ou les dicter, mais pour les envoyer à cette société qui les examinerait, proposerait de publier les meilleurs et d'en récompenser les auteurs. Un pensionnat, tenu par un particulier de mérite et recevant vingt élèves boursiers, serait assuré du succès et donnerait de l'activité à l'école centrale.

Les écoles spéciales enseignent, comme l'École polytechnique, les sciences physiques et mathématiques ; comme les écoles de médecine, les sciences physiques ; comme le Muséum, les sciences physiques et naturelles. Il faudrait des écoles spéciales pour les sciences morales et politiques, pour les belles-lettres et les langues, qui pourraient être installées, la première au Collège de France (1) la seconde à la Bibliothèque Nationale (2).

(1) Cf. le *Rapport* de D. de Tracy au Conseil d'Instruction publique, p. 322.
(2) Au Collège de France, il y aurait des chaires, où l'on démontrerait les principes de l'économie politique ou de l'organisation sociale en général, où l'on enseignerait la statistique des différents états et la théorie de l'impôt, celle du système monétaire, du change et des diverses branches de commerce. A la Bibliothèque Natio-

Quant aux écoles de droit, il faudrait en établir plusieurs et y adjoindre quelques chaires, qui en feraient aussi des écoles spéciales pour les sciences morales et politiques. L'État n'établira jamais de pensionnat auprès des écoles spéciales ; mais le Prytanée peut recevoir les élèves des diverses écoles spéciales de Paris, parmi ceux qui auront eu des succès dans toutes les écoles centrales : il sera le Prytanée français, le grand pensionnat de la République et servira de modèle à tous les pensionnats particuliers.

Pour la classe ouvrière, les institutions sociales seront toujours la partie la plus importante de l'éducation, qui sera aux trois quarts faite, si celle de la classe savante est bien organisée. Il faut, pour ne pas laisser le peuple livré à des erreurs funestes, lui enseigner les vérités qui se rapportent aux trois chefs que nous avons remarqués dans l'instruction de la classe supérieure. L'instruction ne doit différer que du plus au moins, elle doit consister, non en développements ou en discussions fines, mais en résultats sains ; par conséquent, il faut examiner scrupuleusement les instituteurs et les livres. Quand le ministre sera assuré de la capacité d'un jury d'instruction, il le chargera d'accueillir, de provoquer même les vœux des communes qui désireraient des écoles primaires et qui, présentant un homme digne de les diriger, offriraient de supporter la moitié ou les trois quarts de la dépense : « Nulle leçon n'est utile que là où on désire la recevoir, et la meilleure preuve qu'on désire sincèrement la recevoir, c'est de consentir à en payer une partie ». Beaucoup de communes manqueront d'écoles primaires, et ces écoles ne seront pas excellentes là où elles seront d'abord établies. Mais on y apprendra à lire, à écrire ; on y recevra quelques notions utiles ; il ne s'y enseignera rien de pernicieux ; il s'opérera beaucoup de bien et point de mal. Quand l'instruction de la classe savante sera complétée et perfectionnée, on pourra en extraire ce qu'il convient de transporter à l'enseignement de la classe ouvrière ; alors on répandra facilement dans la masse des citoyens des lumières assez pures et assez étendues.

Nous avons insisté sur ce Mémoire, parce qu'il nous fait voir

---

nale seraient des cours de grammaire générale et d'art oratoire, d'art poétique, pour l'instruction des littérateurs en général, des cours particuliers de la grammaire et de la littérature des différents peuples anciens et modernes, pour former des interprètes ou des savants dans un genre particulier d'érudition.

en quel sens comprenaient la loi de Brumaire et ceux qui l'avaient faite et ceux qui l'avaient appliquée ; parce qu'il nous révèle, comme le Mémoire sur *les Moyens de fonder la morale d'un peuple*, un esprit éminemment pratique et prouve une fois de plus qu'idéologue ne veut pas dire utopiste, en fournissant bien des indications qu'on pourrait encore mettre à profit. L'enseignement primaire n'est devenu réellement fécond que quand les maîtres de l'enseignement supérieur ou secondaire ont mis, en termes simples et faciles à comprendre, la science à la portée des instituteurs primaires et de leurs élèves. Les finances de l'État s'en fussent peut-être mieux trouvées, sans que l'enseignement y perdît, si l'on s'était souvenu que la meilleure preuve qu'on désire sincèrement l'instruction, c'est de consentir à payer une partie des dépenses qu'elle occasionne.

La *Décade* rendit compte de cet ouvrage, et rappela les plans de Talleyrand, de Condorcet, « chef-d'œuvre d'une philosophie profonde et claire ». Après avoir lu D. de Tracy, disait-elle, on pouvait avoir des doutes sur le sort réservé aux écoles centrales ; on restait convaincu que ce serait pour la République un danger, pour la France, un malheur de les perdre. Puis elle comparait ce travail, d'un esprit si philosophique et d'un style si précis, au *Discours sur l'état des lettres* de La Harpe, où se trouve « l'art d'avoir toujours des phrases prêtes sans une pensée ni une connaissance, et un pathos ridicule même pour des écoliers et des régents » (1). Le succès de ceux qui enflent des phrases, comme La Harpe ou de ceux qui analysent des idées comme D. de Tracy, dépend, disait-elle, du résultat de la lutte engagée entre les adversaires et les défenseurs de la Révolution. Elle ne doutait pas que la philosophie et la liberté ne gagnassent leur cause ; que la brochure de D. de Tracy ne plaçât son nom parmi les noms révérés des défenseurs de la raison et de la liberté. Quelques jours plus tard (2), D. de Tracy écrivait à un professeur de l'école centrale de l'Oise, que ce qui importe, c'est de bien sentir que tout homme qui cultive son esprit a besoin d'être instruit dans trois genres de connaissances qui s'entr'aident, et que la classe aisée doit les trouver réunis dans les écoles centrales. Les idéo-

---

(1) Elle rappelait le mot de Fontenelle : « Mon frère dit la messe tous les matins et le reste du jour il ne sait ce qu'il dit », en ajoutant que La Harpe ne disait pas la messe tous les matins, mais que tout le long du jour, c'est au frère de Fontenelle qu'il ressemblait parfaitement.

(2) *Décade phil.*, 20 fructidor an IX.

logues avaient dans l'avenir une confiance que les actes du gouvernement consulaire et impérial ne devaient pas justifier. Ils pourraient, s'ils revenaient aujourd'hui, montrer sans peine que leurs descendants profitent de ce qu'il ne leur a pas été donné d'établir.

D. de Tracy est alors en pleine possession de sa doctrine et en aperçoit nettement toutes les conséquences pratiques. Il a exposé l'une et indiqué les autres, dans des Mémoires qui ont eu un prodigieux retentissement, dans les circulaires, dans le *Rapport* et les *Observations* qui révélaient un homme capable de diriger avec habileté l'enseignement public. Il lui reste à donner à ses théories une forme définitive en les exposant dans des traités spéciaux.

CHAPITRE VI

DESTUTT DE TRACY IDÉOLOGUE, GRAMMAIRIEN ET LOGICIEN, SOCIOLOGISTE, ÉCONOMISTE ET MORALISTE

I

Le 10 thermidor an IX la *Décade* annonçait la première partie du *Projet d'Éléments d'idéologie*, « excellent ouvrage, dont elle se proposait de rendre compte incessamment ». D. de Tracy ne voulait pas écrire une histoire complète de l'esprit humain, mais éclaircir la formation des idées pour établir d'une manière certaine la théorie de leur expression. Il s'était donc borné à cinq ou six points principaux : le nombre de nos facultés intellectuelles réellement distinctes et les effets de chacune d'elles, la formation de nos idées composées, l'existence et les propriétés des corps, l'influence des habitudes, l'origine et les effets des signes. Reprenant le plan du grand Mémoire sur la faculté de penser, il le développait en dix-sept chapitres (1).

Si Condillac est le créateur de l'idéologie, D. de Tracy ne lui ménage pas les critiques. Il se distingue des *disciples* de Condillac, qui ont fait des additions ou des suppressions à la division de l'intelligence, et de ses *sectateurs*, qui ne conviendraient pas qu'il a raison de ramener la faculté de sentir à des sensations, à des souvenirs, à des rapports, à des désirs. Avec Condillac et Locke, pour qui l'idéologie est une partie de la physique, D. de Tracy cite Hobbes, « un de nos plus grands philosophes », et le *Traité de la Nature humaine*, traduit par d'Holbach; Buffon, l'éloquent interprète de la nature, qui n'aurait pas cru avoir achevé son histoire de l'homme, s'il n'avait essayé de décrire sa faculté de penser; Malebranche, un de nos plus beaux génies; Berkeley, un excellent esprit; Pinel et Cabanis, les physiolo-

---

(1) Huit contenaient la description de nos facultés intellectuelles, trois l'application de cette connaissance à celle des propriétés des corps, six les effets de la réunion de notre faculté de sentir avec la faculté de nous mouvoir.

gistes philosophes qui feront avancer l'idéologie ; d'Alembert et Rousseau, Laplace et Bonnaterre (1).

D. de Tracy a utilisé ses recherches antérieures (2). Toutefois la pensée a, le plus souvent, subi des modifications dans la forme. Les ouvrages antérieurs avaient été faits pour des savants, l'*Idéologie* a été écrite pour les écoles centrales et doit pouvoir être lue avec fruit, par un bon esprit, même sans les commentaires d'un habile professeur. Or si D. de Tracy croit qu'un ouvrage didactique doit être froid et ne pas chercher à ébranler l'imagination, il pense qu'il doit être méthodique (V, 362) ; qu'il faut, pour être bien compris, toujours partir du point où sont les gens à qui l'on parle et des idées qui leur sont les plus familières ; disposer les vérités dans un ordre convenable ; n'oublier aucune de celles qui sont essentielles et écarter toutes celles qui sont surabondantes, faire que toutes s'enchaînent, s'appuient réciproquement et soient présentées assez clairement pour être entendues par les personnes les moins instruites. Cette méthode (3), que les auteurs de livres élémentaires ont trop souvent le tort de ne pas mettre en pratique, D. de Tracy l'a suivie dans presque tout son ouvrage. Il profite du chemin que ses lecteurs ont déjà parcouru, se sert de ce qu'ils ont appris en grec, en histoire naturelle, en physique, en mathématiques pour les faire réfléchir et les habituer peu à peu à l'analyse de la pensée. De même, au lieu de débuter par des définitions, il multiplie les exemples familiers, il insiste sur le sens qu'ont les mots dans des locutions usuelles, pour conduire plus

---

(1) Il ajoute (p. xxx) que s'il n'a pas cité les auteurs dont il s'est quelquefois approprié les idées, c'est qu'il ne s'est pas rappelé à qui il en était redevable.

(2) Le chapitre Ier traite de la pensée comme le chapitre I, p. 2, du Mémoire publié en l'an VI. Le ch. VI traite de la formation des idées composées étudiée autrefois dans les ch. III et V, p. 2. L'analyse condillacienne de la pensée est critiquée dans le ch. XI comme elle l'avait été dans le ch. I, p. 1, et dans le Mémoire de l'an VIII. L'existence, qui avait fait l'objet du Mémoire de Thermidor, est traitée dans le ch. VI ; la faculté de nous mouvoir, celle de vouloir, analysées dans le ch. II, p. 1, ch. IV, p. 2 du grand Mémoire, font l'objet des ch. XII et XIII. Les trois derniers chapitres, consacrés à l'étude des effets que produit en nous la fréquente répétition des mêmes actes, du perfectionnement graduel de nos facultés intellectuelles, des signes et de leurs effets, développent sur certains points et reprennent quelquefois textuellement les idées exposées dans la troisième partie du Mémoire sur la faculté de penser. Enfin les ch. IX et X, sur les propriétés des corps, reproduisent en grande partie le ch. I, p. 1, en y ajoutant les éclaircissements promis dans le Mémoire de prairial, pour établir un lien entre la métaphysique et la physique encore trop séparées.

(3) Cf. P. Laloi et F. Picavet, *Instruction morale et civique ou Philosophie pratique*, p. III.

aisément et plus sûrement, aux idées qu'ils expriment (1). S'agit-il d'expliquer la formation des idées composées, il dit aux jeunes gens : « La pêche dont vous avez goûté hier vous a donné les sensations d'une belle couleur, d'une bonne odeur, d'un goût agréable ; vous l'avez sentie molle au toucher ; vous savez qu'elle est sur un arbre fait d'une certaine manière et situé en tel endroit. De toutes ces idées, vous formez une idée unique, qui est l'idée de cette pêche... Vous voyez d'autres êtres qui ont avec elle beaucoup de caractères communs, mais qui en diffèrent cependant à bien des égards... Vous négligez ces différences... vous prononcez que ce sont encore des pêches : et voilà que l'idée est devenue générale et n'est plus composée que des caractères qui conviennent à toutes les pêches » (2). Il fait avec ses lecteurs ce qu'il a fait auparavant avec des enfants aussi jeunes qui n'avaient rien de remarquable pour l'intelligence et qui ont saisi avec facilité et plaisir toutes ces idées (p. 5).

Avant d'indiquer les changements que la pensée de l'auteur a subis dans le fond, il importe de montrer quelle méthode D. de Tracy emploie et recommande pour l'étude de l'idéologie, dans quelles limites il la renferme et quelle partie il en veut lui-même explorer. La métaphysique, c'est-à-dire ce qui a pour objet de déterminer le principe et la fin de toutes choses, de deviner l'origine et la destination du monde, rentre dans les arts d'imagination, destinés à nous satisfaire et non à nous instruire (xv). Aussi D. de Tracy se refuse à affirmer ou à nier que la sensibilité existe dans les végétaux ou dans les minéraux, parce que nous sommes dans une ignorance complète à ce sujet et qu'en bonne philosophie il ne faut jamais rien supposer (ch. ii). La sensibilité et la mémoire sont les résultats d'une organisation dont les ressorts secrets sont impénétrables pour nous (ch. iii). Si nous ne pou-

---

(1) C'est ainsi qu'il se sert des phrases, « je pense cela », « je pense à notre promenade d'hier, etc., » pour montrer que penser c'est toujours sentir et rien que sentir ; que nous avons des idées de quatre espèces différentes et qu'il y a en nous sensibilité, mémoire, jugement, volonté. De même il emploie les propositions, « un cheval court bien », « Pierre est gai », « Jacques se porte bien », pour établir que le jugement nous fait sentir des rapports.

(2) Voyez encore quelques pages plus loin l'explication de la façon dont se forme l'idée générale de *fraise*. M. Taine qui, fort heureusement pour ses lecteurs, ne s'est pas interdit d'agir sur l'imagination, a usé avec bonheur d'exemples analogues : « Vous donnez un bon coup de dent dans une belle pêche rouge, sucrée, fondante ; toutes les papilles de votre langue dressent leurs houppes nerveuses pour s'imprégner du suc exquis de la chair rose et juteuse, et vous avez une sensation de saveur, etc. » (*Les philosophes classiques du XIXe siècle en France*, 5e éd., p. 241 sqq.)

vons nous représenter la force vitale que comme le résultat d'attractions et de combinaisons chimiques, donnant naissance, pour un temps, à un ordre de faits particuliers, mais rentrant bientôt sous l'empire des lois plus générales, qui sont celles de la matière inorganisée; nous ne savons pas en quoi elle consiste. Nous ignorons la nature du mouvement opéré dans les nerfs et suivi d'une perception, la manière dont s'exécutent les mouvements que produit la force vitale (ch. xii). La seule chose utile, c'est d'étudier ce qui est, pour le connaître et en tirer le parti le plus avantageux, sans s'engager dans la recherche des causes et des origines, source inépuisable d'égarements et d'erreurs (ch. iii).

Nous avons vu que, de propos délibéré, D. de Tracy s'était limité à l'idéologie rationnelle, sans renoncer toutefois à l'éclairer par les indications de la physiologie. Il conserve la même position dans son nouvel ouvrage : l'idéologie est pour lui une partie de la zoologie et son livre montrera que l'étude de l'idéologie consiste tout entière en observations et n'a rien de plus mystérieux ni de plus nébuleux que les autres parties de l'histoire naturelle. Sans doute il regrette de ne pas l'avoir liée plus intimement à la physiologie, mais aucune de ses explications n'est en contradiction avec les lumières positives fournies par l'observation scrupuleuse de nos organes et de leurs fonctions (1). Il attend tout des physiologistes philosophes, spécialement de Cabanis, pour les progrès de l'idéologie. En outre tous les hommes commencent par l'idiotisme enfantin, finissent par la démence sénile et ont dans l'intervalle plus ou moins de manie délirante, suivant le degré de perturbation de leurs opérations intellectuelles les plus profondément habituelles : les études pathologiques feront donc avancer l'idéologie et Pinel, en expli-

---

(1) Quelques notions sur les nerfs (ch. ii), dont les mouvements sont l'occasion des sensations internes ou externes, résument l'enseignement donné dans la classe d'histoire naturelle ; des observations générales sur les rapports de la physiologie et de l'idéologie, de la faculté de nous mouvoir et de la faculté de sentir (ch. xi, xii, xiii) montrent clairement qu'il connaît fort bien les résultats auxquels étaient arrivés les physiologistes contemporains et qu'il comprend parfaitement combien il est nécessaire, pour réussir dans ces recherches, de considérer notre individu tout entier et dans son ensemble (ch. xii). En outre comme il pense que toutes nos opérations intellectuelles, nos perceptions sont des effets de mouvements qui s'opèrent dans nos organes (275) ; il confirme, par l'examen physiologique de la manière dont s'opèrent nos sensations, la conjecture d'après laquelle nous apercevons, la première, l'étendue de notre propre corps (174). Il croit qu'on pourrait essayer d'expliquer, par les circonstances de notre organisation, la mémoire (305) et certains faits qui indiqueraient qu'il n'est pas de l'essence de la sensation de faire connaître d'où elle vient ni par où elle vient (46).

quant comment les fous déraisonnent, apprend aux sages comment ils pensent.

Si D. de Tracy croit avoir assez fait en établissant sur des bases solides l'idéologie de l'homme, il souhaite que l'on observe de nouveau, en les soumettant à un examen rigoureux, les faits extraordinaires qui suivent immédiatement la naissance de certains animaux. Draparnaud devrait remplir, à cet égard, les espérances qu'il a données (302) et traiter de l'*idéologie comparée*. D. de Tracy s'appuie lui-même sur l'observation des sauvages et des paysans des campagnes écartées, des enfants et des animaux; il voudrait qu'on eût examiné, avec les précautions nécessaires et les détails suffisants, les enfants rencontrés dans les forêts (ch. xv), car il serait très curieux de démêler ce que nos facultés doivent au perfectionnement de notre individu et à celui de l'espèce, et nous nous connaîtrons d'autant mieux que nous nous considérerons sous des aspects plus divers (1).

Quelle méthode a-t-il suivie dans la partie de l'idéologie qu'il s'est spécialement réservée ? L'ouvrage montre en lutte deux hommes d'un esprit absolument différent, un physicien qui ne veut que l'observation, un géomètre qui fait trop souvent appel au raisonnement. Le physicien fait consister l'étude de l'idéologie tout entière en observations et affirme que c'est la partie de la physique animale qui exige les plus scrupuleuses et les plus circonstanciées (311). Comme s'il s'agissait de la chute de la fumée dans le vide et de son ascension dans l'air, l'idéologiste doit examiner les différentes façons dont les choses se passent, y découvrir quelques *lois générales*, c'est-à-dire quelques manières constantes d'agir. Si les faits se trouvent *toujours* tels qu'ils devraient être, en supposant ces lois réelles, on ne s'est pas trompé en les remarquant, on ne les a pas imaginées à plaisir pour forcer les faits à s'y accommoder (284). Toujours il faut partir de ces derniers (6), préférer une théorie fondée sur des *faits positifs* à celle qui ne repose que sur un rapport entre deux idées générales prises pour des êtres réels (16) (2). Mais le géomètre voit dans toute science une série de jugements, qui forment une longue chaîne dont tous les anneaux

---

(1) Voyez les mêmes idées chez Cabanis, ch. iii et iv.
(2) Nous avons signalé des tendances analogues chez Cabanis (ch. iii et iv), ce qui nous a permis de trouver trop rigoureux, dans sa forme générale, le jugement porté par M. Taine sur la méthode des idéologues.

sont égaux ; aucune n'est par elle-même plus obscure qu'une autre (14) ; tout dépend de l'ordre que l'on sait y mettre, pour éviter les trop grandes enjambées. Seule entre toutes, la géométrie pure est d'une certitude absolue, parce que seule l'étendue peut être rigoureusement partagée en parties distinctes. Les autres sciences ont une certitude proportionnée aux sujets qui, traités par elles, sont appréciés en parties de l'étendue. Par conséquent l'énergie des sentiments, des inclinations, des opinions ne pouvant jamais, même dans les circonstances les plus favorables, être appréciée exactement que par les effets qui les suivent, les recherches sont plus difficiles, les résultats moins rigoureux dans les sciences morales et politiques (212). D. de Tracy mélange d'une façon inégale les deux méthodes, à la façon d'un Écossais, qui aurait renoncé à la recherche des causes, mais qui aurait longtemps subi l'influence de Descartes (1). Il a beaucoup observé comment on pense (3) et il recueille des faits, sans remonter à leurs causes, qui lui sont inconnues, sans en tirer des conséquences prématurées (269). Il procède à la fois par analyse et par synthèse : « Quand nous aurons examiné, pour ainsi dire, pièce à pièce, toutes les parties de la faculté de penser, nous les rassemblerons pour les voir agir » (50). A-t-il cru trouver une loi générale, analogue à celles de l'hydrostatique et de la mécanique, comme celle de tous nos mouvements, en rapprochant les faits principaux, en les comparant, en examinant les rapports (325), en un mot a-t-il fait une hypothèse, ou comme il le dit une *conjecture*, il en demande la justification aux faits. Plus sont nombreux ceux qu'elle explique, plus on est près du but, car la perfection de la science serait de voir tous les faits possibles naître d'une seule cause (284). Les faits sont des *conséquences* qui rendent toujours plus plausible le *principe* ou la loi (378) ; les vérités les plus abstraites ne sont que des conséquences de l'observation des faits (6). Donc lorsque beaucoup de faits autorisent une conjecture, on l'admettra, si elle ne répugne pas à la raison (277), c'est-à-dire si elle n'implique pas contradiction (299). On ira plus loin : en rapprochant des effets compliqués de l'habitude les *observations* sur les propriétés de nos mouvements tant internes qu'externes, sur les *conséquences* de ces propriétés dans l'exercice de cha-

---

(1) D. de Tracy place, dans sa *Logique*, Descartes au-dessus de Bacon (cf. § 3).

cune de nos facultés intellectuelles, on démêlera facilement les *causes prochaines* de tous ces effets (294). A défaut de la preuve de fait, on aura recours à la preuve de *raisonnement* (46). Comme d'ailleurs le raisonnement arrive plus vite que l'observation à des résultats, D. de Tracy en fera trop souvent un usage excessif. Il imaginera un ordre de choses tel que les sensations, jugements ou désirs, n'imprimeraient aucune trace durable en nous (304); il affirmera que le premier homme, vivant isolé, serait resté bien au-dessous du degré de capacité du sauvage le plus brute, *puisqu'il* n'aurait eu l'usage d'aucune langue (317); il écrira qu'il *a pu y avoir un temps* où nous sentions sans juger (47). Aussi en disant avec raison, que presque tous les phénomènes idéologiques renferment des circonstances si multipliées et si diverses que l'on en porte des jugements tout différents, suivant l'aspect sous lequel on les a envisagés; que, pour les connaître réellement, il faut les avoir considérés sous *toutes* leurs faces (407); que la difficulté est telle, qu'il faut être fort avancé déjà pour voir en quoi elle consiste (242), il n'hésitera pas à dire que les faits sont en nous, les résultats tout près de nous, le tout si clair que l'on a peine à comprendre comment tant de gens l'ont si fort embrouillé (15) (1). Après avoir reconnu la nécessité de l'idéologie physiologique, pathologique, infantile et comparée, il affirmera que, « s'il ne s'est pas égaré », il a donné une idée nette de l'instrument universel de toutes nos découvertes, de ses procédés, de ses effets, de ses résultats et du principe de toutes nos connaissances, *ce qui n'était peut-être pas encore arrivé*. Même il croira que sa manière de décomposer la pensée satisfait à l'explication de tous les phénomènes explicables (228).

II

La première section de l'ouvrage, consacrée à la description des facultés intellectuelles, reproduit, avec plus de précision encore, certaines idées du grand Mémoire. La faculté de penser ou de sentir est la faculté d'avoir des idées ou des perceptions, sensations proprement dites, souvenirs, rapports ou désirs. Elle

---

(1) « Il suffit d'examiner en détail le mécanisme de nos opérations intellectuelles, pour voir qu'il n'est pas aussi compliqué qu'on l'avait cru d'abord (p. 3) ».

comprend donc quatre facultés élémentaires, sensibilité proprement dite, mémoire, jugement, volonté. Pour la première, D. de Tracy, comme Cabanis, tient compte des sensations internes, colique, nausée, faim, mal de tête, fatigue, sensation de mouvement, etc. La mémoire ne nous apprend ni la cause, ni la manière dont se produisent les souvenirs, et sans le jugement, nous ne distinguerions jamais une sensation actuelle d'un souvenir. Quant au jugement ou faculté de sentir des rapports, il suppose deux idées ou groupes d'idées et n'en suppose que deux (1). La volonté, résultat de l'organisation comme les autres facultés, nous rend heureux ou malheureux, dirige les mouvements de nos membres, les opérations de notre intelligence, et se confond, plus que toute autre, avec le moi. Elle est le produit de nos désirs, et ceux-ci le résultat de nos jugements : le seul moyen de les régler, c'est-à-dire d'être véritablement moraux, c'est de porter des jugements justes et vrais (2).

Par ces quatre facultés se forment toutes nos idées ou perceptions composées. Seul l'acte de la faculté de sentir est une idée simple. Si nous le rapportons à un être hors de nous, l'idée qui comprend l'action de sentir et celle de juger, est composée, mais particulière à un seul fait. Le souvenir de celle-ci se réveille-t-il à l'occasion de plusieurs autres faits semblables ? elle devient une idée générale, commune aux sensations du même genre, et dans laquelle n'entre aucune des circonstances particulières à chacune. Réunir plusieurs idées ou perceptions élémentaires c'est *concraire* ou former l'idée composée individuelle d'un être réel, pêche ou fraise. En retrancher les circonstances particulières à chacune, c'est *abstraire* pour former l'idée composée et générale. Les idées générales sont donc des manières de classer nos idées sur les individus, partant, de pures créations de notre esprit, dans lesquelles n'entrent que des sensations, des souvenirs, des jugements et des désirs.

A nouveau D. de Tracy pose la question soulevée dans presque tous ses travaux antérieurs. Si nos sensations, souvenirs, jugements, désirs, ne sont que des modifications de notre être, si nos idées composées se forment de ces éléments et sans

---

(1) La proposition n'a donc que deux termes ; le jugement y est prononcé par la forme indicative ou affirmative qu'on donne au verbe être, et non par ce verbe qui fait partie de l'attribut. Il n'y a pas de proposition négative, parce que la négation ne sert qu'à modifier l'attribut.

(2) Cf. Descartes, *Discours de la Méthode*, part. 3.

aucune intervention étrangère, comment avons-nous jugé qu'elles sont occasionnées par des êtres qui ne sont pas nous ? Y a-t-il des corps et comment le savons-nous ? Les sensations internes, les saveurs, les sons, les impressions visuelles, les sensations tactiles non accompagnées de mouvement, ne nous apprennent rien sur notre propre existence. Quand je meus mon bras, j'éprouve une sensation de mouvement ; quand le mouvement cesse par l'effet d'un obstacle, j'en suis averti. C'est beaucoup, dit D. de Tracy, mais ce n'est pas assez, comme je l'ai pensé autrefois en m'avançant trop (1). Ne sachant pas encore que j'ai un bras ni qu'il y a des corps, je ne suis pas obligé, par ces changements de manière d'être, de reconnaître que ce qui fait cesser ma sensation de mouvement est un être étranger. En quel sens D. de Tracy modifie-t-il donc sa doctrine antérieure ?

D'abord il fait appel à la volonté. Supposons une sensation de mouvement accompagnée du désir de l'éprouver : elle cesse tandis que le désir subsiste. J'apprends qu'il y a une existence qui s'oppose à mon désir : le désir est *moi*, ce qui lui résiste est *hors de moi*. Mais D. de Tracy avait soutenu que sans la motilité, nous n'aurions ni volonté, ni jugement. Il ne saurait plus l'affirmer sans tomber dans un cercle vicieux. Aussi croit-il que la sensation, agréable ou désagréable, est unie au jugement par lequel nous sentons un rapport entre elle et notre faculté de sentir, que le désir irréfléchi de s'agiter, quand on éprouve une vive douleur, précède ou accompagne le premier de nos mouvements.

Ni D. de Tracy, ni aucun de ceux qui l'ont étudié, n'ont donné les raisons de ces changements. Après avoir lu Cabanis, on peut s'en rendre compte : « Cette manière d'envisager les objets, disait D. de Tracy, nous met sur la voie pour comprendre comment certaines circonstances de notre organisation, provenant de la différence des tempéraments, des âges, des maladies, ont tant d'influencer sur nos jugements et nos penchants, pour concevoir ce que sont les déterminations instinctives ». Or Cabanis (2) fait sortir les instincts de conservation, de nutrition, etc., de déterminations propres aux systèmes nerveux, circulatoires et digestifs, en séparant nettement la conscience et les impressions : on peut donc vouloir ou avoir des désirs, sans connaître ; tirer de la faculté de sentir, déterminations et idées. D. de Tracy, qui

(1) Cf. ch. v, § 2.
(2) Cf. ch. iv, § 2.

« demandait à la physiologie de l'éclairer », a mis ses opinions en accord avec celles de « son maître et ami », et Cabanis s'est déclaré ensuite pour lui contre Biran, parce que ses idées « sur ce sujet étaient depuis longtemps arrêtées ».

Alors en effet Biran, qui s'était cru et proclamé le disciple de D. de Tracy « en développant ses premières idées sur le rôle de l'effort, se plaint amèrement d'avoir été abandonné par son maître ». Des lettres inédites, des ouvrages imprimés après la mort de Biran, les œuvres de D. de Tracy, d'Ampère, de Degérando nous font assister à une discussion d'une importance capitale dans l'histoire de la philosophie. Cabanis est avec D. de Tracy, Ampère avec Biran, et tous deux changent bien souvent de théorie; Degérando combat D. de Tracy auquel il joint Biran et Cabanis. On voit clairement la différence des points de vue auxquels se placent D. de Tracy et Biran. Le dernier est spiritualiste et substantialiste : il veut passer des faits psychologiques aux essences et aux causes. D. de Tracy reste idéaliste et phénoméniste ou plutôt se place sur le terrain positif et répugne absolument à toute assertion métaphysique. Il a été suivi par Thurot, Brown, Bain, Spencer, Mill, Taine, Ribot, tandis que Biran a inspiré les éclectiques français (1).

Revenons aux *Éléments*. Par la sensation de mouvement et la volonté, on sait qu'il y a des corps. La première propriété que nous leur reconnaissons est la force d'inertie, qui suppose la mobilité et la force d'impulsion. De ces trois propriétés primordiales, D. de Tracy fait dériver, comme autrefois, l'étendue ; de celle-ci l'impénétrabilité, la divisibilité, la forme et la figure (2), la porosité. Quant à la durée, elle peut appartenir à des êtres sans étendue, puisqu'elle vient de la seule succession de nos sensations ; mais il n'en est pas de même de la durée mesurée ou du temps, qui vient du mouvement et de l'étendue, et qui, à son tour, combinée avec l'étendue, sert à mesurer le mouvement. Avec beaucoup de précision, D. de Tracy montre qu'une quantité

---

(1) Sur le conseil de M. Paul Janet, nous avons renvoyé l'exposition de cette intéressante discussion à notre *Introduction* au premier Mémoire de Biran sur *l'Habitude*. On peut consulter, pour voir combien elle a encore d'intérêt, William James, *the Feeling of effort*; Renouvier, *Psychologie rationnelle* et *Critique philosophique* (*passim*) ; A Bertrand, *la Psychologie de l'effort*.

(2) D. de Tracy distingue, comme le Pancrace de Molière, la figure de la forme. Et qui mieux est, la distinction n'est pas à dédaigner : la forme connue par le tact est toujours la même ; la figure est l'impression qui produit cette forme sur notre œil, et varie selon les circonstances et les positions.

est mesurable, en proportion des divisions nettes et durables qu'on peut y introduire. Si l'étendue a éminemment ces qualités, la durée, dont les parties transitoires et confuses nous sont rendues sensibles par le mouvement de la terre sur son axe, a pour unité le jour. Le mouvement, dont les parties sont analogues à celles de la durée, est représenté par l'étendue, et son énergie, mesurée par la durée. C'est précisément parce que l'étendue a des divisions faciles, précises, permanentes, parce qu'elle peut être représentée fidèlement sur une échelle plus petite que nature, que l'on arrive facilement, en géométrie, à la vérité et à la certitude (1). Aussi les autres sciences atteignent à l'une et à l'autre, ou emploient le calcul, dans la proportion où les objets dont elles traitent sont réductibles en mesure de l'étendue. Par suite, c'est de la nature de l'objet, non de celle des opérations intellectuelles, que dépend le degré de clarté et de certitude des différentes sciences, mécanique, physique, médecine, sciences morales et politiques. L'analyse de nos facultés intellectuelles donne des idées plus nettes sur la nature des corps; elle devrait être l'introduction naturelle de la physique, comme de tous les genres d'études.

Le chapitre xi résume toutes les critiques que D. de Tracy avait déjà adressées à Condillac et à ses disciples. Puis l'auteur examine les effets de la réunion de la faculté de sentir avec celle de se mouvoir. A la façon de Cabanis, en se montrant assez peu affirmatif, il subordonne la faculté de penser à la motilité, et se représente en nous, non un principe actif et vraiment créateur d'une force absolument nouvelle, indépendante de toutes celles qui existent dans le monde, mais une force résultant d'attractions et de combinaisons chimiques, qui donnent naissance à un ordre de faits particuliers, pour rentrer bientôt sous l'empire des lois plus générales qui régissent la matière inorganisée. Tant qu'elle subsiste, nous vivons, nous nous mouvons et nous sentons. Nous ignorons comment s'exécutent les mouvements apparents ou internes qu'elle produit; nous ignorons et la nature du mouvement que suit la perception, et quelles différences séparent les mouvements qui précèdent des perceptions ou des souvenirs, des désirs ou des jugements différents. A son tour, la

---

(1) A. Comte, *Cours de philosophie positive*, 3º leçon : « La mathématique a pour objet de déterminer les grandeurs les unes par les autres d'après les relations précises qui existent entre elles ».

faculté de vouloir agit sur la motilité. Mais les mouvements qui entretiennent et renouvellent la vie nous sont complètement inconnus, et partant, ne sont pas soumis à l'empire de la volonté. Ceux dont quelquefois nous avons, et quelquefois nous n'avons pas conscience, sont, dans le dernier cas, indépendants de la volonté; dans le premier, tantôt ils s'exécutent sans notre intervention, tantôt malgré notre volonté, tantôt ils sont volontaires. D'autres mouvements sont toujours volontaires; d'autres se font toujours malgré nous; d'autres sont toujours impossibles. Enfin ceux qui sont le plus soumis à notre volonté sont eux-mêmes le produit d'une foule d'autres mouvements internes qui ont lieu sans que nous le voulions, et même sans que nous le sachions. Ce sont, dit D. de Tracy, les résultats qui s'opèrent parce que nous le voulons, mais les mouvements qui y préparent s'exécutent d'eux-mêmes. Quant aux facultés intellectuelles, l'influence qu'exerce sur elles la volonté est proportionnelle à l'influence qu'elle exerce sur les mouvements qui produisent perceptions, souvenirs, jugements, désir. Sur ce point, comme sur la question de savoir si la volonté est libre, D. de Tracy reprend des idées précédemment développées, tout en s'attachant à montrer que nous n'avons tort ni de nous identifier avec notre volonté, ni d'attacher une extrême importance à celle des autres, ou à leur moi, ni de parler de mérite ou de démérite, de punitions et de récompenses, « puisque la volonté influe, médiatement, par le pouvoir qu'elle a d'appliquer notre attention à une perception, de nous faire retrouver un souvenir, examiner un rapport ».

Les quatre derniers chapitres complètent l'histoire de la pensée avec l'étude des effets que produit, en nous, la fréquente répétition des mêmes actes, du perfectionnement graduel des facultés intellectuelles dans l'individu et dans l'esprit par celle des signes. L'habitude est la source de tous nos progrès et de toutes nos erreurs; les signes, la plus précieuse invention des hommes. D. de Tracy reproduit, dans un ordre nouveau, et d'une façon plus précise, les doctrines du Mémoire sur *la Faculté de penser*. La loi de l'habitude (1), c'est que plus les mouvements sont répétés, plus ils deviennent faciles et rapides, mais moins ils sont perceptibles. Elle s'applique aux sensations,

(1) C'est donc à Tracy et à Cabanis qu'il faut rapporter l'établissement des lois de l'habitude, et non à Biran comme le font MM. Janet et Séailles (p. 378).

aux souvenirs, où elle établit cette « liaison des idées, phénomène idéologique si important, dont l'observation a été si justement vantée, puisqu'elle jette le plus grand jour sur nos opérations intellectuelles, et qu'il n'est lui-même que la liaison mécanique ou chimique des mouvements organiques qui produisent nos idées (1) ». Elle s'applique aux jugements et aux désirs; elle rend compte de plusieurs faits incompréhensibles, nous fait voir que si un homme, dominé par un désir habituel, agit, pour le satisfaire, contre les lumières les plus évidentes de sa raison, c'est que les jugements réfléchis et nettement perçus sont combattus par d'autres, familiers et inaperçus (2); c'est qu'il s'exécute en nous, presque simultanément, une quantité incroyable d'opérations intellectuelles, dont nous n'avons pas conscience. Ainsi encore s'expliquent ces déterminations instinctives que l'idéologie comparée étudierait avec tant de profit (3). Dès le premier jour, une foule de combinaisons se font chez l'animal, avec la rapidité qu'elles acquièrent en nous par l'exercice.

De même D. de Tracy montre encore combien le premier homme, né adulte et organisé comme nous, serait resté, en vivant isolé, au-dessous du sauvage le plus borné, puisqu'il n'aurait eu aucune langue et n'aurait pu profiter de l'expérience d'aucun être semblable à lui. Il indique les avantages des signes en faisant une place plus grande à leur rôle idéologique et en considérant la grammaire, l'idéologie et la logique comme une seule et même chose. Distinguant avec raison les signes naturels des signes artificiels et volontaires, il soutient, comme autrefois, que nous commençons à penser avant d'avoir les signes artificiels qui provoqueront, dirigeront et fixeront la marche générale de l'esprit humain dans ses combinaisons et dans ses recherches. La question, s'il s'agit des signes naturels, sera ramenée à savoir si la faculté de sentir peut être séparée de celle d'agir. Il conçoit, dit-il, un état où les mouvements internes qui produisent nos perceptions auraient lieu sans être accompagnés des mouvements apparents qui les manifestent, où nous penserions sans

---

(1) D. de Tracy continue Descartes et Malebranche, précède Spencer. Il n'est donc pas exact de dire comme M. A. Bertrand (*Rev. philos.*, juillet 1890, p. 8) : « D. de Tracy a choisi la voie plus aisée, celle de la psychologie descriptive et déductive, et il s'est trouvé que le siècle s'est engagé dans la voie plus difficile de la psychologie physiologique ».

(2) et (3) Cf. les ch. III et IV sur Cabanis.

signes (1). Enfin, il voit fort bien que les signes partant de l'organe vocal, et s'adressant à l'organe de l'ouïe, sont les plus généralement usités, parce qu'ils sont les plus commodes et les plus susceptibles de perfection. L'effet le plus important des signes est de nous aider à combiner les idées élémentaires pour en former des idées composées et les fixer dans la mémoire, de se joindre aux mouvements internes qui ébranlent très peu le système nerveux quand il s'agit de perceptions purement intellectuelles, pour leur donner l'énergie de la sensation dont ils sont cause ; de devenir une sorte d'étiquette de l'idée, une formule que nous nous rappelons facilement, parce qu'elle est sensible et que nous employons dans des combinaisons ultérieures, quoique nous ayons oublié la manière dont elle a été formée.

Le succès des *Éléments d'Idéologie* fut aussi grand que celui des *Rapports du physique et du moral* (2).

III

Kant était alors célèbre en France : ses travaux, appréciés dès l'origine à Strasbourg par Müller et ses disciples, avaient attiré l'attention de Sieyès et de Grégoire, de B. Constant, de Degérando, de Prévost, de François de Neufchâteau et des écrivains

(1) C'est en ce sens que les recherches des psychologues contemporains ont résolu la question. Voyez Kussmaul, *les Troubles de la parole* ; Taine, *de l'Intelligence* ; Ribot, *les Maladies de la Mémoire* ; Ballet, *le Langage intérieur*, etc.

(2) « Nous croyons, écrit Thurot dans la *Décade*, que ce livre fera époque dans l'histoire de la philosophie française ». D. de Tracy est pour lui le digne interprète des sentiments des vrais philosophes et le promoteur de leur doctrine : il réunit une méthode lumineuse et un ordre parfait, une exposition très claire et très précise de ce qu'on sait de positif et d'essentiel, à la simplicité et à la fécondité de théories nouvelles sur l'existence du monde extérieur, sur les propriétés des corps et sur les signes. Ginguené y voit une clarté et une méthode analytique qui font disparaître, de cette science encore nouvelle, tout ce qu'elle pourrait avoir ou de vague ou d'obscur. Degérando, qui n'en trouve point exact le système général et combat l'hypothèse sur l'origine de nos connaissances, y signale un grand nombre d'observations fines et délicates, un style pur, élégant et facile. Si Prévost de Genève refuse de se servir, pour l'enseignement, des *Éléments*, — ce qui n'a rien d'extraordinaire puisqu'il avait depuis dix ans arrêté le programme de son cours, — il reconnaît le mérite de l'auteur et croit que l'ouvrage, qui trace de nouvelles routes, est fait pour exciter l'attention, l'estime et l'émulation des hommes qui pensent. Même il signale, parmi les observations de détail, qui peuvent en être détachées et exposées à part très utilement, la théorie de l'habitude « savamment suivie et déduite » par Biran. — Il faut remarquer cette assertion : pour Prévost, D. de Tracy est le véritable auteur de la théorie de l'habitude. — Enfin le volume venait à peine de paraître que déjà plusieurs professeurs célèbres le prenaient pour texte de leurs leçons, un grand nombre de jeunes gens, pour sujet de leurs études.

de la *Décade*. Mercier, en le vantant emphatiquement, pour l'opposer à Locke et à Condillac ; Villers, en injuriant la philosophie et la révolution françaises, n'avaient pas réussi à lui aliéner les sympathies ; l'Institut le plaçait fort honorablement parmi ceux entre lesquels il choisissait un associé étranger (1). Quand parut la traduction de Kinker, « un des ouvrages les plus utiles pour l'avancement de la philosophie rationnelle », D. de Tracy entreprit d'examiner le kantisme et lut le 7 floréal an X un Mémoire considérable sur la *Métaphysique de Kant* (2), qu'il avait étudiée en outre dans la version latine des écrits de cet auteur. « En Allemagne, dit-il, on est kantiste comme on est chrétien, mahométan, brahmaniste, comme on était platonicien, stoïcien, scotiste, thomiste ou cartésien. En France, il n'y a aucun chef de secte, on ne suit la bannière de personne, chacun a ses opinions personnelles et, s'il y a accord sur plusieurs points, c'est sans qu'on en forme le projet. Quand les Allemands disent que nous sommes disciples de Condillac, comme ils sont kantistes ou leibnitziens, ils oublient que Condillac n'a ni dogmatisé, ni créé un système, ni résolu aucune des questions de psychologie, de cosmologie et de théologie dont les Allemands composent la métaphysique ; qu'il n'y a peut-être pas un seul de ceux qui, comme lui, se bornent à examiner nos idées et leurs signes, à en chercher les propriétés, à en tirer quelques conséquences, qui adopte ses principes de grammaire, qui soit pleinement satisfait de son analyse des facultés intellectuelles ou de ses théories sur le raisonnement. On ne tient pas compte de ses décisions, mais de sa méthode. Cette méthode conduit, d'un pas lent mais sûr, dans toutes les parties des connaissances humaines, ceux qui observent scrupuleusement les faits, qui n'en tirent qu'avec pleine assurance des conséquences, qui ne donnent jamais à de simples suppositions la consistance des faits, qui ne lient entre elles que les vérités qui s'enchaînent tout naturellement et sans lacune, qui avouent leur ignorance et la préfèrent à toute assertion qui n'est que vraisemblable ». C'est cette méthode, rigoureuse et véritablement scientifique que, sans l'avoir toujours suivie lui-même dans l'*Idéologie*, D. de Tracy

---

(1) F. Picavet, *la Philosophie de Kant en France de 1773 à 1814*.
(2) *De la Métaphysique de Kant*, « ou observations sur un ouvrage intitulé Essai d'une exposition succincte de la critique de la Raison pure », par J. Kinker, traduit du hollandais par J. le F. 1801. Ce mémoire, dans le IVe volume des *Mémoires de l'Institut national*, va de la page 544 à la page 606.

comparé à la doctrine de Kant. Sans doute, dit-il, dans un langage qui rappelle l'étudiant de Strasbourg, l'ami de Sieyès et de Grégoire, Kant est un philosophe très distingué, auteur d'ouvrages qui ont contribué au progrès des lumières et à la propagation des idées saines et libérales. Il est très considéré en Allemagne, où les hommes les plus habiles se font honneur d'être ses disciples; mais on ne dit pas qu'il soit un savant observateur. On annonce sa philosophie comme un vaste système qui embrasse la métaphysique, la morale, la politique, toutes les parties de la philosophie rationnelle, le monde intelligible comme le monde sensible. Or, on nous avoue, tout en lui reconnaissant éminemment le talent d'écrire, qu'il y a des obscurités dans ses ouvrages; n'est-ce pas une forte présomption contre ce système, dont la solidité semble déjà douteuse en considérant l'imperfection connue de la science? Sa doctrine, dit-on, est une rénovation complète de l'esprit humain : elle doit donc reposer sur une idéologie plus parfaite que celles qui l'ont précédée et c'est son idéologie seule qu'il faut étudier et connaître pour en juger. C'est ce qu'a pensé d'ailleurs Kinker qui explique, de la philosophie de Kant, sa *Critique de la raison pure* et, dans celle-ci, surtout sa doctrine idéologique. Or, il considère la sensibilité comme passive, par opposition à l'entendement qui serait actif, ce qui est le contraire de la vérité. Il parle des objets sensibles comme de choses extérieures à nous, tout en répétant que la sensibilité fournit à l'entendement toute la matière de ses conceptions, sans expliquer qu'il y a des impressions qui viennent de nos organes intérieurs et des fonctions vitales, comme des impressions venant des objets extérieurs; qu'il y a des souvenirs ou perceptions d'impressions passées. Si les limites et les propriétés de la sensibilité sont mal déterminées ou présentées d'une façon inexacte et vague, l'entendement est plus mal traité encore. C'est, dit-on, en omettant la faculté de juger, qui est pourtant élémentaire et radicale, la faculté de former des conceptions. Or c'est là l'œuvre, non d'une faculté particulière, mais de plusieurs facultés distinctes. La raison est dite la faculté de conclure du général au particulier, ce qui serait, en supposant qu'une telle faculté pût exister, l'inverse de la raison, puisque c'est toujours des idées particulières que nous nous élevons aux idées générales. Toute cette analyse est donc imparfaite et ne peut conduire à rien de solide.

A coup sûr on peut admettre qu'il n'y aurait ni perception, ni connaissance s'il n'y avait des êtres sentants et des êtres sentis, que la perception et la connaissance seraient autres si ces êtres étaient eux-mêmes différents, mais non qu'il y a une connaissance dérivant de l'application de ces facultés aux objets. On dit que la connaissance du mécanisme du moulin est une chose différente de celle de la matière moulue, et que toutes deux sont nécessaires pour avoir la connaissance complète de la farine. Soit, mais il y a dans la production de la farine deux agents nécessaires, le moulin et le grain ; l'un fournit la *matière*, l'autre produit et détermine la *forme*, mais cela ne fait pas deux espèces de farine. Le moulin tout seul ne fait pas plus de la *farine pure,* que le grain tout seul de la *farine d'expérience*. Il faut leur concours pour faire de la *farine réelle*.

L'explication de la sensibilité ne fournit que l'application précise et nette de principes qu'on n'a pas prouvés. On présente l'espace et le temps comme des formes dont notre cognition revêt les phénomènes et non comme des attributs des choses en elles-mêmes ; tandis que notre cognition ne revêt ni les phénomènes ni les choses d'aucune *forme*, n'impose des *lois* à rien, mais observe les choses, remarque les phénomènes qu'elles présentent et reconnaît les lois qu'ils suivent. Voilà à quels résultats on aboutit, en s'appuyant sur des principes abstraits, et non sur des faits, et en croyant que les idées générales nous donnent les moyens de juger des idées particulières !

De même on parle de *lois* ou de *formes* de l'entendement auxquelles doivent toujours se rapporter tous nos jugements possibles ; on affirme que supposer à notre âme la faculté de lire dans l'avenir est logiquement possible, parce que, considérant les formes des propositions et des syllogismes comme les lois et les propriétés de la pensée, on a pris l'écorce pour l'arbre, égaré l'esprit humain et retardé le moment où il connaîtra ses véritables procédés (1).

Enfin l'obscurité augmente quand il s'agit de la raison, quand on parle d'idée *généralité*, constituée *loi* et *loi universelle* de la raison humaine, quand on parle d'une raison *pure* qui tire de son propre fonds des conceptions, des principes indépendants

(1) « C'est ce que je développerai, ajoute D. de Tracy, et prouverai complètement dans ma *Grammaire* et ma *Logique* ».

de la sensibilité et de l'entendement. N'est-il pas manifeste qu'il n'y a rien d'inné en nous que nos moyens de connaître (1), et que c'est l'ignorance de la façon dont se forment nos idées générales qui fait croire qu'elles existent dans notre intelligence antérieurement à tout, qui les fait prendre pour des types innés, comme les classifications que nous en formons pour les lois qui président à leur naissance? Et comment prouver, en forme, que les trois sciences dont on compose la métaphysique sont impossibles et illusoires, que les *idées* pures de l'âme, de l'univers et de Dieu sont indispensables à notre raison pour remplir sa destination ?

Il n'y a qu'à se féliciter, en voyant tout cela, d'avoir toujours soutenu que l'*idéologie* est une chose totalement différente de la métaphysique. Les Grecs ont été médecins, poètes, orateurs, artistes, mathématiciens, mais ils n'étaient pas idéologistes, et l'on sait combien ils étaient métaphysiciens. Aristote, un des plus beaux génies qui aient honoré l'espèce humaine, n'avait pas assez de faits observés pour traiter l'histoire intellectuelle de l'homme. Il crut que les formes du raisonnement, effets des opérations intellectuelles, en étaient les causes ; la vraie science de la pensée, peut-être prête à naître, fut étouffée dans son germe. Quand Bacon sentit et proclama qu'il fallait refaire l'esprit humain, il ne put y réussir avec tout son génie. Descartes et Malebranche ont fait, pour créer la science de l'esprit humain, des efforts sublimes, mais souvent infructueux, parce qu'ils ont voulu construire un système dont ils n'auraient pu que préparer les bases. Les philosophes allemands sont dans le même cas. Ils sentent, tout en conservant des vestiges, des habitudes et des préjugés de l'ancienne doctrine de l'école où ils ont été élevés, qu'il faut étudier l'esprit humain dans ses opérations. Mais ils ne connaissent pas les observations faites en France, ils ne tiennent jamais compte de nos organes, des signes du langage, des méthodes de calcul et prennent l'esprit humain pour un être abstrait ; ils supposent plus qu'ils n'observent, et, ignorant comment se forment nos idées, croient que les plus générales sont la source et le principe de tout. Ils ne connaissent pas même Condillac, car ils ne citent jamais la dernière édition de ses œuvres. Ils n'ont guère étudié que le *Traité des Sensations*,

(1) Lisez comment Laromiguière explique les idées innées de Descartes et vous verrez combien cette interprétation est voisine de la doctrine de D. de Tracy.

recueil de conjectures qu'on aurait grand tort de prendre aujourd'hui pour modèle. Ils ne recourent ni à la première partie de la *Grammaire*, ni à l'*Art de penser, de raisonner*, ni à la *Logique*, ni à la *Langue des calculs*, où l'esprit humain est aux prises avec les instruments qu'il se crée ou dont il se sert et avec les sujets auxquels il les applique, ni au *Traité des systèmes*, chef-d'œuvre dans lequel ils se trouveraient complètement réfutés à l'avance. On ne sera jamais idéologiste sans être physiologiste, et par conséquent physicien et chimiste, sans être grammairien et algébriste philosophe (1). C'est en France seulement qu'on est près de savoir complètement, par théorie, en quoi et pourquoi on a raison ou tort ; qu'on voit le plus de méthode dans les livres et dans l'enseignement, de clarté dans le style, de sûreté dans les recherches, et qu'on a travaillé avec le plus de succès en ces derniers temps à perfectionner la théorie idéologique dont Bacon, Hobbes, Locke et Newton ont jeté les fondements.

D. de Tracy défendait donc énergiquement, dans ce Mémoire, la philosophie et la méthode scientifiques ; il opposait aux doctrines de Kant ses propres doctrines, non sans indiquer en plus d'un endroit les points faibles du système adverse : Il faisait, pour l'école empirique, avec autant de talent, sinon avec autant de succès, ce qu'a fait de nos jours Stuart Mill dans la *Philosophie de Hamilton*.

Au moment même où D. de Tracy lisait son travail sur Kant, il trouvait dans l'examen des Mémoires envoyés à l'Institut pour répondre à la question de l'influence de l'habitude, de nouvelles raisons de proclamer la supériorité de la philosophie française. Dans celui de Biran qui réunit tous les suffrages, D. de Tracy signalait, pour sa lucidité, le chapitre des sens ; pour ses très bonnes observations celui qui traitait des idées superstitieuses ; pour ses beaux développements celui où étaient examinés les dangers que nous font courir l'inexactitude de l'esprit humain et sa facilité à s'égarer, ainsi que les moyens de s'en garantir. Si le dernier chapitre, disait-il, est le plus satisfaisant et le plus lumineux de tout l'ouvrage, c'est que l'auteur a bien trouvé le fond de son sujet et bien choisi son point de départ.

Pour être idéologiste, disait D. de Tracy, en terminant son

---

(1) Remarquons ces assertions pour être sûr une fois de plus que les idéologues unissent la philosophie aux sciences.

Mémoire sur Kant, il faut être grammairien philosophe ; pour remplir cette dernière condition, il faut connaître plusieurs langues. Il ajoutait au début de sa *Grammaire* (1), que c'est une science immense ; qu'il faudrait se livrer à des recherches vraiment effrayantes, si l'on ne voulait laisser échapper aucune des vérités grammaticales. A quelles études s'était-il livré pour composer son ouvrage ? Il savait le latin et le grec, peut-être l'anglais et l'italien, mais non l'allemand. Il avait étudié les grammaires françaises de Condillac, de Girard, de Devienne ; italiennes de Corticelli et de Bencirechi ; allemandes de Gotschedt et de Junker ; anglaises de Siret et de Mather-Flint ; les ouvrages de MM. de Port-Royal, dont on ne peut assez admirer les rares talents et qui ont proclamé que la connaissance de ce qui se passe dans notre esprit est nécessaire pour comprendre les fondements de la grammaire ; de Dumarsais, le premier des grammairiens ; de Beauzée, de Warburton et de Caylus, de Duclos et de Court de Gébelin, de l'abbé d'Olivet, de Horne-Tooke qui réduit à sa juste valeur son compatriote Harris, un moment si vanté ; les excellentes notes que Thurot a jointes à sa traduction de Harris, qui sont autant de dissertations souvent précieuses et toujours très supérieures au texte ; le *Voyage en Syrie* et la *Simplification des langues orientales* de l'excellent observateur Volney. Chez tous ces auteurs il a cherché un certain nombre de renseignements sur le suédois, l'hébreu et les langues orientales, sur le basque et le péruvien, sur les hiéroglyphes et la langue chinoise ; mais il ne semble pas avoir connu le remarquable ouvrage du président de Brosses sur *la Formation mécanique des langues*. Enfin, un homme de beaucoup d'esprit, son confrère Laromiguière lui a dit, avec raison, qu'on ne comprend jamais bien une chose, quand on ne voit pas comment elle a pu être faite, réflexion fondée sur une profonde connaissance de nos opérations intellectuelles, qui lui a fait attacher le plus grand intérêt à éclaircir complètement l'origine du langage et celle de l'écriture.

M. Ribot, parlant de la grammaire générale de James Mill (2),

---

(1) Le 19 thermidor an II, Cabanis écrit à Biran : « Mon bon voisin Tracy vient de publier sa *Grammaire*, j'en trouve l'analyse plus profonde et la marche plus ferme que celle de son *Idéologie* ; cela fait un bel ensemble et quand il aura fait sa *Logique*, ce sera un tout excellent ; il fera époque dans l'histoire de la science de l'entendement ». (Lettres inédites, collection E. Naville.)

(2) *Psychologie anglaise*. p. 64 sqq.

remarque qu'une longue exposition de doctrines, bien dépassées depuis l'époque où écrivit l'auteur, serait inutile; que le xviii° siècle traite le langage à la manière de la logique et non de la psychologie, que les explications données ainsi sont tout au plus applicables à la famille des langues aryennes. On n'en peut dire tout à fait autant de celle de D. de Tracy, puisqu'il a consulté plus de documents et suivi une méthode plus compréhensive. Mais il est évident que les progrès considérables de la philologie comparée nous font une obligation de ne parler de cet ouvrage que dans la mesure nécessaire pour montrer que, en grammaire comme en psychologie, D. de Tracy fut un novateur, souvent heureux, et que la philosophie française eût bien fait de continuer sur ce point, et en bien d'autres, la tradition des idéologues, quitte à la modifier et à la compléter par les découvertes des philologues, comme par celles des physiologistes (1).

Dans l'introduction, l'auteur, tout en reconnaissant les services rendus par les anciens, par Port-Royal, Dumarsais et Condillac, se montre beaucoup plus sévère pour eux que Cabanis : tous ont fait la théorie des signes avant d'avoir fixé la théorie des idées. A l'indépendance des anciens, il faut, pour faire de vrais progrès dans la connaissance de l'homme, joindre la science et la réserve des modernes : c'est le caractère de l'*ère française* qui fait prévoir un développement de raison et un accroissement de bonheur, dont on chercherait en vain à juger par l'exemple des siècles passés. Aussi D. de Tracy, à qui la suppression de la seconde classe de l'Institut et des écoles centrales n'a pas fait perdre confiance, soutient, comme Cabanis, que l'esprit d'analyse n'est nullement un signe de décadence et d'épuisement du génie. Il fait remarquer d'ailleurs qu'une analyse n'est complète que si l'on a accompli avec succès ces deux opérations, décomposition et recomposition, dont l'une est la base, l'autre la preuve (2). Enfin il croit que sa grammaire aura un avantage précieux, celui de commencer par le commencement, et de faire suite à un traité d'idéologie (3).

(1) M. Bain est l'auteur d'une grammaire fort estimée.
(2) Voyez F. Picavet, *Introduction au Traité des sensations* de Condillac.
(3) Des six chapitres qui composent l'ouvrage, le premier traite de la décomposition du discours dans quelque langage que ce soit; le second, de la décomposition de la proposition dans tous les langages, mais principalement dans le langage articulé et spécialement dans la langue française; le troisième, des éléments de la proposition dans les langues parlées et spécialement dans la langue française; le quatrième, de la syntaxe; le cinquième, des signes durables de nos idées et spé-

Le langage, à l'origine, n'a de signes que ceux qui représentent des impressions composées de plusieurs perceptions, c'est-à-dire un jugement tout entier. Les animaux n'ont que ce langage ; chaque geste, chaque cri est l'expression simultanée de deux sensations liées par un acte de même nature que celui de juger. C'est, disait Thurot, « un aperçu juste, neuf et beau que celui de cette différence essentielle de la faculté du langage, dans l'homme et dans les animaux ». L'essence du discours ou de toute émission de signes, est d'être composée de propositions ou d'énonciations de jugements. Primitivement, la proposition est exprimée par un seul signe : telles sont encore les interjections dans notre langage articulé (1). En décomposant la proposition on y trouve, comme premier élément, le *nom* qui exprime les idées ayant une existence propre. Le second, le signe de l'idée relative ou attributive, n'est pas l'adjectif, parce que l'idée exprimée par ce dernier doit bien appartenir à un sujet, mais n'est pas indiquée comme lui appartenant *actuellement*. Le mot *étant*, *existant*, exprimant seul l'idée d'existence, peut seul la donner quand il est uni avec eux. Les verbes, produit de l'union de *étant* avec les autres verbes, forment le second élément du discours (2).

Au nom et au verbe, forme essentielle de la proposition dans toute espèce de langage, les langues parlées joignent des signes accessoires. L'interjection donne, par sa décomposition, les noms et les verbes, les deux signes élémentaires trouvés par la décomposition de la proposition. Au premier rang des signes utiles se placent les adjectifs qui modifient l'idée, tantôt dans sa compréhension, tantôt dans son extension. Parmi ces derniers rentrent les noms de nombre, plusieurs pronoms et les articles. Les prépositions dérivent de noms ou d'adjectifs; elles lient les noms, les verbes, les adjectifs avec une idée subordonnée et complémentaire. Devenues syllabes désinentielles, elles forment, dans certaines langues, les cas des noms ; dans toutes, la basque et la péruvienne exceptées (3), les personnes, les nombres, les modes

cialement de l'écriture proprement dite ; le sixième, de la création d'une langue parfaite et de l'amélioration de nos langues vulgaires.
(1) Idées qui se trouvent chez Lucrèce, chez de Brosses et aussi chez Darwin, Tylor, *Civilisation primitive* ; Michel Bréal, *Mélanges de mythologie et de linguistique*.
(2) Sur cette assertion voyez les réserves que M. Findlater fait à la théorie de Mill.
(3) A remarquer, pour se rendre compte des recherches « positives » de ces hommes en qui l'on ne voit que de purs théoriciens.

et les temps des verbes ; incorporées aux mots, elles servent à constituer les composés et les dérivés des radicaux. Les adverbes expriment une préposition et son régime; les conjonctions une proposition entière, mais n'ayant pas un sens absolu. Toutes renferment la conjonction *que*, qui pourrait être considérée comme la conjonction unique, de même que *être* est le seul verbe. Les adjectifs conjonctifs, appelés d'ordinaire pronoms relatifs, sont composés de la conjonction *que* et de l'adjectif déterminatif *le* ou *il*, dont ils cumulent les fonctions.

La syntaxe, qui enseigne à réunir les signes, étudie la place qu'on leur donne (construction), certaines altérations qu'on leur fait subir (déclinaisons) et l'invention de certains signes destinés à marquer le rapport des autres entre eux (ponctuation). La construction est naturelle, quand le signe de l'idée dont on est affecté le plus vivement, précède tous les autres ; directe, quand les signes sont placés de manière à représenter l'enchaînement des idées, lorsqu'on forme un jugement. Partant, la construction inverse peut être une construction naturelle, tout en demeurant profondément distincte de la construction directe.

Les conjugaisons rentrent dans les déclinaisons; les verbes ont trois modes, adjectif, substantif, attributif. Ce dernier comprend l'indicatif, auquel il faut joindre le conditionnel et le subjonctif. Les temps de l'indicatif et du conditionnel se ramènent à douze, formant deux séries ; l'une qui a un présent et cinq passés, l'autre un futur et cinq passés. La première a rapport à l'existence positive, la seconde à l'existence éventuelle. Les trois premiers temps de chacune : *je suis, j'ai été ou je fus, j'ai eu été ou j'eus*, etc., — *je serai, j'aurai été, j'aurai eu été* — sont absolus parce qu'ils n'indiquent que leur rapport avec le moment où l'on parle; les trois derniers — *j'étais, j'avais été, j'avais eu été* — *je serais, j'aurais été, j'aurais eu été* — sont relatifs, parce qu'ils expriment, outre leur rapport avec l'acte de la parole, un rapport de simultanéité avec une autre existence. Quant au subjonctif, c'est un cas oblique du mode attributif, où l'existence, subordonnée à une autre, ne doit pas être distinguée en positive et en éventuelle : il n'a que six temps répondant aux deux séries précédentes.

Comment, des signes fugitifs et transitoires de nos idées, sont sortis les signes permanents et durables? En attachant une figure peinte ou tracée à chacun des mots du langage parlé, on a une écriture hiéroglyphique ou symbolique. En peignant les sons distincts qui composent chaque mot, on a une écriture syllabique ou alphabétique. Dans les deux cas, on substitue des signes durables et fixes à des signes transitoires et passagers. Mais l'écriture symbolique ne peut indiquer les changements de la langue parlée et ne peut être interprétée sûrement, quand le mot s'est perdu. S'il y a quatre-vingt mille caractères dont les lettrés chinois ne connaissent guère plus de quinze mille, le surplus est l'indéchiffrable peinture de mots perdus dans les révolutions de la langue. Si l'on trouve, chez les peuples à écriture hiéroglyphique, des connaissances incompatibles avec ce système d'écriture, qui a pour conséquences l'abrutissement de la masse du peuple, le manque de progrès chez les lettrés et de communication avec les étrangers, la perte des connaissances et le respect superstitieux de l'antiquité, etc., c'est qu'elles leur viennent d'un peuple dont le nom et le pays sont encore ignorés.

Mais pour savoir en quoi consiste l'écriture, il faut connaître la parole. A côté des voix, représentées par les voyelles, et des articulations figurées par les consonnes, D. de Tracy place trois autres propriétés des sons dont les grammairiens ne disent rien : la durée, le ton, le timbre. Prononce-t-on la voyelle *a*, on lui attribue une certaine durée, on trouve le son plus ou moins bref, plus ou moins aigu, on distingue une articulation simple dans *amour*, modifiée par une aspiration très sensible dans *hache*. Si les *aspirations* sont de vraies articulations qui se retrouvent dans toute voyelle, on reconnaît, par contre, dans la prononciation d'une consonne une voix ou *schéva*, véritable *e* muet plus bref que les voyelles les plus brèves. Un son ne peut pas plus exister sans l'articulation, la voix, le ton, la durée, qu'un corps sans figure, grandeur et pesanteur. Qui prononce *a* supplée le ton, l'articulation et la durée ; qui prononce *b* supplée voix, durée et ton. Faute d'avoir remonté jusqu'aux premiers faits naturels, les grammairiens n'ont compris ni l'origine des langues, ni celle de l'écriture. En tenant compte de l'analyse précédente, on explique aisément cette dernière par la musique. D'abord les tons sont en petit nombre, et chacun d'eux est représenté par un signe, par une note dont on trouve la trace dans des monuments très anciens. Puis on note la durée des sons. En solfiant les signes, on y ajoute articulations et voix. De même qu'on avait inventé les notes pour représenter le ton et la durée, on inventa les consonnes et les voyelles pour figurer l'articulation et la voix ; puis on ajouta des accents pour marquer l'élévation, la quantité, c'est-à-dire des signes exclusivement affectés d'abord au son musical. En procédant ainsi, on trouve que la représentation séparée de chacune des qualités du son exige, si on ne veut rien laisser à deviner, pour les articulations, vingt consonnes (1) ; pour les voix, dix-sept voyelles (2) ; pour les tons, deux accents qui marquent les extrêmes, aigu et grave, en laissant sans signe les moyens ; pour les durées, les chiffres 1, 2, 3, 4, indiquant les temps que chaque son doit durer de plus que les plus courts ou *schévas*. Avec ces quarante-trois signes, on aurait un alphabet à peu près universel. Si un corps savant reprenait ce travail pour déterminer avec exactitude le nombre des articulations, des voix, des tons, des durées et les signes qui les représenteraient ; s'il faisait imprimer plusieurs bons morceaux, prose et vers, avec cet alphabet, la saine prononciation et la véritable prosodie seraient fixées avec toute la précision possible. Si l'on imprimait de même différents morceaux de langues étrangères, en créant au besoin quelques caractères de plus, on aurait un alphabet vraiment complet, une orthographe réellement digne de ce nom, un monument encyclopédique de l'état actuel de la parole et de sa représentation fidèle (3).

Serait-il possible d'instituer, après un alphabet universel, une langue véritablement universelle? Pas plus qu'en 1798, D. de Tracy ne croit qu'on peut établir une langue universelle pour l'usage vulgaire ou pour l'usage scientifique, ni qu'elle fût, dans ce dernier cas, sans inconvénient, puisque, si elle unissait les savants de tous pays, elle rendrait difficiles leurs communications avec leurs concitoyens ; ni enfin qu'il soit possible de créer une langue parfaite. Toutefois, il indique certaines modifications

(1) *M, n, gn, ill, b, v, d, g, l, z, j, i* (aspiration de amour), *p, f, t, k, r, s, ch, h* (héros).
(2) Deux *a*, patin et pâté ; trois *e*, tête, tette, té ; trois *eu*, jeu et jeûne, beurre et jeune, je, me, tombe ; deux *o*, hotte et hôte ; un *i* ; un *u* ; un *ou* ; quatre nasales, *an, ein, un, on*.
(3) C'est à la classe de grammaire et de littérature française, c'est-à-dire à celle qui redeviendra l'Académie française, que D. de Tracy s'adresse, avant M. Louis Havet, « pour répandre et fixer la saine prononciation et la vraie prosodie de notre langue ». Voyez Louis Havet, *la Simplification de l'orthographe*. On peut remarquer que les recherches positives, recommandées par D. de Tracy, ont été reprises. On a essayé de créer l'alphabet anthropologique : Coudereau, *Bulletin de la Société d'anthropologie*, 1875, Wheatstone, Faber ont fabriqué des machines propres à nous faire connaître le mécanisme de la voix humaine.

que devraient subir les langues actuelles pour devenir moins imparfaites et qu'il peut être intéressant de rapprocher de celles qu'ont proposées les modernes réformateurs. Il voudrait des mots composés selon la vraie série des idées ; une syntaxe aussi simple que possible ; une construction pleine et directe ; des substantifs sans genre, dont les nombres fussent marqués par des adjectifs, les cas par des prépositions ; des adjectifs invariables ; un seul verbe, le verbe *être*, avec trois modes et douze temps au mode adjectif ; un seul présent au mode substantif ; un présent au mode attributif avec six terminaisons pour marquer les trois personnes et les deux nombres ; la conjonction *que*, servant de radical à toutes les conjonctions, et séparable de l'adjectif dans des adjectifs conjonctifs (1).

Nous avons vu comment Cabanis appréciait le nouvel ouvrage de son ami. Thurot, qui y consacrait trois articles dans la *Décade*, n'était pas moins enthousiaste. Il le trouve, lui aussi, supérieur, à plusieurs égards, à l'*Idéologie*. Toutes les idées fondamentales, approfondies, simplifiées et rapprochées lui semblent propres à accélérer et à assurer la marche de l'esprit humain dans sa carrière indéfinie ; des observations vraies et importantes, antérieurement incomplètes et isolées sur la grammaire, sont liées, éclaircies et confirmées par beaucoup d'observations nouvelles, rattachées à des principes simples et féconds par une méthode employée avec toute la sagacité imaginable. Et les idées qui lui appartiennent en propre, en forment incontestablement, selon Thurot, la partie la plus originale, la plus intéressante, la plus utile et la plus considérable. De même Biran, tout en discutant les théories de l'*Idéologie*, fait de la *Grammaire* le texte de ses méditations, et trouve admirable l'essai sur les signes permanents de nos idées : « Que les érudits de notre Académie des inscriptions (3ᵉ classe), s'écrie-t-il, viennent encore nous dire que l'idéologie n'est bonne à rien » (2) ! Ajoutons que l'ouvrage soulève plusieurs des questions qu'agitent aujourd'hui les philologues, avec des documents infiniment plus riches, ou les psychologues, en s'appuyant sur une physiologie pour laquelle tout n'est plus ténèbres, et que la méthode suivie par l'auteur, trop souvent hypothétique, se rapproche, par moments, de l'obser-

---

(1) D. de Tracy va plus loin que M. Louis Havet, sans négliger comme les auteurs du volapük le rapport des idées et des mots.
(2) Lettres inédites communiquées par M. Naville.

vation scientifique et positive. Aucun autre n'eût été plus propre à donner aux grammairiens le goût de l'idéologie ; aux philosophes, le goût d'études si utiles pour la connaissance de l'homme (1).

L'année même où paraissait sa *Grammaire*, D. de Tracy se liait avec Biran, venu à Paris pour l'impression de son Mémoire. Au printemps de 1804, il écrit à Fauriel que le tableau des folies humaines que Degérando vient de tracer, avec tant de complaisance, lui donne la tentation de s'occuper de nouveau de ces rêveries : « Je vois toujours plus, ajoute-t-il, que qui en sait trois ou quatre en sait mille » (2). A la fin de l'année, il donne une nouvelle édition de l'*Idéologie*. Il ne faudrait pas le prendre au mot, quand, dans son *Avertissement*, il affirme qu'il n'a que réimprimé la première. Il y a introduit, a-t-il soin d'ajouter lui-même, des notes et des éclaircissements qui paraîtront importants à ceux qui approfondissent le sujet. Thurot, qui présenta le livre aux lecteurs de la *Décade*, y signalait d'heureuses améliorations et la refonte entière du chapitre vii sur l'existence (3).

D. de Tracy n'a encore rien perdu de sa confiance; il a une sécurité entière dans la solidité de ses principes. L'existence de la section d'analyse, dans l'Institut national, et d'une chaire de grammaire générale, quoiqu'elle ait eu une durée très courte, lui semble avoir donné aux esprits une « impulsion prodigieuse et qui ne s'arrêtera point ». En août 1804, il écrivait à Biran : « Il se fait en ce moment de belles choses en grammaire générale expliquée et en grammaire comparée. Le feu sacré ne meurt pas;

(1) Voyez Ribot, *Psychologie anglaise*, article sur James Mill, etc. Les travaux de D. de Tracy ont été continués par Fr. Thurot, dont le neveu a été aussi connu comme philosophe que comme philologue ; par Cardaillac, auquel on a attribué plus d'une fois des théories qu'il n'avait fait que reprendre chez les idéologues. Cf. ch. viii, § 4.

(2) Sainte-Beuve, *Fauriel*, p. 184.

(3) Une note de trois pages, placée à la fin du chapitre iv, montre que D. de Tracy est occupé à rédiger sa *Logique*, où il doit établir que l'idée exprimée par l'attribut est plus générale que celle dont le sujet est l'expression. Ailleurs, parlant de l'habitude, il déplore la perte de Draparnaud et constate qu'on éprouve, en idéologie, ce qu'on a éprouvé en chimie, où les éléments les plus grossiers avaient été seuls d'abord remarqués, tandis que les plus subtils échappaient à l'observation. Puis dans une note de dix pages, où il cite le Mémoire de Biran sur l'*Habitude*, « un des meilleurs ouvrages qui aient jamais été écrits sur ces matières », il établit la différence qui sépare la langue algébrique des autres langues et conclut qu'on ne peut la transporter dans d'autres matières, qu'on ne peut en donner les propriétés aux autres langues, ni produire, par des formes syllogistiques, le même effet qu'avec des formules algébriques. Enfin il supprime la longue récapitulation qui terminait la première édition et la remplace par un *Extrait raisonné*, servant de table analytique, « plus propre à montrer l'enchaînement des idées et à en faire sentir le faible, si elles étaient mal fondées ou mal suivies ».

j'ai dans l'idée que dans quelque temps on sera étonné de celui-ci; ce ne sera pas la faute de certaines gens ». Et, en décembre, il est plus explicite encore. S'il voit peu de choses à recueillir dans l'ouvrage de Prévost sur les *signes*, et si le *Précis d'Idéologie* de la Boudinière lui fait dire que l'auteur vaut mieux que son livre, il annonce « qu'il se fait un bon cours de notre science à Angers et un autre à Besançon, qu'Andrieux en commence un à l'École polytechnique, que le feu sacré vit toujours (1) ».

Dès le début de l'an XIII, D. de Tracy annonce à Biran qu'il vient d'achever sa *Logique*. « J'ai parcouru, disait-il, tout mon petit cercle; il se referme complètement juste, sans que j'y aie visé, ce qui tendrait à prouver qu'il a été tracé régulièrement (2) ». La dédicace à Cabanis (3), datée du 1ᵉʳ floréal (mai 1805), est postérieure de deux mois à une lettre où ce dernier annonce à Biran, que la troisième classe vient de couronner son *Mémoire sur la décomposition de la pensée,* que Laromiguière a publié ses *Paradoxes de Condillac*.

La *Logique* compte six cent soixante-dix pages et comprend un *Discours préliminaire* (140 pages), neuf chapitres (p. 140 à 522), un *Extrait raisonné* (p. 522-561), enfin un *Appendice* (p. 561-567), où se trouvent un *Sommaire résumé de l'Instauratio magna* et une traduction de la *Logique* de Hobbes.

Le Discours préliminaire est remarquable à plus d'un titre. Pour établir que la logique est une science purement spéculative et non l'art de raisonner, comme on le dit d'ordinaire (4), D. de

---

(1) Cf. ch. vii, § 1. Lettres inédites communiquées par M. Naville.

(2) Lettres inédites du 1ᵉʳ vendémiaire. — N'y a-t-il pas erreur de date, et ne faut-il pas reculer la lettre de quelques mois, quand D. de Tracy écrit le 4 août 1804 : « Je ne suis pas encore assez content de ce que j'ai déjà fait de ma logique » ; surtout si l'on pense que D. de Tracy eut à modifier alors son *Idéologie*, et à en corriger les épreuves? Cependant si l'on considère le ch. viii comme une réponse aux *Paradoxes*, on pourra admettre qu'il s'agit de l'addition de ce chapitre et non de la *Logique* tout entière.

(3) D. de Tracy a attendu que l'œuvre fût complète pour l'offrir à son ami. Cet hommage était dû à l'homme qui, sous le titre modeste de *Rapports du physique et du moral de l'homme*, a réellement donné son histoire ; qui a tracé cette histoire de la manière la plus nette et la plus sage, la plus éloquente et la plus exacte ; à qui tous ceux qui voudront se conformer au précepte sublime de l'oracle de Delphes devront une éternelle reconnaissance. La lecture des *Rapports* et, plus encore, les conversations de Cabanis, lui ont donné courage et espoir. Ce qu'il ambitionne le plus, c'est que son ouvrage soit regardé comme une conséquence de celui de Cabanis ; que ce dernier lui-même n'y voie qu'un corollaire des principes qu'il a exposés. Ainsi serait réalisé le désir de Locke : l'histoire détaillée de notre intelligence serait une portion et une dépendance de la physique humaine.

(4) Barthélemy Saint-Hilaire (*Logique d'Aristote*, p. 12) a fort bien montré que la question était une des plus importantes qu'on puisse agiter en ces matières.

Tracy fait une histoire de la logique où, tout en se montrant sévère dans ses appréciations, il s'efforce d'exposer avec impartialité les doctrines de ses prédécesseurs. La *Logique* d'Aristote a le défaut capital de n'expliquer ni l'action des facultés intellectuelles sur la formation des idées, ni la génération de leurs signes, ni les effets et les usages de ces signes ; mauvaise comme art, elle n'est point la science de la vérité et de la certitude, qu'elle a fait regarder comme inutile et nuisible. Mais on devrait lire la traduction française qu'a donnée de l'*Organum* Ph. Canaye en 1589. Il serait utile qu'il y eût une traduction française de la *Logique* d'Aristote, généralement répandue, fréquemment consultée, et D. de Tracy donne d'utiles conseils à celui qui entreprendrait de la faire bonne et intelligible (1). Lui-même a soigneusement étudié les *Catégories*, le *de Interpretatione*, les *premiers* et les *seconds Analytiques*, les *Topiques* et les *Elenchi Sophistici*. Les idéologistes français « loin d'être des novateurs effrénés, des déserteurs de l'école d'Aristote, et de tenter, contre son intention, des choses que ce grand maître a dit être inutiles ou impossibles, sont ses continuateurs, ses disciples, et, pourrait-on dire, ses exécuteurs testamentaires » (2). De même D. de Tracy analyse avec soin Bacon et l'interprète, en plus d'un endroit, tout autrement que Lasalle. Si Bacon était un grand homme, s'il avait un esprit prodigieux, une science immense et un talent admirable, la première partie de son œuvre (*Divination des sciences*) est mauvaise et fondée sur une fausse analyse de nos opérations intellectuelles ; la seconde (*Novum Organum*) est plus imparfaite encore ; la troisième (*Histoire naturelle et expérimentale devant servir de base à la philosophie*) n'est qu'un essai tenté dans une voie qui n'est pas la bonne ; la quatrième (*Échelle de l'entendement*) nous offre six morceaux d'autant meilleurs que la méthode prescrite y est moins suivie. De la cinquième (*Connaissances anticipées de la philosophie seconde*), nous n'avons que la préface, la sixième (*Philosophie seconde*) n'est pas commencée (3). Bien plus, D. de Tracy estime que Descartes, sans connaître

(1) C'est ce qu'a fait M. Barthélemy Saint-Hilaire pour répondre au programme de l'Académie des sciences morales et politiques en 1837.
(2) De même on pourrait soutenir que les psychologues évolutionnistes n'ont fait que reprendre la méthode et le cadre du περὶ ψυχῆς. Nous l'avons montré dans nos conférences aux Hautes-Études pendant l'année scolaire 1888-1889.
(3) J. de Maistre a été plus injurieux pour Bacon, a-t-il été plus sévère ?

Bacon (1), a écrit les mêmes choses avec moins d'appareil et d'ostentation, mais plus clairement (2). Chez Hobbes, dont D. de Tracy traduit la *Logique* en en recommandant la lecture attentive, il signale — outre ce qui concerne la formation des idées, les mots, notes ou signes de nos idées et la perception — l'assertion suivante qui, à elle seule, devrait le faire regarder comme le fondateur de l'Idéologie et le rénovateur des sciences morales : « Que les principes de la politique dérivent de la connaissance des mouvements de l'âme ; et la connaissance des mouvements de l'âme, de la science des sensations et des idées ». Messieurs de Port-Royal sont à Descartes ce que Hobbes est à Bacon : dans leur *Logique* et leur *Grammaire générale*, ils ont ébauché la théorie des idées et amélioré celle des signes ; ils ont préparé Locke, dont l'*Essai* est le premier traité de science logique. Si Condillac a examiné, avec plus de détail et de scrupule, la marche de l'esprit humain, dans l'*Essai sur l'origine des connaissances humaines*, s'il a creusé le sujet jusqu'au fond dans le *Traité des sensations* et celui des *Animaux*, sa méthode, vantée avec raison, n'est que celle de Bacon et de Descartes (3) ; sa doctrine idéologique et logique n'a malheureusement pas été rassemblée dans un seul ouvrage, ni réunie en un seul système d'idées bien enchaînées. Il a eu grand tort de ne pas faire plus d'attention aux idées du P. Buffier, qui a mérité les éloges de Voltaire et vu que, si le nom est toujours le sujet de la proposition, le verbe en est le véritable attribut ; que les autres éléments ne sont que des modificatifs du nom et du verbe ; que le sujet contient l'attribut et qu'une série de propositions n'est concluante qu'autant et parce que chaque attribut renferme successivement celui qui le suit.

Instruits par les efforts de nos devanciers, dit D. de Tracy, qui

(1) Ceci n'est pas exact.
(2) « Il n'y a pas, dit-il, une seule chose utile de la grande Rénovation qui ne se trouve dans les quarante premières pages de l'admirable *Discours de la Méthode*. Descartes a même de grands mérites de plus que Bacon. Il a su réduire tout ce qui constitue la bonne méthode à ces quatre fameux principes, qui la renferment effectivement tout entière ; il a vu et dit que le premier objet de notre examen devait être les facultés intellectuelles, qui seules nous permettent de connaître tout le reste ; que la première chose dont nous sommes certains, c'est notre propre existence, dont nous sommes assurés, parce que nous la sentons. *Je pense, donc je suis*, est le mot le plus profond qui ait jamais été dit, et le seul vrai début de toute saine philosophie ». Avons-nous eu tort de faire des idéologues les successeurs de Descartes ?
(3) Par là encore, D. de Tracy se rattache à Descartes. Voyez ce qu'il a dit de la méthode de Condillac dans le Mémoire sur *Kant* (§ 2).

fait ainsi pour la logique et l'idéologie rationnelle, ce que Cabanis avait fait pour l'idéologie physiologique, nous savons que *sentir* est notre existence tout entière ; que juger n'est que démêler une circonstance dans une perception antérieure. Mais qu'est-ce que cette science logique? Uniquement la métaphysique ; non toutefois l'ancienne, qui est à la nouvelle ce qu'est l'astrologie à l'astronomie, l'alchimie à la chimie. La vraie métaphysique ou la théorie de la logique est la science de la formation de nos idées, de leur expression, de leur combinaison et de leur déduction. Inconnue d'abord, méconnue ensuite et persécutée enfin, quand on l'a vue paraître avec éclat dans les rangs de l'Institut national et dans les chaires des écoles publiques, elle a cependant fait des progrès. Il faut achever de la perfectionner. Avant Condillac, on expliquait la justesse d'un raisonnement en disant que les propositions générales renferment les particulières ; on appelait l'attribut, grand terme, et le sujet, petit terme, tout en affirmant cependant qu'ils sont égaux tous deux au moyen. Pour Condillac, les jugements sont des équations, les raisonnements des séries d'équations, les idées comparées dans un jugement et un raisonnement sont identiques (1). Mais dans un jugement, le sujet comprend l'attribut; dans une série de jugements, chaque attribut comprend celui qui le suit, à la façon des boîtes dans lesquelles on en trouve une autre plus petite, dans celle-ci une troisième, et ainsi jusqu'à la dernière (2). Mieux encore, comme cela a lieu pour les tuyaux de lunettes qui, renfermés les uns dans les autres et tirés successivement de celui qui les recouvrait, le continuent et allongent d'autant le tuyau, chaque fois que l'on porte un nouveau jugement, en voyant que l'idée en renferme une autre non encore remarquée, celle-ci devient un nouvel élément, qui s'ajoute à ceux qui composaient déjà la première et en augmente le nombre. .

Y a-t-il vérité et erreur, ou en d'autres termes, pourquoi et comment sommes-nous sûrs de quelque chose? C'est en continuateur de Descartes que D. de Tracy résout la question. La nature des jugements explique la justesse des raisonnements, celle des idées explique la justesse des jugements. Le premier fait dont nous sommes certains, c'est notre sentiment, affection

---

(1) Remarquer qu'ici encore, D. de Tracy se sépare de Condillac.
(2) D. de Tracy renvoie pour cet exemple à son *Mémoire sur la faculté de penser* « qui peut être utile à relire ».

ou connaissance ; sentir étant pour nous la même chose qu'exister et que penser, le premier jugement que nous pouvons porter avec assurance, « c'est que nous sommes sûrs de ce que nous sentons ». Descartes a dit « je pense, donc j'existe ». Il aurait pu dire : penser et exister sont pour moi une seule et même chose, et je suis assuré d'exister et de penser, par cela seul qu'actuellement j'y pense. Par cette sublime conception, il a replacé toute la science humaine sur sa véritable base, primitive et fondamentale; car le sceptique le plus déterminé ne peut douter qu'il existe « se paraissant à lui-même doutant », et c'est là être sûr de son existence et de chacun de ses modes (1).

Mais d'où vient que nous nous trompons? Rappelons-nous les distinctions établies dans l'*Idéologie*. Les sensations pures ou idées simples ne sont susceptibles d'aucune erreur, mais elles cessent d'être pures pour devenir des idées composées, quand nous y mêlons seulement l'idée qu'elles viennent d'un autre être. Quant aux idées individuelles et particulières, généralisées ou abstraites des êtres, de leurs qualités et de leurs modes, elles sont composées en vertu de jugements. Si nous sommes sûrs de les sentir telles qu'elles sont, nous ne sommes pas sûrs de la justesse des jugements qui les composent. Les souvenirs, certains comme perceptions actuelles, peuvent être faux, si nous jugeons qu'ils sont la représentation fidèle d'une perception antérieure ; ainsi les idées des êtres, de leurs modes acquièrent ou perdent plusieurs éléments dans leurs renaissances successives; de même les jugements, les sensations, les désirs ne se reproduisent que très imparfaitement dans le souvenir. Dans nos jugements seuls se trouve la cause de toutes les erreurs et cependant, comme perceptions actuelles, ils sont aussi certains que toutes les autres. Nos désirs, réels en tant que nous les sentons, deviennent erronés par les jugements qui les fondent ou s'y mêlent. Donc toutes les perceptions actuelles sont certaines et ne sont susceptibles d'erreur que par leur liaison avec des perceptions passées ; c'est dans l'imperfection de nos souvenirs qu'est la cause de toutes nos erreurs. Certains de ce que nous sentons, nous ne sommes pas toujours sûrs de la liaison de ce que nous sentons, avec ce que nous avons senti.

Traçons le tableau hypothétique (1) de la génération successive de nos idées. Si la certitude des perceptions actuelles et l'incertitude de la liaison de ces perceptions avec les perceptions antérieures explique tous les faits, nous conclurons qu'elles en sont les deux causes, comme nous croyons à l'existence d'une impulsion première et d'une attraction constante, qui rendent raison de tous les mouvements célestes. Je commence à vivre, je le sens ; pas d'erreur possible. J'en sens le souvenir, il n'y a pas d'erreur dans cette deuxième perception. Mais je juge que c'est la représentation de la première. La possibilité de s'égarer commence, non que le jugement soit faux en lui-même, mais parce que l'idée, qui est le sujet, représente imparfaitement le premier souvenir. Je découvre, dans l'idée de ma première sensation, l'idée d'être bonne à éprouver : je puis me tromper, parce que mon premier souvenir n'est pas exactement ma première sensation et que je juge, de l'un, ce que je ne jugerais pas de l'autre. Mais jugeant cette perception agréable, j'ai le désir de l'éprouver ; mes membres recommencent à se mouvoir, puis la sensation cesse comme la première fois. Le souvenir de cette sensation me reviendra, compliqué de plusieurs idées qui n'existaient pas quand il est venu la première fois ; il sera exposé à être plus infidèle. La complication se produira même si je juge de la sensation pendant qu'elle existe encore : de là de nouvelles occasions d'erreurs. Mais je juge bientôt que la sensation a cessé, par le pouvoir d'un être autre que moi qui « voulais la prolonger ». Je connais deux êtres distincts et séparés, l'un *veut*, l'autre *résiste* ; mes idées s'expliquent, en devenant toutes des idées d'êtres ou de modes, et ma perception actuelle se lie de plus en plus difficilement à mes perceptions antérieures. Je m'aperçois que les idées sont, non seulement mes propres modifications, mais aussi les effets des propriétés d'êtres indépendants ; j'estime qu'elles doivent, pour être justes, être conformes à l'existence de ces êtres et non uniquement liées entre elles. A tort, toutefois ; car les rapports resteraient les mêmes, quand les modifications viendraient, sans cause étrangère, de notre vertu sentante. Mais on ne peut supposer que la même

(1) Nous retrouvons encore ici le géomètre à la place du physicien. Cf. § 1.

vertu sentante *veuille* et *résiste* : s'il en existe seulement deux en même temps, elles ne peuvent ni se dénier l'existence ni la refuser aux êtres qui obéissent à l'une et résistent à l'autre. Il faut donc admettre l'existence réelle d'êtres causes de nos perceptions. Ce qui n'empêche pas que nos perceptions ne soient tout pour nous ; qu'elles ne soient justes, si elles s'enchaînent bien, puisque, naissant les unes des autres, les dernières ne sauraient être plus erronées que les premières, si nous n'avons vu, dans celles-ci, que ce qui y est réellement (1) ; enfin qu'elles soient en ce cas conformes à l'existence réelle de ces êtres, puisque les premières, venant directement des êtres qui les causent, constituent pour nous leur existence, et que les autres n'en sont que développements et conséquences. Mais nos idées se compliquent et il est plus difficile que les souvenirs soient exacts. La difficulté est plus grande encore, par suite de la transformation des idées en générales ou abstraites, de l'usage des signes, de la liaison des idées et de la fréquente répétition des mêmes actes intellectuels. Elle croît avec l'étendue, le nombre, la finesse de nos idées, et constitue la cause suffisante de toutes nos erreurs. Elle explique les effets qui résultent des différents états de nos individus, car le sentiment habituel de l'action vitale modifie les idées selon les temps, et change les jugements en altérant les souvenirs. Elle explique l'altération que produisent, dans nos jugements, la différence des tempéraments, des sexes, des âges, de l'état de santé et de l'état de maladie, des diverses maladies (2). Partant, pour avoir l'esprit juste et le jugement sain, il faut être d'un naturel peu mobile ou doué de la force de réflexion qui sépare exactement, de l'idée dont on juge, les impressions qui y sont étrangères. En outre, nos perceptions premières et simples étant sûres, peu nombreuses, ayant pour tous les mêmes rapports entre elles et composant toutes les autres, qui sont justes quand nous n'avons vu dans les premières que ce qui est, il y a pour l'espèce une raison *générale*, un *sens commun* et *universel*.

Donc, nous raisonnons avec des mots, sur des idées faites par des jugements et d'après des souvenirs : pour bien raisonner, les formes n'importent pas ; mais il faut faire la description de

(1) On peut encore comparer ici la théorie de D. de Tracy à celle de Descartes sur les natures premières.
(2) D. de Tracy s'inspire de Cabanis et le complète. Cf. ch. iv.

l'idée, si sa compréhension et par suite la valeur de son signe deviennent confuses et vagues, c'est-à-dire ne considérer attentivement que ce dont on parle et le représenter exactement. Ainsi les deux premières parties des anciennes logiques se trouvent étendues, la troisième, anéantie, la quatrième ne fournit qu'un principe incomplet. Toutefois les logiciens ont été habiles et utiles. Seuls n'ont jamais été bons à rien, les métaphysiciens qui ont dogmatisé témérairement, sur les abstractions les plus complexes et sur la nature de l'être pensant qu'ils ne connaissaient pas, sans étudier ni la génération de nos idées, ni nos opérations intellectuelles. Et il y a peu de logiciens, d'idéologistes, de grammairiens philosophes qui n'aient à se reprocher d'avoir été quelquefois métaphysiciens !

Nous avons indiqué un passage où D. de Tracy semblait critiquer Laromiguière et sa théorie de l'attention; le chapitre XII de la *Logique*, où il dit que son ouvrage est terminé, mais où il s'efforce cependant, d'assez mauvaise grâce d'ailleurs, de trouver les nouvelles raisons qu'on voudrait encore pour appuyer ses principes, paraît une réponse (1) aux *Paradoxes* (2). Le dernier chapitre est un résumé des trois parties qui composent la science logique et un programme de ce qui doit suivre. Le début rappelle les premières pages du *Discours de la méthode*, auxquelles elles ne sont inférieures que parce qu'elles sont de 1805 et non de 1637. Tracy, conduit à l'idéologie par les sciences, n'a jamais songé à séparer l'une des autres; il a tenté, après d'Alembert, avant A. Comte, de donner une classification et une hiérarchie des sciences où tout n'est pas à mépriser; enfin il a invoqué, pour justifier ses recherches idéologiques, les raisons que produisent aujourd'hui ceux qui veulent maintenir

---

(1) Ce n'est pas uniquement aux *Paradoxes* et à Laromiguière qu'il répond : peut-être s'agit-il aussi d'objections de Biran et de Cabanis. « Je dois remercier encore mes juges, dit-il en terminant le chapitre, de m'avoir, pour ainsi dire, forcé de rendre mes raisons aussi convaincantes qu'elles pouvaient l'être ».

(2) Successivement, il explique que tout est nécessaire dans la nature, que tout est contingent pour nous, qui ne connaissons la série entière des causes de rien. Partant, la marche de notre esprit est la même en matière contingente et en matière nécessaire. Les règles prescrites aux formes du raisonnement sont inutiles. Tout syllogisme se réduit à un sorite, et n'est probant que parce qu'il renferme un sorite. Calculer, c'est raisonner, mais raisonner n'est pas calculer. Il n'y a ni addition, ni soustraction dans le raisonnement, mais bien des raisonnements dans l'addition et la soustraction. Tout raisonnement, y compris les calculs, ne consiste que dans des substitutions d'expression, et la cause unique de la justesse de ces substitutions est toujours l'opération intellectuelle qui consiste à voir que l'idée substituée est renfermée dans la précédente.

contre A. Comte la légitimité de la métaphysique. Rien n'est plus propre à faire connaître, sous son meilleur jour, un philosophe dont on tient trop peu de compte en notre pays.

Toutes les sciences, même les plus exactes dans leur marche et les mieux ordonnées dans leur ensemble, lui parurent laisser plusieurs inconnues en arrière de leurs premiers principes. La science des quantités abstraites ne dit ni comment nous formons l'idée de nombre, ni comment nous avons des idées abstraites; la géométrie n'apprend ni comment nous connaissons l'étendue, ni en quoi consiste cette propriété, ni pourquoi seule elle donne lieu à une science particulière, qui influe sur toutes les autres. La physique, science positive des propriétés des êtres qui tombent sous nos sens et des lois qui les régissent, ne dit point comment ces propriétés dérivent et procèdent les unes des autres et comment elles dérivent pour nous de nos moyens de connaître, comment elles dépendent de l'étendue, quelles relations elles ont avec la durée et la quantité. L'histoire naturelle n'explique ni en quoi consiste l'existence des êtres, ni ce qu'elle est, relativement à eux et à nous; ni quelles sont les conséquences intellectuelles de la sensibilité, dans les diverses espèces, et notamment dans la nôtre.

Comme ces sciences *générales*, les sciences *spéciales*, moins sûres encore dans leurs procédés, plus incohérentes entre elles, sont dénuées des notions premières sur lesquelles elles devraient s'appuyer. L'économie politique n'indique ni l'origine ni la nature de nos besoins, ni les droits que nous donnent nos besoins, ni les devoirs que nous impose l'exercice de notre puissance d'agir. La morale est encore moins méthodique, puisqu'on dispute sur son but et ses principes. La législation, dérivée de la morale et de l'économie politique, et comprenant la science du gouvernement et celle de l'éducation, est à plus forte raison sans fondement fixe. La logique, qui prétend diriger les sciences spéciales ou générales, a été bornée à l'art de tirer des conséquences et laisse de côté l'art de poser des principes. La grammaire nous apprend, peu ou mal, comment nous avons des signes pour nos idées, et quels en sont les avantages et les inconvénients : elle manque donc aussi de principes fondamentaux.

« Le magnifique édifice de nos connaissances, qui d'abord me présentait une façade si imposante, dit D. de Tracy, manquait ainsi par sa base, et repose sur un sable toujours mouvant.

Cette triste vérité, qui me pénétrait de chagrin et de crainte, m'a prouvé que la grande rénovation, tant demandée et non exécutée par Bacon, n'avait eu lieu que superficiellement, que toutes les sciences avaient bien pris une marche plus régulière et plus sage, en partant de certains points donnés ou convenus ; mais que toutes avaient besoin d'un commencement qui ne se trouvait nulle part ». C'est ce besoin que l'on voulait satisfaire par la philosophie première ; mais la philosophie première n'est pas une science positive et expresse, dogmatisant sur telle espèce d'êtres en particulier, ou sur tels effets de leur existence à tous et de leurs rapports entre eux ; elle doit consister dans l'étude de nos moyens de connaître. Cultivée antérieurement par des hommes de haute valeur, elle avait fait déjà de grands progrès ; mais encore désignée par la dénomination complexe d'*analyse des sensations et des idées,* elle n'était pas identifiée à la partie scientifique de la Logique, encore moins à la philosophie première. « Quand je proposais, ajoute D. de Tracy qui nous fait assister au travail de sa pensée, de l'appeler idéologie, mot qui n'était que la traduction abrégée de la phrase par laquelle on la désignait, il sembla que je voulais lui donner un autre caractère ; je ne prévoyais pas moi-même où cette étude me conduirait. Placé par Bacon en présence de l'objet à examiner, je mis à néant tout ce que d'autres y avaient vu ou cru voir avant moi ; je considérai sans prévention antérieure, sans parti pris, la masse entière de mes idées et je démêlai bientôt, dans leur composition, le retour continuel d'un petit nombre d'opérations intellectuelles, toujours les mêmes, qui ne sont que des variétés de celle de sentir ».

D. de Tracy rappelle alors les idées maîtresses de son *Idéologie,* les quatre opérations élémentaires, sentir (1), se ressouvenir, juger et vouloir; l'existence, ramenée à la faculté de sentir, la sensation de mouvement, seule capable de nous faire connaître qu'il y a d'autres êtres. « On n'a pas fait, dit-il, en homme qui est absolument sûr de posséder la vérité, assez d'attention à ces bases fondamentales de mon ouvrage et de toute philosophie ; on a accueilli avec indulgence, et même avec approbation,

---

(1) « Je vis de plus en plus tard que d'après notre organisation les trois autres opérations suivent celle de sentir ». — N'avons-nous pas eu raison d'expliquer par l'influence de Cabanis, le changement de doctrine de D. de Tracy sur la question d'existence ? (Cf. § 2.)

quelques parties qui ne peuvent avoir de mérite réel que celui qu'elles tiennent de ces préliminaires. Je crois avoir bien exactement pris dans la nature, bien dégagé de toute opinion hypothétique, de tout principe arbitraire, ces premières données sur lesquelles repose toute mon œuvre. On ne saurait trop les examiner, les discuter et les constater, si l'on veut que nos connaissances soient enfin fondées sur une base solide et inébranlable. Je sens qu'il y a un air de prétention à affirmer que ce que l'on a dit mérite d'être étudié ; mais ce n'est pas pour moi que je demande cette faveur ; c'est pour le sujet que j'ai traité dans les onze premiers chapitres ; ils renferment tout le vrai de l'histoire de notre intelligence ».

Puis, après avoir résumé l'*Idéologie*, la *Grammaire* et la *Logique*, Tracy ajoute, en cartésien bien plus qu'en naturaliste : « Il est bien difficile de s'égarer en suivant la route que j'ai tenue. J'ai étudié la plume à la main ; je ne savais pas la science quand j'ai commencé à l'écrire, puisqu'elle n'existe nulle part ; je n'avais aucun parti pris ; j'ignorais où j'arriverais ; j'ai observé notre esprit sans prévention et noté ce que je voyais, sans savoir où cela me mènerait. Je suis revenu sur mes pas toutes les fois que j'ai vu que j'étais conduit à l'absurde ; j'ai refait jusqu'à cinq fois des parties de ma *Logique* ; j'ai toujours trouvé l'endroit où je m'étais égaré, c'est-à-dire où j'avais mal vu les faits antérieurs ; enfin sans supposition, sans inconséquence, sans lacune, je suis venu à un résultat que je n'avais ni prévu, ni voulu. Il est plausible, il rend raison de tous les phénomènes, il est impossible de n'y pas prendre une pleine et entière confiance ».

Combien et avec raison nous sommes plus défiants aujourd'hui ! Les adversaires des idéologues, en contestant leurs affirmations, nous ont fait voir que les questions ne sont pas aussi simples qu'on le pensait alors et nous ont permis de poser, sinon de résoudre dans leur complexité presque infinie, les problèmes qu'ils pensaient avoir pour toujours résolus. Et le service qu'ils nous ont rendu ainsi n'est pas médiocre, si l'on admet que connaître son ignorance est absolument nécessaire à qui veut travailler à la science de l'homme comme de l'univers.

Après ce qu'il a fait, D. de Tracy parle de ce qui reste à faire. L'histoire de notre intelligence, considérée sous le rapport de ses moyens de connaître, devrait être complétée par l'examen de la volonté et de ses effets, c'est-à-dire par l'étude des différents usages que nous faisons de nos forces, des moyens par lesquels nous jugeons sainement les sentiments et les passions qui nous font agir, d'où l'on déduirait les principes de l'art de bien diriger les unes et les autres. L'*économie*, la *morale*, la *législation* nous fourniraient les véritables éléments de toutes les parties des sciences morales et politiques, et compléteraient ainsi l'histoire des facultés intellectuelles de l'homme. On l'examinerait alors, appliquant ses moyens de connaître à l'étude des autres êtres, on observerait comment il découvre leur existence et leurs propriétés : on trouverait ainsi les éléments de toutes nos sciences physiques ou abstraites, de la physique, de la géométrie et du calcul. D'abord on montrerait comment, par la réaction de notre vertu sentante sur le système musculaire, nous apprenons l'existence des corps et leurs diverses propriétés ; ainsi naîtraient les classifications et les descriptions de l'histoire naturelle, les observations et les combinaisons de la physique. Puis on étudierait l'étendue dans le concret et le positif ; on établirait qu'elle n'est qu'une relation au mouvement de nos membres et pourquoi, par suite, elle est si éminemment mesurable et calculable. Alors on pourrait s'enfoncer dans les profondeurs de cette science, avec la certitude de revenir au grand jour, quand on le voudrait. Enfin on passerait à la quantité, propriété plus générale encore que l'étendue, et idée la plus abstraite après celle d'existence. On verrait que la science de la quantité repose tout entière sur cette convention, que chacun des différents nombres est à une égale distance de celui qui le précède et de celui qui le suit, et que cette distance est toujours l'unité. On saurait pourquoi elle est si certaine, ses éléments si nombreux et ses combinaisons si multipliées : pourquoi elle s'applique à tout, mais mieux à certains sujets qu'à d'autres. On saurait que cette science, malgré ses langues et ses formes particulières, est soumise à la logique et à la grammaire universelle : on ferait une belle introduction à la science du calcul.

De vrais *Éléments d'idéologie* comprendraient neuf parties distinctes — idéologie, grammaire et logique ; économie, morale et gouvernement ; physique, géométrie et calcul — toutes également nécessaires, mais formant bien, par leur réunion, la totalité du tronc de l'arbre encyclopédique de nos connaissances réelles. On y joindrait, comme appendice, l'indication des fausses sciences qu'anéantit la connaissance de nos moyens de connaître et de leur légitime emploi : « L'homme marcherait alors avec une entière sécurité dans toutes les routes qu'il voudrait s'ouvrir ».

Telle est la dernière partie, la plus remarquable selon nous, de l'*Idéologie* de D. de Tracy (1).

Pour la deuxième édition des *Rapports*, D. de Tracy composa un extrait raisonné servant de table analytique. On peut, en le lisant et en le rapprochant du texte, se rendre compte de la tournure différente d'esprit des deux chefs de l'école. Cabanis donne de l'ampleur, de l'éclat même à son exposition ; il revient sur ses idées pour en déterminer le degré de probabilité et s'occupe plus de trouver, pour chacune, tout son relief que de la rattacher à celle qui précède et à celle qui suit. D. de Tracy, net et précis, n'emploie que les mots nécessaires, mais il enchaîne fortement les idées, supprime les nuances et donne à l'ensemble un ton affirmatif et un caractère de certitude qu'on chercherait en vain chez Cabanis (2). Avec Biran, Tracy continue ses discussions. Biran vient à Paris en 1805 et se lie avec Ampère : l'un et l'autre dînent souvent chez D. de Tracy et « disputent sur des questions de métaphysique » (3). A Biran, D. de Tracy envoie un *Sup-*

(1) Pour qu'on en ait une idée tout à fait exacte, il faut signaler quelques passages que nous n'avons pas eu l'occasion de citer. D. de Tracy, répondant à la critique que Degérando avait faite de sa théorie sur la connaissance du monde extérieur, défend avec vivacité la philosophie française contre la philosophie allemande et distingue, avec raison, l'érudition de la profondeur. Il y a, dit-il, en partisan convaincu de la Révolution, et en homme qui n'a pas voulu « abandonner son pays dans la détresse » quoi qu'il pût lui en coûter, un certain public dont je ne cherche point à capter les suffrages. Et ailleurs, en rappelant que le XVIII° siècle a commencé en France par le règne de l'hypocrisie, et qu'il a fini *dit-on* par celui de la dépravation, il ajoute qu'on doit avoir bien de l'inquiétude pour la fin du dix-neuvième qui doit être abominable. Ce n'est pas toutefois qu'il combatte directement, pour sa part « cette vieille métaphysique, qui tombe en ruines et à l'existence de laquelle tient, plus qu'on ne pense, l'influence des hypocrites ». Ce qu'il veut surtout, c'est en séparer et en distinguer l'idéologie en la faisant rentrer dans les sciences positives (p. 264), auxquelles il la joint encore dans les exemples qu'il donne pour prouver que la cause prochaine et pratique de toutes nos erreurs est notre précipitation à juger (p. 166). Aussi prend-il soin, comme le ferait M. Ribot (*Maladies de la mémoire*, 125), de déclarer que, pour tout ce qu'il dit, et dira jamais de la matière, il est indifférent de supposer que la matière est animée par l'effet de son organisation ou par des esprits de différents ordres (p. 190).

(2) De Rémusat l'a remarqué avec raison, on se tromperait, si l'on jugeait des *Rapports* par l'extrait raisonné. Sur les doctrines, Cabanis et D. de Tracy sont à peu près d'accord, mais il n'en est pas ainsi pour leur degré de certitude et leur liaison. Un seul exemple : là où Cabanis dit que le cerveau *digère en quelque sorte* les impressions, qu'il fait organiquement la sécrétion de la pensée, D. de Tracy dit que « mille faits nous montrent le cerveau ou centre cérébral, comme le digesteur spécial ou l'organe sécréteur de la pensée ».

(3) En 1806, Biran, sous-préfet depuis le 31 janvier, vient encore à Paris mais y reste fort peu de temps : il ne va même pas à Villette où se trouve Cabanis. Il

plément à sa *Logique* imprimé, en 1817 ; il y rappelle les conclusions de ce dernier ouvrage avant d'appliquer, à l'étude de notre volonté et de ses effets, sa théorie des causes de la certitude et de l'erreur. Quatorze aphorismes, suivis d'observations et de corollaires, rappellent tout à la fois Bacon, Descartes et Spinoza, mais ne nous apprennent rien de nouveau sur sa doctrine. Il n'en est pas de même de la conclusion, dans laquelle il soutient, contre d'Alembert et Condorcet, que la science de la probabilité n'est ni une partie, ni même un supplément de la logique. Dit-on qu'elle nous apprend, en évaluant la probabilité d'une opinion, à porter avec justesse le jugement que cette opinion est ou n'est pas probable ? mais la physique nous apprend à affirmer que telle propriété appartient à tel corps ; la science de la quantité, que tel nombre est le résultat de tel calcul, sans qu'elles soient, ni l'une ni l'autre, des parties de la logique. Celle de la probabilité n'est point privilégiée. Il y a plus ; ce n'est point une science, mais une multitude de portions de sciences, qu'il est impossible de réunir sans tout confondre. Sous ce nom, en effet, on comprend

---

tient ensuite D. de Tracy au courant de ses travaux et lui annonce, entre autres, son projet de concourir pour Berlin. D. de Tracy s'était de plus en plus confirmé dans ses nouvelles idées, tandis que de plus en plus Biran s'attachait à celles qu'il croyait avoir puisées dans le *Mémoire sur la faculté de penser*. L'entente devenait donc très difficile. Nous n'avons malheureusement qu'une petite partie de la correspondance échangée entre eux. Le 26 avril 1807, D. de Tracy annonce à Biran que Cabanis a eu sa première attaque et le félicite d'avoir fondé à Bergerac une société médicale. Il lui donne le 12 mai des nouvelles de Cabanis, lui conseille, *quoi qui arrive*, de faire imprimer son précieux ouvrage et lui raconte la réception de Maury : « Il a ennuyé, dit-il, son monde pendant sept quarts d'heure. Picard, qui lui a répondu en une demi-heure, a dit encore plus de sottises dans ce court espace ; ce qu'il y a de bon c'est que l'assemblée, même choisie par eux, n'a rien goûté de tout cela. Ce qu'il y a de bon, c'est le compte qu'en rend Mercier ; suivant lui Maury a dit *Dominus vobiscum*, Picard a répondu en s'inclinant, *et cum spiritu tuo* ». Enfin il lui annonce l'apparition de *Corinne* : « Il y a comme toujours de l'esprit et des choses de talent, mais je crois que c'est inférieur à *Delphine*. Elle commence à être injuriée dans les bons journaux et pourrait être relevée, sur plusieurs points, dans les autres, s'il y en avait ». En août D. de Tracy se plaint lui-même de sa santé : « Je suis dans un état physique et moral qui me rend absolument incapable de tout ; ce n'est pas maladie si l'on veut, mais c'est pis, car cela n'a point de terme ni de guérison, c'est un état habituel insupportable, c'est moins une douleur qu'un malaise continu, c'est végéter avec la plus grande peine ». Biran lui a demandé son avis sur la méthode de Pestalozzi. « J'entrevois, dit-il, qu'il y a là une idée fondamentale précieuse, sur l'emploi de l'exercice des premiers actes de l'intelligence, et je la crois surtout très utile pour l'instruction de ceux qui sont condamnés à n'en avoir qu'une très bornée ». En novembre il répond à trois lettres que Biran lui a écrites en septembre : « Cabanis va assez bien, mais il est tombé malade lui-même, la fièvre tierce l'a travaillé vivement et il est à peine rétabli. En outre, il a pensé perdre la mère de son gendre « cette adorable femme si nécessaire,

la recherche de l'évaluation des données et le calcul ou les combinaisons de ces mêmes données. Le succès de l'évaluation des données dépend, s'il s'agit de la probabilité d'une narration, de la connaissance des circonstances propres au fait, c'est-à-dire de l'histoire ; il dépend de la physique, s'il s'agit de la probabilité d'un événement physique, de la science sociale, de la morale, de l'idéologie s'il s'agit des résultats d'une instruction, des délibérations d'une assemblée. La combinaison des données relève de la science de la quantité ou du calcul lui-même, puisque la difficulté ne consiste pas à donner, à l'unité abstraite, une valeur concrète quelconque, et tantôt l'une et tantôt l'autre, mais à connaître toutes les ressources que fournit le calcul perfectionné pour faire, de cette unité et de tous ses multiples, les combinaisons les plus compliquées et les enchaînements réguliers, sans en perdre le fil. Donc, à aucun point de vue, la science de la probabilité n'est une science particulière et distincte de toute autre.

Par cette décomposition de la science de la probabilité, D. de Tracy explique pourquoi ce sont des mathématiciens qui en ont

---

si indispensable aux deux familles, qui a été à toute extrémité. Il a quelque espérance ; mais c'est un triomphe, quand elle a pu prendre une cuillerée de plus de viande sans la rejeter ». Biran lui avait adressé un M. des Granges ; il l'a invité, pour le même jour que Jacquemont et Laromiguière, qu'il paraissait avoir surtout envie de voir. Il a accepté et a écrit ensuite qu'il ne pouvait venir. Laromiguière ne l'a pas plus vu que D. de Tracy et ils en sont très fâchés. « J'ai vu avec chagrin, ajoute-t-il, les cancans que font les fourneaux de l'école de Périgueux, tenue par un grand vicaire ; j'ai peur que ce ne soit un chat qu'on jette aux jambes de celle qui s'élève ; je fais pourtant bien des vœux pour son succès, mais les prêtres sont bien jaloux de tout ce qu'ils ne font pas eux-mêmes, je crois que c'est en partie pour cela qu'ils détestent toute la nouvelle logique ». D. de Tracy rappelle que juger consiste, selon lui, à attribuer une idée à une autre ; raisonner, à lier une suite de jugements dans lesquels l'attribut de l'un devient l'attribut du suivant. Si cela est vrai une fois, comme vous en convenez, il faut bien, dit-il, que cela le soit toujours. Veuillez bien, ajoute-t-il, ne pas procéder par objection et question, mais me dire : voilà un cas où votre principe ne s'applique pas, et je prends l'engagement formel de lever toujours la difficulté. Avec douleur, il voit que Biran ne l'a pas compris, parce que c'est une preuve irrécusable qu'il s'est bien mal expliqué. Et il ajoute un mot qui paraîtra bien tranchant, mais qu'il se permet parce qu'il est nécessaire : « Vous me faites trop d'honneur de m'accoler à Condillac, je ne suis que son élève, mais il est aussi impossible d'enseigner ma logique avec la sienne qu'avec celle d'Aristote, parce qu'au fond celle de Condillac n'est que celle d'Aristote. Son identité n'est qu'une modification du principe du syllogisme, que deux choses égales à une troisième sont égales entre elles ; tout cela est faux ou le diable m'emporte, ou au moins est-il bien certain que cela est incompatible avec mes idées ; ainsi on ne ferait rien qui vaille en les y accolant ; si mon principe ne vaut rien, encore il en faut chercher un autre ; voilà la seule conclusion que j'ose affirmer ». Lettres inédites communiquées par M. E. Naville. Cf. Introduction au premier Mémoire sur l'*Habitude*.

eu l'idée; pourquoi ils ont pris des sujets à données très simples et pourquoi ils n'ont guère produit que de savantes *niaiseries*, quand ils ont voulu traiter des sujets à données nombreuses, fines et complexes. Plus ils suivent loin les conséquences, résultant du petit nombre de données qu'ils avaient pu saisir, plus elles sont devenues différentes des conséquences que ces données auraient produites, réunies à toutes celles, plus importantes souvent, qu'ils avaient dû négliger, parce qu'ils ne pouvaient ni les démêler, ni les apprécier. C'est ce qui est arrivé à Condorcet, pour les décisions des assemblées et les jugements des tribunaux.

Mais il ne faut pas croire qu'on doive renoncer aux grandes espérances qu'avait fondées Condorcet sur l'emploi du calcul, en général, et celui de la probabilité en particulier, pour l'avancement des sciences morales. S'il est impossible, en effet, d'exprimer en nombre les diverses nuances de nos idées morales et les choses relatives à la science sociale, ces choses tiennent à d'autres qui souvent les rendent réductibles en quantités calculables : ainsi les degrés de valeur des choses utiles ou agréables, qui peuvent être représentées par des quantités de poids ou d'étendue d'une même chose, sont calculables et comparables. De même nous pouvons calculer, par leurs effets, l'énergie et la *durabilité* des ressorts secrets qui causent et entretiennent l'action des organes vitaux. Et il y a une infinité de choses dans les sciences morales, qui offrent des ressources semblables et auxquelles par suite le calcul est applicable. Il faut prendre d'autant plus de soin de les distinguer de celles qui, n'en présentant pas, rendent abusif l'emploi du calcul ou de celles qui, compliquées invinciblement avec les espèces des quantités *réfractaires*, nous conduisent inévitablement à des erreurs énormes ; car, dans l'un et l'autre cas, le calcul nous guide moins bien que le bon sens, aidé d'une attention suffisante ou que les instruments ordinaires du raisonnement, c'est-à-dire nos langues vulgaires, leurs formes et les mots qui les composent.

De cet opuscule, où nous trouvons des idées si originales et si peu connues aujourd'hui encore sur l'emploi du calcul dans les sciences morales (1), nous rapprochons les *Principes logiques*

---

(1) Voyez les recherches de Fechner et celles de ses successeurs sur la psychophysique (Ribot, *Psychologie allemande*), celles de Quételet, continuées, en d'autres directions, par les criminologistes Lombroso, Garofalo, Tarde, etc.

ou *Recueil de faits relatifs à l'intelligence humaine* qui semble en être contemporain, mais ne fut publié, lui non plus, qu'en 1817. D. de Tracy n'ajoute rien aux idées de ses précédents ouvrages, mais il marque, avec plus de netteté encore, sa direction purement scientifique. Il a voulu observer notre sensibilité, c'est-à-dire les différents modes qui constituent nos différentes manières d'exister, les conséquences qui en résultent et non découvrir l'être doué de cette sensibilité, sa nature, son commencement, sa fin ou sa destination ultérieure. Ces dernières recherches peuvent faire partie de la métaphysique et, comme le dit fort bien D. de Tracy, ne doivent pas nous occuper tout d'abord; car, pour connaître les causes de la sensibilité, il faut connaître la sensibilité, c'est-à-dire étudier les effets par lesquels elle se manifeste à nous. Avant A. Comte, il veut que l'idéologie ne soit qu'une partie et une dépendance de la physiologie, qui ne devrait pas même avoir un nom particulier; et que, dorénavant, les physiologistes ne pourront se dispenser de traiter. Mais il justifie tout autrement que Comte cette assertion : lorsque les physiologistes négligent ce point, dit-il, ils rendent toutes leurs autres explications incomplètes, comme le fait bien voir l'admirable ouvrage dans lequel Cabanis a réellement posé les vraies bases de toutes nos connaissances physiques et médicales.

IV

C'est à la composition du *Commentaire sur Montesquieu*, que D. de Tracy consacra les années 1806 et 1807 (1). Il avait voulu réfléchir sur chacun des grands sujets traités par Montesquieu, pour se former une opinion, l'éclaicir et la fixer en l'écrivant. Mais bientôt il vit que la collection de ces opinions formerait un traité complet de politique, ou science sociale, qui serait bon si chacune d'elles était juste et si toutes étaient bien enchaînées.

---

(1) Lui-même nous apprend que l'ouvrage existait depuis 1806; qu'il fut écrit (1806) à une époque où il n'était pas possible de dire précisément quelle serait la fin du gouvernement impérial, encore qu'il fût aisé de prévoir qu'il ne pourrait durer longtemps. (*Œuvres* de Montesquieu, 1828, VIII, avertissement et p. 75, 99, 107). Cabanis écrit de son côté à Biran en avril 1807 : « M. de Tracy travaille en ce moment à des remarques sur un de nos plus grands écrivains qu'on regarde avec raison comme un homme de génie, mais qui, dans l'ouvrage jugé son chef-d'œuvre, a peut-être avancé bien autant d'erreurs dangereuses que de vérités importantes. Ce sera un très bel et bon ouvrage ». (Lettres inédites communiquées par M. Naville.)

Mais s'il les avait distribuées dans un autre ordre, comme il en fut tenté en considérant l'énorme avantage que lui donnaient les lumières acquises pendant les cinquante prodigieuses années qui séparent les deux ouvrages, il n'aurait pu discuter celles de Montesquieu et aurait eu moins de chance de voir adopter et examiner les siennes. D'ailleurs cette forme convient mieux à l'ordre que doivent suivre les sciences : chaque ouvrage partant des meilleures opinions acceptées par les contemporains, pour y ajouter un nouveau degré de justesse ; chaque auteur allant rigoureusement, comme le veut Condillac, du connu à l'inconnu, contribuera efficacement aux progrès de la science sociale, la plus importante au bonheur des hommes et celle qu'ils perfectionnent la dernière, parce qu'elle est le résultat et le produit de toutes les autres (1).

C'est à la raison, éclairée par l'histoire, que s'adressait Montesquieu pour déterminer les meilleures lois et les meilleurs gouvernements ; c'est à la raison, appuyée sur l'idéologie, que fait surtout appel D. de Tracy. Aussi trouve-t-il pleines de choses excellentes, les notes et les lettres d'Helvétius à Montesquieu et à Saurin sur l'*Esprit des Lois* : à plusieurs reprises, il invoque son témoignage. Condorcet aussi « le plus grand philosophe de ces derniers temps », lui vient en aide : sans se montrer aussi sévère et sans renoncer à le combattre, pas plus qu'il ne consent à être toujours du même avis qu'Helvétius, il insiste « sur la force de dialectique » avec laquelle il réfute l'*Esprit des lois* et donne cette critique qui « n'avait jamais été publiée et probablement n'avait pas été faite pour l'être ». Son objet n'est ni de faire l'apologie de l'érudition de Montesquieu, ni de se joindre à ceux qui lui reprochent d'avoir mal saisi l'esprit des lois des temps anciens : il ne s'arrête point aux chapitres purement historiques. C'est théoriquement, plutôt qu'historiquement, qu'il faut, selon lui, traiter le sujet de la distribution des pouvoirs sociaux. MM. Mignet et Taine ont blâmé D. de Tracy d'avoir négligé l'histoire qui lui eût fourni des indications précieuses pour la science sociale aussi bien que pour l'idéologie ; mais on aurait une idée inexacte de la méthode de D. de Tracy si l'on prenait à la lettre les assertions de M. Taine (2).

(1) C'est la place qu'occupe la sociologie dans la classification de Comte.
(2) « D. de Tracy découvre que Montesquieu s'est tenu trop servilement attaché à l'histoire et il refait l'ouvrage en construisant la société qui doit être, au lieu de

En effet ce que D. de Tracy reproche surtout à Montesquieu, c'est d'avoir invoqué des anecdotes douteuses et des historiettes fausses, d'avoir cru que les lois permettaient le vol à Lacédémone, que nous étions assez renseignés sur Rhadamante pour le louer de la façon dont il jugeait; d'avoir été chercher, dans les auteurs les plus suspects ou dans les pays les moins connus, pour les faire servir de preuves à ses principes ou à ses raisonnements, une quantité de faits ou minutieux, ou problématiques, ou mal circonstanciés ; d'avoir décidé, « contrairement à l'avis formel de Cicéron », qu'il y a des occasions où l'on peut faire une loi expresse contre un seul homme.

Sans doute, D. de Tracy ne doute pas plus de ses doctrines sociales que de ses théories idéologiques (1). Sans doute encore il reproche aux anciens économistes d'avoir été trop métaphysiciens et de n'avoir pas assez observé la nature de l'homme ; il critique même Smith, dont il fait le plus grand éloge, et Say, « l'auteur du meilleur livre d'économie politique qui ait encore été fait » ; il se flatte d'avoir été plus clair et plus complet que ses prédécesseurs. Mais il ne faudrait pas plus en cette matière qu'en d'autres le prendre pour un pur utopiste : la peine de mort lui paraît tout aussi juste que toute autre ; la forme du gouvernement n'est pas une chose importante en elle-même et ce serait une raison assez faible à alléguer en sa faveur que de dire qu'elle est plus conforme qu'une autre aux vrais principes de la raison, « car, dit-il excellemment, ce n'est pas de spéculation et de théorie qu'il s'agit dans les affaires de ce monde, mais de pratique et de résultats ».

D. de Tracy distingue deux sortes de gouvernements, les gouvernements généraux ou nationaux qui ont pour origine la volonté et pour objet l'intérêt de tous, et les gouvernements spéciaux qui se prétendent fondés sur des droits et des intérêts particuliers. Seuls, les premiers ont pour principes la raison ; seuls, ils peuvent désirer que l'instruction soit saine, forte et

regarder la société qui est ». Voyez ce que nous avons dit ch. vi, d'une assertion analogue de M. Taine à propos de Cabanis.

(1) « Le résumé des vérités qu'il extrait des douze premiers livres renferme, dit-il, assez complètement tout ce qui concerne l'organisation de la société et la distribution de ses pouvoirs. — On verra, j'ose le croire, ajoute-t-il, avant de passer à la multitude des sujets divers dont traitent les autres livres, que la manière dont nous avons considéré la société, son organisation et ses progrès, est un foyer de lumière qui, jeté au milieu de tous ces objets, en fera disparaître un jour toutes les obscurités » (233).

généralement répandue. Au premier degré de civilisation, à l'enfance de la société se trouvent la démocratie pure, gouvernement de sauvages, et la monarchie pure, gouvernement de barbares : les esprits sont ignorants ; l'État emploie surtout la force ; la justice n'est que vengeance (1). Puis les lumières augmentent, les lois deviennent plus modérées, les peines moins violentes ; l'aristocratie s'organise sous un ou plusieurs chefs. Enfin les opinions font place à la raison, la religion à la philosophie : la représentation pure, sous un ou plusieurs chefs, est le gouvernement parfait qui naît de la volonté générale et se fonde sur elle, qui a, comme chefs, des serviteurs des lois; comme lois, des conséquences des besoins naturels ; comme peines, des empêchements du mal à venir. Dans la constitution qu'il donne comme résultat de ses méditations, D. de Tracy charge tous les citoyens, sans distinction de naissance, de fortune, de lumières, de choisir les électeurs qui nomment les fonctionnaires. Des législateurs nombreux, pouvant être distribués en section et se renouvelant par parties, *veulent*, dans les limites de la constitution ; quelques hommes d'État, constitués en collège, exercent temporairement le pouvoir exécutif en *agissant* pour tous, dans les limites de la loi. Un corps conservateur, composé d'hommes mûris par l'âge et l'expérience, empêche l'assemblée législative de violer la constitution par ses lois, le conseil exécutif de violer la loi par ses actes ; il vérifie les élections et juge les crimes d'État, surveille et destitue, au besoin, les fonctionnaires. Une convention coexistant avec les autres pouvoirs, peut être chargée de reviser la constitution, pour lui faire suivre la marche de la société et l'adapter à ses changements.

« Ce livre écrit, dit Mignet, avec une rare vigueur et une simplicité supérieure, dans lequel la nature et le mécanisme de l'impôt sont exposés surtout d'une manière parfaite, a des mérites de l'ordre le plus élevé ». Le plus grand éloge qu'on puisse en faire c'est que, si l'auteur se fût trouvé en possession d'une idéologie moins rudimentaire et mieux constituée, d'une histoire plus richement et plus sûrement documentée, l'ouvrage n'eût pas

---

(1) D. de Tracy cite les sociétés informes — depuis le nord de l'Amérique jusqu'à la Nigritie et aux îles de la mer du Sud.— Supposez les mêmes recherches appuyées sur l'érudition collective de la *Descriptive Sociology*, vous aurez les *Principes de sociologie* de Spencer.

été inférieur en profondeur, peut-être même eût-il été supérieur en netteté et en précision, aux beaux livres où Spencer a exposé ses *Principes de sociologie* et défendu l'*Individu contre l'État*.

Laissons de côté les théories économistes, qui passent dans le quatrième volume de l'*Idéologie*, les passages antérieurement cités sur l'ancienne et la nouvelle France, la déclaration des droits et La Fayette, la convention, la constitution de l'an III et celle de l'an VIII, etc. (1). Nous ne saurions passer sous silence ceux où il exprime ce qu'il pensait de la situation politique et religieuse, au moment où Napoléon était au faîte de la puissance, où Cabanis écrivait la *Lettre sur les causes premières*. En homme qui a vu signer le Concordat, modifier l'Institut et supprimer les écoles centrales, il explique que, dans une monarchie héréditaire, le souverain doit appeler à son secours les idées religieuses, s'assurer des prêtres qui les enseignent, choisir la religion qui exige le plus la soumission des esprits, proscrit le plus tout examen, accorde le plus d'autorité à l'exemple, à la coutume, à la tradition, aux décisions des supérieurs et recommande le plus la foi et la crédulité, en proposant un grand nombre de dogmes et de mystères. Pour rendre les esprits doux et gais, légers et superficiels, il doit employer les belles-lettres et les beaux-arts, même l'érudition et les sciences exactes, qui éloigneront ses sujets des affaires et des recherches philosophiques; enfin multiplier les rangs, les titres, les préférences, les distinctions, et borner à peu près à l'enseignement religieux l'instruction de la dernière classe du peuple (p. 47). Au lieu de laisser chacun jouir pleinement du beau droit de dire et d'écrire tout ce qu'il pense, il paie des écrivains, fait parler des professeurs, des prédicateurs et des comédiens, donne des livres élémentaires privilégiés, fait composer des almanachs et des catéchismes, des instructions, des pamphlets et des journaux, multiplie les inspections, les règlements et les censures (70). S'il lui coûte fréquemment des sacrifices pécuniaires pour réparer le désordre des affaires dans les familles illustrées qu'il soutient, il a, avec le pouvoir qu'elles lui conservent, le moyen de se procurer de plus grandes ressources encore aux dépens des autres (109). Chef unique d'un peuple libre, élu pour un temps limité, sans précautions prises, disposant librement des troupes et de l'argent, il tient seul toute

---

(1) Cf. ch. v, § 1.

la force réelle, il a besoin d'affaires et de discordes, de querelles et de guerres, pour se rendre nécessaire : il n'en manquera pas. Peut-être il procurera à son pays des succès militaires et des avantages extérieurs, mais jamais au dedans une félicité tranquille. Il deviendra impossible de le déplacer et de le remplacer : il gardera toute sa vie le pouvoir, ou ne le perdra que par de grands malheurs publics. Dès qu'il est en place pour toute la vie, il faut se résoudre à vivre dans les convulsions du désordre et à voir même arriver la dissolution de la société, ou le laisser devenir héréditaire (192). Et l'insurrection est un remède si cruel, qu'un peuple un peu sensé endure bien des maux avant d'y avoir recours et diffère même assez à s'y déterminer pour que, si les usurpations du pouvoir sont conduites avec adresse, il prenne insensiblement les habitudes de la servitude, au point de n'avoir plus ni le désir, ni la capacité de s'en affranchir par un pareil moyen (1). Il n'y a, dit encore D. de Tracy, aucune mesure qui puisse empêcher les usurpations, quand une fois toute la force active est remise dans une seule main, comme elle l'était par la Constitution de l'an VIII. Si d'ailleurs le Sénat conservateur, recruté d'une façon vicieuse, n'a pu défendre un moment le dépôt qui lui était confié, c'est que la liberté est impossible à défendre dans une nation tellement fatiguée de ses efforts et de ses malheurs, qu'elle préfère même l'esclavage à la plus légère agitation qui pourrait résulter de la moindre résistance : les Français se sont vu enlever, sans le moindre murmure et presque avec plaisir, jusqu'à la liberté de la pensée et la liberté individuelle (2). Enfin, selon D. de Tracy, moins les idées religieuses ont de force dans un pays, plus on y est vertueux, libre et paisible. Aucune religion n'appartient à l'ensemble du corps social, puisque, étant une relation immédiate et particulière de chaque individu avec l'auteur de toutes choses, elle n'a pu être mise par lui en commun avec ses concitoyens (3).

(1) « Nous craignions beaucoup alors, dit D. de Tracy en 1819, que l'oppression ne durât assez longtemps pour qu'on s'y accoutumât ».
(2) « Il n'est pas toujours juste, dit-il ailleurs, de résister à une loi injuste, il n'est pas toujours raisonnable de s'opposer actuellement et violemment à ce qui est déraisonnable. Il faut savoir avant tout si la résistance ne fait pas plus de mal que l'obéissance ».
(3) « Il me paraît assez inutile, dit-il en critiquant Cabanis aussi bien que Montesquieu, d'aller chercher ce que l'auteur d'une religion devrait faire pour la faire goûter et pour qu'elle puisse se répandre. J'ose croire qu'il ne s'en fera plus de nouvelles, du moins chez les nations policées ».

Un tel livre ne pouvait être publié en France. D. de Tracy l'envoya à Jefferson qui le traduisit et le fit enseigner au collège de Charles-et-Marie : l'ouvrage, imprimé en 1811, devint populaire en Amérique.

Le *Commentaire*, comme le *Supplément à la première section*, avait été une préparation au *Traité de la volonté et de ses effets* (1). L'auteur semble avoir travaillé à ce dernier ouvrage avant la mort de Cabanis, et peut-être y avoir déterminé la place des pages nombreuses du *Commentaire* sur le luxe et l'emploi des richesses, l'impôt et les dépenses du gouvernement, sur la population et le commerce, l'industrie, l'agriculture et la monnaie, etc., qui y entrèrent textuellement ou à peu près. Fatigué peut-être par un travail intellectuel trop prolongé et trop intense, tourmenté par les souffrances ou la mort de ses amis, D. de Tracy était découragé par la politique, de moins en moins libérale et de plus en plus nuisible à la France, du gouvernement impérial. Remplaçant Cabanis à l'Académie française, il disait « que son âme était accablée de chagrins si cruels qu'elle ne pouvait s'ouvrir à aucune autre impression ». Puis après avoir fait l'éloge de son ami : « Il est triste, ajoutait-il, que tant d'efforts heureux pour perfectionner la raison et pour améliorer la destinée humaine soient encore calomniés de nos jours... Il est affligeant qu'un observateur si scrupuleux et si circonspect ait été accusé de témérité, que M. Cabanis ait vu se renouveler contre lui ces imputations banales que, dans les siècles d'ignorance, on prodigue si impudemment à tous les savants, qu'elles étaient passées en proverbes ». Et il terminait par un éloge de Napoléon, que l'on comprendra fort bien d'ailleurs, en se rappelant que Cabanis avait été, par ordre de l'empereur, inhumé au Panthéon et que D. de Tracy avait souhaité ardemment quelques-unes des réformes réalisées par Napoléon (2).

En novembre 1809, il quitte Auteuil et s'installe dans la rue d'Anjou au faubourg Saint-Honoré pour « y achever tristement sa vie », écrit-il à Biran, à qui il annonce l'envoi des œuvres de Turgot : « C'est aux hommes comme vous, ajoute-t-il, qu'il fau-

---

(1) D. de Tracy l'affirme page 107 du *Commentaire*. Il ne faut donc pas dire (Mignet), que le *Commentaire* « avait été pour lui le dernier ouvrage ».
(2) Il y parle des prodiges inouïs qui rendront immortel le règne de Napoléon le Grand; de la paix, du Code civil; des miracles qu'a enfantés la volonté d'un homme de génie (Cf. ch. v). L'entrevue d'Erfurth avait eu lieu deux mois auparavant, et Napoléon était alors aussi heureux en Espagne que dans ses autres expéditions.

drait du loisir, moi je n'en peux plus rien faire. Si je vous tenais, nous causerions, je vous débaucherais peut-être de la pure idéologie, pour vous entraîner vers ses applications, l'économie et la morale, et vous feriez encore bien mieux que l'article *existence* et même que la *formation des richesses*, quoiqu'il y ait d'excellentes choses; mais combien on en a aperçu depuis » !

La fin de cette lettre laisse croire que D. de Tracy était revenu à ses réflexions et à ses recherches sur la morale et l'économie politique. L'année suivante il travaille à son quatrième volume (1). C'est peut-être à cette époque qu'il faut placer la lettre où il demande à Fauriel son avis sur la forme plutôt que sur le fond, car « il ne craint pas trop que son ami ne trouve pas cela vrai » (2). Comme dans ses autres ouvrages, D. de Tracy est absolument convaincu d'avoir trouvé la vérité. Le plus gros bon sens suffit souvent, selon lui, à résoudre des difficultés qui paraissent embarrassantes, quand on n'est pas remonté aux principes. Aussi après avoir bien éclairé la première partie, il voit l'obscurité fuir devant lui et tout se débrouille avec facilité. Si la manière dont il considère la consommation concorde avec ce qu'il a dit de la production et de la distribution, si elle répand, en même temps, une grande clarté sur toute la marche de la société, cet accord et cette lucidité viennent de ce qu'il a rencontré la vérité (3). Et s'il se refuse à chanter un hymne à la liberté, le premier de tous les biens de la nature sensible, c'est

---

(1) P. 150, ch. vi, *de la Monnaie*. « Cette réflexion nous amène directement aux papiers-monnaie dont l'Europe est inondée au moment où nous parlons (1810) et auxquels on a toujours recours, etc. ». Nous savons encore que la rédaction d'autres chapitres est également postérieure à la mort de Cabanis. Ainsi il est question au ch. ix, qui traite de la multiplication des individus « de l'Espagne et de la malheureuse guerre actuelle » (193). L'addition du nom de Turgot à ceux de Smith et de Say, dans des pages du *Commentaire* qui sont introduites au ch. ii, sur la formation de nos richesses, semble montrer aussi que ce chapitre est postérieur à la lettre du 15 novembre 1809. Enfin ce que dit D. de Tracy de la Russie dont « il ne prétend faire ni l'éloge ni la satire » (194), nous conduirait peut-être à croire qu'il travaillait encore à son ouvrage après l'ukase des derniers mois de 1811 qui ouvrait les ports de la Russie aux produits coloniaux de l'Angleterre.

(2) Voyez la lettre en entier dans le ch. vii où il est question de Fauriel.

(3) « Cela rappelle, dit-il, l'effet de ces miroirs où les objets se peignent nettement et avec leurs justes proportions, quand on est placé dans leur vrai point de vue; où tout paraît confus et désuni, quand on est placé ou trop près, ou trop loin. De même ici, dès que vous reconnaissez que nos facultés sont notre seule richesse originaire, que notre travail seul produit toutes les autres et que tout travail, bien dirigé, est productif, tout s'explique avec une facilité admirable; mais quand vous voulez ne reconnaître pour productif que le travail de la culture ou placer la source de la richesse dans *la consommation*, vous ne rencontrez plus en avançant qu'obscurité, confusion et embarras inextricable ».

qu'il veut satisfaire et non exciter l'amour du bien et du vrai.

La méthode employée unit encore la déduction et l'observation. Le fait et le raisonnement prouvent que l'homme ne peut jamais exister isolé, comme ils prouvent que le bonheur de l'homme est proportionné à la masse de ses lumières, que l'un et l'autre s'accroissent et peuvent s'accroître indéfiniment. L'observation est, bien souvent encore, remplacée par l'hypothèse constructive. Ainsi, après avoir peint, comme il le dit, *une* nation heureusement placée, jouissant de toutes sortes d'avantages et en usant bien, mais n'ayant qu'une prospérité transitoire, il a beau dire que le tableau qu'il vient de tracer de la marche des sociétés, depuis leur naissance, est frappant de vérité; qu'il n'y a là ni système fait à plaisir, ni théorie établie d'avance, mais un *simple exposé des faits*; nous n'y trouvons qu'une construction idéale de *la* société, analogue à la construction idéale de l'individu par Condillac, Bonnet, Buffon et même Descartes, où l'observation a fourni les éléments, mais non le lien qui les rassemble (1). Toutefois les observations personnelles et précises sont nombreuses. D. de Tracy a bien dépeint la France sous son ancien régime et sous son nouveau gouvernement; les hommes obligés par les troubles à quitter leurs châteaux et croyant de bonne foi que tout le village allait manquer d'ouvrage, sans s'apercevoir que c'étaient leurs fermiers et non pas eux qui donnaient la plus grande partie des salaires, se persuadant sincèrement que, quand même leurs paysans se partageraient leurs biens ou les achèteraient à vil prix, ils n'en seraient que plus misérables. De même, possesseur depuis environ quarante ans, de propriétés dans un pays de grosses fermes, dans un pays de vignobles et dans un pays de mauvaises métairies, il en a toujours suivi la marche avec attention et plus encore en vue de l'intérêt général que dans son intérêt particulier; il a opéré des améliorations sensibles dans les deux dernières et il est persuadé que, « quand on a ainsi un champ suffisant d'observations (2), on gagne plus à les approfondir qu'à les étendre ». Avec raison, il veut qu'on discute soigneusement les tables des morts, des naissances, des mariages,

---

(1) Chacun, dit-il, peut regarder et voir si ce n'est pas ainsi qu'ils se présentent à l'œil non prévenu ; mais il n'indique ni où il faut regarder, ni ce qu'il faut voir.

(2) Victor Jacquemont, à sa prière, observe ce qui se fait dans les pays du nord de la France. Cf. ch. VII, § 4.

de la durée moyenne de la vie et de la population totale ; car ces données sont souvent inexactes, et, même exactes, elles doivent être examinées attentivement et comparées les unes aux autres avec beaucoup de sagacité, pour fournir des conséquences justes et non de graves erreurs. D'ailleurs elles n'existent que dans peu de pays et depuis peu de temps, de sorte qu'en économie politique comme en astronomie, on doit très peu compter sur les observations anciennes ou éloignées. Aussi, tout en constatant que les variations de notre nature sensible étant renfermées dans certaines limites, nous pouvons toujours y appliquer les considérations tirées de la théorie des limites des nombres, il a soin de faire remarquer « combien le calcul de toutes les quantités morales et économiques est délicat et savant, combien il est imprudent de vouloir y appliquer indiscrètement l'échelle rigoureuse des nombres ». Par suite, il ne craint pas de se refuser à une « décision bien tranchante qui, traitant la série des intérêts des hommes comme une file de boules d'ivoire, affirmerait que, quel que soit celui que l'on touche, il n'y a que le dernier qui soit mis en jeu ». C'est qu'il présente les choses telles qu'il les voit et non comme on peut les imaginer ; c'est que, si l'extrême simplicité plaît à l'esprit en le soulageant, elle ne se trouve que dans les abstractions créées par lui et, même en mécanique, il faut avoir égard, pour les corps réels, à beaucoup de considérations qui n'ont pas lieu tant qu'on ne raisonne que sur des lignes et des points mathématiques. Ajoutons enfin que, plus que jamais, D. de Tracy se place à un point de vue strictement positif : « On peut supposer indifféremment pour tout ce qui va suivre, dit-il (p. 13), ou que le moi est l'être abstrait que nous appelons la sensibilité de l'individu, lequel résulte de son organisation, ou une monade sans étendue, ou un petit corps subtil, éthéré, imperceptible, impalpable ».

Quel but s'est-il proposé ? Il n'a point voulu faire simplement un traité d'économie politique, mais donner la première partie d'un *Traité de la Volonté*, qui en doit avoir deux autres, et n'est lui-même que la suite d'un *Traité de l'Entendement*. Il n'est donc pas entré dans les détails, mais il a pris soin de remonter à l'origine de nos besoins et de nos moyens, de montrer comment ils naissent de la faculté de vouloir, d'indiquer la relation des besoins physiques avec les besoins moraux. De là une introduction très générale, qui n'appartient pas plus à l'économie qu'à la morale ou à la législation et qui a pour objet d'expliquer quelles sont les idées, sans lesquelles ces trois sciences n'existeraient pas, et dont nous sommes redevables à notre faculté de vouloir. Et d'abord pourquoi cet ouvrage est-il la quatrième partie des *Eléments d'idéologie*? C'est que nos sentiments, nos affections ne sont pas essentiellement différentes des perceptions ou des idées ; être affectives n'est pour elles qu'une qualité accidentelle, puisque certaines modifications cessent de l'être après l'avoir été. Perceptions ou *idées* est un terme générique, *idéologie*, la science qui étudie la volonté comme l'intelligence. Or la faculté de vouloir, qui comprend, non seulement les volontés expresses et formelles, mais les propensions les plus subtiles et les plus irréfléchies, nous donne la connaissance distincte de notre individu ou de notre personnalité, par suite l'idée de propriété. Ainsi se mêlent l'économie et la morale, puisque, sans la propriété naturelle et nécessaire de nos besoins et de nos sentiments, nous n'aurions jamais de propriété conventionnelle ou artificielle. D'un autre côté la volonté est cause de tous les moyens par lesquels nous pourvoyons à ces besoins : le travail, l'emploi de nos forces est notre seul trésor, notre seule puissance. Nous arrivons ainsi successivement aux idées de richesse et de dénuement, de liberté et de contrainte, de droits naissant des besoins, et de devoirs naissant des moyens.

Cette introduction *idéologique* montre que la société est la conséquence nécessaire du besoin de la reproduction et du penchant à la sympathie. Au point de vue économique, c'est une suite d'échanges ou de transactions, telles que les deux contractants y gagnent toujours. Ces échanges ont pour résultat le concours des forces, l'accroissement et la conservation des lumières, la division du travail. Produire, c'est, par un changement de forme ou de lieu, donner aux choses une utilité qu'elles n'avaient pas. Ce qui est utile, c'est ce qui augmente nos jouissances ou diminue nos souffrances ; la mesure de l'utilité, le prix ou la vraie valeur d'une chose, c'est la quantité de sacrifices que nous sommes disposés à faire pour nous en procurer la possession. Pour s'enrichir, les nations, comme les individus, doivent donc se livrer au travail qui se paie le plus cher.

Les changements de forme donnent naissance à l'industrie

fabricante, dans laquelle rentre l'agriculture; car une ferme est une manufacture, un champ est un outil ou un amas de matières premières. Toute industrie suppose théorie, application, exécution ou savant, entrepreneur et ouvrier : l'entrepreneur n'a de bénéfice qu'en proportion du succès de sa fabrication et les travaux les plus nécessaires sont les plus mal payés. Ainsi l'agriculture est le premier des arts au point de vue de la nécessité ou de nos moyens de subsistance, mais non au point de vue de la richesse ou de nos moyens d'existence.

Les changements de lieu sont le fait de l'industrie *commerçante*. Une nouvelle valeur est donnée aux choses, sur laquelle le commerçant trouve son bénéfice. Par le commerce, les hommes d'un canton, d'un pays, de divers pays sont unis entre eux ; par le commerce extérieur, un plus grand développement est donné au commerce intérieur. Comme l'industrie fabricante, l'industrie commerçante suppose théorie, application, exécution, ou savants, entrepreneurs et ouvriers.

Les métaux précieux, — choses ayant une valeur et pouvant se mesurer réciproquement — deviennent commune mesure et constituent une *monnaie*, quand l'empreinte du souverain en constate le poids et le titre. C'est un vol, nuisible même à celui qui le fait, de diminuer la quantité de métal à laquelle répondent les dénominations, malheureusement arbitraires, des monnaies ; c'est un vol plus grand et plus funeste encore de faire *monnaie* du papier. L'argent n'est pas seulement un signe, c'est une valeur, c'est le véritable équivalent de ce qu'il paie. Comme toute valeur, on doit pouvoir le louer librement ; l'autorité publique ne doit pas plus intervenir pour la fixation du taux de l'intérêt qu'elle ne déclare usuraires et illicites les baux de ferme qui passent un certain prix.

La formation des richesses nous fait comprendre leur distribution et leur consommation. Comme la propriété, l'inégalité est une conséquence nécessaire de notre nature. Tous les hommes sont propriétaires, puisqu'ils ont des moyens, et consommateurs, puisqu'ils ont des besoins. Mais avec le temps quelques-uns ont des avances, beaucoup d'autres n'en ont pas et ne vivent que sur les fonds des premiers : ainsi naissent les salariés et les salariants, les uns vendant leur travail le plus cher possible, les autres l'achetant le meilleur marché possible. Les riches oisifs n'emploient le travail qu'à leur satisfaction personnelle et en détruisent la valeur; les entrepreneurs d'industrie l'emploient d'une manière utile qui reproduit ce qu'il coûte, entretiennent, accroissent les richesses déjà acquises et fournissent, aux autres capitalistes, le revenu dont ils vivent. Le fonds sur lequel sont payés les salariés ne varie guère et c'est dans leur classe que rentre le trop plein de toutes les autres. L'homme multiplie rapidement, partout où il a largement des moyens d'existence; il est absurde de croire et barbare de vouloir le multiplier autrement qu'en multipliant ces derniers; l'extension que peut atteindre la classe des salariés détermine donc celle de la population totale, et tout ce qui est réellement utile au pauvre l'est à la société. Propriétaire, le pauvre est intéressé à ce que la propriété de ceux qui le soudoient soit conservée, comme à rester lui-même maître de son travail et de son séjour ; à ce que les salaires soient suffisants et constants. Consommateur, il a intérêt à ce que la fabrication soit économique, les communications faciles et les relations de commerce nombreuses, c'est-à-dire à ce que les procédés des arts se simplifient et que les méthodes se perfectionnent.

La consommation est toujours le contraire de la production. Celle des salariés est faite par les capitalistes. Les oisifs, qui vivent de revenus, consomment en pure perte; les hommes actifs, qui vivent de profits, consomment en pure perte ce qui satisfait leurs besoins, mais leur consommation comme hommes industrieux, leur rentre avec profit : ils paient et leurs salariés et les rentiers et les hommes que salarient ces derniers, puis rentrent dans leurs fonds par les achats que font rentiers et salariés de leurs productions. Ainsi s'établit la circulation par laquelle les richesses sont incessamment renouvelées. Quant au luxe ou à la consommation superflue, il ne peut ni accélérer la circulation, ni en accroître le fonds, puisqu'il substitue des dépenses inutiles à des dépenses fructueuses. Le gouvernement est un très grand consommateur, « un très grand rentier à qui l'autorité tient lieu de capitaux ». L'impôt est toujours un sacrifice : il ne fait que changer de main les dépenses, quand il n'altère que les jouissances personnelles; il diminue la richesse publique, quand il entame la consommation productive. Par conséquent, les impôts les meilleurs sont les plus modérés, les plus variés et les plus anciens. Toutes les dépenses de l'État sont aussi stériles que nécessaires, il est donc à désirer qu'elles soient aussi restreintes que possible ; que le gouvernement ne fasse et ne puisse faire des dettes qui engagent les générations ultérieures et conduisent toujours les États à leur ruine.

Il faudrait appeler l'attention des économistes, et surtout de ceux qui s'occupent aujourd'hui de la science sociale, sur toutes les parties de ce remarquable ouvrage, où l'on trouverait encore bien des vues pénétrantes et justes, des aperçus ingénieux et suggestifs. Qu'il nous suffise de mentionner l'interprétation des deux maximes, *aimez votre prochain comme vous-même*, et, *aimez-vous les uns les autres* considérées, la première comme le fruit d'une profonde ignorance travaillant au *roman* de l'homme ; la seconde, comme le résultat d'une connaissance capable d'en constituer l'histoire ; l'assertion que la sympathie, peut-être germe de l'amour, pourrait bien exister chez tous les êtres animés (1) ; un tableau enthousiaste du bien général et du perfectionnement social qui résultent des échanges continuels ; les pages où D. de Tracy distingue les propriétaires, vrais prêteurs d'argent, des agriculteurs ; où il établit que les lois devraient toujours tendre à protéger la faiblesse, que la société devrait avoir pour base la libre disposition des facultés de l'individu et la garantie de tout ce qu'il peut acquérir par leur moyen ; enfin les discussions très serrées sur le luxe, sur les formes d'impôt et sur les emprunts.

L'auteur, qui croit posséder la vérité, est cependant assuré que ses affirmations seront contestées et que celles-là surtout le seront qui déterminent les degrés d'importance des diverses classes (2). C'est qu'il est plus difficile encore de faire goûter la vérité que de la découvrir. Ainsi les conséquences de nos actions nous permettent d'apprécier le mérite et le démérite des senti-

---

(1) Cf. Cabanis, ch. iv, § 2.

(2) « Comment persuader, dit-il, à ces grands propriétaires ruraux tant vantés, qu'ils ne sont que des prêteurs d'argent onéreux à l'agriculture et étrangers à tous ses intérêts ? Comment faire convenir ces riches oisifs, si respectés, qu'ils ne sont absolument bons à rien et que leur existence est un mal, en ce qu'elle diminue le nombre des travailleurs utiles ? Comment faire avouer à tous ceux qui paient du travail, que la cherté de la main-d'œuvre est une chose désirable, et, qu'en général, tous les vrais intérêts du pauvre sont exactement les mêmes que les vrais intérêts de la société tout entière ? Ce n'est pas seulement leur intérêt, bien ou mal entendu, qui s'oppose à ces vérités ; ce sont leurs passions, et, parmi ces passions, la plus violente et la plus antisociale de toutes, la *vanité*. Dès lors plus de démonstration ou du moins plus de conviction possible ! Car les passions savent tout obscurcir et tout embrouiller ; et c'est avec autant de raison que de finesse que Hobbes a dit que, si les hommes avaient eu un vif désir de ne pas croire que deux et deux font quatre, ils seraient parvenus à rendre cette vérité douteuse ».

ments qui nous portent à les accomplir; l'analyse de nos sentiments est nécessaire pour reconnaître ceux qui, reposant sur des jugements sains, nous dirigent toujours bien, et ceux qui, naissant d'illusions et de travers de l'esprit, nous forment une aveugle conscience qui nous éloigne du chemin de la raison, le seul au bout duquel se trouve le bonheur. Si les résultats des actions des hommes, si les effets de leurs passions sont bien exposés, il sera facile d'indiquer les règles qu'ils devraient se prescrire, d'écrire le véritable « Esprit des lois » qui constituerait la meilleure conclusion d'un *Traité de la volonté*.

V

D. de Tracy employa, ce semble, les années 1812 et 1813 à réfléchir sur la morale, dont il s'était déjà occupé en 1798. En 1817, n'ayant plus l'espoir d'achever son œuvre, il soumit au public le commencement du volume, où il voulait exposer la nature et les conséquences de nos divers besoins. Ces quarante pages sont remarquables : on y trouve un dernier écho de la discussion avec Biran et on y voit clairement pourquoi la doctrine, positive plutôt que métaphysique, de D. de Tracy ne devait pas longtemps satisfaire celui qui s'était cru son disciple. Mais il y a surtout une vigoureuse sortie contre les adversaires des idéologues, une réponse éloquente et indignée à tous ceux qui, comme de Bonald ou Frayssinous, Royer-Collard et ses successeurs, avaient profité de l'hostilité de Bonaparte pour les combattre avec des armes de toute espèce. En lisant cette « loyale discussion », on regrette, comme Cousin (1), que « D. de Tracy n'ait pu entrer en lice avec la philosophie nouvelle, instituer une polémique scientifique dont il aurait trouvé les éléments dans l'étude approfondie des matières philosophiques, dans le talent d'analyse et la logique sévère dont il avait donné tant de preuves ».

C'est avec une question, fort souvent reprise par les Biraniens après le maître, que débute l'ouvrage. Nos volontés sont-elles les causes efficientes des actions dites volontaires ? Sans doute, nous savons que le désir de mouvoir nos membres, d'employer nos organes, de faire usage de nos facultés corporelles ou intellectuelles est souvent suivi d'effet. Mais nous ne pouvons concevoir comment le simple sentiment que nous éprouvons de vouloir une chose pourrait produire une longue suite de mouvements, dont l'individu n'a pas même la conscience, dont il ignore le mode, l'enchaînement, le but immédiat et cependant tous destinés à amener le résultat désiré (1). Plus incompréhensibles encore sont les mouvements volontaires chez les animaux inférieurs, auxquels il faudrait accorder des facultés intellectuelles très supérieures aux nôtres, talent de la divination, connaissances en géométrie et en chimie, générosité, prévoyance et violence des passions. Il est plus probable que ce sont des machines montées pour produire certains effets, mais ayant, quoi qu'en ait dit Descartes, sensibilité et volonté. Chez eux et chez nous s'opèrent des mouvements intérieurs ignorés de l'individu, qui produisent en même temps que le sentiment et la volonté, les mouvements extérieurs qui paraissent résulter de cette dernière. Ces divers mouvements se suivent, s'enchaînent nécessairement, à la façon de ceux qui servent à la nutrition et auxquels la volonté n'a aucune part. Entendue en ce sens, l'harmonie préétablie de Leibnitz (2) est une vue très belle et extrêmement plausible : elle nous aide à concevoir un grand nombre de faits de l'histoire des animaux qui, autrement, paraissent tout à fait miraculeux.

Aux objections possibles, D. de Tracy répond en demandant d'abord pourquoi les mouvements qui produisent le sentiment de vouloir ne se produiraient pas nécessairement comme ceux qui entretiennent la vie ; pourquoi l'acte de vouloir ne serait pas une circonstance indifférente à l'effet produit et ne paraissant essentielle que parce qu'elle le précède ou l'accompagne toujours ; pourquoi enfin la prétendue conviction intime ne serait pas une illusion. A ceux qui disent que le sentiment de vouloir est un acte de notre âme et que c'est par son action sur le corps que les mouvements de ce dernier s'exécutent selon notre volition,

(1) Voir les *Essais* de Hume ; le *Hume* de Huxley, ch. x ; Janet et Séailles, *Histoire de la philosophie*, p. 350 ; Biran, art. *Leibnitz*, et *Œuvres*, passim.

(2) La mention de Leibnitz n'indiquerait-elle pas que Tracy revit ces pages après avoir lu l'article de Biran ? — D. de Tracy a soin d'ailleurs de dire que s'il est ici avec Leibnitz contre Descartes, il trouve l'ensemble de la philosophie de celui-ci infiniment préférable : le Français a eu pour principe, sans y être toujours fidèle, d'employer l'observation et l'expérience, tandis que l'autre a plus donné à l'imagination et aux conjectures. On s'en aperçoit au progrès différent des sciences chez les nations dont ces philosophes sont les chefs et les premiers maîtres (p. 315).

il fait remarquer, en se plaçant à son point de vue positif, que, sans nier ou affirmer que nous ayons une âme, ni qu'elle soit immortelle ou immatérielle, on peut supposer que, si nous en avons une, il y en a une aussi chez l'animal, qui ne diffère de nous que du plus au moins, ou chez l'être qui peut avoir du sentiment sans le manifester. Dès lors on est conduit à admettre une âme universelle (1), cause de tout ce qui s'opère dans la nature : par suite tout s'y exécute par des lois constantes. Mais l'existence de l'âme ne peut être prouvée (2), c'est une supposition destinée à expliquer ce que nous ne connaissons pas. Or, en bonne philosophie, il faut convenir de son ignorance, sans la déguiser sous des suppositions. De plus cette supposition n'explique rien, puisque si nous ne savons comment des mouvements internes produisent le sentiment de vouloir, en nécessitant d'autres mouvements, qui semblent être les effets de ce sentiment, nous concevons moins encore ce que peut être une âme, comment elle sent et veut, puis agit sur le corps et le meut suivant sa volonté. N'est-ce pas expliquer *obscurum per obscurius?*

Mais, dit-on encore, c'est une opinion dégradante pour l'humanité mise sous le joug d'une invincible nécessité, privée du mérite et du démérite de ses actes ; c'est donc une opinion souverainement immorale. Je ne sais, répond D. de Tracy, ce que c'est que dégrader l'humanité. Il ne s'agit ni de nous humilier, ni de nous glorifier, mais de savoir ce que nous sommes : ce qui est le plus profitable et le plus honorable pour nous, c'est de connaître, c'est de trouver la vérité. On a abusé du reproche d'immoralité et dit qu'il était immoral de nier le mouvement du soleil, les possessions, les sortilèges, la divination et le pouvoir des paroles. Aujourd'hui ces négations ne sont incompatibles ni avec la morale philosophique, ni même avec la morale religieuse et chrétienne. N'en sera-t-il pas de même un jour de la nécessité universelle ? Allons plus loin : quoi que puissent penser et dire des docteurs « avec lesquels on ne voudrait changer de morale ni théorique ni pratique (3), » le reproche d'immoralité n'a rien à

---

(1) C'est l'opinion de Cabanis. Ch. IV, § 5.
(2) D. de Tracy ne tient pas compte, comme Cabanis, de l'impossibilité de prouver le contraire (cf. p. 283). On reconnaît l'homme qui était humilié de *croire*, qui voulait *savoir*, mais qui consentait à *ignorer* plutôt qu'à *supposer*.
(3) Ceci rappelle la boutade de je ne sais quel humoriste disant que « certaines gens mettent tant de morale dans leurs livres qu'il ne leur en reste plus pour se conduire ». Voyez Taine, *les Philosophes classiques du XIX⁰ siècle*.

faire en philosophie. Il faudrait admettre une assertion vraie, encore qu'immorale, s'il pouvait s'en rencontrer de telles. Mais il n'y a pas d'opposition entre raison et vertu, entre vrai et bien; ce sont choses indissolubles et inséparables. Ce n'est donc pas par les conséquences, mais par les motifs qui la fondent, qu'on doit attaquer une opinion, ou du moins faut-il être complètement sûr que ces conséquences sont irréprochables (1). Et dans le cas présent, c'est de conséquences fausses et mal déduites qu'on s'alarme. En effet, cette invincible nécessité, dont la vanité des sophistes se trouve si ridiculement humiliée, se représente dans toutes les hypothèses et nous accable par son évidence et sa force. Car alors même qu'on verrait, dans les actions volontaires, l'effet du sentiment de vouloir, elles n'en seraient pas moins nécessaires, puisque la volonté ne saurait être qu'en vertu de motifs antérieurs qui la déterminent nécessairement. Il n'y a point à s'effrayer de cette conséquence, contre laquelle on se révolterait en vain : elle n'est pas immorale et ne détruit ni le mérite ni le démérite de nos sentiments et de nos actes. Car c'est par les effets, très sensibles et très importants, non par les causes, très obscures et très indifférentes, qu'il faut juger des uns et des autres : nécessaire ou non nécessaire, tout ce qui tend au bien de l'humanité est louable et vertueux, tout ce qui tend à un but contraire est vicieux et répréhensible. Là est la vraie et la seule pierre de touche de la moralité. Enfin, quelque parti qu'on prenne, il n'influera en rien sur ce qui doit entrer dans la morale : cette vérité, que les vraies causes de nos actes volontaires sont les mouvements intérieurs, n'est pas d'une application immédiate, et on peut toujours parler de nos volontés comme des causes de ces actes, puisque celles-ci les suivent toujours, quand rien ne s'y oppose.

D. de Tracy fonde la morale, « en creusant plus profondément encore », sur les faits constants que nous devons à la physiologie. Elle distingue la vie organique ou intérieure, qui comprend les fonctions de conservation et a pour foyer principal le grand sympathique ; la vie animale ou extérieure, qui consiste dans les fonctions de relation et a pour centre le cerveau, l'organe spécial dans lequel s'opèrent l'élaboration et la combinaison des sensations. Les fonctions qui relèvent du grand

---

(1) On ne saurait mieux dire.

sympathique sont indépendantes de notre volonté ; les autres sont volontaires. L'action des deux principes se mêle et, dans certains cas, le grand sympathique supplée le cerveau. De la vie de conservation naît le sentiment de personnalité qui nous met en opposition avec nos semblables et produit les passions haineuses. De la vie de relation dérive le besoin de sympathiser, commun à toute la nature animée, qui nous en rapproche et donne naissance aux passions bienveillantes. Concilier les unes et les autres est la tâche de la justice ou de la raison.

Après quelques mots sur l'amour, que D. de Tracy semble avoir laissé à décrire « sans licence, sans fadeur, sans humeur pédantesque, sans enthousiasme », à son disciple Stendhal, le livre se termine brusquement. L'auteur eût laissé aux législateurs et aux philosophes le soin de tirer des conséquences et de proposer les lois politiques, civiles, morales et pénales les plus propres à développer nos talents et nos vertus, à étouffer ou à comprimer nos mauvais penchants et à assurer notre bonheur. Peut-être eût-il fait connaître ses opinions sur les idées religieuses, l'organisation de la société et l'instruction de la jeunesse. Sans leur donner une forme didactique, il les a offertes au public dans les *Pièces relatives à l'Instruction publique*, dans *les Moyens de fonder la morale d'un peuple* et dans le *Commentaire sur l'Esprit des Lois*.

Ce dernier ouvrage parut si remarquable à Dupont de Nemours qu'il voulait en 1814 le traduire en français et que, pour l'en empêcher, D. de Tracy fut obligé de lui montrer le manuscrit original. Ce que n'avait pas fait Dupont de Nemours, d'autres le firent. Une traduction fut imprimée à Liège, puis réimprimée à Paris : D. de Tracy, qui ne comptait pas le publier en Europe, le fit paraître tel qu'il l'avait composé, quand il vit « que tout le monde l'imprimait sans son aveu ». On était en juillet 1819 ; D. de Tracy avait, le 2 avril 1814, proposé au Sénat la déchéance de l'empereur (1). Il avait, sans trop de déplaisir, vu la Restauration ; mais, dès les premiers jours, il craignit « que ce qui avait perdu les Stuarts ne perdît les Bourbons ». A la Chambre des pairs, il refusa de prendre part aux procès

---

(1) Peut-être contribua-t-il, par son influence sur Biran avec lequel il était encore très lié, à l'apparition du fameux rapport qui, en décembre 1813, avait montré à l'empereur que les *idéologues* n'avaient pas renoncé à leurs *idées*.

politiques et combattit les mesures qui tendaient à reconstituer l'ancien régime. Son *Commentaire* qui, en 1810, eût paru la satire du gouvernement impérial, dut sembler, au moment où le ministre Decazes inclinait à droite par suite de l'élection de Grégoire, un véritable pamphlet. Lui-même crut nécessaire d'ajouter, au chapitre sur les lois qui forment la liberté politique dans son rapport avec la constitution, une note qui montre une fois de plus qu'idéologue et utopiste ne sont nullement synonymes (1).

Mais si nous n'avons rien à regretter pour l'application de nos moyens de connaître à l'étude de notre volonté et de ses effets, il n'en est pas de même de la troisième section et de l'appendice. Les brèves indications semées, dans ses ouvrages, sur la physique, la géométrie, le calcul, sur les fausses sciences nous font sentir combien nous avons perdu à la maladie et au découragement qui arrêtèrent son travail (2). Atteint de la cataracte, il se fit opérer, mais ne prit pas assez de soin et ne recouvra pas entièrement la vue. Sa santé déjà chancelante, après la mort de Cabanis, alla en déclinant : « Je souffre, disait-il, donc je suis »; les souffrances morales étaient plus vives encore. Le gouvernement de la Restauration, sauf de rares intervalles de libéralisme, était peu fait, avec la place prépondérante qu'il donnait au clergé et aux idées religieuses, pour plaire à l'homme qui se faisait lire ou récitait les chefs-d'œuvre de Voltaire. La Révolution de 1830, pendant laquelle on le vit seul s'engager, « en bas de soie, le visage surmonté d'un vaste abat-jour vert, une longue canne à la main », au milieu des barricades, put lui faire croire, comme à son ami La Fayette, qu'on allait continuer l'œuvre de 1789. Mais il ne dut pas tarder à être détrompé, comme le

(1) « Je suis, dit-il, très persuadé que la monarchie constitutionnelle ou le gouvernement représentatif avec un seul chef héréditaire est, et sera encore extrêmement longtemps, malgré ses imperfections, le meilleur de tous les gouvernements possibles, pour tous les peuples de l'Europe et surtout pour la France. Toutes les nations qui ont reçu de leur monarque une charte constitutionnelle, déclarant et consacrant les principaux droits des hommes en société et qui, comme les Français, l'ont acceptée avec joie et reconnaissance, ne sont plus dans le cas des peuples qui ont à se faire une constitution ; ils en ont véritablement une et ils ne doivent plus songer qu'à l'exécuter ponctuellement et à s'y attacher tous les jours plus fortement. La franchise avec laquelle j'ai exposé mes opinions jusqu'ici doit être un sûr garant de la sincérité de celle que j'énonce en ce moment. Je ne pense pas du tout que ce soit me contredire. Je crois fermement que je ne fais qu'établir la différence très importante que tout homme sage ne peut s'empêcher de reconnaître, entre les abstractions de la théorie et les réalités de la pratique. Ce qu'il y a de certain, c'est que si je n'en étais pas très persuadé, je ne le dirais pas ».

(2) « On ne peut douter, dit Mignet, que D. de Tracy n'eût composé, sur la géométrie et le calcul, de vrais chefs-d'œuvre philosophiques ».

fut Thurot qui, bien moins exigeant cependant, trouvait que le ministère n'avait pas compris « qu'il fallait substituer la souveraineté nationale à la légitimité ».

D. de Tracy n'était pas plus satisfait des tendances philosophiques. Biran, qui devenait de plus en plus royaliste et catholique, se séparait des idéologues et était pris par leurs adversaires comme « chef de file » dans la guerre qu'ils faisaient au « sensualisme ». Cousin et ses amis n'étaient pas plus indulgents pour l'école idéologique que Châteaubriand, de Bonald, Lamennais ou de Maistre. D. de Tracy eût pu lire, chez Damiron « qu'au sensualisme correspondait, sous le Directoire et sous l'Empire, le peu de foi aux choses morales, la corruption des consciences ou leur basse servilité, la conduite brutale du pouvoir, le matérialisme des arts et le dédain de la religion » (p. 31). Il eût pu déplorer, comme Broussais, qu'on cherchât à replonger la France « dans les illusions et les chimères de l'ontologie ». Comme lui il eût pu penser, en voyant non seulement Biran, mais Droz, Degérando, Laromiguière, placés avec Cousin, Jouffroy et Royer-Collard, parmi les éclectiques, que l'ontologisme faisait « quelques brèches » dans l'école elle-même. Bien plus, il trouvait, dans sa propre famille, des marques de l'influence exercée par la réaction politique, religieuse et philosophique. Son fils avait épousé en secondes noces, vers 1818, Mlle Newton, veuve du général Le Tort. Jeune, elle « aimait les curés, les croix, les cloches, les moines, les images, les chapelles et tous les saints »; plus tard elle se mit à l'étude des Pères de l'Église, « pour savoir ce qu'ils avaient dit de l'âme, eux qui ne cherchaient point avec les mains cette âme dont l'existence immortelle rend l'homme excusable de croire que le monde tout entier a été créé exprès pour lui » (1).

Mais, comme le dit Mignet, D. de Tracy croyait trop à ses idées pour être ébranlé par celles d'autrui. Il demeura attaché à ses théories avec une fermeté tranquille, supposant que l'esprit humain était livré à un égarement passager et comptant avec confiance sur ses retours. Avec Broussais peut-être, il pensait que « la chimie, la physique, l'histoire naturelle, les mathématiques, l'histoire aujourd'hui véritablement philosophique » étaient des « remparts d'airain que le kanto-platonisme ne

---

(1) Sainte-Beuve, *Lundis*, t. XIII, p. 190 et 203.

pourrait jamais renverser ». Aussi il encourageait les travaux des jeunes savants qui le consultaient et suivait avec intérêt les progrès des sciences naturelles, qui l'avaient conduit à sa philosophie et pouvaient y ramener les générations ultérieures. Sa confiance n'a pas été trompée et son influence, directe ou indirecte, a été, comme celle de Cabanis, considérable et féconde dans tout le champ de la spéculation.

Venu par les sciences à la philosophie, D. de Tracy a donné à l'idéologie un nom et un caractère positif. S'il a cru, à tort, qu'il pouvait la constituer de toutes pièces, il a fort bien vu que, pour devenir une science indépendante et complète, elle devait s'appuyer sur la physiologie et la pathologie, sur l'étude des enfants, sur celle des fous et sur celle des animaux. Il l'a unie intimement à la grammaire et à la logique, à la morale et à l'économie politique, à la législation et à la politique. Auxiliaire de Cabanis, il a inspiré Degérando et Biran, Ampère et Stendhal, Thurot et Bordas-Desmoulins, Broussais et A. Comte, Mylne, Young et Brown. Par lui, l'idéologie s'est répandue chez les naturalistes et les médecins, en Italie, en Angleterre et en Amérique comme en France (1).

(1) Cf. Mém. de l'Inst. nat. (M., abréviation) I et III; D. de Tracy, *Éléments d'Idéologie*, 5 vol. 1825, 26, 27 (ab. I, II (Gr.), III, IV, V); C^{re} *sur l'Esprit des Lois* (ab. C); Œuvres de Montesquieu VIII, avec *Moyens de fonder la morale d'un peuple* (ab. Moy.); Cabanis, Prévost, Biran, Mignet, Guizot, Sainte-Beuve, A. Bain, Spencer, Lewes, Bertrand, Damiron, de Ségur, *operibus citatis*; Ch. de Rémusat, *Essais de philosophie*; Réthoré, *Critique de la ph. de Thomas Brown*; Chabot, *D. de Tracy*; Cabanis, Tracy, Biran, *Lettres inédites* (Col. Naville), etc., etc.

LA SECONDE GÉNÉRATION D'IDÉOLOGUES

L'IDÉOLOGIE PHYSIOLOGIQUE ET RATIONNELLE,
COMPARÉE ET APPLIQUÉE

CHAPITRE VII

LES AUXILIAIRES, LES DISCIPLES, LES CONTINUATEURS DE CABANIS ET DE D. DE TRACY

Cabanis et D. de Tracy sont les chefs de la seconde génération d'idéologues. A côté d'eux et derrière eux, on doit placer un certain nombre de penseurs, les uns peu connus, les autres célèbres, voire même illustres, mais qui tous ont mérité que la postérité n'oublie pas leurs noms. Les classer d'une façon rigoureuse et systématique est impossible. Pour la clarté de l'exposition, nous les répartirons en trois groupes : dans le premier les contemporains de D. de Tracy et de Cabanis, dans le second et le troisième les disciples et les continuateurs, savants et réformateurs, ou idéologues purs, historiens et littérateurs.

I

Daunou (1761-1839) appartient, par sa vie et ses œuvres, aux trois générations. Membre, très influent après Thermidor, de la Convention, auteur principal de la Constitution de l'an III, créateur de l'Institut et du système d'instruction publique, il pourrait être placé à côté de Condorcet et de Sieyès, de Garat et de Lakanal. Professeur célèbre sous la Restauration, il survécut à Cabanis et à Chénier, à Ginguené et à Thurot, à Laromiguière, à Jacquemont et à D. de Tracy, auxquels il a consacré des notices bien propres à les faire connaître (1). De ce fait, il serait à juste titre placé dans la troisième génération. Mais il a siégé à l'Institut avec D. de Tracy et Cabanis, assisté aux réunions d'Auteuil et aux dîners du tridi. C'est un de ceux qui ont mis l'idéologie en défaveur auprès de Napoléon : il convient donc de le laisser avec ceux dont il a toujours défendu les doctrines et la mémoire.

On a beaucoup écrit sur Daunou (2). Il ne reste à étudier que *l'idéologue* et il est facile de le faire, avec les documents nombreux, et riches en renseignements de toute espèce, que nous avons à notre disposition.

Daunou, oratorien parce qu'il ne pouvait être avocat et ne voulait pas être chirurgien, enseigna la philosophie et la théologie, fut couronné à Nîmes pour l'éloge de Boileau et à Berlin pour un Mémoire sur l'autorité paternelle. Il fit agréer par l'Oratoire et présenta, à la Constituante, un plan où il distinguait quatre éducations : la première, domestique, la quatrième, professionnelle, la deuxième pouvant être publique (six à dix ans) et la troisième correspondant à celle des collèges. Condamnant cette dernière « comme les gabelles », il la remplaçait par une répartition en huit années où, après avoir étudié le latin, le grec, le français et l'histoire, on abordait la logique, la métaphysique et la morale. Les argumentations en latin étaient supprimées, l'enseignement de la logique ramené à l'analyse des sensations, à la grammaire générale, aux causes d'erreur, aux motifs de certitude, aux règles de la critique, à tout ce qui tient à la clarté des idées et à l'évidence des jugements, à l'enchaînement et à l'ordre des connaissances. La métaphysique ne comprenait

---

(1) La notice sur Chénier parut en 1844 en tête du catalogue de sa bibliothèque; celle de Ginguené est un *Discours* prononcé à ses funérailles le 18 novembre 1816; la *Notice* sur François Thurot fut mise dans la 2e édition de *l'Entendement et de la Raison* et elle a été reproduite en tête des *Mélanges* de feu François Thurot (1889); la *Notice sur la vie et les ouvrages de Laromiguière* a été insérée en janvier 1839 dans le *Journal de la langue française*; le Discours prononcé aux funérailles de D. de Tracy le 22 mars 1836, a été imprimé à part. Quand Daunou mourut, il travaillait à une *Notice* sur Cabanis.

(2) Quelques mois après sa mort, Taillandier, son élève au collège de France, son collègue à la Chambre et son exécuteur testamentaire, faisait imprimer des *Documents biographiques sur Daunou*. Natalis de Wailly avait déjà loué l'ancien rédacteur du *Journal des Savants*. Walckenaer et Mignet allaient exposer les travaux du membre de l'Académie des inscriptions et de l'Académie des sciences morales, tandis que Guérard et Victor le Clerc s'occupaient de l'érudit et de l'historien littéraire de la France. Enfin son compatriote Sainte-Beuve prenait en lui l'écrivain et l'homme de style, le critique littéraire et le connaisseur en fait de langage.

plus l'ontologie, mais on expliquait le *Phédon* ou le *Timée* de Platon. Le professeur de morale, l' « homme essentiel du collège », traduisait le *de Officiis* et enseignait la morale naturelle d'après Platon, Cicéron, Sénèque, Plutarque, Marc-Aurèle, Montaigne, Pascal, Nicole, Cumberland, La Bruyère, J.-J. Rousseau, etc. La septième année était réservée aux belles-lettres, la huitième à la physique et aux mathématiques.

Vicaire métropolitain à Arras et à Paris, Daunou fut envoyé à la Convention, dont il contesta la compétence à juger Louis XVI. Puis il combattit le projet de constitution présenté par le comité de Salut public, et écrivit, pour l'Académie de Lyon, son Mémoire, couronné de préférence à celui de Napoléon Bonaparte. Arrêté en octobre, il fut enfermé dans des prisons diverses, en dernier lieu à Port-Royal, devenu Port-Libre, et y relut Tacite et Cicéron. Il en sortait deux mois après le 9 thermidor et faisait décréter, après l'impression de l'*Esquisse* de Condorcet, des pensions pour un certain nombre de savants et d'artistes. Membre de la Commission de constitution (1), il consulta Sieyès, qui ne voulut pas donner ses idées, parce qu'on ne « l'entendrait pas » et fut le principal rédacteur de la constitution de l'an III, dans laquelle il fit introduire la création d'un *Institut national*. Puis il présida la Convention et entra au comité de Salut public; il fit partie, en vendémiaire, de la commission de cinq membres à laquelle on confia le pouvoir exécutif et fut, pour une grande part, l'auteur de la loi du 3 brumaire an IV, qui organisait l'instruction publique (2). Élu par vingt-sept collèges, il présida les Cinq-Cents, travailla à la revision des lois sur la presse et fut rapporteur de la commission mixte qui s'occupa des écoles spéciales, consacrées « aux sciences mathématiques et physiques, aux sciences morales, économiques et politiques, aux belles-lettres, aux arts mécaniques, à l'art de la guerre, à l'économie rurale, à l'art vétérinaire, à la médecine, au dessin et à la musique » (3).

Daunou entra à l'Institut dans la section de « science sociale et législation ». C'est lui qui prononça le discours d'inaugura-

---

(1) « Boissy d'Anglas, Daunou, Lanjuinais, noms qu'on retrouve toujours, quand un rayon de liberté luit sur la France » (Mme de Staël).

(2) Cf. ch. III, § 3.

(3) M. Liard a publié le rapport de Daunou et montré que les lycées, moins vastes assurément que ceux de Condorcet, réalisaient cependant encore, à un degré élevé, « cette union et cette coordination des sciences théoriques qui doit être dans la loi, comme elle est dans la nature de l'esprit et des choses ».

tion en présence du Directoire, des ministres, des ambassadeurs et d'une société d'élite. Il y marquait, non sans netteté et élévation, le but de l'institution nouvelle (1). Professeur de grammaire générale aux écoles centrales dès le 25 février 1796, il fut remplacé par Laromiguière quand, l'année suivante, il fut chargé de l'administration de la bibliothèque du Panthéon. Au *Journal des Savants* il faisait l'éloge de Charles Bonnet, présentait l'*Hermès* traduit par Thurot, les traductions de la *Formation des langues* d'Adam Smith, et des *Leçons de rhétorique* de Blair. Il collaborait, avec Garat et Fontanes, à la *Clef du cabinet des souverains*; avec Garat, Chénier, Boisjolin, Cabanis, au *Conservateur* et refusait à Talleyrand, ministre des affaires étrangères, d'être son secrétaire général. L'éloge de Hoche, qu'il prononça au nom de l'Institut, fit admirer à Mme de Staël « le talent et le caractère de l'écrivain ». Puis il montrait, en organisant la république romaine, que les idéologues étaient souvent, sinon toujours, des gens fort pratiques (2). Il se refusait à faire arrêter ses anciens collègues, de Vaublanc (3), Pastoret, Duplantier, proscrits après le 18 fructidor. Député de nouveau aux Cinq-Cents, il en fut président et prononça en réponse à une députation de l'Institut, des paroles plus célèbres que justes : « Il n'y a point, disait-il, de philosophie sans patriotisme, il n'y a de génie que dans une âme républicaine ». Avec Garat et Ginguené, Jacquemont et D. de Tracy, il était membre du Conseil d'instruction publique.

Il semble bien qu'il n'ait pas, comme Volney, Cabanis et quelques-uns de leurs amis, pris une part active au 18 Brumaire. Dans la commission où il siégea avec Garat, Cabanis et Chénier, il fut chargé, par Bonaparte, de terminer en une seule nuit la rédaction d'un projet de constitution, que Cambacérès appela

---

(1) « Rassembler et raccorder toutes les branches de l'instruction ; reculer les limites des connaissances et rendre leurs éléments moins obscurs et plus accessibles ; provoquer les efforts des talents et récompenser leurs succès ; recueillir et manifester les découvertes; recevoir, renvoyer, répandre toutes les lumières de la pensée, tous les trésors du génie; tels sont les devoirs que la loi impose à l'Institut ». — Sainte-Beuve a cité la partie de ce discours qui a rapport aux beaux-arts comme « la page vraiment classique du moment ».

(2) Il faut lire la correspondance de Daunou avec La Réveillère-Lépeaux, (Taillandier), pour apprécier avec quel bon sens et quelle sûreté Daunou jugeait les hommes et les choses.

(3) C'est de Vaublanc lui-même qui annonça à Daunou en 1815 « qu'il avait dû le remplacer définitivement aux archives ». Voyez Taillandier, p. 239. Fouché fut plus reconnaissant.

« malicieux » et qui fut repoussé, en grande partie, comme trop libéral. Nommé conseiller d'Etat et chargé de la direction de l'instruction publique, il refusa, pour entrer au Tribunat, dont il devint le président. Après Marengo (1), le premier Consul essaya encore, mais vainement, de s'attacher Daunou, qui s'opposa à l'établissement de tribunaux spéciaux pour les crimes et délits politiques. Son discours fut altéré dans le *Moniteur* et le consul écrivit lui-même, au *Journal de Paris*, un article très violent contre « les misérables métaphysiciens » (2). Le Corps législatif et le Tribunat présentèrent Daunou au Sénat. Bonaparte fit venir chez lui les sénateurs et leur dit : « Citoyens, je vous préviens que je regarderais la nomination de Daunou comme une insulte personnelle; vous savez que jamais je n'en ai souffert aucune ». Son candidat Lamartillière eut cinquante-deux voix sur cinquante-quatre votants. Un an plus tard, Bona-

(1) C'est à cette époque que se place une scène qui rappelle la scène de rupture entre Bonaparte et Volney. Elle a été diversement racontée. Selon Taillandier, invité à dîner par Bonaparte, il fut pressé d'accepter une place de conseiller d'État. Daunou refusa de nouveau. Le consul, étonné de cette résistance, s'échauffa peu à peu et finit par se livrer à un mouvement de colère, dans lequel il laissa échapper ces mots : « Ce n'est pas parce que je vous aime que je vous offre cette place ; c'est parce que j'ai besoin de vous. Les hommes sont pour moi des instruments dont je me sers à mon gré... J'aime peut-être deux ou trois personnes, ma mère, ma femme, mon frère Joseph... — Moi, répondit Daunou avec calme, j'aime la République » ; puis il s'éloigna. — J'ai entendu, ajoute Taillandier, raconter les détails de cette scène à plusieurs de ses amis de cette époque et ils la rapportaient telle que je viens de la faire connaître. — Daunou, dit Sainte-Beuve, prit peur ; il se dit que cet homme était capable de tout, qu'il était certes bien capable d'avoir machiné ce dîner pour le perdre, de supposer tout d'un coup qu'on lui manquait de respect, qu'on l'insultait, que sais-je ? de le faire arrêter immédiatement. Sa tête se montait, il n'y tint plus. Bonaparte, tourné vers la fenêtre, parlait sans le voir; Daunou avise dans un coin son chapeau qu'il avait posé ; tandis que le consul achève une phrase, il y court, enfile les appartements et sort du palais. « J'ai entendu, ajoute Sainte-Beuve, le récit de la bouche de M. Daunou et de celle d'une personne qui a vécu plus de quarante ans avec lui. J'écoutais, et je n'y ai mis que le sourire ». On ne comprend guère ce *sourire*. L'exemple du duc d'Enghien, de Moreau, des cent trente démocrates déportés par sénatus-consulte après le complot des royalistes en nivôse, montre que Bonaparte « était capable de tout ». Daunou n'était pas seul à penser ainsi. Mme de Staël était en 1802 fort inquiète pour Chénier et voulait lui offrir « de l'argent, un asile et un passeport, selon qu'il pourrait en avoir besoin ». Quant à l'assertion que « Bonaparte avait vu Daunou de trop près pour le craindre », elle est tout à fait inexacte, puisque Bonaparte entra bientôt après en lutte directe avec Daunou et fit tout ce qu'il put pour l'écarter du Sénat et l'éliminer du Tribunat. Sainte-Beuve a tenté à tort de ridiculiser Daunou. Ne peut-on, sans être un « trembleur », quitter brusquement un hôte qui se fâche, parce qu'on refuse ses offres? Surtout quand il est « capable de tout » ? Cf. § 5.

(2) « Ils sont douze ou quinze, dit-il, et se croient un parti. Déraisonneurs intarissables, ils se disent orateurs... On a lancé contre le premier consul des machines infernales, aiguisé des poignards, suscité des trames impuissantes; ajoutez-y, si vous voulez, les sarcasmes et les suppositions insensées de douze ou quinze nébuleux métaphysiciens. Il opposera à tous ces ennemis le peuple français ».

parte réussissait à faire éliminer du Tribunat Daunou et ses amis, « parce qu'il voulait que l'on sût bien qu'il ne pardonne jamais à ses ennemis » (1). Comme le fait remarquer Taillandier, le Tribunat n'avait rejeté que six projets, sur trente-trois qui lui avaient été présentés, et, parmi ceux qu'il avait combattus, se trouvaient les lois qui rétablissaient le droit d'aubaine, la marque, la traite des nègres ; qui anéantissaient le jury et rendaient les citoyens justiciables du ministre de la police : il n'y avait donc ni opposition *inconvenante* (2), ni opposition systématique.

Daunou, malade et découragé, renonça à la politique. Il donna à l'Institut, après un Mémoire sur *la Classification des livres*, que D. de Tracy tenait en haute estime, une *Analyse des opinions diverses sur l'origine de l'imprimerie* et une *Étude sur les élections au scrutin*, qui peut-être hâta la suppression de la seconde classe : les *idéologues* n'avaient plus aucun moyen de faire une opposition ouverte aux mesures qui supprimaient les libertés publiques ; s'ils avaient encore des *idées*, Bonaparte seul pouvait faire connaître les siennes. Daunou, menacé d'être remplacé au Panthéon, signa une lettre écrite par un de ses amis et que Davoust remit à l'empereur. Comme le dit Sainte-Beuve, il capitula. Napoléon lui laissa ses fonctions et lui écrivit même « qu'il souhaitait vivement d'utiliser ses talents dans une place plus éminente et priait Dieu de l'avoir en sa sainte garde ». Quelques jours après avoir été sacré à Notre-Dame, il nommait Daunou archiviste. Ce dernier faisait entrer aux Archives, Chénier destitué, pour son *Epître à Voltaire*, de ses fonctions d'inspecteur de l'instruction publique, et Napoléon se bornait à dire : « Voilà un tour que Daunou m'a joué ». En revanche Daunou publiait l'*Histoire de l'anarchie de Pologne* de Rulhière, en faisant remarquer que « c'était à la suprême loyauté du chef de l'empire et à l'invariable libéralité de ses sentiments et de ses pensées, que le public devrait la pureté du texte de cette histoire » (3). Puis, après une édition de Boileau, il composait l'*Essai sur la puissance temporelle des papes*, qui put lui

---

(1) *Journal et Souvenirs* de Stanislas de Girardin, tome III.
(2) C'est l'expression de Thiers dans l'*Histoire du Consulat*, III, p. 410-411.
(3) C'est en s'appuyant sur ce texte que La Fayette et Sainte-Beuve ont accusé Daunou d'avoir renoncé à rester un grand citoyen. Ne serait-il pas plus juste de dire, comme nous l'avons déjà remarqué de D. de Tracy, qu'il ne désespérait pas alors la réalisation de quelques-unes des réformes qu'il eût souhaitées ?

paraître un acheminement à la rupture du Concordat. Les éloges ne sont pas ménagés « au nouveau fondateur de l'empire d'Occident, qui doit réparer les erreurs de Charlemagne, le surpasser en sagesse, en puissance, éterniser la gloire d'un auguste règne, en garantissant, par des institutions énergiques, la prospérité des règnes futurs ». Daunou, comme auparavant Cabanis et Volney, comme plus tard Benjamin Constant, se laissait séduire par l'espoir de voir triompher, avec l'homme qui avait fait profession d'idéologie, quelques-unes des idées qui lui étaient chères. En réalité, ils n'eurent pas toujours tort de croire qu'il continuait l'œuvre de la Révolution.

Daunou fut nommé membre de la Légion d'honneur, mais refusa d'être censeur, sans pouvoir faire insérer son refus au *Moniteur*. Puis, il présida à l'envoi en France des archives pontificales et lut son Mémoire sur *le Destin*. Les anciens philosophes, y soutenait-il, ont compris sous ce nom, une Providence, un Dieu intelligent et éclairé : le christianisme n'a donc pas été une innovation aussi grande qu'on l'a cru. En réponse, ce semble, à Royer-Collard, qui tentait de relever la métaphysique, il dépréciait la « pneumatologie, incapable d'étendre nos expériences immédiates, les relations ou les témoignages » et réclamait la tolérance « comme le seul moyen d'être équitable et raisonnable ».

A la seconde Restauration, destitué par de Vaublanc, mais chargé par Barbé-Marbois de la direction du *Journal des Savants* et consulté par les ministres libéraux, Daunou devint (1819) professeur au Collège de France et député. De Tracy, Andrieux, A. Thierry assistèrent à l'ouverture du cours, qui eut un grand succès, parce que le professeur ne s'interdisait nullement les allusions au présent : « Je réclame, disait-il avec une grande élévation, au nom des élèves qui doivent m'écouter, la liberté de ne les tromper jamais : leur dire la vérité pure et entière est un respect dû à leur âge, un devoir et un droit du mien ». Après avoir examiné les différents degrés de valeur des témoignages historiques (1), il recherchait ce qu'est l'homme moral « matière de l'histoire » et présentait le tableau des affections humaines, justes

---

(1) C'est à Daunou que M. Janet emprunte son chapitre de la *Critique historique*, qui n'est qu'une analyse du « traité complet et achevé de Daunou » (*Traité élémentaire de philosophie*). A. Thierry a rendu compte de ce cours dans le *Censeur Européen* du 5 juillet 1819, avant de parler de celui de Cousin.

et injustes, raisonnables ou folles, bienveillantes ou haineuses, généreuses ou lâches. Passant à la politique, « la morale des sociétés », il exposait les droits imprescriptibles des personnes, citait D. de Tracy et adoptait sa division des gouvernements en nationaux et spéciaux. Aux jeunes gens, il disait encore, avant de discuter les deux bases de l'histoire, la géographie et la chronologie, qu'il n'y a rien de sûr que la bonne foi, rien de puissant que la vérité, rien d'habile que la vertu.

En même temps Daunou combattait, à la tribune, le rétablissement du cautionnement, de la censure et la suspension de la liberté individuelle; il donnait une seconde édition de son *Essai sur les garanties individuelles*, « programme motivé des légitimes et incontestables requêtes d'un libéralisme équitable ». Traduit en allemand, en grec, en espagnol, l'ouvrage obtenait, dans l'Amérique du Sud, un succès presque égal à celui du *Commentaire* de D. de Tracy aux États-Unis. Son cours de 1829 fut pour lui une occasion de défendre ses amis, en attaquant celui qui « voulait en finir avec la philosophie du xviiiᵉ siècle ». Cousin avait soutenu que la nécessité détermine l'ordre et la durée des différentes époques de l'histoire : « Quoi qu'on fasse, disait Daunou, il restera toujours, dans le tableau des causes et des effets, un grand nombre de points inaccessibles aux prévoyances et à la sagacité des esprits les plus exercés. Le mot de hasard subsistera dans nos fastes, comme dans nos relations usuelles, exprimant partout et à chaque instant notre ignorance... L'histoire se dénature et se falsifie, quand elle veut être un tableau des nécessités, elle n'a pour éléments que des accidents et des choses mobiles ». Et ses leçons obtenaient un succès dont ne se doutent pas ceux qui n'ont consulté que nos Manuels (1) !

Daunou protesta contre les *Ordonnances*, rentra aux Archives

(1) *Lycée*, IV, p. 258 à 267. Le rédacteur est d'accord avec Daunou pour reprocher à Cousin de rendre inutile la force morale de l'homme par une sorte de fatalisme; mais il lui reproche d'arriver au même résultat en ne détrônant la nécessité que pour mettre le hasard à sa place. Il trouve d'ailleurs les deux professeurs également recommandables, leurs tendances également salutaires dans les circonstances où elles se produisent : « Il n'y a, dit-il, ni à se plaindre, ni à blâmer, il n'y a qu'à applaudir, à profiter ; Aristote et Platon ont tous deux servi la science par des voies opposées ». Valette, combattant Cousin, fait appel aux leçons de Daunou « qui assurément n'est pas matérialiste, puisqu'il reproche à la philosophie allemande de détruire toute liberté morale ». Il cite en outre ce qu'écrit *le parti La Mennais :* « Nous avions bien dit que les philosophes ne s'entendraient jamais. On n'a pas voulu nous croire; demandez plutôt à MM. Daunou, Cousin et Broussais » ? — N'est-il pas curieux de voir accuser de fatalisme le chef d'une école qui a fait de a « liberté morale » un critérium propre à juger des systèmes ?

après 1830 et donna sa démission de professeur. Il essaya d'écarter Cousin de l'Académie des sciences morales et politiques, ne put lui-même en être nommé secrétaire perpétuel et ne négligea aucune occasion de vanter l'école à laquelle il appartenait, d'attaquer celle qui aspirait à la remplacer (1).

Il mourut le 20 juin 1840 en ordonnant que son corps fût transporté au Jardin Louis (2), avant 9 heures du matin, sans annonce, discours ou cérémonie d'aucun genre.

Comme tous les idéologues, Daunou a dévoué sa vie *à la vérité et à la raison*. Il a été, selon l'expression de Mignet, l'un des hommes les plus rares de son temps par les travaux et la conduite, le talent et l'honnêteté. Ce qui constitue surtout son originalité, c'est d'avoir, après Cabanis et Degérando, avant Fauriel et Cousin, transformé l'histoire et surtout l'histoire de la philosophie. Collaborateur de l'*Histoire littéraire* pendant trente ans, rédacteur du *Journal des Savants* et de la *Biographie universelle*, auteur d'un *Cours d'études historiques* en vingt volumes, il a parlé admirablement, sinon des grands hommes non littéraires qui ont payé pour Bonaparte, du moins des écrivains, des philosophes et des bienfaiteurs de l'humanité; il n'a jamais séparé l'histoire des idées de celle des hommes et des institutions. Enfin et surtout il a traité les scolastiques avec une impartialité aussi grande que possible, pour un disciple du XVIIIe siècle. Sa notice sur saint Bernard est célèbre autant que son *Discours sur l'état des lettres en France au XIIIe siècle*, « le plus beau frontispice qui puisse se mettre à l'un des corps d'une histoire monumentale non originale ». Ajoutez-y les articles sur Pierre le Vénérable, Richard de Saint-Victor, Alexandre de Hales, Robert Grosse-Tête, Vincent de Beauvais, Jean de la Rochelle, Thomas de Cantimpré, saint Thomas d'Aquin, Pierre d'Espagne, Guillaume de Chartres, Albert le Grand, Roger Bacon, etc.; sur les auteurs de lettres, d'opus-

---

(1) Cabanis et « les autres sages qui composaient la société d'Auteuil », les Écoles normales, leurs élèves et leurs maîtres, Garat et D. de Tracy, Thurot et Laromiguière, étaient placés au-dessus « des jeunes professeurs qui avaient, sans le vouloir, secondé les violences des gouvernements despotiques, et à qui on demandait vainement quelle méthode, quelle doctrine positive et intelligible ils entendaient substituer à la philosophie, dont ils se vantaient d'avoir détruit l'empire, de qui l'on n'obtenait que d'impénétrables oracles, presque tous surannés, empruntés et mal traduits ».

(2) Il ne voulut même pas, neuf heures avant sa mort, dit Sainte-Beuve, proférer le nom néfaste du Père-Lachaise.

cules et de *Vies* des saints. Réunissez tous ces fragments et vous aurez une histoire, qui ne sera pas sans mérite, de la scolastique au xiiᵉ et au xiiiᵉ siècle. Relisez ensuite ce qu'ont fait Cousin et ses disciples, ce qu'a fait Hauréau, vous vous direz certainement que les premiers ont heureusement marché, en l'élargissant, dans la voie déjà parcourue par Daunou, que le second est son successeur, au point de vue dogmatique comme au point de vue historique, mais un successeur qui a intelligemment profité de tout ce qui a été fait avant lui et auprès de lui (1).

Avec Daunou, d'autres idéologues, Desrenaudes et Chénier, Laromiguière et J.-B. Say, Benjamin Constant, etc., avaient été éliminés du Tribunat. Desrenaudes avait collaboré à la *Décade* où il analysait la traduction de Smith par Garnier; plus tard conseiller de l'Université, il fit introduire dans les programmes, à l'instigation de Laromiguière, l'enseignement de la philosophie. Ginguené, dont nous avons déjà signalé la collaboration à la *Décade* et la *Notice* sur Cabanis, travailla à sa remarquable *Histoire littéraire d'Italie,* après avoir fait du *Génie du Christianisme* une critique impartiale, judicieuse et fine. Déjà aussi nous avons rencontré M.-J. Chénier, l'un des défenseurs des écoles centrales (2). On sait combien vives et peu méritées (3)

---

(1) Il faut tenir compte aussi, pour l'histoire de la philosophie, des articles sur Plotin, Porphyre, Proclus, Simplicius, Varron (*Biographie universelle*), sur Arnobe, sur l'école d'Alexandrie, sur le gnosticisme, sur le *Gorgias* de Platon, sur Descartes, sur Bonnet, sur Bacon, sur Dumarsais, etc. (*Journal des Savants*).

(2) Cf. ch. i, § 2.

(3) « Chénier, écoutez-moi, disait Camille Jordan : Il est naturel pour un fils de fondre le poignard à la main sur le bourreau de son père ; mais il ne l'est pas pour un frère de laisser son frère périr sur un échafaud, quand il n'avait, pour le sauver, qu'à le vouloir. Le premier fut coupable, le second fut atroce ; le premier est un homme, le second est un monstre ». — Il faut lire ce qu'a écrit Daunou à ce sujet : « Les tyrans se promirent de venger leur idole (Marat, dont Chénier n'avait rien dit dans son rapport sur l'exclusion des cendres de Mirabeau du Panthéon, où elles devaient être remplacées par celles de Marat), par la perte de Chénier et de sa famille entière. Son père fut menacé; deux de ses frères furent arrêtés, il fut bientôt dénoncé lui-même, cité, recherché, inscrit à son rang sur l'une des pages de la liste des proscriptions. Il n'en devint que plus ardent à solliciter la délivrance de ses frères; durant plusieurs mois, il n'eut pas d'autre pensée ; et ses instances furent si vives, si persévérantes qu'il parvint à sauver l'une des deux victimes. Nous ne prétendons point le louer ici de ses démarches, auxquelles l'entraînaient les sentiments les plus tendres, mais qu'il aurait encore faites quand il n'eût consulté que son intérêt personnel ; car les périls de ceux qui portaient son nom aggravaient les siens propres ; et l'on arrivait à lui en les frappant. André Chénier périt le 7 thermidor ; et cette date toute seule réfuterait assez une calomnie aussi absurde qu'horrible. Si quelqu'un, le 7 thermidor, avait en effet le moyen de sauver ses parents les plus chers, assurément un tel crédit, une telle puissance n'appartenait point à celui qui périssait lui-même, si ce régime sanguinaire eût duré quinze jours de plus ». — Cf. Villemain, *la Littérature au XVIIIᵉ siècle,* 58ᵉ leçon.

furent les accusations qui s'élevèrent après la Terreur contre celui dont on affectait d'appeler le frère « Abel Chénier »; on sait avec quel enthousiasme M.-J. Chénier accepta la Révolution, avec quelle ardeur et aussi avec quelle âpreté il combattit ceux même qui lui étaient le plus chers, quand il crut leurs idées contraires à celles qu'il s'efforçait de faire triompher (1). Ce qu'on sait moins, c'est qu'il fit en octobre 1793, au nom du comité d'instruction publique, le rapport sur la translation des cendres de Descartes au Panthéon. Comme d'Alembert et Condorcet, Chénier affirme que l'expérience, le premier des philosophes, a renversé son système du monde; que Locke et Condillac ont été guidés par un fil plus sûr dans le labyrinthe de la métaphysique; que de nouvelles découvertes en mathématiques ont illustré après lui Newton, Leibnitz, Euler, Lagrange. Mais, comme eux aussi, il le range « parmi ces hommes prodigieux qui ont reculé les bornes de la raison publique, et dont le génie libéral est un domaine de l'esprit humain, » parce que « le premier de tous, dans l'Europe moderne, il parcourut le cercle entier de la philosophie, dont Képler et Galilée n'avaient embrassé qu'une partie, et donna à son siècle une impulsion forte et rapide ». La fête ordonnée pour la translation ne put avoir lieu. Chénier demanda, en 1796, l'exécution du décret. Mercier, l'ennemi de Locke, de Condillac et de Newton (2) s'y opposa (3). Chénier défendit Descartes et Voltaire, que Mercier n'avait pas non plus épargné, mais le projet fut ajourné (4).

Dans un Discours sur l'instruction publique (5 novembre 1797), il insiste sur l'importance de l'éducation physique « sans laquelle

---

(1) Voyez ses lettres au *Journal de Paris*, au *Moniteur*, etc. (*Œuvres*, V) où il défend contre son frère les sociétés « des Amis de la Constitution ». — Voyez aussi ce qu'il dit, après vendémiaire, de Carnot, « le décemvir savant dans l'art de calculer le crime et de semer la discorde, réunissant à lui seul la sombre méfiance de Billaud-Varennes, la féroce jalousie de Robespierre et la froide atrocité de Saint-Just ».

(2) Cf. ch. I, § 3.

(3) « Nous ne sommes point, dit-il, en mêlant comme à son ordinaire, des idées justes à des vues bizarres, un corps académique... Un grand homme appartient au genre humain; le Tasse et Virgile n'appartiennent pas à la seule Italie. Ne rétablissons donc pas des canonisations nouvelles, ou craignons que bientôt elles ne soient, comme les anciennes, un objet de risée. Que Descartes ait été un romancier ou un génie exact, abandonnons au temps le soin de fixer les bornes de sa renommée... La cérémonie de la translation de ses cendres au Panthéon serait regardée du peuple, à peu près comme la procession du grand Lama. Je demande qu'on laisse la réputation de Descartes vivre ou mourir dans ses ouvrages ».

(4) Nouvelle preuve que les idéologues étaient loin d'être des adversaires de Descartes.

toute autre serait incomplète et stérile » et fait rentrer, dans « la gymnastique d'un peuple libre » la course, la lutte, l'art de nager, l'exercice du canon et du fusil (1). Après un rapport où il faisait l'éloge d'Athènes (2), Chénier présentait un projet de décret qui répartissait trois cent mille livres entre un certain nombre de savants et d'artistes, parmi lesquels figurent Adanson et Bitaubé, Bossut et Delille, D. de Sales et Ducis, La Harpe et Lalande, Lamarck et Marmontel, Montucla et Palissot, Saint-Lambert et Andrieux, Colin d'Harleville, François (de Neufchâteau), Parny, Rétif de la Bretonne, Roussel, Saint-Ange, Sélis et Vernet. C'est sur sa proposition que furent rappelés les députés mis hors la loi et Talleyrand. Contre Mercier, qui « voulait réaliser la chimère d'une langue universelle, en imposant la langue de la République française aux nations qu'elle a vaincues », Chénier demanda que les langues allemande, anglaise, italienne et espagnole fissent partie de l'enseignement public dans les écoles centrales de Paris. Avec quelques-uns des idéologues, il prit une part active au 18 Brumaire, mais s'aperçut bientôt aussi qu'il n'avait pas travaillé au profit de la liberté ! Tribun, il combattit énergiquement le droit d'aubaine et la mort civile, en défendant la « secte des économistes, qui comptait, parmi ses disciples, des publicistes habiles, éclairés et le plus grand administrateur de la France durant le xviiie siècle, l'immortel Turgot ». Mme de Staël écrivit à Daunou pour offrir à son ami de l'argent, un asile et un passeport. Inspecteur de l'instruction publique, Chénier fut destitué en 1806, après son *Épître à Voltaire*. En vain Daunou écrivit-il à Fouché, sans en prévenir son ami, « que ce serait un arrêt de mort, puisque Chénier était sans fortune et qu'on empêchait la reproduction de ses pièces qui avaient paru et de celles que le public ne connaissait point encore ». Il put faire entrer Chénier aux Archives et Napoléon lui-même chargea, en 1808, ce dernier de continuer

---

(1) Nous allons chercher en Angleterre les jeux et les exercices scolaires, recommandés par Chénier, comme chez Mill, Bain et Spencer la philosophie des idéologues. Combien est vrai le mot de La Bruyère et de Voltaire !

(2) « Cité classique et nourrice des grands hommes, où Périclès, sortant de l'atelier de Phidias, courait entendre les leçons de Socrate ; où l'orateur Eschine, cité devant l'assemblée du peuple, admirait Démosthène tonnant contre lui ; où Platon, venant d'instruire ses nombreux élèves dans les jardins d'Académus, se rendait avec eux au théâtre pour y décider entre Euripide et Sophocle et décerner le prix du génie ». Il faut remarquer cet éloge de Platon que Chénier invoque encore dans son rapport sur l'Institut national de musique.

les *Éléments de l'histoire de France* de Millot. Atteint par la maladie dont il mourut, Chénier allait auprès de Daunou, avec lequel il s'était lié de plus en plus intimement, et déroulant « les infamies d'alentour et les palinodies qui le suffoquaient, son accent éclatait avec colère, son œil noir lançait la flamme, il était beau et terrible » (1). A l'occasion des prix décennaux, il eut à faire un rapport sur le *Catéchisme* de Saint-Lambert, exclu du concours parce qu'il avait été publié antérieurement, et à proposer pour les prix le *Cours de Littérature* de La Harpe, le *Cours d'instruction d'un muet de naissance* de Sicard, et les *Rapports du Physique et du Moral* de Cabanis. Il mourait en 1811. Chateaubriand, qu'il avait critiqué avec sa vivacité ordinaire, le lui fit bien payer, et se vengea sur « Chénier le régicide », non seulement du critique d'*Atala*, comme le dit Sainte-Beuve, mais de ses amis Ginguené, Volney, Morellet, etc., qui ne l'avaient pas épargné. Selon la remarque de l'auteur d'une brochure « qui a du bon », comme le dit encore Sainte-Beuve, l'homme qui avait fait l'*Essai sur les Révolutions*, alors qu'il se trouvait éloigné du mal, n'avait guère pourtant le droit de reprocher à Chénier « placé au lieu même de la naissance du mal et au centre de son activité », de s'en être laissé atteindre.

Andrieux répondait au premier consul qui se plaignait de l'opposition du Tribunat : « Vous êtes, citoyen, de la section de mécanique et vous savez qu'on ne s'appuie que sur ce qui résiste ». C'est de lui aussi que Napoléon disait : « Il y a autre chose que des comédies dans Andrieux » (2). Membre de la troisième classe de l'Institut, il avait célébré Locke dans ses opuscules en vers et en prose (3). Puis il avait donné au théâtre *Helvétius ou la Vengeance du sage*, poème consacré par lui, écrivait-il (4) « à la gloire des sciences philosophiques ». La *Décade* annonçait l'ouvrage le jour où Ginguené publiait le deuxième

---

(1) Sainte-Beuve, *Daunou*, page 332.
(2) Jules Simon, *Une Académie sous le Directoire*, p. 178.
(3) Locke à pas égaux et moins précipités,
Par le chemin du doute arrive aux vérités.
Ce Locke qui sonda l'abîme de notre être
Ne nous supposa pas instruits avant de naître.
L'homme n'a rien appris, dit-il, que par les sens,
Les objets ont frappé ses organes naissants,
Et dans l'entendement chaque image tracée
Compose sa mémoire et devient sa pensée.

(4) Lettre inédite, an X (Papiers de l'Institut).

extrait du *Génie du Christianisme*. « Andrieux est d'autant plus estimable, disait-elle, qu'il y a plus de courage en ce moment à venger la philosophie de cette tourbe de détracteurs qui travaillent et réussissent, non pas précisément à éteindre les lumières, mais au moins à retarder leurs progrès ».

En 1804, le comte de Cessac, directeur de l'École polytechnique et membre de l'Institut, offrit à Andrieux la chaire de grammaire et de littérature qu'on allait établir à l'École. Andrieux accepta et divisa son enseignement en quatre parties : 1° la grammaire, sur laquelle il faisait un cours philosophique, tel qu'il convenait à des jeunes gens habitués à des études sérieuses et abstraites ; 2° un peu de rhétorique, mais surtout l'art de parler ; 3° l'art d'écrire. S'étendant peu sur la poésie, il faisait surtout des remarques générales. Il s'appliquait à bien distinguer, pour ses élèves, la prose et les vers, parce que les jeunes gens ne sont que trop disposés, disait-il, à admirer ces ouvrages où les images, réservées à la poésie, sont transportées dans la prose, parce que la prose poétique est fausse ; car, comme le dit très bien M. Jourdain, il n'y a que des vers et de la prose, tout ce qui est prose n'est point vers, et tout ce qui n'est point vers est prose (1). En dernier lieu venait une petite histoire littéraire de la France jusqu'à nos jours. Et dans le programme qu'il soumit au conseil de perfectionnement, il avait eu soin de dire qu'il ferait ressortir la morale de la littérature. Le conseil applaudit à cette idée et Andrieux devint le professeur de morale de l'École (2). Nous savons, par D. de Tracy (3), que le cours plut « aux idéologues » et contribua sans doute ainsi à continuer leur influence dans le milieu où A. Comte se trouva placé.

Andrieux apparaît d'ailleurs comme un idéologue dans les vers où il compare Cabanis à Fénelon (4), et dans son cours au Collège de France en 1828, où il parle d'observations physiologiques, assez bien vérifiées, qui établissent, d'une façon probable, que nous pensons dans le cerveau, et voit dans les noms de volonté, d'entendement et d'instinct, des étiquettes apposées

---

(1) Il semble bien qu'Andrieux eût surtout en vue, dans cette critique générale, le *Génie du Christianisme*. On comprend aisément pourquoi le romantisme, qui se réclame de Chateaubriand, fut mal accueilli par « certains idéologues ». C'était plutôt encore pour eux une question de fond qu'une question de forme.
(2) *Lycée*, I, p. 181.
(3) Lettre inédite du 25 décembre 1804, citée ch. 1, § 2.
(4) Cf. ch. iv, § 5.

pour se reconnaître, des noms inventés pour faciliter des recherches; tandis qu'en réalité, comme le disait Hippocrate, dans l'homme tout conspire, tout concourt, tout consent (1). L'année suivante, comme Daunou et Valette, il combat Cousin (2).

Dès 1797, Benjamin Constant (3) critiquait, dans les *Réactions politiques*, l'opinion de Kant qui allait jusqu'à prétendre, qu'envers des assassins qui vous demanderaient si votre ami qu'ils poursuivent n'est pas réfugié dans votre maison, le mensonge serait un crime (4). Candidat à l'Institut, puis tribun (5), lié étroitement avec Mme de Staël, il fut l'ami de Cabanis et de Fauriel, de Daunou, de D. de Tracy et de Garat, compta parmi les opposants qui déplurent le plus vite et davantage au premier consul (6), mais se laissa séduire en 1814, par l'idée de faire de Bonaparte le défenseur de la liberté. Dès l'an X, il recommence pour la quatrième fois son ouvrage sur *les Religions* (7). Il lit alors les extraits du *Génie du Christianisme*, dans lesquels Ginguené, « qui avait commencé avec le désir de n'être pas trop sévère et de ne pas blesser l'auteur, avait été graduellement emporté, par la force de la vérité et par l'amour de la philosophie et de la République » (8). Puis à la fin de 1802, il lit

(1) *Lycée*, I, p. 183. C'est l'expression de Cabanis.
(2) « Les philosophes recherchent s'il y a des idées indépendantes du langage ; certains d'entre eux prétendent que quelques-unes, par exemple, celles de l'infini, de l'espace, du temps sont innées. L'illustre Descartes a dit cela. Quant à moi, je n'en sais rien ; je ne le crois pas ; cependant j'estime infiniment Descartes, mais il y a de l'extravagance à vouloir résoudre des questions insolubles. Ce que je sais, c'est qu'on ne possède une langue étrangère que quand on pense dans cette langue. Donc perfectionner la parole, c'est perfectionner la pensée ». (*Lycée*, IV, p. 464.)
(3) L'auteur d'*Adolphe*, qui, au point de vue littéraire, a été précédé par de Sénancourt, a été beaucoup étudié de nos jours, en raison même des documents nouveaux qui ont été mis en lumière. Nous n'avons pour but que de faire connaître « l'idéologue ». Sur B. Constant, cf. Sainte-Beuve, *Lundis* et *Portraits contemporains* ; Laboulaye, *B. Constant*, 2 vol. in-8 ; Faguet, etc.
(4) F. Picavet, *Introduction à la Critique de la Raison pratique*, p. V.
(5) Benjamin Constant avait rapproché Sieyès et Rœderer.
(6) Voyez la Lettre de Benjamin Constant à Fauriel et celle de Mme de Staël à Rœderer, publiées par Sainte-Beuve, p. 157.
(7) Sainte-Beuve, p. 161.
(8) Sainte-Beuve, p. 161. — « Pour me distraire des autres folies, écrit aussi Benjamin Constant à Fauriel, je lis Chateaubriand. Il est difficile, quand on tâche, pendant cinq volumes, de trouver des mots heureux et des phrases sonores, de ne pas réussir quelquefois ; mais c'est la plupart du temps un galimatias double ; et dans les plus beaux passages, il y a un mélange de mauvais goût qui annonce l'absence de la sensibilité comme de la bonne foi. Il a pillé les idées de l'ouvrage sur la *Littérature* dans tout ce qu'il dit sur l'allégorie, sur la poésie descriptive et sur la sensibilité des Anciens, avec cette différence que ce que l'auteur de ce dernier ouvrage attribue à la perfectibilité, il l'attribue au christianisme. Ce plagiat ne l'

les *Rapports du physique et du moral* et en parle avec un véritable enthousiasme ; mais déjà il indique, en termes qui se rapprochent beaucoup d'ailleurs, « aux imprécations près », de la *Lettre sur les Causes premières*, qu'il ne traitera pas son sujet comme Dupuis et Volney (1). Et en 1808, après la mort de Cabanis, il joint ses regrets à ceux de Fauriel et déplore que « les hommes de cette espèce semblent disparaître de la terre ». Lié avec Villers, le défenseur de Kant, il séjourne en 1803 quelque temps à Metz auprès de lui avec Mme de Staël (2). Au commencement de 1804, il lui écrit que *l'Essai sur l'esprit et l'influence de la réformation de Luther* lui a rendu le courage de continuer l'ouvrage qu'il a lui-même entrepris. Puis il publie en 1809 son *Imitation de Walstein*. En 1812, il lui arrive, « une ridicule et désagréable chose ». Un professeur allemand, auquel il communique le plan et plusieurs parties de son ouvrage sur l'histoire et la marche des religions anciennes, s'empare de l'idée et de la forme, avec une telle exactitude que l'annonce de son cours en contient, mot pour mot, les titres des livres et des chapitres (3). A la fin de 1813, il est distrait de son travail par « une expédition politique » : il compose une brochure sur *l'Esprit de conquête et l'usurpation* (4). Puis vient la chute de Napoléon : « Voilà donc, écrit-il à Villers, la grande tragédie finie par une parodie, aussi sale de la part du premier acteur que la tragédie avait été sanglante. L'homme de la destinée, l'Attila de nos jours, celui devant qui la terre se taisait, n'a pas su mourir ; je l'avais tou-

pas empêché de faire des allusions très amères, et à leur tour ces allusions ne l'ont pas empêché de croire que c'était un devoir d'amitié que de le protéger et même de le louer ». (Sainte-Beuve, *Chateaubriand et son groupe littéraire*.)

(1) « Il y a, dit-il, une partie mystérieuse de la nature que j'aime à conserver, comme le domaine de mes conjectures, de mes espérances et même de mes imprécations contre quelques hommes ».

(2) Villers écrit à Mme de Staël, le 25 juin 1802, après avoir vu à Paris, Fauriel, les Suard, Stapfer : « Mon exposition de la philosophie de Kant a du moins un trait de commun avec votre dernier ouvrage (*La Littérature considérée dans ses rapports*), c'est qu'il était trop fort pour le public à qui il était destiné ». Mme de Staël lui répond que Locke est très conciliable avec Kant, et qu'elle étudie l'allemand avec soin. Le 16 novembre 1802, elle lui écrit qu'elle lit le mémoire de Degérando couronné à Berlin, et qu'elle va faire paraître *Delphine*, puis le 20 juillet 1803, qu'elle a fort envie de faire un voyage en Allemagne ; enfin le 15 octobre, qu'elle sera à Metz dans dix jours. Elle y arriva le 26 octobre et en repartit le 9 novembre. (*Briefe an. Ch. de Villers.*)

(3) Voir à l'appendice, la curieuse lettre que Benjamin Constant écrit à Villers pour le prier d'intervenir et d'empêcher qu'on ne croie « que son plan a été traduit de l'annonce d'un cours allemand ».

(4) « Le nom du monstre, écrit-il à Villers, n'est pas prononcé, mais je ne crois pas que jamais on l'ait si bien analysé et montré plus vil et plus odieux ».

jours dit, mais on ne me croyait pas et tout le monde reste confondu ». Benjamin Constant rentre à Paris, où il est le 13 avril et annonce à Villers « qu'il est possible et probable que nous aurons de la liberté (1) ». Il travaille, par des brochures et des articles de journaux, « à ce qu'elle soit sage et réelle ». Mais le rétablissement de la censure, l'interdiction des divertissements publics, les dimanches et jours fériés, qui semblaient présager le retour des dîmes, les récriminations contre les acquéreurs de biens nationaux, les menaces des ultra-royalistes avaient alarmé « les constitutionnels » et favorisé le retour de Napoléon. Avec lui Benjamin Constant essaya de faire ce qu'il n'avait pu réaliser avec eux : il rédigea en grande partie l'*Acte additionnel aux Constitutions* de l'Empire. Après la deuxième restauration, il défendit, dans la *Minerve*, les doctrines libérales et rentra à la Chambre des députés en 1818 avec Manuel et La Fayette.

En 1824, il commença la publication de la *Religion considérée dans sa source, ses formes et ses développements* (2). On a voulu n'y voir qu'un transfuge de l'école : « L'érudition germanique, alors en bonne voie, a-t-on écrit (3), lui avait fait honte de d'Holbach, de Diderot et de Dupuis ». Il est vrai que Benjamin Constant a combattu le système de Dupuis, faux selon lui, parce que si la métaphysique et la physique sacerdotales sont devenues celles des philosophes, il ne s'ensuit pas que la multitude n'ait reconnu, dans les idées religieuses, que des abstractions perfectionnées. En outre, l'histoire des dieux n'est celle de la nature que pour les hommes qui l'ont étudiée, et la foule ne l'étudie pas. Enfin si l'homme, dans l'enfance de l'état social,

---

(1) En parcourant ces lettres, on s'explique les jugements si différents que porte Benjamin Constant sur Napoléon et sur les Bourbons ; il ne se soucie guère des personnes et ne les apprécie qu'autant qu'elles peuvent donner *la liberté*. C'est un point de vue qui lui est commun avec la plupart des idéologues.

(2) Sainte-Beuve rapproche la lettre de Benjamin Constant sur le *Génie du Christianisme* de celle qu'il écrivit alors à Chateaubriand : « Je remercie votre Excellence de vouloir bien, quand elle le pourra, consacrer quelques instants à la lecture d'un livre dont, j'ose l'espérer, malgré les différences d'opinion, quelques détails pourront lui plaire... Vous avez le mérite d'avoir le premier parlé cette langue, lorsque toutes les idées élevées étaient frappées de défaveur, et si j'obtiens quelque attention du public, je le devrai aux émotions que le *Génie du Christianisme* a fait naître, et qui se sont prolongées parce que la puissance du talent imprime des traces ineffaçables. Votre Excellence trouvera dans mon livre un hommage bien sincère à la supériorité de son talent et au courage avec lequel elle est descendue dans la lice, forte de ses propres forces, etc. ».

(3) *Mémoires du duc de Broglie, Revue des Deux-Mondes*, 1ᵉʳ avril 1886, p. 534.

remarque la transition de la lumière aux ténèbres, la succession des jours et des nuits, l'ordre des saisons, il ne démêle pas les révolutions des astres, leur marche directe ou rétrograde et leurs stations momentanées, la correspondance de la terre dans ses formes avec les formes célestes et les variations que subit cette correspondance durant une longue suite de siècles (1). En réfutant Dupuis, B. Constant croit avoir réfuté Volney. S'il ne dit rien de Diderot, il juge sévèrement le *Système de la nature*, « qui l'a frappé de terreur et d'étonnement » ; car, insuffisant pour expliquer beaucoup de phénomènes, il repose sur une supposition tout aussi gratuite que le spiritualisme dogmatique. De même B. Constant critique Helvétius et le système de l'intérêt bien entendu.

Mais s'il combat Dupuis, dont les idées d'ailleurs n'avaient pas été acceptées par l'école tout entière, il ne ménage pas plus les Allemands. S'il attaque Volney, il ne méconnait pas son mérite ; s'il critique le *Système de la Nature*, il estime, « l'antagoniste intrépide d'une arrogante autorité ». S'il se réclame, par politesse, de Chateaubriand et s'il rend hommage à son caractère et à son talent, il lui reproche, après Ginguené, d'avoir fait valoir l'utilité du christianisme pour la poésie, comme si un peuple cherchait, dans sa croyance, à procurer une mythologie à ses versificateurs ; d'avoir commis, dans les *Martyrs*, un anachronisme d'environ quatre mille ans, en présentant, comme simultanés, le polythéisme d'Homère et le catholicisme de nos jours. Quand il s'inspire des philosophes allemands, c'est qu'ils admettent une doctrine chère à Turgot, à Condorcet, à Cabanis, à savoir que tout est progressif dans l'homme. De même, si le christianisme est la plus satisfaisante et la plus pure de toute les formes que le sentiment religieux peut revêtir, c'est qu'il est perfectible.

Par d'autres côtés encore, B. Constant se rattache à Cabanis, à D. de Tracy et même à Dupuis et à Volney ; il combat La Mennais et de Maistre, de Bonald et Ferrand, d'Eckstein et les misérables sophistes qui s'intitulent défenseurs de la religion et ne sont pas moins perfides envers les gouvernements qu'envers les peuples. Il n'est guère plus indulgent pour les prêtres et la morale sacerdotale que d'Holbach, Helvétius ou leurs succes-

(1) I, 299 ; II, 382. Ce dernier mot, dit-il, décèle toute la fausseté du système.

seurs. Ce qu'il dit des climats, rappelle Cabanis, auquel nous songeons encore à propos de l'inscription célèbre du temple d'Isis et de l'éloge du stoïcisme, « élan sublime de l'âme, fatiguée de voir la morale dans la dépendance d'hommes corrompus et de dieux égoïstes ». Comme le disaient Dégérando et Cabanis, comme l'ont cru Fauriel et Cousin, « tout sert à l'intelligence dans sa marche éternelle. Les systèmes sont des instruments, à l'aide desquels l'homme découvre des vérités de détail, tout en se trompant sur l'ensemble ; et quand les systèmes ont passé, les vérités demeurent » (1).

On comprend fort bien, en se rappelant la lettre de Benjamin Constant sur les *Rapports*, la marche suivie par son esprit. Cabanis avait déjà à peu près reconnu qu'il est impossible de détruire, dans la masse des hommes, l'idée fondamentale sur laquelle reposent toutes les religions positives, et cherché une religion simple et consolante qui n'y produisît que du bien. Benjamin Constant, instruit par une expérience plus longue, pense de même, mais trouve que le stoïcisme étouffe le germe de beaucoup d'émotions douces et profondes. La religion est bien pour lui, comme le disent les Allemands, la langue par laquelle la nature parle à l'homme, mais elle est aussi soumise à une progression régulière, à laquelle les prêtres obéissent aussi bien que les tribus qu'ils dominent. Le christianisme est donc supérieur au stoïcisme. N'a-t-il pas été d'ailleurs, comme dirait Cabanis, la religion des « Turgot et des Franklin » ? Ne donne-t-il pas au stoïcisme la vie et la chaleur qui lui manquent ? N'est-il pas le seul qui puisse, avec la liberté politique et religieuse, produire tous les progrès et toutes les vertus. Ainsi, parti comme Cabanis de la doctrine de la perfectibilité et préoccupé d'obtenir la liberté politique, Benjamin Constant arrive au christianisme en dépassant le stoïcisme (2).

A peu près à la même époque, Biran terminait une évolution semblable, mais bien plus mouvementée, qui, de Cabanis et de

(1) S'il cite les Allemands et non Cabanis, c'est que c'eût été une mauvaise recommandation d'invoquer l'homme dont « on flétrissait alors le matérialisme », et que l'Allemagne, comme en d'autres temps l'Angleterre, était à la mode.

(2) Par cette conception même, Benjamin Constant est conduit à parler favorablement de Chateaubriand qui devint pour lui un précurseur, en même temps qu'il était à certains moments un allié précieux ; à juger avec faveur Platon « sans lequel le christianisme fût redevenu une secte juive », à citer Cousin, son traducteur, qui, selon le *Catholique*, a exposé une théorie « au bout de laquelle se trouverait le système de M. Constant » (IV, 472 ; V, 184 et 186).

D. de Tracy, l'avait conduit à Bonnet et à Condillac, puis au stoïcisme et enfin à un christianisme voisin du mysticisme.

Le sentiment religieux distingue l'homme des animaux (1) : il ne faut pas plus l'étouffer que la pitié, l'amour et toutes les émotions involontaires. Naissant du besoin que l'homme éprouve de se mettre en communication avec la nature qui l'entoure et les forces inconnues qui lui semblent l'animer, il fait entrer la morale dans la religion, en modifiant heureusement les notions de Dieu, de spiritualité et d'immortalité. Mais le fond n'est pas les formes, le sentiment religieux n'est pas les institutions religieuses. Toute forme positive, même satisfaisante pour le présent, contient un germe d'opposition aux progrès futurs ; le sentiment religieux s'en sépare et en cherche une autre. Par cette distinction s'explique la suite des phénomènes religieux dans les annales des différents peuples ; par elle s'explique le fait que certaines formes religieuses paraissent ennemies de la liberté (2) — tandis que le sentiment religieux lui est toujours favorable, — et le triomphe des croyances naissantes sur les croyances anciennes. Par suite, Benjamin Constant ne confond pas les époques, toutes progressives, des diverses religions ; il écarte les explications scientifiques, placées à tort avant le sens populaire ou littéral. Séparant les religions dominées par les prêtres, de celles qui demeurent indépendantes de la direction sacerdotale, il montre que « les religions qui ont lutté avec le plus de succès contre leur puissance, ont été les plus douces, les plus humaines, les plus pures ».

A coup sûr, l'œuvre était prématurée, puisque l'histoire des diverses religions est, aujourd'hui encore, incomplète et qu'on commence à peine à voir ce qu'elle devrait être (3). Mais c'est une incursion heureuse des partisans de la perfectibilité sur ce domaine, et il eût été à souhaiter, ici comme ailleurs, qu'on se fût davantage inspiré de leurs recherches. Certes Creuzer, amélioré par Guignaud et si souvent cité (4), lui est inférieur en netteté et en précision, sans le dépasser beaucoup en érudition.

---

(1) Avant de Quatrefages, il fait de l'homme un animal *religieux*.
(2) « Naguère, dit-il, le despotisme le plus complet que nous ayons connu s'était emparé de la religion comme d'un auxiliaire complaisant et zélé ». — Cf. ch. v, § 4.
(3) *Bibliothèque de l'École des Hautes-Études, Sciences religieuses*, Paris, 1889.
(4) Benjamin Constant critique l'un et l'autre avec beaucoup de sens.

Enfin le livre mériterait d'être relu à notre époque : on pourrait croire qu'il a été écrit pour nos contemporains (1).

Jean-Baptiste Say, éliminé du Tribunat, ne se réconcilia jamais avec Napoléon. Il avait eu, comme Daunou, son dîner, non aux Tuileries, mais à la Malmaison et refusé de justifier les mesures financières qu'allait prendre le gouvernement. Il refusa de même les fonctions de directeur des droits réunis, parce qu'il jugeait ce système funeste à la France (2). Opposant irréconciliable, Say doit être compté parmi les idéologues. Rédacteur à la *Décade* (3), il y analyse la *Vie de B. Franklin, écrite par lui-même* et traduite par Castéra, donne les *Conseils de Leptomènes sur les élections*, y parle d'Horace Say, « qui avait fait le plan d'un ouvrage sur l'entendement humain, et, pour l'exécuter dignement, avait commencé par analyser Locke et Condillac », etc. (4). Mais il y a surtout fait un *Extrait* qui le montre bien en com-

(1) « Une agitation mystérieuse, un désir de croire se manifestent de toutes parts. Partout vous discernez des sectes... enthousiastes, parce que le besoin d'enthousiasme est de tous les temps... méthodistes anglais (lisez *Armée du Salut*), habitants des cimetières, voulant à tout prix renouer la communication avec le monde invisible et le commerce avec les morts (lisez *Spirites*), en Allemagne toutes les philosophies imprégnées de mysticisme (cf. le dernier roman de Bourget et les articles auxquels il a donné lieu). En France même, s'élèvent du sein de cette génération sérieuse et studieuse, des efforts isolés, secrets... Pleins de respect pour toute opinion religieuse, quelle qu'elle soit, ils parlent avec la même vénération de l'eau bénite et de l'eau lustrale (lisez *Cérémonies bouddhistes*, *Lotus*, *Aurore*, *Initiation*). Remarquez comment l'instinct de cette rénovation saisit nos prosateurs et nos poètes. A qui demandent-ils des effets ? A l'ironie, aux apophtegmes philosophiques, comme Voltaire ? Non, à la méditation vague, à la rêverie, dont les regards se tournent toujours vers l'avenir sans bornes et vers l'infini. Beaucoup se perdent dans les nuages ; mais leur élan vers les nuages est une tentative pour approcher des cieux. Ils sentent que c'est ainsi que s'établira leur correspondance avec un public nouveau, public que l'incrédulité fatigue et qui veut autre chose, sans savoir peut-être encore ce qu'il veut (cf. le *Discours de réception* de M. de Vogüé et son *allocution* aux étudiants). Il faut donc revenir à la religion imposée ou à la religion libre... par conséquent respecter la progression de la religion... réclamer la liberté religieuse illimitée, infinie, individuelle,... qui multipliera les formes religieuses, dont chacune sera plus épurée que la précédente... Laissez le torrent se diviser en mille ruisseaux... ils fertiliseront la terre qu'il aurait dévastée ».

(2) « Bonaparte, écrira-t-il plus tard, a fait rétrograder la marche de la civilisation. C'est, dira-t-il encore, l'ignorance de l'économie politique qui l'a conduit à Sainte-Hélène. Il n'a pas vu que le résultat inévitable de son système était d'épuiser ses ressources et d'aliéner les affections de la majorité des Français ».

(3) J.-B. Clément, dans la *Notice* de la huitième édition, dit qu'Andrieux et Ginguené lui offrirent la rédaction en chef. Cela ne semble guère s'accorder avec les déclarations que nous avons rapportées (ch. I, § 4). D'un autre côté, il ajoute qu'il abandonna la direction en 1799. Or J.-B. Say « remplacé par Ginguené » le 20 nivôse an VIII, y traduit le 20 messidor an IX quelques anecdotes sur la vie de Goethe, et en l'an X la *Décade* écrit : « Nous étions les mêmes que nous sommes encore ». Ce qui semble incontestable, c'est qu'il collabora à la *Décade* aussi longtemps qu'il fut permis d'y écrire librement.

(4) M. Léon Say (*Débats* du 8 juillet 1890) a donné quelques pages d'une Auto-

munion d'idées avec ses collaborateurs. Il s'agissait des *Éléments de législation naturelle* de Perreau : « Voici encore, disait J.-B. Say, un bon ouvrage, sorti de ces écoles centrales dont certaines gens affectent de dire tant de mal ». Et, après avoir montré qu'il y était traité de l'homme comme individu, de ses obligations envers lui-même et de ses rapports avec ses semblables, il ajoutait : « C'est au même auteur que le public doit un autre ouvrage estimé, les *Etudes de l'homme physique et moral*. Celui-ci ne peut qu'ajouter à sa réputation ; et après avoir assuré la marche de ses élèves, il est fait pour éclairer celle des professeurs ses confrères ». A l'occasion de ce premier ouvrage, vanté par J.-B. Say, Boisjolin, tout en soutenant que l'auteur avait eu tort de vouloir faire de Voltaire un athée, disait : « La science de la métaphysique est ainsi dirigée de nos jours en France ; il n'est plus permis de la détourner de son objet et de l'égarer dans le labyrinthe des discussions théologiques, si l'on veut obtenir l'estime des bons esprits qui, à l'exemple de quelques métaphysiciens supérieurs, tels que Garat, Cabanis, etc., n'appliquent le raisonnement qu'aux faits observés et découverts ». Pour un des concours de l'Institut, J.-B. Say composa *Olbie* ou *Essai sur les moyens d'améliorer les mœurs d'une nation*. Deux ans plus tard paraissait, en deux volumes, le *Traité d'Économie politique* « le meilleur, disait D. de Tracy, qui ait encore été fait (1) ». Comme la plupart des idéologues, il pense par lui-même et critique ceux dont l'autorité est la plus grande, Condillac « et le babil ingénieux du livre, où il fonde presque toujours un principe sur une supposition gratuite » ; Rousseau et son *Contrat social*, Voltaire et Dupont de Nemours. Mais il cite, de Condillac, la remarque judicieuse qui fait du raisonnement abstrait un calcul avec d'autres signes ; Pascal et Locke, Condillac, Tracy et Laromiguière qui ont prouvé que « faute d'attacher la même idée aux mêmes mots, les hommes ne s'entendent pas, se disputent, s'égorgent » ; Cabanis, d'Alembert et Sennebier, pour « montrer que le calcul ne saurait être appliqué à l'économie politique » ; Turgot « dont les opérations administratives, faites

---

biographie qui nous font regretter vivement que J.-B. Say se soit arrêté si vite. A notre prière, il a bien voulu rechercher s'il n'existait aucune trace d'une correspondance entre Say, installé à Auchy, et ses amis restés à Paris. Il n'a rien retrouvé.

(1) « Observez, ajoutait-il (*Commentaire*, 280) qu'ayant écrit ceci il y a treize ans, je n'ai pu citer que la première édition de M. Say, et que la deuxième édition de cet excellent ouvrage est encore supérieure à la première ».

ou projetées, sont au nombre des plus belles qu'aucun homme d'État ait jamais conçues ; Beccaria, Verri et Smith « avant lequel il n'y avait pas d'économie politique », mais qui a pu apprendre quelque chose des économistes français et a laissé certains points obscurs ou mal éclairés. Comme Condorcet et D. de Tracy, il croit au progrès lent, mais infaillible des lumières, aux progrès présents et futurs de la raison publique. Comme le dernier, il estime que la morale ne paraît pas pouvoir être l'objet d'un enseignement public et que la bonne conduite des hommes ne saurait être le fruit que d'une bonne législation, d'une bonne éducation et d'un bon exemple. Comme lui encore, il laisse une place considérable à la déduction (1). C'est aux faits généraux (2) qu'il fait surtout appel : s'il les fonde sur l'observation des faits particuliers, il veut, non seulement qu'on en soit témoin soi-même, que les résultats soient constamment les mêmes, mais encore, « qu'un raisonnement solide montre pourquoi ils ont été les mêmes ». Bien des faits particuliers ne sont pas complètement avérés, ne prouvent rien ou prouvent le contraire de ce qu'on veut établir!

Par J.-B. Say, dont le succès fut européen, les doctrines et la méthode des idéologues se transmirent à bien des penseurs qui n'ont pas su toujours combien ils relevaient de l'école. Citons Charles Comte, le gendre de J.-B. Say, le secrétaire perpétuel de l'Académie des sciences morales avant Mignet, l'ami de A. Thierry et l'auteur du *Traité de législation*; Dunoyer, qui a surtout insisté, dans la *Liberté du travail*, sur ce fait que « les forces productives relèvent, comme les produits, de l'économie politique, etc. » (3).

Bastiat comparait le *Traité* de J.-B. Say aux ouvrages de Laromiguière, pour la facilité avec laquelle on va d'une idée à une idée nouvelle, et il écrivait, en 1825, qu'il n'avait jamais lu sur les matières d'économie politique que Smith, Say, de Tracy et le *Censeur*. Il rappelait encore, en 1845, la théorie de D. de Tracy qui réduit l'industrie à deux branches, le travail qui transforme et celui qui transporte (4). M. Joseph Garnier, dans son

---

(1) Tout en prenant l'Économie politique pour une science d'observation, il la distingue de la botanique et de l'histoire naturelle, qui recueillent et classent des observations : elle doit *déduire* des lois générales de l'observation des faits.
(2) Cf. ch. IV et ch. VI, ce que nous avons dit de Cabanis et de D. de Tracy.
(3) Voyez D. de Tracy, ch. VI, § 4.
(4) *Œuvres complètes*, Correspondance et Mélanges, I, p. 17 et 432.

Traité d'Économie politique, cite D. de Tracy à côté de Comte, de Rossi, de Bastiat, de Dunoyer, parmi les économistes les plus remarquables qui ont continué l'œuvre des physiocrates et d'Adam Smith (1). Enfin John Stuart Mill, qui appartient à l'école par bien des côtés, fait de J.-B. Say, qu'il vit à Paris en 1820, un portrait des plus flatteurs (2).

La *Décade* annonçait, le jour même où Ginguené donnait son dernier Extrait du *Génie du Christianisme*, un ouvrage du citoyen Brillat-Savarin, ex-constituant et membre du tribunal de cassation. Dans les *Vues et projet d'Économie politique*, l'auteur appelait l'attention sur différents objets essentiels à une bonne administration et à la prospérité publique et demandait qu'on formât une classe d'aspirants auprès des préfets civils et maritimes, des commissaires du gouvernement et des administrations des tribunaux (3). Compatriote de Bichat, de Montègre, de Richerand, il avait étudié à Dijon, en même temps que le droit, la chimie avec Guyton de Morveau, la médecine domestique avec le père du futur duc de Bassano. Pendant la Terreur, il s'était réfugié en Suisse, puis en Amérique. Attaché ensuite à l'état-major d'Augereau, dont Chérin était le chef, commissaire du Directoire à Versailles en 1798, il y connut Montucla, l'auteur de l'*Histoire des mathématiques*, qui lui montra des fragments de son *Dictionnaire de Géographie gourmande*. Magistrat distingué et savant, il fit partie, comme Degérando, de la Société d'encouragement pour l'industrie nationale et y présenta un *irrorateur* de son invention. Ami d'Andrieux et partisan des néologues et des romantiques, médecin amateur et prenant

---

(1) 8ᵉ éd., p. 654. Il rappelle la division en industrie fabricante et en industrie commerçante; il remarque que D. de Tracy a pu dire avec raison : tout le bien des sociétés humaines est dans la bonne application du travail, tout le mal dans sa perdition ; et il éclaircit par un exemple cette assertion. Il le cite encore en définissant le mot *Économie*; il s'appuie de son autorité pour soutenir la légitimité du prêt à intérêt et l'appelle un des plus solides penseurs de notre époque; il cite même un passage de sa *Grammaire* pour établir ce qu'il faut entendre par science et par art (p. 52, 66, 78, 109, 539, 627).

(2) « En passant par Paris, je demeurai quelque temps chez M. Say, l'éminent économiste, ami et correspondant de mon père, avec qui il s'était lié pendant une visite qu'il fit en Angleterre, un an ou deux après la paix. Il appartenait à la dernière génération des hommes de la Révolution française ; c'était un beau type du vrai républicain français ; il n'avait pas fléchi devant Bonaparte, malgré les séductions dont il avait été l'objet; il était intègre, noble, éclairé. Il menait une vie tranquille et studieuse, au bonheur de laquelle contribuaient de chaleureuses amitiés privées et l'estime publique ».

(3) N'est-ce pas « sous forme éminemment pratique » l'École d'administration de 1848 et l'école actuelle des sciences politiques ?

grand plaisir à assister aux thèses (1), gourmet émérite et consultant, il fut invité par Richerand à faire imprimer ses *Méditations gastronomiques*. Voué par état à des études sérieuses, il craignit bien un peu d'être considéré « comme ne s'occupant que de fariboles », par ceux qui ne connaîtraient de son livre que le titre ; mais il se rassura en songeant que trente-six ans de travaux publics et continus suffisaient à lui établir une réputation contraire. Et il fit paraître (1825) ce livre spirituel et charmant, ingénieux et original, sous une forme légère et frivole, que tout le monde voulut lire, comme le lui disait Richerand, mais qui rejeta complètement dans l'ombre « l'économiste et le jurisconsulte ». Il y a cependant, dans *la Physiologie du goût*, un idéologue. C'est lui qui range, suivant « un ordre analytique, les théories et les faits », étudie « l'origine » de la gastronomie et fait l'histoire philosophique de la cuisine, qui parle de la gastronomie analytique et de ses recherches sur les effets des aliments, découvre, dans la langue de l'homme, les mouvements de spication, de rotation et de verrition, inconnus aux animaux, et donne, sur le sommeil et les rêves, en citant Rœderer et en discutant Gall, des réflexions et des observations qui rappellent Cabanis et sont encore bonnes à consulter.

C'est l'homme élevé par le xviiie siècle qui, « ayant posé les bases théoriques de la gastronomie, pour la placer parmi les sciences », et « défini avec précision ce qu'on doit entendre par la gourmandise, en la séparant de la gloutonnerie et de l'intempérance », reproche aux moralistes intempérants, d'avoir voulu voir des excès là où il n'y a « qu'une jouissance bien entendue ». On retrouve même l'économiste pour lequel « la gourmandise est le lien qui unit les peuples, par l'échange réciproque des objets qui servent à la consommation journalière ».

II

Les sciences mathématiques, physiques et naturelles continuent à suivre la méthode qu'avait adoptée à leur exemple l'idéologie et maintiennent avec elle leur union. Il faudrait,

---

(1) Il fait l'apologie des médecins ses compatriotes et cite la description de la mort par Richerand, la *Physiologie des passions* d'Alibert et la *Chimie appliquée à l'agriculture* de Chaptal.

pour être complet, faire l'histoire du mouvement scientifique de notre siècle. Nous nous bornerons à quelques noms. Nous avons déjà parlé de Lacroix et de son opinion sur l'analyse et la synthèse. Professeur à la Faculté des sciences, après avoir défendu les écoles centrales, il a laissé des *Essais sur l'enseignement*, dont on recommande encore la lecture aux élèves de nos classes de philosophie (1). Sainte-Beuve a vu avec surprise que Biot, « loué comme un chrétien des premiers temps », par le comte de Chambord, a écrit en 1803 un *Essai sur l'histoire générale des sciences pendant la Révolution française*, où il maintenait fermement la doctrine de la perfectibilité, et critiqué en 1809, dans un article sur l'influence des idées exactes dans les ouvrages littéraires, le système des causes finales de Bernardin de Saint-Pierre. Il eût été bien plus étonné s'il avait connu, comme nous, d'abord le professeur enthousiaste des écoles centrales, et le rédacteur convaincu de la *Décade*. Mais Lancelin, dont l'œuvre est fort ignorée, nous montrera mieux encore combien l'idéologie était intimement mêlée aux sciences.

Dix pages de Damiron, un mot de Cabanis, une courte notice dans la *Décade*, une curieuse lettre que nous avons trouvée dans les cartons de l'Académie des sciences morales, voilà ce que nous avons, avec son ouvrage, assez difficile même à rencontrer, sur Lancelin dont le nom ne figure dans aucune histoire de la philosophie, dans aucun *Dictionnaire biographique* ou *philosophique* (2). Né en Normandie en

(1) Paul Janet, *Éléments de philosophie scientifique et morale*, p. 458 sqq.
(2) Voyez Damiron, *Essai*, etc. I, p. 150-161 (Damiron est trop élogieux pour Lancelin qu'il appelle un esprit net, rigoureux et étendu, un raisonneur habile). Cabanis signale (*Rapports du physique et du moral*, I, xvi) la première moitié de l'écrit de Lancelin qui présente les bases mêmes de la science sous quelques nouveaux points de vue, après avoir rappelé les leçons de Garat, les travaux de D. de Tracy, de Degérando et de Laromiguière. La *Décade* (10 thermidor an XI) dit que l'ouvrage de Lancelin est un de ceux dont la conception seule doit mériter des éloges, puisqu'il est impossible de songer même à les entreprendre sans posséder des connaissances aussi variées qu'étendues. Partisan décidé du système de la perfectibilité, voué exclusivement au culte de la philosophie, et admirateur jusqu'à l'enthousiasme des hommes de génie qui ont reculé les bornes de l'esprit humain, Lancelin a entrepris de marcher sur les traces de Bacon et des deux principaux auteurs de l'*Encyclopédie* en présentant l'ensemble et la génération des sciences ». Le journaliste ajoutait avec raison, quoi qu'en eût dit Lancelin, que les grands modèles lui étaient familiers et qu'il avait longtemps médité leurs opinions et leurs principes. Il applaudissait à la résolution qu'avait prise Lancelin, de travailler pour la postérité, à un monument digne d'un homme et d'un Français. La lettre de l'Institut est datée du 16 vendémiaire an VI. Lancelin réclame son Mémoire pour le revoir, pense à l'intituler « Des moyens de créer, de perfectionner les sciences et d'accroître les forces de l'esprit humain ou Influence démontrée des signes sur la formation des

1769 (1), il fit d'excellentes humanités à Caen et étudia deux ans la philosophie sous le plus intrépide des scolastiques. Puis il suivit le cours public de mathématiques de Le Canu, médecin philosophe qui était en correspondance avec d'Alembert, et lui dut le premier développement de sa raison. Élève de l'École du génie maritime, où il eut pour professeur Labey, plus tard professeur à l'École centrale du Panthéon, et traducteur (an V) de l'*Introduction* d'Euler à l'analyse des infinis, il y étudia les mathématiques, prit le goût de son métier et des recherches philosophiques. Ingénieur-constructeur en 1789, il était ingénieur en chef dès 1796. En l'an VI, il est préposé au quatrième arrondissement forestier, qui s'étendait de Dunkerque à la Loire.

Lancelin a dit qu'il ne connaissait, quand il mit la dernière main à son ouvrage, que l'*Essai* de Locke, la *Logique* de Condillac et les *OEuvres philosophiques et morales* de Bacon (an V). Il est impossible d'accepter cette affirmation (2) et nous ne chercherons pas, dans son œuvre, plus d'originalité qu'elle n'en contient réellement, sans être obligé pour cela de la trouver moins intéressante et moins curieuse.

idées »; il s'offre à faire et à faire faire toutes les observations qui pourraient avoir trait aux sciences et aux arts et demande à continuer avec l'Institut la correspondance qu'il commence. Son ouvrage est intitulé *Introduction à l'analyse des sciences ou de la génération, des Fondements et des Instruments de nos connaissances* par P.-F. Lancelin, ingénieur constructeur de la marine française et membre de plusieurs sociétés savantes, 1re partie, Paris, an IX (1801); LVI-442 pages. La seconde, Paris, an XI (1802), XVI-318 p., porte le même titre, mais Lancelin se dit « ex-ingénieur de la marine française et membre de la Société d'encouragement pour l'industrie nationale, de la Société galvanique, de la Société académique des sciences de Paris, de l'Institut départemental de Nantes, etc. ». La 3e, Paris an XI (1803), 131 p. porte le même titre que la seconde.

(1) Nous mettons 1769 et non 1770 comme Damiron, parce que Lancelin dit lui-même qu'il a été privé à trente-deux ans (l'arrêté du 1er consul est du 21 messidor an IX-1801) de l'honneur de servir son pays (III, 127).

(2) Lancelin nous apprend qu'il avait traduit dix ans auparavant l'*Introductio in analysim infinitorum* d'Euler, y avait puisé un goût très vif pour l'analyse géométrique et l'idée de son traité des langues mathématiques (III, 40). Il s'élève contre l'hypothèse de la statue de Condillac, qu'il n'a pas trouvée dans la *Logique*, cite Descartes et Buffon, Leibnitz et Franklin, Condorcet et Cabanis, Smith et Helvétius, d'Aguesseau, qu'il appelle un grand homme, Montesquieu auquel il reproche de s'être plutôt occupé de ce qui est que de ce qui devrait être, Voltaire qu'il place parmi les meilleurs philosophes et qu'il célèbre avec enthousiasme, Rousseau qu'il combat avec vivacité. Critiquant d'abord, comme Degérando, le mot idéologie, il en viendra à l'accepter, comme il prendra à son compte bien des idées de l'ami de Cabanis, comme il répétera, en combattant la *Philosophie de Kant* de Villers, que sa philosophie et celle de ses compatriotes n'est pas plus française qu'anglaise, suédoise, italienne, mais humaine. En outre, Lancelin qui sait le latin, l'italien et l'anglais (I, 424), se pose comme un continuateur de d'Alembert et de Diderot, de Lagrange, d'Euler et de Laplace, de Condillac et de Coudorcet.

Lancelin concourut sur la question de l'influence des signes et fut mentionné honorablement, en même temps que Prévost, tandis que Degérando obtenait le prix. La première partie de l'ouvrage fut dédiée à Bonaparte général consul, « appelé à réaliser les conceptions de la philosophie et les espérances des philosophes », et soumise à l'examen de l'Institut national, des Sociétés savantes de l'Europe, des amis de la vraie philosophie, de la raison et de la vérité. Considérant le cerveau comme l'organe central ; nos idées, leurs signes, et l'art de les employer comme les matériaux, les outils, les leviers du cerveau, il se propose de remonter à l'origine de nos sens, de nos sensations, de nos facultés intellectuelles et morales, de décomposer la tête et le cœur, l'âme ou le moral de l'homme, c'est-à-dire la réunion des sensations, des habitudes et des facultés, dont le système varie, en raison composée de l'organisation et de l'éducation ; de constituer ce que d'Alembert appelait la physique expérimentale de l'âme. Au terme *idéologie*, trop borné, puisque l'analyse des idées n'est qu'un élément de l'anatomie morale de l'homme, il préfère celui de métaphysique, et voit dans cette science qui embrasse l'homme, les arts, les sciences, l'univers et la nature, qui analyse et décompose toutes choses pour montrer clairement ce que renferment chaque idée et chaque objet, les fondements de l'instruction publique, de l'éducation, de la morale et de la législation (1). Parmi les métaphysiciens, il place Newton, Franklin et Washington, Locke, Condillac, Bailly, Lavoisier et Condorcet, Bonaparte, Lagrange, Laplace, Monge, Fourcroy et Cabanis qui réunissent précision, étendue et profondeur.

L'ouvrage comportait trois parties : analyse de la faculté pensante, développement de la volonté, division de nos connaissances. La première, en trois sections, traite du développement général de la sensibilité, des opérations de l'esprit, des idées qui en naissent et de la génération des facultés intellectuelles, de l'expression des idées, des fondements d'une grammaire philosophique et d'une langue exacte.

Lancelin n'admet qu'un sens, le toucher. La main est un des principaux instruments de la perfectibilité. Il doit y avoir, dans la foule innombrable des planètes qui errent autour

---

(1) On reconnaît les idées signalées chez D. de Tracy, ch. v.

des étoiles, un nombre infini de nouvelles espèces d'êtres qui varient par la durée de leur vie, leur forme et leur organisation, en raison de l'énergie vitale et productrice du globe qui les fait naître et les nourrit, de sa masse, de sa distance à son centre, de la quantité de calorique et de lumière qu'il en reçoit. L'instinct est le système des facultés primitives; une raison, extrêmement perfectionnée par la méditation et l'expérience, est un instinct très étendu qui fait voir rapidement à l'homme le meilleur parti à prendre. Le physique et le moral ne sont souvent qu'une même chose sous deux noms différents : les facultés variables et passagères, qui constituent l'âme des êtres organisés et vivants, sont la suite de l'organisation du corps, comme la propriété de marquer les heures résulte de la construction d'une horloge. La matière brute ou vivante est le grand tout, l'univers, l'amas de tous les corps ; la nature, la somme des corps et des forces qui les animent ; l'attraction et le calorique sont les forces combinées qui constituent l'âme du monde. Aux sciences mathématiques et physiques, qui étudient les propriétés fondamentales des corps, à la métaphysique et aux sciences qui en examinent les qualités secondaires, mouvement spontané, sensations, idées, sentiments, on pourra en joindre une autre qui aura pour objet de déterminer, avec précision, les changements des sensations et des facultés correspondant aux changements naturels ou accidentels des parties matérielles, de remédier aux dérangements occasionnés par une force extérieure ou par l'action réciproque des deux systèmes. Il n'y a ni création absolue, ni annihilation, mais seulement des transformations de la matière, dont la somme est constante. Dans l'espace infini qui la contient, les forces, agissant éternellement, de la pesanteur et du calorique conservent, altèrent, détruisent les mouvements primitifs des grandes masses, planètes, comètes, étoiles ou soleils, les phénomènes chimiques de la végétation et de la vie. Les mondes se composent et se décomposent durant la longue chaîne des siècles accumulés ; des corps célestes s'éteignent, d'autres s'allument; de nouveaux groupes ou systèmes succèdent à des systèmes détruits ou changés; des milliers d'espèces vivantes disparaissent pour faire place à d'autres qui changeront et disparaîtront par suite des changements séculaires et de la dissolution partielle ou totale des systèmes, dont l'organisation leur avait donné naissance.

La matière, l'espace et la durée sont les éléments éternels avec lesquels la nature, somme des corps et des forces, produit la chaîne infinie de mouvements, d'événements, de transformations et de métamorphoses dont l'état actuel de l'univers n'est qu'un anneau fugitif. La pesanteur préside à la formation et aux mouvements des grands corps célestes ; avec le calorique, elle produit et entretient la végétation et la vie ; sous le nom d'affinité elle forme des animaux, des végétaux, des minéraux ; enfin la volonté ou force de se mouvoir chez les êtres organisés et sensibles, n'est en grande partie qu'un effet de la pesanteur.

Dans cette première section et dans toute son œuvre, Lancelin apparaît comme un homme chez lequel ont fermenté toutes les idées, fécondes ou destructives, grandes ou puériles, positives à l'excès ou d'une hardiesse que rien n'égale, mises en circulation pendant le xviii° siècle (1). Ces idées, Lancelin les reproduit avec gaucherie, mais avec enthousiasme ; il les exagère, les dénature, mais quelquefois leur donne un heureux développement. Dans cette première section, on retrouve Cabanis et Laplace, mais on songe à Spencer et à Tyndall.

Dans la seconde, on retrouve Condillac et Locke, Bacon et D. de Tracy. L'analyse est la double opération qui compose et décompose : il faut déterminer le nombre et la qualité des éléments qui doivent constituer chacune des notions intellectuelles et morales, ramener la force pensante à trois formes, intelligence, imagination, mémoire, et former un dictionnaire analytique, où chaque mot, exprimant une idée complexe, sera suivi de tous les termes désignant les idées partielles qu'elle réunit. La troisième section rappelle d'Alembert. Lancelin recommande de faire un dictionnaire de la vérité où l'on mettra les choses évidentes ou susceptibles de démonstration, les propositions reconnues vraies en géométrie, en mécanique, astronomie, physique, etc. ; puis de réunir les systèmes, l'art de conjecturer, la théorie des probabilités, les faits et les raisonnements qui ne sont pas évidents ou susceptibles de le devenir par une démonstration rigoureuse, en faisant l'histoire du génie et de l'imagination ; enfin de rassembler la théorie et la pratique des choses absurdes, mythologie, théologie, religions, rêveries métaphysiques, histoire des prêtres, des devins, des magiciens, des

---

(1) Lancelin parle de la *fermentation* excitée dans sa tête par la grande idée indiquée par Bacon, développée par d'Alembert, Diderot et les encyclopédistes.

sorciers, des charlatans de toute espèce, pour tracer la ligne de démarcation entre la raison et la folie, entre la vérité et l'erreur. S'il propose de rapprocher les équations et les propositions, de faire concourir les savants et les philosophes au perfectionnement des sciences et des langues, de créer une langue éminemment analytique, uniquement consacrée aux progrès de la philosophie, de la raison et de la vérité ; de borner l'éducation de la première jeunesse à l'étude du dessin, « introduction nécessaire à tous les états et à tous les talents » ; de créer des écoles de morale et de législation, des fêtes publiques, et d'extraire, des livres philosophiques, ce qu'ils renferment de vrai, d'utile, de bon, pour en brûler ensuite, sans inconvénients, au moins les trois quarts ; de choisir avec soin les livres élémentaires pour chaque partie de l'enseignement ; on retrouve le lecteur de Condillac, l'admirateur de Lavoisier et d'Euler, de d'Alembert et de Lagrange, de Laplace, le contemporain ou le disciple des auteurs de la loi de brumaire an IV, de Condorcet, de Cabanis et de D. de Tracy. On y aperçoit encore l'exagération des doctrines alors acceptées (1) ; mais aussi des idées qui rappellent Lamarck et Darwin, plus encore que de Maillet et Robinet. De ce que nous n'avons point vu changer les espèces vivantes, nous n'avons pas, dit Lancelin, le droit de conclure qu'elles sont invariables, pas plus que la rose n'a le droit de juger éternel et immuable le jardinier qu'elle a connu pendant les douze ou quinze jours qu'elle a vécu. Dans les révolutions successives de la terre, émanation du soleil, il y a eu un moment où, par suite de la fermentation et du rapprochement des molécules organiques, semées avec profusion sur le globe, les germes du mâle et de la femelle des espèces animales se sont formés ou développés, grâce à une chaleur convenable, ont passé par une

(1) C'est ainsi que, selon Lancelin, la méthode a de tels avantages qu'on pourrait l'intituler, *l'Art de construire régulièrement les têtes humaines*, par un plan d'instruction et d'éducation, dont il se flatte d'avoir mis les fondements dans son livre. Un habile gouvernement peut faire naître, en tout genre, des hommes de talent et de génie, en fixant les moyens les plus propres à former le corps, l'esprit et le cœur; en chargeant de leur application des hommes sages et éclairés et en veillant à ce que l'éducation domestique soit conforme à l'éducation publique ! C'est ainsi encore que Lancelin essaie de soumettre à une formule analytique, $FP = SP = CS + CR + CB + AS = NT + N'T' + N''T'' + N'''T'''$, la *force ou faculté pensante et l'esprit humain*. (FP = force pensante ; SP = esprit ; CS = capacité de recevoir les idées, CR = celle de les conserver ; CB = celle de les combiner ; AS = art des signes; NN'N''N''' = le nombre des idées acquises, conservées, combinées, exprimées dans l'unité de temps. T, T' T'' T''' = temps quelconque pendant lequel s'exerce chacune de ces capacités.)

suite d'accroissements et de métamorphoses et sont parvenus enfin à l'état où nous apparaissent les animaux et les végétaux. Peut-être y a-t-il eu d'abord des êtres informes, des monstres qui, faute de facultés suffisantes, n'ont ni conservé ni transmis la vie; peut-être la nature a-t-elle, pendant des siècles, formé des essais inutiles ; mais les êtres plus forts, mieux organisés se sont conservés, reproduits et ont formé des espèces. Peut-être l'homme a-t-il été à l'origine tel que nous le voyons ; peut-être lui a-t-il fallu des siècles et des séries de variations pour parvenir à l'état dans lequel vivent les sauvages des îles !

Lancelin, tout en louant Bonaparte, faisait un chaleureux éloge de la liberté illimitée de la presse et tournait en dérision toutes les idées religieuses : il fut assez mal accueilli par l'homme qui allait conclure le Concordat, supprimer la classe des sciences morales et enlever toute liberté à la presse. Quelques jours avant la signature du Concordat, Lancelin était appelé, par un arrêté du premier Consul, à jouir de sa pension de retraite. Malade et manquant des ressources nécessaires, il ne put faire paraître qu'à la fin de 1802 la seconde partie de son livre. Il ne s'étonne pas de n'avoir pas occupé une place « dans l'esprit d'un magistrat qui doit porter la France dans son cœur et le globe dans sa tête ». Sentant le besoin d'aimer tout le monde, de ne porter envie à personne, de n'abhorrer que les forfaits, il ne demande à ses ennemis qu'une grâce, c'est de ne pas employer, pour le faire périr, la calomnie, le poison ou le poignard, alors qu'il veut consacrer toute sa vie à la recherche de la vérité et au perfectionnement de la raison (1). Condillac et Helvétius, Condorcet et Cabanis, Rousseau et D. de Tracy semblent avoir fourni à Lancelin la plupart des idées qu'il développe dans cette seconde partie. Reconnaissons d'ailleurs qu'il y a des choses fort justes, sur l'éducation convenable à chaque citoyen,

(1) En onze chapitres, il expose la génération des passions et des habitudes morales, qu'il fait sortir de l'amour de soi, premier moteur de l'homme ; la naissance de la sympathie, principe universel de sociabilité et extension de l'amour de soi ; l'importance qu'il convient d'attacher à la formation de bonnes habitudes, premiers fondements de l'éducation et de la morale. Il analyse les éléments de l'éducation et indique ce que devrait être un plan d'éducation, ce qui distingue l'éducation des individus de celle des peuples, et en considère l'influence sur la législation, le gouvernement et l'administration publique, il réfute les apôtres de l'ignorance et traite des puissances morales qui agissent sur les états et, par occasion, des religions comme leviers politiques. Il analyse les forces dont le concours produit le caractère, insiste sur l'habitude et voit, dans la liberté ou le bonheur, un résultat de bonnes habitudes, d'un bon plan d'éducation, de législation et de gouvernement.

à chaque classe, à chaque condition. Mais il importe de signaler ce que Lancelin dit à propos des religions pour montrer, par l'exemple d'un homme sur lequel le milieu avait une grande action, que les opinions en matière religieuse avaient déjà subi une modification profonde. Le paysan, l'artisan, dit-il, ont des désirs vagues, une inquiétude qui a besoin d'être fixée, une grande passion pour le merveilleux. Les humains sont si malheureux qu'il y aurait de la cruauté à leur ôter un moyen de l'être un peu moins. On pourrait donc leur donner une sorte de catéchisme moral, où la religion aurait sa place par des fêtes consacrées à la nature et à la patrie, à l'amour et à l'amitié, à la reconnaissance, au génie, aux vertus, aux créateurs des sciences et des arts, aux grands hommes et à tous les vrais bienfaiteurs de l'humanité. Et tout en soutenant que les religions dominantes sont mauvaises quand elles sont intolérantes et en opposition avec la morale, que l'homme sensé et raisonnable, contraint par la force du raisonnement d'affirmer que l'âme naît et meurt avec l'organisation, sera accusé de matérialisme, comme s'il y avait autre chose dans la nature que de la matière et des forces, comme si la nature pouvait avoir un auteur et comme si tout homme qui observe, étudie, pense et raisonne n'était pas un vrai matérialiste, Lancelin affirme que la religion restera longtemps encore en crédit et adoucira, pour beaucoup d'hommes, les malheurs inséparables de l'existence, et il se borne à réclamer — en termes très vifs, il est vrai — la tolérance pour ceux qui n'y croient pas. La philosophie du xviiie siècle cesse d'être agressive.

Plus malade et peut-être plus pauvre, Lancelin donna en 1803 la troisième partie de son *Introduction à l'analyse des sciences*. Elle n'est pas la moins intéressante. Les grands systèmes de corps, dit Lancelin, ont commencé et finiront ; les espèces animales périront, par l'affaiblissement ou l'augmentation de la chaleur solaire ou du calorique interne. La pesanteur et le calorique, qui ont produit l'organisation actuelle du système solaire ; l'intelligence et la volonté, qui président à la formation des êtres organisés et sensibles, sont les causes primitives de presque tous les mouvements secondaires, les quatre grands faits généraux au delà desquels l'observation ne saurait remonter. Montrer comment en découlent les faits de second ordre et de ceux-ci, les faits de troisième ordre : retrouver le fil caché qui lie, par une chaîne suivie, tous les faits au fait principal, en les classant dans la série naturelle de leur génération ou de la communication des mouvements qu'ils produisent, telle doit être l'œuvre de l'esprit. La science unique de la nature comprend un premier groupe de sciences qu'on peut appeler primitives et qui naissent de la description des corps, de la classification des objets et des faits (1). L'homme est l'objet d'une science spéciale (2). Puis viennent les produits réguliers ou irréguliers de la force pensante : sciences mathématiques et physico-mathématiques, dessin, peinture, sculpture ; la poésie, narrative et dramatique ; la musique et les belles-lettres ; les cosmogonies et les théogonies, la théosophie et l'astrologie, l'ontologie et la pneumatologie, la magie et la divination.

Au-dessus de toutes les sciences et de tous les arts se place la vraie philosophie, la vraie métaphysique, l'analyse universelle ou science des principes. Préparée par Aristote, Hippocrate et Pline, créée par Bacon, accrue par Newton, Locke, Condillac, Euler, d'Alembert, Diderot, Helvétius, Voltaire, Condorcet, elle a de grandes obligations à Descartes, à Buffon, à Leibnitz. Un seul homme ne peut approfondir et régulariser toutes les sciences ; il faut donc que les savants se partagent le domaine de l'analyse universelle et forment chacun la philosophie de la science qu'ils cultivent.

A ce tableau des connaissances humaines, qui ramène à Bacon, à Diderot et à d'Alembert, à Destutt de Tracy, mais aussi conduit à Ampère et à Comte, Lancelin voudrait joindre celui des variations séculaires de la nature ou de la matière et des forces qui l'animent, de la naissance, de la vie, de la mort des corps célestes. Croyant, après Descartes, qu'il s'est fait une méthode générale et sûre applicable à la solution de toutes sortes de pro-

---

(1) Ce sont la cosmographie, comprenant l'uranographie et la géographie ; la zoologie et la botanique, économique ou philosophique ; la minéralogie et la météorologie ; la chimie et la physique générale.

(2) Il faut l'observer sur tous les points du globe, à tous les degrés de civilisation, dans tous les états, professions et conditions. La science de l'homme comprend l'anatomie, la physiologie, la médecine, l'idéologie qui remonte à la génération de nos connaissances, offre le tableau des sensations, des idées, des sentiments, des habitudes et des facultés humaines, mais qui a besoin, pour être complète, d'une idéologie comparée, faisant connaître les facultés intellectuelles et morales des animaux ; la grammaire universelle, qui est une branche de l'idéologie ; la logique, conséquence des deux sciences précédentes et science des méthodes directrices de l'esprit ; la science de l'éducation qui a pour objet la formation des habitudes du corps, de l'esprit et du cœur ; la morale universelle ; la législation et l'histoire. Cf. Cabanis et D. de Tracy.

blèmes, il indique trois questions qui ont particulièrement appelé son attention (1). Aucun philosophe n'a formé de plus vastes projets, n'a plus que Lancelin compté sur l'avenir. Il avait déjà composé, nous dit-il, un *Traité analytique des langues mathématiques*; il songeait à le faire suivre de l'*Esprit des langues* pour rapprocher les langues vulgaires des langues exactes, à tracer une *Revue philosophique et impartiale des principales productions de l'esprit humain,* où il ferait le départ de la vérité et de l'erreur chez les meilleurs philosophes. Peut-être reviendrait-il sur la question de savoir jusqu'à quel point une religion peut être utile aux hommes. Enfin il serait tenté d'entreprendre l'exécution de l'ouvrage dont nous a privés la mort de Condorcet! Lancelin mourut, ce semble, bientôt après, n'ayant guère que trente-cinq ans : la misère, la maladie, un travail excessif l'empêchèrent de réaliser ces nombreux projets.

Dans l'école dont on a si souvent critiqué les vues étroites et condamné la tendance à restreindre le champ des recherches, Lancelin n'a certes manqué ni d'ambition, ni d'audace métaphysiques, et il a cru qu'il ne se séparait pas de Laplace et de Cabanis, de D. de Tracy et de Condorcet, mais qu'il suivait la même voie et qu'il employait la même méthode.

III

Il faudrait, pour les sciences naturelles, un ouvrage plus considérable encore que pour les sciences physiques et mathématiques, si l'on voulait bien mettre en lumière les progrès que l'idéologie leur a fait réaliser et ceux qu'à son tour elle leur a dus. On y donnerait une place à Süe, collaborateur de la *Décade*, professeur et bibliothécaire à l'École de médecine, auteur des tables ajoutées aux *Rapports du physique et du moral*, à Roussel, l'auteur du *Système physique et moral de la femme,* du

---

(1) 1° Présenter les éléments de toutes les sciences devant servir de base à l'éducation en un cours d'études complet, en une encyclopédie élémentaire et analytique; 2° expliquer, en ce qui concerne l'organisation des mondes et surtout du système solaire, la force tangentielle des planètes et leurs mouvements d'occident en orient; 3° chercher jusqu'à quel point, dans l'état actuel de nos connaissances mathématiques, hydrauliques et mécaniques, l'architecture navale est encore susceptible de perfection, et poser les limites qu'elle ne saurait actuellement dépasser. Chercher la solution de ces trois problèmes est la tâche qui doit remplir toute sa vie.

système inachevé du *Physique et du moral de l'homme*, d'une *Note sur les sympathies*, d'un *Essai sur la sensibilité* et d'une *Notice sur Mme Helvétius* (1). De même on parlerait d'Alibert (2) et de Richerand, loués par Cabanis et Brillat-Savarin, en faisant remarquer que Richerand professait encore, pour Cabanis en 1839, une admiration qu'il ne pouvait manquer de communiquer à ses élèves; de Flourens, que Sainte-Beuve donne comme un disciple de D. de Tracy, et qui nous conduit jusqu'en 1867 (3); d'Etienne Geoffroy Saint-Hilaire, le créateur de la philosophie anatomique et le père d'Isidore, le contemporain de Darwin (4); d'Esquirol et de ses recherches sur l'aliénation mentale, etc. (5). Comme les successeurs de Cabanis, ceux de Pinel continuent à unir la philosophie à la médecine, à vanter l'analyse et à se réclamer d'Hippocrate (6) : l'idéologie reste maîtresse de la faculté de médecine, au temps même de la lutte entre Pinel et Broussais. Il y a des hommes toutefois qu'on ne peut se borner à citer : tels sont Bichat, Draparnaud, Lamarck, Bory de Saint-Vincent et Broussais.

Bichat (1771-1802), « dont tous les écrits, dit Brillat-Savarin,

---

(1) Alibert, qui a mis l'éloge de Roussel en tête de l'édition de ses œuvres, nous dit qu'il conçut pour Cabanis une estime qu'on ne peut exprimer et ajoute : « Qu'eût été sa joie, s'il eût pu être le témoin des succès obtenus par cet écrivain dans des ouvrages célèbres, qui expliquent l'homme dans ses plus étonnants phénomènes et qui ont rempli l'attente de la médecine comme celle de la philosophie ».

(2) On peut voir, dans son *Éloge de Roussel*, comment les idéologues, même sous l'Empire, abordaient les questions politiques. Il rapporte l'opinion de Roussel sur le droit de tester, sur les élections, sur Lycurgue et le gouvernement de Sparte, etc., et vante « le système représentatif qui ôte à la liberté sa turbulence et ses périls, sans la déshériter de ses avantages ».

(3) *Lundis*, XI, p. 456. Il faut toutefois remarquer qu'en métaphysique, Flourens combat Helvétius et Cabanis pour se rapprocher de Descartes. Cf. *l'Histoire des travaux de Buffon*, p. 123.

(4) Cf. Perrier, *la Philosophie zoologique*.

(5) Voir Ravaisson, *la Philosophie au XIXe siècle*, p. 209 sqq.

(6) Nous avons sous les yeux un *Discours sur le système naturel des idées, appliqué à l'enseignement de la médecine*, prononcé le 16 novembre 1814, à l'ouverture d'un cours de médecine par J.-G.-A. Lugol. Il est dédié à Pinel « qui, le premier, par l'application de l'analyse à l'étude des maladies, les a classées; qui, par cette méthode, a perdu le crédit de toutes les hypothèses ». L'auteur fait l'éloge d'Hippocrate et de sa méthode de philosopher, distingue les faits particuliers ou les observations recueillies au lit des malades qui constituent la partie acquise et positive de la médecine, et les données générales ou les vérités abstraites qui forment sa partie philosophique (Cf. J.-B. Say, § 1). Il s'appuie sur Bacon et Descartes, Locke et Condillac et semble se réclamer tout à la fois de Pinel et de Cabanis, quand il parle « des grands médecins qui ont rattaché, à l'exemple d'Hippocrate, la médecine au domaine d'une saine philosophie, et resserré de plus en plus le double empire de la routine et de la fausse philosophie ». Enfin il vante la méthode analytique qui seule enseigne l'art des découvertes et celui de procéder rigoureusement des vérités connues à celles que nous cherchons à découvrir.

portent l'empreinte du génie, réunissait l'élan de l'enthousiasme à la patience des esprits bornés, et, mort à trente ans, a mérité que des honneurs publics fussent décernés à sa mémoire ». Il range en deux classes les phénomènes vitaux, appelle vie animale les fonctions qui nous mettent en rapport avec les corps extérieurs, vie organique celles qui servent à la composition et à la décomposition habituelles de nos parties. A cette distinction des deux vies, il donne une netteté, une précision, une importance qu'elle n'avait ni chez Aristote, ni même chez Buffon. Comme Barthez et, sans être plus que lui spiritualiste ou matérialiste, il proclame la nécessité d'en venir enfin à l'étude rigoureuse des phénomènes vitaux, en abandonnant celle de leurs causes. Comme Cabanis, il veut qu'on examine l'enfant et l'adulte, le vieillard et la femme, l'homme même pendant des saisons diverses, quand son âme est en paix ou agitée par les passions, pour obtenir des résultats généraux d'une valeur incontestable. Comme lui aussi, il attache une grande importance à la distinction du système cérébral et du système ganglionnaire (1).

C'est en lisant la *Nosographie philosophique* de Pinel que Bichat conçut l'idée et le plan du *Traité*, dans lequel il classa les membranes. Citant Aristote, Buffon et Barthez, il pourrait, de ce chef, être rangé parmi les idéologues. Mais il ne dit rien de Cabanis. Ce dernier, dans la Préface des *Rapports*, parlait « de ceux qui ont cru pouvoir s'emparer, sans scrupule, de plusieurs idées qu'ils contiennent en négligeant d'en indiquer la source », et ajoutait que « voulant répandre des vérités qui lui paraissent utiles, il doit bien plus à ces écrivains, dont le savoir et le talent leur imprime un degré de force et de poids, qu'il n'était malheureusement pas en lui de leur donner ». Et aussitôt, dans une note, il « déplore la mort de Bichat qui lui inspire des regrets trop vivement sentis pour qu'il n'en consigne pas à cet endroit l'expression ». Cabanis a cru que Bichat lui avait pris plusieurs idées. A-t-il eu raison ? Buisson l'a nié et, parlant de la distinction du système cérébral et du système ganglionnaire, exposée dans une note fort étendue des *Recherches physiologiques sur la Vie et sur la Mort*, il dit que d'autres ont voulu se l'attribuer, on ne sait pourquoi, à une époque où cet

---

(1) F. Picavet, art. *Barthez* et *Bichat* (*Grande Encyclopédie*).

ouvrage était depuis longtemps entre les mains de tout le monde (1). C'est à Cabanis qu'il fait allusion. Autant qu'il l'a pu, il a essayé d'établir l'originalité de Bichat. Une multitude de cahiers particuliers contenaient, avec beaucoup de détails, la distinction des deux vies et servaient de base à son enseignement. Les Mémoires pour la Société médicale d'émulation, et surtout le sixième, l'avaient fait connaître au public.

Nous n'avons aucune raison de croire que Cabanis ait voulu s'attribuer les idées d'autrui. Personne n'a jamais, plus que lui, cherché à rendre à chacun ce qui lui est dû. Nous ne pouvons en dire autant de Buisson. Admirateur de de Bonald qu'il cite sans cesse, et dont il trouve admirable la définition de l'homme, il attaque violemment les sophistes, Saint-Lambert et « l'auteur insensé du *Système de la nature*, tellement absurde qu'il fait rougir jusqu'à ses partisans ». Ses opinions politiques et philosophiques l'éloignaient de Cabanis et ne lui laissaient guère la possibilité d'être impartial. Il y a plus. Si les *Recherches* étaient entre les mains de tout le monde, quand Cabanis formula sa réclamation, cela ne prouve absolument rien. Buisson ne place pas avant 1798 les recherches physiologiques de Bichat, tout absorbé jusque-là par l'anatomie. Or Cabanis avait publié ses *Observations sur les Hôpitaux*, le *Degré de certitude de la médecine*, professé à l'école de médecine, et lu, à l'Institut, la plupart des Mémoires qui devaient entrer dans les *Rapports*. Les Mémoires de la Société médicale, y compris ceux de Bichat, avaient été présentés comme une « application de ses idées ». Enfin Thurot publiait, dans la *Décade*, sa deuxième lettre sur Cabanis, quand elle annonçait les *Recherches* de Bichat. Comment eût-il emprunté à ce dernier des doctrines que, depuis longtemps, il avait rendues publiques (2) ? Que Bichat n'ait pas cité Cabanis, on peut l'expliquer par la différence des opinions politiques (3). Peut-être considérait-il comme lui appartenant les théories exposées par un maître dont il avait pu suivre les cours. En tout cas, il est absolument incontestable qu'elles ont été présentées et

---

(1) *De la Division la plus naturelle des phénomènes physiologiques, avec un Précis historique sur Bichat*, 1802, p. 356.
(2) M. Bertrand dit avec raison : « On se tromperait si l'on faisait de Biran un imitateur de Bichat ». Mais au lieu de faire de l'un et de l'autre des disciples des médecins du xviiie siècle, pourquoi ne pas voir, en Bichat comme en Biran, un disciple de Cabanis, et peut-être de D. de Tracy, avec cette différence que Biran le reconnaît et que Bichat n'en dit rien ?
(3) Voyez la notice de Buisson.

développées d'abord par Cabanis, dont on n'a essayé de diminuer l'originalité que pour combattre les idéologues.

Schopenhauer ne s'y est pas trompé. En laissant entendre que Bichat a développé avec talent les doctrines de Cabanis, il les a rapprochés, à une époque où il n'était guère avantageux de se réclamer du dernier. S'il parle des progrès de la physiologie dus à Magendie, à Flourens, à Bell et Marshall Hall, il estime que ces progrès n'ont pas été tels que Bichat et Cabanis en paraissent vieillis. Il ne veut pas qu'on écrive sur les rapports du physique et du moral, avant d'avoir digéré Cabanis et Bichat, *in succum et sanguinem*. Il avoue que, après Kant, Helvétius et Cabanis ont fait époque dans sa vie. Et le fait est d'autant plus à noter que Schopenhauer considérait sa philosophie comme la traduction métaphysique de la physiologie de Bichat, c'est-à-dire de la doctrine des deux vies, celle-ci comme l'expression physiologique de sa philosophie. Que Schopenhauer ait trouvé, chez Bichat, une exposition plus complète, plus physiologique, débarrassée des tendances philosophiques que présente la théorie chez Cabanis (1), nous ne le contestons nullement; que Bichat ait été un disciple *original*, nous le croyons, mais nous pensons et nous avons prouvé qu'il a été un disciple de Cabanis (2).

Schopenhauer, qui n'a pas séparé Cabanis et Bichat, montre qu'on ne peut se dispenser de les rattacher à d'autres penseurs, dont nous les avons déjà rapprochés. Grande aussi a été sur lui l'influence d'Helvétius, dont il se réclame pour ne pas être considéré comme un disciple d'Hégel ; de Voltaire, de Diderot et de Chamfort (3) ; de Lamarck, dont le nom revient fort souvent à côté de celui de Cabanis (4). Mais Cabanis a en outre fait une place considérable aux impressions inconscientes et à l'instinct, rapproché tout à la fois de l'attraction et de la sensibilité. Scho-

(1) C'est ce qu'on peut inférer des passages mêmes où il rapproche les deux noms et dit que « sur 50 millions de bipèdes, on aurait peine à rencontrer une tête pensante telle que Bichat », et de ceux où il critique Lamarck et Cabanis d'avoir voulu « établir une physique sans métaphysique ». Burdeau, traduction française, *Sur le besoin métaphysique de l'humanité*, II, p. 309.
(2) M. Paul Janet (*Revue des Deux Mondes*, 1880) a montré que si le premier livre du grand ouvrage de Schopenhauer vient de Kant, le second vient en partie de Cabanis et de Bichat. Cf. Ribot, *Schopenhauer*.
(3) Foucher de Careil : « C'était un contemporain de Voltaire et de Diderot, d'Helvétius et de Chamfort. » M. Ribot a rappelé que Schopenhauer s'est surtout inspiré de Chamfort dans sa critique des femmes, et cité (p. 130) une phrase de ce dernier qui « contient en germe sa métaphysique de l'amour ».
(4) Cf. F. Picavet, *Revue de l'enseignement sec. et sup.*, XIII, p. 325.

penhauer a placé la volonté au-dessus de l'intelligence et préparé ainsi les théories de son successeur Hartmann. Cabanis n'est-il pas directement peut-être, indirectement à coup sûr, un des prédécesseurs de « la mythologie de l'inconscient » (1) ?

De Bonald, comme Schopenhauer, a rapproché Cabanis et Lamarck. Jean Baptiste Pierre Antoine de Monet, chevalier de Lamarck (1744-1829), élève des jésuites d'Amiens, militaire, puis employé chez un banquier, fut en relations avec Buffon qui fit imprimer sa *Flore française* et le chargea d'accompagner son fils en Hollande, en Allemagne et en Hongrie. Pauvre et obligé de travailler pour les libraires, il décrivit, dans l'*Encyclopédie méthodique*, toutes les plantes, de la lettre A à la lettre P et donna les caractères de 2,000 genres, consulta les herbiers, les jardins, les livres et s'adressa à tous les voyageurs. Sonnera lui donna un magnifique herbier formé aux Indes ; Volney lui rapporta d'Amérique des pierres pétries de coquilles (2). Chargé en 1794 de traiter au Muséum des invertébrés, il avait beaucoup à faire, et il fit beaucoup. Il porta la lumière dans un monde inconnu, et trouva dans l'étude de ces animaux, dont l'organisation est plus variée et plus singulière, les moyens de résoudre des problèmes d'histoire naturelle et de philosophie. Le premier de ces problèmes est celui de l'espèce ; le second porte sur les causes qui font exister et maintiennent la vie, sur la progression remarquable que les animaux offrent dans la composition de leur organisation, dans le nombre et le développement de leurs facultés.

Les mérites du naturaliste n'ont jamais été contestés, même par Cuvier. La *Flore française*, les articles de l'*Encyclopédie méthodique*, l'*Histoire naturelle des animaux sans vertèbres* (7 volumes) et la classification qu'en fit Lamarck, de 1794 à 1807, le placèrent au premier rang. Nous devons montrer ce qu'a fait

(1) L'expression est de M. Fouillée. M. Bertrand dit avec raison qu'il faudrait attribuer à nos physiologistes « toute la partie vraiment scientifique et durable » de la théorie de l'inconscient. Le rôle important que joue l'instinct chez Hégel et surtout chez la gauche hégélienne (Paul Janet, *Causes finales*, 1ʳᵉ éd., p. 504 sqq.) n'est-il pas une preuve de l'influence de la théorie de Cabanis développée par Bichat et Biran ?

(2) Cf. Cuvier, *Eloges historiques* ; Darwin, *l'Origine des espèces* ; Hæckel, *Histoire de la création naturelle* ; De Quatrefages, *Ch. Darwin et ses précurseurs en France* ; Charles Martins, *Introduction à une nouvelle édition de la Philosophie zoologique* ; Ludovic Carrau, *Etudes sur la théorie de l'évolution* ; Perrier, *la Philosophie zoologique avant Darwin*. Voyez à l'Appendice un document qui montre que Lamarck n'a pas été aussi dédaigné en France qu'on le croit généralement.

Lamarck pour la philosophie naturelle et pour la psychologie. C'est surtout dans la *Philosophie zoologique* qu'il faut l'étudier. Sans doute, il avait exprimé, dans son *Hydrogéologie* et dans ses *Considérations ou recherches sur l'organisation des corps vivants* (1802), plusieurs des idées qu'on retrouve dans la *Philosophie zoologique*. Mais il nous dit lui-même que ce dernier ouvrage (1) n'est qu'une nouvelle édition refondue, corrigée et fort augmentée des *Recherches*, où il a utilisé des matériaux préparés pour une *Biologie* qu'il a renoncé à composer.

Commensal de Buffon qui, avant et après de Maillet et Robinet, avait donné plusieurs solutions à la question de l'origine des espèces, Lamarck se vit dans l'impossibilité, après avoir consulté de riches collections et étudié un nombre immense d'invertébrés, de déterminer, d'une manière solide, les espèces parmi la multitude de polypes, de radiaires, de vers et d'insectes, de trouver, pour séparer les espèces, des distinctions autres que des particularités minutieuses et même puériles. C'est ce qui l'amena à affirmer que les espèces n'ont pas une constance absolue, ne sont pas aussi anciennes que la nature, mais sont assujetties aux changements de circonstances qui produisent, par la suite des temps, des changements de caractère et de forme. Darwin a revendiqué Lamarck pour son précurseur ; Hæckel l'a placé à côté de Gœthe, de Darwin et lui a fait surtout un mérite d'avoir cherché à prouver que l'espèce humaine descend, par évolution, de mammifères très voisins des singes. M. de Quatrefages a surtout insisté sur les points faibles de sa doctrine, tandis que M. Martins a mis en lumière la part qui lui revient dans l'établissement de la doctrine transformiste : l'influence des milieux, dit-il, sur l'organisme et la transmission par l'hérédité, appartient à Lamarck, qui a en outre pressenti et décrit très nettement la lutte pour l'existence, sans apercevoir les conséquences

---

(1) La *Philosophie zoologique* comprend trois parties : la première, destinée à présenter les faits essentiels et les principes généraux des sciences naturelles, contient des considérations sur l'histoire naturelle des animaux, leurs caractères, leurs rapports, leur organisation, leur distribution, leur classification et leurs espèces. La seconde traite des causes physiques de la vie, des conditions qu'elle exige, de la force excitatrice de ses mouvements, des facultés qu'elle donne aux corps qui la possèdent et des résultats de son existence dans ces corps. La troisième est consacrée aux causes physiques du sentiment, à celles qui constituent la force productrice des actions, enfin à celles qui donnent lieu aux actes d'intelligence chez divers animaux.

infinies de ce principe et le rôle immense qu'il joue dans la nature. M. Ludovic Carrau a principalement signalé les réserves avec lesquelles Lamarck fait du transformisme une théorie que les spiritualistes seraient disposés à accepter : l'incapacité de la matière à sentir ; la nature, instrument de la volonté suprême ; la distinction de l'idée et de la sensation. Pour M. Perrier, Lamarck n'a jamais voulu dire « qu'un animal finit toujours par posséder un organe quand il le veut », mais il attribue les transformations des espèces à l'action stimulante des conditions extérieures, sous la forme de besoins, et explique ainsi ce que nous appelons des adaptations. M. Perrier a mis en lumière encore l'importance de la théorie des causes actuelles, substituée à celle des cataclysmes ou des catastrophes universelles, les hésitations de Lamarck sur l'homme, « en qui on pourrait ne voir qu'un quadrumane modifié, si son origine n'était différente de celle des animaux, mais qui cependant, n'étant séparé des animaux supérieurs, au point de vue psychologique, que par une différence de degré, doit en descendre, comme eux-mêmes sont issus des plus simples » (1). La théorie transformiste de Lamarck a donc été présentée sous toutes ses faces et nous nous bornerons à en rappeler brièvement les points essentiels.

Lamarck distingue ce qu'il appelle les parties de l'art — distributions systématiques, classes, ordres, familles, genres, nomenclature — des lois et des actes de la nature, qui n'a fait que des individus se succédant les uns aux autres et ressemblant à ceux qui les ont produits. Insistant sur l'étude des rapports, il compare non seulement les classes, les familles, les espèces, mais aussi les parties qui composent les individus, organes du sentiment, de la respiration, de la circulation, etc. Ainsi il voit, dans les animaux, une série rameuse, irrégulièrement graduée, qui n'a point de discontinuité dans ses parties ou qui n'en a pas toujours eu, s'il est vrai que, par suite de la disparition de quelques espèces, il s'en trouve quelque part. En un temps très long la nature a produit tous les corps organisés, commençant par les plus simples, qui résultent de générations spontanées

---

(1) M. Perrier ne cite que Hæckel et dit comme M. Carrau, après avoir affirmé que Lamarck, philosophe et psychologue, voit dans l'homme une émanation directe du Créateur, que cette concession serait encore aujourd'hui suffisante pour rallier au transformisme bien des esprits que dominent de respectables croyances ; mais il affirme à tort, contrairement à Martins, que Lamarck ne voit d'autre cause de destruction des espèces que l'homme lui-même.

dans les lieux et circonstances convenables. Les facultés et le mouvement organique établis dans ces ébauches, ont peu à peu développé les organes et diversifié les êtres. Aux animaux les plus imparfaits, qui ne se meuvent que par suite d'excitations extérieures, qui n'ont que l'irritabilité sans sentiment ni volonté, se superposent ceux qui, éprouvant des sensations, ont un sentiment très obscur de leur existence, avec une volonté dépendante et entraînée; puis ceux qui ont irritabilité, sensations, sentiment intime de l'existence, faculté de former des idées confuses avec une volonté déterminante, assujettie néanmoins à des penchants qui les portent vers certains objets particuliers ; enfin les animaux les plus parfaits, qui ont des idées nettes et précises, les comparent et les combinent pour en former des jugements et des idées complexes. Chaque faculté ajoutée résulte de l'addition d'un organe spécial, d'une complication de l'organisation. La nature crée l'organisation, la vie, le sentiment, multiplie et diversifie les organes et les facultés par la seule voie du besoin, qui établit et dirige les habitudes. Ce que nous faisons pour les animaux domestiques, la nature le fait avec beaucoup de temps pour tous les êtres : le climat, la nourriture, la nature et la qualité des lieux, en un mot, la diversité ou le changement du milieu produisent de nouveaux besoins, qui nécessitent d'autres habitudes, amènent le développement de la partie dont on se sert plus fréquemment ou font naître, par les efforts du sentiment intérieur, de nouvelles parties (1). Le changement ainsi produit, allongement du cou chez la girafe, de la langue chez le fourmilier, apparition des cornes, passe dans tous les individus qui se succèdent et sont soumis aux mêmes circonstances. Donc la nature a produit successivement toutes les espèces, a commencé par les plus imparfaites ou les plus simples pour terminer par les plus parfaites, en compliquant graduellement leur

(1) Lamarck résume sa théorie dans les deux lois suivantes : 1° Dans tout animal qui n'a point dépassé le terme de ses développements, l'emploi plus fréquent et soutenu d'un organe quelconque, fortifie peu à peu cet organe, le développe, l'agrandit et lui donne une puissance proportionnée à la durée de cet emploi ; tandis que le défaut constant d'usage de tel organe, l'affaiblit insensiblement, le détériore, diminue progressivement ses facultés et finit par le faire disparaître ; 2° tout ce que la nature a fait acquérir ou perdre aux individus, par l'influence des circonstances où leur race se trouve depuis longtemps exposée et par conséquent par l'influence de l'emploi prédominant de tel organe ou par celle d'un défaut constant d'usage de telle partie, elle le conserve par la génération aux nouveaux individus qui en proviennent, pourvu que les changements acquis soient communs aux deux sexes ou à ceux qui ont produit ces nouveaux individus.

organisation. Les animaux se sont répandus dans toutes les régions habitables du globe. Chaque espèce a reçu, sous l'influence des circonstances dans lesquelles elle s'est trouvée, les habitudes que nous lui connaissons et les modifications de ses parties que l'observation nous montre en elle. Et pour renverser cette conclusion, il faudrait prouver que chaque point du globe ne varie jamais dans sa nature, son exposition, sa situation, son climat, puis qu'aucune partie des animaux ne subit, même à la suite de beaucoup de temps, de modification par le changement des circonstances !

Aussi intéressante et moins connue est la psychologie de Lamarck, qu'on ne saurait d'ailleurs séparer de sa physiologie. Il s'est plu tout particulièrement à développer la seconde et la troisième partie de son ouvrage (p. 18). Par sa méthode, il se rattache à Descartes, à Condillac, à Cabanis, à Buffon (1). Mais il a son originalité. L'étude des invertébrés l'a conduit au transformisme, et lui a fait trouver la cause de la vie : c'est un phénomène organique, résultat des relations qui existent entre les parties du corps, les fluides qui y sont contenus, la cause excitatrice des mouvements et des changements qui s'y opèrent. Par la chaleur, les molécules vivantes sont distendues et éloignées les unes des autres : de cet état particulier de tension ou *orgasme* naît l'irritabilité. Par l'action de l'électricité, l'orgasme cesse, le muscle se contracte. Aussi Lamarck ne saurait admettre, avec Cabanis et son disciple Richerand, que vivre c'est sentir, que la sensibilité et l'irritabilité sont des phénomènes de même nature ; car si cela est vrai pour l'homme et les animaux les plus parfaits, vivre est à peine sentir pour les animaux sans vertèbres, qui ont un système nerveux ; ce n'est pas sentir pour

(1) L'analyse, envisageant d'abord un objet dans son entier, en examine la masse, l'étendue et l'ensemble des parties, la nature et l'origine, les rapports avec les autres objets connus. Elle le divise ensuite en parties principales, qu'elle étudie séparément, qu'elle divise et subdivise, jusqu'à ce qu'elle arrive aux plus petites, dont elle cherche les caractères sans négliger les moindres détails ; puis, elle en déduit les conséquences, et peu à peu la philosophie de la science s'établit, se rectifie et se perfectionne. Autant que personne Lamarck admire le génie de Condillac, ses pensées profondes et ses découvertes (II, 351). Avec ses contemporains, il admet que les actes intellectuels prennent tous naissance dans les idées et que toute idée, comme l'ont pensé Aristote, Locke, Condillac (Lamarck cite même Naigeon), est originaire d'une sensation (III, c. 7). Avec Cabanis, dont il cite plus d'une fois l'intéressant ouvrage qui, par la foule de faits et d'observations qu'il renferme, fournit les meilleurs moyens d'avancer cette partie des connaissances humaines, il admet que le physique et le moral ont une source commune, que la sensibilité physique est la source de toutes les idées.

les végétaux et pour les formes inférieures de l'animalité (1). Cabanis a donc eu tort, pour montrer l'origine commune du physique et du moral, d'étudier d'abord l'homme, où, à cause même de la complication des phénomènes, il est difficile d'en saisir la source. Allant plus loin que D. de Tracy, Lamarck voudrait qu'on s'attachât d'abord à l'organisation des animaux les plus simples pour monter, par degrés, jusqu'à l'homme. Par contre il estime qu'on n'a pas donné une attention suffisante aux influences du moral sur le physique. Le naturaliste, qui a attribué aux besoins le pouvoir de créer des organes, devait se séparer en plus d'un point de Cabanis et de D. de Tracy.

Le sentiment intérieur résulte de l'ensemble des sensations internes que produisent les mouvements vitaux et de la communication entre elles de toutes les portions du fluide nerveux formant un tout. Ce sentiment intérieur sert de lien au physique et au moral : il avertit l'individu des sensations qu'il éprouve et lui donne la conscience de ses idées et de ses pensées. Cabanis n'a qu'entrevu le mécanisme des sensations, sans en développer clairement les principes ; il a méconnu la nature de l'instinct, qu'il fait sortir des impressions internes, tandis que l'instinct vient de ce qu'à la suite des émotions provoquées par les besoins, le sentiment intérieur fait agir l'individu sans participation de la volonté. Cabanis s'est encore trompé à propos de la mélancolie : ce sont des chagrins continuels et fondés qui ont causé les altérations des viscères abdominaux auxquelles il en rapporte la naissance. Le sentiment intérieur constitue en outre la force productrice qui donne lieu aux actions volontaires, mais la volonté suppose jugement, comparaison d'idées, pensées ou impressions; la volonté n'est donc jamais véritablement libre et n'est jamais un guide aussi sûr que l'instinct.

Lamarck se sépare encore de ses prédécesseurs et de ses contemporains, à propos de l'entendement. L'entendement exige selon lui un système d'organes particuliers : il faut que le sentiment intérieur mette le fluide nerveux en mouvement dans l'hypocéphale, pour que les opérations de l'entendement puissent avoir lieu. Aussi, si toute idée tire son origine d'une sensation, toute sensation ne peut produire une idée ; il faut pour cela un organe spécial et l'intervention de l'attention. Gall a voulu trop

(1) Lamarck se rencontre avec Aristote dont le *Traité de l'Ame* se rapproche d'ailleurs, par la méthode et les résultats, des recherches évolutionnistes.

prouver et, par réaction, on n'a rien admis de sa théorie, qui comprenait cependant une grande part de vérité. D. de Tracy a confondu les sensations proprement dites avec la conscience des idées, des pensées et des jugements. Condillac a prouvé que les signes ont permis à l'homme d'étendre ses idées ; il n'a pas établi qu'ils concourent à la formation des idées. Les principaux actes de l'entendement sont l'attention, la pensée ou la réflexion, la mémoire et le jugement. L'attention est un acte du sentiment intérieur qui prépare une partie de l'organe de l'entendement à quelque opération de l'intelligence et la rend propre à recevoir les impressions ; à faire sensibles et présentes des idées qui s'y trouvaient déjà tracées. Sans elle, aucune des opérations de l'entendement ne peut se former, et il est évident qu'elle n'est point une sensation, comme l'a dit Garat. Et l'éducation ne développe l'intelligence de l'homme qu'en fixant son attention sur les objets si variés et si nombreux qui peuvent affecter ses sens (1).

En résumé Lamarck a été un naturaliste éminent, conduit par ses études positives à affirmer, avant Darwin, que les espèces se transforment par l'influence du milieu et que les changements ainsi produits se transmettent par l'hérédité ; à soutenir, après Aristote, qu'il faut étudier d'abord la vie chez les végétaux et les animaux inférieurs ; à compléter Cabanis, en tenant plus de compte des influences du moral ; à tracer, avant les modernes et après Aristote, le plan d'une psychologie comparée qui débuterait par les animaux les plus rudimentaires ; à donner, avant que Laromiguière n'eût développé sa théorie, une place prépondérante à l'attention dans les opérations de l'entendement et dans l'éducation. Darwin, Lewes, Spencer, Bain, M. Ribot ont reproduit, développé et complété, bien souvent sans le savoir, des idées déjà exprimées par Lamarck.

A côté de Cabanis, de Bichat et de Lamarck, il faut placer Bory de Saint-Vincent, auteur de *l'Homme, Essai zoologique sur le genre humain*, qui parut en 1825 après avoir formé un article du *Dictionnaire classique d'histoire naturelle*. « De tout ce qui fut publié sur l'homme avant Cabanis et Bichat, dit-il, on ne trouverait peut-être pas, si ce n'est dans Locke et dans Leibnitz, la valeur d'un moyen in-octavo qui méritât d'être conservé ».

---

(1) Lancelin, Laromiguière et Degérando font, comme Lamarck, une place à l'attention. — Cf. Ribot, *Psychologie de l'attention*.

L'homme intellectuel « conséquence de l'homme mammifère » doit pénétrer, pour se connaître, son organisation et celle des bêtes, et comparer les diverses modifications que l'âge et l'état de santé ou de maladie apportent en lui. Il insiste sur l'apparition successive des productions marines, puis des végétaux, des herbivores, des carnivores, rapproche l'orang-outang et l'homme, et ne voit dans la différence des pouces du pied « qu'un de ces nombreux passages par où la nature procède habituellement pour lier tous les êtres dans l'ensemble infini de ses harmonies ». Il fait intervenir, dit M. de Quatrefages, une donnée nouvelle, l'influence exercée sur la fixation des caractères spécifiques par l'action des ascendants, placés eux-mêmes dans des conditions d'existence constante (1).

Dans son dixième Mémoire, Cabanis citait Draparnaud, professeur de grammaire générale à l'école centrale de Montpellier, naturaliste, philosophe et également recommandable à ces deux titres. Il rappelait le beau plan d'expériences par lequel il voulait déterminer le degré respectif d'intelligence ou de sensibilité propre aux différentes races et former leur échelle idéologique. Destutt de Tracy était plus précis et plus élogieux encore (2). Draparnaud, nous dit la *Décade*, fut candidat à la section d'idéologie contre Prévost et Degérando. Quant à ses doctrines, nous n'avons pour nous en faire une idée que deux discours prononcés en l'an X, l'un à l'ouverture des écoles centrales, l'autre à celle du cours de zoologie.

Le premier traite de la philosophie des sciences. Après avoir fait l'éloge des écoles centrales et protesté contre les ennemis de la philosophie, qui s'opposeront vainement à la propagation des lumières et à la marche constante de l'esprit humain vers le perfectionnement, Draparnaud aborde la philosophie dont il essaye de déterminer la nature, en la distinguant de la scolastique : « La philosophie digne de notre étude, dit-il, est une science purement expérimentale, plus féconde en résultats, plus propre à conduire à des découvertes utiles et qui est toujours active dans

(1) *Revue des Deux Mondes*, LXXVIII, p. 858. — Bory de Saint-Vincent, qui dédie son livre à Cuvier, ne cite pas Lamarck.
(2) En 1801 il croit qu'il aura assez fait s'il établit sur des bases solides l'idéologie de l'homme ; il souhaite qu'un savant professeur, qui a fait preuve de la capacité nécessaire et de l'étendue d'esprit suffisante, remplisse les espérances qu'il a données et traite de l'idéologie comparée. En 1804, au lieu de se livrer à ces espérances, il a, dit-il, à déplorer la perte prématurée d'un homme aussi intéressant, et il ajoute que c'est un grand malheur pour la science.

ses conceptions et dans ses travaux, comme la nature même, qui est le but constant de ses recherches et de ses efforts : c'est en un mot la philosophie des sciences ou la philosophie naturelle ».

Il y fait entrer toutes les connaissances humaines et parle d'abord des sources de la vérité ou de nos connaissances réelles et positives, puis de celles de l'erreur ou de nos connaissances fausses et chimériques. Les sens, l'observation et l'expérience; la raison, l'induction, le calcul ou le raisonnement sont les sources de la vérité. Sans les sensations, le raisonnement est incertain ou chimérique; sans la raison, les sens ne peuvent presque rien. Draparnaud parle en excellents termes de l'observation (1). Avant Lamarck, il insiste sur l'importance de l'attention et serait presque tenté de dire, en modifiant une formule célèbre de Buffon, que le génie n'est qu'une grande attention. Non seulement, il faut que l'observateur concentre son attention sur l'objet qui l'occupe, mais encore il doit réitérer l'observation pour éviter, comme dirait Descartes, la précipitation ; il doit surtout se défaire de tout esprit de système, et oublier toutes les théories. Aussi l'observation est-elle plus facile dans les sciences physiques que dans les sciences morales. Nous sommes portés, en effet, par l'action de nos sens extérieurs et par l'impression des objets physiques sur ces sens, à sortir sans cesse hors de nous. Un seul sens nous sollicite à observer ce qui se passe en nous-mêmes. Par ce sens intérieur, nous percevons bien nos idées, nos connaissances, nos passions, toutes les modalités des organes intérieurs. Mais les affections qui procurent les sensations externes sont plus vives, plus variées, plus distinctes que celles qui sont le fruit des sensations internes ou de la réflexion ; il est plus facile de diriger notre attention sur les opérations de la nature que sur celles de notre esprit. C'est pourquoi les sciences étaient déjà perfectionnées, quand la métaphysique et les autres sciences morales étaient encore dans l'enfance. De nos jours seulement elle est devenue une science vraiment expérimentale et fondée sur l'observation. L'expérience fait naître les phénomènes, les varie, les combine, les multiplie, les répète, les

(1) Le meilleur traité de l'art d'observer est, pour lui, une histoire philosophique des progrès de l'esprit humain dans les diverses branches des connaissances, des découvertes importantes que l'on a faites dans les sciences, et surtout dans les sciences physiques, enfin de la méthode et des procédés qui ont guidé les inventeurs. Les méthodes sont, dans les sciences, ce que sont les machines en mécanique ; elles économisent le temps et suppléent à la force.

oppose, les réunit. De l'observation ou de l'expérience émanent toutes les vérités de fait ; du raisonnement, qui rassemble les faits, les compare, les classe, les combine, et en tire les principes, viennent les vérités de déduction. Dans l'interprétation de la nature, tout se réduit à revenir des sens à l'entendement et de l'entendement aux sens, à rentrer au-dedans de soi et à en sortir. Mais il ne faut point réaliser les notions abstraites, causes, principes, forces, facultés, il ne faut point les regarder comme des êtres existant par eux-mêmes.

Draparnaud ramène l'analyse mathématique ou rationnelle à l'analyse expérimentale ; il estime que la synthèse et l'analyse doivent toujours être réunies dans les opérations de l'esprit comme dans celles de la nature. Mais la synthèse n'est ni une bonne méthode d'induction, ni une bonne méthode d'exposition. Il n'y a qu'une méthode pour étendre les connaissances humaines et en accélérer le progrès, c'est d'observer, non d'imaginer ; d'analyser, non de définir.

Nous dirons peu de chose de la seconde partie de ce discours. Draparnaud soutient avec raison qu'il n'y a pas d'erreur des sens, mais que toutes les erreurs émanent du jugement et ont quatre causes principales : nous jugeons, ou sans avoir assez de données, ou sans savoir nous en servir, ou en ne voulant pas en faire usage, ou en nous dirigeant par de fausses règles de probabilité. Il souhaite que l'on fonde les vrais systèmes sur des faits bien constatés. Après d'Alembert, avant A. Comte, il croit que tout se réduit, dans les sciences physiques, à découvrir la liaison qui existe entre les phénomènes et à expliquer les faits par les faits, puisqu'un principe n'est qu'un fait qui prend successivement diverses formes. Qu'on se borne à l'observation et à l'expérience, qu'on fasse très peu d'usage des hypothèses et des principes abstraits : le doute philosophique, dit-il en citant Thomas Reid, est un des meilleurs préservatifs et des plus sûrs remèdes contre l'erreur.

Le second discours porte sur la vie et les fonctions vitales ; c'est un précis de physiologie comparée. Draparnaud combat ceux qui voient dans le principe vital autre chose qu'un principe abstrait, un nom générique, sous lequel on a classé des phénomènes de même ordre (1). La vie est le résultat de l'orga-

(1) « Est-ce expliquer un phénomène, dit-il, que de le rapporter à une cause occulte dont on suppose l'existence et dont on ne peut assigner ni la nature, ni le

nisation : l'anatomie, la chimie, la physique, l'observation des divers êtres vivants, nous feront donc connaître les ressorts cachés de la vie. Et Draparnaud parle de la liaison des sciences, de la perfectibilité de l'homme, en disciple de Descartes, de d'Alembert et de Condorcet (1).

Non moins dignes d'attention sont les considérations que Draparnaud, à peu près à la même époque que Lamarck, expose sur la valeur des classifications et indirectement sur la hiérarchie des sciences. Quand on examine avec attention, dit-il, tous les êtres individuels, on s'aperçoit qu'il n'y a pas de classes dans la nature, et qu'on ne peut assigner à aucune des classes établies des caractères tranchants et distinctifs. Ainsi la sensibilité est très peu développée chez les zoophytes, tandis que certaines plantes sont sensibles aux impressions et à l'attouchement des objets extérieurs ; il y a analogie entre les fonctions vitales de l'animal et celles du végétal. On ne peut même pas trouver de ligne de démarcation distincte entre les corps bruts et les corps organiques, pas plus qu'entre les phénomènes qu'ils nous présentent, puisque la génération spontanée ne répugne point à la raison et que plusieurs observations semblent même en démontrer l'existence. Si l'on n'a pu jusqu'ici rendre raison de tous les phénomènes de la vie par les seules lois mécaniques et chimiques, c'est qu'on ne connaît pas parfaitement le mécanisme des corps vivants. Les progrès des sciences physiques seront suivis de ceux de la physiologie : en ne bornant point ses observations à quelques espèces isolées, en ne se contentant point de l'analogie, mais en employant l'observation et l'expérience, en faisant

mode d'action ? Et connaîtrons-nous mieux les phénomènes de la vie, quand on nous aura dit qu'ils sont produits par l'action du principe vital ? On éclairera au contraire infiniment mieux la nature de ces phénomènes, si l'on parvient à les rapporter à des lois mécaniques ou chimiques. La théorie moderne de la respiration en est une preuve évidente ».

(1) « Toutes les branches des connaissances humaines, dit-il, se réunissant à un tronc commun, exercent les unes sur les autres la plus active influence et concourent à se perfectionner mutuellement. Il n'y a point de science que l'on puisse regarder comme essentiellement libre et indépendante des autres ; la physique, la chimie, l'histoire naturelle, la médecine ne sont que la nature sous ses différents aspects. Livrez-vous avec zèle à l'observation et à l'expérience et ne vous reposez pas sur de vains mots pour l'interprétation de la nature... la perfectibilité de l'homme est indéfinie... les progrès des sciences sont illimités et il n'est rien dans la nature dont on ne parvienne un jour à connaître les causes ; ne prononcez point avant d'avoir bien observé et rejetez vos anciennes opinions, quand il sera prouvé qu'elles sont erronées, adoptez les nouvelles, quand elles seront plus exactes ; une telle doctrine est propre à accélérer les progrès des connaissances et la perfectibilité de l'esprit humain ».

moins de théories et en réunissant plus de faits, on avancera beaucoup plus dans la connaissance des phénomènes de la vie. C'est qu'en effet les théories sont des formules générales qui servent à lier les faits connus, mais qu'un seul fait nouveau peut changer, et qu'on ne doit adopter que provisoirement et jusqu'à ce qu'il s'en présente de meilleures. Si elles doivent être favorablement accueillies, c'est lorsqu'elles facilitent l'observation, éclairent l'expérience et font conclure des faits nouveaux.

Draparnaud mentionne Destutt de Tracy comme le premier métaphysicien qui ait bien développé le mode d'influence qu'exerce la motilité dans la formation de nos idées et la génération de nos connaissances. Quittant la physiologie comparée pour l'idéologie, il donne, comme Cabanis, plus d'étendue à l'instinct et, par l'exemple des gallinacés, soutient que Condillac a accordé trop d'influence au toucher sur les opérations de la vue : « Ces réflexions et plusieurs autres éparses dans cet opuscule, ajoute-t-il, font partie d'un ouvrage que je me propose de publier, sous le titre d'*Idéologie comparée*, et dans lequel je considérerai la pensée et les fonctions intellectuelles chez les divers êtres organisés, tout comme dans celui-ci je considère la vie et les fonctions vitales. J'ai déjà fait mention de cette nouvelle branche de l'Idéologie dans mon plan d'un cours de métaphysique qui reçut dans le temps l'accueil le plus distingué du Ministre de l'intérieur (Lucien Bonaparte) et du Comité d'instruction publique. Je fus invité à cette époque par le gouvernement à publier mon Cours en entier ; je me serais rendu à cette invitation honorable, si d'autres travaux littéraires et les devoirs de ma nouvelle place m'en avaient laissé le loisir ».

Qu'est devenue cette *Idéologie comparée* que réclamaient Destutt de Tracy et Cabanis? Qu'est devenu le Cours dont le plan avait suffi à Destutt de Tracy et à ses amis pour poser à l'Institut la candidature de Draparnaud ? C'est ce que nous ignorons complètement, malgré toutes nos recherches. Ce que nous avons nous suffit toutefois pour réclamer en sa faveur une place qui eût été moins modeste, s'il eût vécu plus longtemps, mais qui ne laisse pas que d'être fort honorable. Après d'Alembert, mais d'une façon plus nette, avant A. Comte son compatriote, il a réduit à la philosophie des sciences toute la philosophie, limité les sciences physiques à l'étude des liaisons de phénomènes et subordonné la physiologie aux sciences physiques et mécaniques. Sur l'attention, sur les classifications, il a émis des idées analogues à celles qui ont fait la gloire de Lamarck. Enfin il a songé à une Physiologie comparée et à une idéologie comparée qui aurait peut-être dirigé les esprits dans une voie féconde en résultats intéressants pour la connaissance de l'homme. A tous ces titres, son nom mérite d'être conservé dans l'histoire de la philosophie et de la science françaises.

L'année même où Damiron et Cousin voulaient « en finir avec le sensualisme », Broussais venait au secours d'Andrieux, de Valette et de Daunou, qui combattaient avec une égale vaillance, sinon avec un égal succès. Ami de Bichat et disciple de Pinel, médecin militaire sous l'Empire, il avait, par son enseignement au Val-de-Grâce et à la rue du Foin, détruit l'influence de Brown, celle de Pinel, et fait accepter sa *Médecine physiologique*. L'irritabilité (1), mise en exercice par les agents extérieurs, provoque les organes à l'accroissement de leurs fonctions ; modifiée par une action excessive ou défectueuse de ces agents, elle produit la maladie, qui ne disparaît que si l'on diminue, par des débilitants, l'irritabilité trop considérable, ou que si l'on augmente, par des stimulants, l'irritabilité trop faible (2).

Devenu chef d'école et le maître préféré d'une ardente jeunesse, Broussais crut qu'il était de son devoir de défendre la philosophie, alliée aux sciences et surtout à la médecine, qu'attaquaient, avec une violence presque égale, l'école théologique et l'école éclectique. N'était-ce pas travailler du même coup à maintenir l'intégrité « de son empire » et à ramener ceux de ses adversaires qui étaient disciples de Cabanis, voire même ceux qui estimaient encore Pinel ? Broussais vit très bien qu'il s'agissait d'une séparation de la philosophie et des sciences (3).

---

(1) Voyez les questions que se pose Cabanis à propos des rapports de l'irritabilité et de la sensibilité, ch. IV, § 1.

(2) « Broussais, dit Mignet, construit toute la science de l'organisation vivante et malade avec un seul phénomène, comme Condillac avait fondé sur une faculté unique, la sensation, toute la science de l'entendement humain ».

(3) « Introduits, dit-il, dans le sentier de l'observation, par les idées de Descartes sur la Méthode et par les conseils de Bacon, éclairés sur la nature de l'instrument qui sert pour cet objet par les travaux de Locke et de Condillac, les Français procédaient à l'agrandissement de toutes les connaissances... physique, chimie, histoire naturelle... le tour de la médecine était arrivé avec Haller, Chaussier, Pinel, Bichat. Nous observions tous de concert, nous profitions des avis de Condillac, pour perfectionner notre langage scientifique... le judicieux et profond D. de Tracy (ailleurs il dit de « D. de Tracy, l'élève de Cabanis qu'on devrait l'étudier, l'apprendre et le relire encore avant d'écrire sur les facultés intellectuelles »), dont le

Broussais, dont les parents avaient été massacrés par les chouans, s'attaquait aux jésuites et aux prêtres, au fanatisme et au christianisme, « qui tend à l'orgueil et à l'intolérance » ; à l'homme d'esprit qui a célébré le sentiment religieux, et qui, tout en l'expliquant fort mal, lui a fait faire fortune ; et à l'autre célébrité (1), qui chanta le christianisme et le trouva plus poétique que la mythologie ». Mais c'est surtout contre les Kantoplatoniciens, comme il appelait Cousin, Jouffroy, Damiron, qu'il dirigeait une argumentation serrée et pressante qui ne répugnait même pas au dédain et à l'injure. Il leur reprochait de mettre inutilement une âme dans le cerveau, comme un joueur de clavecin à son instrument et de créer une idolâtrie physique, en relevant le « panthéon de l'ontologie ». Reprenant les idées de Cabanis et les mêlant à sa théorie de l'irritabilité, il expliquait, dans l'*Irritation et la folie*, tous les phénomènes intellectuels, par l'excitation de la pulpe cérébrale. Un courant externe, venant des sens, met le cerveau en communication avec le monde et y apporte l'impression des objets ; un courant interne, venant des viscères, met l'individu en communication avec lui-même et fait connaître ce qu'exigent les instincts. En réagissant contre cette double excitation, le cerveau transforme les impressions en idées, les tendances instinctives en actes volontaires, comme l'estomac, réagissant contre les excitations des aliments, les transforme en chyle.

Le livre eut un succès prodigieux. « Le sensualisme, disait Damiron, qui consacrait à Broussais trois fois plus d'espace qu'à Cabanis, n'y a pas gagné un bon argument de plus, mais il y a gagné du courage, il a repris de la vie, et quoique ce soit là, pour M. Broussais, un mérite plus oratoire que rationnel, il ne faut pas moins lui en faire honneur ». Les survivants de l'école idéologique le joignirent à Daunou : « L'ouvrage écrit avec talent, disait Valette, sera fort contre M. Cousin, parce qu'il défend la méthode expérimentale ». « Ce savant et ingénieux ouvrage, disait Thurot, peut offrir aux spiritualistes, qui affectent de rejeter toutes les lumières de la physiologie, de

complément seul peut assurer au genre humain la conservation des connaissances qu'il a eu tant de peine à se procurer ; les savantes recherches de Cabanis donnaient à notre patrie la prépondérance philosophique... la physiologie et la médecine dictaient des lois à l'idéologie et semblaient éloigner pour jamais la possibilité de l'invasion de notre science par les systèmes éphémères des écoles philosophiques » ;

(1) Benjamin Constant et Chateaubriand.

sages conseils et d'utiles leçons ». Broussais, à l'Académie des sciences morales et politiques, défendit jusqu'à sa mort, contre Damiron, Jouffroy et surtout contre Cousin, la philosophie dont il s'était fait le champion (1).

Mais Damiron avait dit, du système de Gall, en l'opposant à celui de Broussais, que nul, par ses conséquences, ne convient mieux au spiritualisme. De fait Gall, surtout dans son *Traité des dispositions innées de l'âme et de l'esprit*, avait combattu, tout en les citant plus d'une fois avec éloge, D. de Tracy, Helvétius et Lamarck ; il avait fréquemment fait appel à Malebranche et aux Pères de l'Église, et soutenu que son système ne conduisait ni au matérialisme, ni au fanatisme. Broussais voulut enlever cet appui aux éclectiques ; il adopta le système de Gall et appuya, sur ces nouvelles doctrines, les conclusions du *Traité de l'Irritation et de la folie*. L'ouvrage parut après sa mort en 1839 (2). Sans être un philosophe original, Broussais a donné une nouvelle popularité (3) aux doctrines de Cabanis et de D. de Tracy, rendu aux médecins le goût des recherches psychologiques, conservé et préparé un public à ceux qui ont de nos jours fait revivre la psychologie physiologique (4).

IV

Quand disparaissaient Daunou et Broussais, l'école, qui semblait morte, s'était déjà transformée, grâce à sa vitalité prodigieuse, de manière à fournir des doctrines nouvelles à une époque nouvelle. On a remarqué que quelques-uns de ceux qui ont fondé ou voulu fonder des écoles ont emprunté aux idéologues leur point de départ (5) ; il reste à marquer la filiation incontestable et précise des doctrines.

(1) Jules Simon, *Victor Cousin*. Broussais cite avec éloge Degérando et Dupuis, puis quand Biran fut pris comme adversaire des idéologues, il combat « ce poète qui n'est pas toujours intelligible ».

(2) Le papier trouvé alors, et publié pour mettre Broussais, comme Cabanis en opposition avec lui-même, établit que Broussais, déiste, avait comme Cabanis « le sentiment d'une cause et d'une force première qui lie tout et entraîne tout ». Il n'y a là rien de contradictoire avec le *Traité de l'irritation*, où la même pensée a été d'ailleurs introduite par la 2ᵉ édition.

(3) Cf. les souscripteurs au monument de Broussais dans la seconde édition.

(4) Cf. Mignet, *Notices et Mémoires* ; Damiron, *op. cit.* ; Dubois d'Amiens, art. Broussais dans le *Dictionnaire philosophique* ; Louis Peisse, *la Médecine et les Médecins*, et F. Picavet, art. *Broussais* (*Grande Encyclopédie*).

(5) Ravaisson *op. cit.* 45, « la tâche était selon une formule empruntée par

La réhabilitation du peuple, l'amélioration de la classe la plus nombreuse et la plus pauvre ont préoccupé la plupart de ceux qui ont participé à la Révolution aussi bien que Condorcet. Mais Saint-Simon trouvait, en 1813, que les quatre ouvrages les plus marquants, pour la science de l'homme, étaient ceux de Vicq-d'Azyr, de Cabanis, de Bichat, de Condorcet, et se proposait de résumer cette science en un seul ouvrage, comprenant deux parties, chacune de deux sections. La première partie porterait sur l'individu humain, la seconde sur l'espèce humaine ; les sections de la première devaient être un résumé physiologique et psychologique dans lequel l'auteur suivrait et discuterait Vicq-d'Azyr ; celles de la seconde formeraient une Esquisse de l'histoire des progrès de l'esprit humain jusqu'à ce jour, et à partir de la génération actuelle, dans laquelle seraient examinées les idées de Condorcet. Peut-on annoncer plus clairement le projet de continuer les idéologues, en « liant, combinant, organisant, complétant les idées de Vicq-d'Azyr, de Bichat, de Cabanis, de Condorcet, pour en former un tout systématique » ? De plus c'est le docteur Burdin, dit-il, qui lui a fait connaître l'importance de la physiologie. Dans une conversation, souvent rappelée, il lui aurait dit que les sciences avaient commencé par être conjecturales pour finir toutes par être positives, que l'astronomie et la chimie le sont déjà ; que rien ne sera plus facile au premier homme de génie que de rendre positive la physiologie, en coordonnant les travaux de Vicq-d'Azyr, de Cabanis, de Bichat, de Condorcet. Du même coup il rendra positives la morale, la politique, la philosophie et perfectionnera le système religieux, toujours fondé, comme l'a démontré Dupuis, sur le système scientifique. Burdin recommandait d'établir des séries de comparaison entre la structure des corps bruts et celle des corps organisés, entre l'homme et les autres animaux à différentes époques ; des séries des progrès de l'esprit humain. C'est en 1798 que Burdin proposait ainsi à Saint-Simon de faire en commun ce qu'ont réalisé ou indiqué D. de Tracy, Cabanis, Draparnaud, etc. (1). Qu'était-ce donc que ce Burdin auquel doivent

---

Saint-Simon à Condorcet... le but de Fourier fut le même... la pensée qui inspira Pierre Leroux et Jean Reynaud fut celle de la perfectibilité universelle .. 54, la doctrine fondée par A. Comte eut une double origine... les théories saint-simoniennes... celles des phrénologistes et particulièrement de Broussais ».

(1) Cf. les chapitres précédents. Remarquez aussi l'appel à Dupuis, la mention de Bacon, Newton et Locke « colosses scientifiques », la citation du Discours prélimi-

tant Saint-Simon et Comte ? La *Décade* nous donne sur lui quelques renseignements. En l'an VIII, Moreau le cite en rappelant les travaux de Cabanis. En l'an XI, il annonce le *Cours d'études médicales*, en cinq volumes de M. Burdin « médecin déjà connu par plusieurs travaux » et va faire des expériences galvaniques dans son cabinet pneumatique (1), tandis que la *Décade* insère une lettre de ce dernier à propos de la rage. Il était très naturel que l'ami des idéologues recommandât l'étude de Vicq-d'Azyr, qu'a loué Cabanis, de Cabanis qui le citait, de Bichat et de Condorcet. S'il s'est adressé à un philosophe pour mener à bonne fin l'œuvre qu'il tente, c'est que D. de Tracy n'a pas encore fait (1798), pour la partie idéologique, ce que Cabanis a fait pour la partie physiologique. Si Saint-Simon n'en entend plus parler ensuite, c'est que le projet auquel il songeait a été en grande partie réalisé (2).

Charles Fourier, l'auteur du système phalanstérien, rappelle par « l'attraction passionnelle » Helvétius et d'Holbach, tandis que le but même qu'il veut atteindre, le bonheur de l'humanité, le rattache d'une façon générale aux philosophes du xviii° siècle. Ainsi en est-il de Pierre Leroux et de Jean Reynaud : tous deux, par la place considérable qu'ils font à la perfectibilité, relèvent de Turgot, de Condorcet et de Cabanis ; mais l'auteur de la *Réfutation de l'éclectisme* et de l'*Humanité* s'inspire peut-être plus de D. de Tracy et de Laromiguière par sa trinité — sensation, sentiment, connaissance —, tandis que celui de *Terre et Ciel*, de *Zoroastre*, fait plutôt songer au Cabanis de la *Lettre sur les causes premières*.

Nous venons d'indiquer une des sources, et non des moins importantes, de la philosophie positive : la loi des trois états formulée en ses grandes lignes par un de ceux qui marchaient dans la même voie que les idéologues. Nous la voyons apparaître et se former lentement chez Turgot (3), d'Alembert et

---

naire de d'Alembert à l'*Encyclopédie*, etc., l'éloge des *Éléments de physiologie* de Richerand. Nous laissons de côté les incohérences prodigieuses de l'homme qui prenait dans des cours, des livres, des conversations, la science nécessaire à ses constructions, et s'adressait à l'empereur, en raison « de son caractère généreux » pour imprimer à la politique « un caractère positif ».

(1) Cabanis cite lui-même Burdin, ch. iv, § 2.
(2) Il ne faut pas dire avec M. Ravaisson que la conversation eut lieu en 1813. Saint-Simon dit, page 45 : « Il y a quinze ans que M. Burdin m'a tenu ce discours et fait cette proposition que j'ai acceptée ». Et Enfantin ajoute : « les quinze années font remonter à 1798 le commencement des travaux de Saint-Simon ».
(3) C'est ce qu'établit M. Ravaisson. — Nous avons montré d'ailleurs que les idéo-

Condorcet, chez Cabanis, D. de Tracy et Thurot, Ampère, Degérando, Lancelin, etc. Il y en a d'autres. On a parlé de Broussais. Mais Comte exprima les idées fondamentales du *Cours* en 1822, dans le *Système de politique positive*, puis en 1826 dans des leçons, interrompues par une maladie mentale et reprises en 1829 en présence de Fourier, de de Blainville, de Broussais et d'Esquirol « qui accueillirent avec honneur cette nouvelle tentative philosophique » (1). De fait, n'était-ce pas une heureuse réponse à ceux qui parlaient « d'écoles » sensualiste, éclectique, théologique (2), que de trouver pour la première, le nom nouveau et fort expressif de « positive », et de laisser dédaigneusement celui de « métaphysique et de théologique » à celles qui rappellent *l'enfance* de l'humanité ? De ce côté donc Comte ne doit rien à Broussais. Ce qu'il lui doit, c'est ce que Broussais lui-même devait à Gall et à Cabanis ou à Bichat — et nous sommes ramenés ainsi encore aux idéologues — c'est la subordination de la psychologie à la physiologie. Quant à la « physique sociale » dont la constitution lui paraît nécessaire pour compléter la philosophie des sciences », c'est une tradition tout idéologique : l'Institut, et plus spécialement D. de Tracy, après Condorcet, ont travaillé à donner, à la science sociale, la certitude des mathémathiques et de la physique. De même, la classification des sciences fait penser à l'Institut et à l'école polytechnique, à d'Alembert, à D. de Tracy, à Lancelin, à Draparnaud. Et Comte, le compatriote de Draparnaud, a été élève de l'école polytechnique (3).

Mais si Comte continue incontestablement les idéologues (4), on s'aperçoit que, comme Fourier et Saint-Simon, il s'en distingue

logues étaient loin de considérer Turgot comme « un rêveur » ainsi que l'auraient dit, selon M. Ravaisson, Comte, Saint-Simon, Burdin. A. Comte fait commencer, comme Condorcet et d'Alembert, avec Bacon, Descartes et Galilée, « la philosophie positive ».

(1) La première leçon fut imprimée au commencement de 1830.
(2) Qu'on relise cette première leçon, après Damiron et Broussais, et l'on verra que la loi des trois états était une arme redoutable contre les « éclectiques ».
(3) Voyez ce que nous avons dit de l'école polytechnique, ch. III, § 2 et la lettre de Cabanis (ch. v, § 5); sur Andrieux et Ampère professeurs à l'école polytechnique, cf. § 1. Si Comte s'est réclamé de Hume, c'est qu'il a voulu, comme bien d'autres alors, « se faire des ancêtres étrangers ». Dans son Calendrier, il fait figurer Descartes, Bacon, Montaigne, Locke, Diderot, Cabanis, Fontenelle, Montesquieu, Buffon, Leibnitz, Adam Smith, Condorcet, Bichat, Broussais, Gall, Lamarck, d'Alembert, Galilée, etc. N'est-ce pas en souvenir des idéologues qu'il voit en Bonaparte « un des principaux rétrogradeurs »? Ampère, qui y figure en 1849, en est écarté en 1851 « à cause de son infériorité morale ».
(4) Le mot positif se trouve très souvent chez D. de Tracy et Thurot.

par une singulière ignorance en « idéologie » et en histoire, qu'il semble vouloir compenser par une « confiance illimitée » en ses propres forces. On croirait qu'en ces temps de réaction dogmatique, le doute est absolument proscrit par toutes les écoles : toutes affirment leurs doctrines comme le résultat direct d'une révélation divine et considèrent comme « infidèles » ceux qui ne les acceptent pas sans examen. Quoi qu'il en soit d'ailleurs, on comprendra aisément que Littré, élevé par un père dont les tendances étaient celles des idéologues (1), et exercé lui-même à la méthode et aux recherches scientifiques, ait rencontré, dans le positivisme, la philosophie de toute sa vie : n'essayait-il pas de répondre par voie scientifique à toutes les questions que peut, sinon poser, du moins résoudre l'esprit humain ?

Tandis que Saint-Simon et Fourier, Leroux, Reynaud et Comte prenaient aux idéologues une partie de leurs théories pour les transformer, selon les besoins des générations nouvelles, d'autres écrivains, qui avaient été leurs disciples fidèles, s'en éloignaient pour se rapprocher des doctrines philosophiques et religieuses, remises en honneur après la Restauration. Tels furent Droz et Thurot, Biran et Ampère, dont l'étude nous fait voir et quelle fut de 1796 à 1810 l'influence de Cabanis et de D. de Tracy, et combien puissante encore elle est, après cette époque, sur ceux qui ne croyaient pas toujours la subir.

Droz (1773-1850) (2), professeur à l'école centrale de Besançon, publia un *Essai sur l'art oratoire* et fut candidat à l'Institut, s'établit en 1803 à Paris, où il se lia avec Picard, Andrieux et Cabanis, composa, sur le conseil de ces deux derniers, le roman de *Lina*, puis l'*Essai sur l'art d'être heureux* et l'*Éloge de Montaigne*. En 1823, il faisait paraître un ouvrage intitulé *De la philosophie morale, ou des différents systèmes sur la science de la vie*, que Jouffroy signalait comme « une conversion à l'éclectisme » et pour lequel Damiron le mettait à côté de Royer-Collard et de Cousin. Après son *Règne de Louis XVI*, il donnait des *Pensées sur le Christianisme* et les *Aveux d'un philosophe chrétien*, où il exposait, avec l'histoire, les raisons d'une conversion qui rappelle celle de Biot. Ce moraliste éclectique et chré-

---

(1) Voyez à l'Appendice, la curieuse lettre où l'on trouve chez le père les deux affections du fils, le positivisme et le vieux français.

(2) Voyez les Notices de Sainte-Beuve (*Lundis*, III) et de Mignet.

tion se justifiait de composer des écrits sur l'application de la morale à la politique, en invoquant la « révolution paisible, lente, mais sûre, que le temps opère et qui conduit le genre humain vers de meilleures destinées ». C'est lui qui présidait la commission chargée de juger le concours sur les *Leçons de philosophie* de Laromiguière, après avoir souscrit au monument de Broussais, en raison sans doute de l'énergique apologie, faite par ce dernier, de l'homme qu'il avait lui-même autrefois loué avec une si chaleureuse émotion (1).

François Thurot (2) (1768-1832) ne s'éloigna jamais aussi complètement de Cabanis et de D. de Tracy, et nous paraît d'ailleurs avoir une autre valeur que Droz, « d'une rare habileté dans la pratique de l'art d'être heureux » : c'est un de ces hommes modestes, dont on utilise les travaux et qu'on ne cite guère. Nul plus que lui (3), n'a aussi heureusement contribué au progrès des études philosophiques et grammaticales; nul peut-être n'a été aussi oublié, quand, pour ne plus relever des idéologues, on s'est adressé aux Écossais ou aux Allemands. Élève de l'école des ponts et chaussées, sous-lieutenant des pompiers de Paris, précepteur à Auteuil et reçu chez M*me* Helvétius, il suivit aux Écoles normales les cours de Sicard et de Garat, puis fut chargé, par la commission exécutive d'instruction publique, de traduire l'*Hermès* de Harris. La traduction, accompagnée de remarques et d'un *Discours préliminaire*, où étaient magistralement exposés les progrès de la science grammaticale et la liaison de la philosophie et de la grammaire, était dédiée à Garat, dont Thurot faisait le plus magnifique éloge « comme philosophe et comme littérateur ». Cabanis, D. de Tracy, Daunou parlèrent avec grande estime de l'ouvrage et de l'auteur. Celui-ci, tout en

---

(1) « Toujours, disait-il, Cabanis rendait meilleurs ceux avec lesquels il conversait, parce qu'il les supposait bons comme lui ; parce qu'il avait une entière persuasion que la vérité se répandra sur la terre; et parce que nul soin, pour la cause de l'humanité, ne pouvait lui paraître pénible. Ses paroles, doucement animées, coulaient avec une élégante facilité. Lorsque, dans son jardin d'Auteuil, je l'écoutais avec délices, il rendait vivant pour moi un de ces philosophes de la Grèce qui, sous de verts ombrages, instruisaient des disciples avides de les entendre ».

(2) *Hermès ou Recherches philosophiques sur la grammaire universelle*, Paris, an IV; *Vie de Laurent le Magnifique*, an VIII; *Apologie de Socrate*, 1806 ; *les Phéniciennes d'Euripide*, 1813 ; *le Gorgias*, 1815 ; *Œuvres philosophiques de Locke*, 1821-1825 ; *la Morale d'Aristote*, 1823 ; *la Politique d'Aristote* 1824 ; *Manuel d'Épictète*, etc., 1826 ; *De l'Entendement et de la Raison*, 1830 ; *Œuvres posthumes*, 1837 ; *Mélanges* de feu Fr. Thurot, 1880.

(3) Si ce n'est son neveu Charles Thurot, philologue et philosophe comme lui, d'une grande distinction, sans cesse reproduit et si rarement cité.

vantant Bacon, Locke, Condillac, mentionnait déjà Platon comme un des plus beaux génies de la Grèce. Dans « les ténèbres du moyen âge », il relevait les noms de Simplicius, de Philoponus, d'Ammonius, de Boèce, d'Alcuin, signalait les discussions religieuses du xvi° siècle comme une cause de progrès pour notre langue et jugeait fort favorablement les travaux de Port-Royal, de Bouhours, de Buffier, de Dangeau, de Dumarsais, de Girard, de de Brosses, de Turgot et de Court de Gébelin.

En février 1797, Thurot ouvrit au Lycée des étrangers un cours de grammaire générale et comparée, dont nous avons le programme et quelques leçons (1). On y trouve, dit Daunou, un plan nouveau, des observations judicieuses, des aperçus ingénieux. Dans la première leçon, il recherche l'origine et trace l'histoire de la grammaire, montre comment l'analyse, l'analogie et l'étymologie ont concouru à la formation des langues, comment la grammaire se lie à l'idéologie. Très justement, il soutient que c'est, non par l'étude de la langue et de la grammaire latines, mais par celle de sa propre langue que chacun doit commencer, parce que c'est pour cette dernière qu'il y a plus de données, plus de moyens naturels et acquis. Dans la seconde, il examine le rapport des éléments et des formes du langage avec nos facultés intellectuelles, leurs actes, leurs habitudes et les divers ordres d'idées qu'elles nous font acquérir et que nous avons besoin d'exprimer. La perfection de l'art de la parole, dit-il, dépend essentiellement du degré de certitude qu'ont acquis la métaphysique (lisez l'*idéologie*) et surtout la logique. Et, plus loin, résumant les opinions des spiritualistes et des matérialistes, il ajoute : « Il me semble que celui qui, en pareil cas, a le noble courage d'avouer qu'il ne sait pas, est au moins le plus prudent ». La troisième leçon porte sur l'institution des signes; la quatrième et la cinquième, sur les diverses classes de mots. La cinquième, la sixième et la septième devaient comprendre l'application des principes au français et l'analyse de morceaux de prose et de vers; la huitième et la neuvième, la comparaison du français avec le latin et le grec, puis avec quelques langues modernes.

A l'invitation de Lecoulteux de Canteleu, dont il avait instruit les fils, il traduisit la *Vie de Laurent de Médicis* par Roscoe,

---

(1) *Œuvres posthumes* et *Nouveaux mélanges*.

parce que « l'histoire est l'école des peuples, à qui elle offre un cours complet de la science expérimentale du cœur humain » et qu'elle a des résultats, d'où l'on peut tirer des conséquences infiniment utiles au bonheur et au perfectionnement de l'espèce humaine. Traitée par des hommes de génie avec la méthode rigoureuse qu'ont déjà quelques sciences de faits, elle fournirait un corps complet de doctrine propre à fonder le bonheur social sur sa véritable base, c'est-à-dire sur la connaissance positive des rapports qui lient les hommes entre eux.

Partisan de la liberté, adversaire des « systèmes absurdes de théologie ou d'une métaphysique subtile et obscure », Thurot accueillit avec bonheur les ouvrages de Cabanis et de D. de Tracy. Deux articles enthousiastes furent, par lui, consacrés en l'an VIII aux premiers *Mémoires* de Cabanis, pour signaler les progrès qu'ils faisaient faire à la raison humaine, en répandant sur la science positive (1) de la morale une lumière également précieuse et incontestable. Rappelant les erreurs capitales de Condillac (2), d'Helvétius, de Bonnet, qu'a rectifiées Cabanis, dont il loue les connaissances profondes en physiologie et l'esprit aussi juste qu'étendu, il estime que la science de l'homme y a été traitée à un point de vue entièrement neuf ; qu'un champ immense et bien séduisant a été ouvert à l'esprit d'analyse et de recherche. Hardiment (3), il affirme qu'un grand pas a été fait, en rattachant les observations qui regardent l'instinct à l'analyse philosophique ; que le passage où le cerveau est comparé à l'estomac et qu'il cite en entier, est une analyse aussi ingénieuse que sévère, capable de jeter quelques lumières sur le mode d'association des impressions et des idées (4). Puis, après avoir analysé les doctrines neuves et audacieuses, « qui rétrécissent prodigieusement l'empire des qualités occultes et des abstractions vagues, tout en laissant toujours inexplicable le principe d'action, où dès lors il est permis de placer les rêves dont l'imagination des esprits faibles aime à se nourrir », il s'indigne contre les gens médiocres qui sont incapables de goûter

(1) Thurot distingue très nettement, et dès 1799, les trois ordres de connaissances : positif, métaphysique, théologique.
(2) Il n'est donc pas, lui non plus, simplement un disciple de Condillac.
(3) Le mot est à signaler chez un homme qui a usé, même abusé du *peut-être*.
(4) Thurot dit que la philosophie rationnelle a désespéré de combler la lacune entre les impressions et les idées, et ajoute qu'elle a raison, s'il s'agit de remonter à l'essence et à la cause première des phénomènes. Il se place donc comme Cabanis à un point de vue positif, non métaphysique.

un ouvrage « qui n'est pas un des moins beaux monuments de la philosophie de ce siècle » (1).

Il y a presque autant d'admiration et d'enthousiasme, sinon de confiance, dans le compte rendu de l'*Idéologie* (2). Acceptant toutes les doctrines dont D. de Tracy a été « l'heureux promoteur », dans ce livre qui, contenant sur les signes tout ce qu'on sait de *positif* (3) et d'essentiel, « fera époque dans l'histoire de la philosophie française, il affirmait, comme lui, que celle-ci est extrêmement éloignée de tout esprit de secte ou de parti et qu'elle doit entrer dans tout ce qui se fait de bien, puisqu'elle n'est que l'application éclairée et méthodique de la raison aux divers objets dont l'esprit humain peut s'occuper ».

Thurot devenait en 1802 directeur de l'École des sciences et belles-lettres, fondée par des professeurs de l'École polytechnique, Lacroix, Poisson, etc., et d'autres amis « des saines études ». Il s'y occupa surtout des langues, de la littérature et de l'histoire. C'est peut-être à cette époque qu'il composa son *Discours sur l'utilité des langues anciennes* (4), surtout pour les jeunes gens destinés à des professions libérales. Ce qu'il convient de développer, ce sont les germes de bonté, de sensibilité, de générosité que la nature a mis dans l'enfant. Les sciences exactes y sont impropres ; l'italien, l'anglais, l'allemand ont bien leurs mérites, mais ne peuvent suppléer aux langues anciennes comme moyen de perfectionner le goût et de développer les facultés de l'esprit. L'étude des admirables productions du génie de Corneille, de Racine, de Bossuet, de Voltaire, de Buffon et de tant d'autres écrivains, qui font la gloire de notre nation, ne peut ou ne doit nous dispenser de celle des chefs-d'œuvre d'Ho-

---

(1) « Laissons-les, dit-il, verser le ridicule et la calomnie sur ces spéculations sublimes, le philosophe ne daigne pas apercevoir les vains et stériles efforts qu'ils font pour le détourner de ses nobles travaux :

Il poursuit en paix sa carrière,
Versant des torrents de lumière
Sur ses obscurs blasphémateurs.

(2) « Un cri presque général de proscription s'est élevé, dans ces derniers temps, contre la philosophie et les philosophes, et comme l'idéologie est la base essentielle de toute saine philosophie, elle a dû avoir sa part de défaveur ».

(3) Cf. ce que nous avons dit de l'origine de la « philosophie positive ».

(4) « Il paraît, dit Daunou, avoir été composé vers le commencement du xix° siècle, plus de dix ans peut-être avant les invasions désastreuses de 1814 et de 1815 qui ont achevé d'importer en France les systèmes germaniques de philosophie et de littérature ». On sera de l'avis de Daunou en lisant l'analyse de la traduction par Coray d'un Traité d'Hippocrate, où Thurot exprime des idées analogues.

mère, de Virgile, de Cicéron, de Démosthène et des autres Grecs ou Romains célèbres, pas plus que l'étude de ceux de Michel-Ange, de Raphaël et des peintres ou des sculpteurs modernes ne peut tenir lieu, à un artiste, de celle de l'Apollon du Belvédère, du Laocoon ou des autres restes de l'art antique (1).

En même temps, Thurot surveillait l'impression des *Rapports* et les annonçait dans le *Citoyen français*, en insistant, pour rassurer les esprits timides effrayés par ce qu'on leur montre de funeste et de dangereux dans le matérialisme, sur la distinction de la science humaine et de la théologie qui a pour domaine « un abîme sans fond où se perd et s'anéantit l'intelligence de l'homme ». « Le langage de Cabanis, disait-il, traitant en médecin et en philosophe des divers organes de l'homme, de l'influence des sexes, est beaucoup plus chaste que celui de Chateaubriand dans le chapitre de la chasteté; le fait peut paraître singulier aux hommes à qui leurs préjugés religieux ou autres inspirent des idées si déplorables et si étranges sur ce qu'ils appellent la philosophie et les philosophes ».

Thurot épousa en 1803 Mlle Tattet, fille d'un agent de change. La même année il fit trois *Extraits* de la *Grammaire* de D. de Tracy (2). A partir de 1804, Thurot comme Daunou et bien d'autres, a moins de confiance, d'enthousiasme et de décision. En annonçant la seconde édition de l'*Idéologie*, il parle de la *Logique*, qui donnera à l'édifice total une grande solidité. L'auteur aura rendu un service important à la philosophie et mérité la reconnaissance de ceux qui s'intéressent au perfectionnement de l'étude de l'homme et des méthodes propres à diriger son esprit. Mais Thurot ne sait quel sera le « jugement définitif de la postérité ». Bien plus hésitant encore est-il en analysant la traduction de la *Bibliothèque* d'Apollodore : « *Je ne sais si je me trompe*, mais il me *semble* que l'esprit philosophique... *pourrait*, s'il était transporté, *pour ainsi dire* dans

---

(1) Thurot a fort bien vu où il convient de conserver l'étude des langues anciennes. Sur cette question d'un intérêt actuel, cf. les *Mémoires de la Société pour l'enseignement secondaire*, où se trouve analysé, exposé et discuté tout ce qui a paru sur cette question.

(2) « Supérieure à plusieurs égards à l'*Idéologie*, elle approfondit, simplifie et rapproche, sur un sujet important et difficile, toutes les idées fondamentales qui accélèrent et assurent la marche de l'esprit humain dans sa carrière indéfinie. Aux idées de ses prédécesseurs, l'auteur donne une certitude, une clarté, une importance et une étendue nouvelles par les siennes propres, qui constituent la partie la plus originale, la plus intéressante et la plus considérable de son livre ».

l'érudition, lui donner *en quelque sorte*, une face nouvelle » (1). Toutefois, pour publier et expliquer l'*Apologie de Socrate* d'après Platon et Xénophon, Thurot s'inspire encore des préoccupations qui sont celles de tous les amis de la philosophie : Socrate, dit-il en faisant allusion « aux déclamations violentes ou aux accusations atroces », a été victime de son amour pour la philosophie, honorée depuis par les hommes éclairés et vertueux de tous les temps et de tous les pays, persécutée et outragée par les méchants ou les insensés.

Devenu libre par la fermeture de l'école des sciences et belles-lettres, qui « n'avait pas enrichi son directeur », Thurot collabora au *Mercure*. Parlant d'une traduction de l'*Iliade* par Saint-Aignan, il redevient affirmatif pour juger Cabanis « distingué par l'étendue et la variété des connaissances, autant que par les plus rares qualités de l'âme, par un talent éminemment flexible, le goût le plus pur et le sentiment le plus profond du beau ». A cette époque (1809), il se rapproche, comme Daunou, de Napoléon en lutte avec le pape (2). Puis, il loue les professeurs de l'ancienne Université et affirme « qu'à un signal des chefs illustres que le choix du souverain a mis à leur tête, les maîtres français, formés par elle, donneront à notre instruction publique tout l'éclat et le développement dont elle est susceptible ». Mais il dit, en même temps « qu'il faut s'adresser aux autres nations de l'Europe et non aux livres de l'ancienne Université pour ranimer et propager l'étude et le goût de la littérature ancienne ».

A cette époque se place sa querelle avec Gail, mécontent qu'on lui eût préféré Coray pour le prix décennal de traduction : Thurot aurait pu, s'il l'avait voulu, être bien « spirituel et mordant » (3).

---

(1) Nous voilà aux *peut-être* dont nous avons parlé plus haut.
(2) « L'autorité publique, dit-il, n'est plus disposée à servir les fureurs des hypocrites qui déclamaient contre la philosophie, elle regarde de plus haut le conflit des opinions humaines, bien sûre que celles qui sont vaines et insensées finiront par se dissiper et par s'évanouir sans retour pour faire place à celles qui sont fondées sur la raison et la vérité ».
(3) Après avoir cité un passage où Gail raconte que, pour traduire une expression d'Hippocrate, il a vu Portal, Hallé, Chaussier : « C'est dommage, dit-il, qu'il n'ait pas songé à M. Pinel, car c'était le seul qui pût lui donner de salutaires avis dans la situation où il se trouvait ». Puis il attribue à Gail le passage suivant : « Je ne puis me battre pour trois raisons : 1° Il n'y a pas un seul armurier dans tout le pays grec et latin ; 2° d'ailleurs je ne sais pas si on prend une épée par la pointe ou par la poignée ; 3° mes parents m'ont élevé avec l'horreur du duel, et dans un duel on peut tuer un traducteur tout comme un autre ». Enfin, il énumère toutes les récompenses de Gail et indique tout ce qui lui manque pour être un helléniste : « Jamais mérite aussi mince ne fut plus magnifiquement récompensé ».

Adjoint à Laromiguière, il parle « de la main puissante qui nous a délivrés des hommes féroces et grossiers qui travaillaient en révolution, qui a rétabli, par de solennelles institutions, la culture des langues et de l'histoire des Grecs et des Romains, bienfait dont la postérité ne devra pas être moins reconnaissante que la génération actuelle ». Puis après avoir édité les *Phéniciennes* d'Euripide, il annonce, en 1814, la deuxième édition de l'*Économie politique* de J.-B. Say « qu'avait empêchée la police d'un gouvernement qui prenait à tâche d'étouffer toutes les vérités utiles ». Il ne pardonne pas à Napoléon « d'avoir déclaré solennellement qu'il ne fallait attribuer qu'à l'idéologie la cause des maux que faisait son aveugle et féroce ambition ». Professeur au Collège de France, il explique Platon, Xénophon, Marc-Aurèle, et cherche, dans Homère, les traditions philosophiques ou religieuses de la Grèce antique, puis fait imprimer le *Gorgias*. En 1818, il ouvre son cours, à la Faculté des lettres, par un *Discours sur la philosophie* où Daunou a vu les germes du grand ouvrage qu'il devait publier douze ans plus tard, mais non le développement de doctrines que nous avons déjà signalées et qui étaient appelées à un singulier succès. Toutes nos connaissances réelles, positives et utiles, viennent de l'observation, par laquelle nous déterminons la succession invariable des faits ou des événements que nous offre la nature ou la société : l'esprit ne fait que flotter d'erreurs en erreurs, quand il suppose des faits dont aucune expérience, aucune observation n'attestent la réalité. L'alchimie n'a fait place à la chimie, à une science *positive*, que quand elle a renoncé à la pierre philosophale et au grand œuvre, pour observer les phénomènes et examiner les composés, afin d'en connaître les parties. Il en est de même pour les autres sciences : « Toute science réelle, toute connaissance positive ne consiste qu'en des séries plus ou moins étendues de faits, soigneusement observés, et dont l'ordre et la succession ont été constatés par des expériences nombreuses et diverses, qui nous mettent à même de prévoir, dans bien des cas, avec certitude, ce qui doit suivre de telles ou telles circonstances données ou connues, circonstances qui ne sont elles-mêmes que des faits, de la réalité desquels nous sommes assurés soit immédiatement, soit d'une manière indirecte ». Avons-nous eu tort de dire que Thurot a eu des idées qu'on ne lui a pas attribuées et que le positivisme n'a fait que continuer l'école idéologique ?

En présence d'un ministère libéral, Thurot revient aux espoirs de sa jeunesse : il croit au triomphe de la vérité et de la tolérance, au progrès de la raison générale, à l'amélioration sensible et prochaine des destinées humaines. Déjà il se rattache aux Écossais pour l'observation intérieure. Il exposait l'histoire de la logique et ses anciens progrès, analysait en entier l'*Organum* et le *Traité de Porphyre*, donnait les règles de l'induction et étudiait les sources de nos connaissances, conscience, perception, témoignage et induction, critiquait la sensation transformée de Condillac, l'application que Condorcet et Laplace avaient voulu faire du calcul des probabilités au témoignage, et s'inspirait beaucoup, tout en le jugeant librement, de D. de Tracy, dont il analyse la logique « supérieure à celle de tous ses prédécesseurs ». Puis il surveillait une Édition de Locke et donnait sa démission de professeur adjoint à la Faculté, traduisait, au profit des Grecs, la *Morale* et la *Politique* d'Aristote, le *Manuel* d'Épictète et le *Tableau* de Cébès, la *Harangue* de Lycurgue contre Léocrate. Dans la *Revue Encyclopédique*, il examinait les *Paradoxes* de Condillac et les *Fragments philosophiques* de Cousin « qui se présenta avec la ferme résolution de réformer les doctrines philosophiques, sans savoir quel autre système il devait y substituer ». Et il rappelait que l'Université impériale avait eu pour mission de « favoriser tout ce qui tendait à décrier les opinions philosophiques et politiques du xviii° siècle; que des hommes de beaucoup de mérite (1) avaient secondé ces vues sans le vouloir, et que Cousin n'avait fait que suivre ces impulsions diverses en attaquant Locke et Condillac. Thurot relevait les expressions, « triste philosophie, philosophie de la sensation, sensualisme » de l'écrivain « trop orateur et pas assez philosophe (2) », qui présentait comme nouvelles des choses anciennes, et comme des découvertes de valeur, des opinions assez communes. Dans ses écrits, il n'offre, ajoutait Thurot, aucune observation importante qui lui soit propre et paraît avoir trop dédaigné celles qui ont été faites avant lui ; il croit, par des expressions mystiques et figurées, résoudre des questions qu'elles ne font qu'obscurcir, et prend des mots pour des choses. Cet article ne plut pas et ne pouvait plaire à Cousin (3) : Thurot fut

---

(1) Royer-Collard.
(2) Cf. ce que dit Taine, ch. viii, § 5.
(3) Charles Thurot rappelle que Cousin parlait dédaigneusement en 1833 de

passé sous silence dans l'*Essai* où Damiron faisait cependant une place à Lancelin, à Azaïs, à Bérard, à Kératry. Thurot d'ailleurs ne désarme pas plus que Daunou ou Broussais. En 1828, il signale avec plaisir un ouvrage de Toussaint « qui appartient à l'école française, sur laquelle on s'est appliqué, dans ces derniers temps, à jeter beaucoup de défaveur », et il applaudit au dessein de l'auteur qui veut ramener l'idéologie, à être, comme toutes les autres sciences naturelles, une science de faits.

En février 1830, paraît l'ouvrage qui lui assure, dit Daunou, un rang distingué parmi les écrivains de notre âge, l'*Introduction à la philosophie* (1). On y aperçoit l'homme que l'étude des philosophes anciens et modernes a rendu moins affirmatif et qui a subi, en une certaine mesure, l'influence de la réaction philosophique et religieuse; mais aussi l'ancien disciple de Cabanis et de D. de Tracy, l'adversaire de l'éclectisme. Aristote et Platon, Cicéron et Socrate, Bossuet et Pascal, Turgot et Condorcet, Condillac, Descartes et saint Augustin, Leibnitz et Reid, Hume et Locke, Hobbes et Berkeley, Laromiguière et Fleury, Malebranche et Dugald-Stewart, Buffier et Bacon, d'Alembert et Lacroix, Euler et Hartley, Pinel et Ancillon, Rousseau et Hutcheson, Fénelon et Voltaire, Smith et Arnauld sont connus de Thurot et lui fournissent presque tous « quelques précieuses indications ». Ainsi, dans la première section, qui est, dit-il, un traité abrégé des sensations, il suit Reid et adopte la distinction de la perception et de la sensation, ainsi que les perceptions acquises. Plus loin, il maintient que le physique et le moral resteront toujours séparés l'un de l'autre par la « distance incommensurable » qu'il y a entre un fait de conscience et une modification de la matière ». Mais il ne va pas plus loin que la conception de deux ordres distincts de phénomènes et ne comprend pas « ce que serait pour l'âme une existence distincte et séparée du corps », séparée même des pouvoirs ou facultés qui la font distinguer.

---

la polémique suscitée par cette préface, mais en profitait beaucoup sans le dire.

(1) La première partie traite de l'entendement, la seconde de la raison. Trois sections sont, pour la première, consacrées, l'une à la connaissance des faits les plus généraux, sensation, perception, intuition, impression, sentiment, conscience, toucher, goût, odorat, ouïe, vue, perceptions acquises, sentiment, instinct et habitude, organisation ; l'autre à la science, abstraction et langage, notions et conceptions, proposition, grammaire générale et métaphysique ; la troisième à la volonté, sentiment et passion, sympathie, perception morale, sentiment religieux, influence de la législation sur la vertu et le bonheur. La deuxième partie traite de la raison, de la vérité et de ses caractères, de la méthode et du raisonnement.

Toutefois il croit à l'immortalité, parce que le sentiment qui nous porte à espérer des récompenses ou à craindre des peines futures, selon que nous aurons obéi ou non à la loi morale, est indestructible (1). Avec Benjamin Constant, il traite de l'influence du sentiment religieux sur la vertu et le bonheur; avec Malebranche, il admet une cause première toute-puissante et tout intelligente.

Thurot pense en plus d'un point, autrement qu'en 1800; il n'a pas cependant abandonné l'école. C'est à Cabanis et à D. de Tracy qu'il renvoie pour l'habitude : ce sont les *Rapports*, incontestablement l'une des plus estimables productions de la philosophie du xviii° siècle et écrits avec beaucoup de talent, par un ami sincère de l'humanité et de la vertu, qu'il cite pour prouver la nécessité d'allier la physiologie à l'idéologie. Avec D. de Tracy, qu'il met en logique au-dessus des péripatéticiens et de Condillac, il préfère le nom d'idéologie à celui de psychologie ou de métaphysique, il fait une place à part à la sensation de mouvement, critique Montesquieu, et voit dans les besoins la source des droits, dans les moyens, celle des devoirs de l'homme. Il se justifie d'avoir traité de la politique, en invoquant le *Commentaire* sur Montesquieu et le volume où D. de Tracy a exposé, « avec autant d'intérêt que de méthode », les principes de l'ordre social et de l'économie politique. C'est sur Daunou, « un des plus savants hommes, des esprits les plus distingués et des meilleurs écrivains de notre temps », qu'il s'appuie pour condamner l'intolérance et exposer les garanties individuelles. De même Dunoyer et Charles Comte, Bentham et Dumont de Genève, Broussais lui-même, auquel il reproche d'avoir voulu ramener l'idéologie à la physiologie, sont cités et loués comme des penseurs savants, ingénieux et sagaces.

Par contre, Thurot se plaint qu'on ait inventé un mot pour faire imaginer aux femmes et aux gens du monde que les *sensualistes* ont composé des ouvrages obscènes ou au moins des traités de gastronomie. Il n'aime pas ceux qui parlent avec admiration d'eux-mêmes et de leurs doctrines, avec dédain et mépris des opinions opposées, pour lesquelles ils emploient des termes propres à les faire regarder comme immorales et dangereuses. Il ne s'est pas plus élevé à ces hautes spéculations métaphysiques sur l'absolu, l'infini, qui ont si fort occupé les Alle-

(1) Cf. *la Croyance à l'immortalité* de M. Renouvier. (*Critique ph.*, passim.)

mands, parce qu'il y a trouvé beaucoup de choses au-dessus de son intelligence et d'autres très anciennement dites. Il s'élève contre ceux qui imaginent, pour des choses connues, des expressions nouvelles ou inusitées, *formes à priori, sensibilité* pure, catégories de l'entendement pur, *raison pure* et en conduisent d'autres à dire que « le moi *se pose lui-même* », à parler *d'intuition intellectuelle*, à ressusciter des termes scolastiques et barbares, au lieu d'employer la langue philosophique de Descartes, de Pascal, de Bossuet et de Malebranche. Et il se demande si on le placera dans les « sensualistes, ou dans les éclectiques », en remarquant toutefois » que tout homme exerçant un métier, un art, une profession ne peut s'empêcher d'être éclectique, c'est-à-dire de choisir les procédés qui lui paraissent avoir le plus d'avantages ou le moins d'inconvénients ».

La Révolution de Juillet 1830 parut à Thurot une revanche et une continuation de 1789, mais il déplora bientôt, avec D. de Tracy et Daunou, « que le triomphe de la justice et de la liberté fût ajourné indéfiniment et qu'il n'y eût rien de changé que la substitution de la branche cadette à la branche aînée. Il mourut en 1832 du choléra, laissant, dit Charles Thurot, la réputation d'un esprit éminemment « sage, tempéré, équitable, convaincu qu'il faut rechercher la vérité pour elle-même et pour l'amélioration de la condition humaine ». Ajoutons qu'il n'a pas été un penseur sans originalité et qu'il a eu le mérite assez rare d'unir intimement la philologie et l'idéologie, au grand profit de l'une et de l'autre.

Le père de Thurot, admirateur de Locke, avait préparé son fils à devenir le disciple de Cabanis et de D. de Tracy. Ampère ne fut pas dans les mêmes conditions. Sa mère était très pieuse, et sa première communion fut « un des grands événements de sa vie ». Son père, juge de paix à Lyon avant 1793, fut guillotiné et recommanda à ses enfants « d'avoir toujours devant les yeux la crainte de Dieu, qui opère, en nos cœurs, l'innocence et la justice ». Ampère subit d'autres influences. La lecture de l'*Éloge de Descartes*, par Thomas, lui donna le goût des sciences physiques et philosophiques ; la prise de la Bastille fit sur lui une impression profonde ; l'*Encyclopédie*, « où il avait même étudié le blason », lui fit connaître la philosophie du xviiie siècle.

Chrétien et libéral, philosophe et savant, voilà ce que fut toute sa vie Ampère ; mais il mit au premier plan, tantôt l'un et tantôt l'autre de ces personnages. Après la mort de son père, il sortit de « l'espèce d'idiotisme » où il était tombé, par la botanique, dont les lettres de Jean-Jacques lui donnèrent le goût, et par la poésie latine, italienne et grecque. Avec des amis, il lit le *Traité de chimie* de Lavoisier, pour lequel il éprouve une admiration qui augmente en lui le goût de l'analyse, recommandée par Lavoisier après Condillac. Amoureux de Mlle Carron, d'une famille catholique et royaliste, il l'épouse religieusement le 15 août 1799, et civilement quelques semaines plus tard. Ballanche, dans le charmant épithalame en prose par lequel il célèbre ce mariage, nous apparaît lui-même comme ayant subi l'influence du XVIIIe siècle. Dieu y revient souvent, mais l'auteur a soin de nous dire que « le spectacle d'une vie heureuse, par la pratique de ses devoirs, est le meilleur ouvrage que l'homme puisse offrir à la divinité ».

En décembre 1801, Ampère est professeur de physique et de chimie à l'école centrale de Bourg. Sa femme, devenue mère et très souffrante, resta à Lyon. C'est alors qu'il prononça ce *Discours* publié par M. A. Bertrand (1), qui y voit l'ébauche de l'*Essai sur la philosophie des sciences*. Ampère parle des progrès de l'esprit humain dans nos siècles modernes ; il distingue les propriétés de l'être matériel et les modifications de la substance intelligente, qui donnent naissance à deux classes de sciences, où l'on observe même gradation et mêmes divisions (2). Puis il travaille à un *Essai sur la théorie mathématique du jeu*, auquel s'intéressent Ballanche et Degérando. Sa femme est de plus en plus malade et aux prises avec des difficultés d'argent. Ampère revient aux idées religieuses (3). Il apprend que, dans les lycées, il y aura une classe de mathématiques transcendantes

---

(1) *Annuaire de la Faculté des lettres de Lyon*, IIIe année.
(2) Ce sont les sciences cosmologiques et noologiques de l'*Essai*.
(3) « L'état de mon esprit, écrit-il à sa femme, est singulier : il est comme un homme qui se noierait *dans son crachat* et qui chercherait inutilement une branche pour s'accrocher. Les idées de Dieu, d'éternité, dominaient parmi celles qui flottaient dans mon imagination ; et après bien des pensées et des réflexions singulières, dont le détail serait trop long, je me suis déterminé à te demander le psautier de François de la Harpe qui doit être à la maison, broché, je crois en papier vert, et un livre d'heures à ton choix ». Et quelques jours plus tard, il lui écrit « qu'il va demain prier pour elle et son fils » ; puis encore, « qu'il entend sonner une messe où il veut aller demander la guérison de sa Julie ». Et en réponse, Julie lui redemande ses heures qu'il avait prises pour aller faire ses Pâques. « C'est, dit-il, qu'il s'en sert habituellement ».

et il se prépare au concours. Degérando écrit en sa faveur une « lettre d'ami » aux examinateurs, Delambre et Villar. Ils lui disent que sa place est à Lyon. Nommé au lycée, il revient auprès de sa femme mourante : le 15 mai 1803, il va à l'église de Polémieux, pour la première fois depuis la mort de sa sœur, entend la grand'messe le 19, demande le 22 l'adresse d'un ecclésiastique, lui parle le 28 dans son confessionnal, obtient le 6 juin l'absolution et écrit le 7 que « ce jour a décidé du reste de sa vie ». Puis il note, le 14, une « communion spirituelle », assiste le 4 juillet à « la messe du Saint-Esprit » et le 13 écrit des lignes que Sainte-Beuve compare au parchemin de Pascal (1).

Le 14 il avait perdu sa femme.

Avec ses amis lyonnais, il forme une société catholique pour étudier scientifiquement les bases de la religion chrétienne, les preuves de son origine divine et de la révélation. Ballanche et lui y déploient une très grande activité. Ampère convertit Bredin. Barret, plus tard jésuite, lui écrit en 1805 « qu'après Dieu », c'est lui qui a agi puissamment sur l'esprit de son frère, et il l'engage à tenter la même entreprise auprès de son cadet. Mais le chagrin le consume : il voudrait chercher un soulagement à sa douleur en changeant de situation et de lieu. En attendant, il s'occupe « presque exclusivement de recherches sur les phénomènes variés, intéressants, que l'intelligence humaine offre à l'observateur soustrait à l'influence des habitudes ». Il travaille, pour l'Institut, à un Mémoire sur la décomposition de la pensée, dont M. B. Saint-Hilaire a publié les fragments. D. de Tracy avait donné son *Idéologie* et sa *Grammaire* ; Cabanis, les *Rapports* ; Biran, l'*Influence de l'Habitude* ; Degérando,

---

(1) « *Multa flagella peccatoris; sperantem autem in Domino misericordia circumdabit*.

« *Firmabo super te oculos meos et instruam te in via hac qua gradieris. Amen* ».

« Mon Dieu ! je vous remercie de m'avoir créé, racheté et éclairé de votre divine lumière en me faisant naître dans le sein de l'Église catholique. Je vous remercie de m'avoir rappelé à vous après mes égarements ; je vous remercie de me les avoir pardonnés. Je sens que vous voulez que je ne vive que pour vous, que tous mes moments vous soient consacrés. M'ôterez-vous tout bonheur sur cette terre ? Vous en êtes le maître, ô mon Dieu ! mes crimes m'ont mérité ce châtiment. Mais peut-être écouterez-vous encore la voix de vos miséricordes.

« *Multa flagella peccatoris ; sperantem autem in Domino misericordia circumdabit*. J'espère en vous ô mon Dieu ! Mais je serai soumis à votre arrêt, quel qu'il soit ; j'eusse préféré la mort. Mais je ne méritais pas le ciel, et vous n'avez pas voulu me plonger dans l'enfer. Daignez me secourir, pour qu'une vie passée dans la douleur me mérite une bonne mort dont je me suis rendu indigne.

les *Signes* et l'*Histoire comparée des systèmes*, où il combattait la théorie de D. de Tracy. Religieux comme il l'est alors, Ampère devait éprouver une certaine répugnance pour les *Rapports*, et même de la défiance pour D. de Tracy. Biran, qui se défendait de « vouloir porter atteinte à rien de ce qui est respecté et vraiment respectable », Degérando, qu'il connaissait et aimait, eurent ses préférences (1). Ainsi il adopte l'opinion de Lacroix, acceptée par Biran et Dégérando, que « Locke, Bonnet, Condillac sont arrivés aux découvertes qui les ont immortalisés par la synthèse, tout en appliquant à l'étude des facultés, l'analyse « qui a révolutionné la chimie ». De chacune des facultés considérées comme élémentaires, il veut 1° donner une idée claire ; 2° chercher quelle représentation elle nous offre et ce qu'on peut conjecturer des phénomènes physiologiques qui « concourent » à la produire ; 3° comment s'associent les représentations dont se compose celle qui est complexe et ce que nous savons des causes physiologiques, des lois qui président à ces associations ; 4° quel sentiment de réalité accompagne cette représentation ; 5° quels sentiments affectifs elle excite ; 6° jusqu'à quel point l'exercice de la faculté est soumis à l'activité intérieure ; 7° s'il exige le déploiement de l'activité extérieure.

Avec Biran, il sépare la faculté de percevoir de celle de ressentir des affections, tout en soutenant qu'il y a très peu de sensations où s'exerce seule une de ces deux facultés. Mais il n'admet pas d'autre moi que l'ensemble de nos perceptions de toutes sortes et définit, avec Degérando, la pensée comme composée de perceptions ou d'idées. Avec Locke et avec Degérando, il appelle perceptions réfléchies celles qui donnent la faculté d'apercevoir nos opérations ; avec le second, il admet des jugements sans comparaison, par lesquels nous associons des perceptions sensitives ou réfléchies. S'il reconnaît quatre facultés, percevoir, sentir, lier, vouloir, c'est comme Biran qu'il entend la seconde. Il ne veut pas, comme quelques auteurs (2), faire de l'attention une faculté particulière, et remarque, avec D. de Tracy, qu'il serait absurde de le faire en la définissant comme

---

(1) Rien de plus inexact, pour connaître la philosophie d'Ampère, que de rapprocher indistinctement, et sans tenir compte de la chronologie, comme l'ont fait son fils et bien d'autres, des morceaux écrits « quand il était chrétien ardent, » et quand il était ou incrédule, ou indifférent.

(2) Cf. Laromiguière, ch. VIII, § 3.

Condillac. En signalant D. de Tracy comme le premier qui a remarqué l'abus, fait par Condillac et ses disciples, du mot *résistance*, il examine le chapitre vii de l'*Idéologie* et estime que l'auteur n'est pas remonté assez haut pour expliquer la formation de nos premiers jugements, mais que s'il a voulu, du jugement primitif, conclure l'existence d'objets hors de nous, il a plus approché du but qu'aucun de ses prédécesseurs. Après D. de Tracy, il emploie le mot *idéologie*, et critique la théorie condillacienne de l'identité; mais c'est de Degérando qu'il s'inspire, en développant la théorie du principe idéologique des vérités abstraites « qui serait complète, si Degérando s'était borné à considérer les rapports de dépendance qui viennent de ce que les groupes entre lesquels ils existent sont formés des mêmes idées, combinées de manières différentes, mais équivalentes ». C'est donc à Degérando (1) qu'il doit, en grande partie « cette faculté d'apercevoir les rapports » à laquelle il fait une place si grande.

Ampère cite aussi Kant et introduit, dans l'examen de toute question, des considérations physiologiques; mais il soutient que l'idée de l'infini n'est « nullement contradictoire »; que l'être qui pense peut occuper une place dans une pensée infinie; qu'il faut une âme pour comparer les deux plaisirs que donnent « un verre de vin et un théorème de géométrie ».

En vendémiaire an XIII, Ampère, nommé répétiteur d'analyse à l'École polytechnique, s'installe à Paris, toujours triste de la mort de Julie. Il se lie intimement avec Biran, va quelquefois dîner à Auteuil avec Tracy et Cabanis, qu'il voit souvent et qui lui montrent encore plus d'amitié que les mathématiciens. Il n'éprouve qu'un plaisir, celui de disputer sur la métaphysique. Quelques-unes de ses idées diffèrent extrêmement de celles de M. de Tracy; celui-ci paraît cependant goûter ses recherches et faire plus de cas de sa métaphysique qu'il ne s'y attendait. Combien, dit-il, est admirable la science de la psychologie!

Ses amis de Lyon lui envoient des prières qu'il tâchera de répandre à Paris, parmi ceux qui n'ont pas mis leur Dieu en oubli. Ballanche, qui songe à embrasser l'état ecclésiastique, s'inquiète (2). Ampère lui-même nous avertit que sa ferveur religieuse est passée (1). De Lyon, où il passe ses vacances, il écrit à Biran qu'il a discuté sur la naissance du sentiment du moi. Il croit à un moi nouménal, dont l'existence est prouvée de la même manière que celle des autres substances, et cherche à mettre hors de doute « cette existence, base de l'espérance en l'autre vie ». Ampère et Biran diffèrent sur un seul point : le dernier confond le sentiment de l'effort et la sensation musculaire (2).

Ses amis trouvent Ampère changé. « L'année dernière, écrit Bredin, c'était un chrétien, aujourd'hui ce n'est plus qu'un homme de génie, un grand homme,... il a l'orgueil de sonder les mystérieuses profondeurs de l'intelligence humaine,... il ne voit, dans la civilisation, que le développement des forces et des facultés, un moyen d'avancer les sciences, la liberté civile, l'indépendance des nations » (3). Peut-on mieux signaler l'influence de Cabanis et de D. de Tracy ?

Revenu à Paris, Ampère reprend ses discussions avec Biran ; mais celui-ci retourne à Bergerac. La tristesse et le doute le reprennent. « Vous qui concevez si clairement qu'il n'y a point d'opposition entre la bonté du Créateur et la damnation des réprouvés, écrit-il à Bredin, tâchez de me convaincre ». Il ne doute pas de l'immortalité de l'âme, « dont la révélation peut seule démontrer la certitude, mais l'enfer est dans son âme ». Ballanche voudrait qu'il revînt à Lyon, pour enseigner, au « Salon des arts de Camille Jordan », la philosophie ou la génération de toutes les sciences humaines, et pour se faire un nouveau foyer. Mais Ampère refuse de retourner dans les lieux où se sont écoulées son enfance et ses années de bonheur. Avec Biran, il

---

(1) « Cachez à ma mère, écrit-il en 1805 à Bredin, les doutes dont je suis tourmenté. Vous savez, mieux que personne, à quel point j'ai cru à la révélation de la religion catholique romaine. En arrivant à Paris, je tombai dans un état d'esprit insupportable. Oh ! que je regrette le temps où je vivais de ces pensées peut-être chimériques ». Il essaie de se protéger contre le doute : « Défie-toi de ton esprit, écrit-il à la même époque, il t'a si souvent trompé. Comment pourrais-tu encore compter sur lui ? Quand tu t'efforçais de devenir philosophe, tu sentais déjà combien est vain cet esprit, qui consiste en une certaine facilité à produire des pensées brillantes. Aujourd'hui que tu aspires à devenir chrétien, ne sens-tu pas qu'il n'y a de bon esprit que celui qui vient de Dieu... La doctrine du monde est une doctrine de perdition. La figure de ce monde passe... Travaille en esprit d'oraison... Que mon âme, à partir d'aujourd'hui, reste unie à Dieu et à Jésus-Christ. Bénissez-moi, mon Dieu ». (*Correspondance et souvenirs*, I, 12, 14, 16, 17, 22 ; *Journal*, p. 351.)

(2) Cf. Bertrand, ch. III.

(3) *La Philosophie des deux Ampère*, p. 194 ; *Correspondance et souvenirs*, p. 23 et 24.

s'occupe beaucoup de métaphysique. L'ouvrage de ce dernier est une métaphysique toute spirituelle, comme celle de Kant, peut-être plus éloignée encore de tout ce qui tient au matérialisme. Quant à sa propre manière de concevoir les phénomènes intellectuels, elle est, dit-il, plus simple et plus d'accord avec les faits. Contre ses amis de Lyon, il défend la métaphysique, qui lui a rendu quelquefois la paix et le repos de l'âme, qui lui paraîtra toujours un sujet trop digne d'étude pour qu'il l'abandonne. Le sentiment religieux s'est presque éteint en lui, et a fait place à l'incertitude : il flotte entre les pensées les plus contraires. Ses relations continuent avec D. de Tracy, avec Biran auquel il rend compte de son cours, moitié mathématique, moitié métaphysique à l'Athénée (1). Faisant à D. de Tracy et surtout à Degérando quelques emprunts, il constitue la psychologie ou l'étude des déterminations, des actions, des idées, des coordinations. Il y rattache la morale, l'économie, l'idéologie, la logique, et distribue les phénomènes en cinq systèmes : intuitif ou actuel, commémoratif, volontaire, créditif et intellectuel. En même temps il expose une classification de toutes les sciences, en prenant pour caractère le rapport qui lie les idées dont se compose chacune d'elles. Degérando lui demande un petit travail pour son *Tableau des progrès de la philosophie depuis 1789* et lui fait contracter un nouveau mariage. Malheureux, avec une femme indigne, « qui le juge fou, insensé, entiché de principes ridicules, parce qu'il a dans la tête et dans l'âme des idées et des sentiments qui lui semblent le beau moral et la vertu, parce qu'il ne songe pas uniquement à l'argent », Ampère se tourne de nouveau vers Dieu et le prie avec ardeur, mais il se rappelle les contradictions, les impossibilités qu'il a cru voir dans le christianisme. Il regrette le temps où il croyait fermement et où il songeait à cacher sa vie dans un monastère. Il envoie à Biran l'exposition de ses principales idées psychologiques et revient à la science chérie, qui lui a déjà rendu une fois le repos ; il visite D. de Tracy, après avoir été cinq mois sans voir personne. Puis il n'aperçoit plus les raisons qui le portaient à croire que la religion catholique est inspirée par Dieu et qui lui avaient suffi autrefois pour convertir Bredin ! Et ce dernier, qui le voit, en septembre 1808, encore tout dominé par un senti

---

(1) *Correspondance*, 27, 34, 38 ; *la Philosophie des deux Ampère*, p. 220.

ment de douleur si profond qu'il ne croyait jamais pouvoir l'en distraire, nous dit : « Le mot métaphysique arrive sur ses lèvres, voilà un tout autre homme, il se met à me développer ses systèmes d'idéologie avec un entraînement incroyable, intarissable. Son enfant lui demande le nom d'une plante, aussitôt il lui explique les systèmes de Tournefort et de Linné, etc.... l'astronomie, la religion, tout ».

Séparé de sa femme et vivant avec sa sœur, son fils et la fille qu'il avait eue de son second mariage, il perd sa mère (1809) et ce dernier malheur rouvre bien des plaies.

Inspecteur général de l'Université, professeur à l'École polytechnique, il semble revenir presque complètement au christianisme. La chimie et la métaphysique l'absorbent. Il demande à Biran d'admettre des rapports entre les noumènes « pour ne pas faire de la psychologie l'ennemie du sens commun des Écossais, des sciences et des idées consolantes qui appuient la vertu et la morale ». Puis il ramène à quatre les systèmes, dans lesquels rentrent les phénomènes et trouve, « qu'aux idées innées près », Descartes est un des métaphysiciens dont les théories se rapprochent le plus des siennes. A Biran, il recommande Locke et Kant, « défiguré par D. de Tracy et Degérando », en même temps qu'il lui rappelle « que la sensation du mouvement de D. de Tracy est, comme il en est convenu lui-même, un paralogisme manifeste » (1). Mais Ampère reste en relations intimes avec D. de Tracy au moment même où se fonde la *Société philosophique*. Cette société n'a nullement d'ailleurs, à l'origine, un caractère anti-idéologique, puisqu'elle compte, parmi ses membres, Degérando, les Cuvier, Biran, Fauriel, à côté de Royer-Collard et de Guizot, avant Cousin et Loyson. Ampère toutefois « devine une grande époque religieuse et se désole parce qu'il ne verra pas ce qu'elle doit être ». A Bredin qui lui conseille de lire Ancillon, il demande « s'il fera partie du grand mouvement des esprits et des cœurs vers le ciel ». Il médite l'Évangile et lit Jacob Bœhme, les prophètes, les Pères de l'Église, et s'essaie à convertir Bredin « revenu aux indécisions » et ne « voulant pas regarder comme une église celle qui cherche à dominer et ne domine que par la science, le faste et l'orgueil ». Il fait ses Pâques et lui recommande d'en faire autant, « tout en parlant du

(1) *Correspond.*, p. 44, 45, 53, 55, 60, 74, 76 ; *Philosophie* etc., p. 247, 280, 297.

résultat infaillible de la marche toujours accélérée de l'esprit humain ». Il voit Biran et Cousin: Biran a jeté les fondements de la théorie qui démontre la réalité objective, en la rendant à la fois indépendante de la sensibilité et de l'hypothèse sceptique des formes ou lois subjectives de Kant et des Écossais. Ampère l'a développée. Cousin enseigne la partie trouvée par Biran en la complétant par Reid et Kant. Biran ne sait s'il doit prendre le complément d'Ampère ou celui de Cousin; il songe à écrire, dans les *Archives* « afin de prévenir les suppositions de matérialisme qui pourraient être tirées de son *Mémoire sur l'habitude* » et ne publiera rien de sa théorie. Ampère continue à penser surtout à la psychologie et fait imprimer un tableau qui résume ses théories. Cousin se sert de ses « idées sans le nommer ». Puis Ampère fait à l'École normale un cours (1818), dont il se propose de tirer des *Éléments de logique*, où entreront toutes les bases de sa psychologie et que suivra un autre ouvrage sur les premiers développements de l'esprit humain. Mais il se livre à ses admirables recherches sur l'électro-magnétisme, calcule, observe (1) et lit des Mémoires à l'Institut (1820). Il continue toutefois à travailler « à la solution complète du grand problème de l'objectivité, qu'il éclaircit et complète depuis dix-huit ans ». Professeur de physique expérimentale au Collège de France (1824), il s'occupe toujours de sa classification des sciences, qu'il change encore en 1830, en 1832, en 1833, et meurt en 1836.

Son fils fit paraître, en 1838 et en 1843, l'*Essai sur la philosophie des sciences*. La première partie contient, dans la préface, un résumé de sa psychologie en 1833. Distinguant les phénomènes sensitifs et actifs et les conceptions primitives, objectives, onomatiques et explicatives, Ampère trouve une analogie évidente, entre les deux sortes de phénomènes, sensitifs et actifs, et les deux grands objets de toutes nos connaissances, le monde et la pensée, qui donnent naissance aux sciences cosmologiques et noologiques. L'analogie lui paraît tout aussi frappante entre les quatre espèces de conceptions et les quatre points de vue, d'après lesquels chaque règne a été divisé en quatre embranchements; le premier, embrassant tout ce dont nous acquérons immédiatement la connaissance; le deuxième, ce qui est caché

---

(1) Littré, *Notice* sur Ampère.

derrière ces apparences ; le troisième, dans lequel on compare les propriétés des corps ou les faits intellectuels pour établir des lois générales; le quatrième, reposant sur la dépendance mutuelle des causes et des effets (1).

On comprend tout ce qu'a d'artificiel une classification ainsi composée. Toutefois n'oublions pas que Littré a déclaré que le tableau « satisfait l'esprit comme il satisfait les yeux ». Certes il a eu raison de le dire, et on peut le répéter encore, c'est avec curiosité et avec fruit qu'on voit se dérouler la série des sciences et surtout, ajouterons-nous, qu'on rencontre les vues les plus suggestives, là même où la classification satisfait le moins. On regrette avec Sainte-Beuve qu'Ampère se soit laissé « dériver au flot de l'idée », qu'il n'ait pas réuni « les cas psychologiques singuliers et les véritables découvertes de détail dont il semait ses leçons », qu'il n'ait pas laissé la description et le dénombrement des divers groupes des faits où l'intelligence humaine semblait tout autrement riche et peuplée que dans les distinctions de facultés. On regrette encore qu'il n'ait pas rempli le plan que s'était aussi proposé D. de Tracy, sous une forme un peu différente, en faisant connaître les vérités fondamentales sur lesquelles chaque science repose, les méthodes qu'il convient de suivre pour l'étudier ou pour lui faire faire de nouveaux progrès, ceux qu'on peut espérer suivant le degré de perfection auquel elle est déjà arrivée, en signalant les nouvelles découvertes, en indiquant les buts et les principaux résultats des travaux des hommes illustres qui s'en occupent, de manière à satisfaire celui qui, s'intéressant aux sciences et ne formant pas le projet insensé de les connaître à fond, voudrait avoir de chacune une idée suffisante. On y retrouverait, en plus d'une page, le lecteur de l'*Encyclopédie* et l'ami de D. de Tracy (2).

(1) Ampère ne cite pas Biran, pas plus que celui-ci ne l'a cité dans les ouvrages publiés après sa mort. Ampère a essayé de faire la part de l'un et de l'autre dans une lettre (*Philosophie des deux Ampère*, p. 328), où il laisse à Biran ce qui concerne la connaissance des phénomènes, des rapports et des relations entre les phénomènes, des noumènes, des relations entre les phénomènes et les noumènes, en ne revendiquant pour lui que « les relations entre les noumènes ». Mais à quelle époque se réfère cette note? En raison même de la mobilité excessive de la pensée chez l'un et chez l'autre, il nous semble absolument impossible, et peu utile, de faire la part exacte de chacun dans cette collaboration de plus de dix années. Voyez ce qu'en ont dit J.-J. Ampère, MM. B. Saint-Hilaire et A. Bertrand.

(2) *Essai sur la philosophie des sciences*, 1re partie, Paris, 1838 ; 2e partie, Paris, 1843, avec les notices de Sainte-Beuve et de Littré; *Philosophie des deux Ampère* publiée par B. Saint-Hilaire, Paris, 1866; *Journal et Correspondance*

Biran (1) a contribué à donner à Ampère le goût des études psychologiques, et il a été intimement lié avec lui, en raison peut-être d'une certaine conformité dans leur situation (2). Fils d'un médecin, élève des Doctrinaires, peut-être même de Lakanal (3), il connut la philosophie de Condillac, qu'il étudia pendant la Terreur, en même temps que Bonnet et bien d'autres choses. En l'an IX, son *Mémoire sur l'Habitude* est mentionné par l'Institut : il s'y présente comme disciple enthousiaste de D. de Tracy et de Cabanis. Il l'est encore, quoique avec plus d'indépendance en l'an X, mais il se rapproche, en l'an XI, de Condillac et de Bonnet. Il reste en relations étroites avec Cabanis jusqu'à sa mort; avec D. de Tracy, jusqu'au moment sans doute, où selon l'expression d'Ampère (4) « il se laisse circonvenir, appréhende de déplaire à un certain parti », et, pour prévenir les suppositions de matérialisme qui pourraient être tirées de son *Mémoire sur l'Habitude*, combat les *Leçons de philosophie* de Laromiguière, sans vouloir toutefois que tout le monde sache que l'attaque vient de lui. Mais, en passant de Condillac au stoïcisme, du stoïcisme au mysticisme, en allant ainsi, dans la même voie, bien plus loin que Cabanis, Benjamin Constant, Thurot et Ampère lui-même, ses écrits conservèrent, pour toujours, comme il le prévoyait « la trace de la révolution profonde que ceux de D. de Tracy et de Cabanis avaient faite dans son esprit » (5), et transmirent ainsi certaines doctrines des idéologues à ceux qui ne les leur auraient pas directement empruntées.

de André-Marie Ampère, recueillis par Mme H. C., 1873; *A.-M. Ampère et J.-J. Ampère, Correspondance et souvenirs*, recueillis par Mme H. C., 2 volumes, Paris, 1875.

(1) Nous ne dirons de Biran, sur lequel nous publions une étude spéciale en tête du Mémoire retrouvé par nous à l'Institut, que ce qui sera nécessaire au point de vue où nous sommes ici placé. Sur Biran, voyez la Bibliographie mise à la fin de notre article *Biran*, dans la *Grande Encyclopédie*, en y ajoutant le livre de M. A. Bertrand, *la Psychologie de l'effort* et notre *Philosophie de Biran de l'an IX à l'an XI*.

(2) Tous deux perdirent la même année une femme adorée. Ampère fut le premier, plus malheureux encore en contractant une nouvelle union; pareille chose à peu près arriva à Biran en 1814.

(3) Cf. ch. II, § 2.
(4) *Correspondance et Souvenirs*, p. 120 et 124.
(5) Lettres inédites communiquées par M. Naville.

V

D'autres écrivains, moins spécialement occupés de philosophie ou en relations moins intimes avec D. de Tracy et Cabanis, lancèrent, en tout ou en partie, leurs doctrines et leurs méthodes, dans toutes les directions du monde de la pensée. Villemain, qui avait quelquefois assisté aux réunions d'Auteuil, vantait, dans le *Tableau*, fort utile encore à consulter, *de la littérature au* xviiie *siècle*, Condillac, Voltaire et D. de Tracy, l'habile dialecticien qui a commenté l'*Esprit des Lois* ; il faisait accepter la pairie à Daunou. Lerminier, auteur de la *Philosophie du droit*, combattait dans ses *Lettres philosophiques* Royer-Collard, dont « toute la carrière philosophique se réduit à l'importation d'une théorie de Reid ; Cousin, qui n'est pas à proprement parler un philosophe, mais qui a été tour à tour écossais et kantiste, alexandrin, hégélien et éclectique. Par contre, dans l'*Influence de la philosophie du XVIIIe siècle sur la législation et la sociabilité du XIXe*, il loue Condillac, Dupuis, Condorcet, Cabanis, Bichat, D. de Tracy, B. Constant, Volney et Garat, Laromiguière, Broussais et Magendie. C'est à la médecine française qu'il demande de doter la France d'une philosophie de la nature et de l'homme. Mais son admiration s'adresse surtout à Daunou et à D. de Tracy (1).

Sénancourt, l'auteur d'*Obermann*, a été, par Sainte-Beuve (2), comparé à Chateaubriand, à B. de Saint-Pierre et rapproché de Lamarck : il pourrait l'être de Schopenhauer. Bordas-Desmoulins, le compatriote de Biran, l'admirateur de Grégoire et l'adversaire de l'éclectisme, l'ami de J. Reynaud et de P. Leroux « a repris plusieurs idées indiquées par D. de Tracy et l'a suivi jusque dans la guerre qu'il a déclarée à la logique,

---

(1) « Figures antiques et paternelles, qui ont transmis le siècle qui mourait à celui qui commençait. Le premier alimente encore la philosophie de l'âge précédent, par une vaste érudition ; on dirait un bénédictin à l'école de Voltaire, dont il a l'esprit net et positif. Tracy a surpassé Condillac, en le continuant : il possède à un plus haut degré que son devancier certaines qualités du métaphysicien. Son idéologie est une, précise, claire, énergique. Le *Commentaire sur Montesquieu* manque de l'intelligence historique de l'*Esprit des lois*, mais abonde en vues saines sur les rapports des sociétés et des gouvernements ».

(2) Sainte-Beuve, *Portraits contemporains*, 1 ; *Chateaubriand et son groupe littéraire*, p. 350 sqq.

comme à une vaine et stérile imitation du calcul » (1). Citons encore Victorin Fabre, que Sainte-Beuve appelle, avec trop de sévérité « le rhétoricien bouffi » ou « un avorton hydropique », mais, avec raison, « le disciple tardif de l'école »; Mérimée, l'ami de Victor de Jacquemont, de Stendhal, de Fauriel, de Sainte-Beuve, etc. Mais nous ne pouvons passer aussi rapidement sur Fauriel et Augustin Thierry, sur V. Jacquemont, Stendhal, Sainte-Beuve et Brown.

Admirateur de Volney, ami de Mme de Condorcet, de Cabanis et de D. de Tracy, lié avec Mme de Staël, B. Constant, Manzoni et Schlegel, confident ou conseiller d'Augustin Thierry, d'Ampère, de Mérimée et de Beyle, connaissant l'allemand, l'italien, l'espagnol, le basque, le celtique, les dialectes du Midi, l'arabe, le sanscrit, le grec ancien et moderne, Fauriel a été, pour Sainte-Beuve, l'occasion d'une de ces études précises, pénétrantes et fines dont il a le secret. Mais il lui a fait une place trop grande dans l'école, parce qu'il n'a pas cherché ce que devait Fauriel à ses amis et à ses maîtres.

Fauriel, né en 1772 à Saint-Étienne, fut élevé, comme Daunou, chez les Oratoriens. Il était, vers 1789, de la société dite de Chambarans où il faisait lire les *Ruines* de Volney. Sous-lieutenant dans la compagnie de La Tour d'Auvergne, puis officier municipal à Saint-Étienne, il vécut, ce semble, dans la retraite, de 1795 à 1799, travaillant et étudiant sans relâche. Lié avant le 18 brumaire, avec Français de Nantes, qui lui fit connaître Fouché, il devint secrétaire particulier de ce dernier, alors qu'il était ministre de la police, et l'abandonna au temps du Consulat à vie. Pendant qu'il était avec Fouché il rendit compte, dans la *Décade*, de la *Littérature considérée dans ses rapports avec les institutions sociales* et présenta Mme de Staël comme un disciple de Condorcet. Puis il défendit la philosophie par des considérations qui ne sont, dit Sainte-Beuve, nullement vulgaires (2).

En 1802, il s'établit à la Maisonnette dans le voisinage de Meulan, auprès de Mme de Condorcet dont il avait fait la con-

(1) Ravaisson, *la Philosophie en France*, p. 169. Voyez Huet, *Histoire de la vie et des ouvrages de Bordas-Desmoulins*, Paris, 1861.
(2) « Les ennemis de la philosophie, disait Fauriel, adoptent les opinions naguère philosophiques, mais qui deviennent tous les jours plus nationales : ils s'en font une arme contre des idées qui ne sont encore que celles de plusieurs hommes supérieurs. Ils cherchent donc, dans les victoires mêmes de la philosophie, des obstacles à ses progrès futurs ».

naissance au Jardin des Plantes. Il demeure en relations avec Cabanis et ses amis, mais voit aussi Mme de Staël, qui le présente à Châteaubriand. En même temps il devient l'ami de Villers et surtout de B. Constant, qui le tient au courant de son ouvrage sur *les Religions*, lui écrit ce qu'il pense des *Rapports du physique et du moral*, et lui demande son avis sur son *Walstein*. C'est alors que Fauriel écrit des notices sur Chaulieu et la Fare, sur La Rochefoucauld, qu'il compare à Vauvenargues et dont il explique les *Maximes* par son expérience et ses souvenirs. Dans la *Décade*, il rend compte de l'*Essai* de Villers *sur l'Esprit et l'Influence de la Réformation* (1804): « Blessé, dit-il, comme plusieurs autres personnes (notamment M. de Tracy), qui d'ailleurs vous rendent justice et dont le suffrage ne devrait pas vous être indifférent, de quelques traits d'une partialité qui me semble peu philosophique, je m'en suis expliqué avec franchise ». Cette franchise ne plut pas à Villers, qui fut plus tard également mécontent de l'article de Thurot sur son *Rapport* de 1810 et qui trouvait étrange que les Français, auxquels il reprochait sans cesse leurs doctrines frivoles et superficielles, n'acceptassent pas celles qu'il leur apportait d'Allemagne.

En relations étroites avec Cabanis, Fauriel lui confia son projet d'écrire une *Histoire du stoïcisme*. Cabanis, qui opposait Homère et les Grecs au *Génie du Christianisme*, l'accueillit avec enthousiasme (1). Il n'est pas exact, comme le dit Sainte-Beuve, que Fauriel ait agi sur Cabanis et lui ait inspiré son dernier mot, que Fauriel ait, le premier, tenté d'introduire l'histoire de la philosophie au sein de l'idéologie. Turgot, d'Alembert et Condorcet avaient déjà fait une place importante à l'histoire impartiale,

---

(1) « Quand vous m'avez fait part, dit-il, dans sa *Lettre sur les Causes premières*, de votre projet d'écrire l'histoire du stoïcisme, de cette philosophie qui forma les plus grandes âmes, les plus vertueux citoyens, les hommes d'État les plus respectables de l'antiquité, vous savez avec quelle avidité j'ai saisi l'espérance de voir enfin cette histoire écrite d'une manière digne du sujet et je puis vous assurer que je n'avais pas besoin des sentiments de l'amitié pour mettre, à l'exécution d'une si belle entreprise, l'intérêt le plus vif et le plus pressant ». Et en terminant cette Lettre célèbre, Cabanis ajoutait : « Poursuivez, mon ami, cet utile et noble travail, si la plus grande partie des temps historiques vers lesquels il vous ramène doivent remettre, sous vos yeux, les plus horribles et les plus hideux tableaux, vous y trouverez aussi celui des plus admirables et des plus touchantes vertus ; leur aspect reposera votre cœur, révolté et fatigué de tant de scènes d'horreur et de bassesse. Jouissez, en le retraçant avec complaisance, des encouragements qu'il peut donner à tous les hommes en qui vit quelque étincelle du feu sacré, surtout à cette bonne jeunesse qui entre toujours dans la carrière de la vie avec tous les sentiments élevés et généreux ; et ne craignez pas d'embrasser une ombre vaine, en jouissant d'avance encore de la reconnaissance des vrais amis de l'humanité ».

Degérando avait publié l'*Histoire comparée des Systèmes* ; Cabanis s'était rallié à la doctrine de la perfectibilité et avait déjà fait l'histoire de la médecine. La *Lettre sur les Causes premières*, pour qui la lit avec attention, est d'un maître et non d'un disciple. Fauriel a été un intermédiaire par qui Cousin a mieux connu les idées de Turgot, de d'Alembert, de Condorcet, de Cabanis, de Degérando, qui voulaient faire servir l'histoire de la philosophie à la constitution de la philosophie elle-même.

Fauriel a amassé des matériaux et commencé la rédaction de l'*Histoire du stoïcisme* (1) ; mais il cessa son travail et se détourna des études philosophiques, à la mort de Cabanis. Il renonça même à la notice étendue qu'il s'était proposé de consacrer à son ami, à cause, dit Sainte-Beuve, de son trop grand désir de la perfection, et de l'excès de sa sensibilité ; peut-être ajouterons-nous, parce que Cabanis et ses doctrines étaient jugés sévèrement par quelques-uns de ses nouveaux amis.

D. de Tracy réclamait à Fauriel l'*Histoire des stoïciens* en lui envoyant son *Traité d'économie politique* (2). Déjà il lui avait

---

(1) Il faut citer, après Sainte-Beuve, quelques-unes des notes qu'il a eues entre les mains : « Une inexactitude considérable dans l'histoire de la philosophie, c'est de croire que les anciens philosophes-physiciens ne se sont occupés que d'hypothèses sur les causes premières. Cela n'est pas : presque tous avaient étudié la nature dans ses phénomènes visibles et réguliers ou dans ses productions. Seulement ils observaient très mal, par plusieurs causes qu'il est possible et important d'assigner ».

« Expliquer les causes de la grande influence de la philosophie de Pythagore en Grèce durant près d'un siècle, depuis la destruction et la dispersion de l'école de Pythagore jusqu'après la mort d'Epaminondas ».

« La principale cause paraît avoir été dans les peintures poétiques que cette philosophie faisait de la vie des hommes vertueux après la mort ».

« C'est une observation capitale dans l'histoire de la philosophie que, dans la philosophie spéculative, toutes les erreurs ou toutes les découvertes postérieures viennent toutes se rattacher à des systèmes antérieurs, comme à leur occasion ou comme à leur cause. Dans la philosophie morale, les faits particuliers, les circonstances de temps et de lieu sont ce qui influe le plus sur les opinions ».

« Un événement de grande importance dans l'histoire de la philosophie grecque, c'est l'invasion de l'Asie-Mineure par Crésus et puis par Cyrus. Milet, jusque-là la ville la plus riche et la plus florissante de cette belle contrée, fut entièrement ruinée ; elle cessa d'être le siège des écoles de philosophie. Anaxagore, qui tenait l'école de Thalès au moment où cette guerre eut lieu, se réfugia à Athènes et y porta la philosophie ».

« Il n'avait que vingt ans. Archélaüs, son disciple, fut celui par lequel la philosophie ionienne s'établit pleinement à Athènes, où il devint le maître de Socrate ».

« L'apparition d'Anaxagore à Athènes est un événement très analogue à l'ambassade de Carnéade à Rome, par les conséquences qu'elles eurent pour la culture de l'un et de l'autre de ces peuples ». Cf. Martha, *Carnéade* et Tannery, *Pour la science hellène*.

(2) « Avant de me remettre à travailler, j'ai besoin de savoir positivement si je dois tout jeter au feu et m'y reprendre d'une autre manière, moins méthodique peut-être, mais plus pratique. C'est de vous, monsieur, et de vous seul, que je puis espérer ce

annoncé son *Commentaire* sur Montesquieu (1). En 1821, Augustin Thierry était à Paray-le-Frésil : M. de Tracy lui demandait sans cesse si Fauriel faisait son *Histoire de la Civilisation provençale* qui ne devait paraître qu'en partie dix ans plus tard. — Il la fait, répondait Thierry. — Ainsi, il rédige, disait de Tracy qui connaissait l'influence, sur Fauriel, de ce démon de la procrastination, dont parle B. Constant, et qui ne devait pas voir paraître cette œuvre. En 1810, Fauriel traduit la *Parthénéide* de Baggesen, installé à Marly et lié avec les idéologues. Son *Discours préliminaire* rappelle le disciple de Condorcet et de Cabanis, quand il parle de cet âge d'or, domaine de l'idylle, qui peut-être, dit-il en songeant aux adversaires de la doctrine de la perfectibilité, est plus chimérique encore dans le passé que dans un avenir indéfini. Devenu l'ami de Manzoni, le petit-fils de Beccaria, Fauriel compose des sonnets en italien, étudie le grec moderne, le sanscrit et l'arabe, la botanique et la civilisation provençale. En 1823, il fait paraître une traduction des tragédies de Manzoni, après avoir perdu l'année précédente Mme de Condorcet ; puis, en 1824, les *Chants populaires de la Grèce*. Son influence s'exerce sur J.-J. Ampère, qu'il détermine à rechercher les origines littéraires; sur Mérimée, qu'il excite à traduire les romances espagnoles ; sur Beyle, auquel il raconte

---

bon avis, et cela me fera risquer de vous envoyer ce fatras à la première occasion. Au reste, usez-en bien à votre aise et commodité. Prenez-le, laissez-le; dites-moi sincèrement si vous n'avez pu l'achever. C'est ce que je crains : car je ne crains pas trop que vous ne trouviez pas qu'au fond cela est vrai. Sur toutes choses, que ce soit absolument à vos moments perdus. S'ils n'y suffisent pas, cela ne vaut rien ; car vos moments perdus valent mieux que ceux employés par bien d'autres. Et surtout encore que cela ne dérobe pas un seul instant à vos chers stoïciens. J'en suis bien plus empressé que de tout ce que je peux jamais rêver. Oh ! que c'est un beau cadre ! et que ce sera un beau tableau, quand vous y aurez mis vos idées ! Cela fera bien du bien ; à qui ? à un monde qui n'en vaut guère la peine, d'accord ; mais nous n'en avons pas d'autre ; et il n'y a moyen d'y exister qu'en rêvant à le rendre meilleur. Il n'y a que quelques êtres comme vous qui me raccommodent avec lui. (Et en post-scriptum) Ma tête est bien mauvaise ; c'est par elle que je commence à médire de tout ce que je vois ».

(1) « Je voudrais surtout ne pas me croiser avec vous ; mais, puisque vous dépendez d'événements lointains, je pense toujours que le mieux est de vous aller chercher. Je risquerai de vous parler beaucoup de Montesquieu ; car dans un gîte on rêve, et vous m'y avez encouragé. C'est pour moi le voyage de Rome. J'y profite peu; mais c'est une façon de jouir que de voir combien les hommes ordinaires de notre temps, tant maudit et même avec justice, voient nettement de bonnes choses que les hommes supérieurs d'un temps très peu ancien ne voyaient que très obscurément. Cela me fait enrager d'être vieux. Il vaudrait mieux s'en consoler ; mais chacun tire de ses méditations le fruit qu'il peut ; et cela dépend de l'arbre sur lequel elles sont greffées. Le mien est bien sauvageon : celui de l'amitié est le seul qui porte des fruits toujours doux, disent les Orientaux, et ils ont raison ».

Documents manquants (pages, cahiers...)
NF Z 43-120-13

DE LA PAGE 483
A LA PAGE 494

modernes, il fait la *Physiologie de l'Esprit* (1), et suit la méthode des naturalistes. La sensation de mouvement occupe chez lui, comme chez D. de Tracy, une place prépondérante (2). A propos de la suggestion simple et de la suggestion relative, qui constituent pour lui les phénomènes intellectuels, il emprunte encore la doctrine de D. de Tracy. La théorie de la généralisation est la même dans Brown et dans Laromiguière, de telle façon que l'anglais de l'un paraît souvent n'être qu'une traduction du français de l'autre (3). Et ce qui nous engagerait encore à joindre l'influence de Laromiguière, comme de Dugald-Stewart à celle de D. de Tracy, c'est que Brown a une théologie naturelle, où il expose les preuves de l'existence de Dieu et énumère ses attributs.

Aussi Hamilton ne s'y est pas trompé, et n'a pas accordé à Brown toute l'originalité que ses admirateurs lui attribuent : « Brown, dit-il (4), n'est pas le seul métaphysicien écossais qui se soit approprié, sans en mot dire, un grand nombre d'analyses psychologiques de l'école de Condillac. De Tracy, pour son compte, aurait bien souvent le droit de venir réclamer son propre bien auprès du docteur Joung, professeur de philosophie au collège de Belfast, dont les doctrines, souvent identiques à celles de Brown, ne sont pas les fruits de cette merveilleuse originalité à laquelle il voudrait faire croire, à nous qui savons les sources où l'un et l'autre allaient puiser ». Et combattant, dans son article célèbre, *Reid et Brown*, des doctrines où il ne trouvait qu'erreurs, emprunts, méprises, inexactitudes, il n'a pas oublié de critiquer le mot *idéologie* « double bévue en philosophie et en grec », devenu en France le nom spécial et distinctif de cette philosophie qui fait provenir exclusivement de la

---

(1) C'est le titre d'un ouvrage de M. Paulhan.
(2) M. Réthoré dit à ce sujet (p. 73) qu'il eût pu invoquer l'autorité de D. de Tracy. Ailleurs, p. xxvii, il affirme « qu'il connaissait dans tous leurs détails les doctrines de Condillac, de D. de Tracy surtout, et peut-être même de Laromiguière... ; que la philosophie française lui était beaucoup mieux connue que celle de son propre pays... ; que tous ses écrits abondent en citations d'auteurs français ». S'il n'a pas cité nos *idéologues*, n'est-ce pas qu'il répugnait à donner dans la chaire de Reid et de Dugald-Stewart » les noms de ceux qui détruisaient leur doctrine ? D'ailleurs, il eût peut-être indiqué ses emprunts, comme le dit Hamilton, s'il avait imprimé lui-même ses *Lectures*. Ce qui est incontestable, c'est qu'il connaissait les idéologues et qu'avant lui, ils ont exprimé les idées qui ont fait la fortune de son livre.
(3) Réthoré, p. 110 et 113.
(4) *Reid's collected writings with Hamilton's notes and dissertations*. Supp. diss., p. 868.

sensation toutes nos connaissances. De son côté, Cousin parlait de l'enseignement superficiel et au fond sceptique et sensualiste de Thomas Brown, recommandait, pour la chaire de logique et de métaphysique, Hamilton, en qui il reconnaissait « un auxiliaire » dans la lutte contre le sensualisme, tandis que Broussais voulait faire nommer Georges Combes, auteur d'un *Traité de phrénologie* et chef des phrénologues écossais. La lutte se continuait en Écosse entre les deux écoles françaises (1).

Elle n'était pas terminée. John Stuart Mill, élevé par son père (2) dans les idées du xviiie siècle, séjourna un an en France « au grand profit de son éducation » (1820). Il demeura quelque temps chez J.-B. Say, « le beau type du vrai républicain français, intègre, noble, éclairé ». A Montpellier, la patrie de Draparnaud et de Comte, il suivit les cours de chimie d'Anglada, de zoologie de Provençal et « celui qu'un représentant accompli de la philosophie du xviiie siècle, M. Gergonne, faisait sur la *Logique* sous le nom de *Philosophie des sciences* ». Puis, il lisait Condillac et le *Traité de législation* où Dumont de Genève exposait les principales doctrines de Bentham, *l'admirateur d'Helvétius*. « Ce fut une des crises de l'histoire de son esprit ». Ensuite vinrent les *Essais* de Locke, l'*Esprit* d'Helvétius, les *Observations sur l'homme* de Hartley « qui lui firent sentir l'insuffisance des généralisations purement verbales de Condillac, des tâtonnements et des sentiments si instructifs de Locke au sujet des explications psychologiques (3). Berkeley, Hume, Reid, Dugald-Steward, la *Cause et Effet* de Thomas Brown, l'*Analyse de l'influence de la religion naturelle sur le bonheur temporel de l'humanité*, tels furent, dit-il, les livres qui eurent un effet considérable sur les premiers progrès de son esprit. Aussi « les philosophes du xviiie siècle étaient les modèles que ses amis et lui se proposaient d'imiter », et ils espéraient ne pas faire moins qu'eux. Le même effet vivifiant que tant de bienfaiteurs de l'humanité ont éprouvé à la lecture des *Vies* de Plutarque se produisait en lui devant la *Vie de Turgot* par Condorcet (4). En voyant Turgot se tenir en dehors des Encyclopé-

(1) Peisse, *Fragments de philosophie* par W. Hamilton ; Réthoré, *Critique de la philosophie de Thomas Brown* ; Stuart Mill, *la Philosophie de Hamilton* ; F. Picavet, article *Th. Brown* (*Grande Encyclopédie*).
(2) Voyez Ribot, *Psychologie anglaise*.
(3) Cf. Cabanis, qui critique Condillac comme Mill, Lewes ou Bain.
(4) « Œuvre si bien faite, dit-il, pour éveiller le plus pur enthousiasme, puisque

distes, parce que toute secte est nuisible, « il renonçait au nom d'utilitaire et cessait d'afficher un esprit de secte ». Quand vint, en 1826, « une crise dans ses idées », ce furent les *Mémoires* de Marmontel qui jetèrent un rayon de soleil dans les ténèbres où il était plongé. Vers 1829, « il est singulièrement frappé de l'enchaînement des idées dans la théorie de l'ordre naturel du progrès humain des saint-simoniens, et surtout d'Auguste Comte, « élève de Saint-Simon ». Quand il a écrit sa *Logique* (1837), il lit les deux premiers volumes du *Cours de philosophie positive* dont il profite beaucoup ; mais il se sépare de Comte qui, « comme sociologiste », perd de vue la liberté et l'individualité (1). La *Logique* est une attaque contre les philosophes de l'école intuitive. Les vues que Mill développe dans les *Principes d'Économie politique*, sont en partie des idées éveillées en lui par les doctrines saint-simoniennes. Enfin il prend corps à corps Hamilton, « la grande forteresse en Angleterre de la métaphysique intuitionniste qui caractérise la réaction du xix⁰ siècle contre le xviii⁰ » et soutient que Brown, sur lequel Hamilton a « décoché de préférence ses traits », est un penseur actif et fécond qui a rendu bien plus de services à la philosophie (2).

A leur tour les livres de Stuart Mill, complétés par ceux de Bain, de Spencer, de Lewes qui continuent tous Brown, ont, en France, été analysés, cités, traduits par MM. Taine, Cazelles, Ribot (3), etc., qui ont, non sans succès, voulu remettre en honneur la philosophie de l'expérience. N'est-il pas bon d'apprendre à ceux qui l'ignorent que Brown, et même Mill, Bain, Spencer et Lewes, dans une certaine mesure, relèvent de nos idéologues ?

nous y trouvons une des vies les plus sages et les plus nobles, racontée par le plus sage et le plus noble des hommes ».
(1) Cf. Daunou, Say, D. de Tracy.
(2) *Mes Mémoires*, trad. Cazelles, p. 53, 55, 61, 67, 103, 108, 134, 156, 201, 202, 216, 236.
(3) Pour les travaux français sur Mill, cf. F. Picavet, *Revue phil.* XXIII, 222.

LA TROISIÈME GÉNÉRATION D'IDÉOLOGUES

L'IDÉOLOGIE SPIRITUALISTE ET CHRÉTIENNE

CHAPITRE VIII

Les hommes de la Révolution avaient détruit l'ancien régime pour y substituer une organisation administrative et judiciaire, politique et financière, religieuse et universitaire qui n'eût rien de commun avec le passé. Mais bientôt on s'aperçut qu'on ne change pas impunément du jour au lendemain les institutions, et que « la chute de ces grands corps ne peut être que très rude ». Il y eut réaction ; on restaura le pouvoir exécutif, la religion, l'Université, même les Bourbons. Quelques-uns voulurent rétablir en entier l'ancien ordre de choses. Bien peu soutinrent que l'édifice social devait être de toutes pièces reconstruit sur un plan nouveau. Et de fait, qui pouvait encore, après vingt ans d'expériences, toutes plus décevantes les unes que les autres, croire à la valeur absolue des constitutions, même des plus satisfaisantes pour l'esprit ?

Même chose arriva en philosophie. On avait voulu « recréer l'entendement », on avait supprimé les questions capitales de l'ancienne philosophie, on avait, à la façon des sciences physiques et naturelles, commencé l'exploration d'un vaste domaine qu'on avait cru parcourir rapidement. A dire vrai, le début était heureux, et les tentatives devaient être fécondes pour les sciences morales. Mais bien des générations se consumeront à rassembler des vérités de détail avant que l'humanité ait une vue claire de l'ensemble. En attendant, il faut vivre, et pour vivre « avoir au moins une morale par provision ». L'ancienne philosophie, alliée de la religion, en fournissait une dont on n'ignorait pas les inconvénients, mais que l'on connaissait et qui avait guidé, tant mal que bien, de nombreuses générations. On y revint comme aux autres institutions de l'ancien régime. Quelques-uns retournèrent à la scolastique et subordonnèrent la philosophie à la théologie ; d'autres tentèrent de l'unir à la philosophie nouvelle. Cabanis, Thurot, Biot, Ampère, Biran, B. Constant admirent qu'on ne pouvait rompre absolument avec le passé. Seul ou à peu près, D. de Tracy protesta, par son silence, contre toute tentative, même partielle, de restauration philosophique, jusqu'à ce que Broussais vînt rendre des partisans à l'ancienne idéologie, mais aussi en fausser le caractère, en transformant un instrument de progrès en une arme de guerre.

Les idéologues de la troisième génération ont aimé le passé et l'avenir, ils n'ont pas voulu sacrifier l'un à l'autre. Si quelques-uns, comme Degérando et Laromiguière, ont de bonne heure occupé, par des recherches originales, une place distinguée dans l'école, ils n'ont pas suivi ceux pour qui l'ancienne philosophie devait être complètement laissée à l'écart. Quand, de tous côtés, on revint au passé, ils vécurent sur leurs acquisitions antérieures et montrèrent fort facilement qu'elles n'étaient nullement en contradiction avec les croyances religieuses. Les modérés des deux partis trouvèrent excellentes des doctrines où l'on avait savamment combiné pour eux le passé et l'avenir. Parfois les ultras reconnurent qu'elles n'étaient pas subversives et eurent des égards pour elles. Quant à leurs adversaires, ils s'estimaient heureux du succès de certaines des idées qu'ils avaient défendues ou admirées. Portalis et Sicard, Degérando et Prévost, surtout Laromiguière et ses disciples donnèrent à l'école une popularité nouvelle. Occupés de ne rien écrire ou enseigner qui prêtât à la critique de leurs opinions religieuses ou politiques, ils laissèrent les sciences marcher sans les suivre, et permirent à de jeunes écoles de reprendre et de continuer les recherches qui avaient fait le succès des idéologues. L'histoire de cette troisième génération est intéressante pour l'influence exercée par ses représentants sur les hommes les plus différents ; elle l'est au point de vue des doctrines. De plus en plus restreintes, elles constituent une *paupertina philosophia* qui ne gêne personne, parce qu'elle n'aborde pas les questions auxquelles chacun s'intéresse, mais qui pour cette raison finit par ne plus satisfaire ceux même qui la trouvent irréprochable.

I

Portalis a été beaucoup étudié (1), quand on s'est occupé « des hommes qui ont contribué à restaurer la société après les convulsions et les tempêtes ». Pendant le Directoire, il réclamait contre « les nouvelles émissions d'émigrés », contre les mesures projetées à l'égard des prêtres non assermentés, en disant que « si la boussole ouvrit l'univers, le christianisme le rendit sociable », et il défendait avec succès les émigrés naufragés de Calais. Condamné à la déportation après le 18 fructidor, il gagna la Suisse, puis le Holstein où il logea chez le comte de Reventlau et se lia avec les Stolberg et Jacobi. C'est là que, déjà presque aveugle, il dicta à son fils son *Traité de l'usage et de l'abus de l'esprit philosophique durant le XVIIIe siècle*. Rentré en France après le 18 brumaire, il devient conseiller d'État, prend une part importante à la rédaction du code civil, au Concordat (2) et montre que les articles organiques « réconcilieront, pour ainsi dire, la Révolution avec le ciel ». Il mourait en 1807. Son ouvrage, qui ne parut qu'en 1828, appartient, comme l'a dit Sainte-Beuve, à « l'esprit de retour et de réveil religieux (3) ». Mais il reste philosophe et « ses malheurs n'ont point changé ses principes ». Il modifie, mais il suit le plan de Condorcet, en faisant une histoire raisonnée de l'entendement humain depuis la renaissance des lettres en Europe, en offrant un tableau de toutes les bonnes idées, de toutes les bonnes méthodes, des progrès en tout genre qui distinguent et honorent le siècle. L'esprit philosophique est pour lui « un esprit de liberté, de recherche et de lumière : il veut tout voir et ne rien supposer ; il se produit avec méthode, et opère avec discernement, apprécie chaque chose par les principes propres à chaque chose, indépendamment de l'opinion et de la coutume, et ne s'arrête

---

(1) *Discours et rapports sur le code civil, sur le concordat de 1801*, publiés par son petit-fils en 1844-1845 ; Sainte-Beuve, *Lundis* (1852) V, p. 441 ; etc.

(2) « Il n'y a point à balancer, dit-il, aux adversaires des idées religieuses, entre de faux systèmes de philosophie et de faux systèmes de religion. Les faux systèmes de philosophie rendent l'esprit contentieux et laissent le cœur froid : les faux systèmes de religion ont au moins l'avantage de rallier les hommes à quelques idées communes et de les disposer à quelques vertus. Le philosophe lui-même a besoin, autant que la multitude, du courage d'ignorer et de la sagesse de croire ».

(3) De Bonald a écrit sur le Divorce à la prière « du célèbre jurisconsulte Portalis ».

point aux effets, mais remonte aux causes. Dans chaque matière, il approfondit les rapports pour découvrir les résultats, combine et lie les parties pour former un tout, enfin marque le but, l'étendue, les limites des différentes connaissances humaines et seul peut les porter au plus haut degré d'utilité, de dignité et de perfection ». Distinct de la philosophie, qui est limitée à un ordre d'objets déterminés, il est, comme « résultat des sciences comparées », applicable à tout. Portalis loue Locke, surtout Condillac, même Mably, Descartes, et transforme, après D. de Tracy, le « je pense, donc je suis », en « je sens, donc je suis ». Ne sachant pas plus ce que c'est qu'esprit, que nous ne savons ce que c'est que matière, il écarte tous les systèmes sur l'union de l'âme et du corps, dont nous ne pouvons avoir ni perception immédiate, ni expérience. Kant est pour lui aussi dangereux que La Mettrie : pourquoi reproduit-il des systèmes usés, en annonçant avec tant de prétention qu'il va révéler aux hommes des vérités jusque-là dérobées à leur raison, tandis qu'il ne forme que des mauvais raisonneurs, des sophistes et ébranle tous les fondements de la certitude humaine ?

En 1828, Portalis le fils était ministre, quand Cousin et Damiron tentaient d'en finir « avec le sensualisme », tandis que Daunou, Broussais, Andrieux, Valette, défendaient les idéologues. Pour quelques-uns de ces derniers, l'auteur de l'*Usage et de l'Abus de l'Esprit philosophique* devint un auxiliaire. Valette en recommande la lecture avec celle du *Traité des systèmes* à ceux qu'il veut détourner des « abstractions stériles de Cousin ». Bouillet le joint à D. de Tracy, et proclame, avec « deux hommes d'un mérite éminent », la stérilité du syllogisme (1). Et il est à croire que le conseil de Valette fut suivi, car en 1834 paraissait une troisième édition de l'ouvrage.

Avec Portalis, Sicard, doctrinaire comme Lakanal et Laromiguière, fut déporté au 18 fructidor. Mais sa carrière philosophique est bien plus accidentée et bien plus difficile à définir. Après le 9 thermidor, on avait trouvé, parmi les papiers de Couthon, un livre sur la première page duquel il avait écrit une dédicace compromettante. Lakanal la déchira et sauva ainsi Sicard qu'il fit ensuite charger, aux Écoles normales, d'enseigner l'*Art de la parole*. Le cours est remarquable et indique un

---

(1) *Lycée*, IV, 1829, p. 123.

ami des idéologues. Supposant « toutes les grammaires brûlées dans un incendie général », le professeur emploie l'analyse, après Condillac et Dumarsais, pour ruiner à jamais l'édifice des méthodes anciennes et créer une grammaire philosophique. La philosophie connaît seule, selon lui, les véritables sources du vrai et les routes qui y conduisent, c'est elle qui ennoblit, qui agrandit tout ce qu'elle touche : elle saurait au besoin calculer les mouvements célestes, rechercher la cause de nos sensations et de nos pensées, nous diriger dans les routes de l'honnête et du vrai ; « elle ne croit pas se rabaisser dans l'analyse de l'instrument vocal, le rapprochement des sons de la voix et des caractères de l'écriture ». Sicard rappelle, en exposant la manière dont il instruit les sourds-muets, « que la Convention ne veut excepter aucun individu du bienfait de l'instruction ». Mais en admettant qu'il n'y a pas d'idées qui ne nous soient données par les sens et par conséquent à l'occasion des objets extérieurs, partant pas d'idées innées, il parle comme Condillac de Dieu, de l'âme immatérielle et immortelle.

Membre de l'Institut dès sa formation Sicard écrivait à Lakanal, auquel on venait de préférer La Réveillère-Lépeaux, une lettre où il apparaît plein de reconnaissance pour le service qui lui a été rendu en thermidor (1). Sur sa demande, il nommait Laromiguière instituteur adjoint des sourds-muets. A l'Institut, il lisait un mémoire sur le *Mode d'instruction du sourd-muet*, un extrait raisonné et étendu de l'*Hermès*, traduit par Thurot : « Le traducteur, disait-il, a lutté avec avantage contre le grammairien anglais, l'a réfuté souvent et l'a toujours éclairci ». Puis il publiait un *Manuel de l'enfance*, dans lequel il avait voulu appliquer à l'art d'enseigner à lire, les vérités découvertes par Locke et Condillac. Au 18 fructidor, il était déporté comme royaliste. C'est à cette époque qu'il compose ses *Éléments de*

---

(1) « Cerival est le seul qui vous ait disputé la palme, vous l'auriez emporté sur tous les autres : maintenant qu'il est nommé, vous le serez aussi au premier jour. Ceux qui vous l'ont préféré reviendront à vous, que toutes les voix auraient dû porter. On se rappellera sans doute, et je le rappellerai à ceux qui pourraient l'avoir oublié, tout ce que vous doivent les sciences, les lettres et les arts, et ceux qui les cultivent. Le véritable fondateur de l'École normale, l'ami, le consolateur des gens de lettres, ne sera pas comme celui de qui a été dit, dans le temps, cette vérité si cruelle pour ceux qu'elle accusa :

Rien ne manque à sa gloire, il manquait à la nôtre.

Encore deux ou trois jours, et un de mes plus chers amis sera mon précieux confrère ». Paul Le Gendre, *Lakanal*.

grammaire générale. On y trouve encore l'éloge de Dumarsais et de Condillac, de Harris et de l'*Encyclopédie méthodique* « qui ont mis tant de profondeur, et répandu tant de lumière » sur la grammaire. Mais il fait déjà une part bien plus grande aux idées religieuses. Toutefois il n'a pas rompu avec les idéologues. La *Décade* annonce son retour en l'an VIII, « après une longue proscription », et en l'an IX, son élection ou plutôt sa réélection à l'Institut contre Fontanes et Thiébault. Elle nous fait savoir encore que Sicard a lu en l'an X, à la Société philotechnique, un Mémoire sur le *Mécanisme de la parole*, considéré indépendamment du sens de l'ouïe. Il a appuyé, dit-elle, son système par des expériences sur des sourds-muets de naissance, présents à la séance, qui ont prononcé, sans s'entendre eux-mêmes, les différentes voyelles de l'alphabet et toutes les consonnes qui appartiennent aux touches de l'instrument vocal. La même année il traduit et annote le livre de Hartley sur l'*Homme et ses facultés physiques et intellectuelles, ses devoirs et ses espérances* (1). La préface n'indique pas un adversaire des idéologues. Hartley, dit-il, est moins abstrait et plus à portée du commun des lecteurs que Locke, dont il diffère peu ; il a expliqué plus clairement la manière dont se forment dans l'homme les idées du juste et de l'injuste ; il a embelli la doctrine de l'association par de savantes discussions et des exemples bien choisis et lumineux, de manière à contribuer, pour une grande part, aux progrès de l'art de l'éducation. Dans ses notes, Sicard n'a pas voulu corriger les inexactitudes relatives à l'organisation physique de l'homme et se borne à affirmer que celui-ci se distingue des animaux — et en particulier du singe — parce qu'ils ne sont pas susceptibles de *perfectibilité*. De même encore, il relève cette assertion que le cerveau est le séjour particulier des idées, et toutes celles où l'auteur abuse des mots, sans partager les folies des matérialistes. Entre l'impression et la sensation doit se trouver, dit-il en disciple de Malebranche, pour créer l'une à l'occasion de l'autre, le Créateur tout-puissant de tout ce qui existe. Aussi réprouve-t-il le langage de quelques *idéologues* modernes qui ne voient dans l'homme qu'un animal d'une organisation plus déliée et plus parfaite, et regardent son âme comme un effet et non comme une cause, comme une faculté et non comme

---

(1) M. Ribot remarque que la traduction n'est ni exacte, ni complète.

un principe (1). Et l'homme qui avait failli être condamné comme un partisan de la Terreur, parle des illustres victimes qui, dans les derniers temps, allèrent à la mort, comme le voyageur se hâte d'arriver, sans se troubler et même avec gaieté, au terme heureux de sa course! Ne dirait-on pas que la traduction de Hartley, qui ne pouvait à coup sûr déplaire aux amis de Cabanis, a été terminée après la conclusion du Concordat, l'apparition du *Génie du Christianisme* et la rupture survenue entre Bonaparte et les idéologues, auxquels peut-être Sicard devait d'avoir été radié de la liste des émigrés? Sans rompre ouvertement avec les hommes de gauche, il est tout entier avec la droite (2).

L'éloge de Napoléon vient là où l'on s'attendrait le moins à le trouver, dans des exemples ou des questions de grammaire générale. Ainsi les grandes époques du peuple français sont : l'établissement des Francs, chacune des trois races royales, la fin de la royauté, l'établissement de la République et la dynastie impériale ou napoléonienne. Aussi quand Sicard écrivait, en 1811 à Ginguené, en lui rappelant les marques de bienveillance et d'amitié qu'il lui avait données dans les temps les plus difficiles de la Révolution, Ginguené mettait en face : « Il me les a bien rendues depuis, ce prêtre torticolis (3) ».

Il reste à signaler les services rendus par Sicard à l'éducation des sourds-muets. Dans sa théorie des signes, dans son Cours d'instruction d'un sourd-muet, Sicard a continué l'abbé de l'Épée, et travaillé à former des maîtres capables de lui succéder. Tout en mêlant, comme l'a remarqué Degérando (4), fort inutilement la métaphysique à la grammaire, il a complété la nomenclature, en faisant comprendre à ses élèves comment les formes grammaticales représentent les vues de l'esprit et les

(1) Cf. Cabanis, ch. iv, § 1.
(2) Buisson, l'adversaire de Saint-Lambert et l'admirateur de de Bonald, parle de Sicard, qui lui a affirmé, de la manière la plus expresse, que l'enfant apporte en naissant une voix propre et distinctive (p. 162). De Bonald cite Massieu et *son illustre maître*, pour combattre les physiologistes modernes et Condillac. Sicard lui semble un esprit plus exercé que Rousseau, placé cependant par lui déjà au-dessus de Condillac.
(3) Sicard demandait à Ginguené où il avait publié sa *Critique du Génie du Christianisme*. On retrouve en cette circonstance sa duplicité ordinaire. Il s'adresse à Ginguené et semble lui indiquer qu'il parlera comme lui de cet « étrange ouvrage » et il en dit, au jugement de Sainte-Beuve (Chateaubriand, I, 342), des choses assez justes et assez généreuses. Mais il réussissait à faire proposer son Cours d'instruction d'un muet de naissance à côté des *Rapports* de Cabanis pour le prix de morale ou d'éducation.
(4) *De l'Éducation des sourds-muets*, I, 504 sqq.

fonctions des idées, en transportant dans les signes grammaticaux une image vivante de ses opérations et de ses fonctions, en insistant sur le sens des règles syntaxiques, pour mettre le sourd-muet en état d'exprimer sa pensée par lui-même. Là est sa véritable originalité.

II

« Il y a, dit Sainte-Beuve, des esprits essentiellement mous comme Degérando ; ils traversent des époques diverses en se modifiant avec facilité et même avec talent ; mais ne demandez ni à leurs œuvres ni à leurs souvenirs aucune originalité ». On ne saurait accepter ce jugement dans son ensemble, et nous ferons voir qu'il y a une originalité véritable chez Degérando. On peut d'ailleurs constater des différences manifestes entre les doctrines de ses premiers ouvrages et celles des derniers. Mais pour lui comme pour Biran, comme pour Ampère, il faut se demander si ce n'est pas l'influence des idéologues qui a modifié sa direction première, à laquelle il est revenu, quand cette influence a cessé.

Degérando naquit à Lyon en 1772, fit ses études au collège des Oratoriens et montra une très grande piété. A seize ans, il priait Dieu de lui conserver une existence qu'il ne lui demandait que pour faire le bien. Au séminaire de Saint-Irénée, il acheva sa philosophie. Il allait partir pour Saint-Magloire afin d'entrer dans les ordres, lorsque la Constituante supprima les congrégations religieuses. Lié avec Camille Jordan, il écrivit, dit Mignet, en commun avec lui, une suite de brochures pour réclamer une entière liberté de conscience. Nous n'avons pas les écrits de Degérando, mais Sainte-Beuve a conservé quelques passages de ceux de Jordan. C'est pour les catholiques qui refusaient d'accepter la constitution civile du clergé qu'ils furent composés. Les deux amis, qu'il n'est guère possible de séparer, nous apparaissent alors non seulement comme des spiritualistes et des déistes, ainsi que le dit Sainte-Beuve, mais comme des chrétiens fort sympathiques au catholicisme, et comme des politiques à tendances royalistes. L'un et l'autre prirent part au soulèvement de 1793. Un détachement dont Degérando faisait partie fut battu par les troupes de la Convention. Degérando, atteint d'une balle à la jambe, fut sauvé par leur chef. La ville de Lyon avait été prise, ses parents le croyaient mort : il s'engagea dans un régiment de chasseurs, entra avec lui à Lyon, fut reconnu et obligé de gagner la Suisse où il retrouva Jordan. Bientôt, il se rendait à Naples où il tenait les livres d'un de ses parents, et allait le soir travailler dans un ermitage auprès du Vésuve. Après l'amnistie du 4 brumaire an IV, il rentra en France et suivit à Paris Jordan nommé député. On sait avec quelle ardeur ce dernier prit la défense des idées religieuses, et même des hommes qui, pour la religion et le roi, avaient eu recours aux assassinats. Condamné comme Portalis et Sicard à la déportation, il fut sauvé par Degérando. Tous deux gagnèrent l'Allemagne. En Alsace, Degérando connut Mlle de Rathsamhausen. Elle était spirituelle et douce, aimait Dieu, ses parents, ses amis, les livres, la campagne, la promenade, et surtout les malheureux (1). Elle était aussi très pieuse et admirait Bonaparte. Portée aux réflexions psychologiques, où elle cherchait un moyen de se perfectionner, elle exerça sur Degérando une influence qui contribua à en faire un homme religieux et fort occupé du perfectionnement moral.

C'est à Tubingen, et, ce semble, d'après les indications de celle qui devait être sa femme, que Degérando étudia la langue et la littérature allemandes. Elle le félicite, en février 1798, de ses progrès ; elle place la littérature allemande au-dessus de la littérature française, et cite, à côté de Kant, Klopstock, Gesner, Haller, Schiller, Gœthe, Herder, Voss, Schlosser, Richter (2). C'est donc l'Alsace qui, pendant toute cette période, a servi de transition entre la France et l'Allemagne (3). Soldat au 6e chasseurs en 1798, Degérando prit part au concours sur l'*Influence des Signes*. Son Mémoire, recopié par sa fiancée et deux de ses amies, fut envoyé à l'Institut à la fin de décembre. Degérando épousait civilement Mlle de Rathsamhausen, qu'il avait épousée religieusement quelque temps auparavant (4), et enseignait la grammaire générale à sa femme et à sa belle-sœur.

Sur le rapport de Rœderer, le Mémoire de Degérando fut couronné. Après un voyage à Lyon, les jeunes époux vinrent

---

(1) Lettres de la baronne de Gérando, de 1800 à 1804, publiées par son fils.
(2) Page 45 sqq., *Lettres de Mme de Gérando*.
(3) F. Picavet, *la Philosophie de Kant en France de 1773 à 1814*.
(4) Un prêtre non assermenté leur donna la bénédiction nuptiale, la nuit, dans une chapelle des Vosges. *Lettres de Mme de Gérando*, p. 156.

à Paris, et Degérando se lia avec les idéologues et Mme de Staël. C'est à Saint-Ouen, chez cette dernière, qu'il procéda à la revision de son Mémoire sur *les Signes* : il en fit un ouvrage en quatre volumes, dont deux parurent en ventôse, et les deux autres en prairial (an VIII). Degérando l'avait corrigé avec soin, avait étudié beaucoup plus la langue des différentes sciences, et examiné de plus près les divers projets imaginés pour la création d'une langue philosophique et universelle. Il en avait retranché quelques chapitres sur divers systèmes de métaphysique et spécialement sur la philosophie allemande. L'auteur se réclame de Bacon, de Leibnitz et surtout de Locke, de Condillac et de Court de Gébelin, mais il croit que ces écrivains sont loin d'avoir épuisé le riche sujet que présente à nos méditations la liaison des signes et de l'art de penser. Pas plus que les autres idéologues, il n'est un disciple fidèle de Condillac, auquel il reproche des maximes trop absolues — « l'étude d'une science bien traitée n'est qu'une langue bien faite ; toutes les autres sciences auraient une simplicité et une certitude égales à celles des mathématiques, si on leur donnait des signes semblables ; » — des observations imparfaites et des déductions trop étendues. Il recueille toutes les lumières que l'observation nous fournit sur notre état passé, avant de hasarder des hypothèses sur nos progrès à venir, cherche à bien définir les secours que nous tirons des signes, avant de déterminer ceux que nous pouvons encore en recevoir. Dans une première partie, analysant les faits, il écrit l'histoire de ce que nous avons été et examine comment notre esprit s'est aidé des signes, quelle a été leur influence sur les progrès ou les défauts de notre connaissance. Dans une seconde partie, il fonde une théorie et s'attache à déterminer de quelle perfection les signes sont susceptibles, et quels effets produiraient les réformes qu'on pourrait y introduire. Chacune de ces parties comprend deux sections. L'histoire de l'institution des signes et de la formation de nos idées est suivie de l'examen des opérations que l'esprit humain a exécutées sur les signes et sur les idées. De même, après avoir cherché comment le perfectionnement de l'art des signes pourrait seconder nos progrès dans les connaissances de fait, Degérando se demande comment il les seconderait dans la recherche des vérités abstraites.

On trouve dans l'ouvrage des vues ingénieuses, des réflexions justes présentées souvent, comme le disait la *Décade*, avec trop de prolixité (1), mais qui peuvent servir encore aux psychologues et aux philologues. Toutefois il n'y a rien qui ne se trouve déjà sous une forme plus précise ou moins développée chez D. de Tracy, Garat et Rœderer. Ce qui fait l'originalité de Degérando, c'est surtout la façon dont il se sépare de Condillac. Il fait appel, non seulement aux philosophes du xviiie siècle, mais aux philosophes de tous les siècles et, bien longtemps avant Cousin il est éclectique : « J'aspire, dit-il, au mérite plus facile tout ensemble et plus consolant pour le cœur de rendre la vérité accessible et populaire. Au lieu de citer à chaque page les philosophes de tous les siècles, j'aime mieux convenir de bonne foi, en commençant, que je leur dois tout... Je crois que presque tout a été dit en philosophie, et que ce ne serait pas une gloire médiocre, lors même qu'on n'y ajouterait rien, de recueillir les vérités éparses, de les dégager des erreurs qui les entourent, de les disposer dans un ordre convenable et de rendre à la philosophie le même service qu'ont rendu à la science des lois les jurisconsultes laborieux qui en ont rédigé le code et ordonné toutes les parties dans un lumineux ensemble. L'espérance de rendre la science de nos idées tributaire du bonheur commun, de rétablir quelques communications entre ce monde intellectuel qu'habitait la métaphysique, et ce monde social que parcourent les sciences positives (2) est la seule pensée qui m'a engagé dans une telle étude ».

Ainsi il part du principe reconnu par tous les philosophes que l'origine de toutes nos connaissances est dans nos sensations, mais distingue *sentir* ou être modifié (état passif), d'*apercevoir* ou avoir conscience de sa modification (état actif). En d'autres termes, c'est par l'attention ou acte de l'esprit que la sensation est transformée en perception (3). De même il ne fait pas du jugement la comparaison de deux perceptions ou de deux idées, mais il admet un jugement qui est le sentiment primitif par lequel chacun est averti de son existence et de celle des choses extérieures, à côté des jugements de comparaison qui servent à pro-

---

(1) Sainte-Beuve, plus irrévérencieux, dit : « Ils ne sont pas seulement mous, ils sont *filants comme le macaroni*, et ont la faculté de s'allonger indéfiniment sans rompre ».
(2) Remarquer l'expression.
(3) Cette distinction a donc été faite dans l'école avant Biran ; cf. ce qui a été dit de Lancelin et de Lamarck.

noncer sur la ressemblance ou la différence des résultats fournis par le premier (1). C'est encore en s'appuyant sur le même principe que Degérando distingue l'idée ou le rapport de la perception, et l'image ou le retour de la sensation. Affirmant une dépendance réciproque entre les divers organes cérébraux des sensations, il ramène à la simultanéité, à la succession, à l'analogie, la liaison mécanique qui détermine l'apparition et le retour des idées et appelle par suite *signe* toute sensation qui excite en nous une idée. Les signes ne sont pas nécessaires à la formation de nos premières idées, bien qu'ils le soient pour la formation de certaines. Contre les métaphysiciens modernes, Degérando justifie l'ancienne logique d'avoir enseigné que l'on compare les idées entre elles pour savoir si elles sont renfermées l'une dans l'autre ; avec d'Alembert et Condorcet, il reconnaît qu'au milieu de tous ses écarts, la raison s'avance cependant vers son but d'une manière lente, insensible, mais réelle et nécessaire ; il croit à la perfectibilité de l'esprit humain. Il veut se placer entre le dogmatisme ou méthode des systèmes abstraits, qui commence mal, et l'empirisme ou scepticisme qui ne sait pas déduire ; entre la mysticité exaltée de Malebranche et l'épicurisme d'Helvétius. Il soutient que si l'on a abusé du syllogisme, cela ne prouve nullement qu'il ne soit pas nécessaire ; mais il défend l'expression d'idéologie sur laquelle on a voulu jeter du ridicule. Enfin il admet que l'on emploie l'analyse, à laquelle se ramènent l'induction socratique, la réduction à l'absurde des scolastiques, la méthode de Locke, de Rousseau et de Smith. Mais il admet aussi la synthèse qu'on retrouve dans les *Méditations* de Descartes, dans le traité de Clarke sur *l'Existence de Dieu*, dans les écrits de Leibnitz et d'Aristote, dans la Psychologie de Bonnet et l'*Esprit des lois*.

Degérando, associé à l'Institut, y lut deux Mémoires sur la pasigraphie : dans le premier, il affirme que la pasigraphie repose sur une classification vicieuse, occasionne de fausses associations d'idées et ne ferait qu'augmenter l'abus trop ordinaire du langage. Dans le second, il nie qu'elle puisse devenir une langue universelle, et indique plusieurs avantages que nous retirons ou que nous pouvons retirer de la diversité des idiomes. Plus tard, il y lut un Mémoire sur Kant, où, tout en rendant justice au génie fécond et hardi du philosophe et à la vaste étendue de ses connaissances, il estime que sa méthode, ses prétentions et son obscurité disposent à mal juger son système (1). Mercier et Villers combattirent les conclusions de Degérando, soutenues par la *Décade* et les idéologues.

Son originalité se montre encore dans le Mémoire sur *le Sauvage de l'Aveyron*, et surtout dans les *Considérations sur les méthodes à suivre pour l'observation des peuples sauvages*, qu'il composa pour le capitaine Baudin. Déjà, dans son premier ouvrage, il se plaignait qu'on n'eût que quelques vagues renseignements sur les cérémonies, les costumes et les habitudes extérieures, sur les opinions, les idées et l'état moral des nations sauvages et barbares. Obligé d'être court et précis, Degérando a fait pour Baudin un Mémoire que la Société d'anthropologie a reproduit de nos jours comme un modèle.

En l'an IX, il professa la philosophie morale au Lycée républicain. Dans son discours préliminaire, il en exposa le but, le caractère et l'histoire : elle se rapporte doublement à l'homme, puisque c'est dans sa connaissance qu'elle puise les plus sûres lumières ; vers son amélioration, qu'elle dirige ses plus utiles résultats. C'est par ses rapports avec l'étude de l'homme qu'elle se lie aux autres sciences et se coordonne avec elles dans un système commun, dont elle occupe le centre. Son histoire se divise en quatre époques principales : la première, marquée par l'apparition de Socrate qui fit consister la sagesse dans l'art de se connaître soi-même ; la seconde, dans laquelle se forment les sectes de Zénon et d'Épicure ; la troisième, qui vit avec le christianisme, l'association de la morale et des idées religieuses ; la quatrième, qui commence à la renaissance des lettres avec Montaigne, Bacon, Hobbes et dont les représentants, anglais ou français, ont tantôt présenté les faits qu'ils avaient observés, tantôt réduit ces observations en systèmes, tantôt rapporté ces mêmes observations à la pratique.

Degérando évitait les controverses, parce qu'il voulait donner l'exemple de la tolérance, dont il professait les maximes. Il évitait de même toute application qui pourrait rappeler les époques de nos malheurs, avec autant de soin que d'autres en mettent à les rechercher : « C'est parce que nous avons tous

---

(1) F. Picavet, *la Philosophie de Kant en France de 1773 à 1814*, p. 20.

souffert, disait-il, qu'il nous convient à tous d'oublier. Ce serait aujourd'hui être l'ennemi du présent, de l'avenir, que d'insister trop sur les souvenirs du passé ».

Dans trois séances successives, Degérando exposa ensuite la théorie des sensations, montra comment elles forment un système lié dans toutes ses parties ; comment, se liant aux lois générales de la nature, à celles des facultés morales de l'homme, elles deviennent, par cette double liaison, le fondement de notre existence, l'origine de nos connaissances, le principe de toutes nos opérations. En étudiant le rapport des sensations à notre bien-être, il attribua le principe fondamental de ces deux modifications, à deux degrés divers d'intensité sensitive, définit les sentiments moraux qui accompagnent en nous ces impressions et en déduisit l'explication des effets qui en résultent ; il termina par un appel à la bienfaisance (1).

Pour l'Académie de Berlin (2), Degérando composa un Mémoire qui partagea le prix « avec celui d'un juif berlinois ». Il fut nommé en même temps correspondant de la Société des Arts de Genève et de l'Académie de Turin. « Ceci prouve au moins, dit la *Décade*, combien la doctrine de Locke et de Condillac réunit aujourd'hui les suffrages des sociétés savantes les plus éclairées de l'Europe ». Garat, Rœderer, Ampère, Cabanis, Biran (3)

---

(1) *Décade philosophique*, 10 pluviôse an IX.
(2) Elle avait proposé pour sujet de prix la question suivante : *Démontrer d'une manière incontestable l'origine de toutes nos connaissances, soit en présentant des arguments non employés encore, soit en présentant des arguments déjà employés, mais en leur donnant une clarté nouvelle et une force victorieuse de toute objection.* Elle y joignait le commentaire suivant : « L'importante question de l'origine de nos connaissances, agitée de tout temps, a été discutée de nos jours plus vivement que jamais ; elle est certainement d'un grand intérêt et il serait à souhaiter que les preuves, pour ou contre, fussent portées à un degré de perfection et d'évidence qui pût mettre les philosophes en état de prendre un parti décidé sur cet objet, sans tomber dans un syncrétisme qui, en substituant l'indifférence à l'intérêt, demeurerait infructueux pour les progrès de la philosophie. L'Académie n'entre point dans les idées de ceux qui regardent comme démontré avec une évidence mathématique, qu'une partie de nos connaissances prend son origine uniquement dans la nature même de notre entendement ; elle est persuadée, au contraire, qu'on a fait contre cette opinion des objections essentielles, demeurées jusqu'à présent sans réponses satisfaisantes, tout comme elle est persuadée qu'il y a des preuves très fortes en faveur de l'opinion qui déduit toutes nos connaissances de l'expérience, quoique peut-être ces preuves n'aient pas encore été mises dans leur vrai jour ».
(3) « J'aime à reconnaître ici, dit ce dernier, les obligations que j'ai à l'ouvrage sur *les Signes* du citoyen Degérando. La théorie lumineuse que nous a donnée cet auteur estimable, sur la formation des idées abstraites et complexes de différents ordres, sur la distinction de leurs qualités ou propriétés diverses, sur les formes de nos jugements abstraits, etc., m'a été très utile dans cette dernière partie de mon

avaient accueilli avec faveur l'ouvrage sur les signes. Ampère cite de même l'ouvrage sur *la Génération des connaissances humaines*, et Mme de Staël écrit, le 23 octobre 1802, à Camille Jordan : « Je lis l'ouvrage de Degérando pour Berlin qui me frappe de vérité et de clarté ».

En février 1803, Degérando terminait l'*Histoire comparée des systèmes de philosophie relativement aux principes des connaissances humaines*. La doctrine de la perfectibilité a conduit Cabanis à accorder à tous les systèmes une importance que ne leur reconnaissaient ni Condillac, ni même D. de Tracy. L'étude d'Hippocrate l'a ramené au stoïcisme. L'éclectisme moral, religieux et philosophique, auquel se rattache de plus en plus Degérando, a été cause qu'il a écrit avec une impartialité rare alors et même depuis, l'*Histoire des systèmes*. Par lui, comme par Cabanis et par Fauriel, la méthode historique prend plus d'ampleur et de précision. Et Degérando appartient bien à l'école. Il cite avec éloges Condorcet, Cabanis, Biran, Thurot, D. de Tracy, dont il combat l'hypothèse « fort ingénieuse pour expliquer l'origine de nos connaissances ». L'épigraphe empruntée à Quintilien (1) eût pu être mise en tête de l'*Esquisse* de Condorcet. L'ouvrage réalise en partie le vœu qu'avait formé Bacon de voir exécuter, pour « l'accroissement des connaissances humaines, une histoire universelle des sciences et des arts ». L'histoire de la philosophie est un nouveau texte pour nos méditations et la longue expérience qu'elle fournit fera surgir, comme d'elle-même, une théorie importante. Toute philosophie ayant en quelque sorte pour pivot les principes ou les vérités premières placées à l'origine de toutes les autres, il faut, après une exposition historique des systèmes imaginés par les philosophes sur les principes des connaissances humaines, faire une analyse critique où l'on oppose leurs motifs et où l'on compare leurs effets. D'après des témoignages authentiques, on classe, divise, définit les doctrines et fixe les signes des révolutions philosophiques; puis on en tire une lumière nouvelle pour la question fondamentale.

---

travail. En lui rendant ici ce qui lui appartient, je remplis un devoir ; en lui exprimant ma reconnaissance, j'obéis au sentiment ». (Mémoire sur *l'Habitude*, p. 232.)

(1) « Illis invenienda fuerunt, nobis cognoscenda sunt ; tot nos præcepta, tot exemplis instruxit antiquitas, ut non possit videri ulla forte ætas felicior quam nostra, cui docendæ priores elaboraverunt ».

Degérando ne veut que faire une introduction générale à l'histoire de la philosophie (1), et préparer à ses successeurs une nomenclature régulière et simple, analogue à celle des naturalistes. En dix-sept chapitres (2) il donne des notions, encore exactes pour la plus grande partie, sur toutes les écoles, même sur celles qu'on estimait le moins.

Qu'il nous suffise d'appeler l'attention sur celui où il parle de la scolastique : rien n'est plus injuste, dit-il, que le mépris avec lequel nous traitons aujourd'hui cette grande discussion entre réalistes et nominaux, qui se rattache aux plus célèbres doctrines de l'antiquité et des temps modernes et porte sur la question fondamentale de la génération des idées. Elle a rendu l'indépendance aux esprits, ouvert des routes nouvelles, préparé une salutaire réforme des méthodes. Avec Leibnitz, on peut dire : « *aurum latere in stercore illo scholastico barbariei* » (3). Si nous rapprochons Degérando et Daunou, ne sera-t-il pas juste encore d'affirmer que, en continuant d'Alembert et Condorcet, ils ont contribué à nous révéler et à nous faire étudier le moyen âge, qu'on s'obstine toujours à représenter « comme ignoré et méprisé par les idéologues » (4). De même si nous lisons les pages consacrées à la philosophie écossaise et à la philosophie allemande, nous serons tentés encore de répéter le *sic vos non vobis*, en voyant ce qu'on écrit tous les jours de Royer-Collard et de Mme de Staël.

Séparant le syncrétisme, qui confond en un seul tous les éléments les plus hétérogènes, de l'éclectisme qui extrait des diverses doctrines, par un choix raisonné et une sage cri-

---

(1) Le titre a été repris comme les idées par Cousin.
(2) I. Objet et plan. — II. Historiens de la philosophie. — III. Origine de la philosophie. — IV et V. Première période, École d'Ionie, Pythagore, Héraclite, Écoles d'Élée, sophistes. — VI et VII. Deuxième période, Socrate, Platon, les trois Académies, les sceptiques, Aristote, Épicure, Zénon. — VIII. Troisième période, Éclectisme ou syncrétisme, règne des doctrines mystiques. — IX. Quatrième période, Arabes, scolastiques, règne de la philosophie d'Aristote. — X. Cinquième période, Réforme de la philosophie, Bacon et son école, les méthodes expérimentales. — XI. Développement de la doctrine de Bacon et de Locke en Angleterre et en France. — XII. Philosophes qui ont restreint le principe de l'expérience dans de plus étroites limites, Hobbes et son école, éclectiques, sceptiques, idéalistes modernes. — XIII. Histoire du cartésianisme. — XIV. Leibnitz et Wolf, l'automatisme spirituel, les principes de contradiction et de raison suffisante. — XV. École de Leibnitz et de Wolf. — XVI. Kant et son école, criticisme. — XVII. Destinées de la philosophie critique et systèmes sortis de l'école de Kant.
(3) Voyez les jugements sur Albert le Grand, Guillaume d'Auvergne, saint Thomas, Duns Scot, Henri de Gand, Guillaume d'Occam, etc.
(4) Voyez F. Picavet, *Revue critique* (compte rendu du *Duns Scot* de Pluzanski).

tique, ce que chacune d'elles peut avoir d'utile, Degérando voit dans l'histoire un moyen de distinguer, par des caractères fixes et certains, la fausse philosophie de la véritable. La multiplicité des systèmes a été une préparation à la découverte de la vérité ; bon nombre d'opinions, sans être la vérité tout entière, en ont été le commencement. Leur diversité tient à ce quelles sont incomplètes, et chacune a son prix, puisqu'elle apporte quelques éléments nécessaires à la formation des notions exactes. Avec Leibnitz, il faut faire un choix entre les maximes des philosophes, en découvrir les traces chez les anciens, les scolastiques, les Allemands et les Anglais, tirer l'or de la boue, le diamant de sa mine, la lumière des ténèbres, pour constituer la vraie philosophie, *perennis quædam philosophia*. Aussi, l'histoire terminée, en extrait-il les résultats. Les systèmes recherchent tous comment les connaissances se forment, se constituent, se légitiment ; il en examine la certitude, l'origine, la réalité. De là, dogmatisme et scepticisme, empirisme (1) et rationalisme, enfin matérialisme et idéalisme, entre lesquels se place un moyen terme qui consiste à n'affirmer qu'après avoir douté, à réconcilier les sens et la raison, à admettre la réalité des objets connus par les sens externes et par le sens intérieur (2). Si l'on examine la filiation historique des systèmes, on voit que l'empirisme apparaît d'abord, puis que le rationalisme prend naissance. De la guerre que se livrent l'empirisme et le rationalisme sort le scepticisme qui trouve les sens et la raison également incapables de procurer une véritable connaissance. On allie les sens et la raison : l'empirisme fait place à la philosophie de l'expérience, le rationalisme à une philosophie spéculative où la raison est au premier plan, les vérités sensibles au second. Les expérimentalistes font naître les idées déduites des idées sensibles, les spéculatifs admettent des idées innées; les premiers préfèrent les méthodes analytiques, les seconds les méthodes synthétiques. On se divise de nouveau

---

(1) Degérando joint à cette épithète, p. 341, celle de *sensualisme*, déjà employée par Villers, et avec laquelle on devait plus tard combattre son école.
(2) M. Ferraz, *Spiritualisme et Libéralisme*, p. 177, a rapproché Degérando de Hégel, unissant, par la synthèse, la thèse et l'antithèse, et vu en lui un prédécesseur de Cousin pour l'éclectisme et la classification des systèmes sensualiste, idéaliste, sceptique et mystique ; avec raison, ce semble, mais en oubliant Cabanis et Fauriel et en diminuant la conception de Degérando, beaucoup moins simple et plus exacte que celle de Cousin. Cf. Taine, *op. cit.*, p. 149 : « Le plus fidèle élève de Cousin, M. Saisset, a réfuté à l'École normale la théorie des quatre systèmes ».

sur la réalité des objets auxquels nous rapportons les sensations internes ou externes : les matérialistes combattent les idéalistes, dont les *identistes*, qui n'admettent même pas le moi, et se retranchent dans quelques axiomes abstraits indépendamment de toute existence, forment l'avant-garde, et par leurs discussions font naître un scepticisme absolu. On s'aperçoit alors qu'il est nécessaire de définir la science. Il y a liaison entre les révolutions de ces divers systèmes. La philosophie de l'expérience corrige la précipitation du dogmatisme par un scepticisme de prudence, elle repousse le scepticisme absolu par l'autorité des faits; elle délivre l'esprit humain des chaînes de l'empirisme, elle lui rend, avec les déductions et les méthodes, le moyen de généraliser; elle ramène le rationalisme des vagues espaces où il s'égarait, aux données précises de l'observation; elle offre à l'idéalisme et au matérialisme un traité de paix fondé sur la double expérience des sens externes et du sentiment intime. Immuable parce qu'elle a su rencontrer la grande loi de l'équilibre, elle tient en quelque sorte la balance entre les systèmes (1).

On lit si peu Degérando et surtout la première édition de l'*Histoire comparée* qu'il serait aisé d'en extraire bon nombre d'idées qui ont paru originales, quand on les a rencontrées chez ses successeurs (2). De Bonald y puisa des armes pour montrer « que l'Europe, le centre et le foyer de toutes les lumières, attend encore une philosophie »; Biran y prit des arguments contre de Bonald. L'ouvrage fut traduit en plusieurs langues. Tennemann en fit l'éloge, Dugald-Stewart y vit, avec la rare alliance du savoir, de la générosité des sentiments, de la profondeur philosophique, une frappante et complète analogie avec ses vues propres (3).

---

(1) Degérando lui attribue même des avantages politiques : « L'empirisme s'oppose à toute réforme, les spéculatifs les provoquent imprudemment, la philosophie de l'expérience les accommode aux temps, aux mœurs, aux leçons du passé, aux circonstances présentes ». On comprend que cette philosophie ait plu à Bonaparte et qu'il ait utilisé les services de celui qui la professait.

(2) La comparaison de la philosophie et des beaux-arts, l'emploi du merveilleux dans les systèmes, l'art de former une secte, la distinction de la philosophie moderne et de la philosophie ancienne, les problèmes qui restent à résoudre et ceux qui sont insolubles, etc. Cf. Ravaisson, *Rapport*; Boutroux, *Introduction* à la traduction de la *Ph. Grecque* de Zeller; Brochard, *le Scepticisme dans l'antiquité grecque*; Victor Egger, *la Science moderne* (Revue internationale de l'enseignement, 15 août 1890); Dubois-Reymond, *les Sept énigmes du Monde*, etc.

(3) Troisième *Essai*, p. 14. — Il faut remarquer dans cet ouvrage de Degérando certaines expressions que nous avons déjà signalées chez Thurot : doctrine *positive*, expérience *positive*, sciences *positives*, etc.

D'abord secrétaire du bureau consultatif des arts et du commerce, Degérando devint secrétaire général au ministère de l'intérieur; puis maître des requêtes, il alla en Italie, à Florence et à Rome, devint conseiller d'État en 1811 et intendant de la Catalogne en 1812. Il se rapprochait ainsi de plus en plus de Napoléon. Il y eut, avec les idéologues, des froissements. Degérando, dans son *Rapport sur le progrès de la philosophie*, faisait l'éloge de Kant, des travaux publiés en Allemagne sur l'histoire de la philosophie, vantait Dugald-Stewart et ne parlait de l'école française que comme ayant redressé la doctrine de Condillac. Le ministre, chargé pour les autres rapports de « prescrire des bornes (1), à certaines opinions contraires à la morale publique », se déchargea de sa responsabilité sur Degérando qui dut indiquer des corrections et donner des conseils à des hommes dont il avait reconnu la supériorité en mille occasions : « Leur amour-propre s'en blessa, dit Mme de Gérando, et il y eut un grand déchaînement contre celui qui avait donné la forme d'un conseil amical, à ce qui pouvait devenir un ordre supérieur » (2).

En 1814, Degérando fait partie de la Société philosophique qui se réunit chez Biran. En 1818, il enseigne à la Faculté de Paris, le droit administratif et public quatre volumes d'*Institutes*. L'un des fondateurs de la Société pour l'instruction élémentaire, il fait aux instituteurs primaires, un *Cours normal*, où il explique la direction à donner à l'éducation physique, morale et intellectuelle. En 1822, il donne une édition considérablement augmentée de l'*Histoire comparée* (3). Ampère se plaignait que Cousin développât ses idées sans le citer; Biran disait que si Cousin chassait sur ses terres, c'était de son plein consentement, et qu'il avait une bonne part du gibier. L'éditeur de Degérando semble indiquer aussi que Cousin lui devait bien quelque chose : « En lisant, disait-il, les programmes des cours ouverts depuis quelques années à la Faculté des lettres de l'Académie de Paris, on se convaincra que les professeurs ont généralement adopté pour base de leur enseignement, précisément l'idée sur laquelle repose l'ouvrage de M. Degérando ». Damiron et Cousin ont

---

(1) *Lettres* de Mme de Gérando, page 226.
(2) A la même époque Sainte-Beuve (*C. Jordan*) signale un refroidissement entre Degérando et Mme de Staël.
(3) Quatre volumes allant jusqu'à la fin de la scolastique, parurent alors ; quatre autres volumes sur la philosophie moderne ont été publiés par son fils.

voulu montrer que, dans cette seconde édition, comme dans les ouvrages qui suivirent, Degérando s'était séparé des *idéologues*. Il n'a cependant abandonné aucune des opinions qu'il avait autrefois exprimées ; il loue encore Bacon, Condorcet et Cabanis. Mais à partir de cette époque, il est de plus en plus occupé des idées morales et religieuses, qui de bonne heure avaient attiré son attention. Dès 1820, il écrit le *Visiteur du Pauvre* ; en 1824, son livre du *Perfectionnement moral*, qui, dédié à sa femme, parut après la mort de celle qu'il avait si tendrement aimée. Degérando y parle souvent de la Providence et de Dieu, mais il défend la philosophie de l'expérience contre ses détracteurs, qu'il ne nomme pas d'ailleurs. S'il applaudit l'éclectisme judicieux, qui emprunte à chaque système ce qu'il a de bon, et rejette seulement ce qu'il a d'incomplet, il ne fait que répéter ce qu'il avait développé dans ses premiers ouvrages. S'il voit dans l'homme un être religieux, il continue à le considérer, avec Condorcet, comme un être perfectible, et à croire qu'il peut s'élever et s'étendre par une progression ininterrompue ; s'il est chrétien, il ne l'est pas à la façon de ceux qui se rattachent au côté poétique du christianisme, et en font, comme Chateaubriand, une sorte de superstition et d'idolâtrie. D'ailleurs après cet ouvrage qui contient des banalités, des redites et même des déclamations, mais aussi des choses fort intéressantes, Degérando revenait encore à une étude d'*idéologie*.

Dans son Rapport de 1808, dans son Histoire de 1822, il signalait déjà l'intérêt qu'il y aurait à observer des sourds-muets avant qu'ils ne soient instruits. Parlant d'une jeune fille sourde-muette et aveugle, on pourrait, disait-il, faire un livre sur l'histoire de son intelligence, et cette histoire aurait du moins sur le roman de la statue imaginée par Condillac, l'avantage d'être en tout une expérience *positive*. Administrateur des sourds-muets, il fut chargé, à la mort de Sicard, de présenter un tableau comparatif et raisonné des méthodes qui ont été appliquées à leur éducation et de proposer les améliorations progressives qui pouvaient y être introduites. Il fit, en deux volumes, son ouvrage sur l'*Éducation des sourds-muets de naissance*. Dans une première partie, il établit les principes et la fin de l'enseignement ; dans une seconde, il écrit l'histoire de l'art ; dans une troisième, il considère le mérite respectif des divers systèmes et indique les perfectionnements dont ils sont susceptibles. La partie historique dénote une sûre érudition et vaut encore aujourd'hui; la partie dogmatique est des plus intéressantes et fait voir combien l'étude des questions psychologiques serait utile à ceux qui s'occupent des sourds-muets. Mais dans ce livre où Preyer (1) signalait tout récemment encore de très bonnes observations sur l'acquisition du langage chez l'enfant, nous ne voulons indiquer que ce qui est vraiment original et rappelle l'idéologue. Se souvenant de son *Mémoire* pour Baudin, Degérando regrette qu'on ne fasse pas pour le sourd-muet ce qu'on a tenté déjà pour les sauvages. La description de leur développement intellectuel, de leurs croyances et de leurs préjugés, de leurs idiomes, serait d'une grande utilité pour l'étude des sciences philosophiques. Il faudrait les examiner dans leurs familles et livrés à eux-mêmes, dans les différentes positions et à différents âges. Malheureusement il a négligé, lui aussi, d'étudier avec suite et méthode ce qu'il appelle l'histoire naturelle du sourd-muet, quoiqu'il ait fourni certains renseignements qui ne sont pas sans intérêt sur James Mitchell, aveugle et sourd, et sur une jeune fille, sourde-muette et aveugle, qui a plus d'un point de ressemblance avec Laura Bridgmann (2). Bien plus, gouverneur-administrateur des Quinze-Vingts, il avait été amené à comparer la situation des aveugles à celle des sourds-muets, et à faire quelques observations sur les dispositions morales et intellectuelles des premiers. Combien on regrette qu'il n'ait pas été contenu par D. de Tracy et Cabanis! Au lieu des quatre volumes sur la *Bienfaisance publique*, que d'autres eussent pu faire, il nous aurait peut-être laissé sur les sauvages, les sourds-muets et les aveugles, un ouvrage qui l'eût, plus encore que son *Histoire*, rangé parmi les penseurs dont la postérité se souvient. A la place d'idées originales mais non toujours mises en pratique et noyées en plus de vingt-cinq volumes, il eût fait une œuvre (3).

(1) Preyer, *l'Ame de l'Enfant*, p. 498.
(2) Sur Laura Bridgmann, cf. *Rev. ph.*, I, 401; VII, 316.
(3) Degérando, rentré à l'Académie des sciences morales et devenu pair de France, présidait, six mois avant de mourir, la commission chargée de juger le concours sur Laromiguière, et demandait aux concurrents d'être plus justes pour les philosophes de l'École française, dont Laromiguière a suivi les traces. Sur Degérando, cf. Cousin, *Fragments philosophiques*; Damiron, *op. cit.*; Jourdain, *Dictionnaire philosophique*; Miguel, *Notice*; Ferraz, *Spiritualisme et libéralisme*; Jules Simon, *Une Académie sous le Directoire*; Paul Janet, *Victor Cousin et son œuvre*, etc.

Il a déjà été question à plusieurs reprises de Prévost de Genève (1). Traducteur d'Adam Smith, il a très bien caractérisé les trois écoles française, écossaise et allemande, il a fait l'éloge de Garat et de Thurot et obtenu une mention au concours sur l'Influence des signes. Correspondant de l'Institut, c'est à l'auteur de la *Génération des connaissances humaines*, qu'il emprunte, en l'an XIII, l'épigraphe de ses *Essais de philosophie* (2). Reprenant la division en trois écoles, il mentionne D. de Tracy, dont à regret il n'accepte pas, en ce moment du moins, tous les principes, en lui faisant cependant plusieurs emprunts; Biran, qui a savamment suivi et déduit la théorie de l'habitude exposée par D. de Tracy; Degérando qui a profondément analysé la manière dont les facultés contribuent à la formation de nos idées, mais surtout Dugald-Stewart et les Écossais. Quatre ans plus tard, il dédiait à Degérando la traduction des *Éléments de la philosophie* de l'esprit humain de Dugald-Stewart, en lui adressant une lettre qui montre combien étaient étroites, à cette époque comme au xviii° siècle, les relations entre les philosophes de la France, de l'Écosse et de la Suisse (3).

De Prévost, on pourrait rapprocher Dumont, l'ami de Mirabeau et le traducteur de Bentham, dont il fit connaître les idées sur le continent; Walckenaer qui en 1798, dans son *Essai sur l'histoire de l'espèce humaine*, s'appuie sur Bacon, mais combat Voltaire, Montesquieu, Helvétius, La Rochefoucauld et Mandeville, en invoquant Smith et Stewart traduit par Prévost; Lesage, dont quelques opuscules suivent les *Essais de philosophie* et chez qui M. Paul Janet a relevé des idées fort intéressantes sur les causes finales (4).

Mais Bonstetten (1745-1833) mérite une mention spéciale. Il connut Voltaire et Bonnet, B. Constant et Mme de Staël. Biran l'a lu et cité. Dans ses *Recherches sur l'imagination* (1807), il distingue les sentiments des idées, en reprochant aux modernes d'avoir isolé des faits qu'il eût fallu observer en leur composition. Il critique Kant, nomme souvent Bonnet et Leibnitz, quel-

---

(1) Cf. ch. I, § 2; ch. VI, § 5.
(2) « La philosophie est un art pratique qui s'efforce de nous apprendre à faire un bon usage des dons de la nature, qui cherche à nous rendre plus éclairés, pour nous rendre meilleurs ».
(3) Degérando écrivait lui-même en 1804: « Je me fais un plaisir et un devoir d'annoncer que je dois beaucoup pour la philosophie écossaise aux indications qui m'ont été fournies par mes dignes amis, MM. Prévost et Pictet ».
(4) Paul Janet, *les Causes finales*, 1re éd. p. 619 sqq.

quefois Pinel, mais eût pu restituer à Cabanis plus d'une des réflexions justes, le plus souvent superficielles, qu'il y fait entrer (1). Les *Études de l'homme* (1821) où sont mentionnés Helvétius et Locke, Bonnet et Bacon, Herder et Hume, Smith et Leibnitz, Rivarol et Diderot, Kant et Garve, ont pour objet d'étendre la théorie de la sensibilité et portent sur la sensation, la liaison des idées, le sens moral, la vérité, l'immortalité de l'âme et l'existence de Dieu. Les idéologies ne montrent dans la pensée que des idées ; il faut y faire entrer le sentiment comme une partie intégrante et non comme un hors-d'œuvre. Toutefois la méthode analytique est la seule méthode d'invention, parce que nos connaissances sont à l'origine contenues, comme un germe, dans des sensations très composées et très obscures (2).

III

Pour D. de Tracy, Volney, Cabanis, Condorcet, comme pour Lamarck, J.-B. Say, Thurot, Ampère, Laplace, l'idéologie et les sciences étaient des alliées qui ne pouvaient obtenir de résultats qu'en marchant de concert. Avec Laromiguière, la philosophie se construit, sauf quelques généralités mathématiques, indépendamment des sciences. A. Comte et les positivistes prennent pour eux les sciences mathématiques, physiques et sociales ; Broussais et les naturalistes font la philosophie biologique ; Fauriel, A. Thierry et leurs successeurs cherchent à dégager la philosophie de l'histoire ; Ch. Comte, Dunoyer, Bastiat même, continuent en économie politique la tradition idéologique, tandis que les philologues se mettent à l'école de l'Allemagne et tâchent de la rejoindre sur le domaine positif, avant de se lancer dans la spéculation.

Les successeurs de Laromiguière n'ont plus de commun avec les savants qu'une seule chose, à dire vrai d'une importance capitale, la méthode. Mais les qualités de l'homme gagnaient à la doctrine tous ceux qui l'approchaient ; celles de l'écrivain étaient bien propres à rendre son œuvre populaire. D'une clarté sans égale, et ne s'appuyant à peu près que sur les notions vulgaires, elle pouvait être comprise par les gens du monde, aux-

(1) Par exemple, la distinction d'un sixième sens.
(2) Cf. Cabanis et D. de Tracy, ch. III à VI, *passim*.

quels elle apprenait vite à réfléchir et à classer leurs idées. Son mérite littéraire était apprécié par tous ceux qui tiennent grand compte de la forme que revêt la pensée. Le soin avec lequel l'auteur avait évité tout ce qui ressemblait à la polémique et tout ce qui pouvait éveiller la colère ou la haine, la recommandait aux pères de famille pour qui la culture des sentiments doux et aimables semble la partie capitale de l'éducation. Il en était de même pour les professeurs à qui d'ailleurs le livre devait plaire, en ces années de lutte religieuse, par un autre côté encore. Les doctrines y étaient en accord avec le christianisme ; sans se faire la servante de la théologie, la philosophie ne se montrait ni audacieuse, ni envahissante ; elle n'aspirait en aucune façon à prendre la place de la religion. Aussi à l'exception de ceux qui ne voulaient aucune philosophie, la plupart des membres du clergé la trouvaient irréprochable et ne répugnaient nullement à lui laisser, même aux époques les plus troublées, une place dans l'enseignement (1) ; le dernier des laromiguiéristes fut un abbé qui avait été son disciple sous la Restauration. Aussi lorsque le clergé, effrayé par les hardiesses de certains professeurs, attaquera l'enseignement philosophique, les hommes politiques qui auront à dissiper ses appréhensions répondront par les *Leçons*; Cousin, comme Villemain, y verra un « livre consacré » ; la monarchie de Juillet, comme l'Empire, le mettra entre les mains de la jeunesse. Ajoutez que les adversaires de l'éclectisme, ne pouvant faire enseigner leurs doctrines, ne manqueront pas de proposer, s'il faut un enseignement officiel, qu'on choisisse la philosophie des *Leçons*, claire et exposée en d'excellents termes, prudente et ne blessant aucune conviction. Les savants y retrouveront leur méthode et ne seront pas hostiles à cette philosophie scolaire ; ils se diront que l'étude en est utile, encore qu'insuffisante, pour ceux qui veulent un jour prendre part à leurs recherches. Si plus tard des philosophes, qui auront étudié les sciences, s'aperçoivent de cette identité de méthode, ils montreront sans grande peine quels avantages il en résultait pour la philosophie et insisteront sur la nécessité d'une union plus intime : l'éloge du plus aimable et du plus populaire, sinon du plus grand et du plus original des idéologues, contribuera à leur donner des continuateurs qui, reprenant leur méthode, perfec-

---

(1) C'est au nom de Condillac et de Locke même qu'on fait à Rome des objections à Lamennais.

tionnée par les découvertes scientifiques, fourniront aux savants une *idéologie nouvelle*.

Pierre Laromiguière naquit en 1756 à Lévignac dans le Rouergue. Comme Biran et Lakanal, Sicard et Daunou, il fit ses études chez les Doctrinaires, puis entra dans la congrégation: « Nous étions là, disait-il plus tard en parlant de son noviciat, vingt-quatre jeunes gens qui, après avoir été bourrés de grec et de latin pendant huit ans, commencions à nous exercer à l'enseignement. Il fallait débuter par la plus basse classe, et deux années durant, être prêt à toute heure à répondre à toutes les questions qu'il plaisait à nos supérieurs de nous adresser. Souvent, au moment de manger la soupe, on entendait une voix qui disait : Professeur de sixième, montez en chaire et expliquez-nous toutes les difficultés du *que retranché*, exposez l'opinion de Port-Royal, expliquez la prosodie latine, récitez le troisième chant de l'*Énéide* en commençant par le soixantième vers... puis des chicanes à l'infini et des efforts de mémoire surnaturels. Des épreuves d'un autre genre attendaient deux ans après le professeur des humanités. Enfin c'était le tour de la philosophie. *Nego consequentiam; argumentum in barbara; distinguo*; et il fallait parler latin constamment et sans solécisme, sous peine d'exciter la risée des *ornatissimi auditores*. Après quoi, on nous donnait cent écus par an, la jouissance d'une bonne bibliothèque et nous étions heureux comme des chanoines (1) ».

Successivement, il fut régent de cinquième, de quatrième, de seconde à Moissac et à Lavaur, de troisième au collège de l'Esquille à Toulouse. Il prit les ordres, dit une seule fois la messe et s'en tira assez maladroitement (2). En 1777, il est à Toulouse répétiteur de philosophie et peut-être déjà, comme plus d'un de ses confrères, en correspondance avec Condillac, qu'il ne vit jamais (3). Professeur de philosophie à Carcassonne, à Tarbes où il eut Daube pour élève, à l'école militaire de la Flèche, il

---

(1) Mignet, *Notice historique, Comptes rendus de l'Académie des sciences morales et politiques*. Sur Laromiguière, cf. Daunou, *Notice*, 1839 ; Saphary, *l'École éclectique et l'école française*, 1844 ; Mallet, *Mémoires de l'Ac. des Sc. m. et p.*, 1847 ; Paul Janet, *Liberté de penser*, 1849 ; Tissot et Lame. § 4 ; Taine, *les Philosophes classiques du XIXᵉ siècle*, 1858 ; Gatien-Arnoult, *Étude sur Laromiguière*; Compayré, *Notice sur Laromiguière, acad. des jeux floraux*, 1869 et 1878, etc.

(2) Paul Janet, *op. cit.*

(3) « Je donnerais tout au monde, disait-il à Perrard (*Logique classique*, p. 39) pour avoir eu un court entretien avec lui ».

revient en 1784 à Toulouse. Des lettres adressées à sa mère et à son frère (1) le montrent, ce qu'il fut toute sa vie, aimable et tendre, dévoué et généreux, toujours prêt à aider du peu qu'il a ceux qu'il aime, toujours attentif à le faire avec une discrétion, une bonne grâce et une humeur souriante, bien propre à laisser croire à ses obligés qu'il est leur débiteur parce qu'ils lui donnent l'occasion de faire le bien. D'ailleurs c'est ce que pensait lui-même l'homme qui plus tard avançait les frais d'impression de l'*Histoire des Français des divers États dans les cinq derniers siècles*, et écrivait ensuite à son ami Alexis Monteil qu'il lui avait trouvé un éditeur (2).

Il y a dans presque tous les manuels, une légende (3), qui a eu longtemps cours et qui n'est pas pour cela plus fondée. La philosophie de Condillac aurait dominé sans conteste en France jusqu'en 1810, et seul Laromiguière, à côté de Royer-Collard, aurait protesté alors, en grande partie sous l'influence de la réaction politique et religieuse, contre la philosophie régnante. Nous n'avons trouvé chez les idéologues aucun disciple fidèle de Condillac. S'ils s'en réclament, c'est pour la méthode. Or la méthode est, au xviii° siècle, le patrimoine commun, non seulement de tous les philosophes, mais encore de tous les savants. Comme les idéologues, Laromiguière adopte la méthode recommandée par Condillac. Mais bien plus qu'eux il reste son disciple : il l'est entièrement pour la métaphysique, et dit de Dieu, de l'âme, libre, spirituelle et immortelle, ce qu'aurait affirmé Condillac, mais ce que n'auraient accepté ni Volney, ni Cabanis, ni D. de Tracy, ni même Garat. C'est justement pour avoir été plus condillacien que ses illustres amis, que Laromiguière a pu devenir populaire, quand leurs doctrines étaient partout combattues. Bien plus, ce qu'il était en 1811, il le fut en 1793 et en 1798, il l'était en 1784.

(1) Cf. Les lettres publiées par Gatien-Arnoult dans la *Minerve*.
(2) « Les plaisirs de l'esprit ont un attrait toujours nouveau, disait-il à ses auditeurs... mais il en est de plus grands. Quels que soient les ravissements que fait éprouver la découverte de la vérité, il se peut que Newton, rassasié d'années et de gloire, Newton qui avait décomposé la lumière et trouvé la loi de la pesanteur, se soit dit, en jetant un regard en arrière : Vanité ! tandis que le souvenir d'une bonne action suffit pour embellir les derniers jours de la plus extrême vieillesse, et nous accompagne jusque dans la tombe. Combien s'abusent ceux qui placent la suprême félicité dans les sensations ! ils peuvent connaître le plaisir : ils n'ont pas idée du bonheur ».
(3) Elle commence à Damiron (1828) qui parle « d'habitudes à vaincre, de préjugés à abandonner, de la peine éprouvée à se séparer des idées auxquelles il avait voué sa première foi et son premier amour ».

Tandis que son collègue, le père Rouaix représentait les anciennes doctrines, Laromiguière traitait de l'origine des idées. Il se prononçait contre les idées innées avec Locke et Condillac, affirmait que toutes supposent la sensation, mais croyait qu'elles proviennent de l'application des facultés actives de notre esprit à nos différentes manières de sentir (1). Disciple encore de Condillac, mais aussi de Voltaire, de Rousseau, de Montesquieu, il faisait soutenir à ses élèves des thèses qui montrent, à côté de l'auteur des *Leçons*, respectées même par les politiques les plus réactionnaires en religion et en philosophie de la Restauration, un homme bien différent, le partisan de la Révolution, le tribun opposant et même le conspirateur — moins ardent à la vérité, mais aussi convaincu que Daunou ou Cabanis — des derniers temps du Consulat. Le texte de l'une de ces thèses : *Non datur jus proprietatis, quoties tributa ex arbitrio exiguntur; le droit de propriété est violé toutes les fois que les impôts sont levés arbitrairement*, résume en partie les aspirations politiques de la génération qui a fait la Révolution. Le procureur général se plaignit de cette attaque contre le pouvoir jusque-là illimité de la royauté. Le Parlement qui avait condamné Vanini et Calas, censura la thèse, mais sans pouvoir, ce semble, empêcher Laromiguière de la faire discuter (2). La convocation des États généraux fut par lui bien accueillie: « Comme la plupart des hommes studieux, dit Daunou, et spécialement de ceux qui se trouvaient alors employés à l'enseignement dans les universités et les congrégations, il embrassa la cause de la liberté publique avec franchise et non sans quelque enthousiasme ».

En 1790, après la suppression des congrégations, Laromiguière fit, sur la philosophie sociale, sur les droits et les devoirs de l'homme et du citoyen, un cours public qui eut un succès de bon augure pour le futur professeur de la Faculté des lettres (3). Pendant la Terreur, il vécut dans la retraite, et comme D. de Tracy, Rœderer et tant d'autres, il demanda des consolations à

---

(1) « Il commençait à avoir, dit Mignet, dans le dernier siècle, la théorie qui a fondé sa réputation ; il avait donné à l'Université de Toulouse, c'est lui-même qui nous l'apprend, les leçons qui quinze ans plus tard, en 1811, obtinrent un si vif succès en Sorbonne ». — M. Compayré renvoie à la note qui suit le préambule des *Leçons*. Cette note ne figure ni dans la première édition, ni dans la cinquième, ni dans la sixième et la septième.

(2) Paul Janet, *op. cit.*

(3) Liard, *op. cit.*

la philosophie. Son *Projet d'Éléments de métaphysique*, que M. Jules Simon appelle un chef-d'œuvre de clarté et de style, élégant et simple, parut en 1793. C'étaient les deux premiers livres d'un ouvrage qui devait en avoir dix, et traiter de l'analyse de la pensée, des sensations, des idées, des doctrines des métaphysiciens, de l'origine de la morale, de l'âme, des animaux, de Dieu, de l'Art de raisonner nos erreurs et nos ignorances. Sieyès le remarqua et le fit lire à Condorcet, à Cabanis, à D. de Tracy (1) qui y reconnurent un des leurs. A trente-huit ans, Laromiguière, envoyé à Paris par le département de la Haute-Garonne, suivit, comme Thurot, les cours des Écoles normales, surtout ceux de Volney et de Garat. Ce dernier, après avoir lu des observations écrites que lui avait adressées Laromiguière, commença sa conférence en disant : « Il y a ici quelqu'un qui devrait être à ma place (2) ». Sicard le nomma instituteur-adjoint aux Sourds-Muets, à la recommandation de Lakanal. Daunou lui céda sa chaire de grammaire générale. Associé à l'Institut comme D. de Tracy, Laromiguière y présenta trois Mémoires qu'on a eu grand tort de ne pas relire pour faire l'histoire de ses idées.

Le 27 germinal an IV, il en lisait un (3) sur la détermination des mots, *analyse des sensations*. « Appelé, disait-il, à partager vos travaux, j'ai voulu d'abord me montrer à moi-même le sujet qu'on nous a donné à méditer, et je me suis demandé ce que je devais entendre par ces mots, *analyse des sensations* ». Fort nettement, il indique le point de vue auquel il se place, en se rangeant parmi les esprits ordinaires, pour lesquels l'art doit diminuer l'épaisseur de l'*enveloppe* qui cache la vérité et lui donner une transparence qui laisse voir au moins les traits principaux de la vérité qu'elle recouvre. Ses réflexions ne portent que sur une *surface* (4). L'art et la nature dessinent tous leurs ouvrages avec la droite et la courbe, *principes* ou éléments générateurs de toutes les formes. Le grain est le principe ou élément générateur de la farine, de la pâte et du pain. Un principe est donc un fait qui prend successivement différentes formes. Dans la nature et dans les arts, nous trouvons des phéno-

---

(1) Paul Janet, *op. cit.* — Je ne sais si cela est exact pour Condorcet.
(2) Cf. Mallet et Miguet, *op. cit.*
(3) *Mémoires de l'Institut national*, t. 1, p. 451 à 461.
(4) « Parmi les descriptions de la *couverture*, dit Taine, p. 17, celle de Laromiguière est des meilleures et restera ».

mènes ou des procédés renfermés les uns dans les autres et tous dans un premier qui leur sert de principe : le grain de chènevis devient chanvre, fil, toile, linge, papier ; l'œuf du papillon, chenille, chrysalide, papillon ; l'addition, multiplication, formation des puissances, théorie des exposants ; l'attention se change en comparaison, en rapport, en jugement, en raisonnement, en réflexion, en imagination, en entendement ; l'entendement a son principe dans l'attention. Chaque science a ses principes. Les rapports innombrables qui accablent l'esprit dans les plus compliquées ne sont que les nuances ou les combinaisons d'un petit nombre d'idées élémentaires ou de sensations ; une source vive et pure ne donne d'abord qu'un petit ruisseau, mais les eaux « grossissant insensiblement, se changent à la fin en fleuve majestueux et vont former un océan sans fond et sans rives ».

De l'assemblage d'une série de faits, ordonnés les uns par rapport aux autres et coordonnés tous à un premier fait, se forme un système : un fait, une idée, un mot offrent toute une science. Le plus souvent, les principes nous échappent : il a fallu le travail des siècles et les efforts du génie pour apercevoir la liaison du mouvement réel de la terre au mouvement apparent des astres, de la chute d'une pierre à l'orbite de la lune, des propriétés de l'ambre aux phénomènes de la foudre, de l'ascension des vapeurs à celle d'un ballon, des facultés naturelles de l'homme à ses droits politiques. En outre, les systèmes ainsi établis sont encore fort loin de leur perfection. Que faut-il donc penser des esprits ambitieux « qui ont voulu embrasser dans leurs conceptions et l'immensité des phénomènes que présente le spectacle du monde, et l'immensité plus prodigieuse encore de ceux qui, cachés au sein de la nature, fuient d'une fuite éternelle les regards de l'homme, et comment caractériser la prétention de les réduire en système sous le titre fastueux de *système de l'univers, de système de la nature* » ? Mais on peut étudier d'une manière approfondie les faits dont on veut former un système, les isoler de tous ceux avec lesquels ils sont entremêlés, décomposer la collection dont ils font partie, afin de leur donner une attention particulière et de saisir le caractère propre à chacun, afin de les comparer facilement et d'apercevoir les rapports qui les unissent. Quand l'esprit décompose un tout en ses parties pour se former une idée de chacune, quand il compare ces parties entre elles pour découvrir leur liaison et pour remonter de la sorte à leur origine, à leur principe, il *analyse*.

La nature a varié ses productions : elle nous montre une matière morte et inanimée, une force secrète qui pousse les éléments les uns vers les autres et les retient dans une éternelle immobilité; une matière qui s'organise, se nourrit, grandit et meurt; un être indépendant qui se meut, cherche, poursuit et atteint l'objet qui satisfera ses besoins; enfin l'homme, placé au centre de la sphère des êtres, maître des minéraux, des végétaux et des animaux par son organisation supérieure, capable de science et de vertu par la raison (1). Tout mouvement, dans ses organes ou dans ses sens, est suivi de plaisir ou de douleur, d'une *sensation* agréable ou désagréable. Nous éprouvons à chaque instant une infinité de sensations, et l'observation des différences produites par l'âge, le pays, le siècle, le sexe, la manière de vivre, fait apercevoir une infinité de nouveaux accidents dans la sensation. Si tout ce qu'il y a en nous n'était que sensations, si nous n'étions nous-mêmes que sensations, si l'univers entier n'était pour nous qu'un phénomène résultant de nôtre sensibilité, l'analyse complète des sensations comprendrait le système de l'univers. Mais ce n'est ni le système universel des choses ni le système universel des sciences, c'est le germe de toute science et de toute puissance humaine qu'il faut chercher. L'homme reçoit des impressions, les compare, les juge, les recherche, les fuit, en conserve le souvenir, s'en forme des idées durables. Il réfléchit sur lui-même, apprend à se connaître et à se conduire (2). Il devient intelligent, moral et raisonnable. Comment la sensation s'est-elle transformée en intelligence, en moralité, en raison? C'est ce que doit chercher la première section de la seconde classe de l'Institut.

Laromiguière apparaît tel que nous le retrouverons dans ses ouvrages ultérieurs. Il limite ses recherches à l'analyse des

---

(1) « Placé au milieu des êtres et frappé à chaque instant de leurs différentes impressions, son oreille entend le concert des oiseaux, son œil reçoit le tableau des couleurs, son odorat le parfum des fleurs, sa bouche le goût des fruits, ses mains l'instruisent de la résistance et de la forme des objets qu'elles saisissent; tout son corps est averti du froid, du chaud, de l'humidité ou de la sécheresse des lieux qu'il habite : enfin toute la nature semble le solliciter d'observer son influence sur sa destinée ».

(2) « Attiré par les charmes de la vérité qu'il a entrevue et par la beauté de la vertu qui s'est fait sentir à son cœur, il ose s'élever à la source du beau et du bon et s'élance jusqu'à l'idée sublime de la divinité ».

idées et sépare la philosophie des sciences ; il parle des questions métaphysiques de manière à ne mécontenter, ni contenter les spiritualistes et les matérialistes, les athées et les déistes. Comme Cabanis, il mentionne la nature qui forme les êtres, la matière qui s'organise, la supériorité que l'homme doit à son organisation et à ses facultés physiques. S'il ne parle pas de l'âme, il énonce sous forme dubitative l'assertion que tout ce qui est en nous n'est que sensations et que nous-mêmes ne sommes à nous-mêmes que sensations; il présente l'idée sublime de la divinité, comme le but suprême auquel atteignent notre intelligence et notre cœur.

Le style est clair, élégant, sobre. Tout d'abord on est tenté de croire qu'on est en présence de la vérité et de donner au système son adhésion pleine et entière. Mais si l'on réfléchit aux questions soulevées, on s'aperçoit que la réalité n'est ni aussi simple, ni aussi facile à enfermer en un système ; on voit trop bien, comme l'a dit d'ailleurs l'auteur, que ses réflexions n'ont porté que sur *une surface*, que la clarté n'est pas au service de la profondeur, que la réalité n'a pas été décrite dans sa complexité et que l'explication est plus incomplète encore que la description.

Mais pas plus qu'en 1784 et en 1793, Laromiguière n'est un disciple fidèle de Condillac. C'est sous forme dubitative qu'il présente les théories sur lesquelles repose le condillacisme (1). En énonçant la question qui s'impose à l'Institut: *comment la sensation s'est-elle transformée en intelligence, en moralité, en raison?* il en donne une brève solution: « En métaphysique, dit-il, on voit l'attention se changer en comparaison, en rapport, en jugement, en raisonnement, en réflexion, en imagination, en entendement. L'entendement a son principe dans l'attention ». Et ce n'est pas uniquement un exemple, commode pour expliquer la pensée, mais une théorie déjà développée dans des conversations, car D. de Tracy s'est cru obligé de montrer qu'il avait eu raison de ne pas mettre l'attention au nombre des facultés élémentaires de la pensée (2). Laromiguière seul, à notre connaissance, s'était alors placé à ce point de vue. Il y reste

(1) « *S'il est vrai* que toutes nos connaissances soient fondées sur des sensations... *s'il était vrai* que tout ce qu'il y a en nous... ne fût que sensations;... que nous-mêmes ne fussions à nous-mêmes que sensations ».
(2) Cf. ch. v et vi.

encore dans le second Mémoire, dont un Extrait seulement a été imprimé; car il indique l'*attention*, la réflexion et l'analyse comme les moyens par lesquels nous découvrons dans les objets cette multitude de points de vue dont la connaissance distingue l'homme éclairé de l'ignorant. Enfin, avant ce dernier Mémoire, Laromiguière présentait des *Observations sur le système des opérations de l'entendement*. Dans une première partie, examinant combien il était difficile de découvrir le système de Condillac et, se plaçant dans la supposition où il serait encore inconnu, il recherchait par quelle suite de réflexions on pourrait être amené à le trouver. Dans la seconde, il l'exposait, en le modifiant en quelques endroits et en y ajoutant quelques vues nouvelles (1). Personne ne voyait dans Laromiguière un condillacien pur et simple. L'activité, distinguée de la passivité, l'attention indiquée comme le principe de l'entendement, apparaissaient comme des modifications et des additions que Laromiguière tendait à introduire dans le condillacisme.

Le second Mémoire portait sur la détermination du mot Idée (2). C'est à la faculté de distinguer entre elles nos (?) idées et nos (?) objets, dit Laromiguière, que nous devons celle d'avoir des idées. En démêlant ses sensations, l'homme passe de l'état d'être sentant à l'état d'être intelligent, des sensations aux idées ; le sentiment devient idée, lorsqu'on le remarque entre plusieurs avec lesquels il était confondu. L'idée est donc un sentiment distingué, une sensation démêlée, remarquée. Apercevoir n'est pas sentir, mais sentir des rapports. L'idée n'est ni la pensée, ni un être réel, indépendant de nos sensations, ni quelque chose de mitoyen entre les êtres et leurs qualités, ni, comme le dit Malebranche, l'essence même de la Divinité, ni des sensations comparées, comme l'a cru Buffon. Son caractère propre consiste dans la distinction que nous faisons des objets et de leurs différentes qualités, et, comme ce n'est que par nos sensations que nous connaissons l'existence des objets, c'est dans la distinction des sensations qu'il faut chercher la première origine de nos connaissances.

Avec la véritable acception du mot idée, il est facile de

---

(1) Notice des travaux de la classe des sciences morales et politiques par le citoyen Talleyrand-Périgord, *Décade philosophique*, 19 janvier 1796. Nous n'avons que cette notice, mais elle suffirait à elle seule pour justifier d'une façon *incontestable* nos assertions sur le développement du laromiguiérisme.

(2) Un extrait de ce Mémoire a été publié à la suite du Mémoire sur l'*Analyse des sensations*. Il occupe 8 pages (467 à 474).

répondre aux questions qu'on pose sur les idées. Demander si elles sont antérieures aux sensations, c'est demander si la distinction des sensations est antérieure aux sensations ; demander si les idées sont indépendantes des sensations, c'est demander si l'on peut remarquer les sensations sans les éprouver ; demander s'il y a des idées innées, c'est demander s'il y a des idées antérieures aux sensations, indépendantes des sensations. Pour distinguer les idées des sensations, il faut remarquer que sentir des rapports et sentir simplement ne sont pas une même chose, que toute idée est sensation ou partie de sensation, mais que la réciproque n'est pas vraie ; qu'il n'y a pas idée de toutes les sensations, puisque tous les hommes du même âge qui ont passé par les mêmes circonstances et par les mêmes épreuves n'ont pas un nombre égal d'idées. Toute idée n'est pas non plus une image, puisque la notion de l'étendue ne fait pas partie de toutes les sensations que nous remarquons. Avoir une idée, sentir un rapport de distinction ou apercevoir, c'est la même chose ; et l'idée qui suppose la sensation n'est même pas une opération de l'entendement, puisque c'est par l'attention, par la réflexion, par l'analyse que nous découvrons, dans les objets, cette multitude de points de vue dont la connaissance distingue l'homme éclairé de l'ignorant, puisque le plus souvent nous sommes obligés de tourner les objets sous toutes leurs faces, de les remuer, de les transporter, de les poser les uns sur les autres, comme dit Rousseau, pour apercevoir les rapports qui les caractérisent. Effet ou résultat des opérations de l'entendement, l'idée n'en est pas une opération.

Cabanis disait, de ces deux Mémoires, que Laromiguière avait posé plusieurs questions avec plus de précision qu'on ne l'avait fait jusqu'alors par la seule définition de quelques mots. Laromiguière croyait lui-même avoir saisi « le premier rayon de l'intelligence humaine ». Mais pendant près de quinze ans, il va laisser sommeiller ces idées et ne se présentera guère au public que comme un disciple de Condillac.

Chargé de surveiller la célèbre édition qui montra, en plus d'un point, des doctrines fort différentes de celles auxquelles Condillac avait attaché son nom, Laromiguière complète quelques chapitres de la *Langue des calculs* (1) et se demande jus-

---

(1) 7ᵉ édition, I, p. 327 ; de Chabrier indique entre autres, le passage 154 ligne 10, à 156 ligne 4, et nous apprend que la note finale est de Laromiguière.

qu'où il aurait poussé ses recherches s'il avait vécu. S'appuyant sur le témoignage de quelques-uns de ses amis et sur certaines indications puisées dans ses ouvrages antérieurs, il croit que tous les savants ont à gémir « que ce beau monument de la gloire de notre nation et de l'esprit humain n'ait pu être achevé par celui qui en posa les fondements ». Condillac, dans ce livre « d'une perfection désespérante de style », a mis à nu ce qu'il y a de plus caché dans les procédés du génie, prodigué les vues nouvelles, les préceptes importants, les réflexions naïves et fines, simples et instructives. Ce n'était qu'un prélude à des travaux plus importants et plus difficiles : sur ce modèle et avec cette méthode, Condillac eût débrouillé le chaos où les abus et les vices du langage ont plongé les sciences morales et métaphysiques, eût converti leurs jargons inintelligibles en belles langues que tout le monde aurait apprises facilement, parce que les idées qui paraissent le plus inaccessibles à l'esprit humain y fussent sorties sans effort des notions communes. Son admiration pour Condillac s'est augmentée et l'œuvre qu'il préfère, c'est cette « Langue des Calculs qu'il a lue bien des fois et qu'il va relire, certain d'y trouver toujours un nouveau plaisir, d'y puiser *toujours une instruction nouvelle* ». Laromiguière, dont les *Éléments* et les *Mémoires* semblent avoir eu peu de lecteurs (1), et qui était connu en 1810, par l'édition de Condillac et par les *Paradoxes*, où systématiquement il exagérait la pensée du maître, a donc pu être considéré comme un condillacien fidèle.

Laromiguière, qui avait refusé d'accompagner Sieyès à Berlin comme Daunou, de suivre Talleyrand aux affaires étrangères, vit avec plaisir le 18 brumaire. Il ne voulut pas être sénateur, entra au Tribunat, en fut éliminé avec J.-B. Say, B. Constant, Daunou, Chénier, Desrenaudes, etc., assista aux dîners de la rue du Bac et aux réunions d'Auteuil. Correspondant de la classe d'histoire et de littérature ancienne, après la suppression de celle des sciences morales et politiques, il n'y parut jamais. Conservateur de la bibliothèque du Prytanée, il revint à la philosophie. D. de Tracy lui demande conseil, met à profit ses idées et lui attribue même, avec beaucoup d'esprit, une « profonde connaissance de nos opérations intellectuelles ». Le 20 ventôse

(1) Daube, qui resta toujours en relations avec Laromiguière, ne semble pas connaître les derniers en 1803.

an XIII (10 mars 1805), Cabanis (1) écrivait à Maine de Biran : « Notre ami Laromiguière vient de publier un petit morceau, intitulé *Paradoxes de Condillac*, où il a poussé la doctrine du Maître si loin sur plusieurs questions, qu'il me serait impossible de le suivre jusque-là ; mais son écrit est un chef-d'œuvre de rédaction ».

L'ouvrage parut sans nom d'auteur (2) : « Ce n'est pas, disait Laromiguière, que j'aime à me cacher, mais je n'aime pas à me montrer ». La *Langue des Calculs* n'a pas obtenu un grand succès : est-elle au-dessus ou au-dessous de l'époque actuelle? un babil ingénieux, une déduction brillante de paradoxes? ou la théorie la plus vraie, le modèle le plus parfait du raisonnement? Au lieu d'exposer les motifs qui le tiennent dans l'incertitude, Laromiguière présente les principes de Condillac, en les poussant jusqu'à leur dernier terme. Aussi sa conviction n'est pas toujours égale à l'assurance de son discours : son esprit est en suspens quand sa plume affirme; il force l'expression afin de rendre le paradoxe plus saillant et l'erreur plus facile à renverser, si le paradoxe renferme une erreur (3).

Dans une première partie (4) Laromiguière montre comment Condillac a voulu faire sortir les mathématiques de sa logique, refaire la langue des calculs, en un petit nombre de pages qui suffisent « pour attester à jamais le génie de leur auteur et la puissance de sa méthode ».

Dans une seconde partie ou partie logique, Laromiguière résume la doctrine de Condillac (5). Sur quelles bases s'appuie

---

(1) Lettres inédites communiquées par M. Naville.
(2) *Paradoxes de Condillac ou Réflexions sur la Langue des Calculs*, ouvrage posthume de cet auteur, an XIII, 1805, 82 pages.
(3) Il faut remarquer ces expressions qui expliquent l'absence, dans ce livre, des théories propres à Laromiguière.
(4) Dans l'édition de 1825, la première partie comprend 41 pages, la seconde 117; dans l'édition de 1805, la première partie comprend 21 pages et la seconde 58.
(5) « Puisqu'il n'est pas au pouvoir de l'homme d'inventer, tous ses efforts ne peuvent aboutir qu'à trouver quelques vérités. On trouve ce qu'on ne sait pas dans ce qu'on sait, car l'inconnu est dans le connu ; et il n'y est que parce qu'il est la même chose que le connu.

« Aller du connu à l'inconnu, c'est donc aller du même au même, d'identité en identité.

« Une science entière n'est qu'une longue trace de propositions identiques, appuyées successivement les unes sur les autres et toutes ensemble sur une proposition fondamentale qui est l'expression d'une idée sensible.

« Les diverses transformations de l'idée fondamentale constituent les diverses parties de la science ; et la transfusion de la même idée dans toute cette diversité de formes en établit la certitude.

cette doctrine originale et paradoxale ? quels moyens de persuasion met-elle en œuvre ?

La *Langue des calculs* est un ouvrage de pur raisonnement et il n'y faut pas chercher des méthodes pour l'art expérimental, pour l'analyse descriptive ou pour tout ce qui n'est que sensations simples. Le raisonnement est au sens ce que sont au bras un levier d'une longueur indéfinie, à l'œil un puissant télescope. Les leviers et les télescopes de l'esprit sont les méthodes, et les méthodes, ce sont les langues. La science est une suite de raisonnements : le raisonnement suppose un jugement multiple portant sur des idées complexes et générales. Les idées complexes supposent les signes ; les idées générales ne sont que des dénominations : nous ne pouvons donc raisonner qu'avec le secours des signes. En outre le raisonnement est une traduction, une substitution, une transformation qui ne peuvent se faire sans signes : le raisonnement suppose le langage, et l'art de raisonner a été nommé *logique*, c'est-à-dire *discours*. Si l'on ne peut faire en morale et en politique les heureuses transformations qui, en mathématiques, nous conduisent, des mots les plus abstraits, à des mots sous lesquels on ne trouve que des sensations ou des sentiments purs, c'est aux vices de la langue qu'il faut s'en prendre : avec plus de simplicité, avec le secours de l'analogie, on raisonnerait dans toutes les sciences comme en mathématiques. La langue des calculs possède l'analogie, la simplicité, la détermination rigoureuse des signes, les trois qualités qui font la perfection d'une langue de raisonnement. De ces conditions, la plus indispensable est la détermination des signes. Or il est possible de déterminer les signes sans le secours de

« Le génie le plus puissant est obligé de parcourir une à une, et sans jamais franchir d'intervalle, toute la série de propositions identiques.

« Et cependant quand on sait la première proposition, on sait la seconde ; quand on sait la seconde, on sait la troisième, etc.; en sorte qu'il semble qu'on parvienne à savoir une science entière, sans avoir rien appris.

« Ce passage d'une proposition identique à une proposition identique, ou le raisonnement, c'est la même chose.

« Le raisonnement n'est qu'un calcul : donc les méthodes du calcul s'appliquent à toute espèce de raisonnement, et il n'y a qu'une méthode pour toutes les sciences.

« Or les opérations du calcul sont mécaniques, donc le raisonnement est mécanique dans toutes les sciences.

« Dire que le raisonnement est mécanique, c'est dire qu'il porte sur les mots, sur les signes ; donc une suite de raisonnements ou une science n'est qu'une langue.

« Mais une science se compose d'idées générales ; donc les idées générales ne sont que des signes, des mots, des dénominations ».

l'analogie dans toutes les sciences ; elles pourront donc avoir des démonstrations aussi rigoureuses que l'algèbre sans avoir une langue aussi bien faite.

D'ailleurs dans tout raisonnement on soustrait, on ajoute ou l'on substitue comme dans la science du calcul ; on substitue une expression à une expression différente en conservant la même idée, comme dans le calcul, les sommes, les différences, les produits, les quotients ne sont que des expressions abrégées qu'on substitue à d'autres expressions moins commodes, mais renfermant le même nombre ou la même idée. Hobbes a dit que le raisonnement est un calcul, Condillac l'a prouvé ; mais il n'a pas ramené les deux expressions, *raisonnement* et *calcul*, à une identité absolue et immédiate. Il fallait dire, non que le raisonnement consiste dans des compositions et des décompositions, mais qu'il consiste dans des *substitutions* : l'identité du mot aurait montré l'identité d'idée.

Le raisonnement ne différant pas du calcul, il suffit d'examiner la marche suivie dans la science du calcul pour apprendre à raisonner. On va de l'addition à la multiplication. En passant par le cas particulier de l'addition, où les sommes partielles sont égales entre elles, on voit la multiplication dans l'addition : l'inconnu est la même chose que le connu. De même en métaphysique et dans la langue de Condillac, l'imagination est un point de vue de la réflexion, la réflexion un point de vue du raisonnement, le raisonnement un point de vue de la comparaison, la comparaison un point de vue de la sensation. On trouve les mêmes rapports entre la liberté morale, la volonté, le désir et l'inquiétude, le besoin et la sensation (1). Mais les mathématiques sont une science faite, la métaphysique, une science à faire. En effet, il n'y a pas de langue universellement adoptée par les métaphysiciens ; on ne peut, en métaphysique, assigner, comme en arithmétique, le rang du chaînon auquel on s'est arrêté, parce que les parties diverses de la métaphysique n'ont pas été systématisées, parce qu'elles ne remontent pas à un principe commun et unique (2).

Mais, dira-t-on, vous êtes obligé de parler d'une identité partielle et votre langage est contradictoire ou frivole ? L'identité est totale dans les équations où une même quantité est exprimée

---

(1) Plus tard, Laromiguière substitue son système à celui de Condillac.
(2) Laromiguière reprend les idées du premier Mémoire lu à l'Institut.

en deux manières, ou dans toute proposition qui définit ; partielle, quand le second membre de la proposition, l'attribut, se borne à énoncer un point de vue du premier membre ou du sujet. Il n'y aurait frivolité que s'il s'agissait de l'identité des expressions et non de celle des idées. De cette vérité d'observation, *la chaleur dilate tous les corps et le froid les resserre,* Lavoisier conclut qu'il n'y a pas de contact dans la nature : les deux propositions sont identiques, le raisonnement n'est pas frivole. Démontrer, c'est faire voir qu'on n'a qu'une seule et même idée sous deux formes diverses. L'idée, qu'on voit à découvert dans la proposition fondamentale, se montre déjà un peu voilée dès la seconde proposition ; le voile s'épaissit à la troisième, à la quatrième, et bientôt les opérations, les raisonnements ne se font plus qu'avec les signes. En pensant à ces propositions, nous avons le sentiment de leur liaison avec les propositions précédentes et le souvenir ou la certitude que, par ce moyen, elles se lient à la proposition fondamentale dont l'idée cependant a cessé d'être présente à l'esprit. « Je viens de faire connaître, dit Laromiguière en terminant la seconde partie de son ouvrage, les pièces d'un procès, d'un grand procès. Il ne s'agit pas de quelque intérêt ordinaire, il s'agit des intérêts de la raison. Mon rôle est fini, j'attendrai le jugement (1) ».

Dans une courte conclusion, il fait l'éloge de cette *Langue des Calculs*, que l'Europe doit à la France, et que la France doit à Condillac, dont les vues si nouvelles, les principes si naturels, les conséquences si inattendues ne peuvent manquer d'appeler l'attention des bons esprits et l'œil sévère de la critique. L'étude de la langue du raisonnement, ajoute-t-il, est celle qui convient le mieux à l'être dont la faculté de raisonner est le plus noble caractère, qui peut par elle donner à son intelligence des accroissements sans fin : « C'est un microscope qui nous rend l'objet que sa petitesse dérobait à nos sens : c'est un télescope qui le rapproche, quand il est trop éloigné : c'est un prisme qui le décompose, quand nous voulons le connaître jusque dans ses éléments : c'est le foyer puissant d'une loupe qui resserre et condense les rayons sur un seul point : c'est enfin le levier d'Archimède qui remue le système planétaire tout entier,

---

(1) Cette phrase n'est que dans la seconde édition, mais elle prépare la conclusion et ne change rien à la pensée.

quand c'est la main de Copernic ou celle de Newton qui le dirige (1) ».

Quand l'Université fut créée, Laromiguière, désigné comme professeur de philosophie pour la faculté des lettres de Paris, apprit, par son ami Desrenaudes (2), que les études philosophiques ne figuraient pas dans l'enseignement des lycées. Desrenaudes, frappé des objections de Laromiguière, les lui demanda par écrit et les soumit à Fontanes, qui fut convaincu (3).

Le 26 avril 1811, Laromiguière ouvrait son cours à la faculté des lettres par un Discours sur la Langue du raisonnement (4). Il réunit les tendances et les doctrines signalées dans les ouvrages antérieurs. L'amateur du beau langage veut qu'on étudie les poètes et les orateurs ; l'idéologue pense que la méthode philosophique, indispensable dans les sciences, est nécessaire dans les ouvrages de pur agrément ; l'homme qui a modifié le condillacisme dit que nos idées sensibles, et non toutes nos idées, viennent des sens, que nous apprenons à *regarder* et non à *voir*, à *écouter* et non à *entendre*. Aristote et Hobbes, Leibnitz et Malebranche, mais surtout Descartes, mis bien au-dessus de Bacon (5), sont placés à côté de Condillac ou un peu au-dessous à un rang fort honorable. Comme dans les *Para-*

---

(1) Voilà encore un côté qui reste plus tard dans l'ombre et par lequel Laromiguière se rapproche de D. de Tracy, de Cabanis et de Condorcet.

(2) Voyez sur Desrenaudes, ch. vii, § 1.

(3) Cf. ch. i, § 2 et vii, § 1. Le fait est rapporté par Mallet, par M. Paul Janet, par Mignet. Maugras, ce singulier professeur de philosophie, qui, suppléant plus tard Millon à la faculté, « se promenait », en parlant des philosophes anciens à travers « le vaste lazaret des maladies intellectuelles » et faisait de son cours « une clinique philosophique », tout en ajoutant que cette comparaison est plus amusante (?) qu'exacte, parce que les philosophes sont *des malades qui, ignorant leurs maladies, veulent guérir les autres*, a soutenu que c'était après avoir vu la façon dont il faisait son cours de philosophie à Saint-Barbe, que l'évêque de Casal avait réclamé auprès de Fontanes l'adjonction de la philosophie aux autres matières d'enseignement. Desrenaudes et l'évêque de Casal ont pu intervenir auprès de Fontanes, mais si l'on veut se reporter à ce que nous avons dit (ch. i, § 2) de l'enseignement sous l'Empire, on verra que l'organisation des études philosophiques fut plutôt théorique que réelle.

(4) « Les hommes éclairés qui composaient le Conseil de l'Université, nous dit Laromiguière lui-même, avaient arrêté le programme suivant :

« Le professeur de philosophie approfondira les principales questions de la logique, de la métaphysique et de la morale. Il s'attachera spécialement à montrer l'origine et les développements successifs de nos idées. Il indiquera les causes principales de nos erreurs. Il fera connaître la nature et les avantages de la méthode philosophique ».

(5) Nous recommandons cet éloge de Descartes, dans lequel Laromiguière s'exprime comme d'Alembert, Condorcet et Cabanis, et plus encore comme Thurot et D. de Tracy, à une époque où Royer-Collard combattait Descartes, à ceux qui font des idéologues les adversaires de Descartes.

doxes, Laromiguière prend les langues, non seulement comme des moyens de communiquer la pensée et comme des formules pour retenir les idées prêtes à nous échapper, mais comme des méthodes propres à suggérer des idées nouvelles. Il fait consister l'art de penser dans l'art d'ordonner nos sensations. Considérant le raisonnement dans l'esprit, antérieurement à l'époque où l'on s'est servi des signes, où l'on a acquis cette habitude devenue une seconde nature, par laquelle la pensée est aujourd'hui une parole intérieure (1), il y voit le sentiment simple de l'identité entre plusieurs jugements ou rapports. Dans le discours, le raisonnement est l'expression d'une suite de jugements renfermés les uns dans les autres, le passage du connu à l'inconnu, la liaison d'un principe à sa conséquence, une synonymie continuelle d'expressions diverses, une substitution de mots à d'autres mots, une succession plus ou moins prolongée de propositions identiques.

L'auteur du *Projet* et des *Mémoires* aborde le sujet qui devait être traité dans le dixième livre du premier de ces ouvrages et croit que Bacon et Malebranche se seraient épargné leurs savantes recherches et leurs longues énumérations, s'ils s'étaient occupés plus spécialement de l'influence des langues. Il parle du mouvement des organes, sollicité d'abord par la nature, bientôt soumis à la volonté, qui se porte sur les objets et nous donne les premières idées de l'attention qui dirige les organes et fait trouver l'idée cachée et perdue dans la sensation. L'enfant, privé de toute activité, interne ou externe, serait incapable de diriger ses sens, de donner son attention, d'acquérir aucune connaissance, de prendre son rang parmi les intelligences. L'idéologue qui a éclairci les questions en expliquant les mots *analyse des sensations* et *idée*, s'attache de même à rendre clair chacun des termes du programme qu'il doit remplir. Il recommande de ne jamais faire usage d'un mot qui manquerait de précision ou de justesse. Enfin il veut que l'objet entier du cours soit ramené à une idée fondamentale, qui soit l'idée même de la méthode : « Avec une bonne méthode, l'esprit s'élève insensiblement de vérité en vérité; conduit par l'analogie jusqu'à la source de la lumière, il goûte enfin le plaisir inexprimable de se reposer au sein de l'évidence ».

(1) Cardaillac développe cette expression, que M. Victor Egger a prise pour sujet d'une thèse fort intéressante, cf. § 4.

Laromiguière fit ses leçons pendant les années 1811, 1812, 1813 (1). Ouvertes d'abord à un petit nombre d'élèves, elles furent bientôt publiques, et avec la publicité, dit M. Janet, vinrent le succès et la gloire. Ce n'est pas seulement (2), une jeunesse ardente aux études qui préparent une heureuse et honorable vie, qu'on voyait se presser sur les bancs de l'école ; tout ce que la capitale a d'esprits éclairés et élégants, dans les *deux sexes*, s'y rendait souvent en foule. « Il pénétrait de ses clartés, dit Mignet, enveloppait de ses raisonnements, enchantait par ses talents et gagnait à ses doctrines les auditeurs de plus en plus nombreux et ravis, qui accouraient entendre tout ce qui sortait de cette *bouche d'or*, comme l'appelait l'abbé Sicard ». Laromiguière, « qui n'aimait pas à se montrer », a été obligé de constater lui-même ce succès en 1833, alors qu'il pouvait parler de son cours et de sa philosophie comme de « choses entrées dans le domaine de l'histoire ». Nos leçons, écrivait-il, ont été écoutées avec une attention pleine de bienveillance ; le public nous a su gré de reproduire des idées qu'il avait trop longtemps été forcé de négliger et dont l'oubli ramènerait les nations à la barbarie ; la jeunesse ne s'effraya pas de nos recherches métaphysiques. Sa curiosité leur prêta de l'attrait et une sorte de charme ; l'auditeur le plus étranger à ces recherches entendit avec intérêt l'histoire des mouvements et des affections de son âme ; le savant sembla nous tenir compte de quelques vues nouvelles sur les principes de l'intelligence ; le célèbre écrivain, alors grand maître de l'Université, M. de Fontanes, se plut à nous dire qu'il goûtait la simplicité de notre langage et la clarté de nos explications ».

Jouffroy, qui n'avait pas entendu Laromiguière, n'hésite pas à le placer à côté de Royer-Collard, comme ayant ressuscité la philosophie du xviii° siècle dans un langage admirable de clarté et d'élégance, entraîné à sa suite une partie de la jeunesse, laissé l'École normale pleine du souvenir de ses paroles et de l'ardent intérêt qu'elles avaient inspiré. Damiron, dont le témoignage n'est pas plus suspect que celui de Jouffroy, s'exprime de même (3). Victor Cousin, qui substitua son

---
(1) Cf. Himly, *Livret* de la Faculté des Lettres de Paris.
(2) Garat, *Mémoires* de Suard, II, 35.
(3) « A voir ses idées, dit-il, exprimées avec tant d'élégance et d'exactitude, exposées d'une humeur si facile, si tolérante, si véritablement philosophique, on aime-

influence à celle du maître qui avait dirigé ses premières études philosophiques, nous a transmis les indications les plus précises sur l'enseignement de Laromiguière. En 1819, il écrit que les succès du professeur ont été grands (1). En 1837, il prononce sur la tombe de Laromiguière un discours dans lequel il se fait le disciple du maître qui vient de mourir (2). Mais c'est surtout dans la préface de la seconde édition des *Fragments*, qu'il a exprimé avec bonheur l'impression produite par le cours de 1811 et 1812 (3). Laromiguière continuait Garat et précédait Cousin, Jules Simon, Caro, dont les cours ont charmé des auditeurs que n'attireraient guère les recherches spéculatives, et fait naître plus d'une vocation philosophique. Pourquoi renonça-t-il à un enseignement qui avait eu tant de succès ? Le gouvernement d'alors lui avait-il imposé des conditions auxquelles sa fierté refusait de se soumettre, ou sa santé demandait-elle du repos ? C'est à la seconde hypothèse qu'il est préférable de s'en tenir (4).

En 1815, Laromiguière fit paraître la première partie de ses *Leçons de philosophie* (5). Dictées sommairement et de mémoire,

rait à les adopter, à adhérer à une philosophie qui se présente avec tant d'agrément et de bon goût ».

(1) « Tel est l'effet d'un enseignement et d'un style qui conduisent toujours le lecteur ou l'auditeur de ce qu'il sait mieux à ce qu'il sait moins, ou ignore tout à fait ».

(2) « O beaux jours, disait-il, de la philosophie à l'École normale et à la Faculté des lettres de l'Académie de Paris, quand M. Laromiguière enseignait avec tant d'éclat et de charme... Qui nous rendra l'éloquence de celui que va recouvrir cette tombe... ces improvisations dont le style le plus heureux n'offre encore qu'une image affaiblie, ces incomparables leçons où dans une clarté suprême, s'unissaient sans effort les grâces de Montaigne, la sagesse de Locke et quelquefois la suavité de Fénelon ?... Sa parole exerçait une fascination véritable. J'ai vu des hommes vieillis dans ces méditations s'imaginer, en entendant M. Laromiguière, que leur esprit s'ouvrait pour la première fois à la lumière, tandis qu'à côté d'eux les plus simples, trompés par cette lucidité merveilleuse, croyaient comprendre parfaitement les plus profonds mystères de la métaphysique ».

(3) « Il est resté, dit-il, et restera toujours dans ma mémoire, avec une émotion reconnaissante, le jour où, pour la première fois en 1810, élève de l'École normale, destiné à l'enseignement des lettres, j'entendis M. Laromiguière. Ce jour décida de toute ma vie : il m'enleva à mes premières études qui me promettaient des succès paisibles pour me jeter dans une carrière où les contrariétés et les orages ne m'ont pas manqué. Je ne suis pas Malebranche ; mais j'éprouvai en entendant M. Laromiguière ce qu'on dit que Malebranche éprouva en ouvrant par hasard un Traité de Descartes... l'École normale lui appartenait tout entière ».

(4) « Une infirmité dont il souffrit quarante ans sans se plaindre, dit Saphary, l'éloigna d'un enseignement dont les succès sont mémorables ». Et Mignet nous apprend que cette maladie des plus opiniâtres et des plus douloureuses était une inflammation intermittente de la vessie, dont les crises de plus en plus rapprochées et alarmantes amenèrent sa mort.

(5) *Leçons de philosophie ou Essai sur les facultés de l'âme*, par M. Laromiguière, professeur de philosophie à la faculté des lettres de l'académie de Paris, tome Ier, Paris, Brunot-Labbe, 436 pages.

elles étaient incomplètes, toutes ne s'y trouvaient même pas. Mais il n'avait pu oublier les idées essentielles qui étaient, disait-il, plus justement encore qu'il ne le croyait, en trop petit nombre. Il s'estimait trop récompensé si les bons esprits y apercevaient quelques traces de la méthode, si la critique trouvait que l'ouvrage pouvait faire naître ou fortifier le goût du vrai et de la simplicité. Le volume traite, en quinze leçons, des facultés de l'âme considérées dans leur nature. Dans la première, il est question de la méthode et de l'objet du cours de philosophie ; dans la seconde, du principe des facultés de l'âme et de l'influence du langage sur nos opinions ; dans la troisième, du système des facultés de l'âme d'après Condillac ; dans la quatrième, de son propre système ; dans la cinquième, des principes des sciences. Cette leçon se termine par l'examen critique du système de Condillac, continué dans la sixième. La septième contient des éclaircissements sur la méthode, sur son système des facultés et en particulier sur la liberté et sur l'attention ; la huitième, l'examen des objections qu'on pouvait lui adresser. Dans la neuvième et dans la dixième, il montre que Condillac est spiritualiste, et se demande, dans la onzième, ce que c'est que la métaphysique. Il traite des définitions dans la douzième et la treizième, des opinions des philosophes sur les facultés de l'âme dans la quatorzième ; enfin il cherche, dans la dernière, s'il a fait quelques progrès depuis l'ouverture du cours de philosophie.

En post-scriptum, il annonce qu'il considérera, avec la seconde partie, la faculté de penser dans ses effets, mais que, des deux points de vue très distincts, l'un qui porterait sur les produits de l'entendement, l'autre sur les produits de la volonté et serait le sujet de la morale, il ne traitera que le premier. Successivement, il parlera, dit-il : 1° de la nature, des causes, de l'origine, des différentes espèces et de la classification de nos idées ; 2° des idées qui ont pour objet des êtres réels, les corps, l'âme, Dieu ; 3° des idées dont l'objet n'a point de réalité ou dont la réalité est contestée ; des substances, des essences, des possibilités, des causes, des rapports, du temps, de l'espace, de l'infini, etc. Les belles questions, ajoutait-il, ne nous manqueront pas ; elles offrent plus de variété et d'intérêt que celles qui nous ont occupé jusqu'ici.

Biran critiqua ce premier volume pour bien établir qu'il n'avait plus rien de commun avec les idéologues. Fort justement, il remarque que les leçons pourront bien ne pas satisfaire à tous les besoins des esprits méditatifs, ni remplir l'objet d'une philosophie complète. Moins exactement, mais non sans raison, il soutient que Laromiguière, en joignant l'activité à la sensibilité, n'a pas ajouté autant qu'on le croit à la doctrine de Condillac. Tout à fait injuste, et songeant peut-être à son premier Mémoire sur *l'Habitude*, il n'est pas loin de dire que les systèmes de Condillac et de Laromiguière « favorisent le matérialisme » (1).

Trois ans après l'apparition du premier volume, Laromiguière donnait le second (2). Le volume commence par une introduction consacrée à l'examen du mot philosophie, objet spécial du cours, puis traite, en douze leçons, de l'entendement considéré dans ses effets ou des idées. Dans les deux premières sont examinées la nature, les origines et les causes de nos idées. Dans la troisième, l'auteur établit que les diverses origines de nos idées ne peuvent être ramenées à une seule, et il fait quelques réflexions sur la formation des sciences. La quatrième, la cinquième, la sixième contiennent des éclaircissements sur la nature, l'origine et la cause de nos idées; la septième, l'examen des objections contre l'ordre des leçons et sa doctrine des idées. Les idées innées sont critiquées dans la huitième; les idées sensibles, intellectuelles et morales distribuées, dans la neuvième, en différentes classes. La dixième est consacrée aux idées abstraites, la onzième aux idées générales; la dernière contient des réflexions sur ce qui précède et l'indication des conséquences qui en résultent.

Le succès de l'écrivain fut égal, comme le dit Cousin, à celui du professeur. Dumouriez lui écrit pour l'en féliciter (3). Garat n'est pas moins enthousiaste (4). Les *Leçons*, réimprimées en 1820,

(1) Saphary et Tissot ont combattu Biran et défendu Laromiguière. Cf. § 4.
(2) *Leçons de philosophie*, etc., tome II, 1818, 478 pages.
(3) « J'ai suivi avec délices votre cours de vraie philosophie. Si j'avais eu le bonheur de rencontrer un pareil maître, il y a quarante ans, je vaudrais mieux que je ne vaux, car en agrandissant mon âme par le développement ordonné de ses facultés, il aurait purifié ses sensations. Laissons les regrets inutiles! Même à quatre-vingts ans vous rajeunissez et ennoblissez mon sentiment et vous me faites grand bien ». Et après l'avoir invité à compléter son œuvre, il ajoute : « En attendant que vous ayez accompli ce vœu, et j'ose dire cette injonction de votre élève octogénaire, ce beau livre incomplet devient mon manuel. Vous devez juger combien il m'attache à son auteur. Je ne regrette que d'être devenu trop tard votre admirateur, votre élève et votre ami ».
(4) « Les leçons imprimées en deux volumes, avec tout ce que la parole a d'inspirations, et tout ce que le style ajoute de correction et de perfection à la pensée, vont paraître incessamment traduites dans la langue de Galilée, de Gravina et de Beccaria :

en 1822, en 1826, en 1833, en 1844, en 1858, et mêlées constamment à l'histoire de la philosophie classique, demeurent un *livre consacré*, pendant que règne la philosophie de Cousin. Elles nous conduisent jusqu'à la « crise philosophique » qui, avec MM. Taine, Renan, Littré, Vacherot et les philosophes anglais, ramena, dans l'Université, et surtout en dehors d'elle, le goût des recherches entreprises autrefois par les amis, moins littéraires, moins orthodoxes, mais plus originaux, de Laromiguière. M. Taine les admire comme Garat, en faisant les réserves qu'eussent pu faire Cabanis ou D. de Tracy (1).

Il est assez singulier que l'auteur d'un livre dont tout le monde a proclamé hautement le mérite littéraire ne soit pas entré à l'Académie française, où figuraient ses amis Andrieux et B. Constant, D. de Tracy et Droz. Deux fois on le lui proposa. B. Constant vint un jour chez Laromiguière et, en présence de Thurot, le supplia de se présenter contre « un candidat de la cour et de la congrégation ». Laromiguière aurait cédé, mais bientôt se serait ravisé. Une autre fois, c'était Cuvier qui avait réussi à le décider, mais bientôt encore il se désista. Dans l'un ou dans l'autre cas, il aurait composé l'exorde de son Discours de réception, qui portait sur le style philosophique (2).

Quelle est donc la doctrine exposée dans les *Leçons*? Saphary et M. Paul Janet ramènent la philosophie de Laromiguière à trois points essentiels : méthode, facultés, origine des idées.

A la façon des idéologues, Laromiguière attribue une importance capitale à la méthode. Comme eux aussi, il continue Descartes, Condillac et les savants du xvii° et du xviii° siècle. Reprenant non seulement les idées, mais encore textuellement les expressions dont il s'est servi dans le Mémoire sur *l'Analyse des*

et combien il est à désirer pour la raison humaine que toutes les langues de l'Europe s'en emparent et la traduisent » !

(1) « Laromiguière, dit-il, était dans la philosophie comme un homme du monde dans sa maison ; il en faisait les honneurs avec un bon goût et une politesse exquise... faisait découvrir d'eux-mêmes et près d'eux, à ses auditeurs, ce qu'ils cherchaient si loin et dans les autres... On aime avant tout dans son style la facilité abondante et le naturel heureux. Les idées s'y suivent comme les eaux d'une rivière tranquille... Elles vous portent et vous font avancer d'elles-mêmes... Rien de plus agréable que ces fines distinctions et ces ingénieuses analyses... qui ne font point sortir le public du terrain où il a coutume de se tenir... et semblent le complément d'un cours de langue ou de littérature... Avec les grâces aimables, la politesse exquise et la malice délicate de l'ancienne société française, il conserva la vraie méthode de l'esprit français. »

(2) Cf. Mallet et Paul Janet, *op. cit.*

sensations (1), il recommande l'emploi de l'analyse. S'instruire soigneusement des phénomènes, tout détailler, tout compter, tout peser, diviser l'objet, en étudier successivement toutes les propriétés, donner son attention aux moindres circonstances, tels sont les moyens de découvrir leurs vrais rapports. S'il s'agit des rapports de simultanéité, de succession, de ressemblance, de symétrie que l'on recueille en passant d'un objet à un autre objet, d'une idée à une autre idée, l'analyse est *descriptive*. S'il s'agit des rapports de génération et de déduction, si l'on va du même au même, d'un objet considéré sous un point de vue à ce même objet considéré sous un nouveau point de vue (2), pour remonter jusqu'à un principe et réunir en un système toutes les formes, on fait appel à l'*analyse de raisonnement*.

Par ses fréquents emprunts aux philosophes de toutes les écoles et aux littérateurs, par son éclectisme, Laromiguière est, comme Degérando, le prédécesseur de Cousin (3). Par ses goûts littéraires, il se rapproche de Garat. Mais il n'en a pas l'emphase, qu'il remplace fort avantageusement par « la facilité abondante, le naturel heureux et les grâces aimables ». Boileau « le poète de la raison », lui vient en aide pour traiter du raisonnement et marquer l'importance de l'attention. Une page de Pascal lui paraît « l'esprit humain dans toute sa perfection »; avec lui il fait profession d'ignorer comment le corps influe sur l'âme et l'âme sur le corps; avec lui encore il combat Kant et ceux qui le suivent. Il lit et relit avec amour les vers de Racine, comme Virgile, Cicéron, Bossuet, La Fontaine, La Bruyère et tous les grands auteurs, et « lève les épaules » si quelque romantique le compare à Ronsard. Par l'analyse d'une fable de La Fontaine, il montre qu'il ne faut reconnaître ni plus ni moins de trois facultés dans l'entendement humain. Avec Molière il travaille « à la défini-

---

(1) Cf. Appendice, les deux textes. Le goût et non le changement des doctrines amène des différences, peu importantes d'ailleurs, dans les expressions.
(2) Cf. ce qui a été dit des Mémoires lus à l'Institut par Laromiguière.
(3) « Consultez, dit-il, Socrate, Platon, Descartes, Malebranche, pour savoir quelles vérités le genre humain doit à la philosophie... Je voudrais, à l'exemple de ce grand homme (Leibnitz) rapprocher les esprits, qui ne sont pas aussi séparés qu'ils le croient, je voudrais faire voir que leurs divisions sont moins réelles qu'apparentes, que souvent elles sont moins dans les choses que dans les mots... Étudions Descartes... Lisez Malebranche... Leibnitz... Étudiez Locke... Condillac... Voulons-nous bien faire? Ne soyons ni à Descartes, ni à Locke, ni à Malebranche, ni à Leibnitz : soyons à la vérité, si nous pouvons, et si nous ne sommes pas assez heureux pour la trouver de nous-mêmes, aidons-nous de tous ceux qui l'ont cherchée avant nous ». (*Leçons* I, IX, X; tous ces textes sont de la première édition.)

tion, » et maître Jacques est, « en abstraction », un excellent métaphysicien. Heureux de trouver quelque rapport entre ses pensées et celles de Montesquieu, il critique les théories de Voltaire et de Buffon, comme celles de Bonnet. C'est que ce n'est pas trop, dit-il, du génie de La Bruyère ou de Molière pour sonder les replis et pénétrer les profondeurs du cœur humain ; et on pourrait très bien faire un cours de philosophie, ou du moins de métaphysique et de logique, sur une page de Boileau, une scène de Racine, une fable de La Fontaine.

La doctrine des facultés est bien connue. Puissances et moyens d'agir, elles ne peuvent avoir leur source dans la sensibilité, capacité toute passive. L'âme active, s'appliquant aux sensations pour en tirer les idées, produit les facultés de l'entendement ; cherchant ce qui lui agrée et fuyant ce qui lui répugne, elle produit celles de la volonté. L'attention, la comparaison, le raisonnement sont les trois facultés de l'entendement. L'attention donne des idées exactes et précises. La comparaison découvre des analogies, des liaisons, des rapports. Le raisonnement conduit, de rapport en rapport, jusqu'à celui où tout commence, jusqu'aux principes, comme des principes jusqu'aux conséquences les plus éloignées. L'attention donne les faits ; la comparaison, les rapports ; le raisonnement, les systèmes. Devenue une longue patience, l'attention rencontre ces idées heureuses qui annoncent le génie ; par la comparaison, le génie prend de l'étendue ; par le raisonnement, de la profondeur. De même le désir ou la direction de toutes les facultés de l'entendement vers l'objet dont on sent le besoin, la préférence et la liberté forment par leur réunion la volonté. Entendement et volonté constituent la pensée, et quand ils sont bien employés, la raison.

Ce que l'on sait moins, c'est que cette doctrine du premier volume des *Leçons* est le développement de celle du Mémoire de l'an IV, que combattait déjà D. de Tracy et nous présente les modifications que Laromiguière apportait dès cette époque au condillacisme (1).

L'idée, dit-il en 1818 comme en 1796, est « un sentiment distingué ». L'idée sensible a son origine dans la sensation, sa cause dans l'attention, qui s'exerce par le moyen des organes (2); les idées des facultés ont leur origine dans le sentiment de ces

(1) Cf. Cabanis et D. de Tracy, Lancelin, Draparnaud, Lamarck, etc., et l'Appendice.
(2) Expression du Mémoire cité plus haut.

facultés, leur cause dans l'attention qui s'exerce indépendamment des organes; les idées de rapport ont leur origine dans le sentiment de rapport, leur cause dans la comparaison et dans le raisonnement; les idées morales ont leur origine dans le sentiment moral et leur cause dans l'action de toutes les facultés de l'entendement (1).

La philosophie exposée dans les *Leçons* est donc celle du *Projet* et des *Mémoires*. La pensée de Laromiguière s'est même si peu modifiée que ceux-ci ont été transportés textuellement et presque tout entiers dans les premières. L'idée fondamentale de Laromiguière ne lui a donc pas été suggérée par Daube, et Biran n'a pas eu d'influence à exercer sur l'esprit de Laromiguière (2).

Bien plus, des Lettres, en grande partie inédites, qui vont de 1820 à 1837, témoignent que Laromiguière ne changeait plus rien à sa pensée, quand il avait trouvé une forme suffisamment exacte et précise. Il faut, écrit-il en 1819 à Valette, lire et relire cent fois les belles pages qu'on rencontre dans Bacon, Pascal, Malebranche ou Condillac; la raison et le goût y profitent plus que si on lisait mille pages de tel philosophe que je ne veux pas nommer. Vous savez écrire, dit-il sept ans plus tard à Saphary, c'est le grand point. A l'abbé Roques, il dit qu'on doit à chaque instant corriger la langue, qu'il ne faut être « ni à Apelles, ni à Céphas, mais, à la vérité, si nous pouvons » (3); il se plaint de « ce que le plus grand nombre des esprits, surtout parmi les doctes, abhorrent la clarté ». S'agit-il de résoudre une question? il la traduit, jusqu'à ce que, de traduction en traduction, il arrive à une proposition évidente qui est la solution cherchée. Tant que les astronomes manquèrent d'un principe, lui écrit-il deux mois avant sa mort, les phénomènes du ciel étaient inexplicables... L'univers est un immense système... L'homme doit systématiser ses connaissances... Le grain de blé contient vos excellentes gimblettes, le grain de chènevis contient ce papier.

Aussi les modifications que subissent les *Leçons*, dans leurs éditions successives, ont pour objet de rendre la forme plus parfaite et de donner à l'œuvre une unité plus systématique : elles n'en changent pas le fond. Les suppressions tendent à rendre le

---

(1) Voir § 4. Saphary fait sortir une logique et une morale de cette théorie.
(2) M. Paul Janet n'avait pas comparé aux *Leçons* les Mémoires de l'Institut; Tissot oublie que le Mémoire de Biran ne fut pas imprimé.
(3) Cf. Appendice, idées et expressions du Mémoire de l'an IV.

livre complet en soi et à ne lui faire promettre que ce qu'il donne (1). Les changements lui sont indiqués par ses disciples. Chabrier revoit la cinquième édition et Laromiguière est tout heureux de « son Aristarque ». L'abbé Roques désire que l'ouvrage « soit parfait » et s'étonne que l'auteur ait supprimé un morceau sur « l'absolu ». Perrard pense que « son illustre maître exagère les avantages de la méthode » et Laromiguière lui donne raison en disant que le génie doit tout « ou presque tout » à la méthode. Ses adversaires eux-mêmes l'amènent à réformer des expressions inexactes (2).

(1) Ainsi s'expliquent celles qui ont lieu dans la conclusion du premier volume ; dans le titre qui, de *Leçons de philosophie ou Essai sur les facultés de l'âme* devient *Leçons de philosophie sur les principes de l'intelligence ou sur les causes et sur les origines des idées*, « parce qu'ainsi il n'annonce, dit Laromiguière en 1826, rien de plus que ce que j'exécute tant bien que mal ».

(2) Patrice Larroque, dans son Cours de philosophie, critique cette phrase de Laromiguière : « Par l'attention qui concentre la *sensibilité* sur un seul point ; par la comparaison qui la partage, et qui n'est qu'une double attention ; par le raisonnement qui la divise encore et qui n'est qu'une double comparaison, l'esprit devient une puissance, *il agit* ». Si, dit-il, il est vrai que *concentrer ou partager la sensibilité* soit l'œuvre de l'esprit, le condillacisme aurait gagné sa cause. En même temps, il fait remarquer que ces paroles sont en opposition avec l'ensemble du système. Laromiguière substitue l'*activité* à la *sensibilité* dans l'édition de 1833. De même Laromiguière remplace la définition toute condillacienne, selon Larroque, de la mémoire. « La mémoire est un produit de l'attention, *ou ce qui reste d'une sensation qui nous a vivement affectés* », par une autre définition qui est un amendement considérable : « *La* mémoire est l'action divisée ou réunie de l'attention, de la comparaison et du raisonnement ». Voici quelques exemples qui montreront comment Laromiguière procédait, en ce qui concerne la forme, à la revision des *Leçons*.

PREMIÈRE ÉDITION	CINQUIÈME ÉDITION
I. 10e leçon. Suite de la précédente.	I. 10e leçon. *Confirmation* de la leçon précédente.
I. 11e leçon. Ce que c'est que la métaphysique ou sur le mot métaphysique.	I. 11e leçon. *Définition* de la métaphysique.
II. 9e leçon. L'analyse, toujours la même dans son essence, varie dans ses formes.	II. 9e leçon. Invariable dans son essence, l'analyse varie dans ses applications et dans ses formes, suivant les objets auxquels on l'applique et les esprits auxquels on destine l'instruction.
II. P. 462. A ces différentes sensibilités, joignez le génie et dans ceux qui les auraient ainsi en partage, supposez à la fois le pouvoir de soutenir longtemps leur attention, un goût vif pour le rapprochement des idées, une grande force de raisonnement ; l'intelligence, considérée dans ses rapports à la seule philosophie, vous étonnera par ses contrastes autant que par ses richesses.	II. P. 368. A chacune de ces différentes sensibilités joignez le génie ; à ceux qui les auraient ainsi eu partage, donnez à la fois le pouvoir de soutenir longtemps leur attention, un goût vif pour le rapprochement des idées, une grande force de raisonnement ; l'intelligence, dans ses rapports à la seule philosophie, vous étonnera par ses contrastes autant que par ses richesses.

J'ai entre les mains un exemplaire de la première édition. Laromiguière, qui le destinait à « M. Lemare », y a fait de sa main les corrections essentielles.

Les additions examinées chronologiquement nous feraient suivre la lutte entre les derniers représentants des idéologues et leurs adversaires. L'année même où paraissent les *Fragments* de Cousin, Laromiguière (1) se retournant contre les partisans de Kant, qui ont combattu Aristote, Bacon, Hobbes, Gassendi, leur demande s'ils approuvent chez le premier ce qu'ils blâment chez les seconds. Et il leur montre, en s'appuyant avec plus de malice que de raison sur Villers, « qu'ils exagèrent Gassendi, Locke, Condillac et tous les philosophes qui ont le plus accordé aux sensations ». Il avait dit que si l'on compte une douzaine, une vingtaine peut-être de grands poètes, on ne peut guère compter que cinq ou six grands métaphysiciens. Il ajoute à la même époque en note : « Dût-on m'accuser d'une excessive partialité, je dirai que la majeure partie de ce très petit nombre de métaphysiciens du premier ordre appartient à la France ». Alors aussi il se réclame de Malebranche, pour « parler selon l'opinion commune », et s'adresse à « l'équité des lecteurs » qui ne doivent pas attribuer à tout sentiment ce qu'il dit « du sentiment sensation ». En 1826, il demande à ceux qui sont instruits des disputes occasionnées par l'*a posteriori* et l'*a priori*, « de donner un moment d'attention à la note où il montre que le système des opérations est en même temps le système des facultés ». Il constate en 1833 qu'on ne l'a pas donné, ce moment d'attention (2).

D'autres additions indiquent une confiance de plus en plus grande. Où il combattait la fausse doctrine de l'école de Descartes et de celle de Locke, il ajoute « et de toutes les écoles de philosophie ». Il se compare, lui l'homme modeste, à Newton : « Avant que le prisme de Newton eût décomposé le rayon solaire, la physique ne pouvait faire que d'inutiles efforts pour découvrir l'origine des couleurs. Avant que l'analyse, prisme de l'esprit humain, eût décomposé le sentiment, la métaphysique ne pouvait que s'égarer en cherchant l'origine des idées ». Les pages sur le génie philosophique sont peut-être l'exorde du Discours composé pour l'Académie française ; le *Discours sur l'identité du raisonnement* fut imprimé d'abord en Italie en

---

(1) Appendice, lettres inédites à Saphary.
(2) Voir encore la note où il semble combattre Platon et Cousin, en distinguant existence, connaissance, certitude (II, 172) ; le passage où il affirme (II, 374) qu'il a expliqué, non plus seulement le mot *sentir*, mais deux mots encore, le mot *agir* et le mot *connaître*.

1820, enfin la conclusion ajoutée à tout l'ouvrage, ramène encore au Mémoire de l'an IV (1).

Laromiguière donnait, en 1825, une nouvelle édition des *Paradoxes* de Condillac, où il y aurait à signaler des modifications analogues. Il renvoie souvent d'ailleurs à ce dernier ouvrage et montre ainsi qu'il a pris en 1811 et conservé en grande partie comme des vérités, ce qu'il avait appelé en 1805 les *Paradoxes* de Condillac. Il mourait en 1837 et laissait une correspondance et des manuscrits plus intéressants peut-être que les ouvrages où nous trouvons aujourd'hui sa pensée sous une forme plus parfaite, mais moins spontanée.

IV

Nous avons énuméré les causes multiples du succès de la philosophie popularisée par les *Leçons*. Non seulement il y eut *une école* de Laromiguière (2), avec des hommes d'une valeur très inégale, Daube, Perrard, Cardaillac, Valette, Saphary, Gibon, l'abbé Roques et de Chabrier, Lame et Armand Marrast ; mais ses doctrines se répandirent hors de France. En France même elles eurent une action considérable sur ceux qui « alliés ou adversaires » cherchaient à la remplacer ; elles furent le point de départ de ceux qui remirent en honneur la méthode et les recherches des idéologues.

L'Angleterre, l'Écosse, l'Amérique avaient subi l'influence de D. de Tracy. L'Allemagne, si l'on excepte Schopenhauer, aussi peu allemand que possible, avait surtout connu Degérando, mais était presque exclusivement attentive au grand travail littéraire, philosophique et scientifique qui a donné chez elle, de 1800 à 1850, des résultats si prodigieux. Restait l'Italie. La philosophie de Condillac avait passé de la cour dans les écoles ; le Nord était conquis à Locke avec le P. Soave, le traducteur du Résumé fait par Wynne de l'*Essai sur l'entendement*. La phi-

(1) « De tous les points de l'univers et de toutes les parties de nous-mêmes, nous viennent en foule, sans ordre, sans lumière, les affections de plaisir ou de peine. La pensée agit : elle est attentive, elle compare, elle raisonne. L'esprit démêle et sépare des éléments qui étaient confondus ; il les distribue en espèces, dont il détermine le caractère, le nombre, le rang. Déjà brille la lumière, le jour a pénétré le chaos, et l'intelligence est créée. Que fallait-il pour amener de tels objets à une telle simplicité ? Il fallait avoir découvert ses principes ».

(2) MM. Compayré et Ferraz disent le contraire, à tort comme on va le voir.

losophie suivit en Italie la même marche qu'en France. Soave critiquait comme la *Décade*, le *Kant* de Villers. Galuppi s'attaquait, comme D. de Tracy, à celui de Kinker. Borelli sous le pseudonyme de Lallebasque, cherchait, comme Bonnet et Cabanis, à expliquer physiologiquement la génération des idées (1). D. de Tracy était traduit en italien, et Stendhal citait dans la langue du pays qui lui était devenu si cher, le philosophe qu'il admirait le plus. Le chevalier Bozzelli, dans des *Essais sur les rapports primitifs qui lient ensemble la philosophie et la morale* (1828), montrait Locke, Condillac et D. de Tracy se « succédant exprès pour ajouter l'un à l'autre, pour serrer de plus en plus l'analyse et l'enchaînement des faits, pour que l'erreur échappée à la poursuite de l'un fût atteinte par l'autre jusque dans ses derniers retranchements ». Ce sont là, ajoutait-il, trois points lumineux dans l'histoire de l'esprit humain ; ils éclairent la route de la vérité pour empêcher que personne ne puisse plus s'égarer dans le vague des hypothèses. Il rapprochait Cabanis et Biran, défendait D. de Tracy contre Degérando et, approuvant Saint-Lambert et Franklin, ne voyait dans la morale qu'un ensemble de calculs fins, rapides, lumineux, dont l'origine se perd avec l'origine même du jugement (2).

Longtemps encore l'admiration fut vive en Italie pour les grands idéologues. Gioberti, qui espérait qu'un jour viendrait « où l'on rirait des sensualistes, comme on rit aujourd'hui du système de Ptolémée », écrivait en 1833 : « La plupart de nos jeunes gens sont encore sensualistes, n'ayant entre les mains que Condillac, Tracy et Cabanis, et s'en tenant aujourd'hui à ce qu'on pensait en France il y a trente ans (3) ». Mais, en Italie comme en France, les partisans de la philosophie du xviiie siècle se rattachaient de préférence à celui des idéologues qui, au point de vue politique et religieux, prêtait le moins à la critique. Bozelli mentionnait « Laromiguière, philosophe aussi ingénieux que profond ». Gioia et Romagnosi, élèves du collège Albéroni à Parme, avaient transporté dans l'économie politique et la législation les doctrines condillaciennes. Le dernier prenait même la défense de Condillac, de telle façon qu'en le lisant

(1) *Principii della genealogia del pensiero*, Opera del signor Lallebasque, Lugano, 1825, 2 vol.
(2) Ce livre nous a été indiqué et communiqué par M. Paul Janet.
(3) Louis Ferri, *op. cit.*

on croirait avoir affaire à Thurot (1). Mais il n'est pas un pur condillacien : « Je n'ai jamais dit, écrit-il, et je ne dirai jamais non plus que notre intelligence ait des lois indépendantes de notre puissance sensible ». Comme l'a excellemment montré M. Louis Ferri (2), sa doctrine est plutôt celle de l'expérience que celle de la sensation et il donne à l'activité de l'âme une place bien plus considérable. Déjà en effet Laromiguière était rangé en Italie, comme en France, parmi « les Métaphysiciens classiques ». Novati avait en 1820 traduit les *Leçons*, puis le *Discours sur l'identité dans le raisonnement*, qui avait paru en italien avant d'être imprimé en français, enfin les *Paradoxes de Condillac*. Galuppi, dont l'influence succéda à celle de Romagnosi et qui a été rapproché d'Ampère (3), trouve déjà insuffisante « la réforme par laquelle Laromiguière substitue, à la sensation, la base plus large du sentiment » ; mais il fait venir les idées du *sentiment* et de la méditation. Rosmini combat avec hauteur, avec colère et, par tous les moyens, les sensualistes, Condillac et d'Alembert, Cabanis, D. de Tracy, Laromiguière et Romagnosi. Dans le *Nuovo saggio sulla origine delle Idee* (1830), il veut « rétablir l'ordre dans les esprits, troublés et bouleversés par les doctrines qu'ont répandues de tous côtés les écrivains de la Révolution ». Mamiani défend en 1834 la philosophie de l'expérience comme une doctrine vraiment nationale et, dans une charmante lettre à Rosmini, met en scène « un paladin qui habite dans un vieux et fort manoir construit pour la première fois par Protagoras et garni, de nos jours tout à l'entour, de nouvelles palissades et de nouveaux bastions par Hume et par Kant, doué d'une force merveilleuse, semblable à Ferran de l'Arioste, qui croit peu à Dieu et aux démons et n'a d'autre passion que de tout renverser. Ce paladin s'appelle le scepticisme, et quand les systèmes des philosophes se présentent au pont demandant le passage au nom de la raison, ce chevalier impitoyable s'avance à leur rencontre pour les défier au combat. Je ne saurais dire combien il en a désarçonné et noyé dans le fleuve ».

(1) « Io non voglio entrare, dit-il, in alcuna apologia personale a Condillac. Osservo solamente che ben altro è il *sensualista*, ed altro è il *sensibilista* ».

(2) M. Louis Ferri, professeur à l'Université de Rome, directeur de la *Rivista di Filosofia italiana* et auteur d'un Essai sur l'histoire de la philosophie en Italie au xixe siècle, à la demande de M. Beaussire, a bien voulu mettre à notre disposition les ressources de son érudition aussi riche qu'aimable (cf. *Avertissement*).

(3) *Dictionnaire philosophique*, article *Galuppi*.

Testa, qui fit ses études au collège Albéroni après Romagnosi et Gioia, défendit lui aussi la philosophie de l'expérience contre Rosmini, s'inspira de Turgot, de D. de Tracy et de sa théorie fondée sur la sensation de résistance (1), mais aussi de Romagnosi et de Laromiguière. Enfin Gioberti, qui voit du sensualisme jusque chez Descartes, traita Rosmini plus mal encore que ce dernier n'avait traité les sensualistes : « Gioberti, dit M. Louis Ferri, présente le système de Rosmini, tantôt comme un sensualisme déguisé, tantôt comme un idéalisme sans frein. Il n'est pas de défaut et pour ainsi dire pas de monstruosité qu'il n'y découvre, panthéisme, athéisme, immoralité, toutes les erreurs et tous les vices découlent, à ce qu'il prétend, de cette source empoisonnée ». Ne croirait-on pas voir Cousin accusé de panthéisme, d'athéisme, de matérialisme, après avoir combattu le sensualisme par « les conséquences qui en découlent » ? Désormais la philosophie du xviiie siècle est morte en Italie : et il faudra les travaux de Comte, mais surtout ceux de Spencer, de Darwin, comme aussi de Charcot (2), pour ramener l'alliance de la philosophie et des sciences.

Gioberti n'a pas plus ménagé Cousin que Rosmini, Descartes et les sensualistes. On le comprend en lisant Cousin et ses disciples, qui se rattachent, en plus d'un point, aux doctrines de Laromiguière et de ses prédécesseurs. Cousin est le continuateur de Cabanis, de Fauriel, d'Ampère, de Biran et de Degérando. Après avoir écrit en 1813 une thèse en partie condillacienne (3), il avait voué « sans retour et sans réserve, sa vie entière à la poursuite de la réforme philosophique commencée par Royer-Collard ». A la suite de Biran, il avait critiqué les *Leçons* de Laromiguière qui, ayant eu l'intention d'abandonner Condillac, laissait toujours paraître le « rapport secret, mais intime qui rattache l'élève au maître ». Mais Damiron, qui avait placé Laromiguière parmi les sensualistes, le remettait parmi les éclectiques. Cousin, devenu en France le chef de l'enseignement philosophique et attaqué par ceux qui lui reprochaient

(1) Surtout dans l'ouvrage *della Mente*, 1836.
(2) Cf. Ballet, *le Langage intérieur et les diverses formes de l'aphasie*.
(3) *De Methodo sive de Analysi*. Elle résume les leçons de Laromiguière et célèbre Condillac. « Nisi Condillacus eo tempore nobis ereptus fuisset quo libros omnes suos iterum scribere, miramque illam et auream simplicitatem quam in elementis arithmeticæ algebraeque usus est, in philosophiam transferre in animo habebat, forsitan tenebræ quibus metaphysica involvitur, pulsæ fugatæque evanuissent ».

son panthéisme et ses doctrines étrangères, se reconnut non plus seulement le disciple de Royer-Collard et de Biran, mais aussi celui de Laromiguière. Et M. Paul Janet a fait voir qu'il y a eu alliance à cette époque entre les deux écoles, que Jouffroy et Laromiguière avaient, sous la présidence de Cousin (1) rédigé le programme de l'enseignement philosophique ; que le spiritualisme final de Cousin se rapproche singulièrement de celui de Laromiguière.

Jouffroy, disait Cousin, a été chez nous le véritable héritier de Laromiguière. Saphary, qui combat Cousin, complète plus d'une fois Laromiguière par Jouffroy. En entrant à l'École normale, ce dernier l'avait trouvée pleine du souvenir de Laromiguière et de Royer-Collard. Dans sa troisième année, il avait été chargé de répéter les leçons de Thurot à la Faculté. Plus tard, il fut au Collège de France le successeur de ce dernier ; puis à la Faculté et à la bibliothèque de l'Université, celui de Laromiguière. Si l'on relit la préface des *Esquisses de philosophie morale*, celle des *Œuvres* de Reid, les écrits sur *l'Organisation des sciences philosophiques*, sur *la légitimité de la distinction de la psychologie et de la physiologie*, si l'on tient compte de l'esprit si différent, comme l'ont montré Sainte-Beuve et A. Garnier, de Cousin et de Jouffroy, et si l'on se rappelle ce que nous avons dit de l'analogie de certaines doctrines écossaises et de certaines doctrines idéologiques, on sera assez disposé à trouver à peu près exact le jugement de Tissot : « Jouffroy est le continuateur et le vulgarisateur de la philosophie expérimentale de Laromiguière et des Écossais, avec des aspirations qui étaient chez lui une affaire de foi ou de croyance naturelle, chez Laromiguière une sorte de conviction philosophique plus prononcée, et chez les Écossais un instinct tout humain, mais sans grand espoir de le voir jamais confirmé par les lumières d'une raison réfléchie (2) ». Peut-être même faudrait-il joindre à Laromiguière, Thurot et Degérando (3).

(1) Paul Janet, *Victor Cousin*, p. 398. La même année le concours d'agrégation a pour président Cousin, pour membres Laromiguière, Jouffroy, Cardaillac.
(2) Sur Jouffroy cf. Damiron, *op. cit.* ; Sainte-Beuve, *passim* ; de Rémusat et Caro, *Revue des Deux Mondes* ; A. Garnier, article *Jouffroy* (*Diction. phil.*) ; Mignet, *Notice* ; Tissot, *Mémoires de l'Académie des sciences, arts et belles-lettres de Dijon*, 1876 ; Taine, *op. cit.* ; Ferraz, *Libéralisme et spiritualisme*.
(3) Certains passages de Jouffroy rappellent Cabanis et Lamarck : « La nature brisa encore cette création, dit-il après avoir parlé des quadrupèdes grossièrement organisés qui avaient remplacé les végétaux informes et immenses sous lesquels

De Rémusat a critiqué D. de Tracy et Cabanis comme des adversaires envers lesquels on ne saurait être impartial, parce qu'on croit dangereuse la diffusion de leurs doctrines. Peut-être faudrait-il cependant attribuer à l'influence de Cabanis le travail sur les facultés inconnues, qu'on a avec raison rapproché des théories modernes de l'inconscient. Ce qui est incontestable, c'est qu'il prit auprès de M. Fercoc, ami de Laromiguière et professeur au lycée Napoléon, le goût de la philosophie et l'habitude d'employer, pour son propre compte, les procédés analytiques recommandés dans l'école expérimentale (1). Enfin nous avons vu que M. Paul Janet a quelquefois résumé Cabanis, Laromiguière et Daunou. Élève de Gibon, « dont le Cours très solide et très nourri, contient un assez grand nombre de vues judicieuses et personnelles qui ne se rencontrent pas partout »; il a de même résumé, pour les rapports particuliers de la pensée et du langage, les savantes et profondes analyses de Condillac, de Degérando, de D. de Tracy, de Biran, de Cardaillac (2).

Venons à ceux qui se réclament de Laromiguière et reproduisent plus ou moins fidèlement ses doctrines. L'*Essai d'Idéologie* de Daube, introduction à la grammaire générale, est curieux à plus d'un titre (3). L'épigraphe est empruntée à saint Augustin. L'auteur, qui a pour Locke, Bonnet et Condillac toute l'estime et la reconnaissance que méritent leurs grands talents et les services qu'ils ont rendus à la science dont il s'occupe, les attaque souvent, sans toujours les comprendre, et manifeste une vive admiration pour Malebranche. Ami de Laromiguière, il doit à son *Projet d'Éléments de métaphysique*, à ses conversations, à la lecture de quelques-uns de ses manuscrits,

se déroulaient de gigantesques reptiles, et, d'essai en essai, allant du plus imparfait au plus parfait, elle arriva à cette dernière création qui mit pour la première fois l'homme sur la terre. Ainsi l'homme semble n'être qu'un essai après beaucoup d'autres que le Créateur s'est donné le plaisir de faire et de briser. Ces immenses reptiles, ces immenses animaux qui ont disparu de la face de la terre, y ont vécu autrement que nous y vivons maintenant. Pourquoi le jour ne viendrait-il pas aussi où notre race sera effacée, et où nos ossements déterrés ne sembleront aux espèces alors vivantes que des ébauches grossières d'une nature qui s'essaye ». (*Du problème de la destinée.*)

(1) Sainte-Beuve, *Portraits littéraires*, III, p. 318, et *Correspondance de Mme de Rémusat pendant les premières années de la Restauration*.
(2) *Éléments*, p. 234. Sur Gibon, cf. *infra*. Ajoutons que M. Paul Janet a fait sur Lakanal, sur Laromiguière des articles où l'éloge tient plus de place que la critique, montré dans Schopenhauer un disciple de Cabanis et de Bichat, etc., etc.
(3) Paris, an XI, 1803. C'est M. Paul Janet qui a appelé notre attention sur cet ouvrage dont nous avions lu le compte rendu dans la *Décade*.

son goût pour la métaphysique et le peu de bonnes vues qu'il y a dans son ouvrage, comme il doit à ses leçons le premier développement de sa raison. Cependant il le combat, et M. Paul Janet a cru que le disciple n'a pas été sans influence sur le maître. Mais la doctrine de Laromiguière était formée dès le temps où il professait à Toulouse et si depuis il en a quelquefois changé la forme, le fond est resté le même. Daube a peut-être, mais après D. de Tracy (1), amené Laromiguière à modifier quelques expressions ; il ne lui a pas appris à distinguer l'activité de la passivité (2).

Perrard, ancien professeur au collège de Mâcon et avocat à la cour royale de Paris, fort lié avec Laromiguière, avait publié en 1827 une *Logique classique* (3), dont un tiers au moins est textuellement pris des *Leçons* (4). Au-dessous de Laromiguière, Perrard place Condillac qu'il cite fréquemment et Voltaire auquel il emprunte l'innéité des sentiments moraux. Il admettrait bien le système de D. de Tracy, si tout n'y était rapporté à la sensation proprement dite ; mais il combat Cabanis par Bérard, pour prémunir les jeunes gens « contre le matérialisme ». Par contre, il défend Laromiguière, contre Cousin qu'il appelle « un critique », avec la Sagesse, avec Pascal et avec G. Cuvier.

Tout le monde sait qu'après Carrel, Armand Marrast fut le plus remarquable rédacteur du *National*, en 1848, le maire popu-

---

(1) Cf. ch. vi, § 2.
(2) Daube dit que Laromiguière a voulu justifier le système de Condillac : « Pour bien entendre sa pensée, il faut distinguer avec lui deux moments différents ; celui où nous recevons les sensations, celui où nous les éprouvons. Considérée dans le premier moment, l'âme ne jouit d'aucune activité, puisque la cause de la modification qu'elle va recevoir, est placée hors d'elle ; mais dès que les sensations sont reçues dans l'âme, dès qu'elle les éprouve, l'auteur prétend qu'elle se trouve dans un état actif, sans qu'il soit nécessaire de supposer aucune faculté autre que celle d'avoir le sentiment des sensations, si l'on peut ainsi s'exprimer », et cite les définitions de la préférence, « qui est tout ce que nous entendons par l'activité de l'âme considérée indépendamment du corps... un point de vue du sentiment... une modification du sentiment ».
(3) D'après les principes de philosophie de Laromiguière. Nous avons sous les yeux la troisième édition, Paris et Lyon, Périsse frères, 1860 (viii, 356 pages), revue et augmentée par l'auteur et par son fils. Les autres ouvrages de Perrard sont un *Résumé de philosophie*, des *Précis d'histoire ancienne, moderne, du moyen âge*, une *Rhétorique classique*, un *Tableau synoptique de la procédure civile*.
(4) L'admirable système des facultés que Laromiguière a substitué à celui de Condillac est, selon Perrard, l'histoire la plus vraie et la plus complète de la pensée, une des plus belles conquêtes du génie : le plus habile mécanicien ne connaît pas mieux une montre et chacun de ses rouages, que nous ne connaissons, avec Laromiguière, la pensée et chacune des opérations de notre esprit.

laire de Paris et le président sans cesse réélu de l'Assemblée Nationale. Bien peu de personnes, même parmi celles qui, comme M. Jules Simon, sembleraient ne pas devoir l'ignorer (1), savent qu'il fut un idéologue ardent et convaincu. Rien cependant n'est plus exact. A la fin de 1826, licencié ès-lettres, il se présentait pour obtenir le grade de docteur devant la faculté des lettres de Paris. Dans la thèse française, il se demandait si c'est aux poètes ou aux prosateurs qu'appartient la gloire d'avoir le plus contribué à former et à perfectionner la langue française ; il se prononçait pour les derniers, en faisant remarquer que nos classiques se sont servis de la langue comme « d'un instrument d'analyse », et en datant l'ère nouvelle de Corneille et de Descartes. Sa thèse latine est dédiée à Laromiguière « *doctissimo, sapientissimo viro, œtatisque nostræ philosophorum principi* ». Elle porte sur la vérité. L'auteur invoque Descartes et Malebranche, mais aussi Condillac, surtout D. de Tracy et Laromiguière, qui sont pour lui les philosophes les plus marquants de l'époque (*potentissimi œtatis nostræ philosophi*). A la suite de cette thèse se trouve en français la note suivante : « Une grande partie de cette thèse était consacrée à la réfutation des objections qu'on peut élever contre nos principes. Ces objections se trouvent surtout résumées dans un ouvrage récemment publié et qui acquérait une plus grande importance par les hautes fonctions dont l'auteur était revêtu dans l'Instruction publique. Ces fonctions ayant cessé depuis l'impression de notre thèse, nous avons dû faire disparaître tout ce qui pouvait porter le caractère d'une attaque personnelle ». Marrast venait donc avant Thurot, avant Broussais, Daunou, Andrieux, Valette au secours de l'école. Enfin dans l'Éloge de Garat, dont il proclamait la supériorité sur Saint-Martin, « espèce d'éclectique anticipé », il louait Cabanis et Broussais (2).

L'abbé Roques, professeur de philosophie au collège d'Albi,

(1) *Temps* du 18 juillet 1890. M. J. Simon, dont l'article est d'ailleurs fort aimable, parle du temps où A. Marrast fut maître d'études et ajoute plus loin qu'il n'était « ni philosophe, ni orateur » sans parler « ni de sa licence, ni de son doctorat ». Dans un article du 1er août, M. J. Simon a montré que, sans Marrast, on eût peut-être eu la Commune en 1848 et que, comme journaliste, il avait refusé de défendre les esclavagistes, quoiqu'il n'eût guère à laisser aux siens « que son nom et les lettres par lesquelles on l'invitait à cette honteuse mais lucrative besogne ».
(2) Marrast a écrit une Notice sur Laromiguière. Il fut très lié avec le maître et avec quelques-uns de ses disciples, entre autres Saphary. (cf. Appendice, lettres de Laromiguière à Saphary).

taire. En 1829, à un moment (1) où, « les doctrines rationalistes, prêchées avec éloquence, semblaient seules obtenir faveur auprès de la jeunesse », les leçons de Cardaillac, faites en opposition à l'idéalisme, attiraient encore un nombre plus grand d'auditeurs qu'on n'aurait pu s'y attendre. Les leçons furent rédigées par Bource, un de ses auditeurs et amis, auquel il avait communiqué ses notes ; revues par le professeur, elles devinrent les *Études élémentaires de philosophie*. Cardaillac se sépare des idéologues à cause du peu d'accord qui règne entre leurs doctrines et du peu d'assentiment qu'elles ont obtenu. Il consacre toute une section à réfuter les matérialistes et à établir la spiritualité de l'âme. Si, contre Laromiguière, il soutient que les idées générales et abstraites ne sont pas de pures dénominations, c'est que le nominalisme conduit au matérialisme de Broussais. Toutefois, il fait une place à la physiologie, à condition que, du rapport d'influence du physique sur le moral, on ne conclue pas à l'identité des deux principes. Il discute les assertions de Lamennais, de J. de Maistre et de Malebranche, mais aussi celles de Cousin, « l'éloquent professeur de l'idéalisme le plus abstrait ». C'est surtout de Laromiguière, l'ingénieux et profond auteur des *Leçons* qu'il se réclame, mais il prend son bien partout où il le trouve : à Portalis il emprunte la formule qui fait de la parole une incarnation de la pensée (2) ; à saint Thomas celle qui exprime que l'âme est créée au moment où les organes sont assez développés pour remplir leurs fonctions (*creando infunditur, infundendo creatur*) ; à Bichat, celle qui distingue les organes locomoteurs et l'organe vocal. Cependant il ne se donne ni comme spiritualiste, ni comme sensualiste, ni comme rationaliste ou empirique ou éclectique, sans avoir défini à sa façon ce qu'il faut entendre par ces mots, et il se réserve de penser par lui-même. La philosophie a un domaine de plus en plus restreint : soit qu'on traite de logique, de morale, de théologie, d'ontologie, de psychologie, on s'occupe toujours de l'homme, et de l'homme seul. La science ainsi comprise est abordable à tous ; chacun y apporte des idées toutes faites, et c'est pourquoi elle est si peu avancée (3).

(1) *Lycée*, IV, 163 à 167.
(2) M. Rabier (*Leçons de philosophie*) attribue l'expression à Cardaillac.
(3) Cardaillac distingue, comme la plupart des auteurs de manuels qui l'ont suivi, trois facultés principales, sensibilité, intelligence, activité, qu'il étudie en elles-mêmes et dans leurs rapports avec les autres ; il traite successivement de la sensibilité,

écrivit en 1827 à Laromiguière pour lui témoigner son admiration, et reçut une réponse fort encourageante (1). Nous ne savons s'il prit part, en 1840, à la campagne contre l'éclectisme, mais en 1860 il fit paraître deux volumes de polémique qui ne furent pas sans influence sur le mouvement laromiguiériste qui suivit et qui fut surtout provoqué par Tissot et de Chabrier. Il entra alors en correspondance avec ce dernier et fut par lui plus d'une fois gourmandé pour son peu de confiance dans le succès définitif des *Leçons* (2). M. Germain Crozes a publié, en quatre volumes, le *Cours de philosophie* de l'abbé Roques. M. Egger le trouve *remarquable*, M. Ribot *curieux* (3) : « L'auteur qui avait fait, dit-il, ses études au commencement du siècle, est resté fidèle aux idées qui régnaient en 1810. Il y est question sans cesse de M. Cousin comme d'un novateur, comme d'un audacieux dont les témérités sont jugées au point de vue de la philosophie classique... du temps de Laromiguière ». L'œuvre de Roques ne se comprend guère en effet après Darwin, Spencer, Bain et Lewes, Ribot et Taine. Elle n'a de sens que si on la met à côté des *Leçons* et des *Études élémentaires* de Cardaillac.

Cardaillac a été récemment remis au jour par M. Victor Egger (4), qui a exposé méthodiquement ses vues sur la parole intérieure. M. Ballet (5) l'a mentionné, mais ni l'un ni l'autre ne l'ont replacé dans son milieu en le rapprochant, comme l'a fait M. Paul Janet, de D. de Tracy, de Degérando, de Laromiguière, de Biran (6), auxquels il doit beaucoup et dont il n'a fait que continuer les recherches sur le langage et les signes.

Professeur de philosophie au collège Bourbon, Cardaillac suppléa Laromiguière, de 1824 à 1829, et ne crut pas faire descendre le cours au-dessous de ce qu'il devait être en s'occupant presque exclusivement de ce que la science présente de plus élémen-

---

(1) G. Compayré, *Notice sur Laromiguière d'après une correspondance inédite*. Cf. à l'Appendice, les lettres communiquées par MM. Crozes et Séguy.
(2) « Vous en parlez toujours, lui dit de Chabrier, comme si elles étaient ignorées et méconnues. C'est une erreur. Elles sont au-dessus du temps actuel, et par conséquent moins appréciées qu'elles devraient l'être, mais elles sont goûtées, admirées chaque jour de plus en plus; ne désespérez donc pas ainsi ». L'abbé est ailleurs tancé d'avoir négligé de relire l'ouvrage en entier depuis 1833 : « Ainsi voilà vingt-sept ans passés par vous, monsieur l'abbé, sans une lecture complète du livre ».
(3) *Revue philosophique*, III, 664.
(4) V. Egger, *la Parole intérieure*.
(5) *Le Langage intérieur et les diverses formes de l'aphasie*.
(6) Cf. ch. vii, § 4 et viii, § 3.

Cardaillac devenu, après 1830, inspecteur de l'académie de Paris, ne donna pas le *Traité des méthodes* qu'il avait annoncé. Les *Études élémentaires*, accueillies à leur apparition comme un des écrits les plus remarquables publiés en France depuis les *Leçons* de Laromiguière, ont été louées par Gibon, Hamilton et Stuart Mill, avant de l'être par MM. Paul Janet, Egger et Ballet.

Valette fut après Cardaillac le suppléant de Laromiguière. Docteur ès-lettres en 1819 avec deux thèses (*de Libertate*, *de l'Épopée*), dont la première reproduit les *Leçons*, et dont la seconde nous présente Aristote remontant toujours, à la façon de Laromiguière, au principe pour en éclairer les conséquences les plus reculées, il était nommé agrégé-suppléant par Royer-Collard (1). En 1820, Cuvier le charge de la chaire de philosophie au collège d'Harcourt, récemment créé (2). En 1822, il prononce à la distribution des prix un Discours (3) sur l'enseignement de la philosophie. La dissertation latine était mise au-dessus de la française ; des cinquante questions, pour le baccalauréat et le concours, indiquées aux candidats, quarante-neuf étaient empruntées à la philosophie de Lyon, et une sur l'association, aux Écossais ; des ecclésiastiques étaient chargés partout d'enseigner la philosophie (4). Valette montre que l'étude de la philosophie n'est ni inutile, ni nuisible. D'un côté, il soutient, en invoquant Frayssinous (5), qu'elle étudie les merveilles de la nature, pour mieux connaître leur auteur, et entrer dans les desseins de sa Providence ; pour distinguer en nous deux substances et établir, par des preuves irrésistibles, que l'une, libre, capable de mérite et de démérite, est destinée à une vie à venir, espoir des bons, effroi des méchants, pour affermir chez les jeunes gens les dogmes salutaires sans lesquels aucune société n'est possible. De l'autre, s'appuyant sur Laromiguière, il affirme qu'un recueil

---

de l'intelligence, de l'activité, en prouvant l'existence de la liberté et en parlant de l'instinct, sans citer Cabanis, des habitudes actives et passives, sans nommer Biran. Puis, après avoir démontré la spiritualité de l'âme, il revient aux facultés intellectuelles, parmi lesquelles il distingue l'attention, la mémoire et la liaison des idées qu'il examine avec beaucoup de finesse et de sagacité. Enfin il termine par la raison après avoir traité de la parole, sans nommer ses prédécesseurs, mais en utilisant toutes leurs recherches et en y joignant, surtout pour la parole intérieure, des observations nouvelles.

(1) *Lycée*, 11 novembre 1830.
(2) Cf. Appendice, Lettre de Laromiguière à Valette.
(3) Paris, de l'imprimerie de P. Gueffier, rue Guénégaud, n° 31, 24 pages.
(4) A. Garnier, article dans le *Lycée* de 1829.
(5) Cousin fait de même en 1826.

d'observations bien faites sur nos diverses manières de concevoir et de sentir est un puissant secours pour l'éloquence, la poésie et les arts d'imagination.

En 1827, il fait partie du jury d'agrégation avec les abbés Daburon et Burnier-Fontanelle, avec Laromiguière et Bousson, professeur à Charlemagne. L'année suivante, il publie, dans le *Lycée*, sur les Leçons de Cousin, des articles qu'il réunit en volume quand eut paru *l'Introduction à l'histoire de la philosophie*. Il y a alors « une école de Laromiguière » (1). Valette s'y rattache, part des faits, et emploie la méthode expérimentale ; mais il restreint le domaine déjà limité de la philosophie en la rapprochant plus encore des notions vulgaires. Daunou, Portalis, Broussais, moins son matérialisme, le *Traité des systèmes* lui viennent en aide pour combattre Kant et Cousin. A ce dernier il reproche, outre les expressions injurieuses et inexactes, une doctrine sentencieuse et vague, des assertions hasardées, des généralités, et craint bien qu'il ne fasse que tourmenter des abstractions stériles et se payer de mots « en matérialisant, avec une imagination prodigue de figures, des pensées aussi spirituelles ». C'est l'année suivante que Valette supplée Laromiguière. Après avoir fait l'éloge de Louis XVIII, « qui voulut, par la Charte, dire que les droits des peuples découlent de la même source que ceux des rois », il se donne comme disciple de Descartes : il a douté, « mais jamais le doute n'a atteint les croyances qui doivent être chères à toutes les âmes ». Étudier l'intelligence, en suivre les progrès à partir de l'enfance de l'individu en marquant les métamorphoses qu'elle subit dans les différentes saisons de la vie, afin de lire à livre ouvert dans l'histoire de l'espèce, de rendre raison des croyances qui ont tour à tour régné, puis des passions qui les inspirent et enfin des vicissitudes de la vie de l'individu, d'un peuple, de l'humanité tout entière, afin de savoir ce que nous avons à faire pour surpasser nos pères, voilà ce qu'il se propose dans l'enseignement dont il est chargé. Le xviiie siècle a rendu populaire le besoin de voir clair en chaque chose et de s'entendre. La philosophie de Condillac, qu'on dit si pauvre et si mince, n'en fait pas moins

---

(1) Valette, *De l'Enseignement de la philosophie à la faculté des lettres, et en particulier des principes et de la méthode de M. Cousin*. L'année précédente, le *Lycée*, en rendant compte de l'ouvrage de Saphary, parle des *nombreux disciples* de Laromiguière.

faire aux jeunes gens de grands progrès dans la recherche de la vérité. L'école de Condillac et de Locke est encore celle de la majorité ; l'école écossaise n'a pu devenir française, encore moins Kant, malgré Cousin et les éclectiques, d'accord avec les traditionalistes, pour accuser l'école de Locke et de Condillac, de conduire au matérialisme, au fatalisme, à l'égoïsme.

Nous avons encore le *Discours d'ouverture* de Valette en 1830. Après avoir célébré la Révolution qui ouvre une ère nouvelle, il cherche, sans originalité aucune, les éléments qui constituent la liberté de l'homme ou du citoyen, les moyens de la perfectionner dans l'ordre moral, civil et politique. Nous pouvons juger de même celui de 1835, où Valette demande que les philosophes aient un peu plus d'indulgence les uns pour les autres et se gardent de comprendre les doctrines philosophiques sous un petit nombre de catégories dont les noms donnent des idées fausses, ou ne rappellent pas exactement la nature des doctrines, puisqu'ils sont regardés comme une injure par ceux qui en sont les auteurs. A la mort de Laromiguière, Valette, présenté en première ligne par le Conseil académique, en seconde ligne par la Faculté, se voyait préférer Jouffroy. Pour l'adjonction, il ne fut pas plus heureux : Damiron fut nommé. En 1842, à la mort de Jouffroy, il adressait aux professeurs une lettre dans laquelle il demandait « que les portes de la Faculté se rouvrissent pour un des disciples chéris de Laromiguière, et pour une des deux grandes écoles de philosophie qui ont toujours cherché à concilier les droits de la raison et l'autorité de l'expérience ». Depuis longtemps, il travaille à réduire en un ouvrage les dix volumes au moins de leçons qu'il a faites à la Faculté, mais on ne peut aller vite, quand on a été initié par Laromiguière « au secret et à toutes les difficultés de l'art d'écrire sur la métaphysique ». D'ailleurs Laromiguière n'a écrit qu'à plus de cinquante ans et après avoir cessé de parler ; Royer-Collard n'a fait imprimer qu'une leçon pendant son enseignement ». A sa lettre, Valette joint un aperçu des idées de Laromiguière sur l'avenir de la science et quelques observations sur l'état actuel des chaires de philosophie. Les trois chaires de la Faculté de Paris, disait-il, sont occupées par le père de l'éclectisme ou par ses enfants (1). Et cependant, ajoutait-il, en faisant

---

(1) MM. Jules Simon, Garnier, Damiron. Cf. Himly, *Livret de la Faculté des Lettres de Paris*.

allusion à Cousin, à l'empressement qu'on montre à se proclamer son élève et son ami, au désintéressement avec lequel on veut presque relever de lui, on est porté à croire qu'une réaction s'opère en faveur de sa philosophie. Damiron succéda à Jouffroy, Garnier fut adjoint à la chaire d'histoire de la philosophie moderne. Valette publia sa lettre (1).

L'éclectisme triomphant était à son tour attaqué par les « conséquences qui découlaient de ses doctrines ». Gioberti, Maret et bien d'autres (2), suivis par une grande partie du clergé, l'accusaient d'être panthéiste et ennemi de la religion. Les disciples de Laromiguière se joignirent aux adversaires de Cousin, qui tous d'ailleurs, n'étaient pas des défenseurs du catholicisme (3).

Il y avait encore, à cette époque, où la lutte, scolaire depuis la mort de Broussais et de Daunou, devint politique, trois professeurs de philosophie de Paris, Valette, Saphary et Gibon qui se réclamaient de Laromiguière. M. de Chabrier, directeur général des Archives, puis sénateur du second Empire, fut de bonne heure en relations avec Laromiguière. Consulté pour la réimpression des *Leçons*, il devint son exécuteur testamentaire, hérita de ses manuscrits, de ses notes et des parties importantes de sa correspondance. Pendant plus de trente ans il a été l'apôtre du laromiguiérisme. En 1841, Villemain proposait au roi d'accepter une somme de quinze cents francs pour être décernée en prix à la suite d'un concours sur les *Leçons*. Cette offre généreuse d'une personne qui désirait rester inconnue, et qui était de Chabrier (4), avait pour but « de mettre dans tout son jour, en le faisant complètement apprécier, un ouvrage justement estimé et dont les doctrines tiennent une place remarquable dans la philosophie contemporaine » (5).

Un premier concours eut lieu dont les juges furent Jouffroy

---

(1) Citant le mot de Peisse qui avait voulu « lui aussi donner son coup de pied au sensualisme », il constatait que la philosophie de Laromiguière avait été évincée de la Sorbonne, et que la fidélité aux doctrines du maître n'était pas un titre suffisant. (*Laromiguière et l'Éclectisme, aux amis de Laromiguière*, par Valette, ancien suppléant de Laromiguière à la Faculté des Lettres, professeur de philosophie au collège royal de Louis-le-Grand, Paris, 1842, 32 pages.)

(2) Cf. Paul Janet, *op. cit.*, p. 368.

(3) Nous avons cité déjà Pierre Leroux et Bordas-Desmoulins.

(4) Lettre de Villemain « le prix que vous avez si généreusement fondé ».

(5) Les documents dont nous faisons usage sont reproduits en tête de la 7ᵉ édition. Les rapports sur le concours sont à la fin de l'ouvrage de Saphary, *L'École éclectique et l'école française*.

remplacé à sa mort par Degérando, de Cardaillac, Damiron, Vacherot, Garnier (1). Le second fut jugé par Droz, de Cardaillac, Garnier, MM. Vacherot et Ravaisson (2). Treize jours plus tard, de Chabrier félicite Saphary (3), et lui conseille de consacrer les quinze cents francs à la nouvelle édition qui produira « une plus grande diffusion des *Leçons* ». Il a vu Villemain pour lequel il sent se réveiller son ancienne amitié, en l'entendant parler de Saphary, de Laromiguière et du bien à faire en cette circonstance. Il obtient une souscription de deux cents exemplaires pour la sixième édition. Cousin en fait un magnifique éloge à l'Académie des sciences morales et politiques et parle même de Chabrier sans le nommer, comme « d'une âme élevée, d'un esprit ferme et solide, d'une plume élégante »; mais de Chabrier ne lui pardonne pas d'avoir combattu Laromiguière. Cousin reste pour lui « ce fastueux faiseur de galimatias dont le règne n'est qu'une débâcle ». Il applaudit à la campagne de Gibon, Valette et Saphary.

Nous avons déjà cité Gibon, dont le *Cours de philosophie* parut en 1842. Sans rien retrancher à la psychologie et à la logique, Gibon donne à la théodicée et à la morale plus d'extension qu'elles n'en ont d'ordinaire dans l'enseignement. L'histoire de la philosophie est supprimée, parce que les sources ne manquent pas à ceux qui veulent l'étudier. C'est dans cette suppression, comme dans la place considérable attribuée à la théodicée, que consiste en grande partie l'originalité de Gibon ; il ne revendique d'ailleurs pour lui que la combinaison des pensées, et non les pensées elles-mêmes. Nul plus que lui ne mériterait le nom d'éclectique. Assez dur pour le célèbre écrivain qui « s'est érigé en chef de la philosophie française », il critique la doctrine cousinienne de la liberté, étrange, vague, fausse et déclama-

---

(1) Dix Mémoires furent envoyés. Degérando, dans son *Rapport*, écarte ceux qui sont insuffisants ou qui ne sont qu'une censure mal justifiée des *Leçons* et en distingue trois. A propos de l'un d'eux, il rapproche Jouffroy et Laromiguière : il y a en germe, dans ce dernier, la théorie développée par Jouffroy, que l'âme se connaît comme cause et en même temps comme substance. Pour le suivant, il remarque que la commission, « animée des sentiments de la plus haute estime et de la plus vive affection pour le célèbre professeur », ne refusait pas d'entendre de justes critiques, appuyées sur des démonstrations convaincantes, et prorogeait le concours.

(2) Sur les sept Mémoires envoyés, Droz en distingue deux où est bien compris le but du concours : celui de Tissot qui montre l'influence exercée par Laromiguière sur les philosophes mêmes qui l'ont combattu, l'autre, celui de Saphary, le disciple exclusif et dévoué de Laromiguière, qui prouve assez de talent pour mériter le prix.

(3) Cf. Appendice, Lettres inédites.

toire, les vues superficielles de Cousin et de ses disciples sur la méthode, mais il accepte ses conclusions sur Locke et les applique même à Laromiguière. Souvent il s'appuie sur Jouffroy, quelquefois sur Damiron. A l'optimisme de Leibnitz, il joint la perfectibilité de Condorcet. A côté d'une critique de Condillac, ou d'une citation de J. Reynaud, il place l'éloge du syllogisme « instrument admirable d'une utilité scientifique incontestable ». Adversaire déterminé de l'athéisme, qui conduit au matérialisme et supprime la liberté, la vertu, le vice, il veut qu'on tienne grand compte du physique dans l'étude de l'homme. Joignez à cela de beaux passages où il fait songer à Stuart Mill affirmant qu'il faut laisser des questions ouvertes, ou à M. Paul Janet combattant la théorie épicurienne de l'origine du monde. Il aime les Écossais et fait grand cas de l'aimable, savant et ingénieux Laromiguière, de l'estimable Cardaillac et même de Lerminier (1).

Saphary fut de bonne heure le disciple et l'ami de Laromiguière. Des lettres qu'on a bien voulu mettre à notre disposition (1), nous montrent combien Laromiguière était aimable, et combien aussi il faisait cas de Saphary. En 1826, il lui adresse la quatrième édition de ses *Leçons* et lui en indique les changements et les additions. Puis il l'encourage à rédiger un Manuel « qui rendra service à la jeunesse studieuse ». Saphary compose un petit poème, *l'Habitant du Cantal au pied des Pyrénées*, que couronne l'Académie des Jeux Floraux. Il l'envoie à Laromiguière « qui lui doit un moment agréable ». En retour, celui-ci lui donne des indications sur les thèses qu'il pourra présenter à la Faculté. Saphary a fini de résumer les *Leçons* pour ses élèves. Laromiguière l'encourage à publier son résumé et lui apprend que tous ceux auxquels il l'a fait lire, entre autres Marrast, en sont « extrêmement contents ». Saphary travaille à le compléter. Nommé à Paris au collège Bourbon, en octobre 1827, il devient l'ami de Marrast et fait paraître l'*Essai analytique d'une métaphysique qui comprendrait les principes, la formation, la certitude de nos connaissances dans le plan de M. Laromiguière, dont on a résumé les Leçons* (3).

(1) M. Paul Janet ne verrait pas en lui un laromiguiériste ; peut-être en effet faudrait-il simplement le rattacher à l'école idéologique.
(2) Nous en devons la publication au fils de M. Saphary, qui, à la demande de notre ami M. Caldemaison, a bien voulu prier sa mère de s'en dessaisir et nous les a gracieusement envoyées.
(3) L'ouvrage, dédié à Laromiguière, comprend trois parties qui traitent des prin-

L'ouvrage fut bien accueilli : le *Lycée* déclarait que M. Saphary méritait d'être distingué « parmi les nombreux disciples de Laromiguière ». A la fin de l'année un élève de Saphary obtenait le premier prix au concours général. Laromiguière le félicite, en son nom, et pour Marrast. Deux fois encore des élèves de Saphary furent couronnés, et leur maître « selon l'usage alors admis » dit le *Lycée*, fut décoré et devint titulaire de la chaire du collège Bourbon. Saphary vit avec un grand déplaisir l'éclectisme se substituer à la philosophie de Laromiguière dans l'enseignement classique. En 1843, il prit part au second concours sur les *Leçons*, obtint le prix et abandonna les quinze cents francs pour la sixième édition.

En 1844, il y eut dans le monde politique de vives protestations contre l'enseignement universitaire (1). Valette, Gibon et Saphary plaidèrent, « devant la Commission de l'Instruction publique, la cause de l'enseignement de la philosophie « compromise par la personnification de cet enseignement en un seul homme, et par l'identification de toutes les doctrines en une seule qui, à tort ou à raison, a fait éclater des orages sur l'Université dont on se fait aujourd'hui les paratonnerres (2) ». Attaqués avec vivacité par la *Revue de Paris*, les trois professeurs lui adressèrent une rectification qu'elle n'insérera qu'après condamnation, et ils eurent grand'peine à obtenir qu'on ne les prît pas pour des *jésuites*. Quand la lutte fut calmée, Saphary fit paraître l'*École éclectique* et l'*École française*, avec une épigraphe qui indiquait bien ses espérances : *Multa renascentur, quæ jam cecidere, cadentque quæ nunc sunt in honore*. Dédié à la mémoire de « son illustre maître et vénérable ami », l'ouvrage, fort bien composé, clairement écrit, avait pour objet de montrer que le clergé séparé des jésuites, et l'Université, séparée des éclectiques, pouvaient former une alliance heureuse.

cipes de nos connaissances, de leur formation, de leur certitude. L'éloge du maître se retrouve à toutes les pages : profondeur, lumière, noblesse, vérité appartiennent, selon Saphary, au métaphysicien qui représente Platon, Descartes, Malebranche, Condillac et qu'on peut comparer à Fourcroy, à Lavoisier, à Berthollet. Si Saphary emprunte à Jouffroy, c'est que celui-ci n'a fait que développer Laromiguière. Adversaire du matérialisme et de l'athéisme, il cite Tertullien et de Bonald, Bossuet et Frayssinous, Reid et Dugald-Stewart, apprécie assez exactement, ce qui est rare à cette époque, Kant qui insiste sur l'existence de Dieu et l'immortalité de l'âme, mais en fait l'objet de la croyance et non de la connaissance et du savoir. Il ne fait guère que nommer Degérando, D. de Tracy et Alibert.

(1) Paul Janet, *op. cit.*
(2) Cf. Appendice; le *on*, c'est Cousin; cf. Paul Janet, *op. cit.*

Dans la *Préface*, d'une vivacité extrême, Saphary combat Cousin et l'éclectisme (1). Puis venait l'*École éclectique*. Saphary y critique Cousin, non sans pénétration et sans justesse, sinon avec impartialité (2). Enfin, dans l'*École française*, Saphary étudie Condillac, surtout Laromiguière, qu'il défend contre Biran et Cousin, comme philosophe, comme écrivain, comme homme. Il le complète en distinguant les deux caractères, affectif et perceptif, que présente le sentiment. Sa famille adoptive, dit-il en finissant, saura défendre « l'héritage de ses idées et le souvenir de ses vertus ».

Saphary cependant sembla renoncer à la lutte sur le terrain philosophique (3). En 1848, il vit avec bonheur « la religion et la liberté s'embrasser comme deux sœurs à jamais inséparables ». Il se présente à la députation comme l'adversaire du communisme et le défenseur de l'agriculture (4). Dès 1854 sa retraite est liquidée et il s'établit à Vic-sur-Cère où il meurt en 1865.

Le Mémoire de Tissot, alors doyen de la faculté de Dijon, fut imprimé en 1854 et 1855 (5). Malgré ses objections criticistes, il professe la plus haute estime pour le livre et pour l'homme et soutient que, le premier, Laromiguière a tenté, dans notre pays, de remettre en marche la philosophie spéculative en la rattachant au XVIIe siècle, aux théories les plus profondes et les plus vraies

---

(1) A l'accusation injustifiée de matérialisme, il répond par l'accusation de panthéisme. Avec raison il montre que Descartes était loué par Laromiguière, quand Royer-Collard et Cousin l'attaquaient; mais il est moins fondé à unir Laromiguière et Royer-Collard, et à dire qu'ils nous ont transmis ensemble les principes d'une bonne méthode, d'une saine morale et l'exemple d'une belle vie; à les présenter comme formant l'école dont il est le vrai disciple.

(2) L'éclectisme n'a pas encore fait son œuvre, il disloque les sciences et n'a pas de méthode, il a voulu rendre suspecte la philosophie de Condillac et de ses disciples, en les flétrissant par des noms barbares et odieux, et n'a pas su rester à la fois indépendant et respectueux devant la révélation; mais il n'est qu'une puissance officielle, une philosophie d'État qui parodie la religion d'État.

(3) Comme l'avait fait autrefois D. de Tracy, il se tourna vers l'agriculture, demanda l'abolition de l'impôt sur le sel, puis se présenta à la députation en 1846 sous les auspices de Garnier-Pagès et du *National*, c'est-à-dire de son ancien ami Marrast, en accusant le gouvernement de démoraliser le pays, de ruiner l'autorité, d'énerver les convictions, de dégrader les caractères. Il promet de tout sacrifier à des convictions fondées sur les vrais principes de la morale et de la politique, qui en est la grande application.

(4) Un Mémoire sur l'impôt du sel et deux autres Mémoires où il propose le dégrèvement de la propriété rurale et l'établissement de l'impôt sur les capitaux contiennent, sur les souffrances de l'agriculture et sur les moyens d'y remédier, des choses excellentes bien souvent répétées, mais non mises en pratique.

(5) *Mémoires de l'Académie de Dijon*, 1854-1855. Appréciation des *Leçons de Philosophie* de M. Laromiguière, Mémoire qui a obtenu la mention honorable dans le concours ouvert sur ce sujet en 1851 (*sic*) au Ministère de l'Instruction publique, Paris, Ladrange, 1855 (VII-144 pages).

des anciens temps. En terminant il critiquait indirectement Cousin (1).

De Chabrier cite Tissot dont le Mémoire a été publié tel à peu près qu'il fut soumis au jury du concours et fournit à Mignet une grande partie des documents d'après lesquels il rédige sa notice. Mignet fait des réserves, et de Chabrier « lui reproche d'avoir obéi à d'anciennes préoccupations et de s'être permis certaines critiques ; malheureusement pour lui elles sont inintelligentes ». Nous ne croyons guère que l'éloge de Laromiguière par M. Taine lui ait plu, car dans la septième édition qu'il publia en 1858 (2), il présente Laromiguière comme on pourrait aujourd'hui se figurer Damiron (3). En 1861, il songe à publier des fragments de Laromiguière : « Que Dieu me prête vie, écrit-il à l'abbé Roques, afin d'avoir à ma dernière heure la consolation d'un mandat accompli ». C'est lui qui fournit les fonds pour le concours que l'Académie de Dijon, parfois plus hardie, institue sur les *Leçons*. C'est lui qui probablement obtint du Ministre que le prix fût doublé et les *Leçons* recommandées d'une manière toute spéciale. Quatre Mémoires furent envoyés (4). MM. Lame et Robert se partagèrent le prix. Le premier fit paraître son Mémoire en 1867 (5), en rappelant les articles de M. Paul Janet et le livre de M. Taine. Grand admirateur de Laromiguière, il le

---

(1) « De quels applaudissements, dit-il, ne devaient pas être accueillis de si aimables adieux. Et cependant je n'en vois point d'indiqués dans ces leçons écrites : c'est sans doute la seule chose que l'auteur ait oublié d'y faire entrer ».

(2) Deux volumes contenant, outre les *Leçons* et les documents officiels, le *Discours sur la langue du raisonnement*, le *Discours sur le raisonnement* à l'occasion de la *Langue des Calculs*, la *Note* placée à la suite de la *Langue des Calculs* de Condillac, des *Fragments de l'Art de penser* et de la *Langue des Calculs*, de Descartes, de Pascal, de Malebranche, des Extraits des *Leçons* destinés à montrer le dessein de l'ouvrage.

(3) « Les *Leçons*, disait-il, apprendront à voir dans l'ordre le principe de tout bien, de toute beauté, la loi de toute durée et le conduiront ainsi à reconnaître un ordonnateur suprême, à placer en lui ses plus chères espérances ».

(4) Tissot, dont l'Éloge de Laromiguière avait été mentionné en 1843, ne ménage pas dans son *Rapport* l'école éclectique, dont les manuels sont plus dignes de rhéteurs que de logiciens. Il ne ménage pas plus Royer-Collard et Biran ; il voudrait que l'enseignement supérieur exposât tous les systèmes, en fît un examen impartial et conclût avec liberté sans être justiciable d'aucun autre tribunal que celui de l'opinion publique. L'enseignement secondaire, chargé de former l'esprit philosophique, indiquerait les questions plus encore qu'il ne les résoudrait : les *Leçons* sont bien préférables aux ouvrages de Bossuet, de Fénelon, de Descartes, de Port-Royal, pour faire aimer la philosophie à la jeunesse.

(5) *Philosophie de Laromiguière*, ses rapports avec les besoins actuels de l'enseignement classique, par D. Lame, inspecteur d'Académie, ancien professeur de philosophie au lycée impérial de Dijon, docteur ès lettres. Guéret, veuve Bétoulle, et Paris, Hachette.

croit en accord avec Bossuet, en progrès sur l'idéalisme du xvii° et le sensualisme du xviii° siècle. Mais s'il en fait surtout un spiritualiste et un déiste, il voit en lui, avec M. Taine, un des esprits les plus lucides, les plus méthodiques et les plus français qui aient honoré notre pays.

Après la mort de M. de Chabrier, son héritier écrivait à l'abbé Roques : « Je suis dépositaire des manuscrits de M. Laromiguière. Je les conserverai jusqu'au moment où ils seront brûlés conformément à la volonté exprimée par M. de Chabrier dans son testament... Cette clause, ajoutait-il, est une dernière preuve des efforts constants de M. de Chabrier pour sauvegarder cette gloire qui lui était si chère ». On ne comprend pas cette dernière affirmation. Toutefois en songeant aux papiers de Sieyès, de Volney et d'autres, détruits ou soustraits à la publicité, on se dit que les idéologues ont été bien imprévoyants ou bien malheureux, puisque ceux à qui ils ont confié, sur les hommes et sur les choses, des jugements qu'ils ne pouvaient alors rendre publics, ont eux-mêmes été atteints par la réaction politique, religieuse et philosophique, et, par suite, ont voulu qu'on ignorât combien sévèrement leurs parents ou leurs amis jugeaient tout ce qu'ils ont pris à tâche de défendre.

V

L'idéologie, de plus en plus restreinte par Laromiguière et ses disciples, n'avait réussi à rester dans l'enseignement universitaire qu'en s'alliant tantôt au catholicisme (1), tantôt à l'éclectisme, tantôt même au criticisme. Avec M. Taine, elle s'unit de nouveau aux sciences, reprend leur méthode et se met à leur école pour profiter des progrès réalisés par elles depuis la séparation. C'est par l'éloge de Laromiguière que débute le livre célèbre sur les philosophes classiques. Royer-Collard, « par religion et par inclination, l'ennemi de Cabanis et de Saint-Lambert,

(1) Nous avons montré Laromiguière et Valette siégeant dans le jury d'agrégation avec Burnier-Fontanelle et Daburon, Valette et Saphary s'appuyant sur de Bonald et Frayssinous. Il parut en 1826 un livre dont le titre montre bien l'esprit singulièrement éclectique de l'époque : *Elementa philosophiæ metaphysicæ, excerpta præcipue e scriptis DD. Frayssinous, Laromiguière, de Bonald, etc., ad usum studiosæ juventutis* ; auctore J.-F. Amiou du Pontgaut, in-12 de 2 feuilles 5/12, à Lyon et à Paris, chez Rusand.

qui allait les combattre sur le dos de Condillac leur père, » était présenté comme s'étant attelé « à un char abandonné qu'il avait emporté à travers les obstacles et par-dessus les corps de ses adversaires, mais en tournant le dos à la colonne sacrée, but de toutes les courses ». Biran « promu au grade de premier métaphysicien du temps, parce qu'il était obscur », était comparé « à Plotin et aux pauvres femmes de la Salpêtrière ». Cousin devenait un père de l'Église qui, pour être orateur, n'était pas philosophe, qui, forçant son talent quand il se faisait historien, le violentait quand il se faisait biographe et peintre de portraits. Il devenait même un grand vicaire « aux transitions contrites et aux périodes ronflantes », ayant pour premier principe d'édifier les honnêtes gens et de convenir aux pères de famille. Jouffroy apparaissait flottant entre « les analyses d'Aristote et les souvenirs du catéchisme, commençant en philosophe et finissant en théologien ».

Ce que M. Taine louait surtout chez Laromiguière, c'est la méthode que ce dernier a reçue de Condillac. Aussi se plaignait-il qu'on laissât, dans la poussière des bibliothèques, la *Logique*, la *Grammaire*, l'admirable *Langue des calculs* et tous les traités d'analyse qui guidèrent Lavoisier, Bichat, Esquirol, Geoffroy Saint-Hilaire, Cuvier, et n'hésitait pas à mettre leur auteur à côté de Hegel. Tous ceux dont il invoquait les noms pour combattre « les philosophes classiques » se rattachent aux idéologues. Au spiritualisme, doctrine des lettrés, il oppose le positivisme (1), doctrine des savants; à Royer-Collard, Flourens, Élie de Beaumont, Coste et Müller; au Biran, métaphysicien profond parce qu'il est obscur, le Biran contenu par Condillac et D. de Tracy, auteur du *Traité de l'habitude*, que des médecins pourraient lire, que des physiologistes devraient lire. Au-dessus de Cousin historien du xviie siècle, il place Sainte-Beuve et son œuvre sur Port-Royal « d'un romancier et d'un poète ». De même il recommande d'*étudier*, dans le livre de Cournot, « un vrai savant et philosophe », la certitude dont Cousin parle éloquemment; il préfère à Cousin « érudit chercheur et amateur de textes », Henri Beyle « psychologue peintre et amateur de sentiments ». C'est encore Henri Beyle, « le grand psychologue du siècle » qu'il oppose à Jouffroy, auquel il accorde cependant

---

(1) Cf. sur les rapports du positivisme avec l'idéologie, ch. vii, § 4.

« d'avoir inventé » et « d'avoir eu à un assez haut degré le sens psychologique ». Des deux amis auxquels il s'adresse pour savoir ce qu'est la méthode, l'un a copié de sa main la *Langue des calculs* et possède une bibliothèque toujours ouverte où sont les quatre-vingt-quatre volumes de Voltaire et les trente-deux volumes de Condillac ; les deux livres les plus usés de l'autre sont l'*Éthique* de Spinoza et la *Logique* de Hegel.

Les *Philosophes classiques* n'ont été que l'introduction à une œuvre qui a contribué plus qu'aucune autre à rétablir entre les lettres, les sciences, l'histoire et la philosophie l'union féconde dont les idéologues avaient compris l'importance. L'*Histoire de la littérature anglaise* a fait aimer l'*idéologie* à tous ceux qui, par goût ou par profession, s'intéressent aux livres d'Angleterre ou d'Amérique. L'*Essai sur Tite-Live, La Fontaine et ses fables*, ont, avec les Études de Sainte-Beuve, produit le même résultat chez ceux qui étudient la littérature latine et française. L'histoire a été modifiée « en un sens idéologique » par les *Origines de la France contemporaine*; la critique littéraire et artistique, par les *Essais* et les *Nouveaux Essais*, par les *Écrits* sur la philosophie de l'art. Le grand public, qui d'ailleurs a lu la plupart des ouvrages de M. Taine, a été conquis par les *Voyages aux Pyrénées et en Italie*, comme par *la Vie et les opinions de Frédéric Thomas Graindorge*. L'*Intelligence*, qui fait penser à Cabanis et à D. de Tracy, à Bichat et à Degérando, à Laromiguière et à Pinel rappelle les succès les plus éclatants des idéologues en Angleterre et en Amérique.

M. Renan (1), avec un égal souci de la méthode et des résultats scientifiques, a fait au sentiment religieux, une place que M. Vacherot revendiquait pour la métaphysique. M. Littré a gagné au positivisme de nombreux adhérents. Les ouvrages de Mill, de Spencer, de Bain, de Darwin, de Maudsley, etc., ont été traduits et ont trouvé partout des lecteurs. M. Ribot, se limitant à la psychologie, nous a appris ce qui s'était fait en Angleterre et en Allemagne. Après avoir montré ce que doit être la psychologie morbide, pathologique, physiologique, animale, infantile et ethnologique, il cherche à constituer la psychologie en science indépendante, par ses travaux sur l'hérédité, la mémoire, la personnalité, la volonté, l'attention. Il rapproche les médecins

---

(1) Cf. supra, *passim* ; et Paul Janet, *la Crise philosophique*.

et les philosophes et donne aux recherches psychologiques (1), une impulsion qui ne semble pas devoir s'arrêter de sitôt.

Mais la métaphysique n'a pas été tuée par la philosophie des sciences et par l'idéologie nouvelle. Nous avons vu la renaissance du matérialisme et celle de l'athéisme. L'idéalisme, le spiritualisme et le déisme sont restés vivants et semblent même prendre une nouvelle force. Il en est des religions comme des métaphysiques : les progrès des sciences, ceux de l'idéologie et de la philosophie des sciences, nous ont mieux fait voir notre ignorance. On ne veut plus supprimer les questions d'origine, de nature, de destinée, on cherche à les aborder avec toutes les données que peuvent fournir les sciences positives, l'histoire des hommes, des institutions et des idées.

(1) Surtout par la publication de la *Revue philosophique*, qu'il a su faire prospérer et qu'il a ouverte à toutes les doctrines métaphysiques.

CONCLUSION

> Il y aura union entre les sciences, la philosophie des sciences et la métaphysique ; entre l'histoire des philosophies et celle des sociétés, des religions et des lettres, des arts, des sciences, des institutions et des langues.

Nous avons exposé les origines, retracé l'existence, expliqué la disparition et la renaissance de l'école idéologique. Il serait trop long de rappeler toutes les questions sur lesquelles l'étude impartiale, complète et comparée des textes nous a conduit à des assertions différentes, en tout ou en partie, de celles des historiens antérieurs, et nous ne pouvons que renvoyer le lecteur aux chapitres précédents. Nous nous bornerons à résumer brièvement les conclusions essentielles de chacun d'eux.

Descartes et les sceptiques, les philosophes partisans de l'expérience et les savants ont été les maîtres du xvii° siècle. Locke les résume et pour cette raison a été pris pour chef par les penseurs du xviii° siècle. A cette époque toutes les questions métaphysiques ont été abordées : la psychologie expérimentale, physiologique, animale, ethnique, la morale, l'esthétique ont été étudiées comme sciences indépendantes ; la philosophie des sciences, l'histoire des systèmes et des découvertes scientifiques, ont fait de grands progrès. Les penseurs de tous les pays ont exploré en commun le domaine spéculatif, Condillac n'a été ni le seul métaphysicien, ni le seul philosophe.

I. — Les idéologistes ou idéologues ne sont pas simplement des disciples de Condillac. Ils acceptent le mot créé par D. de Tracy et la science qu'il désigne ; ils prennent la méthode et continuent, en les développant en tous sens, les recherches du xviii° siècle. En politique, l'influence de l'école se fait sentir pendant plus d'un demi-siècle. Par la création de l'Institut, « Encyclopédie vivante », elle réalise, d'une façon durable, l'alliance féconde des lettres, des sciences et de la philosophie. Par celle des Écoles normales, centrales et spéciales, elle se prépare héritiers et successeurs. La *Décade*, qui répand ses doctrines en France et en Amérique, en Italie, en Espagne et en Allemagne, fait connaître à ses lecteurs les œuvres littéraires et philosophiques de ces divers pays.

II. — La première génération d'idéologues a pour principal représentant Condorcet, le successeur de d'Alembert et de Voltaire, de Turgot, des économistes et des mathématiciens. Mme de Condorcet maintient l'alliance de la philosophie française et de la philosophie écossaise ; Sieyès pense à faire connaître Kant; Rœderer relève de Rousseau, de Turgot, de Smith et commence à traduire Hobbes. Lakanal loue surtout Bacon, Rousseau et Condillac. Les sceptiques et Montaigne, Gassendi, Helvétius et Mably, d'Holbach et Diderot sont continués par Volney et Dupuis, Maréchal et Naigeon; Bacon et Locke, Bonnet et Condillac, par Garat. Pinel a pour prédécesseurs, outre les physiologistes et les naturalistes, Montaigne et Descartes, Locke, Condillac, Smith et Dugald-Stewart; Laplace, Buffon, les mathématiciens et les astronomes.

III et IV. — Cabanis est un disciple des Grecs et de Turgot, de Franklin et de Condorcet, de d'Holbach, de Voltaire et de Rousseau, de Bonnet, de Condillac et d'Helvétius. Après Hippocrate, il lie la philosophie à la médecine, et la médecine à la philosophie; après Condorcet, il développe la doctrine de la perfectibilité. Créateur de la psychologie physiologique, il précède ou prépare Lamarck et Darwin, Schopenhauer et Hartmann, A. Comte, Lewes et Preyer, les historiens impartiaux et intelligents des philosophies ; il termine, avec les stoïciens platonisants, une carrière commencée avec Homère, Hippocrate et Galien.

V et VI. — D. de Tracy est, avec Cabanis, le chef de la seconde génération d'idéologues. Il complète l'idéologie physiologique par l'idéologie rationnelle ; il montre aux Anglais et aux Français, aux savants et aux philosophes, qu'il faut la rendre infantile, pathologique et animale, pour en faire le point de départ de la logique et de la grammaire, de la morale et de l'économie politique, de la législation et de la politique, comme des sciences mathématiques, physiques et naturelles, dont il donne la classification et la hiérarchie.

VII. — Autour de Cabanis et de D. de Tracy se placent leurs auxiliaires, Daunou et Chénier, Andrieux et B. Constant, J.-B. Say et Brillat-Savarin ; Lacroix, Biot et Lancelin, Sué, Richerand, Esquirol, Bichat, Lamarck, Draparnaud et Broussais ; les novateurs, Saint-Simon et Fourier, Leroux et Reynaud, A. Comte et Littré ; les disciples, Droz et François Thurot, Ampère et Biran, qui peu à peu s'éloignent de leurs anciens maîtres ; les littérateurs et les historiens, Villemain et Lerminier, Sénancourt et Mérimée, Fauriel et A. Thierry, Victor Jacquemont, Henri Beyle et Sainte-Beuve, enfin Brown qui nous conduit à Stuart Mill, Lewes, Spencer et Bain. Par eux, l'idéologie, physiologique, rationnelle ou appliquée, se répand dans toutes les directions intellectuelles.

VIII. — Métaphysique, spiritualiste et chrétienne avec la troisième génération, l'idéologie a pour représentants Portalis et Sicard, Degérando et Prévost, Dumont et Walckenaër, Lesage et Bonstetten, mais surtout Laromiguière, dont l'influence se fait sentir sur les philosophes italiens et sur les éclectiques français. Son école comprend Daube et Perrard, Armand Marrast et Roques, Cardaillac et Valette, de Chabrier et Gibon, Saphary, Tissot et Lame. Son nom sert de point de départ à une idéologie nouvelle, unie aux sciences et aux lettres, à l'histoire et à la critique littéraire ou artistique, mais qui ne fait disparaître ni les religions, ni les métaphysiques.

Il est facile maintenant de déterminer la part que l'école a prise au rude, mais vivifiant labeur, par lequel les générations d'hommes font des progrès, ou insensibles ou rapides, dans l'exploration des régions inconnues, dont le nombre et l'étendue augmentent en raison même des connaissances plus riches et plus précises que l'on en rapporte. Si durer est beaucoup pour un gouvernement, c'est peu de chose pour une école. Seule, celle-là mérite de vivre dans la mémoire des hommes qui a trouvé des vérités nouvelles, qui a agi sur ses contemporains et ses successeurs. Nous pouvons connaître, mais nous ne saurions exiger qu'on retienne les noms des platoniciens, des épicuriens, des péripatéticiens qui ont conservé, à travers les siècles, les doctrines de leurs maîtres, sans y ajouter une idée originale, sans en tirer une application heureuse, sans en provoquer la renaissance parmi des hommes qui les ignoraient, à leur grand désavantage intellectuel et social.

Or, en considérant le domaine que l'intelligence humaine a conquis, envahi ou seulement entrevu, l'observateur aperçoit trois régions bien distinctes sur lesquelles règnent ou essaient de régner les sciences, la philosophie des sciences et la métaphysique. Filles ou sœurs de la métaphysique, les sciences ont, de jour en jour, acquis une certitude plus incontestée et agrandi leurs possessions. C'est que, de plus en plus, elles se sont dérobées aux questions qui relèvent plus spécialement de la métaphysique; elles ont supprimé les recherches manifestement chimériques et fait appel aux procédés ou aux résultats de celles d'entre elles qui avaient rencontré évidence et clarté. En première ligne se placent les mathématiques. Elles renoncent à éclaircir l'origine des notions dont elles partent et se bornent à exiger l'accord avec lui-même, de l'esprit qui travaille sur des propositions universelles et nécessaires. Dans les sciences physiques, naturelles ou morales, il faut s'accorder non seulement avec soi-même, mais encore avec les faits. Les premières se rapprochent d'autant plus de la certitude mathématique qu'elles procèdent par la déduction et le calcul. Les naturalistes, qui très rarement peuvent avoir recours au calcul et quelquefois même ne sauraient se servir de l'expérimentation, n'atteignent qu'un degré inférieur de certitude. Enfin, dans les sciences morales, les objets sont plus complexes, il est plus difficile encore d'employer le calcul, la déduction et l'expérimentation; l'observation directe n'est pas même toujours possible et doit souvent être remplacée par le témoignage; on n'arrive qu'à des probabilités plus ou moins voisines de la certitude.

La philosophie des sciences ressemble à ces hardis pionniers qui, s'avançant en dehors des régions que la civilisation a depuis longtemps conquises, explorent les terres inconnues pour augmenter le domaine de l'humanité. Ainsi le mécanisme du monde de la matière, hypothèse hardie de Descartes, est devenu en grande partie une vérité scientifique. Démontré d'abord pour le son, la chaleur et le mouvement, puis pour la lumière et la chaleur, il semble devoir l'être à bref délai pour l'électricité et par suite pour le magnétisme.

La métaphysique, rivale de la religion, a été, à son tour, vivement combattue par les sciences et la philosophie des sciences. Un moment, on a pu croire que l'homme, dont la marche est assurée sur le vaste et solide domaine où règne la science positive, ne se lancerait plus sur l'océan mobile, tant de fois témoin des naufrages. Mais pas plus que la métaphysique n'a dépossédé la religion, les sciences et leur philosophie n'ont supprimé la métaphysique.

L'école idéologique a tenté, en tous sens, des excursions quelquefois heureuses. Nous avons trouvé, parmi ses représentants, des généraux, voire même Bonaparte, des orateurs et des politiques, des prêtres et des magistrats, des romanciers et des poètes, des littérateurs et des critiques, des journalistes et des professeurs, des diplomates et des administrateurs, des médecins et des ingénieurs, des mathématiciens et des naturalistes, des physiciens et des moralistes, des historiens et des économistes, des philologues et des métaphysiciens. Les résultats de leurs recherches portent sur les sciences et sur leur philosophie comme sur la métaphysique.

Laissons de côté l'idéologie purement scolaire, qui n'est pas cependant sans originalité. Garat donne le cadre d'une idéologie positive, que D. de Tracy complète et remplit. Séparée de la métaphysique, l'idéologie est physiologique, pathologique ou morbide avec Cabanis et la Société médicale d'émulation, avec D. de Tracy et Lamarck, Draparnaud et Broussais, avec Pinel et Esquirol. La Société des Observateurs de l'homme et l'Institut, Degérando surtout, montrent combien il serait utile qu'elle fût ethnique, et comment elle peut le devenir, tandis que Volney entrevoit quelles lumières elle tirerait de l'étude des langues ; Cabanis, de celle de l'histoire de la philosophie ; D. de Tracy, des méthodes scientifiques. Sicard et Degérando observent les sourds-muets. Le dernier affirme l'utilité des recherches sur les aveugles-nés et sur les individus qui, comme Laura Bridgmann, présentent des anomalies plus grandes encore. Infantile avec Degérando et la Société des Observateurs de l'homme, l'idéologie porte, avec Cabanis, sur le fœtus et l'embryon ; elle s'essaie à devenir animale avec G. Leroy et Dupont de Nemours, à constituer avec Draparnaud et Lamarck une échelle psychologique et physiologique des êtres. Cabanis, D. de Tracy, Biran, Broussais et leurs successeurs font une place très grande aux impressions internes et inaperçues de la conscience ; Brillat-Savarin s'attache au goût, Rœderer à la vision ; D. de Tracy et Biran, Cabanis, Ampère, Degérando, Thurot, Brown, au sens du mouvement, à la motilité ou à l'effort. L'attention est étudiée par Laromiguière et Daube, par D. de Tracy et Lamarck, Draparnaud et Degérando ; le sommeil et les rêves, par Cabanis ; l'imagination et le sentiment par Bonstetten. Stendhal fait l'idéologie de l'amour ; B. Constant celle du sentiment religieux, Mme de Condorcet, Rœderer et Cabanis, celle de la sympathie. L'instinct est étudié par Dupont de Nemours et Cabanis, par Draparnaud et Lamarck ; l'habitude, par Cabanis, D. de Tracy, Biran et Lamarck. Les travaux sur le langage rempliraient une bibliothèque : non seulement Volney et Garat, Rœderer et les auteurs de pasigraphies ou de langues universelles, D. de Tracy et Biran, Ampère, Degérando et Prévost, Sicard et Thurot, Portalis et Laromiguière, mais ceux même qui, comme Cardaillac, séparent de plus en plus la philosophie des sciences pour la rapprocher du sens commun, sont bons aujourd'hui encore à lire par qui cherche à éclaircir cette partie si importante de la psychologie. Quant aux rapports du physique et du moral, on peut dire que, jusqu'à ces derniers temps, nos manuels, même les plus complets de médecine ou de philosophie, n'ont fait que reproduire et continuer Biran, surtout Cabanis ou Broussais.

L'idéologie est le centre autour duquel se groupent toutes les autres recherches. D. de Tracy et Lancelin, Ampère et Draparnaud l'unissent aux sciences prises dans leur ensemble. Pour Condorcet et Volney, Laplace et D. de Tracy, elle concourt à résoudre la question de savoir s'il y a une science des probabilités. Laromiguière et Biran, D. de Tracy et Cabanis, Lacroix et Biot, Lancelin et Prony abordent la langue des calculs et la méthode des mathématiques. Les physiciens et les chimistes sont des idéologues. D. de Tracy et Lancelin veulent, par l'idéologie, jeter une lumière nouvelle sur les méthodes et les données des sciences physiques. Cuvier débute par l'idéologie, Lamarck s'y intéresse autant qu'à la zoologie ; Cabanis et Bichat, Moreau et Richerand, Victor Jacquemont et Broussais, Pinel et Esquirol, les médecins et les aliénistes donnent autant de place à l'idéologie qu'à la physiologie, à la médecine et à la botanique.

Plus intime encore est l'union de l'idéologie et des sciences morales. La logique, suite de l'idéologie, fait l'objet des recherches de Destutt de Tracy et de Thurot, de Biran et d'Ampère, de Brown, de Laromiguière et de son école. Volney et Saint-Lambert, Cabanis et D. de Tracy s'efforcent de faire de la morale une science positive et appuyée sur l'idéologie. C'est de l'idéologie encore que relèvent la critique littéraire de Ginguené et de ses collaborateurs, de Cabanis, même en partie celle de Villemain et de Sainte-Beuve; les vers de Cabanis et d'Andrieux, les romans de Droz, de Sénancourt, de Stendhal et de ses successeurs. Jamais la philosophie et l'idéologie n'ont été plus complètement et plus heureusement unies. La morale, précédée de l'idéologie, conduit à la science sociale, à laquelle travaillent Laromiguière et Cambacérès, Talleyrand et Baudin, Condorcet, Siéyès et Rœderer, Volney et Cabanis, D. de Tracy et Daunou, les réformateurs, les socialistes et les communistes, Saint-Simon et Fourier, Comte et Jean Reynaud. L'économie politique est cultivée par Condorcet, Rœderer, Desrenaudes et Brillat-Savarin, par D. de Tracy et J.-B. Say, avant Ch. Comte, Dunoyer, Bastiat et Mill. A aucune autre époque, on ne saurait citer autant de travaux où la pédagogie, alliée à l'idéologie, ait été plus audacieuse et plus compréhensive. Là même où nous croyons aujourd'hui innover, nous avons repris des idées proposées ou déjà réalisées par les idéologues.

L'histoire subit une transformation profonde. Par la théorie de la perfectibilité, Condorcet lui rend l'importance qu'elle avait perdue depuis Descartes; Cabanis arrive à l'impartialité et à l'éclectisme. Droz, Fauriel et Daunou sont suivis d'Augustin Thierry. L'histoire littéraire, à côté de l'histoire proprement dite, prend un caractère plus impartial avec Ginguené, Daunou, Fauriel. Cabanis, Thurot, D. de Tracy font celle de la médecine, de la grammaire, de la logique; Condorcet, celle des sciences et des savants. Volney et Dupuis ne mettent, dans l'histoire des religions, que de l'érudition. B. Constant les étudie avec intérêt et sympathie. Les philosophes sont jugés d'une façon de plus en plus impartiale par Condorcet. Cabanis remonte aux anciens, sur lesquels on peut encore lire Naigeon. Daunou expose, avec une suffisante exactitude, les théories des philosophes de l'antiquité et du moyen âge; Thurot parle des Écossais et des Grecs. Degérando et Fauriel sont les inspirateurs de Cousin et de ses successeurs. Enfin la géographie est exacte, savante et idéologique avec Volney et Jacquemont.

Les idéologues n'ont pas été moins heureux dans le domaine de la philosophie des sciences. Lancelin et Draparnaud, D. de Tracy et Ampère sont partis de l'idéologie pour établir, avant Comte, une classification et une hiérarchie des sciences. Avant

Spencer, Laplace a exposé l'hypothèse de la nébuleuse; avant Darwin, Cabanis et Lancelin, Lamarck, Bory de Saint-Vincent et Draparnaud sont nettement transformistes. L'hypothèse de la perfectibilité indéfinie est acceptée par presque tous les idéologues; avec elle, ils expliquent le développement des facultés et celui de l'humanité; ils éclairent l'histoire des religions, des sciences, des philosophies, comme celle des hommes et des institutions; ils fournissent à Comte les éléments de la loi des trois états.

Enfin, pas plus que leurs prédécesseurs du xviii° siècle, ils n'ont absolument renoncé à la métaphysique. Sans doute ils distinguent fort nettement déjà la science, la philosophie des sciences et la métaphysique; sans doute encore, quelques-uns d'entre eux se tiennent de préférence sur le terrain positif. Mais le problème de la valeur objective de la connaissance est examiné avec soin par Cabanis et D. de Tracy, Degérando et Ampère, Biran et Thurot, qui en tirent la théorie de la relativité de la connaissance et des rapports. Condorcet et surtout D. de Tracy, Biran et Ampère, Degérando et Laromiguière s'occupent de l'existence du monde extérieur. Les conceptions sur la matière chez Laplace, Cabanis et Lancelin, celles de la vie chez Cabanis et Bichat, Lamarck, Draparnaud et Broussais, constituent une cosmologie qui n'est ni sans largeur, ni sans hardiesse. Le spiritualisme de Laromiguière s'est transmis à l'école qui lui a succédé. Biran et surtout Cabanis ont exposé un stoïcisme fort original; B. Constant a transformé, d'une façon analogue, le christianisme que Biran a plus tard rapproché du mysticisme. Ampère et Degérando, Droz, Laromiguière et ses disciples, donnent à leur croyance religieuse une forme qui rappelle leur idéologie : rien n'égale le calme et la confiance de Degérando et de Laromiguière, si ce n'est les tourments et l'incertitude de Biran et d'Ampère.

De tous les métaphysiciens modernes, il n'en est pas qui n'aient reproduit ou développé quelqu'une des doctrines idéologiques ou qui ne se soient trouvés en présence d'objections formidables présentées à leurs systèmes, par des adversaires dont ils pouvaient croire à jamais le rôle terminé. Nous avons mentionné Schopenhauer, Hartmann et Spencer, MM. Taine et Renan, Comte, Lewes, Mill et Bain, etc., etc.; des spiritualistes comme des matérialistes, des croyants comme des incrédules.

II

En laissant de côté les influences politiques et religieuses qui ont, en une certaine mesure, forcé l'école à se transformer et arrêté son développement régulier et normal, on aperçoit aujourd'hui les causes internes qui s'opposaient à ce qu'elle restât ce qu'elle était à l'origine. Son ambition a été grande : ses représentants les plus marquants ont voulu rompre complètement avec le passé ; *recréer*, en même temps que l'entendement humain, les sciences morales, à l'image des sciences mathématiques et physiques ; constituer la philosophie des sciences et même esquisser une métaphysique nouvelle qui aurait pour solide appui la connaissance des phénomènes et de leurs lois les plus générales, comme les plus particulières. Mais en vantant, en recommandant l'observation et l'expérience, ils ont trop souvent fait des hypothèses. En proclamant les avantages de l'histoire et en indiquant fort bien comment il faut la faire, ils l'ont trop souvent considérée comme déjà faite ou comme pouvant être rationnellement construite. Ils ont insisté sur la nécessité de donner l'idéologie pour base à toutes les sciences, mais ils ont trop aisément cru qu'il suffisait, pour en faire une science indépendante, d'en tracer le plan et d'en indiquer la méthode. Ils l'ont voulue physiologique et ethnique, infantile, morbide et animale ; mais ils ont oublié qu'il fallait, pour la rendre telle, réunir des observations nombreuses et irréprochables sur les différents peuples et les différents animaux, sur les enfants, les monstres, etc., qu'il fallait avoir constitué la physiologie et la pathologie. En affirmant la perfectibilité indéfinie de l'esprit humain, ils ont cru qu'ils pouvaient donner à leur œuvre une perfection telle que leurs successeurs n'eussent jamais que bien peu de chose à y changer. Ils ont vu qu'il y a lutte pour l'existence entre les espèces, végétales ou animales, et ils ont considéré la liberté, l'égalité, la fraternité, comme les lois naturelles de l'homme. Ils ont soupçonné le rôle de l'hérédité pour la constitution du moral et du physique, et ils ont voulu reconstruire à nouveau l'esprit et le cœur de l'homme, en faisant table rase du passé, qui a préparé des aptitudes et des dispositions d'autant plus puissantes qu'elles sont l'œuvre d'un plus grand nombre de siècles et de générations. Enfin ils ont entrevu et signalé le rôle des sentiments, des passions dans la vie humaine et ils ont cru à l'influence exclusivement bonne de l'instruction, ils ont cherché, surtout par le progrès des lumières, les progrès de la moralité et du caractère.

L'expérience s'est chargée de mettre en lumière ces conradictions et ces erreurs. Déjà Cabanis, B. Constant, Biran et bien d'autres avaient vu qu'il n'est ni possible, ni peut-être utile d'enlever à la masse des hommes ses croyances religieuses, ou à quelques-uns d'entre eux, leurs probabilités métaphysiques. A plusieurs reprises déjà, en ce siècle, les esprits, fatigués des recherches positives, et tourmentés par le besoin de l'inconnu, se sont tournés vers la religion et la métaphysique, sans s'occuper de savoir si l'une est en accord avec les sciences, si l'autre s'appuie suffisamment sur elles.

D'un autre côté la physiologie a fait des progrès considérables, mais elle a montré combien de recherches sont nécessaires encore pour connaître le système nerveux et saisir, dans leur complexité presque infinie, les rapports du physique et du moral. De même, nous avons d'excellentes observations sur les enfants et les aliénés, sur les aveugles et les sourds, sur les sauvages et les animaux. L'histoire nous a éclairés sur la psychologie de nos prédécesseurs; les romanciers et les critiques, sur celle de nos contemporains. Mais nous n'en voyons que mieux combien il reste à réunir, en cette matière, de connaissances positives.

L'instruction est de plus en plus répandue dans les classes populaires et toutes les sciences ont pris un développement qui permettrait certes d'affirmer la perfectibilité indéfinie de l'intelligence; mais les crimes ne diminuent pas et jamais peut-être l'égoïsme n'a été plus en honneur. La doctrine, incontestable pour les sciences naturelles, du *struggle for life* semble être devenue la règle pratique des hommes et des peuples. Armer son pays pour la guerre et y préluder par des combats de tarifs, est la principale occupation d'un homme d'État. A chaque instant les différences d'intérêts, de races et de langues, de religions et d'institutions peuvent faire éclater, entre les mondes ou entre les peuples, d'effroyables guerres. Dans chaque pays la lutte s'accentue, entre les divers partis et surtout entre les classes, de telle façon que bien souvent on se croirait à la veille d'un bouleversement social. Quand nous relisons le passage où Jouffroy raconte comment, en une soirée de décembre, il s'aperçut de la perte de ses croyances religieuses, ou les *Nuits* de Musset, où éclate une douleur si profonde et si vive, nous saisissons quelle différence il y a entre le pessimisme poétique, littéraire et profondément égoïste des Byron et des Chateaubriand, des Lamartine et de leurs successeurs, et le pessimisme désintéressé que semblent, à certains instants, n'écarter qu'avec peine, les penseurs d'ordinaire les plus confiants !

III

Que ferait aujourd'hui un idéologue qui, comme Cabanis ou D. de Tracy, serait, avec un esprit très ouvert et un caractère très élevé, également dévoué à la recherche de la vérité et à l'amélioration de ses semblables ? Avec un soin infini il recueillerait tous les résultats positifs qui, obtenus par les physiologistes, les médecins, les aliénistes, les philologues et les historiens, ont prouvé combien étaient fécondes les voies ouvertes au commencement du siècle. A son tour il chercherait, par l'une ou par l'autre, à augmenter le nombre des vérités acquises, et en tirerait plus d'une conséquence utile pour la morale et la politique, la pédagogie et la logique, la législation et l'économie politique, l'esthétique et la critique littéraire ou scientifique, religieuse ou artistique. Toujours il distinguerait avec soin ce qui est complètement éclairé de ce qui ne l'est qu'imparfaitement ou de ce qui reste encore obscur ; jamais il ne donnerait aux règles pratiques une portée supérieure à celle des acquisitions spéculatives. Sans dédaigner d'aborder, à son heure et après une préparation suffisante, « la question sociale » ou « scolaire », il s'efforcerait de résoudre, progressivement et sûrement, chacun des problèmes qu'impliquent ces questions, souvent insolubles parce qu'elles sont trop générales et embrassent des éléments contradictoires.

De même s'il étudiait l'histoire des philosophies, il prendrait soin de l'éclairer par celle des institutions et des hommes, des littératures et des sciences, des religions et des langues, pour la faire servir ensuite à enrichir la psychologie, l'histoire, ainsi que les sciences, dont l'une et l'autre forment l'indispensable base.

La philosophie des sciences l'attirerait peut-être autant que la psychologie. Sans être mathématicien ou astronome, chimiste ou physicien, naturaliste ou philologue, il suivrait, avec un vif intérêt, les travaux par lesquels chacune s'essaie à construire sa propre philosophie. Avec non moins de soin, il se rendrait compte des hypothèses hardies par lesquelles Descartes et ses modernes successeurs, Darwin et Spencer, après Lamarck et Laplace, ont voulu généraliser les conséquences, les lois et les classifications auxquelles étaient arrivées les sciences particulières. Sans doute, il ne pourrait suivre pas à pas leurs progrès; sans doute, il devrait plus d'une fois se contenter de généralités, mais il pratiquerait lui-même les méthodes par lesquelles se font les découvertes, il saurait se rendre compte de la marche suivie par les inventeurs. Sa vue s'étendrait sur un horizon plus vaste et le domaine qui lui est propre en recevrait une lumière nouvelle.

Mais quelle position prendrait-il à l'égard de la métaphysique? A coup sûr l'univers physique lui apparaîtrait infiniment plus varié et plus complexe qu'il ne l'était pour Platon et pour Aristote; l'homme lui semblerait, bien plus encore qu'à Pascal, jeté entre l'infiniment grand et l'infiniment petit. Il se refuserait à accepter, dans leur ensemble et sans les discuter, les conceptions d'un Platon et d'un Aristote, d'un Descartes ou d'un Leibnitz, d'un Kant ou d'un Auguste Comte. De fait, philosopher n'est-il pas synonyme de penser librement et par soi-même? Il ne se rangerait pas plus parmi les penseurs, fort nombreux encore, qui travaillent à adapter aux données scientifiques des conceptions empruntées aux religions ou aux anciens systèmes.

Sans affirmer en effet que l'humanité doit renoncer aux notions que nous ont transmises nos pères, comme elle a renoncé à leurs vêtements et à leurs habitations rudimentaires, à leur nourriture et à leurs armes grossières, à leurs mœurs rudes et sauvages, il n'estimera pas qu'on explique d'une façon satisfaisante le monde de Newton, celui de Laplace et de Pasteur, par le Dieu d'Aristote et de Platon.

Pour une science nouvelle, dans ses parties et dans son ensemble, il voudra une métaphysique nouvelle : péniblement, mais courageusement, il cherchera l'heureuse formule qui, sans amoindrir ou sans dénaturer les vérités scientifiques, conservera, des métaphysiques ou des religions, ce qui en fait pour nous la vie et le charme; qui alliera la réalité infiniment complexe et vivante, à l'idéal de perfection que nous entrevoyons tous, au besoin de l'au-delà qui tourmente les meilleurs et les plus nobles.

Notre idéologue ne croira plus à la toute-puissance de la raison; il ne considérera plus la liberté, l'égalité, la fraternité comme une loi naturelle; il mettra peut-être en doute la perfectibilité indéfinie de l'humanité. Mais pour lui la raison sera une fleur délicate et précieuse, dont la culture peut préparer, sinon réaliser tous les progrès, et donner à l'existence un charme et une valeur nouvelles. La liberté lui semblera une excellente chose, quand elle sera éclairée par une raison aussi soucieuse de respecter les droits d'autrui que d'user des siens. L'égalité ne lui paraîtra souhaitable que si elle rapproche de plus en plus chaque individu de ceux qui lui sont supérieurs en intelligence et en moralité. Il aimera sa patrie et travaillera, dans la mesure de ses forces, à la rendre plus grande et plus respectée. Mais il ne croira pas alors sa tâche terminée : il n'oubliera pas que les habitants des autres pays sont aussi des hommes. Autant qu'il le pourra, il combattra les préjugés ou les malentendus qui arment les peuples les uns contre les autres. De toutes ses forces, il réagira contre la marée montante de l'égoïsme; il montrera, par ses conseils, comme par son exemple, que le seul moyen de rendre son existence supportable, c'est de s'oublier pour songer aux autres. Au-dessus de la lutte pour l'existence, qui est la loi naturelle des êtres vivants, il placera la fraternité idéale qu'ont rêvée les bouddhistes et les stoïciens, les chrétiens et les philosophes du XVIIIe siècle. Il connaîtra la nature et, par les moyens qu'elle nous fournit elle-même, il s'efforcera de diminuer la souffrance et de rendre la lutte moins âpre, de faire disparaître les imperfections et d'augmenter la valeur, plus encore que le bien-être, des individus. Il saura que l'homme a besoin, pour se perfectionner, de contraindre la nature à l'obéissance, qu'il faut un labeur incessant pour conserver les conquêtes qu'on a faites et en préparer d'autres, pour faire servir la réalité à enfanter l'idéal.

Vu et lu, en Sorbonne, le 20 novembre 1890, par le Doyen de la Faculté des lettres de Paris.

A. HIMLY.

Vu et permis d'imprimer.
Le Vice-Recteur de l'Académie de Paris,

GRÉARD.

APPENDICE

ÉCOLE CENTRALE D'AUXERRE

Exercices publics que soutiendront les élèves le 15 fructidor an VII. — Programme de l'Examen général et public que subiront les élèves les 15, 16, 17, 18 et 19 fructidor an VIII.

LÉGISLATION. — PROFESSEUR, LAPORTE

La Législation est l'art de donner des lois aux peuples ; mais pour la mieux définir et lui donner une dénomination qui l'explique tout entière, on doit l'appeler la Science civique, politique et morale.

On l'appelle civique, parce que c'est d'elle que découlent les sources du bonheur social ; politique, parce qu'elle découvre et met en évidence toutes les vérités sociales, qu'elle est l'œil et la providence du Législateur ; morale, parce qu'elle unit les droits aux devoirs.

La Législation se divise en Code naturel et en Code conventionnel. Celui-ci se subdivise en lois fondamentales civiles et criminelles, etc. etc.

GRAMMAIRE GÉNÉRALE. — PROFESSEUR, LOUIS FONTAINE

Première partie : l'Idéologie. — Qu'est-ce que la grammaire générale ? Quel est son but ? qu'est-ce que l'homme ?

Sous quel point de vue le grammairien philosophe envisage-t-il l'homme ? Quelles sont les parties du corps humain qu'observe particulièrement le grammairien ?

Qu'est-ce que les sensations nous représentent dans les corps ?

Donnez-moi une idée de l'analyse ?

Comment se fait la décomposition des sensations et des idées ?

Comment se fait ensuite la recomposition par l'analyse ?

Combien distinguez-vous de sortes de qualités ?

Comment l'ordre contribue-t-il à mettre de la netteté dans nos idées ?

Quel est l'ordre de la génération des idées ?

Qu'entendez-vous par Genre, Espèce et Individu ?

Que sont nos idées chacune en elle-même ?

Quelles sont les opérations de l'âme ?

Développez-nous l'idée que vous vous faites de l'attention (1).

Qu'entend-on, en Grammaire, par la Comparaison ?

Qu'est-ce que le Jugement ? — la Réflexion ?

Qu'est-ce que l'imagination considérée comme opération de l'âme ?

Qu'est-ce que le Raisonnement ?

Suite de l'Idéologie. — Qu'est-ce que l'entendement humain ?

Quelles sont les facultés de l'âme proprement dites ? et en particulier le désir ?

Qu'est-ce que la volonté considérée comme faculté ?

Qu'entendez-vous par la faculté de penser ?

Que doit-on entendre par habitude du corps et de l'âme ?

Donnez-nous une légère idée des causes de la sensibilité ?

Faites-nous une exposition abrégée des causes de la mémoire ?

Deuxième partie : la Grammaire générale proprement dite ou la Métaphysique du langage. Qu'est-ce que le langage d'action ? D'où dérive le langage d'action ? A-t-on besoin de l'apprendre ? Les signes de ce langage sont-ils artificiels ou arbitraires ?

Comment le langage d'action exprime-t-il la pensée ?

Comment les idées simultanées deviennent-elles successives ?

Quels sont les avantages du langage d'action ?

Quels en sont les désavantages ?

Pourquoi commence-t-on par le langage d'action ?

A quoi se réduisent les principes des langages ?

L'homme est-il conformé pour parler le langage des sons articulés ?

Les mots ont-ils été choisis arbitrairement ?

A-t-on conservé quelques traces de la langue primitive ?

Comment les langues forment-elles un système calqué sur celui de nos connaissances ? Quelles sont les langues les plus parfaites ? Ont-elles toutes les mêmes fondements ? En quoi diffèrent-elles ? Comment se perfectionnent-elles ?

En quoi consiste l'art d'analyser nos pensées ?

Les langues fournissent-elles le moyen de décomposer la pensée ?

Faites-nous voir combien les signes artificiels sont nécessaires pour décomposer les opérations de l'âme ?

Avec quelle méthode doit-on employer les signes artificiels pour se faire des idées distinctes de toute espèce ?

L'ordre de la génération des idées est-il fondé sur la nature des choses ?

Combien distinguez-vous de méthodes, et quels sont les avantages de la méthode d'instruction ?

Ne doit-on pas considérer les langues comme autant de méthodes analytiques ?

---

(1) A rapprocher de ce que disent de l'attention D. de Tracy, Cabanis, Lamarck et Lancelin, Draparnaud, Degérando et Laromiguière.

Comment le langage d'action décompose-t-il la pensée ?

Comment les langues, dans les commencements, analysent-elles la pensée ?

Troisième partie : Introduction à la Logique. — Donnez-nous quelque développement sur les idées abstraites et générales ?

Faites-nous voir que l'art de raisonner se réduit à une langue bien faite. (La quatrième partie, qui est la Logique ou l'art de raisonner, a été remise à l'année prochaine.)

Application de l'analyse aux langues formées et en particulier à la nôtre. Comment se fait l'analyse de la pensée dans les langues perfectionnées ?

Comment décompose-t-on le discours en propositions ? détaillez-nous-en les différentes espèces ?

Montrez-nous comment se fait l'analyse de la proposition ? Faites-nous l'analyse détaillée des termes de la proposition et appliquez-la à des exemples, etc. (*Documents communiqués par M. Gazier.*)

ÉCOLE CENTRALE DE SAINTES

Programme de la distribution des prix pour le 30 du mois an VI.

Le cortège composé de magistrats, autorités constituées, fonctionnaires, professeurs et élèves couronnés, formera six groupes avec bannières à inscriptions : 1° *Étudiez les anciens, ils sont les plus près de la nature et leur génie n'est plus à eux* (Rousseau) ; 2° *Apelle, prépare tes pinceaux, pour immortaliser nos guerriers ;* 3° *Elles sont le conservatoire des arts ;* 4° *Descartes enseigna aux hommes à n'admettre pour vrais que les principes dont ils avaient des idées claires* (Helvétius) ; 5° *Pour connaître les hommes, il faut les voir agir* (Rousseau) ; 6° *l'éloquence est plus puissante que les armes.* Les quatre autres bannières porteront les inscriptions : 1° jeunes citoyens, la Patrie applaudit à vos succès et sourit à la joie de vos parents ; 2° l'ignorance est le plus grand des malheurs pour les gouvernements, aussi bien que pour les peuples ; 3° les arts nourrissent l'homme et le consolent ; 4° laissez dire les sots, le savoir à son prix.

GRAMMAIRE GÉNÉRALE. — PROFESSEUR, LE CITOYEN VANDERQUAND.

L'étude de la grammaire générale consiste dans la recherche des formes constantes auxquelles l'homme a assujetti l'expression de la pensée par la parole.

Rechercher comment un homme a fait connaître pour la première fois ses affections à ses semblables ; tirer de l'insuffisance du langage d'action des sons articulés ; remonter à l'origine des langues et se demander les causes de leur diversité ; passer à l'invention de l'écriture; signaler les premiers procédés de cet art; voir son triomphe dans la découverte de l'imprimerie et remarquer leur influence sur la civilisation de l'espèce humaine, tels sont les premiers sujets de ses considérations. Il a divisé la grammaire générale en trois sections principales : la première traite des mots pris isolément; ils sont considérés sous deux rapports comme la matière du discours et comme signe des idées. On étudie, dans la seconde, leurs caractères spécifiques et l'on observe toutes leurs propriétés et leurs accidents. L'analyse du tableau d'une pensée aura donc fait apercevoir deux grandes classes dans les mots; l'une composée de ceux qui changent de forme et qui servent à peindre le sujet principal du tableau; l'autre qui contient les mots qui ne changent point de forme et servent seulement à indiquer les rapports qui existent entre les premiers. En décrivant successivement ces différents signes, il interrogera souvent la pensée et fera voir partout l'homme de la nature, satisfaisant, dans la formation du langage, au besoin impérieux d'exprimer ses idées avec justesse et rapidité. La troisième section considère les mots liés ensemble suivant certaines règles pour former le tableau de la pensée. On se demandera ce que c'est qu'une phrase, sa différence dans la proposition; on en remarquera les différentes espèces. Les conditions de l'analyse grammaticale et raisonnée seront déterminées et les élèves s'exerceront à ce genre de travail. On étudiera en même temps les lois générales que suivent les mots dans leurs liaisons réciproques. L'assemblage de ces lois constitue la syntaxe et la construction.

On appliquera ensuite à la langue française les principes qu'on aura recueillis, on examinera les modifications qu'ils y éprouvent. Suivra une exposition des lois principales qui constituent l'art d'écrire sous le rapport seulement de la construction. La ponctuation sera l'un des sujets de ces dernières recherches. Si l'étude des langues est utile, on peut dire que la connaissance de celle que l'on parle est nécessaire. Le professeur multipliera les observations sur cette partie de son enseignement. L'étude de la grammaire générale, proprement dite, est un des exercices les plus propres à développer les quatre facultés de l'esprit humain, que l'idéologie a observées : l'attention, la réflexion, la mémoire et l'imagination; or le savoir et le génie consistent dans le perfectionnement de ces facultés. (Xambeu, *op. cit.*)

ÉCOLE CENTRALE DE TOURS

TABLEAU ANALYTIQUE DU COURS DE MORALE ET DE LÉGISLATION

Naturamque sequi patriæque impendere vitam.
LUCAIN.

L'homme pense, juge, raisonne et se détermine. Au moyen de ces facultés, il recherche quelle est la nature de son être, quelle est la fin pour laquelle il existe; il observe ses rapports nouveaux avec lui-même, avec la société, avec sa patrie et avec le genre humain, c'est-à-dire ce qu'il se doit, ce qu'il doit à la société, ce que la société lui doit, ce que les sociétés se doivent entre elles.

Nature de l'homme considéré par rapport à							
I Ses facultés intellectuelles qui sont	L'entendem¹ la volonté, la liberté de penser, la raison,	Ses facultés et ses affections lui font connaître :					Cours de l'an impair.
		1° Les devoirs qu'il doit rempl¹ʳ comme être sociable,	I Les devoirs de l'homme considérés par rapport	SECTION I à l'exercice des vertus sociales	1ʳᵉ PARTIE La Morale	
				SECTION II à la convenance ou disconvenance des actions humaines		
				SECTION III à sa qualité de citoyen ou membre du corps social.		
			II Les droits et les devoirs naturels de l'homme consid. par rapport	SECTION I à lui-même	2ᵉ PARTIE Le Droit naturel.	
				SECTION II aux autres hommes		
				SECTION III aux sociétés entre elles.		
		2° Les droits naturels et civils qu'il peut exercer comme membre du corps social	III Les droits et les devoirs de la Société considérée par rapport	SECTION I au Gouvern¹ en général	3ᵉ PARTIE Le Droit politique.	Cours de l'an pair
				SECTION II aux différentes formes de gouvernement		
				SECTION III aux nations entre elles.		
II Ses affections susceptibles de direction morale et qui sont	le sens moral, la conscience, l'intérêt, les passions.	3° L'application du droit naturel à l'organisat⁰ⁿ du corps politique, etc.	IV Les droits et les devoirs du citoyen français consid. par rapport	SECTION I à la Constitution française	4ᵉ PARTIE La Législation française.	
				SECTION II à la Législation civile		
				SECTION III à la Législation criminelle		
				SECTION IV aux relations polit. de la France avec les autres puissances.		

Leroux, professeur de législation, fut destitué le 18 fructidor an IX. Il était maire de Mettray. Baignoux, aussi professeur de législation, devint on ne sait à quelle date, substitut du commissaire du gouvernement près le tribunal criminel.

Il y eut aussi un cours d'analyse des sensations (ce qui semblerait indiquer que l'École fut organisée avant la loi du 3 brumaire an IV), dont Bourgius fut chargé avec Baillot pour suppléant.

ÉTAT DES COURS

Grammaire générale

An VI, 1ᵉʳ trimestre 10 élèves.	An VII, trimest. de vend. 3 élèves.
2ᵉ — 12 —	— — niv. 3 —
3ᵉ — 14 —	

Morale et législation *Littérature*

An VII, vend. et frim. 8 élèves.	An VII, vendémiaire, sqq. 10 élèves.
niv. pluv. vent. 7 —	nivôse 10 —

Histoire

An VI, frimaire 4 élèves.	An VII, trimest. de vend. 14 élèves.
nivôse 5 —	de niv. 11 —
germinal 5 —	
messidor 5 —	

Parmi les élèves de l'école centrale on cite Pierre-Fidèle Bretonneau (1778-1862), médecin célèbre, qui a donné son nom à une rue de Tours et publié les travaux suivants : *Traité de la diphthérite, Histoire de la dothinentérie, De l'utilité de la compression dans les inflammations idiopathiques de la peau, Médication curative de la fièvre intermittente,* etc., *Lettres manuscrites,* bibl. de Tours n° 1444.

(*Documents communiqués par M. Rebut, professeur au lycée de Tours.*)

HOMMAGE A L'INSTITUT D'UNE ÉPITRE A GARAT

Au citoyen Garat, membre du Sénat conservateur.

Je voudrais t'exprimer mon horreur pour des crimes
Dont nous fûmes nous-mêmes et témoins et victimes.
Garat, toi dont l'esprit observe la pensée,
Reconnaît son pouvoir, marque sa destinée,
Avec ce sentiment de la perfection
Qui s'élève et s'étend par la conception
Consacre à nos projets ta science profonde,
Et dans le cœur humain découvre un nouveau monde.
Fais vivre la vertu comme dans l'âge d'or,
Des peuples, tu l'as dit, elle est le vrai trésor,
Et lorsque du bonheur, toi tu presses l'aurore,
Faible, j'ose essayer de le redire encore.

Tarbes, 21 brumaire an IX.

Signé : B. Dautoufrey.

(*Papiers inédits de l'Académie des sciences mor. et polit.*)

LETTRE INCONNUE DE CABANIS SUR LA PERFECTIBILITÉ

(*Décade* du 30 germinal an VII) (1)

« Depuis la fondation de votre journal, je suis un de ses lecteurs les plus assidus et sa gloire m'est chère ; c'est donc avec une satisfaction véritable que j'ai lu dans votre numéro du 10 prairial le désaveu de quelques propositions un peu malsonnantes contenues dans le numéro précédent. Mon sentiment à cette lecture a été celui qu'on éprouve en recevant de bonnes nouvelles d'un ami, des nouvelles qui nous apprennent que cet ami qu'on craignait de voir tomber malade se porte bien.

« La *Décade philosophique* doit en effet continuer à mériter son titre : il ne lui est pas permis d'avoir rien de commun avec les défenseurs officieux des préjugés ; et il serait par trop affligeant de voir les patriotes tirer ainsi sur leurs meilleures troupes ; de voir des hommes raisonnables et moraux se mettre en état de guerre avec ceux dont tous les efforts tendent à rattacher aux lois immédiates de la Nature, les principes trop longtemps incertains ou mal étayés de la morale et de la raison.

« Selon ces derniers, c'est uniquement lorsque les habitudes du bon sens (2) auront pris racine dans toutes les classes de la société que la liberté, la paix et le bonheur se trouveront véritablement établis sur des bases solides ; que la vertu, dont les hommes irréfléchis se font une image sévère, sera prise enfin pour ce qu'elle est, pour le moyen d'être heureux. Ces mêmes hommes ajoutent qu'un jour viendra où les avantages attachés pour l'homme aux habitudes de la vertu, seront si bien démontrés, qu'on se moquera du méchant comme d'un sot, toutes les fois qu'on ne jugera pas nécessaire de l'enchaîner comme un furieux.

« Il n'y a, ce me semble, pas grand mal à tout cela ; je vous avouerai que j'y trouve un utile sentiment de confiance dans la solidité des motifs dont l'intérêt particulier appuie la morale, sentiment qui me semble devoir être partagé par tous ceux qui croient à la vertu, sans avoir besoin de croire à l'enfer.

« Au reste, cette doctrine de la Perfectibilité du genre humain sous les rapports de la raison et sous ceux de la morale, est bien loin d'être nouvelle. Quelques philosophes modernes, tels que Bacon, Buffon, Price, Smith, Priestley, Turgot, Condorcet, ont regardé cette perfectibilité comme indéfinie, c'est-à-dire comme une de ces quantités dont le calcul se rapproche incessamment, sans jamais les atteindre, mais

---

(1) Elle n'était pas signée et était adressée d'A..., département de la Seine, 20 germinal an VII. Mais la table des matières du troisième trimestre de l'an VI l'attribue au C. Cabanis.

(2) Se rappeler ce que dit du bon sens Descartes au début du *Discours sur la Méthode*.

dans tous les temps, on l'a reconnue ou sentie ; elle a servi de base ou d'encouragement aux travaux du génie, aux tentatives sur le meilleur mode d'éducation, aux recherches sur les meilleures formes de gouvernement, et les efforts des investigateurs de la vérité, des moralistes, des législateurs, ont toujours été fondés sur cette croyance que l'homme est perfectible; qu'il l'est, pris individuellement, qu'il l'est surtout, considéré collectivement ou en corps de nation. Sans cette donnée, en effet, les continuels changements que l'histoire nous présente, les révolutions des empires, la barbarie et la civilisation, l'ignorance et les progrès de l'esprit, le mal et le bien, tout deviendrait également inexplicable.

« Non, l'espoir de perfectionner l'homme, de le rendre plus sensé, meilleur, plus heureux, n'est point chimérique. Cet espoir que confirment tous les faits bien vus, ne peut être écarté que par une philosophie bornée et chagrine, par une expérience incomplète et resserrée dans quelques détails. Il ne fut pas seulement le mobile et le flambeau des sages et des savants de l'antiquité ; il fut encore le guide secret et l'âme des efforts de ces génies brillants qui la couvrirent de gloire par les arts. Dans ces belles époques de la Grèce, les poètes, les musiciens, les peintres, les sculpteurs passaient leur vie avec les philosophes: ils ne se bornaient pas à puiser dans leurs conversations des vues propres à diriger le talent ; ils s'y nourrissaient encore des modèles du beau moral, par l'étude plus approfondie des passions ; ils aspiraient à donner eux-mêmes des leçons utiles aux hommes, à fortifier l'empire des vertus, en prêtant à la vérité le charme du sentiment, et l'associant aux émotions puissantes qui maîtrisèrent les imaginations et les cœurs. Et c'est ainsi que les arts sont véritablement divins ; car le génie s'honore lui-même bien plus encore par le but que par l'éclat de ses travaux.

« ... Peut-être le critique partage-t-il l'erreur de quelques personnes qui du reste semblent s'être arrangées pour ne pas en revenir ; il croit peut-être que la philosophie moderne cherche au contraire à dessécher l'âme, à glacer tout enthousiasme et que les amis de la raison ne sont que les ennemis de ce qu'il y a de plus sublime dans la nature humaine. Si telle est sa manière de les juger, il ne les connaît pas.

« Une autre erreur dans laquelle ces mêmes personnes ne paraissent pas moins se complaire, c'est la supposition que cette philosophie s'exerce sur des objets et discute des questions absolument inintelligibles ou frivoles : et là-dessus vous observez avec grande raison, que ce qu'on nomme aujourd'hui encore métaphysique, n'a point de rapport avec ce qui portait autrefois ce nom. En vain veut-on chercher à confondre deux choses si différentes : ni le but que les disciples de Locke et de Condillac se proposent, ni l'instrument dont ils se servent, ni la manière d'employer cet instrument, ne peuvent les approcher, à aucun égard, de ces anciens scolastiques dont ils ont au contraire rendu l'absurdité plus palpable, en remontant à la source immédiate de toutes leurs erreurs.

« Si l'on commence à ne plus prendre des abstractions pour des êtres réels, à bannir les vaines subtilités de toutes les discussions, à discerner les objets susceptibles d'être soumis à nos recherches de ceux qui ne le sont pas ; si en déterminant avec plus d'exactitude le sens de tant de mots vagues, tels que temps, éternité, infini, substance, espace, etc., nous paraissons enfin débarrassés pour toujours des interminables et ténébreuses disputes dont ils étaient le sujet depuis plus de deux mille ans, à qui en est-on redevable ? N'est-ce point à ces mêmes hommes qu'on accuse de se nourrir d'idées creuses, de subtilités, d'abstractions ?

« ... Depuis Locke, Helvétius et Condillac, la métaphysique n'est que la connaissance des procédés de l'esprit humain, l'énoncé des règles que l'homme doit suivre dans la recherche de la vérité, soit que cette recherche porte sur nous-mêmes, soit qu'elle ait pour objet les êtres ou les corps extérieurs avec lesquels nous pouvons avoir des rapports. Elle s'applique également aux sciences physiques, aux sciences morales et aux arts : on peut en développer les principes et les appuyer d'exemples, dans le laboratoire d'un chimiste ou même dans l'atelier du plus simple artisan, comme dans la seconde classe de l'Institut ou dans les Écoles de logique, de grammaire et de législation. Si elle enseigne au philosophe l'art général d'observer ou d'expérimenter, elle démontre à chaque ouvrier en quoi consiste l'art particulier qu'il professe ; pourquoi les matériaux sur lesquels il s'exerce et l'objet qu'il se propose étant une fois reconnus, les organes de l'homme ou les autres instruments de l'art doivent être mis en usage d'après certaines règles ou procédés, et les procédés, ainsi que les instruments eux-mêmes perfectionnés suivant une certaine direction. La vraie métaphysique est en un mot la science des méthodes qu'elle fonde sur la connaissance des facultés de l'homme et qu'elle approprie à la nature des différents objets.

« Or si le perfectionnement des idées dépend de celui de l'instruction, le perfectionnement de l'instruction dépend à son tour de celui des méthodes. Ce sont les méthodes qui nous apprennent à classer les objets de nos recherches, à les disposer dans la place et sous le point de vue le plus favorable à leur analyse ; ce sont elles qui nous apprennent à réduire et mettre en ordre nos idées ; c'est d'elles seules en un mot que nous devons attendre de bons livres élémentaires, dans toutes les parties des sciences et des arts.

« Pour peu qu'on ait quelque idée de l'enseignement et qu'on ait réfléchi sur les circonstances qui peuvent rendre l'instruction plus ou moins profitable, en abréger ou en prolonger encore les lenteurs, on sait que le défaut de bons livres élémentaires et l'emploi des méthodes vicieuses, sont les causes principales de ces difficultés sans nombre qui rebutent si souvent les jeunes élèves : de là vient également que ceux même qui s'instruisent le font si mal presque partout, et que la plupart du temps cette instruction imparfaite, bien loin de fortifier et de régler l'esprit, l'énerve et lui fait prendre de mauvaises habitudes qui durent toute la vie, ou dont il ne vient à bout de se débarrasser que par les plus grands efforts.

« Car l'emploi des bons livres élémentaires... des bons procédés d'enseignement que ces livres indiquent et perfectionnent de jour en jour, n'est pas seulement de procurer une grande économie du trésor le plus précieux, de ce temps qui s'envole pour nous avec tant de rapidité... elles mettent et retiennent l'esprit dans une route sûre; elles l'exercent et lui donnent des allures plus fermes ; elles l'habituent à ne rien concevoir à demi, à ne rien admettre d'incertain, à ramener chaque idée à son énonciation la plus précise ; enfin à pressentir en quelque sorte dans tous les cas, quel est le point où la vérité se trouve, quels sont les moyens de l'y rendre sensible à tous les yeux : d'où il est aisé de voir que l'influence d'une bonne forme d'instruction ne se borne pas aux objets que le jeune élève étudie maintenant, mais qu'elle s'étend encore à tous ceux dont il s'occupera dans la suite et que l'enseignement bien méthodique d'un seul, même du plus simple de ces objets, peut suffire quelquefois pour donner à l'esprit une trempe qui le rend, pour ainsi dire, impénétrable à l'erreur.

« C'est surtout pour la classe indigente que l'instruction a besoin d'être simple, nette et facile, pour cette classe qui sans cesse détournée de la réflexion par les besoins les plus pressants de la vie, ne la porte guère ordinairement que sur leurs objets les plus directs, qui n'a que peu de temps à donner à la culture de l'esprit; qui même se trouve encore privée de la ressource qu'offre incessamment à d'autres classes l'habitude d'un langage plus épuré, source d'idées plus saines et plus justes. Et cependant sans un certain degré d'instruction, particulièrement sans une certaine direction donnée aux idées dans cette classe intéressante, en vain se flatterait-on de la rendre solidement heureuse, de lui faire prendre des habitudes sensées et morales ; et comme, malheureusement, elle est encore la plus nombreuse dans tous les États civilisés, ce n'est pas seulement le bonheur individuel de ceux qui la composent, c'est aussi la tranquillité publique qui dépend de l'instruction qu'on lui donne, et plus encore de la manière dont on lui donne cette même instruction.

« On l'a dit souvent, mais il ne faut pas se lasser de le redire : si tous les gouvernements ont un grand intérêt à cultiver et à développer le bon sens de la classe pauvre et manouvrière, cet intérêt est infiniment plus grand pour les gouvernements républicains, surtout pour ceux où les pouvoirs représentent véritablement la nation. Dans ces gouvernements, en effet, il ne suffit pas que la masse du peuple ait assez de connaissances pour se choisir des délégués éclairés et vertueux, pour apprécier leur conduite, pour placer ceux qu'elle a reconnus dignes de sa confiance, dans les postes qui leur conviennent le mieux, toutes choses qui ne laissent pourtant pas de demander beaucoup de jugement et même de combinaisons, il faut encore que cette masse ait assez de sagesse et des notions assez justes de ses droits, pour savoir être tout ensemble tranquille et libre; pour éviter, d'une part, de se livrer à ces conseillers perfides qui ne lui parlent de ses droits que dans la vue de l'agiter; et pour n'être jamais, de l'autre, conduite par l'appât d'une paix trompeuse à sacrifier ses droits et sa liberté. Le gouvernement représentatif est le meilleur de tous, parce qu'il est fondé sur l'opinion, parce qu'il en tire sa force : mais il faut que l'opinion soit bonne, c'est-à-dire que le peuple ait assez de jugement pour que l'opinion des hommes éclairés y devienne bientôt celle du corps entier de la nation.

« Mais d'ailleurs, partout où la grande masse est sans instruction, l'égalité n'existe point véritablement : on a beau la proclamer dans toutes les lois, la consacrer dans toutes les formes sociales, elle ne saurait passer alors ni dans les habitudes, ni même dans les sentiments : l'ignorance perpétue la misère et la dépendance du pauvre ; elle établit entre lui et les autres hommes des rapports d'abaissement et de domination que les lois les plus sages d'ailleurs sont impuissantes à faire disparaître. Voilà ce qui n'a été bien connu que des philosophes modernes, les seuls qui aient fait une véritable science de la liberté. Ils nous ont appris que la liberté pouvait bien quelquefois être produite par un instinct heureux des nations; mais qu'elle ne saurait être conservée et perfectionnée que par les lumières; ils ont fait voir qu'un état de troubles ou de grandes calamités publiques, pouvait bien faire régner momentanément et violemment l'égalité ; mais qu'elle ne peut être réelle et durable que chez un peuple où les connaissances utiles, cessant d'être concentrées dans quelques individus, deviennent par degrés le partage de tous. Aussi ces mêmes philosophes ont-ils regardé comme l'un des premiers devoirs du législateur, celui de multiplier partout et de coordonner avec sagesse les moyens d'instruction.

« Mais vous allez me dire que nous voilà bien loin et de la doctrine du progrès de l'espèce humaine et de la philosophie analytique, et de ses méthodes? Non, ce n'est pas vous qui le direz, et la censure de ceux qui jugent autrement que vous, ne me paraît pas assez redoutable pour me faire supprimer quelques autres remarques qui s'offrent encore à mon esprit et que le sujet me paraît fournir naturellement.

« Ce n'est pas tout, pour être libre de préjugés, que de ne plus croire à l'infaillibilité du pape, aux distinctions de la naissance, à l'autorité divine des rois. Ces folies une fois détruites, il en reste beaucoup d'autres qui fermentent encore d'une manière non moins funeste et qui peuvent dénaturer l'influence des vérités les plus pures jusqu'au point de leur faire produire un grand nombre des mauvais effets de l'erreur ; il en est même qui dépendent uniquement de la manière vicieuse dont ces vérités entrent dans les esprits : et de là vient, par parenthèse, qu'elles perdent souvent une grande partie de leur autorité auprès de certaines gens qui voient assez juste, mais qui ne savent embrasser qu'un point et qu'un moment. Tous ces préjugés, la raison doit aspirer à les faire disparaître l'un après l'autre ; et suivant les philosophes qui osent porter leurs regards dans l'avenir, ce grand ouvrage ne sera jamais assez complet, on n'aura jamais assez perfectionné les notions qui servent de base à nos jugements et les jugements qui sont la véritable source de nos déterminations. En un mot, ils pensent qu'on n'arrivera jamais au terme où il ne resterait plus rien à faire, soit pour étendre et multiplier nos jouissances (1), soit pour en perfectionner les moyens. Et j'observe encore en passant, que l'épithète dérisoire de docteurs, ne fut jamais plus mal appliquée qu'à des hommes qui voient dans la science actuelle un simple échelon pour arriver à la science future et qui bien loin de se prévaloir de leurs idées, ne font pas difficulté de reconnaître que leur principal mérite est de pouvoir nous conduire plus loin.

« Vous n'avez point oublié, citoyens, et vous avez rappelé à votre confrère que les disciples actuels de cette école ont été les premiers à faire sentir l'utilité des institutions qui parlent au cœur, de ces institutions qui produisirent chez les anciens de si admirables effets, en donnant à l'autorité de la morale et des lois l'appui du sentiment et de l'imagination. Une philosophie fondée sur la connaissance des facultés de l'homme et qui ramène aux sensations tout le système des idées et des affections morales, pouvait-elle en effet dédaigner ce ressort puissant de l'enthousiasme, qui, si l'on peut s'exprimer ainsi, n'est lui-même qu'une sorte de sensation plus sublime et plus sympathique ?

« N'est-ce pas cette même philosophie qu'on s'efforce de nous peindre comme froide, subtile et raisonneuse, à laquelle on doit les analyses les plus justes et les appréciations les mieux senties, des moyens que

---

(1) « Car en dernière analyse, tel est le vrai but de tous les travaux de l'esprit, de toutes les inventions des arts ». Pour comprendre dans quel sens Cabanis entend cette extension de nos jouissances, voyez chap. III et IV.

les arts d'imitation doivent employer pour émouvoir? N'est-il pas constant que depuis Aristote jusqu'à Gravina, Beccaria, Smith et Diderot, ce qu'on a dit de mieux sur l'Éloquence, la Poésie, la Musique et les arts du Dessin, l'a été, non par tous ceux qui se bornent à pratiquer ces arts avec talent, mais par des hommes réfléchis qui aiment à se rendre compte de toutes leurs impressions et qui dans l'étude de la nature humaine cherchent à démêler la source de tous les phénomènes qu'elle offre à nos regards? Si je ne me suis pas trompé dans mes conjectures sur l'auteur de l'article auquel vous avez répondu, cet aimable poëte dont les vers respirent également le bon sens et l'élégance, n'a-t-il pas lui-même quelque obligation à l'esprit du siècle?...

« Il voudra bien me permettre encore d'ajouter, en terminant cette lettre, qu'il serait assez difficile de motiver une agression hostile contre ces hommes qui rapportent tout à la raison et pensent qu'elle peut être sans cesse perfectionnée. Assurément il n'y a point de gens d'un commerce plus facile et plus commode. Convaincus que les méchants ne sont que des mauvais raisonneurs, que des gens malheureusement organisés ou mal élevés, leur indulgence ne peut jamais se démentir. Au milieu de ces éternels modèles qu'ils aiment nécessairement à contempler, quels succès, quelle gloire leur paraîtraient valoir la peine d'être enviés ou contestés? Ils ne laissent pas seulement s'agiter en paix autour d'eux les petites prétentions: ils font plus, ils les voient avec une sorte de complaisance, les considérant comme les mobiles d'utiles travaux. Dans leurs espérances touchant l'amélioration graduelle des idées, bien loin d'attacher de l'importance à leurs propres efforts, ces espérances leur font au contraire trouver un bonheur véritable à se voir surpasser : et leur doctrine elle-même place les jouissances les plus vives de leur amour-propre dans les triomphes des hommes qui font mieux et qui vont plus loin. Enfin, comme eux seuls, peut-être, savent bien sentir que tous les travaux quels qu'ils soient des sciences, des lettres ou des arts, accélèrent la marche des esprits et concourent à nous rapprocher du but, eux seuls ont toujours un tribut d'estime et de reconnaissance à payer à chacun de ces travaux; et les genres mêmes qu'une raison bornée dédaigne quelquefois comme entièrement frivoles sont encore les auxiliaires utiles de ceux que leur importance et leur sublimité font admirer le plus. Cette manière d'être et de juger n'est pas seulement la plus philosophique et la plus juste; elle est encore, je le répète, la plus commode et la plus rassurante pour les amours-propres. Quant à moi, je l'avoue franchement, c'est avec les hommes chez qui elle est devenue une véritable habitude que j'aime à vivre et à converser; et voilà, citoyens, ce qui vous vaut à vous-mêmes ces longues réflexions que je me borne à vous adresser par écrit, n'étant pas malheureusement à portée de faire mieux ».

LETTRE DE BENJAMIN CONSTANT A VILLERS

Göttingen, sept. oder oct. 1812.

Mon cher Villers, il m'arrive une ridicule et désagréable chose, pour laquelle j'invoque votre assistance, sans trop savoir si elle pourra me servir à rien. J'ai communiqué à Toelken le plan et plusieurs parties de mon diable de Polythéisme ; et Toelken, avec la plus grande bonhomie, s'est emparé non seulement de l'idée en général, mais de la forme avec une telle exactitude, que l'annonce du cours qu'il veut donner cet hiver contient mot pour mot les titres de mes livres et de mes chapitres. Les idées, je les lui aurais cédées tant qu'il aurait voulu, parce que tout tient à la mise en œuvre ; mais il m'est fâcheux que la forme littérale et d'un bout à l'autre se trouve dans un petit imprimé de manière que si mon ouvrage parait, quelque docte critique, qui aura eu connaissance de l'annonce de Toelken, croira que j'y ai pris mon plan. C'est au point qu'il a copié des titres auxquels, de son aveu, il n'avait jamais pensé jusqu'ici, comme par exemple le suivant : « De la religion comme pure forme et de son influence sur la morale ». Toute la dernière partie et beaucoup de la première est une traduction de ma table des matières. L'excellent Toelken n'y entend pas malice, car il m'a beaucoup pressé de lui en communiquer davantage, en me disant que ce que je lui en avais fait connaître lui avait déjà beaucoup servi, et qu'il y avait puisé une suite d'idées qui lui seraient très utiles. Je connais toute la misère des réclamations littéraires, mais il m'importe pourtant, autant que quelque chose de cette nature est importante dans le siècle de la bataille de Smolensk, qu'on ne croie pas que le plan entier qui m'a occupé et donné assez de peine, ait été traduit par moi de l'annonce d'un cours allemand. Je ne pense point à engager Toelken à refondre son annonce, parce qu'il est bien libre d'indiquer sur quoi il veut professer. Mais il m'a offert de déclarer dans son cours que je lui avais communiqué mes recherches: ce n'est pas dans son cours que je désire qu'il le fasse, parce que je tiens peu à ce qu'une trentaine d'auditeurs le sachent. C'est dans cette annonce même, qui sera plus répandue, et ma demande est juste, car il me disait qu'il avait pris « den ganzen Kern meines Werks ». Il est de très bonne foi et sans aucune mauvaise intention, faites-moi donc le plaisir, cher Villers, de le faire prier de passer chez vous, de lui dire le fond de ma lettre en changeant la forme, et de vous faire montrer par lui son annonce imprimée. Vous y reconnaîtrez dans la marche et dans les propres paroles ce que je vous ai déjà dit plusieurs fois sur le plan et la marche de mon ouvrage. Voyez alors si vous pouvez l'engager à dire ce qui, loin de lui nuire, pourra le servir, qu'il a employé et qu'il emploiera dans son cours les communications que je lui ai faites. En effet, s'il veut constater dans cette annonce la connaissance qu'il a eue de mon travail, je lui en communiquerai davantage. Je crois que la négociation que je remets à votre amitié sera facile, car Toelken n'a point pris mon plan par amour-propre ni pour s'en faire un mérite, mais parce qu'il l'a trouvé bon, et la manière dont il s'est exprimé avec moi me le prouve, puisqu'il me proposait de traduire mon livre tout de suite, si je ne croyais pas le pouvoir faire paraître en français. Ce n'est donc pas une réclamation hostile, mais une demande amicale et juste que je vous confie. Je ne désire qu'une petite phrase qui serve de réponse à l'accusation de plagiat, si elle avait lieu pour l'avenir, à peu près ceci : « Un de mes amis, M. B. de C., m'ayant communiqué le plan et différentes parties d'un ouvrage dont il s'occupe depuis longtemps sur l'histoire et la marche des religions anciennes, je ferai usage dans mon cours, de son consentement, de la communication qu'il m'a faite ».

Si contre toute attente Toelken se refusait à cette justice, je serais obligé de constater ma priorité, et d'engager une querelle littéraire, ridicule à mes yeux, odieuse aux siens, et indifférente au public, de sorte qu'il y aurait perte pour tout le monde. Mais cela n'arrivera pas, grâce à l'intégrité de Toelken et à votre bonne et habile intervention. Vous lui ferez sentir aisément, après avoir lu vous-même son annonce, qu'il n'est d'aucun avantage pour lui, qu'on croie que j'ai pris là-dedans la division de mon livre, et que les communications que je lui promets en échange du témoignage que je lui demande lui seront utiles.

Mais que votre amitié se dépêche et agisse aujourd'hui, car son annonce est imprimée, et il attend qu'on la lui renvoie de chez l'imprimeur corrigée pour l'expédier à Leist et la répandre. Ne lui montrez pas ceci, parce qu'il se choquerait peut-être, et arrangez cette grande et petite affaire avec votre bonté pour moi. Je vous permets même, quand vous l'aurez arrangée, de vous moquer de l'indélébile qualité d'auteur.

Je vous embrasse.   B.

P. S. — Expliquez à Toelken pourquoi je ne lui ai pas parlé moi-même de tout ceci en lui faisant comprendre que l'amour-propre a sa pudeur. Peut-être au reste sera-t-il lui-même bien aise de me nommer parce qu'une communication manuscrite a toujours quelque intérêt de plus. Je ne lui demande que ce que Creuzer a senti qu'il devait à Böttiger pour une confiance du même genre que celle que j'ai eue pour Toelken. (Isler, *Briefe an Ch. de Villers*, Hamburg, 1883.)

VAUQUELIN ET LAMARCK JUGÉS PAR LE « LYCÉE »

Vauquelin était professeur de chimie au Muséum d'histoire naturelle et membre de la section de chimie à l'Institut, et Lamarck, membre de la section de botanique à l'Institut et professeur de zoologie au Muséum. Le premier, élevé à l'ombre toute-puissante de Fourcroy, fut investi de toutes les dignités dans lesquelles Fourcroy dédaigna de descendre ; le second ne brilla que de son propre éclat et ne tint ses places que de son talent. Celui-là cultiva la science et la fortune à la fois ; celui-ci, debout chaque jour pour la science, dès cinq heures du matin, oublia la fortune et vécut oublié du pouvoir. Le premier fut plus vanté en France qu'à l'étranger ; le second est encore plus célèbre à l'étranger qu'en France et comme les éloges obtenus loin de nous ne sont dictés par aucune considération intéressée, Lamarck, de son vivant, a été pour ainsi dire jugé par la postérité. Vauquelin fit beaucoup de travaux, mais presque toujours sur le même modèle ;... Lamarck, plus ingénieux qu'exact, plus profond que sévère, n'a pas laissé, jusque dans ses écarts, d'imprimer de nouvelles impulsions à la science. Peu façonné à l'intrigue et aux ménagements de l'ambition, il exprima ses grandes vues avec hardiesse, et sans les accommoder aux goûts des pouvoirs divers qui ont passé successivement devant lui, il lutta contre des adversaires qui, devenus plus puissants que lui, ont semblé l'éclipser de l'éclat que leur prêtaient le journalisme et les faveurs ministérielles; mais ses opinions, d'abord ridiculisées, reprennent faveur, aujourd'hui qu'on les juge loin des ministères.

LETTRE DE M. LITTRÉ PÈRE A LA « DÉCADE »

Un journal, qui me tombe sous la main, me rappelle ce conseil de Bacon, et me fournit l'occasion de le suivre. Ce journal est celui des *Bâtiments civils et des arts*, qui, dans son numéro 24, rapporte les époques de diverses inventions ou usages, tirés de l'ouvrage du conseiller allemand Beckmann. J'y lis : « En 1538, on commença à mettre en français les actes de justice qui étaient en latin avant ce temps là ». Cette expression, *les actes de justice*, est peu exacte. Il fallait les *actes publics*, ce qui est fort différent. C'est en 1539 et non en 1538 que fut rendue cette ordonnance. Elle est datée de Villers-Cotterets, et comprend, outre la disposition relative aux actes publics, divers règlements pour abréger les procédures et pour rogner les attributions monstrueuses des tribunaux ecclésiastiques.

Il ne faudrait pas conclure des paroles de Beckmann, qu'avant 1539, *tous* les actes publics étaient écrits en latin. On trouve dans tous les chartriers, et dans tous les recueils où l'on a eu pour objet de rassembler de semblables pièces, un très grand nombre d'actes en langue vulgaire, qui sont du xv°, du xiv°, et même du xiii° siècle.

Presque toutes les ordonnances royales sont en français. — Beaumanoir, qui recueillit et publia en 1283, les coutumes du Beauvaisis, les donna en français. Les *Assises de Jérusalem* sont en français. Les lois de police, connues sous le nom d'*Établissements de Saint-Louis*, et qui sont du milieu du xiii° siècle, sont en français, et l'ouvrage de Pierre de Fontaines, notre plus ancien jurisconsulte, est écrit dans la même langue. Cet ouvrage est de 1226 et contient la jurisprudence du pays de Vermandois.

Les bonnes lettres mêmes furent cultivées en langue vulgaire, dès le xiii° siècle ou au commencement du xiv°; et sans compter les poètes qui remontent beaucoup plus haut, on trouve parmi les livres qui en 1300 faisaient partie de la bibliothèque de Charles V, des traductions d'Aristote, de Tite-Live et de Valère Maxime.

MÉMOIRES DE L'INSTITUT	LEÇONS DE PHILOSOPHIE DE LAROMIGUIÈRE
L'œuf du papillon se métamorphose en chenille, la chenille en chrysalide, la chrysalide en papillon. Le papillon est un œuf dans son principe.	*L'œuf du papillon se métamorphose en chenille, la chenille en chrysalide, la chrysalide en papillon : le papillon est un œuf dans son principe.*
En arithmétique, l'addition se montre successivement sous les formes de multiplication, de formation *des puissances, de théorie des exposants, etc. Toutes les méthodes de composition ont leur principe dans l'addition comme toutes celles de décomposition ont le leur dans la soustraction* (1).	*... en arithmétique, l'addition se montre successivement sous les formes de multiplication,* d'élévation *aux puissances, de théorie des exposants, et par conséquent toutes les méthodes de composition ont leur principe dans l'addition, comme toutes celles qui décomposent les nombres, ont le leur dans la soustraction.*
La connaissance des principes en nous plaçant au premier anneau de la chaîne qui embrasse un grand nombre de faits, *ramène à une loi commune les phénomènes les plus* éloignés, *ou même les plus*	*La connaissance des principes, en nous* portant aux sources d'où découlent les vérités, *ramène à une seule loi les phénomènes les plus* divers et *même les plus opposés en*

(1) Après ce paragraphe se trouvait, dans les *Mémoires*, le passage capital que nous avons reproduit déjà (page 528) « En métaphysique, on voit l'attention se changer en comparaison, en rapport, en jugement, en raisonnement, en réflexion, en imagination, en entendement. L'entendement a son principe dans l'attention ». — On comprend qu'il ne soit pas repris dans les *Leçons* qui n'en sont que le développement.

opposés en apparence, assimile et identifie des méthodes qui semblaient n'avoir entre elles aucune analogie, d'une multitude de parties éparses et isolées, forme un tout symétrique et régulier, et, chose admirable! ajoute aux richesses de l'intelligence en *réduisant le nombre de ses idées.* Mais le plus souvent ces *principes* nous échappent, soit que, placés à une trop grande hauteur, ils soient inaccessibles à toutes nos facultés, soit que trop rapprochés de nous, *ils se dérobent à notre faible vue, également troublée et par la présence trop intime de son objet et par son trop d'éloignement.*

Lorsque plus heureux ou mieux placés, nous voyons une suite de faits *ordonnés les uns par rapport aux autres et tous ensemble coordonnés à un premier, alors d'un* seul *regard, nous embrassons un système* entier, *etc.*

apparence; elle *assimile*, elle *identifie des* opérations *qui semblaient n'avoir aucune analogie : d'une multitude de parties isolées,* elle *forme un tout symétrique et régulier, et, chose admirable,* elle *ajoute aux richesses de* l'esprit en *réduisant le nombre de ses idées.*

Malheureusement il est rare de saisir *ces principes; soit que,* placés à une trop grande hauteur, ils *soient inaccessibles à nos facultés, soit que, trop rapprochés, ils se dérobent à notre faible vue, également troublée par la présence trop intime de son objet et par son trop d'éloignement.*

Lorsque plus heureux ou mieux placés, nous voyons une suite de phénomènes *ordonnés les uns par rapport aux autres et tous ensemble* par rapport *à un premier;* alors nous avons saisi le principe, et *d'un* même *regard, nous embrassons un système.*, *etc.*

LETTRES DE LAROMIGUIÈRE A VALETTE

8 novembre 1819.

Vous m'avez donné la plus agréable des nouvelles; je sais un gré infini à ceux qui ont eu le bon sens de préférer l'esprit à la lettre et de juger qu'une irrégularité vaut mieux quelquefois que la stricte observation de la règle. Vous voilà donc mon confrère et mon digne confrère en philosophie. Cette pauvre philosophie a grand besoin de se recruter. Je n'en désespérerais plus si elle faisait une douzaine d'acquisitions pareilles à la vôtre, mais il ne faut pas y compter. J'ai peur que votre louable ambition de bien faire et votre modestie n'exagèrent les difficultés. Vous voyez devant vous une bibliothèque tout entière à dévorer et mille obstacles à surmonter. Gardez-vous de trop lire, et quant aux obstacles, c'est nous qui les plaçons maladroitement sur une route que la nature avait tracée elle-même et qu'elle avait rendue facile à parcourir. Je vous conseille d'employer les vacances à l'étude exclusive de Locke et de Condillac. Une fois que vous serez familiarisé avec ces deux auteurs, et que vous vous serez approprié leur méthode, la lecture des autres philosophes ne sera pour vous qu'un jeu. Vous admirerez le génie de Bacon, vous vous étonnerez de la profondeur de Hobbes, mais vous les jugerez l'un et l'autre. Vous jugerez aussi, en les admirant, Descartes et Malebranche ; après quoi viendront les philosophes écossais et allemands, que vous aurez acquis le droit d'apprécier à leur juste valeur. Une chose que je ne saurais trop vous recommander (vous m'avez permis de vous donner conseil), c'est de vous arrêter longtemps sur les belles pages qu'on rencontre quelquefois dans Bacon, ou dans Pascal, ou dans Malebranche, ou dans Condillac. Il faut les lire et relire cent fois. Le temps est ainsi mieux employé au profit de la raison et du goût que celui qu'on donnerait à mille pages de tel philosophe que je ne veux pas nommer, comme vingt vers de Boileau vous rendront plus poète que mille vers de Chapelain ; mais nous parlerons de tout cela plus amplement à votre retour. J'espère qu'on vous laissera libre tout l'hiver et peut-être toute l'année. Si, en entrant en fonctions, vous possédez bien les deux auteurs dont je vous ai conseillé la lecture pour les vacances, je vous préviens que le suppléant en saura plus que le professeur, plus que tous les professeurs, mais certainement plus que je n'en sais, ce qui n'est pas beaucoup dire à la vérité. Adieu, mon très cher Valette, je vous embrasse de tout cœur.

5 septembre 1820.

J'ai tardé à vous répondre, mon très cher Valette, parce que j'aurais voulu vous envoyer en quelque sorte votre brevet de nomination, mais nous en avons l'équivalent dans la promesse de ceux qui les rédigent et qui les expédient. J'ai vu deux frères dont l'un est le principal arbitre de votre sort (Cuvier). J'ai fait parler un inspecteur général ; j'ai assisté à l'examen des élèves qui se présentent pour l'école normale et à l'occasion de votre élève Charma qui a répondu comme un ange, j'ai parlé de son maître et tout le monde était prévenu que ce maître devait être professeur au cinquième collège. Vous devez donc avoir les plus grandes espérances, je ne crains pas même de dire la plus grande certitude.

Vous demandez l'origine de l'*idée* du bien et du mal moral. Cette idée vient du *sentiment* du bien et du mal moral.

Mais le sentiment du bien et du mal moral n'en présuppose-t-il pas l'idée ? Non : le sentiment du bien et du mal moral ne présuppose que l'idée d'un acte de notre volonté et l'idée de la loi. Le sentiment même du rapport entre ces deux idées est le sentiment même du bien et du mal moral ; du bien moral si le rapport est de conformité, du mal moral, si le rapport est d'opposition.

Sentiment du rapport de conformité entre un acte volontaire et la loi ou sentiment du bien moral, c'est la même chose. Sentiment du rapport d'opposition entre un acte volontaire et la loi ou sentiment du mal moral, c'est la même chose.

Par l'action des facultés de l'entendement appliquée à nos divers sentiments moraux, ces sentiments deviennent autant d'*idées* ou de *perceptions*.

La conscience est donc *sentiment* de rapport, avant d'être *perception* de rapport, jugement *senti*, avant d'être jugement *perçu*.

Pour expliquer d'une manière un peu complète et suffisamment étendue ce qui concerne le sentiment moral, il faudrait parler de la sympathie, de l'ordre, du beau, etc. Il faudrait faire intervenir la liberté, il faudrait même remonter jusqu'à Dieu, auteur des lois morales ; je n'entre pas dans ces considérations.

La conscience consiste-t-elle uniquement dans la connaissance de la loi? Non certes : conscience est plus que science. La conscience est ou sentiment ou idée, je veux dire un sentiment ou idée de rapport, et comme tout rapport suppose deux termes, la connaissance de la loi ne suffit pas pour les faire naître.

Tout ceci demanderait de plus amples développements, mais vous les trouverez sans moi. Adieu, mon très cher Valette, mon très cher professeur du collège d'Harcourt, je vous embrasse avec la plus tendre amitié.

LETTRES INÉDITES COMMUNIQUÉES PAR M. SAPHARY FILS

15 mai 1826.

Vous devez avoir reçu, ou vous recevrez incessamment un exemplaire de la quatrième édition des *Leçons de philosophie*. J'en ai changé le titre qui annonçait une suite à l'ouvrage. Ce que je promettais dans les éditions précédentes, je ne le tenais pas. Dans celle-ci, le titre n'annonce rien au delà de ce que j'exécute tant bien que mal.

J'ai été bien malade et bien longtemps malade, je suis mieux depuis deux mois, et cela durera autant qu'il plaira à celui qui est le maître de la santé et de la maladie.

Les premières idées du juste et de l'injuste se montrent au commencement de la vie. Les idées morales qui sont l'objet des maximes de Larochefoucauld, de La Bruyère, des romans de Mme de Staël, etc., sont inconnues à nos bons montagnards. Ils n'ont pas l'esprit assez aigu pour pénétrer les finesses de Marivaux ou de l'hôtel de Rambouillet. Les causes physiques et occasionnelles de la mémoire ont toujours été et seront toujours inconnues. J'ai négligé toutes ces causes dans cette nouvelle édition.

Nous avons trois facultés relatives à la connaissance et trois relatives au bonheur. Je crois que les bêtes manquent et de liberté et de raisonnement ; ou il y en a si peu que ce n'est pas la peine d'en parler.

Mon libraire a fait d'un seul coup deux éditions des *Leçons*, l'une in-8 que je prends la liberté de vous offrir, l'autre in-12 et en trois petits volumes à l'usage des étudiants. Si vous ou votre libraire en demandez à M. Brunot-Labbe, il s'empressera d'en faire l'envoi.

J'ai soigné le style de mon mieux. Vous remarquerez quelques changements par ci par là. Vous trouverez aussi à la sixième leçon du deuxième volume un morceau sur Kant, qui surprendra ceux qui ne connaissent cet auteur que de réputation.

Vous entendez mon ouvrage aussi bien que moi. Il y a plaisir d'avoir des lecteurs tels que vous. Ils sont bien rares.

Recevez, mon cher Saphary, l'expression de mon estime et de mon attachement bien sincère.

17 juillet 1826.

Votre vivacité m'a fait bien peur, mon cher compatriote, et je n'a pas été surpris qu'on se sentît blessé. Heureusement les choses ont mieux fini qu'elles n'avaient commencé, et je vous en félicite. Une autre fois ne soyez pas si prompt, et étonnez-vous, non pas quand vous entendrez des absurdités, mais quand vous entendrez des choses bien raisonnables. Le monde est ainsi fait, vous vous y accoutumerez. Je vous dis ceci pour prévenir les leçons que vous recevrez de l'expérience, elles ne vous manqueront pas ; soyez-en sûr.

Je vous prie de croire que je ne suis pour rien dans la rédaction d'un certain manuel. Je serais moins pressé d'un désaveu, si quelqu'un allait m'attribuer celui dont vous vous occupez. Je le tiens d'avance pour infiniment meilleur. C'est un service que vous rendrez *studiosæ juventuti*. Je vous en remercie en son nom.

La doctrine du sentiment, source de connaissances quand il est élaboré par l'action de l'esprit, peut recevoir des développements sans fin ; car tout est là. La comparaison des diverses manières de sentir, relativement à la formation et à la perfection de l'intelligence, est riche en détails intéressants. La comparaison d'homme à homme, de la sensibilité d'un individu à la sensibilité d'un autre, mène à une foule de vérités pratiques ; car rien ne varie plus que la sensibilité, la sensibilité morale surtout ; on peut en indiquer les degrés depuis sa grossièreté la plus brutale jusqu'à une susceptibilité ridicule. Quel fond à la diversité pour des idées morales !

Vous êtes mal instruit au sujet du rédacteur de la nouvelle philosophie. Je doute qu'il partage certaines opinions qui vous révoltent justement. C'est avec un vrai plaisir que je vous embrasserai à votre arrivée.

Croyez, mon cher confrère et compatriote, que je suis très flatté de l'approbation que vous donnez à mes idées et à ma méthode. Je vous remercie mille fois de ce que vous me dites à ce sujet, et je vous embrasse de tout mon cœur.

12 septembre 1826.

Mon cher philosophe, le doyen de la Faculté est absent depuis trois semaines; il sera bientôt de retour; mais s'il vous répond, il vous dira ce que je vous ai dit, qu'il est indispensable de présenter deux thèses, une de philosophie en latin, l'autre de littérature et en français. Vous me demandez si au lieu de la thèse de littérature, vous ne pourriez pas traiter une question de philosophie, ayant quelque rapport à la littérature, je ne le crois pas. Faites le contraire; traitez une question de littérature ayant quelque rapport à la philosophie ; on s'en contentera peut-être. Si vous deviez venir à Paris dans le courant de septembre, il vous serait facile de savoir à quoi vous en tenir, tant sur la forme des thèses que sur le fond. Je ne sais pas si vous jugez bien les choses de cinquante lieues; je ne sais pas même si vous pourrez bien les juger sur les lieux. Vous pourriez vous faire illusion en supposant qu'on soit ennemi de certaines doctrines. Pour moi, je suis trop ignorant pour avoir un avis, et surtout pour vous en donner un. Je fais profession de ne rien comprendre à bien des choses qui se disent ou qui se taisent.

J'ai oublié de vous remercier du moment agréable que m'a procuré la lecture de vos vers montagnards. Je n'oublierai pas de vous dire combien je suis flatté d'un disciple tel que vous, d'un disciple qui vaudra, s'il ne vaut déjà mieux que le maître. Adieu, mon très cher Saphary, je vous embrasse de tout mon cœur.

3 mars 1827.

Mon cher Saphary, vous m'avez dit plus d'une fois que vous étiez une mauvaise tête, et je n'en voulais rien croire; actuellement il n'y a pas moyen d'en douter. Passe encore, si la division avait pu se faire; j'aurais eu ma part et vous la vôtre, au hasard d'en laisser arriver quelques bribes à ces Messieurs. Mais vous donnez tout et ne gardez rien. Vous me traitez comme le lion se traitait lui-même. Il ne faut avoir ni la tête mauvaise, ni le cœur trop bon. Ainsi vous méritez un double reproche, et je vous le fais. Reste votre esprit : ici le trop ne nuit pas ou, pour mieux dire, il n'y a jamais trop; et je compte sur vous non seulement dans vos intérêts, mais encore dans les miens. Vous m'allongerez, raccourcirez, corrigerez, embellirez, et j'en ai grand besoin Adieu, mon cher Saphary, je vous remercie du superbe pâté, et je vous embrasse.

13 avril 1827.

Mon très cher philosophe, j'ai lu et relu votre programme. A la seconde lecture, il m'a paru meilleur qu'à la première, et il sera encore meilleur à la troisième. Voilà l'effet du bon et du vrai. La forme, quoique vous en disiez, vaut le fond. Je vous garantirais pour l'ouvrage que vous avez projeté, un style excellent, s'il fallait une garantie après ce que vous venez de faire en quatre jours. Un auteur est bien heureux de vous avoir pour interprète. Sous vos heureuses mains, le cuivre devient or. En plusieurs endroits et particulièrement au sujet de la mémoire, vous embellissez, vous fortifiez. Je suis sûr qu'en reprenant mes idées, vous les exprimez mieux que moi. Ne croyez pas que j'en sois jaloux, puisque vous me donnerez une seconde vie. Say, dans son *Économie politique*, a mieux fait peut-être que Smith; et Condillac, sans aucun doute, a mieux fait que Locke. Faites mieux que moi, mon cher Saphary, ou plutôt, faites, ce sera toujours mieux. Vous le pouvez, avec votre application et votre excellent esprit, si vous le pouvez, c'est une affaire faite.

Je remercie vos jeunes gens de leur ingénieux dessin. L'emblème d'un soleil donnant sur des nuages pour former l'arc-en-ciel, ou fécondant des germes pour leur faire produire des fleurs et des fruits, sont (*sic*) charmans. Témoignez-leur toute ma reconnaissance.

Huit heures de travail par jour, et la tête de mon Auvergnat; il y aurait du malheur, s'il n'en vient quelque chose d'aussi bon que le meilleur fruit, et d'aussi brillant que les plus belles couleurs.

Adieu, mon cher Saphary, je vous embrasse, et suis très reconnaissant de la préférence que vous me donnez sur Charles Villers et Cie.

2 mai 1827.

Vous devriez, mon cher Saphary, avoir envoyé une douzaine d'exemplaires de votre programme à M. Brunot-Labbe. Tous ceux auxquels je l'ai fait lire en sont extrêmement contents, et désirent l'avoir. On l'a même fait demander à Nancy; mais votre libraire a répondu qu'il était destiné à vos élèves exclusivement. Vous ferez une chose bonne pour vous et pour les autres en le répandant tant que vous pourrez dans toutes les académies. Je suis persuadé que M. de Courville partagera les sentiments de votre recteur et les miens, et que justice sera faite à votre zèle et à votre excellent opuscule. En ajoutant, comme vous l'avez projeté, deux feuilles d'impression bien rédigées, comme vous savez le faire, ce sera plus qu'un programme, ce sera un très bon petit traité, qui tout en faisant désirer vivement un ouvrage plus complet, en tiendra lieu en quelque sorte.

Après l'analyse des facultés de l'entendement et l'explication de l'origine de nos connaissances, il est naturel de se demander si les connaissances acquises par le travail de l'esprit sur les divers modes de la sensibilité, sont en effet de vraies connaissances, si elles sont bien sûres, et vous voilà dans la théorie des certitudes. Quant aux polypes, on peut répondre que les âmes n'étant créées qu'au moment où il existe des organisations suffisamment développées pour exécuter des mouvements volontaires, dès le moment qu'une section de polype devient un polype réel, elle reçoit un principe moteur, comme le fœtus d'un enfant reçoit dans le sein de la mère l'adjonction d'une âme, dès qu'il est suffisamment développé pour obéir à ses ordres. Courage, mon cher Saphary, vous êtes jeune, laborieux; vous avez l'esprit juste et pénétrant, vous savez distinguer le vrai de ce qui n'en a qu'une fausse apparence; vous savez écrire, ce qui est le grand point. Je vous annonce les succès les plus brillants; et je vous embrasse avec une tendre amitié.

27 juin 1827.

Vous avez devant vous, mon cher Saphary, Paris et Toulouse, et à Paris la possibilité de deux ou trois chaires. Je voudrais que vous puissiez professer en dix endroits à la fois. La propagation du bon sens serait décuplée; mais comme il ne faut pas s'attendre au miracle de l'ubiquité, ce sera à Paris que vous viendrez, et que se trouve votre véritable place. D'après l'amitié que vous a témoignée M. de C..., je ne doute pas que les choses ne s'arrangent à votre grande satisfaction et à la mienne, c'est-à-dire que vous ne soyez des nôtres.

Votre plan est très beau, très complet, et vous le remplirez dignement. Vous avez eu un moment de jouissance en arrivant à la conclusion, que la certitude a le même fondement que la connaissance... c'est là le fruit de la découverte de la vérité.

Celui qu'elle laisse froid ne l'a pas trouvée, dit Rousseau. Descartes ne l'avait pas assez distinctement aperçue quand il a débuté par son fameux, *je pense, donc je suis ;* et comment savez-vous que vous pensez ? C'est parce que je le sens. Il fallait donc vous exprimer différemment, et dire *je sens, donc j'existe ;* ou bien je sens ma pensée ; donc je pense ; je sens mon existence, donc j'existe.

Je verrai l'épreuve avec un grand plaisir et un grand intérêt, je vous embrasse de bon cœur.

22 août 1827.

Je vous trouverai encore à Nancy, mon cher Saphary, car vous ne devrez en partir qu'au commencement de septembre. Je lus votre beau programme au moment même qu'il me fut remis et presqu'aussitôt il fallut le donner à lire aux amateurs de la bonne philosophie. M. Marrast en a été singulièrement satisfait, comme de tout ce que vous lui dites d'aimable. Il lui tarde de vous voir pour faire plus ample connaissance avec vous, en discutant quelque point de la *science des sciences.* Votre libraire tarde bien à communiquer les trésors de son magasin à M. Brunot-Labbe. Je sais qu'on s'est inutilement présenté au quai des

Augustins. Courage, mon digne émule, vous avez de la santé, du talent et de l'ardeur; avec ces dons précieux de la nature, on va aussi loin qu'on veut. Je vous exhorte à beaucoup travailler les développements que vous donnerez à votre programme qui est déjà un développement lui-même. Il faut du temps pour atteindre la perfection, et quoique, à raison de la continuité de vos méditations, une de vos semaines en vaille deux ou trois de tout autre, ce ne sera pas trop de quelques années pour porter votre œuvre à son point de maturité. Quand j'aurai le plaisir de vous voir, nous causerons de tout cela, comme aussi de votre destinée pour l'an prochain. Adieu, je vous embrasse en Aristote.

22 août 1828.

Mon cher Saphary, mon cher et *illustre* professeur, les montagnes et tous les échos de l'Auvergne doivent être occupés à faire retentir votre nom, comme il a retenti dans les vastes salles de la Sorbonne. Voilà qui s'appelle un triomphe, deux triomphes, tels que n'en connaissait pas jusqu'ici le collège de Bourbon. Vous l'avez tiré du néant; vous en êtes véritablement le créateur. Pourquoi n'étiez vous pas ici pour jouir de votre œuvre?

Tous vos amis partagent votre gloire. Marrast, que j'ai vu hier soir, ne se possède pas. Je n'ai pas vu le Ministre, ni M. de Courville, mais je sais qu'ils sont enchantés de vous. Et le bon M. de Maussion doit être bien fier d'avoir dit tant (*de*) bien du pauvre suppléant à douze cents francs. Je cours à la Sorbonne, où pour des licenciés et des docteurs, je suis occupé toute cette semaine, depuis neuf heures jusqu'à cinq. Je vous embrasse avec joie.

2 septembre 1835.

Mon très cher Saphary, nous avons reçu les perdreaux, nous les avons mangés, trouvés délicieux. Quelqu'un a observé qu'il n'était pas surprenant qu'ils eussent un *goût* si délicat, vu qu'ils étaient de contrebande, la chasse n'étant permise que du premier septembre. Cela n'a pas empêché M. Lebrun, qui dînait avec nous, de les dépecer avec son adresse ordinaire. Je vous remercie, nous vous remercions tous d'avoir violé les lois de la chasse. On en viole tant d'autres!

Je suis enfin quitte des bacheliers. Ce pauvre M. de la Haie était recommandé à tout le monde et cependant il n'a pas été heureux, le père est convenu qu'il était un peu faible.

Comment se porte votre excellente femme, comment se porte le gros poupart, cet enfant de l'Auvergne et de la Normandie? Sait-il bien faire rouler son cerceau? Commence-t-il à dire papa, maman? Sa mère a-t-elle beaucoup de plaisir à l'entendre, à deviner ce qu'il veut dire, et vous, dans ces premiers accents, voyez-vous un grammairien et un philosophe futur? Croyez-vous qu'un jour, il remportera le prix de Monthyon, comme M. Damiron qui vient d'obtenir 4.000 francs pour la troisième édition de son *Histoire de la philosophie*? Je lui souhaite mieux que tout cela, je veux qu'il ait le calme de la maman et la tête du papa.

Je vous embrasse tous avec une tendre amitié.

LETTRE INÉDITE DE M. DE CHABRIER COMMUNIQUÉE PAR M. SAPHARY FILS

Paris, 7 septembre 1843.

Agréez mes félicitations sincères : votre triomphe se confond avec celui du bon sens, de la vérité, du génie ; vous avez désormais noblement associé votre nom à celui de M. Laromiguière. Permettez que je serre cette main qui a su cueillir des lauriers pour une tombe vénérée.

M. le Ministre de l'instruction publique, M. Droz et M. Bessières ont eu avec moi, à votre sujet, des entretiens dont je vous dois communication, du moins en substance.

Monsieur le Ministre, informé de la pensée généreuse que vous avez manifestée à M. Bessières, relativement à l'emploi des quinze cents francs, fonds du prix remporté par vous, m'a chargé de vous dire qu'il applaudit à votre intention d'honorer la mémoire de M. Laromiguière ; mais qu'à un monument, chose bornée de sa nature et dans l'espace et dans le temps et dans l'utilité, il vous verrait avec plaisir préférer une plus grande diffusion des *Leçons de Philosophie* : lui-même est décidé à donner l'exemple sur ce point. Je n'ai pu m'empêcher de reconnaître que cette destination des sommes dont vous et lui pouvez disposer, présente, plus que toute autre, un caractère de perpétuité, d'avantage pour la science et de véritable gloire pour M. Laromiguière. M. le Ministre m'a parlé de vous, Monsieur, de M. Laromiguière, et du bien à faire en cette circonstance, d'une manière si parfaite que j'ai senti se réveiller pour lui mon ancienne amitié ; je ne doute pas que si vous l'eussiez entendu, vous n'eussiez avec moi cédé au sentiment que je viens de vous exprimer de sa part. Si vous y cédiez, en effet, d'après cette esquisse, trop décolorée de sa conversation, ne croiriez-vous pas dans vos convenances de lui écrire quelques lignes pour l'instruire de votre adhésion?

Quant à M. Bessières, je ne vous parlerai pas de la joie que lui a causée votre succès : il vous a écrit. Mais comme je suis certain que sa lettre ne renferme pas un mot sur ses intérêts, votre cœur comprendra et excusera le mien si je me permets de vous rappeler la position gênée de votre ami. M. Laromiguière achèverait de vous chérir, s'il vous voyait, au lieu d'élever un marbre à son nom, soulager son neveu du fardeau trop lourd de l'édition qui se prépare. Je m'arrête.

Pour M. Droz, que de pages seraient nécessaires à l'énoncé, bien imparfait encore, de tout ce qu'après tant d'années de séparation, il m'a inspiré de vénération et de tendre reconnaissance ! — J'étais heureux de l'entendre me parler du passé, du présent, de l'avenir, car ce véritable sage embrasse dans son amour du bien tous les temps et tous les hommes. Ce qu'il m'a dit de vous, Monsieur, est bien honorable ! vous trouverez à la fois, je n'en doute point, encouragement et récompense dans les rapports nouveaux qui me paraissent pouvoir s'établir entre vous et lui. Il partage l'opinion dont M. le Ministre de l'instruction publique m'a rendu l'organe près de vous.

Adieu, Monsieur ; conservez-moi un souvenir, et ne doutez jamais de l'estime et de la considération distinguées dont je vous prie de vouloir bien recevoir ici l'assurance.

A Monsieur le Directeur de la Revue de Paris.

Monsieur le Rédacteur,

Nous ne pouvons laisser sans réponse un article de votre journal du 9, dans lequel sont étrangement dénaturées les intentions de trois anciens professeurs qui ont été entendus au sein de la commission de l'Instruction publique.

Sur les cinq titulaires des chaires de philosophie des cinq collèges royaux de Paris, trois ont pensé qu'il était utile de plaider devant la commission, la cause de l'enseignement de la philosophie compromise par la personnification de cet enseignement en un seul homme, et par l'identification de toutes les doctrines en une seule doctrine qui, à tort ou à raison, a fait éclater des orages sur l'Université dont on se fait aujourd'hui les paratonnerres.

Les professeurs que vous nommez n'ont eu d'autre objet que de défendre la dignité, l'indépendance du professorat et la liberté de toutes les doctrines philosophiques renfermées dans les bornes de la religion et des lois, mais nécessairement froissées par toute opinion individuelle, qui tendrait à s'imposer par d'autres moyens qu'une libre conviction.

Vous réduisez, Monsieur, un important débat à des proportions bien mesquines quand vous parlez de *vanités inquiètes*. Il ne s'agit ici ni *d'éclectisme* ni de *sensualisme*. Notre cause est bien au-dessus des petits intérêts de personnes et de systèmes qui se sont trouvés sous votre plume, c'est la cause de l'indépendance de l'esprit humain, c'est avant tout la cause de l'Université elle-même. Il n'a pas été question, comme vous le supposez, des doctrines de Laromiguière, selon vous *tombées en discrédit*. D'autres doctrines se sont chargées de faire la fortune de celles-là. Vous parlez bien légèrement d'un homme dont le Conseil royal a dit *qu'il avait honoré l'Université par sa vie, comme il l'avait illustrée par ses écrits*, récemment adoptés pour l'instruction publique.

Du reste nous ne voulons d'aucune école à l'exclusion de toute autre. *Respect à tous les cultes, liberté dans les opinions philosophiques*, voilà nos deux maximes. Nous avons toujours pratiqué la première et nous lutterons de toutes nos forces pour la seconde. Tels sont nos sentiments. Sans être les délégués de nos confrères, nous n'avons pas craint d'être désavoués par eux, lorsqu'en terminant nos réclamations, auprès de la commission, nous lui avons présenté quelques observations générales dans l'intérêt du professorat. Nous ne nous arrêterons pas à quelques insinuations qui nous laissent hors d'atteinte et qui ne peuvent nuire qu'à leur auteur. Nous comptons sur votre loyauté, Monsieur, pour l'insertion de cette réponse dans votre prochain numéro. Recevez, Monsieur le Rédacteur, l'assurance de notre considération.

VALETTE, SAPHARY, GIBON.

Paris, 13 juillet 1844.

LETTRES DE M. LAROMIGUIÈRE A L'ABBÉ ROQUES (COMMUNIQUÉES PAR MM. CROZES ET SÉGUY)

14 septembre 1827.

Je vous dois mille remerciements pour la lettre que vous m'avez adressée et pour le programme dont vous l'avez accompagnée. Si je suis flatté des choses agréables que vous me dites, je ne le suis pas moins de la manière dont vous présentez une doctrine que vous avez bien voulu m'emprunter. En rapprochant les idées vous leur avez donné plus de force et plus d'évidence ; vous avez eu l'art de faire une copie supérieure à l'original. De tous ceux qui ont adopté mes principes et qui les ont enseignés, nul n'a saisi ma pensée mieux que vous; nul ne l'a exposée avec autant de précision et de netteté. Je dirais que tout est bien, que tout est vrai dans votre thèse ; mais l'intérêt que j'ai à ce jugement le rendrait suspect. Cherchons donc à épiloguer.

1º En parlant de la méthode, il eût été bien, je crois, de distinguer l'analyse descriptive de l'analyse de raisonnement. Cette distinction est capitale.

2º Vous dites: « L'existence de l'idée est le principe d'où l'on déduit toutes les existences ». J'aurais préféré : « L'existence de l'idée, ou plutôt, l'existence du sentiment, source de toutes les idées et de toutes les connaissances, est le principe d'où l'on déduit etc. ». Par cet énoncé, vous vous trouvez toujours sur la même ligne, et vous perfectionnez en même temps l'argument de Descartes : *Je pense, donc je suis* ; car Descartes ne sait qu'il pense que parce qu'il a le sentiment de sa pensée. Il devait dire : « Je sens, donc je suis » ; mais il s'en est bien gardé, parce que le sentiment n'était pour lui que la sensation.

3° Relativement à l'ordre que vous assignez aux idées ontologiques (expression que je n'aime guère, et qu'il serait temps de laisser dans l'oubli), ne pensez-vous pas que l'idée du mode précède celle de la substance; l'idée d'acte, celle de pouvoir, etc.? Notre œil analytique peut améliorer l'ordre de toutes ces idées.

4° Je fais une observation parallèle sur l'ordre que vous assignez aux attributs divins. Après l'éternité, n'est-ce pas l'indépendance qu'il faudrait nommer; et la spiritualité ne suppose-t-elle pas l'intelligence, etc. Il faut bien noter que cet ordre est relatif à la faiblesse de notre esprit; car en Dieu il n'y a ni antériorité, ni postériorité.

5° L'ordre physique, de même que l'ordre moral, annonce une intelligence suprême; de ces deux ordres, je ne crois pas que l'on puisse tirer deux arguments différents. Je vous écris tout ceci en courant, et sans y attacher la moindre prétention. Votre esprit procède si bien que je ne pouvais relever que des minuties...

DEUXIÈME LETTRE

8 avril 1828

Me voilà toujours en retard avec vous; c'est votre faute. Pourquoi êtes-vous si indulgent?

J'ai reçu et lu avec un extrême plaisir la lettre que m'a remise M***. Nous avons beaucoup parlé de vous. Je me suis fait dire et redire ce que je savais déjà, que vous jouissez auprès de vos élèves et dans le public, de l'estime la mieux méritée. Votre programme et quelques observations que vous avez bien voulu me communiquer, vous ont acquis la mienne; et les nouvelles réflexions, dont vous me faites part, ne peuvent que l'augmenter. Vous êtes du très petit nombre de ceux qui sentent le besoin de comprendre, et de bien savoir ce qu'ils savent, unique moyen d'avancer dans les sciences, et de perfectionner tous les jours son esprit.

En vérité, vous me ménagez trop, et vous vous montrez beaucoup trop discret, en vous bornant à me demander des *oui* et des *non* aux questions que vous m'adressez. Cela conviendrait assez à ma paresse et à votre pénétration; mais je n'ai pas le droit d'être si laconique; et je pense bien que, en philosophie, l'autorité n'est rien pour un esprit tel que le vôtre. Cependant je ne dirai pas tout, l'espace me manquerait; car vos idées et tout ce qu'elles appellent exigeraient un volume de développement.

1. — Le repentir est-il un sentiment moral?

Lorsque par ignorance, par étourderie, ou par l'effet de quelque passion, nous avons choisi, entre deux objets également à notre portée, celui que dans le moment actuel nous jugeons le pire, la comparaison du choix que nous avons fait, avec celui que nous aurions pu faire, produit ordinairement une affection que j'appelle *repentir*.

Ainsi considéré, le repentir amène la délibération et l'exercice de la liberté. Il est donc antérieur au sentiment moral qui ne peut se montrer qu'à la suite d'un acte libre.

Il ne faut pas confondre le repentir avec le remords, quoique ces deux mots soient presque synonymes. Le remords est un sentiment moral. On ne l'éprouve qu'après avoir abusé de la liberté. Le repentir distingué du remords est un sentiment produit par la comparaison de deux états, de deux objets, dont celui qu'on juge actuellement le meilleur a été rejeté, et dont le pire a été préféré. Le repentir n'est pas le sentiment de la comparaison ; il se manifeste après la comparaison de même que le sentiment de rapport. Ce sera, si vous voulez, un sentiment mixte, comme la plupart de ceux que nous éprouvons.

Je me crois fondé à distinguer le repentir du remords. La langue même, qui jamais n'admet de synonymie parfaite entre deux mots différents, m'y autorise. On se *repent* d'une sottise ; on a du *remords* d'une faute, d'un crime.

Remarquez l'embarras où nous jettent les langues. Presque tous les écrivains font contraster *sensibilité physique* (expression très inexacte) et *sensibilité morale*. Alors le sentiment de l'action de l'esprit est un sentiment moral, de même que le sentiment des rapports. Les sensations étant le partage exclusif de la sensibilité physique, toutes les autres manières de sentir appartiennent à la sensibilité morale. Comment faire, au milieu de tant d'acceptions si diverses, pour parler avec quelque justesse, et pour nous assurer d'être compris ? Il n'y a qu'un moyen, un seul moyen. Il faut à chaque instant corriger la langue, c'est-à-dire, vérifier les faits ou les rapports que les mots sont censés désigner, si bien déterminer chaque mot par la place que nous lui donnons et par le caractère qu'il reçoit d'autres mots qui l'accompagnent, que l'on ne puisse se méprendre sur son véritable sens, sur le sens qu'il a dans notre esprit. La plupart des métaphysiciens n'ont pas tous ces scrupules. Aussi voyez ce qui en est.

2. — Les honneurs, la gloire, l'ambition, le courage, la colère, la peur ; tout ce qui est du ressort des passions, en un mot, ne saurait être rangé parmi les plaisirs ou les peines qui nous viennent par les sens. Les passions doivent être rapportées au sentiment moral quand elles sont mauvaises ou bonnes, s'il y en a de bonnes ; ou bien, quand elles dépendent de l'opinion, comme la gloire, elles doivent être rapportées au sentiment de l'action de l'âme, comme le courage ; et presque toujours à des sentiments mixtes.

L'expression *plaisir du corps* est purement littéraire.

3. — Relativement à la loi naturelle, je crois (je ne dis pas, je suis

sûr) que sans recours à la divinité, les hommes en auraient l'*idée*. Il suffit, pour faire naître cette idée, de l'oppression du fort contre le faible. Mais je crois en même temps que cette idée de la loi naturelle ne serait pas l'idée d'une chose réelle. Une loi n'est pas lorsqu'elle manque de sanction. Or, où est la sanction de la loi naturelle, une sanction suffisante, si vous ne remontez pas à la divinité?

Vous voyez que je vous réponds par des *oui* et par des *non*, sans pourtant les faire trop affirmatifs. J'aurais bien encore une raison, et à mon avis une puissante raison d'affirmer que, pour l'athée conséquent, il ne saurait exister de loi naturelle. Mais la démonstration exigerait des antécédents, dont l'exposition demanderait plus d'espace que je n'en ai.

4. — Que puis-je vous dire sur les faits, le sommeil et la veille, que vous ne sachiez aussi bien que moi?

5. — Je termine par une objection à l'appui de ce que vous pensez sur le consentement unanime, mais je ne regarde pas cette objection comme insoluble. Ou le consentement est conforme à la raison; ou il ne lui est pas conforme. S'il n'est pas conforme, il ne prouve pas; s'il lui est conforme, c'est la raison qui prouve.

TROISIÈME LETTRE
16 décembre 1828.

Je vais répondre un mot à chacune de vos observations.

1. — Raisonnement. Vous dites : « Comment découvrir le rapport du contenant au contenu entre deux jugements ou idées liées par un ordre de simple succession ou de simultanéité. Exemple : Un organe a éprouvé une impression; l'âme a éprouvé une sensation ».

Réponse : Je simplifie la question. 1° Le rapport entre deux jugements doit être distingué du rapport entre deux idées. Le premier constitue le raisonnement; le second, le jugement. 2° Les deux jugements comme les deux idées dont on cherche le rapport, sont successifs dans le discours, mais ils doivent se présenter simultanément à l'esprit, sans quoi leurs rapports ne pourraient être perçus. 3° En supposant qu'il y eût succession de jugement dans l'esprit, comme il y a succession dans le discours, ce ne serait pas une simple succession, une simple succession d'antériorité et de postériorité. 4° Dans les deux jugements que vous citez en exemple, j'ai retranché le *donc* qui suppose le rapport déjà perçu. Ainsi, je pose la question de la manière suivante : « Comment découvrir le rapport du contenant au contenu entre deux jugements »?

Pour résoudre cette question comme toute autre, je n'aurais qu'à la traduire, jusqu'à ce que de traduction en traduction, je fusse arrivé à une proposition évidente qui serait la solution cherchée. Mais auparavant, il peut n'être pas inutile de faire quelques réflexions sur la nature du raisonnement, ou, si vous l'aimez mieux, sur la signification du mot *raisonnement*. *Raisonnement* signifie deux choses, l'opération de l'esprit, et le résultat de cette opération. Comme opération, le raisonnement est la comparaison de deux jugements, une double comparaison. Comme résultat d'opération, c'est la perception d'un rapport entre deux jugements, du rapport du contenant au contenu. Nous avons pour les autres opérations de l'entendement deux mots, dont l'un indique l'opération elle-même, et l'autre son résultat, attention, idée ; comparaison, jugement. Il nous manque un mot pour le résultat du raisonnement, et nous donnons à ce résultat le nom de l'opération ; nous l'appelons *raisonnement*. On pourrait suppléer à cette insuffisance de la langue en disant : attention, idée absolue ; comparaison, idée relative ; raisonnement, idée déduite.

Il ne s'agit entre nous que du résultat du raisonnement, ou du raisonnement comme résultat ; et vous observerez qu'on peut dire du raisonnement, ou du rapport entre deux jugements, ce qui a été dit du jugement, ou du rapport entre deux idées, c'est-à-dire que ce rapport n'est que senti, ou qu'il est perçu, ou qu'il est affirmé.

Lorsque deux jugements sont simultanément dans mon esprit, j'aperçois ou je n'aperçois pas entre eux le rapport du contenant au contenu. Dans le second cas, il n'y a pas de raisonnement ; il y en a dans le premier. Le rapport entre deux jugements est nécessaire ou contingent, comme, dans le jugement, le rapport entre deux idées est aussi nécessaire ou contingent. « Il existe quelque chose ; il a toujours existé quelque chose », rapport nécessaire ; le second jugement est nécessairement contenu dans le premier. « Un organe a éprouvé une impression : l'âme a éprouvé une sensation », rapport contingent. Le second jugement n'est pas nécessairement contenu dans le premier.

Les raisonnements nécessaires sont fondés sur la nature des choses, sur la nature des idées. Les raisonnements contingents sont fondés sur l'expérience ; il en est de même pour les jugements. Reprenons notre question : « Comment découvrir, entre deux jugements, le rapport du contenant au contenu » ? Rapprochez les deux jugements, il vous sera facile de voir s'il y a entre eux égalité, ou s'il y a excès de l'un sur l'autre. L'excès ne peut consister que dans une plus grande étendue, ou dans une plus grande composition.

« Tous les corps sont pesants, cette pierre est pesante. — Paul est un habile professeur de philosophie, Paul est un excellent logicien. — Il existe un Dieu, il existe un être souverainement parfait ». Vous pouvez lier les deux propositions de chacun de ces trois exemples par la conjonction *donc* ; vous avez donc trois raisonnements et trois raisonnements types de tous les raisonnements. Car, en raisonnant, on ne peut aller que du général au particulier, ou du composé au moins composé, ou du même au même ; et toujours du même au même, si vous admettez, avec moi, une identité totale et une identité partielle.

Il est donc aisé de distinguer entre deux jugements qui peuvent donner lieu à un raisonnement, celui qui contient de celui qui est contenu ; en d'autres termes, le principe de la conséquence.

Si maintenant vous me demandez comment on va d'un principe à une de ses conséquences, je réponds que c'est au moyen des propositions intermédiaires qui sont en plus ou moins grand nombre suivant que la conséquence est plus ou moins éloignée de son principe. Mais je m'avise que nous nous engageons dans un traité de logique, et je m'arrête. Je m'aperçois aussi, un peu tard peut-être, que le papier va me manquer. J'ajouterai une feuille pour répondre un mot, un seul mot à vos autres observations.

2. — Idée de l'âme. *Objection.* L'âme, dès la première sensation, a le sentiment d'elle-même ; d'où il résulte que dès la première idée sensible, elle a idée d'elle-même. Ne suit-il pas de là que l'idée de l'âme a son origine dans la sensation, et non pas dans le sentiment de son action ? *Réponse.* L'origine de l'idée de l'âme n'est ni dans la sensation, ni dans le sentiment de son action. La sensation est l'origine de l'idée sensible ; le sentiment de l'action de l'âme est l'origine de l'idée de cette action. Où donc se trouve l'origine de l'idée de l'âme ? Dans le sentiment de l'existence de l'âme, sentiment d'abord confondu avec la première sensation, et qui s'en sépare du moment que la première, ou seconde, ou troisième sensation devient idée.

3. — Jugement : *Convenientiæ sensus perceptus aut affirmatus inter duas ideas* ne rend pas ma pensée. Il fallait dire : *convenientiæ sensus aut perceptio, aut affirmatio.*

4. — Attention, désir. L'attention et le désir sont une même chose, savoir, la direction des forces de l'âme vers un objet. Seulement le but n'est pas le même. D'un côté, c'est la satisfaction d'un besoin ; de l'autre, c'est l'acquisition d'une connaissance. Et remarquez que l'acquisition d'une connaissance est quelquefois un grand, un très grand besoin. Ainsi l'attention et le désir considérés dans leur nature sont une seule et même chose.

5. — Obligation morale. Je considère les droits et les devoirs indépendamment de la sanction qui accompagne leur accomplissement ou leur violation, et je vous demande si, abstraction faite d'une intelligence et d'une volonté qui a tout disposé dans le monde, vous y voyez autre chose que des *faits*. S'il en est ainsi, comment de l'idée de *fait* vous élèverez-vous à l'idée de droit ? Le droit est-il contenu dans le fait ? Il le faudrait pourtant d'après ce que nous avons dit au n° 1, pour conclure de l'un à l'autre. Pensez-y : je ne prononce pas, je propose.

6. J'ai reçu de vous une lettre où il s'agissait du *moi*, dont j'ai oublié de vous parler au n° 2. En s'occupant de cette question, il faut se souvenir que le mot *moi* désigne trois choses : 1° l'âme, la substance de l'âme ; 2° l'enchaînement de tout ce qui nous est arrivé, depuis l'enfance jusqu'au moment présent ; ce *moi* suppose la mémoire ; 3° *Moi* par opposition à *toi*, ou à tout autre être, soit animé, soit inanimé. Quand on parle de l'immortalité et de l'immatérialité de l'âme, du *moi*, c'est au premier sens qu'il faut prendre le *moi*.

QUATRIÈME LETTRE

8 juin 1831.

Mon très cher collègue, vous êtes le plus indulgent des philosophes, vous l'êtes trop. Je vous néglige et au lieu de reproches vous me faites des excuses. Comment puis-je répondre à de si aimables procédés ? J'en sais bien le moyen, mais il n'est pas facile. Il me faudrait répondre, à votre gré, à toutes vos ingénieuses difficultés, et je n'ose pas trop m'en flatter. Je vais les parcourir successivement, et les accompagner chacune d'un mot.

1. — Quelles sont les facultés qui agissent dans l'inquiétude ? Toutes et aucune. Dès qu'un être doué de sensibilité et d'activité sent, dès qu'il est bien ou mal, mais surtout dès qu'il est mal, il agit. Cette action dans l'origine est purement instinctive, machinale, aveugle, sans but déterminé. Ce n'est que du moment où l'être connaîtra l'objet propre à le délivrer du besoin qu'il dirigera son action vers cet objet, ou qu'il désirera. Le *désir* est donc cet emploi de notre activité qui se dirige vers un objet connu pour en obtenir la jouissance. Je lui donne le nom de *faculté*. Je ne reconnais aucune faculté dans l'inquiétude, *considérée dans son origine*, quoique l'âme soit toujours active dans l'inquiétude. Mais aujourd'hui que vos facultés sont développées et qu'elles ont été mille fois en jeu, elles se trouvent toutes dans l'inquiétude, confuses, mal démêlées, il est vrai, jusqu'au moment où l'inquiétude fait place à un désir bien prononcé.

La nécessité de connaître pour désirer motive la priorité de l'analyse de l'entendement sur celle de la volonté. Et remarquez que l'attention, première faculté de l'entendement, est, dans sa nature, la même chose que le désir, première faculté de la volonté. Ces deux facultés ne diffèrent que par le but que l'âme se propose, connaître ou jouir.

2. — Aimer, haïr, ne sont pas des facultés, et il ne faut pas les confondre avec *désirer*. L'amour et la haine provoquent le désir, souvent même ils le provoquent d'une manière irrésistible, mais ils en diffèrent essentiellement ; la preuve en est qu'on peut aimer une chose sans la désirer ; comme vous l'observez en parlant du café.

Aimer une personne, un objet quelconque, c'est avoir la croyance que nous recevrons des impressions agréables de nos rapports avec cette personne, de la possession de cet objet.

C'est parce que le désir suit presque toujours l'amour et la haine, qu'on a fait actifs les verbes aimer, haïr, sentir. Ainsi quoique l'amour soit un état passif, on parlera dans tous les temps, et probablement dans toutes les langues, de l'*activité de l'amour maternel*, parce que cet amour tient éveillées toutes les facultés, toute l'activité de la mère.

3. — La sympathie et l'antipathie sont des dispositions à aimer, à haïr. Ces dispositions peuvent être naturelles ou acquises. — Quel rôle joue la sympathie dans la morale? Les uns la regardent comme le fondement; les autres comme l'ennemie de la morale. Voilà deux rôles bien différents ; vous y penserez.

4. — Je croyais que vous donniez vos leçons en français, et que vous aviez renoncé aux formes scolastiques. Autrefois, quand je faisais soutenir des thèses de mathématiques, l'élève, après avoir entendu la question, prenait la parole et disait : « Monsieur me fait l'honneur de me proposer telle objection; j'ai l'honneur de lui répondre, etc. ».

5. — Il ne faut pas donner le nom de *jugement* à tout rapport, à toute perception de rapport. *Le livre de Pierre* est un rapport et n'est pas un jugement. Le jugement consiste dans la perception d'un rapport spécial ; c'est le rapport de l'existence de l'attribut dans le sujet, le rapport du contenu au contenant; et ce rapport, nous pouvons en avoir le simple sentiment, ou la perception distincte; nous pouvons aussi le prononcer ou l'affirmer. Il y a des philosophes qui ne voient le jugement que dans l'affirmation ; mais si l'affirmation est le prononcé du jugement, il y a donc jugement avant l'affirmation. Le mot *convenance* est trop vague : substituez le mot *rapport*; les rapports sont de ressemblance, de simple différence, d'opposition, et l'on perçoit les uns comme les autres. Les propriétés affirmatives et négatives sont une vieille dispute de l'école. On peut dire que les négatives rentrent dans les affirmatives, on peut dire aussi le contraire. Je préfère cette dernière opinion, ne fût-ce qu'en faveur de notre pauvre axiome : *attributum propositionis affirmativæ sumitur particulariter; negativæ, generaliter aut universaliter.*

6. — Le jugement déduit suppose le raisonnement opération, il en est le résultat. *Donc* est l'affirmation du raisonnement, *est*, l'affirmation du jugement déduit. *Donc* affirme la conséquence, *est*, le conséquent.

7. — Idée de rapport simple, idée de rapport composé, signifient idée résultant d'un rapport simple, idée résultant de plusieurs rapports ; ce qui ne fait rien à la simplicité de l'idée considérée en elle-même.

8. — Je dirai des arguments négatifs ce que j'ai dit des propositions négatives.

9. — L'analyse philosophique et l'analyse descriptive, quoique exi-

geant l'emploi des mêmes facultés ne doivent pas être confondues (et même ceci est capital). Voyez pour la réponse *Leçons de philosophie, Discours d'ouverture*, page 44.

10. — Quand on possède une science que l'on a inventée ou apprise par l'analyse, on peut s'en rendre compte par la méthode inverse. On peut aussi employer la méthode inverse pour apprendre une science qui serait tout à fait semblable à celle que l'on possède. Êtes-vous un peu mathématicien? Les mathématiciens ont découvert à la longue et successivement toutes les propriétés du cercle, et lorsqu'ils en ont été bien instruits, ils les ont renfermées dans une formule générale dont ils déduisent facilement toutes les propriétés particulières qui les avaient amenés à cette formule. On appelle cette formule, *l'équation au cercle*. Or, si de l'équation au cercle je puis déduire les propriétés de cette courbe sans passer par les tâtonnements des inventeurs qui employaient l'analyse ; pourquoi ne trouverais-je pas les propriétés de toute autre courbe, si vous m'en donnez l'équation? Ai-je tout dit? J'ai bien peur que non, j'ai peur surtout d'avoir mal dit. Mais en voilà assez pour une fois et pour un paresseux...

CINQUIÈME LETTRE

Paris, le 18 décembre 1833.

Mon cher collègue, mon cher et vrai philosophe, je reçois à l'instant votre lettre. Elle me fait tant de plaisir que j'y réponds à l'instant. Si j'attendais à demain, ma répugnance à prendre la plume trouverait des raisons pour attendre l'autre demain, et de demain en demain, je finirais par me contenter d'admirer votre excellent esprit, et de m'applaudir des sentiments que vous me prodiguez, sans vous témoigner ma reconnaissance, comme cela m'est trop souvent arrivé.

Ne craignez jamais de m'importuner. Votre esprit net, vos idées précises, ce besoin que vous avez d'une précision toujours plus grande, et votre modestie sont pour moi un bien agréable dédommagement de tout le fatras dont on nous accable, et de la sotte présomption avec laquelle on nous débite ce fatras. Écrivez-moi donc avec une entière confiance d'être lu avec intérêt. J'aime mieux vos critiques que les louanges de tant d'autres, parce que vous me comprenez et ma seule ambition est d'être compris. Voyez comme ces messieurs me comprennent. Je serais surpris qu'il en fût autrement; car je sais par une longue expérience, et vous le saurez un jour, si vous ne le savez déjà, que le plus grand nombre des esprits, surtout parmi les doctes, abhorrent la clarté. Elle fait sur eux l'effet de l'eau sur les hydrophobes. Un auteur est trop heureux lorsqu'il obtient le suffrage de quelques esprits bien faits. Le reste ne compte pas ou finit par ne pas compter. Ces réflexions sont tout à fait désintéressées, car jamais on ne fut si bien traité du public que l'auteur des *Leçons*. Mais, si ces messieurs ne comptent pas, vous comptez, vous, et je vous compte parmi mes juges les plus éclairés. Je voudrais donc vous satisfaire, et c'est d'autant plus mal aisé que vos difficultés sont une affaire de langage. Nous sommes tellement empêtrés dans nos jargons qu'il est bien difficile d'en faire sortir des idées telles que vous les aimez. La question du *jugement* surtout vous tourmente. Vous m'en avez parlé plus d'une fois, et j'avais cru vous avoir satisfait par quelques passages des *Leçons*. Serai-je plus heureux dans le peu qui va se présenter à mon esprit? Jugement, dans le langage de plusieurs grands philosophes, et dans le langage de l'école, est synonyme d'*affirmation*. Jugement, dans le langage d'aussi grands ou plus grands philosophes que les premiers, et dans quelques auteurs de l'école, est synonyme de perception de rapport entre deux idées. Il se trouve donc que le mot *jugement* a deux acceptions. A ces deux acceptions, j'en ai ajouté une troisième, d'après laquelle jugement est quelquefois synonyme de sentiment de rapport. C'est un fait que le mot jugement a deux acceptions et peut-être trois; et quiconque a étudié sa langue doit les connaître.

Juger c'est affirmer, juger c'est percevoir un rapport, juger c'est sentir un rapport. Ces trois propositions sont également vraies; seulement la signification du mot *juger* se nuance de l'une à l'autre. Et si la seconde de ces propositions est la plus raisonnable, il faudra renverser les termes de la première, et dire : affirmer, c'est juger. Mais, dans le commerce de la vie, jugement et affirmation ne sont-ils pas inséparables? Non, ils ne sont pas inséparables. On les sépare souvent et il serait à souhaiter qu'on les séparât plus souvent. Il serait à souhaiter qu'on ne passât pas aussi rapidement qu'on le fait, de la perception du rapport à l'affirmation, ou, ce qui est la même chose, du jugement au prononcé du jugement. Jugement, dites-vous, est toujours dans la langue ordinaire synonyme d'affirmation. Je réponds que jugement est plus souvent synonyme de discernement. Un homme d'un bon jugement n'est pas très affirmatif; c'est un homme qui sait discerner le vrai du faux, le moins probable du plus probable, etc.

L'affirmation est le témoignage qu'un être faible a besoin de se rendre à lui-même d'avoir bien vu, bien jugé. Un esprit supérieur affirme moins qu'un esprit ordinaire. L'intelligence infinie voit tout, embrasse tout, choses et rapports, et n'affirme pas. Nous-mêmes, quand le rapport est très évident, n'allons pas à l'affirmation; et si quelque romantique vous demandait quel est le plus grand écrivain, de Racine ou de Ronsard, vous lèveriez les épaules, sans songer au *oui* ou au *non*.

Je conclus que la dispute sur la prétendue nature du jugement est purement verbale. Ce n'est pas qu'il n'y ait une question réelle et capitale sous le mot *jugement*. Je pourrai vous en parler une autre fois.

C'est par une juste déférence que j'ai supprimé un passage de Locke, et un autre de Rousseau. Vous m'avez deviné en cet endroit, et ce n'est pas le seul. Il y a plaisir pour un pauvre auteur d'avoir des lecteurs tels que vous.

Vous ririez si vous connaissiez le motif qui m'a fait supprimer *l'absolu*. Un professeur de mathématiques monta chez moi, me fit de grands compliments sur mon ouvrage qu'il trouvait écrit comme un livre de mathématiques. Après quoi, il ajouta d'un ton dolent : « Vous ne voulez pas que la géométrie soit vraie nécessairement et d'une vérité absolue ». Je lui répondis que les vérités de la géométrie étaient nécessaires, mais d'une nécessité conditionnelle, puisque tous les théorèmes commençaient par la condition *si* ou *étant donné*, etc. Ah ! Monsieur le professeur, je vis que je rendais mon homme très malheureux ; je lui promis de faire disparaître le passage, je lui ai tenu parole. Je vous dirai que je tiens très peu à ce que j'ai écrit. Mais je tiens prodigieusement à ce qu'on ne me fasse pas dire le contraire de ce que j'ai pensé. Encore je m'en console facilement : *omnia vanitas*.

Une autre fois nous parlerons de l'espace, du verbe *naître* et du reste.

Je vous embrasse avec une tendre affection. Vous êtes charmant, vous me faites des excuses quand je suis en faute avec vous ; vous me critiquez bien doucement, vous m'encouragez, vous m'instruisez, vous désirez que mon ouvrage soit parfait, vous l'aimez. Il est bien juste que je vous aime autant que je vous estime. Cette fin de lettre se sent un peu du renouvellement de l'année, que je vous souhaite des plus heureuses.

SIXIÈME LETTRE

19 mai 1837.

Vous êtes le plus aimable des hommes, parce que vous en êtes le plus indulgent. Au lieu de me gronder, de me quereller, vous m'accablez de caresses. Il faut, mon cher professeur, que je vous dise une chose que je pense de vous, et qui vous donnera un peu plus de courage que vous n'en avez. D'après tout ce que j'ai vu de vous, il ne vous suffit pas de quelques notions superficielles qu'on trouve dans tous les livres. Votre esprit a besoin d'aller au fond des choses, parce que là seulement il peut se satisfaire, parce que là seulement sont les raisons primitives, les vrais principes, sans lesquels toutes nos connaissances sont une affaire de pure mémoire. Ne vous laissez pas surtout éblouir par une facilité d'élocution, qui ne prouve que l'habitude de répéter certaines formules, et qu'à force de les répéter on finit par les croire.... Si j'osais me citer, je vous dirais de relire à la page 425 du deuxième volume des *Leçons*, quelles sont les conditions indispensables pour se flatter de faire quelques progrès dans la science que nous cultivons. Mais surtout, après, y avoir bien pensé, croyez-vous en vous-même, fussiez-vous en opposition avec les plus grands esprits. Ce conseil, je ne le donnerai pas à un jeune homme de vingt ans, qui doit éviter toute présomption ; mais je le donne à votre esprit juste, à votre expérience, au peu de fruit que vous avez souvent retiré de la lecture de ces prétendus grands esprits.

Je vous dirai, mon cher, qu'un libraire est venu me demander une sixième édition, et que nous nous sommes facilement arrangés. Cette nouvelle édition contiendra un discours *sur l'identité dans le raisonnement*, qui suivra immédiatement *la langue du raisonnement*. La sixième leçon du premier volume sera terminée par quelques réflexions sur le génie philosophique. Vous croyez bien qu'un des premiers exemplaires vous sera adressé.

Outre les raisons, les mauvaises raisons d'une paresse habituelle, je suis accablé d'infirmités qui me permettent rarement de prendre la plume. Ajoutez que j'ai quatre-vingts ans passés. C'est l'âge où mourut Platon, et les Grecs admiraient qu'il eût vécu quatre-vingt-un ans, qui sont juste le carré de neuf. Vous savez le rôle que jouaient les nombres dans l'école de Pythagore, dont Platon était un disciple. Ne soyons ni à Apelle, ni à Céphas ; soyons à la vérité si nous pouvons. Je vous embrasse avec un tendre attachement.

SEPTIÈME LETTRE

22 juin 1837.

J'ai toujours à vous remercier des choses aimables que vous me dites. Vous témoignez de l'estime pour les *Leçons* et de l'affection pour leur auteur. Croyez que je suis très reconnaissant de l'un et de l'autre sentiment. Mais venons au grand œuvre.

Principes, systèmes, méthode, raisonnement, idées, sentiment moral, voilà de quoi bavarder pendant deux siècles : je ne bavarderai que deux minutes si je puis.

1. — La méthode consiste à observer, lier et unir. Si vous observez, si vous liez vos observations, si vous les ramenez toutes à une observation primitive, vous aurez une théorie, un système, une science. Si vous n'observez pas ou si vous observez mal, votre prétendu *système* ne s'appuiera sur rien. Si vous ne liez pas, vous n'aurez que *disjecti membra poetæ*. Si vous ne ramenez pas tout à un principe, vous n'aurez pas de science : *scientia est cognitio per demonstrationem*, et non pas *mera cognitio*. Voyez t. II, pp. 93 et 224.

Mais on manque souvent d'un principe ! Alors on n'a pas de science.

Mais on a souvent des principes inconciliables ! Alors, s'ils sont vrais, on a, ou l'on peut avoir plusieurs sciences.

Tant que les astronomes manquèrent d'un principe, les phénomènes du ciel étaient inexplicables. Alphonse, roi d'Aragon et astronome, fatigué de tous les cercles et épicycles imaginés pour expliquer l'arrangement des corps célestes, disait que s'il avait été appelé au conseil du grand ordonnateur des choses, il aurait pu lui donner quelque bon avis pour rendre sa machine plus simple. On a trouvé impie ce mot d'Alphonse, et on a eu tort. Ce n'était pas l'ouvrage de la Divinité qu'il critiquait, c'était l'ouvrage des astronomes. Copernic trouva le vrai principe dans la rotation de la terre, il admira la sagesse de l'auteur des choses, et nous l'admirons après lui. Les chimistes cherchent à ramener l'électricité, le magnétisme, le calorique, l'éther à un seul principe. Jusqu'à ce qu'ils y aient réussi, leur science sera incomplète.

2. — Que veulent dire vos argumentateurs avec leur *synthèse?* Ils n'en savent rien, soyez-en bien sûr, et il est impossible de le savoir. Après vous être assuré des faits, après les avoir liés et ramenés à l'unité par la découverte d'un principe, l'esprit n'a plus rien à désirer. Que diriez-vous des mathématiciens s'ils se divisaient en deux sectes, les partisans de l'addition et les partisans de la soustraction?

3. — Comment peut-on n'être pas content de l'exemple que je donne du sentiment moral? Est-ce qu'ils ne trouvent rien de moral dans les sentiments de délicatesse, de pudeur, de bienveillance, d'amitié, de reconnaissance, etc., et l'incommode pleureur de Rousseau ne dit-il pas tout sur le juste et l'injuste? Au reste, si l'exemple que je cite ne leur suffit pas, qui les empêche d'en choisir cinquante autres?

4. — Les perceptions de rapport, dit-on, ne sont accompagnées d'aucun sentiment. Ainsi on peut apercevoir des rapports sans sentir qu'on les aperçoit. Presque tous les sentiments qu'éprouve un homme fait, il les a éprouvés mille fois, ils sont dès longtemps tournés en idées. Voyez t. II, pp. 239-240.

5. — « La sensation peut être un plaisir très vif, une douleur très forte », j'ajouterai « que nous rapportons à quelque partie du corps ». Serez-vous content?

6. — Vos observations sur la nuance qui sépare la *dérivation* de la *naissance*, du *résultat*, sont d'un esprit qui sait lire. Je vous en remercie et j'en ferai usage.

7. — Venons à ce que vous dites sur l'identité et sur les principes dans leur rapport avec le raisonnement. *Pascal sait les mathématiques ; donc il sait l'arithmétique :* identité partielle. En disant que Pascal sait les mathématiques, vous dites qu'il sait l'arithmétique, la géométrie et l'algèbre. Vous ne faites donc que répéter, dans la conséquence, ce que vous aviez dit dans le principe ; mais vous ne répétez pas tout ; voilà pourquoi l'identité n'est que partielle. *Pascal sait l'arithmétique, la géométrie et l'algèbre, donc il sait les mathématiques :* identité totale.

Un bon discours philosophique doit être une série continue d'identités totales ou partielles, sans quoi il n'est pas un, il ne forme pas un système. L'univers est un immense système qui se compose d'un milliard de systèmes. Et sauf sortir de la terre, depuis un brin d'herbe jusqu'au chêne, depuis l'insecte miscroscopique jusqu'à la baleine, tout est système. L'homme, s'il veut connaître les choses, doit donc systématiser toutes ses connaissances.

Vous demandez si le principe contient la conséquence, ou *vice versa.* L'un et l'autre est vrai, car deux choses identiques se contiennent mutuellement. Si la conséquence ne contenait pas le principe, on ne pourrait pas trouver le principe : ce qui ne veut pas dire qu'on le trouve toujours. Si le principe ne contenait pas la conséquence, *in actu aut in fieri,* on ne pourrait pas aller à la conséquence. Le grain de froment contient vos excellentes gimblettes, le grain de chènevis contient le papier. Combien de temps il a fallu pour aller d'un de ces grains aux gimblettes, et de l'autre au papier sur lequel j'écris! Je n'en finirais pas si je suivais ces idées. Mais sachez qu'un bon livre doit former un système ; chaque chapitre du livre, un système subordonné à l'unité du tout, chaque alinéa, chaque phrase, un petit système, etc.

Adieu, mon cher philosophe, qui voulez savoir la raison des choses, et encore la raison de la raison. Vous avez là de l'occupation pour toute la vie, fussiez-vous un Mathusalem. Je vous embrasse avec affection (1).

---

(1) Les textes de l'Appendice, notamment l'*Epitre à Garat,* ont été donnés avec les incorrections qu'y avaient laissées leurs auteurs.

FIN DE L'APPENDICE

TABLE DES MATIÈRES

AVERTISSEMENT . . . .

INTRODUCTION. — LES ORIGINES DE L'IDÉOLOGIE AU XVIIe ET AU XVIIIe SIÈCLE . . 1

CHAPITRE I. — LES IDÉOLOGUES, LEURS RELATIONS POLITIQUES ET PRIVÉES, UNIVERSITAIRES, SCIENTIFIQUES ET LITTÉRAIRES. 20
   I. Les Assemblées politiques, p. 24; Auteuil et la rue du Bac, p. 31. — II. Les Écoles normales, p. 32; centrales, p. 37; spéciales, p. 66. — III. L'Institut, p. 69; les Sociétés savantes, p. 81. — IV. Les Journaux, p. 85; la Décade philosophique, p. 86.

LA PREMIÈRE GÉNÉRATION D'IDÉOLOGUES

CHAPITRE II. 101
   I. Condorcet, p. 101; Mme de Condorcet, p. 116. — II. Sieyès, p. 118; Rœderer, p. 120; Lakanal, p. 124. — III. Volney, p. 128; Dupuis, p. 140; Maréchal et Naigeon, p. 143. — IV. Saint-Lambert, p. 144. — V. Garat, p. 157; Laplace, p. 169; Pinel, p. 172; résumé, p. 174.

LA SECONDE GÉNÉRATION D'IDÉOLOGUES
L'IDÉOLOGIE PHYSIOLOGIQUE

CHAPITRE III. — CABANIS AVANT LE 18 BRUMAIRE 176
   I. Son éducation, p. 176. — II. Le travail sur l'instruction publique, p. 184; le Journal de la maladie et de la mort de Mirabeau, p. 191. — III. Les Hôpitaux, p. 191; les Secours publics, p. 193; les Révolutions de la médecine, p. 196. — IV. Cabanis à l'Institut, p. 205; à la faculté de médecine, p. 206; le Degré de certitude de la médecine, p. 211; Cabanis et B. de Saint-Pierre, p. 214. — V. Cabanis aux Cinq-Cents et les Écoles de médecine, p. 217; lettre inconnue sur la perfectibilité, p. 218; sur l'École polytechnique, p. 219; Cabanis au 18 brumaire, p. 220.

CHAPITRE IV. — CABANIS APRÈS LE 18 BRUMAIRE. 225
   I. Les six premiers Mémoires des *Rapports*, p. 226; plan et but de l'ouvrage, p. 226; histoire physiologique des sensations, p. 229; sensibilité et irritabilité, p. 230; les âges, p. 239; la mort, p. 241; les sexes, p. 242; les tempéraments, p. 244; science et rap-

ports, p. 246. — II. Eloge de Vicq-d'Azyr, p. 247; les *Rapports*, p. 248; les maladies, p. 251; l'habitude, p. 253; les climats, p. 254; la cosmologie transformiste du 10° Mémoire, p. 255; l'étude du fœtus et l'instinct, p. 259; influence des *Rapports*, p. 263. — III. Cabanis sous le Consulat et l'Empire, d'après des lettres inédites, p. 264; la lettre sur les poèmes d'Homère et le *Génie du christianisme*, p. 269. — IV. La lettre sur les causes premières, p. 273; la métaphysique de Cabanis, p. 275; les idées religieuses, p. 277; Dieu, p. 281; l'immortalité, p. 283; Cabanis et Fauriel, Cousin, Renan, p. 285; mort de Cabanis, p. 288; son influence, p. 289.

L'IDÉOLOGIE RATIONNELLE ET SES RELATIONS AVEC LES SCIENCES

CHAPITRE V. — DESTUTT DE TRACY IDÉOLOGUE, LÉGISLATEUR ET PÉDAGOGUE. . 293
I. Son éducation, p. 293; D. de Tracy à l'Assemblée Constituante, p. 296; à l'armée de La Fayette, p. 299; à Auteuil, p. 299; en prison, p. 303; persistance de ses convictions et de ses espérances, p. 304. — II. D. de Tracy à l'Institut, p. 305; moyens de fonder la morale d'un peuple, p. 307; Bonaparte et de Tracy, p. 309; Mémoire sur la faculté de penser, p. 310; la motilité, p. 311; le moi, p. 312; l'idéologie, p. 313; activité et passivité, p. 315; les signes, p. 317; l'habitude, p. 318. — III. D. de Tracy au Conseil de l'Instruction publique, circulaires aux professeurs, p. 320; Rapport sur l'état de l'instruction publique, p. 321; la langue universelle, p. 323; la sensation de résistance, p. 324; l'existence, p. 326; observations sur l'instruction publique, p. 328; D. de Tracy et La Harpe, p. 332.

CHAPITRE VI. — D. DE TRACY IDÉOLOGUE, GRAMMAIRIEN ET LOGICIEN, ÉCONOMISTE ET MORALISTE 334
I. Les Éléments d'idéologie, p. 334; méthode pour exposer, p. 335, et étudier l'idéologie, p. 336; tendances positives, physique et géométrie, p. 337. — II. La faculté de penser, p. 340; existence des corps, nouvelle doctrine, p. 341; Tracy et Biran, p. 343; critique de Condillac, p. 344; l'habitude et les signes, p. 345. — III. Mémoire sur Kant, p. 347; la farine pure et la farine d'expérience, p. 350; la philosophie allemande et la philosophie française, p. 351; la *Grammaire*, p. 352; D. de Tracy et James Mill, p. 353; la parole et l'écriture, p. 357; alphabet et langue universels, p. 358; jugements de Cabanis, de Thurot, de Biran, p. 359; la *Logique* dédiée à Cabanis, p. 361; histoire de la logique, p. 362; l'erreur, p. 365; génération de nos idées, p. 366; critique de Laromiguière, p. 368; les sciences générales et spéciales, p. 369; les neuf parties des éléments d'idéologie, p. 372; Supplément à la logique, la probabilité, p. 374; l'idéologie et la physiologie, p. 377. — IV. Le Commentaire sur Montesquieu, p. 377; jugements sur la situation politique et religieuse, p. 381; Traité de la volonté et de ses effets, p. 383; méthode employée, p. 385; idéologie, économie, morale et législation, p. 387; industrie fabricante et commerçante, p. 388. — V. La Morale, p. 391; volonté et causalité, p. 391; critique par les conséquences, p. 394; D. de Tracy en 1814, p. 395; en 1830, p. 396; son rôle et son influence, p. 398.

TABLE DES MATIÈRES

L'IDÉOLOGIE PSYCHOLOGIQUE ET RATIONNELLE COMPARÉE ET APPLIQUÉE

CHAPITRE VII. — LES AUXILIAIRES, LES DISCIPLES, LES CONTINUATEURS DE CABANIS ET DE D. DE TRACY. 390

I. Daunou pendant la Révolution, p. 399; Daunou et Bonaparte, p. 402; l'Essai sur les garanties individuelles, p. 406; Daunou, historien de la philosophie, p. 407; M.-J. Chénier et Descartes, p. 409; Andrieux et l'École polytechnique, p. 412; Benjamin Constant et la science des religions, p. 413; J.-B. Say et l'économie politique, p. 419; Brillat-Savarin, p. 422. — II. L'idéologie, la physique et les mathématiques, Lacroix et Biot, p. 423; Lancelin, p. 424. — III. L'idéologie et les sciences naturelles, Sue, Alibert, Richerand, Flourens, etc., p. 433; Bichat, p. 434; Bichat et Cabanis, p. 435; Schopenhauer et Hartmann, p. 437; Lamarck, p. 438; ses théories transformistes, p. 438; psychologiques, p. 442; Bory de Saint-Vincent, p. 444; l'idéologie comparée et la philosophie des sciences, Draparnaud, p. 445; l'idéologie et la médecine, Broussais, p. 450. — IV. L'idéologie et les novateurs, p. 452; Burdin, Saint-Simon, p. 453; Fourier, Leroux, Reynaud, Comte, Littré, p. 454; les anciens disciples de Cabanis et de D. de Tracy, p. 456; Droz, p. 456; François Thurot, p. 457; union de la philologie et de l'idéologie, Thurot défenseur de l'école, p. 464; Ampère, chrétien et libéral, philosophe et savant, p. 467; l'Essai sur la philosophie des sciences, p. 475; Biran, p. 477. — V. L'idéologie, les lettres, l'histoire : Villemain, Lerminier, Sénancourt, Bordas-Desmoulins, Fabre, etc., p. 478; Fauriel, disciple de Cabanis, p. 479; A. Thierry et ses relations avec Daunou, de Tracy, Fauriel, p. 483; Victor Jacquemont, p. 486; Henri Beyle, disciple de D. de Tracy, p. 489; Sainte-Beuve, admirateur de Daunou, de D. de Tracy, de Lamarck, etc., p. 492; l'idéologie en Angleterre, Dugald-Stewart, p. 494; Thomas Brown, p. 495; John Stuart Mill, p. 496.

LA TROISIÈME GÉNÉRATION D'IDÉOLOGUES

L'IDÉOLOGIE SPIRITUALISTE ET CHRÉTIENNE

CHAPITRE VIII 498

Portalis et l'esprit philosophique, p. 500; Sicard, ses travaux sur la grammaire, sur les sourds-muets, ses relations avec les idéologues, p. 501. — II. Degérando, p. 505; son Mémoire sur les signes, p. 507; son éclectisme, p. 508; la psychologie ethnologique, p. 510; la philosophie morale, p. 510; l'Histoire des systèmes, p. 512; syncrétisme et éclectisme, p. 513; classification des systèmes, p. 514; les sourds-muets, p. 517; les aveugles, p. 518; Prévost, Dumont, Lesage, Bonstetten, p. 519. — III. Laromiguière, p. 520; Laromiguière et Condillac d'après une légende, p. 523; les doctrines de Laromiguière avant 1811, p. 524; *les Paradoxes de Condillac*, p. 532; les leçons, p. 536; leur succès, p. 541; éclectisme, p. 543; modifications aux Leçons, p. 545. — IV. Le laromiguiérisme, p. 548; les philosophes italiens, p. 549; les éclectiques français, p. 551; Daube, p. 553; Perrard, p. 554; Armand Marrast, p. 554; l'abbé Roques, p. 555; Cardaillac, p. 556; Valette, p. 558; de Chabrier, p. 561; Gibon, p. 564;

Saphary, p. 563; Tissot, Lame et Robert, p. 565. — V. Renaissance de l'idéologie, MM. Taine, Renan, Littré, Ribot, p. 567.

Conclusion 571

Appendice. 584
Écoles centrales, p. 584; Garat et l'Institut, p. 589; lettre inconnue de Cabanis sur la perfectibilité, p. 590; lettre de B. Constant à Villers, p. 597; Vauquelin et Lamarck, jugés par le *Lycée*, p. 599; lettre de M. Littré père à la *Décade*, p. 599; Laromiguière, Mémoires et leçons, p. 600; lettres de Laromiguière à Valette, p. 601; lettres inédites de Laromiguière à Saphary, p. 603; lettres inédites des Laromiguiéristes, p. 609; lettres inédites de Laromiguière à l'abbé Roques, p. 611.

Tours, imp. E. Arrault et Cie.

www.ingramcontent.com/pod-product-compliance
Lightning Source LLC
Chambersburg PA
CBHW051322230426
43668CB00010B/1115